新工科·新商科·统计与数据科学系列教材

全国统计教材编审委员会推荐使用教材（2003年第2版）

SPSS 统计分析
（第6版）（经典版）

朱红兵　　　　　　　　主　编

何丽娟　朱一力　沙　捷　　副主编

卢纹岱　刘　瑶　宋楚强

殷小川　费青松　解利辉　　　编

宋　峥　梁　蕾　卢纹凯　张泰昌

吴喜之　　　　　　　　审　校

电子工业出版社

Publishing House of Electronics Industry

北京·BEIJING

内 容 简 介

本书是在上一版前 11 章（11.7 节以前内容）的基础上，基于软件 SPSS 26，根据读者的反馈意见修订而成的。本书内容以统计分析应用为主，简要介绍各种统计分析方法的基本思想和基本概念；详细叙述操作方法，对于每种统计分析方法均设置了对应的例题，涉及多个领域。每道例题均从数据解释、数据文件结构、方法选择、操作步骤，以及对输出结果的分析解释方面给予了说明。本书保留前 5 版的统计分析方法，对基本操作内容等进行了压缩、修正及简化。对 SPSS 26 界面中的改动部分及新增按钮部分，本书进行了相应图形及文字方面的解释、修改和补充。在内容上，本书增加了计算累计不重复达到率和频次、摘要独立样本 T 检验、单因变量单因素嵌套设计方差分析实例、典型相关分析。为方便读者阅读，书中所有例题数据均按章节编号，并上传至华信教育资源网（www.hxedu.com.cn）。为便于教学，我们向将本书作为教材的教师免费提供电子课件，登录华信教育资源网便可下载使用。

本书可以作为要求掌握统计分析方法和 SPSS 软件操作的高等院校本科生教材和自学参考书，也适用于数据分析或统计应用各领域、各专业的研究人员、中高层管理人员和决策者。

未经许可，不得以任何方式复制或抄袭本书之部分或全部内容。
版权所有，侵权必究。

图书在版编目（CIP）数据

SPSS 统计分析：经典版 / 朱红兵主编. —6 版. —北京：电子工业出版社，2023.2

ISBN 978-7-121-44731-0

Ⅰ. ①S… Ⅱ. ①朱… Ⅲ. ①统计分析－软件包 Ⅳ. ①C819

中国版本图书馆 CIP 数据核字（2022）第 243591 号

责任编辑：秦淑灵　　　　　特约编辑：田学清
印　　刷：北京虎彩文化传播有限公司
装　　订：北京虎彩文化传播有限公司
出版发行：电子工业出版社
　　　　　北京市海淀区万寿路 173 信箱　　邮编：100036
开　　本：787×1092　1/16　印张：27.5　字数：704 千字
版　　次：2000 年 6 月第 1 版
　　　　　2023 年 2 月第 6 版
印　　次：2025 年 2 月第 4 次印刷
定　　价：79.00 元

凡所购买电子工业出版社图书有缺损问题，请向购买书店调换。若书店售缺，请与本社发行部联系，联系及邮购电话：(010) 88254888，88258888。

质量投诉请发邮件至 zlts@phei.com.cn，盗版侵权举报请发邮件至 dbqq@phei.com.cn。

本书咨询联系方式：qinshl@phei.com.cn。

前　言

SPSS 是一个集数据整理、分析过程、结果输出等功能于一身，提供统计产品与服务解决方案的组合式软件包，是著名统计分析软件之一。2009 年，IBM 公司收购了 SPSS 软件公司，SPSS 软件更名为 IBM SPSS Statistics，考虑到读者习惯，本书仍简称为 SPSS 软件。

SPSS 使用 Windows 的窗口方式展示各种管理数据和分析方法功能，使用对话框展示各种功能选项，清晰、直观、易学易用、涵盖面广。读者只要掌握一定的 Windows 操作技能和统计分析原理，就可以使用该软件服务于特定的科研工作，即使统计学知识有限，也可以使用系统默认选项得到初步的分析结果，免去了编写程序的复杂工作。SPSS 具有强大的图形功能，使用该软件不仅可以得到分析后的数字结果，还可以得到直观、清晰的统计图，形象地对原始数据和分析结果进行各种描述。

SPSS 在我国社会科学和自然科学的各个领域得到广泛应用，发挥着巨大作用。我们编写的《SPSS 统计分析》第 1～5 版得到广大读者的喜爱，成为受读者欢迎的畅销书。

在上一版前 11 章（11.7 节以前内容）的基础上，我们编写了《SPSS 统计分析（第 6 版）（经典版）》。

根据 SPSS 的发展和广大读者对《SPSS 统计分析》前 5 版的反馈意见，我们对原作进行了仔细的检查、修正，并遵循增加内容但不大幅增加篇幅的原则进行了如下改动。

（1）本书软件操作内容基于 SPSS 26，兼顾 SPSS 25 以下版本。

（2）为更符合分布条件要求，对几个实例进行了解法提炼及内容更换；对不常用的数据合并中的个别方法进行了优化。

（3）对于 SPSS 26 界面中的改动部分及新增按钮部分，本书进行了相应图形及文字方面的解释、修改和补充。

（4）对于软件汉化中的名称与专业名称或习惯用法不一致之处，本书保留传统用法，因此可能会出现表题与输出表格标题不一致的情况。对于明显汉化有误之处，书中也进行了说明。

（5）随着应用统计学知识的普及，根据读者要求，相对于上一版本，本书新增的内容如下：

- 在第 7 章基本统计分析中，增加了计算累计不重复达到率和频次。
- 在第 8 章平均值比较与检验中，增加了摘要独立样本 T 检验。
- 在第 9 章方差分析中增加了单因变量单因素嵌套设计方差分析实例。
- 在第 10 章相关分析中，增加了典型相关分析。

本书分为两大部分。

- 第 1～3 章主要介绍 SPSS 的基本操作、基本概念和操作环境的设置，以及利用软件的各种帮助功能自学的方法。

- 第 4～11 章主要介绍随机变量与分布函数的应用、日期时间函数及其运算；描述统计方法和分析表格的生成方法；详细介绍平均值比较与检验、方差分析（参数检验）、非参数检验、相关分析、回归分析。

本书章节的编排有利于读者由浅入深地系统学习统计学知识和正确选择分析方法，便于初学者和非统计学专业读者学习。每章均对统计分析方法的基本思想或基本概念进行了深入浅出的介绍；对软件的操作进行了尽量详细的说明；对每种分析方法配以相应例题。本书各章节的例题均从数据解释、数据文件结构、方法选择、操作步骤，以及对输出结果的分析解释等几方面进行了详细的说明。本书大部分例题为作者科研或教学中的实例，易于读者接受。

本书所有例题数据按章节编号，已上传至华信教育资源网（www.hxedu.com.cn），数据文件名均以"data"开头，后接两位数字的章号，横线后的两位数字是数据文件在本章中的序号。文件类型主要是 SPSS 数据文件，也有少量 Excel 文件和文本文件。为便于读者学习，本书对于每种分析方法的介绍，除有些基本操作被简化外，基本彼此独立，读者可根据自己的需要自行安排阅读。为便于教学，我们向将本书作为教材的教师免费提供电子课件，可登录华信教育资源网获取。

本书由中国人民大学统计学院吴喜之教授审校，在此深表谢意！

本书各章编写情况如下：卢纹岱、张泰昌、宋峥共同完成了第 1～5 章；朱红兵、卢纹岱共同完成了第 6 章；何丽娟完成了第 7 章；宋楚强、朱红兵、卢纹凯共同完成了第 8～10 章；朱红兵、沙捷、刘瑶共同完成了第 11 章。朱红兵负责全书的统稿工作。

本书可以作为要求掌握统计分析方法和 SPSS 软件操作的高等院校本科生教材和自学参考书，也适用于从事数据分析或统计应用的各领域、各专业的研究人员、中高层管理人员和决策者。

由于编者水平有限，加之时间仓促，本书仍存在有待改进的地方，恳请广大读者批评指正，我们愿与各位同行和爱好者交流学习。反馈意见请发至邮箱：zhuhongbing@cupes.edu.cn。

编　者

目　　录

第 1 章　SPSS 概述 1
　1.1　软件安装与运行 1
　　　1.1.1　SPSS 安装方法 1
　　　1.1.2　SPSS 启动与退出 1
　　　1.1.3　SPSS 运行管理方式 4
　1.2　窗口及其功能概述 5
　　　1.2.1　"数据编辑器"窗口 5
　　　1.2.2　"查看器"窗口 5
　　　1.2.3　"语法编辑器"窗口 7
　　　1.2.4　"窗口"菜单 9
　　　1.2.5　对话框及其使用方法 10
　　　1.2.6　设置工具栏中的工具图标 12
　1.3　系统参数设置 14
　　　1.3.1　参数设置基本操作 14
　　　1.3.2　常规参数设置 14
　　　1.3.3　语言参数设置 16
　　　1.3.4　"查看器"窗口参数设置 18
　　　1.3.5　数据属性参数设置 19
　　　1.3.6　货币变量自定义格式设置 21
　　　1.3.7　标签输出设置 22
　　　1.3.8　统计图参数设置 24
　　　1.3.9　输出表格参数设置 27
　　　1.3.10　文件默认存取位置设置 28
　　　1.3.11　脚本 30
　　　1.3.12　缺失值处理 31
　　　1.3.13　语法编辑器 31
　1.4　统计分析功能概述 33
　1.5　数据与变量 34
　　　1.5.1　常量与变量 34
　　　1.5.2　操作符与表达式 37
　　　1.5.3　观测 38
　　　1.5.4　SPSS 函数 38

1.6 获得帮助 46
    1.6.1 SPSS 帮助系统 46
    1.6.2 右键帮助 49
习题 1 50

第 2 章 数据与数据文件

2.1 变量定义与数据编辑 51
    2.1.1 数据编辑器 51
    2.1.2 定义变量 52
    2.1.3 定义日期变量 57
    2.1.4 数据输入与编辑 59
    2.1.5 根据已有的变量建立新变量 62
    2.1.6 打开、保存与查看数据文件 65
2.2 数据文件的转换 68
    2.2.1 ASCII 数据文件的转换 68
    2.2.2 数据库文件的转换 77
    2.2.3 观测的查重 79
2.3 数据文件操作 82
    2.3.1 数据文件的拆分与合并 82
    2.3.2 观测的排序与排秩 88
    2.3.3 对变量值重新编码 90
    2.3.4 数据文件的转置与重新构建 95
2.4 观测的加权与选择 105
    2.4.1 定义加权变量 105
    2.4.2 选择参与分析的观测 106
习题 2 107

第 3 章 输出信息的编辑

3.1 "查看器"窗口中的文本浏览与编辑 109
    3.1.1 利用导航器浏览输出信息 109
    3.1.2 编辑导航器中的输出项 111
3.2 输出表格中信息的编辑 111
    3.2.1 表格编辑工具与常用编辑方法 111
    3.2.2 表格的转置与行、列、层的处理 114
    3.2.3 表格外观的设置与编辑 117
    3.2.4 输出信息的复制与打印 122
习题 3 123

第 4 章 随机变量与分布函数的综合应用

4.1 随机变量与分布函数 124
    4.1.1 随机变量及其概率分布 124

  4.1.2 随机变量的函数 127

 4.2 随机变量与分布函数的综合应用 134

  4.2.1 符合分布要求的随机数的生成 134

  4.2.2 概率密度函数与累积概率密度函数的应用 137

 习题 4 139

第 5 章 日期时间函数及其运算 140

 5.1 日期时间函数 140

  5.1.1 SPSS 日期时间函数概述 140

  5.1.2 日期时间常量与日期（时间）型变量 140

  5.1.3 日期时间函数分类 142

 5.2 日期时间函数的应用 145

  5.2.1 日期（时间）型变量的格式转换 145

  5.2.2 日期（时间）型变量的算术运算 149

 习题 5 151

第 6 章 构建表格 152

 6.1 自定义表格 152

  6.1.1 自定义表格的概念 152

  6.1.2 自定义表格的操作 153

 6.2 汇总、统计量与统计检验 156

  6.2.1 统计指标与汇总项 156

  6.2.2 表格中的统计检验 162

 6.3 标题与其他选项 164

  6.3.1 定义表格标题 164

  6.3.2 定义表格选项 165

 6.4 自定义表格实例 167

 6.5 多响应变量 169

  6.5.1 多响应变量的概念与分类 169

  6.5.2 定义与建立多响应变量集 171

  6.5.3 多响应变量集的频数分布分析 172

  6.5.4 多响应变量集的交叉表分析 177

  6.5.5 使用表功能分析多响应变量集 181

 6.6 建立宏或多响应二分变量集来定义类别顺序 185

  6.6.1 建立宏或多响应二分变量集来定义类别顺序概述 185

  6.6.2 定义类别顺序过程 185

  6.6.3 定义类别顺序实例分析 188

 习题 6 189

第7章 基本统计分析 190

7.1 频数分布分析 190
7.1.1 频数分布分析过程 190
7.1.2 频数分布分析实例 193

7.2 描述统计 195
7.2.1 描述统计中的基本概念 195
7.2.2 描述统计分析过程 196
7.2.3 描述统计分析实例 197

7.3 探索分析 197
7.3.1 探索分析的意义和数据要求 197
7.3.2 探索分析过程 200
7.3.3 探索分析实例 203

7.4 交叉表分析 207
7.4.1 交叉表及其独立性检验的思路 207
7.4.2 交叉表分析过程 208
7.4.3 交叉表分析实例 212

7.5 比率分析 215
7.5.1 比率分析过程 216
7.5.2 比率分析实例 217

7.6 P-P 图和 Q-Q 图 218
7.6.1 P-P 图和 Q-Q 图分析过程 218
7.6.2 P-P 图和 Q-Q 图分析实例 220

7.7 计算累计不重复达到率和频次 222
7.7.1 TURF 分析过程 222
7.7.2 TURF 分析实例 225

习题 7 227

第8章 平均值比较与检验 228

8.1 平均值比较与平均值比较的检验 228
8.1.1 平均值比较的概念 228
8.1.2 平均值比较与检验过程 228

8.2 平均值过程 230
8.2.1 平均值过程中的统计量 230
8.2.2 平均值过程操作 231
8.2.3 分析实例 233

8.3 单样本 T 检验 236
8.3.1 单样本 T 检验的概念 236
8.3.2 单样本 T 检验的实例 236

8.4 独立样本 T 检验 238
8.4.1 独立样本 T 检验的概念 238
8.4.2 独立样本 T 检验的过程 239
8.4.3 独立样本 T 检验的实例 239
8.5 摘要独立样本 T 检验 242
8.5.1 摘要独立样本 T 检验的概念 242
8.5.2 摘要独立样本 T 检验过程 242
8.5.3 摘要独立样本 T 检验的实例 242
8.6 配对样本 T 检验 244
8.6.1 配对样本 T 检验的概念 244
8.6.2 配对样本 T 检验过程 244
8.6.3 配对样本 T 检验的实例 245
习题 8 246

第9章 方差分析 248
9.1 方差分析的概念与方差分析过程 248
9.1.1 方差分析的概念 248
9.1.2 方差分析中的术语 250
9.1.3 方差分析过程 252
9.2 单因素方差分析 253
9.2.1 简单的单因素方差分析 254
9.2.2 单因素方差分析过程 255
9.2.3 单因素方差分析实例 259
9.3 单因变量多因素方差分析 264
9.3.1 单因变量多因素方差分析概述 264
9.3.2 单因变量多因素方差分析过程 264
9.3.3 随机区组设计的方差分析实例 272
9.3.4 单因变量单因素嵌套设计方差分析实例 274
9.3.5 2×2 析因试验方差分析实例 276
9.3.6 拉丁方区组设计的方差分析实例 279
9.3.7 协方差分析实例 282
9.3.8 多维交互效应方差分析实例 284
9.4 多因变量线性模型的方差分析 286
9.4.1 多因变量方差分析概述 286
9.4.2 多因变量方差分析过程 287
9.4.3 多因变量线性模型方差分析实例 289
9.5 重复测量设计的方差分析 301
9.5.1 重复测量方差分析概述 301
9.5.2 重复测量方差分析的数据文件结构 303
9.5.3 组内因素的设置与重复测量方差分析过程 304

　　　　9.5.4　重复测量方差分析实例 307
　　　　9.5.5　关于趋势分析 309
　　9.6　方差成分分析 313
　　　　9.6.1　方差成分分析过程 314
　　　　9.6.2　方差成分分析实例 316
　习题 9 320

第 10 章　相关分析 321

　10.1　相关分析的概念与相关分析过程 321
　　　　10.1.1　相关分析的概念 321
　　　　10.1.2　相关分析过程 322
　10.2　两个变量间的相关分析 323
　　　　10.2.1　两个变量间的相关分析过程 323
　　　　10.2.2　两个变量间的相关分析实例 324
　10.3　偏相关分析 328
　　　　10.3.1　偏相关分析简述 328
　　　　10.3.2　偏相关分析过程 329
　　　　10.3.3　偏相关分析实例 330
　10.4　距离分析 333
　　　　10.4.1　距离分析的概念 333
　　　　10.4.2　距离分析过程 334
　　　　10.4.3　距离分析实例 336
　10.5　典型相关分析 338
　　　　10.4.1　典型相关分析概念 338
　　　　10.4.2　典型相关分析过程 338
　习题 10 343

第 11 章　回归分析 344

　11.1　线性回归 344
　　　　11.1.1　一元线性回归 344
　　　　11.1.2　多元线性回归 346
　　　　11.1.3　异常值、影响点、共线性诊断 347
　　　　11.1.4　变非线性关系为线性关系 349
　　　　11.1.5　线性回归过程 350
　　　　11.1.6　线性回归分析实例 354
　　　　11.1.7　自动线性建模 360
　11.2　曲线回归 376
　　　　11.2.1　曲线回归概述 376
　　　　11.2.2　曲线回归过程 376
　　　　11.2.3　曲线回归分析实例 378

  11.3 二元 Logistic 回归 379
    11.3.1 Logistic 回归模型 380
    11.3.2 二元 Logistic 回归过程 383
    11.3.3 二元 Logistic 回归分析实例 386
  11.4 多元 Logistic 回归 390
    11.4.1 多元 Logistic 回归的概念 390
    11.4.2 多元 Logistic 回归过程 392
    11.4.3 多元 Logistic 回归分析实例 396
  11.5 有序回归 401
    11.5.1 有序回归的概念 401
    11.5.2 有序回归过程 402
    11.5.3 有序回归分析实例 405
  11.6 概率单位回归 408
    11.6.1 概率单位回归的概念 408
    11.6.2 概率单位回归过程 409
    11.6.3 概率单位回归分析实例 410
  11.7 非线性回归 413
    11.7.1 非线性模型 413
    11.7.2 非线性回归过程 415
    11.7.3 非线性回归分析实例 418
  习题 11 420

附录 A 标准化、距离和相似性的计算 421

参考文献 427

第1章　SPSS 概述

SPSS 的英文全称是 Statistical Product Service Solutions，目前是世界上最流行的统计分析软件之一，被各个领域的科研工作者广泛使用。

1.1　软件安装与运行

SPSS 26 可在操作系统 Windows 7、Windows 10 的环境中运行，但这些操作系统仅支持 64 位的 SPSS 26。

1.1.1　SPSS 安装方法

（1）开机，启动 Windows，将 SPSS 系统安装光盘放入光盘驱动器。

（2）启动 Windows 资源管理器，双击光盘驱动器图标，找到安装应用程序 setup 图标，如图 1-1（a）所示。双击 setup 图标，启动 IBM SPSS Statistics 26，启动界面如图 1-1（b）所示，并自动进入如图 1-1（c）所示对话框。

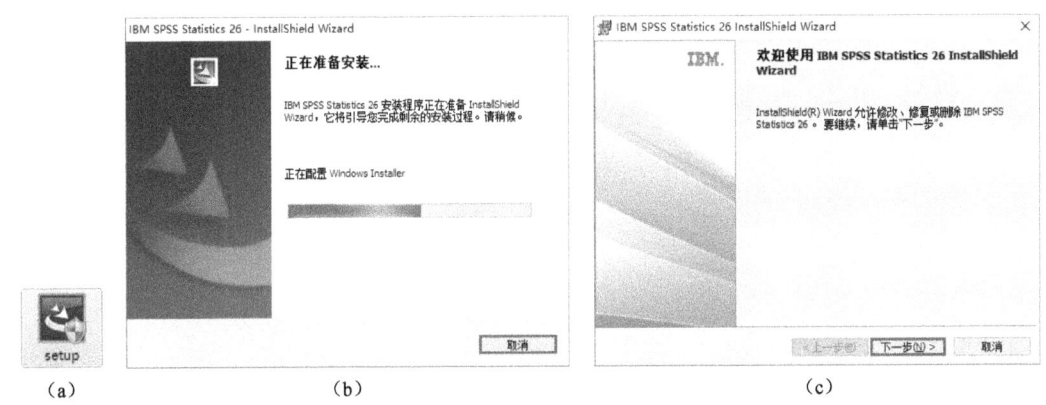

图 1-1　setup 图标及 SPSS 26 安装向导界面

（3）单击"下一步"按钮，系统自动进行软件包的解压缩工作，安装开始以后按照提示一步步地进行操作即可。每步操作均要认真阅读相应信息和提示。

当再次出现类似图 1-1（c）所示界面，且按钮区出现"完成"按钮时，单击"完成"按钮，结束安装。

1.1.2　SPSS 启动与退出

1. SPSS 的启动

（1）开机后，启动 Windows，双击"开始"菜单中的 IBM SPSS Statistics 选项，如图 1-2（a）所示。

（2）在提示画面后出现"欢迎使用 IBM SPSS Statistics"对话框，如图 1-2（b）所示。

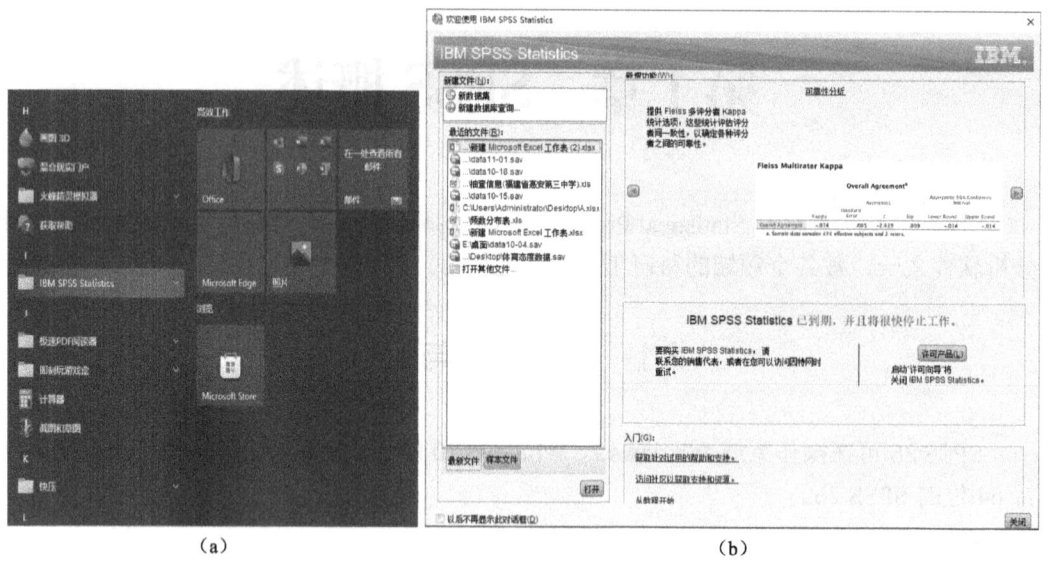

(a)　　　　　　　　　　　　　　　　(b)

图 1-2　IBM SPSS Statistics 菜单及"欢迎使用 IBM SPSS Statistics"对话框

1）"新建文件"框

"新建文件"框提供了"新数据集"和"新建数据库查询"两个选项。

单击"新数据集"选项，打开一个"数据编辑器"窗口，如图 1-3 所示。可以在该窗口输入数据，建立新数据集。

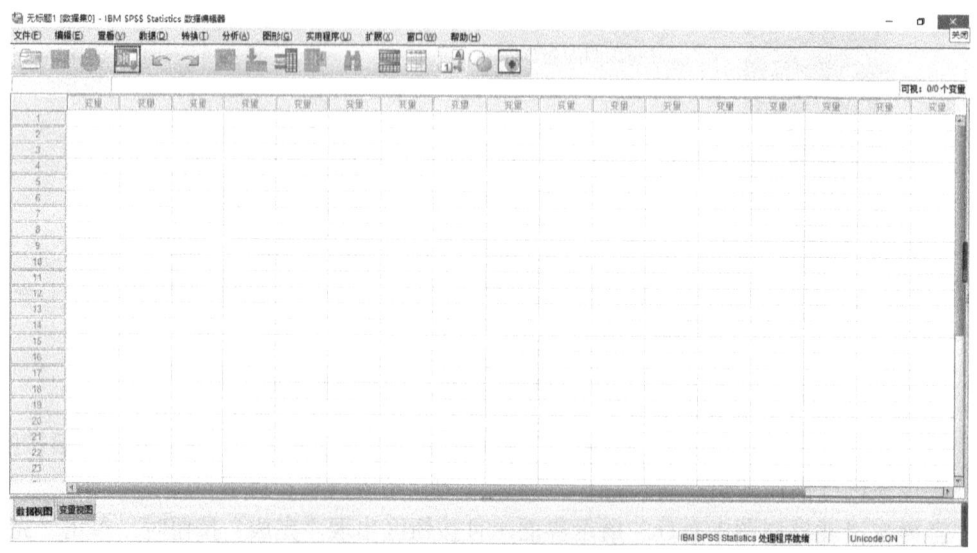

图 1-3　"数据编辑器"窗口

单击"新建数据库查询"选项，打开如图 1-4 所示的"数据库向导"对话窗。使用该数据库处理工具，可将 DBF 格式文件、XLS 格式文件，以及 SQL 等数据库文件转换成 SPSS 数据文件。

若没有配置任何 ODBC 数据源，或者需要添加新的数据源，则单击"添加 ODBC 数据源"按钮,弹出如图 1-5 所示的"OBDC 数据源管理程序(32 位)"对话框。ODBC 数据源包含两部分重要的信息:一部分是用于访问数据的驱动程序,另一部分是要访问的数据库的位置。要指定数据源必须装有适当的驱动程序。在安装介质上有适用于不同数据库格式的驱动程序。

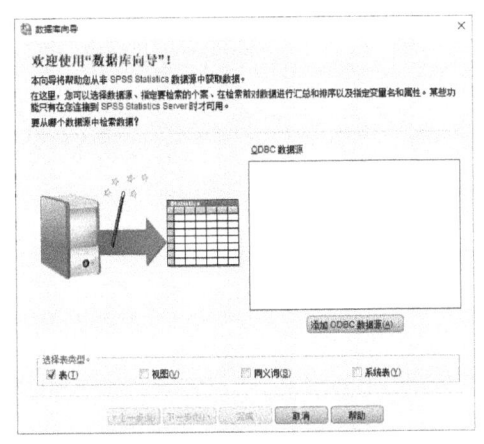 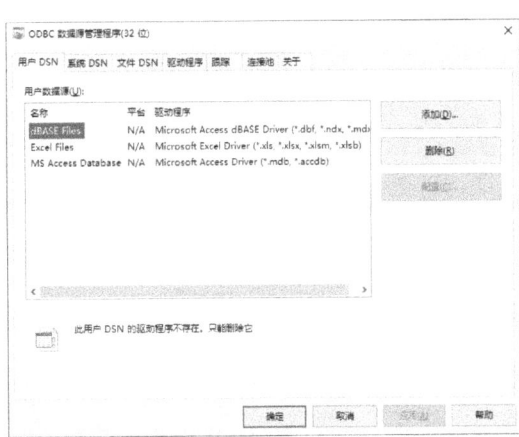

图 1-4 "数据库向导"对话窗　　　　图 1-5 OBDC 数据源管理程序(32 位)对话框

在如图 1-5 所示对话框中,选择在"用户数据源"框中显示的驱动程序的名称,并单击"添加"按钮完成添加。单击"确定"按钮,完成对所需数据源驱动程序的设置。

2)"最新文件"按钮

单击左下方的"最新文件"按钮,将在"最近的文件"框中显示最近使用过的文件。

3)"样本文件"按钮

单击"最新文件"按钮右侧的"样本文件"按钮,将在"样本文件"框中显示所有数据文件。在"样本文件"框下的列表框中,可以选择要使用的语言。

4)"打开"按钮

单击"打开"按钮,将在"数据编辑器"窗口中,打开显示在"最近的文件"框或"样本文件"框中最上面数据文件。

5)"新增功能"框

通过单击"新增功能"框中的左、右三角按钮,可查看 SPSS 26 中新增的功能。

6)"入门"框

"入门"框中包含如下内容。

- "获取针对试用的帮助和支持"链接:单击它,可进入 SPSS 官方网站获得帮助和支持。
- "访问社区以获得支持和资源"链接:单击它,可进入 SPSS 官方网站访问统计社区,获得支持和资源。
- "从教程开始"按钮:单击它,可进入 SPSS 官方网站,查阅相关教程,如图 1-6 所示。

7)"以后不再显示此对话框"复选框

如果勾选"以后不再显示此对话框"复选框,那么在下次启动 SPSS 时,将不再显示如图 1-2(b)所示对话框,直接显示空的"数据编辑器"窗口。

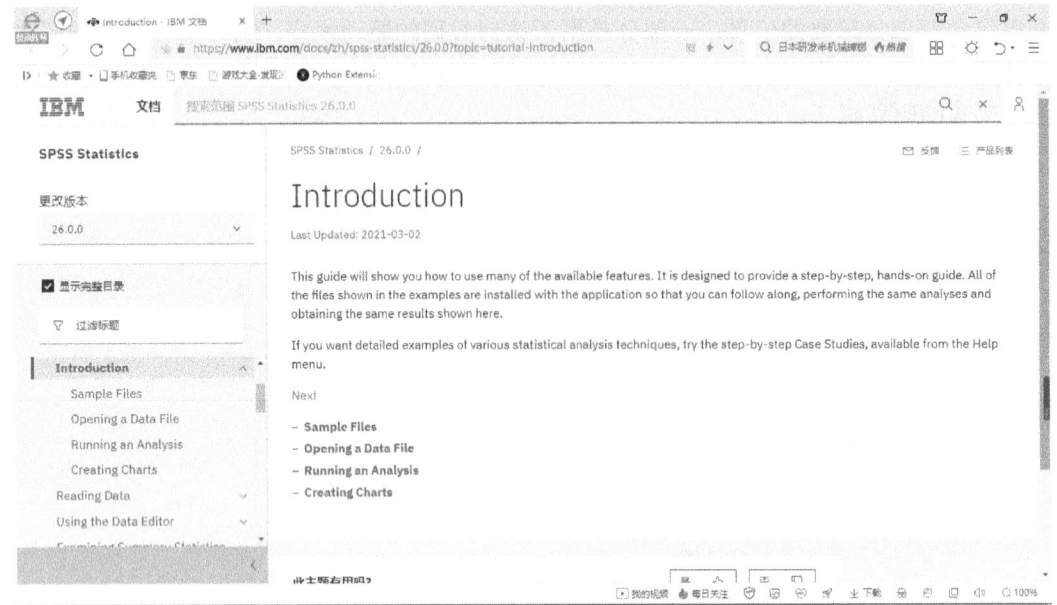

图 1-6　SPSS 相关教程

8)"关闭"按钮

单击"关闭"按钮,关闭如图 1-2（b）所示对话框,跳过上述各项选择,显示空的"数据编辑器"窗口,直接进入数据编辑状态。在数据编辑状态下,可以直接在"数据编辑器"窗口中输入数据或通过操作菜单打开已经存在的数据文件。在下次启动 SPSS 时,还会显示本对话框。

2．SPSS 的退出

以下方法均可以达到退出 SPSS 的目的。

（1）在"数据编辑器"窗口中,双击左上角的窗口控制菜单图标,或者单击该图标在展开的子菜单中,单击"关闭"菜单。

（2）单击菜单栏中的"文件"菜单,单击"退出"菜单。

（3）单击"数据编辑器"窗口右上角的"关闭"按钮。

1.1.3　SPSS 运行管理方式

1．完全窗口菜单运行管理方式

启动 SPSS 后进入"数据编辑器"窗口,如图 1-3 所示。完全窗口菜单运行管理方式是从数据的输入、编辑、分析到分析结果的输出都在窗口中显示,通过菜单、对话框进行操作。

完全窗口菜单运行管理方式主要在"数据编辑器"窗口和"查看器"窗口中进行操作。这种运行方式简便、直观,特别适用于初学者。由于窗口中包括的是基本参数和基本统计量选项,因此完全窗口菜单运行管理方式对某些专业人员来说,可能不能充分满足需求。

2. 程序运行管理方式

程序运行管理方式是在"语法编辑器"窗口中直接运行编写好的程序的方式。在"语法编辑器"窗口中输入由 SPSS 命令组成的程序,利用键盘或主菜单栏中的"编辑"菜单对窗口中的程序进行修改、编辑。"语法编辑器"窗口中的程序可以分析"数据编辑器"窗口中的数据,也可以用相关语句指定外部数据文件进行分析,分析结果仍然显示在"查看器"窗口中。程序运行管理方式较适用于习惯使用 SPSS 语言编写程序的人员。

3. 混合运行管理方式

混合运行管理方式是以上两种方式的结合。先在"数据编辑器"窗口中输入数据或利用"文件"菜单,打开已经存在的数据文件,然后通过菜单、对话框操作选择分析过程和分析参数。选择完成后不立即执行,而是用"粘贴"按钮将选择的过程及参数转换成相应的语句置于"语法编辑器"窗口中。在"语法编辑器"窗口中增加没有包括的语句和参数,或修改子命令中的参数,单击"语法编辑器"窗口中的"运行"按钮,将程序提交给系统执行,分析结果显示在"查看器"窗口中。混合运行管理方式既能简化操作,又能弥补完全窗口运行管理方式的不足。要求较高的统计分析功能通常可使用这种方式。

1.2 窗口及其功能概述

SPSS 的文件系统包括 4 种基本类型的文件:data(数据文件)、syntax(语法文件)、output(输出文件)和 script(程序编辑文件)。每种类型的文件在各自的窗口中通过各自的菜单、功能按钮实现各项功能。"文件"菜单中的"新建"命令主要是针对 4 种基本类型的文件的操作。选择"文件"菜单中"新建"命令,可以显示新建各种类型的文件:数据文件、语法文件、输出文件、脚本文件。对于使用 SPSS 统计分析功能的读者来说,主要使用 3 种窗口,即"数据编辑器"窗口、"查看器"窗口和"语法编辑器"窗口。

1.2.1 "数据编辑器"窗口

启动 SPSS 后激活"数据编辑器"窗口,如图 1-3 所示。未命名的"数据编辑器"窗口最上方标有"未标题 n [数据集 m] - IBM SPSS Statistics 数据编辑器",其中,n、m 是打开的"数据编辑器"窗口或数据文件的顺序号。"数据编辑器"窗口中有一个可扩展的二维表格,可以在此窗口中编辑数据文件。一旦保存了"数据编辑器"窗口中的数据,标题栏就会显示该数据文件名称。

对于"数据编辑器"窗口来说,无论执行"新建"命令,还是执行"打开"命令,都会建立一个新的"数据编辑器"窗口。在同一次启动 SPSS 期间,可以同时打开两个或两个以上"数据编辑器"窗口,便于同时查看、操作两个或两个以上数据文件。单击标题栏可激活"数据编辑器"窗口。被激活的"数据编辑器"窗口的标题栏是蓝灰色(默认)的,是当前窗口;未被激活的"数据编辑器"窗口的标题栏是淡蓝色的。

1.2.2 "查看器"窗口

"查看器"窗口的标题栏中标有"输出 n [文档 m] - IBM SPSS Statistics 查看器",按照 SPSS 默认设置，"查看器"窗口在启动后不会自动显示。

1. 使用以下方法可以激活并显示"查看器"窗口

（1）当使用"分析"菜单中的统计分析功能处理"数据编辑器"窗口中的数据产生输出信息时，"查看器"窗口将自动激活并显示。如果处理成功，就在"查看器"窗口中显示分析结果；如果在处理过程中无法运行或发生错误，就在"查看器"窗口中显示系统给出的错误信息。

（2）在"文件"菜单中选择"新建"菜单，在二级菜单中选择"输出"菜单，将显示一个"查看器"窗口，如图 1-7 所示。在同一次启动 SPSS 期间，可以同时打开多个"查看器"窗口。当同时打开多个"查看器"窗口时，窗口最上方的标题栏将按打开顺序显示：输出 1、输出 2、输出 3……，在保存输出内容时由用户给出具体名称。

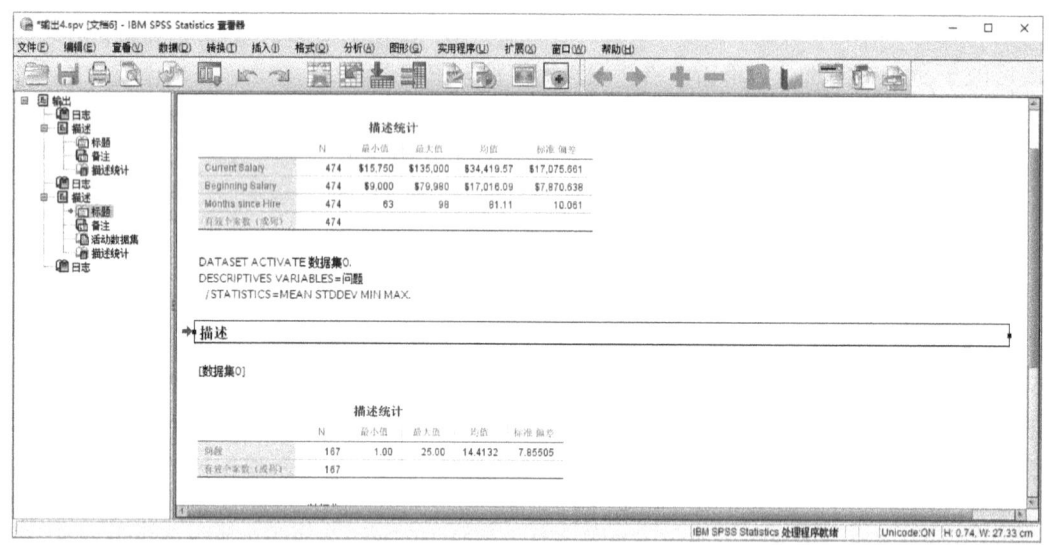

图 1-7 手动激活的"查看器"窗口

2. "查看器"窗口的组成

"查看器"窗口除标题栏外，还包括以下几部分。
- 主菜单：由"文件"至"帮助"13 个菜单组成。
- 工具栏：由各功能图标组成，是各种常用功能命令的快捷操作方式。
- 文本窗口：图 1-7 所示窗口右侧是一个文本窗口，在执行指定的操作或分析程序后，该窗口被激活，用于显示输出信息，包括文本、表格和统计图。该窗口中的内容可以利用鼠标、键盘和"编辑"菜单的各种功能进行编辑。
- 输出导航窗口：图 1-7 所示窗口左侧是一个导航窗口，用于浏览输出信息，以树形结构显示输出信息的提纲。
- 状态栏："查看器"窗口的最下面一行是状态栏，分为 4 个区，鼠标指针指向任意一个区，就会在最左面区域显示该区的功能解释。

3. 多个"查看器"窗口的建立与主窗口的概念

选择"文件"菜单中的"新建"命令可以再打开一个"查看器"窗口。根据打开的先后顺序，打开的"查看器"窗口的标题栏中标有输出 1、输出 2、输出 3……。过程执行结果只会输出到当前"查看器"窗口（工作窗口）。工作窗口工具栏中的"十"字标记为灰色，其他"查看器"窗口，也就是非工作窗口工具栏中的"十"字标记为绿色。

工作窗口，即主窗口，只能有一个。将鼠标指针移到一个"查看器"窗口中，单击该"查看器"窗口中的 ▣ 图标，该"查看器"窗口被激活为工作窗口，被激活的"查看器"窗口的 ▣ 图标为灰色。无论在哪个窗口点击"分析"菜单进行分析的结果都输出到被激活的"查看器"窗口中。非工作窗口工具栏中的 ▣ 图标是蓝色的。

选择"文件"菜单中的"新建"命令可以打开一个新的空"查看器"窗口。通过"打开"命令可以把已经存在的输出文件显示到激活的"查看器"窗口中，该"查看器"窗口自动成为当前工作窗口，标题栏显示打开的文件名。

4．"查看器"窗口的关闭

双击"查看器"窗口左上角的图标，或者单击"查看器"窗口右上角的"关闭"按钮，都可关闭该"查看器"窗口。如果"查看器"窗口中的输出信息未保存，那么系统将显示提示对话框。如果"查看器"窗口中的输出信息已保存，那么单击"关闭"按钮后，"查看器"窗口将直接关闭。

5．"查看器"窗口能打开和保存的文件类型

在"查看器"窗口中只可以打开存储的输出文件（*.spv），而通过"查看器"窗口中的"文件"菜单中打开其他文件类型时，不同类型的文件显示在各自对应的窗口中，如打开 SPSS 语法文件（*.sps），则在"语法编辑器"窗口显示被打开的 SPSS 语法文件。文本文件和其他各类型文件只能在"查看器"窗口中进行编辑。

1.2.3 "语法编辑器"窗口

1．认识"语法编辑器"窗口

"语法编辑器"窗口由以下 5 部分组成，如图 1-8 所示。

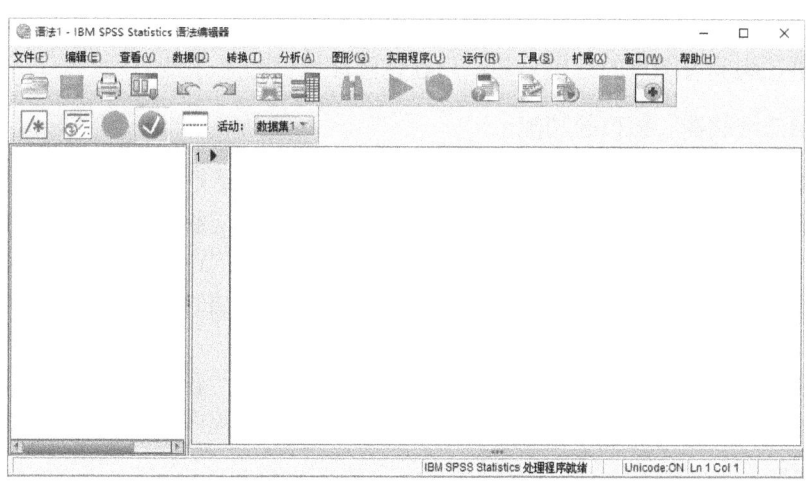

图 1-8 "语法编辑器"窗口

（1）标题栏：在窗口顶部，标有"语法 n -IBM SPSS statistics 语法编辑器"。

（2）主菜单：在标题栏下方，包括"文件"至"帮助"13个菜单。

（3）工具栏：由各功能图标组成，在主菜单下方，包括打开文件、保存文件、打印文件、调用最近使用过的对话框、取消或重复执行用户上次操作、定位到数据（转向数据）、定位到变量（转向变量）、查找、运行、选定内容、语法帮助、创建/编辑自动脚本、运行脚本、指定窗口、定制工具栏、切换注释、自动缩进语句、切换断点、接受断点、拆分、当前工作的数据集名称等系统定制的图标。

（4）语句编辑区：工具栏下方的空白区域。在语句编辑区可以输入、编辑SPSS语句，也可以输入和编辑文本文件。

（5）状态栏：是窗口最下面一行。

2. "语法编辑器"窗口的激活与功能

打开一个"语法编辑器"窗口的步骤如下。

① 单击主菜单中的"文件"菜单，展开下拉菜单。

② 单击下拉菜单中的"新建"菜单，在二级菜单中单击"语法"项，即可打开一个"语法编辑器"窗口，如图1-8所示。

当选择了一种统计分析方法，在相应的对话框、子对话框中设置程序参数后，在各个能生成程序的对话框中，单击"粘贴"按钮，即可自动打开一个"语法编辑器"窗口，在"语法编辑器"窗口中生成与指定的统计分析方法及参数相应的SPSS语句。在"语法编辑器"窗口中可以对自动生成的语句进行编辑，熟悉SPSS语句的用户可以增加对话框中不包含的参数或选项，然后提交系统执行。

3. "语法编辑器"窗口的结构

为便于程序员编辑，自SPSS 20起"语法编辑器"窗口被分为三个子窗口：

- 最右侧窗口用于显示整个程序，包括全部命令语句、子命令语句和参数等。
- 最左侧窗口只显示命令语句，不显示子命令语句和参数；顺序与最右侧窗口中命令出现的顺序一致。
- 中间窗口用于显示标记。用沙漏图标标记鼠标指针所在程序段，该程序段从第一条语句到具有圆点的结束语句；用红色圆球标记程序分界。

4. "语法编辑器"窗口的功能

（1）利用SPSS执行统计分析过程时，各分析过程主对话框中均有一个"粘贴"按钮。通过单击该按钮可以把统计分析过程对应的命令语句，以及各选项对应的子命令语句，按照SPSS语言的语法组成一个或若干个完整的程序粘贴到当前"语法编辑器"窗口中。

（2）在"语法编辑器"窗口中可以使用键盘输入SPSS语言编写的程序，每个过程语句，即一段完整程序，均以圆点"."结束。

用"编辑"菜单中的各命令和工具栏中的功能图标编辑"语法编辑器"窗口中的程序。

用"文件"菜单中的各命令把"语法编辑器"窗口中的程序作为文件保存到磁盘中或关闭该窗口。

可以在"语法编辑器"窗口中调入已经存放在磁盘中的另一个语法文件，该语法文件可以独占该窗口，也可以与已经存在于该窗口中的程序合并为一个程序作业，以便一次运行。

（3）当使用鼠标选择一个或多个完整的程序段后，单击"运行"按钮▶，即可把该"语法编辑器"窗口中选中的程序提交系统执行。

（4）单击"帮助"按钮，将显示鼠标指针所在行上的命令语句或子命令语句所属的命令语句标准格式、可以选择的参数等。

如果"语法编辑器"窗口中有多个过程语句，要执行其中某一个过程，那么可以先用鼠标或键盘选择相应语句，使之反向显示，再单击"运行"按钮▶，即可将程序提交给系统执行。

5．同时使用多个"语法编辑器"窗口

1）主"语法编辑器"窗口的概念

当有几个实验程序要放在几个"语法编辑器"窗口中时，需要选择主"语法编辑器"窗口。

用前面介绍的选择"文件"菜单中的"新建"命令的方法，可以同时打开若干个"语法编辑器"窗口。在同一次启动 SPSS 期间第一个打开并粘贴了语句的"语法编辑器"窗口标为"*语法 1"，第二个打开并粘贴了语句的"语法编辑器"窗口标为"语法 2"……但只能有一个主窗口。主"语法编辑器"窗口标题栏为蓝灰色，"主窗口标记"图标为蓝灰色。主"语法编辑器"窗口的功能有别于非主"语法编辑器"窗口。各过程对话框中所选的选项形成的命令语句和子命令语句组成的程序，只能被粘贴到主"语法编辑器"窗口中。非主窗口的标题栏为天蓝色，"主窗口标记"图标为蓝色。只有非主窗的"主窗口标记"图标（蓝色）可以操作，单击该图标将变为灰色，表明该窗口变为主窗口。

2）选择主"语法编辑器"窗口

各对话框中的"粘贴"按钮产生的语句只生成在主"语法编辑器"窗口中。

① 单击"主窗口标记"图标，使其变为灰色。

② 当打开两个及两个以上"语法编辑器"窗口时，单击"语法编辑器"窗口中的"窗口"菜单，选择一个"语法编辑器"窗口，被选中的"语法编辑器"窗口变为主"语法编辑器"窗口。

3）关闭"语法编辑器"窗口

确定已经保存窗口中的内容后，使用如下方法都可以关闭当前"语法编辑器"窗口。

① 单击"语法编辑器"窗口左上角的窗口控制菜单图标，选择下拉菜单中的"关闭"命令。

② 使用组合键 Alt+F4。

③ 单击"语法编辑器"窗口右上角的"关闭"按钮，或者选择"文件"菜单中的"退出"命令。

"语法编辑器"窗口打开与保存的文件类型是 SPSS 语法文件（*.sps）。

1.2.4 "窗口"菜单

在"数据编辑器"窗口中，单击"窗口"菜单，如图 1-9 所示。

1．选择窗口状态

选择"窗口"菜单中的"将所有窗口最小化"命令，当前所有窗口最小化，即变成图标显示在 Windows 的任务栏内。

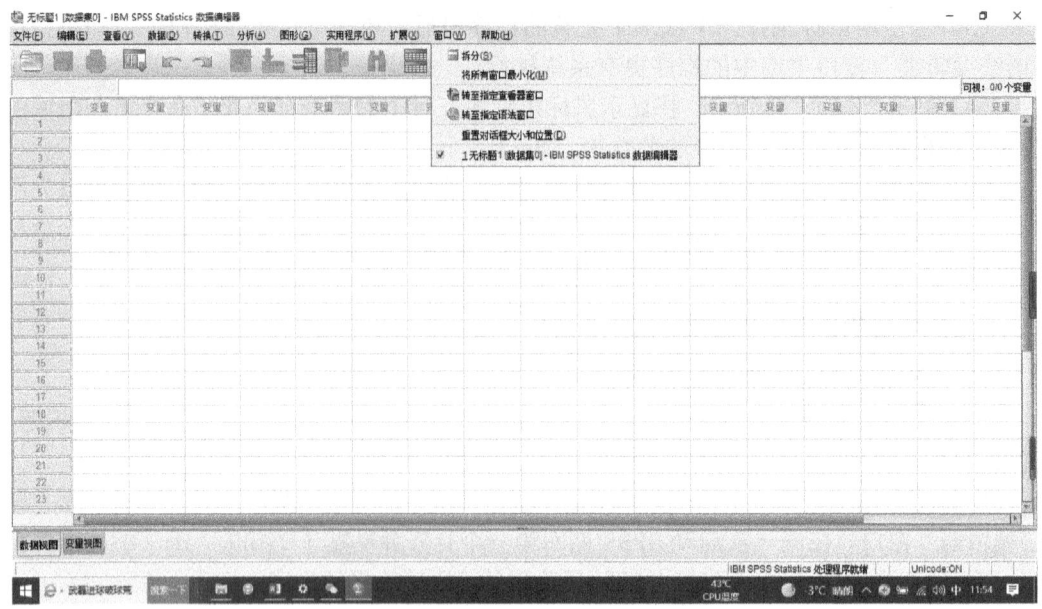

图1-9 "窗口"菜单中的命令

2. 各窗口之间的切换

在"窗口"菜单中列出了已经打开的窗口,其中窗口名称前面有对钩的是主窗口,即当前窗口;窗口名称前面没有对钩的处于非激活状态。

1.2.5 对话框及其使用方法

对话框,顾名思义就是提供人机对话环境和内容的窗口。主菜单中的各命令基本上是通过对话框中的选项、变量、参数、语句等操作来实现的。通过对对话框中的各种功能按钮进行操作,可展开下拉菜单、执行命令或打开子对话框。

1. 常见对话框类型

SPSS中的对话框主要有如下3种类型。

1) 文件操作对话框

例如,打开已经存在的数据文件,按"文件→打开→数据"顺序单击,展开"打开数据"对话框。与一般Windows应用软件的"打开"对话框不同的是,SPSS的"打开数据"对话框中有"粘贴"按钮,可以将打开文件操作转换为命令语句并粘贴到"语法编辑器"窗口中。又如,按"文件"→"另存为"顺序单击,打开"将数据另存为"对话框,该对话框中有选择要保存的变量的功能,这与一般Windows应用软件的"另存为"对话框中是不同的。

2) 统计分析主对话框

通过"分析"菜单中的各类统计分析命令打开的第一个对话框均为统计分析主对话框。选择参与分析的各类变量是该对话框的主要任务。分析方法不同相应的统计分析主对话框中的选项也不相同,如选择分析中的算法以及输出等选项。

SPSS对话框中的原始变量列表列出了可以参与分析的变量标签,默认状态是变量名显示在变量标签后面的中括号中。当变量标签与变量名太长，列宽度不够时，将鼠标指针指向该变量所在行，该变量的变量标签和变量名将显示在该行的加长区中。

如果在"选项"对话框中的"常规"选项卡的原始变量列表中选择的是显示名称，那么在"分析"对话框的原始变量列表中将只显示变量名。可以通过右击任意一个变量名，在右键快捷菜单中选择"显示变量名称"命令与"显示变量标签"命令中的一个，原始变量列表中将只显示变量名或同时显示变量名与变量标签。

尺度变量用"✏"黄色尺子做标记，分类变量用"▥"三色条形图做标记，标称变量用"♣"三色彩球做标记，如图1-10（a）所示。

3）其他选项对话框

其他选项对话框，即SPSS主菜单的其他菜单对应的对话框或统计分析过程中的二级对话框，这些对话框只在限定范围内提供选择内容。图1-10（b）所示对话框是相关分析的二级对话框。

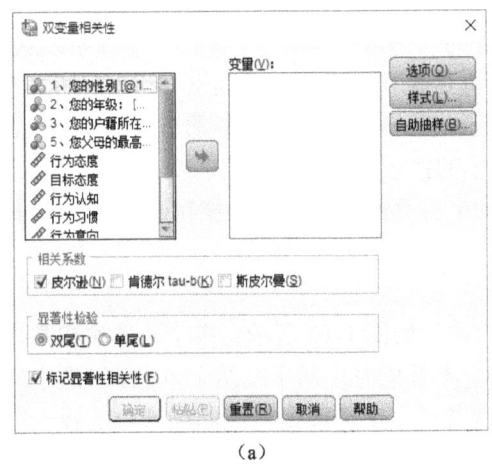
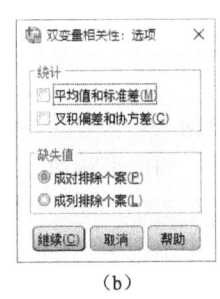

（a） （b）

图1-10 相关分析过程的主对话框和二级对话框

2. 对话框的构成

1）按钮

按钮的主要功能是激活选项，告诉系统做什么，包括以下三类。

① 移动变量按钮：如图1-11（a）所示，按钮中央是箭头，用于把选中的原始变量列表中的变量加到"变量"框中。例如，选择参与分析的变量，指定分类变量，或者指定因变量、自变量等。该按钮有时用于在构成模型时选择变量。按钮中的箭头所指方向是可以改变的。当选择了原始变量列表中的变量时，移动变量按钮中的箭头指向右方，表示可以将选择的变量移到右边的"变量"框中。当选择了右边的"变量"框中的变量时，移动变量按钮中的箭头指向左边，表示可以把"变量"框中的变量送回原始变量列表中，即从已经选择参与分析的变量中剔除该变量。

② 打开下一级对话框按钮：如图1-11（b）所示的

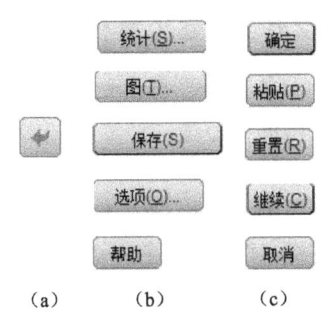

（a） （b） （c）

图1-11 对话框中不同的功能按钮

"选项"按钮,其特点是按钮中的字符后面有省略号,按钮中的文字是下一级对话框的名称。常用的这类按钮还有:"模型"按钮,打开建立模型对话框;"图"按钮,打开作图对话框;"统计"按钮,打开统计量选择对话框;"保存"按钮,打开保存新变量或保存新数据文件对话框。

③ 执行功能按钮:每个对话框中都执行功能按钮。

- "确定"按钮:如图1-11(c)所示,单击这个按钮,把经过主菜单、子菜单、对话框,直到子对话框等选择的带有参数的命令过程语句提交系统执行。当选择或指定的变量、参数不符合运行相应过程的要求时,该按钮为灰色,不能响应单击操作。
- "粘贴"按钮:单击该按钮,将把通过对话框的各种操作组成的带有指定参数的过程命令语句显示到主"语法编辑器"窗口中。当选择或指定的变量、参数不符合运行相应过程的要求时,该按钮为灰色,不能响应单击操作,表示不具备生成可执行文件的条件。
- "重置"按钮:清除在对话框中进行的一切选择和设置,使其恢复到系统默认状态。
- "取消"按钮:取消本次打开对话框后执行的操作,返回上一级对话框或窗口。
- "帮助"按钮:打开帮助窗口,显示与当前对话框及其各项有关的帮助信息。
- "继续"按钮:一般是二级对话框中的按钮。单击该按钮表明确认二级对话框中的参数选择,返回上一级对话框。与之并列的有"取消"按钮和"帮助"按钮。

2)选项

选项有两种。

单选按钮:图标形状像一个收音机旋钮,如图1-12所示。多个单选按钮常排列在一起。一组单选按钮对应的选项只能择其一,不能同时选两个或两个以上。被选中的一项前面的单选按钮中出现黑点。必须从并列的若干个单选按钮对应的选项中选择一项,而且只能选择一项,如果只有一项,无与之并列的项,选择与否均可。

复选框:图标形状为方框,被选中的选项前的复选框中出现"√",如图1-13所示。一组复选框中可以同时选中多个,也可以一个不选。在任何一项都不选时,可能会产生不希望产生的结果,或者"查看器"窗口中没有分析结果输出,甚至出错。

图1-12 单选按钮　　　　　　　　　图1-13 复选框

1.2.6 设置工具栏中的工具图标

各窗口都有自己的工具栏,工具栏用于显示常用功能的图标,这些图标使许多操作变得简单方便。

如果当前窗口的工具栏中没有这些工具图标,那么可以使用下述方法将其显示在各窗口的工具栏中。下面以"编辑数据器"窗口中工具栏为例,将"复制"图标、"剪切"图标、"删除"图标添加到工具栏中,操作步骤与方法如下。

(1)在"数据编辑器"窗口中,按"查看→工具栏→定制"顺序单击,展开"显示工具栏"对话框,如图1-14所示。

(2) 各窗口有不同的工具栏,要确定编辑哪个窗口中的工具栏就在"窗口"下拉列表中选择哪个窗口名。从"数据编辑器"窗口的"查看"菜单启动的"显示工具栏"对话框,默认选择的窗口是"数据编辑器"窗口。

(3) 在"工具栏"框内显示的是在"窗口"下拉列表中确定的窗口中的工具栏名称。有的窗口可能同时出现两个及以上工具栏名称选项,可以同时选择。但同时选择多个工具栏,会在同一个窗口中出现重复的图标。因此,最好使用系统默认的工具栏。

(4) 在"工具栏"框内选择一个工具栏名称,使之显示彩色底纹。图 1-14 选择的是"数据编辑器"复选框。

如果需要建立一个全新的工具栏,单击"显示工具栏"对话框中的"新建"按钮。

(5) 单击"显示工具栏"对话框中的"编辑"按钮,打开"编辑工具栏"对话框,如图 1-15 所示。该对话框分为三部分。左面"类别"栏列出的是当前窗口的菜单项,每一个菜单项对应一组工具图标。当选择一个菜单项时,其对应的所有工具图标将显示在右面"工具"栏内。下面的"定制工具栏:数据编辑器"选区用于指定窗口的工具栏,包括若干工具图标,是可以编辑的。

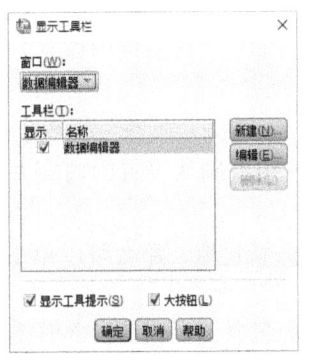
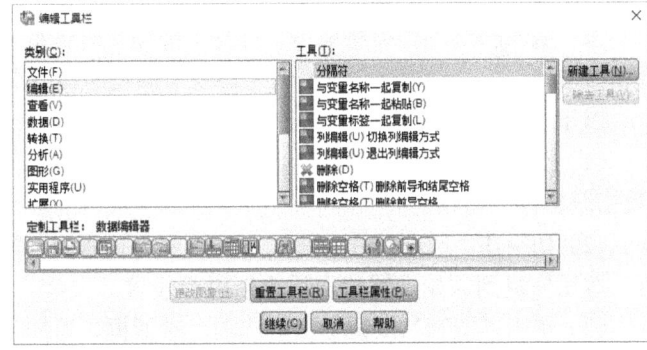

图 1-14　"显示工具栏"对话框　　　　图 1-15　"编辑工具栏"对话框

(6) 在"类别"栏内选择一类工具,本例选择"编辑",在右边的"工具"栏内显示所有编辑类的工具图标。

(7) "定制工具栏:数据编辑器"选区中的工具栏为该工具栏的现状,如图 1-16(a)所示。可以用鼠标将某个图标拖曳到新位置,重新排列图标。

(8) 在"工具"栏内,选择一个图标,按住鼠标左键,将其拖曳到下边的"定制工具栏:数据编辑器"选区中显示的工具栏中,松开鼠标左键,选中的图标出现在工具栏中。用这样的方法将 ✂剪切(T)、 删除(D)、 复制(C)等图标一一拖曳到"定制工具栏:数据编辑器"选区中显示的工具栏中的 图标前面,如图 1-16(b)所示。

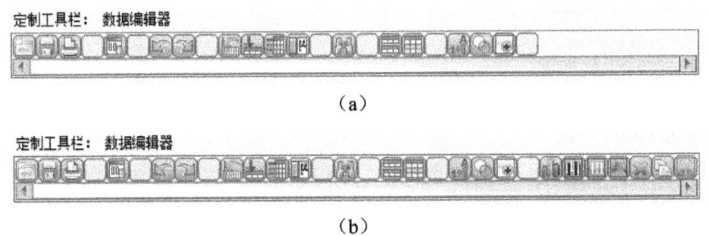

图 1-16　编辑前后的数据编辑器工具栏

（9）在"编辑工具栏"对话框中单击"继续"按钮，返回如图1-14所示的"显示工具栏"对话框，单击"确定"按钮，结束操作。此时"数据编辑器"窗口中的工具栏已经增加了以上步骤选中的多个图标。

（10）在"编辑工具栏"对话框中编辑好的工具栏可以在其他窗口使用。不熟悉窗口、工具栏等操作的读者慎用此功能。如果需要重新编辑工具栏，单击"编辑工具栏"对话框中的"重置工具栏"按钮，即可恢复定义之前的工具栏状态。

1.3 系统参数设置

1.3.1 参数设置基本操作

系统初始状态和系统默认值的设置是通过"编辑"菜单中的"选项"命令打开的"选项"对话框完成的。参数与状态设置的生效时间不同，有的设置在确认后立即生效，有的设置要在下次启动SPSS时才生效。无论何时生效，只要生效，设定的状态或参数就代替了原来系统给定的默认值。

按"编辑→选项"顺序单击，打开"选项"对话框，在"选项"对话框中设置系统状态和参数。

以下几种情况需要使用执行功能按钮。

（1）当完成任何参数或状态设置后，可单击"确定"按钮，确认设置的内容并返回"数据编辑器"窗口。

（2）如果在"选项"对话框中完成一系列设置后，需要重新设置，那么可以单击"取消"按钮恢复到原始设置状态，重新进行设置。

（3）单击"取消"按钮退出"选项"对话框，返回"数据编辑器"窗口，同时刚刚设置的参数作废。

（4）单击"帮助"按钮，进入SPSS官方网站，展开与该对话框各项有关的帮助窗口，查看有关说明。

以上操作在每项设置过程中或完成后都可以进行，后续操作中的类似设置不再赘述。

1.3.2 常规参数设置

通过"常规"选项卡可设置各种通用参数，如图1-17所示。

1."变量列表"栏

"常规"选项卡左边第一栏是"变量列表"栏，下面的选项用于设定变量在原始变量列表中的显示方式和显示顺序。

1）变量的显示方式

①"显示标签"单选按钮：选择此项，变量标签显示在前面，变量名显示在后面的括号中。系统默认选择此项。

②"显示名称"单选按钮：选择此项，各对话框中的原始变量列表中只显示变量名。

2）变量的显示顺序

①"字母顺序"单选按钮：原始变量列表中的变量按变量名的字母顺序排列。

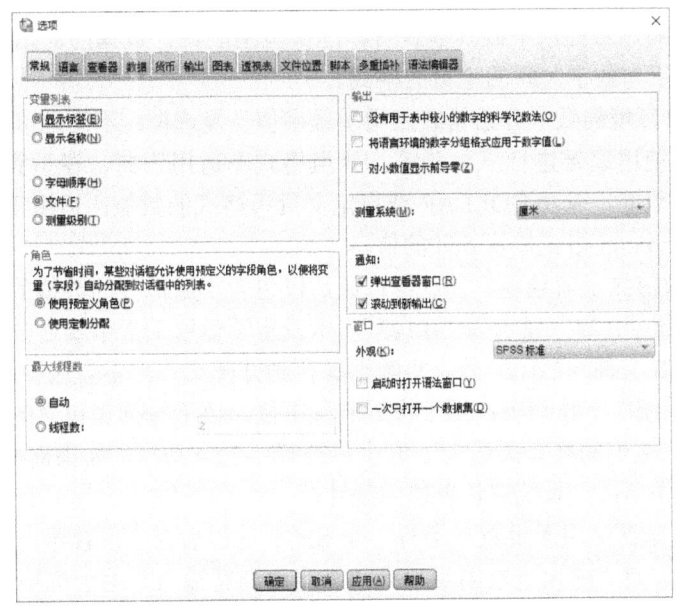

图 1-17 "常规"选项卡

②"文件"单选按钮：原始变量列表中的变量按在数据文件中出现的顺序排列。系统默认选择此项。

改变变量显示顺序的设置对当前数据文件无效，只对单击"应用"按钮和"确定"按钮后打开或定义的数据文件起作用。在各统计分析对话框中，原始变量列表中的变量按选定的方式排列。

③"测量级别"单选按钮：按变量的测量水平名义、有序（SPSS 汉化为"序号"）、尺度（SPSS 汉化为"度量"）排列。

2. "角色"栏

在某些对话框中，如非参数假设检验的单样本、独立样本及相关样本等相关对话框，SPSS 可基于对变量定义的角色预先选择变量的功能。

①"使用预定义角色"单选按钮：在选默认情况下，基于对变量定义的角色，由程序自动选择变量。

②"使用定制分配"单选按钮：由使用者自行设定变量的用途。

3. "最大线程数"栏

"最大线程数"栏用于设置在使用多线程程序计算结果时使用的线程数。

①"自动"单选按钮：选择此项，系统自动设置基于可用处理器核的数量。

②"线程数"单选按钮：如果在多线程程序运行时希望有更多处理资源用于其他应用程序，就选择此项，并在后面的框中指定一个较小的值。系统默认线程数为 2。在分布式分析模式下此项被禁用。

4. "输出"栏

（1）"没有用于表中较小的数字的科学记数法"复选框：对于输出中较小的小数值不用科学记数法显示。非常小的小数值将显示为 0（或 0.000）。本设置只影响具有常规格式的输出，不会影响显著性水平或其他具有标准值范围的统计数据的显示。透视表中的许多数字的格式基于与数字关联的变量的格式。

（2）"将语言环境的数字分组格式应用于数字值"复选框：不同地区数值分组格式不同。我国对数值使用逗号进行三位分隔。分组格式不适用于树、模型查看器、DOT 或 COMMA 格式的数值，以及 DOLLAR 或自定义货币格式的数值；适用于用 DTIME 格式数值，如以 ddd hh:mm 格式显示 ddd 的值。

（3）"对小数值显示前导零"复选框：显示仅包含小数部分的数值的前导零。例如，显示前导零时，值".123"显示为"0.123"。本设置不适用于货币或百分比格式的数值。除固定格式 ASCII 文件（*.dat）外，将数据保存到外部文件时不会包含前导零。

（4）"测量系统"下拉列表：用于设置测量单位，该下拉列表包含的选项为"英寸""磅"和"厘米"。它们的换算关系为 1 英寸 =72 磅 =2.54 厘米。如果需要绘制精细图形，可以使用"磅"作单位，系统默认单位为英寸。

（5）"通知"选区：用于设置在运行一个 SPSS 过程后在"查看器"窗口中显示输出结果的通告方式，有"弹出查看器窗口"和"滚动到新输出"两个选项，系统默认同时使用两种方式。

① "弹出查看器窗口"复选框：当有新处理结果时自动弹出"查看器"窗口。
② "滚动到新输出"复选框：当有新处理结果时显示新输出的信息。

5. "窗口"栏

"窗口"栏用于选择窗口状态。

（1）"外观"下拉列表：用于控制窗口和对话框的基本外观。如果在更改外观后发现显示有问题，请尝试关闭并重新启动应用程序。"外观"下拉列表中有 3 个选项，可以选择其中之一。

① "SPSS 标准"选项：使用 SPSS 标准窗口。
② "SPSS 传统"选项：使用 SPSS 经典界面。
③ "窗口"选项：具有表格线，与 SPSS 标准窗口颜色不同。

（2）"启动时打开语法窗口"复选框："语法编辑器"窗口是用于输入、编辑和运行命令的文本文件窗口，习惯使用 SPSS 语言编程和使用 SPSS 对话框功能的用户应该选择此项。

（3）"一次只打开一个数据集"复选框：不能同时打开两个及以上数据文件或"数据编辑器"窗口。选择此项后每次在使用菜单和对话框打开其他数据文件时，应先关闭当前打开的数据文件。

1.3.3 语言参数设置

通过设置语言参数，可以控制输出结果和用户界面中使用的默认语言。

"选项"对话框中的"语言"选项卡如图 1-18 所示。

1. "语言"栏

"语言"栏中有"输出"下拉列表和"用户界面"下拉列表，二者均包含"英语""繁体中文""简体中文"等 12 个选项。

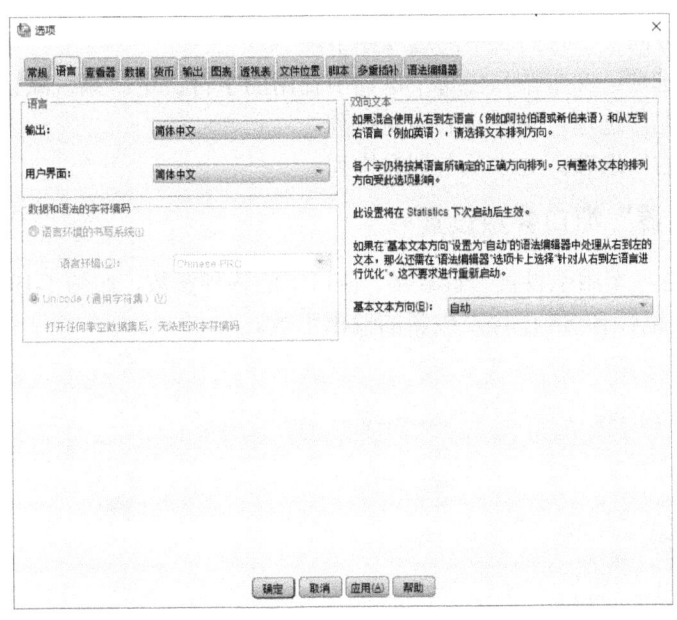

图 1-18 "选项"对话框中的"语言"选项卡

（1）"输出"下拉列表：用于控制输出结果使用的语言，不适用于简单文本输出。可用语言取决于当前系统安装的语言文件（本项设置中的语言不会影响用户界面语言）。根据所选语言，用户可能需要使用 Unicode，以正确显示字符。

① 若选择"繁体中文"选项，则输出内容显示为繁体中文。如果没有安装繁体中文字库，不要轻易设置，否则输出结果会出现乱码。

② 若选择"简体中文"选项，则输出内容显示为简体中文。系统默认选择"简体中文"选项。

需要注意的是，有时输出表格标题或输出项中的术语翻译有误。

无论选择哪个选项，输出仍以英文为主，只在输出表格标题和输出项使用指定的语言。

（2）"用户界面"下拉列表：用于设置控制菜单、对话框和其他用户界面功能部件中使用的语言（本项设置不会影响输出语言中的设定）。系统默认选择"简体中文"选项。

2. "数据和语法的字符编码"栏

"数据和语法的字符编码"栏用于设置系统默认的确定读写数据文件和语法文件的编码方式。

①"语言环境的书写系统"单选按钮：使用当前区域设置读写文件的编码方式。此模式也称为代码页模式。

②"Unicode"单选按钮：使用通用字符集编码（UIF-8）读写文件。此模式也称为 Unicode 模式。

3. "双向文本"框

如果混合使用从右到左的语言（如阿拉伯语或希伯来语）与从左到右的语言（如英语），就需要选择文本排列方向。"双向文本"框中的设置仅控制整段文本（如在一个编辑字段中输入的所有文本）的文本排列，单个单词的排列方向由其语言决定。

"基本文本方向"下拉列表中的选项如下。
- "自动"选项：文本排列由每个单词中使用的字符决定。系统默认选择此项。
- "从右到左"选项：文本从右到左排列。
- "从左到右"选项：文本从左到右排列。

1.3.4 "查看器"窗口参数设置

"查看器"选项卡用于设置"查看器"窗口中的各种参数，如图1-19所示。本选项卡中的设置对再次运行SPSS过程产生新的输出生效。

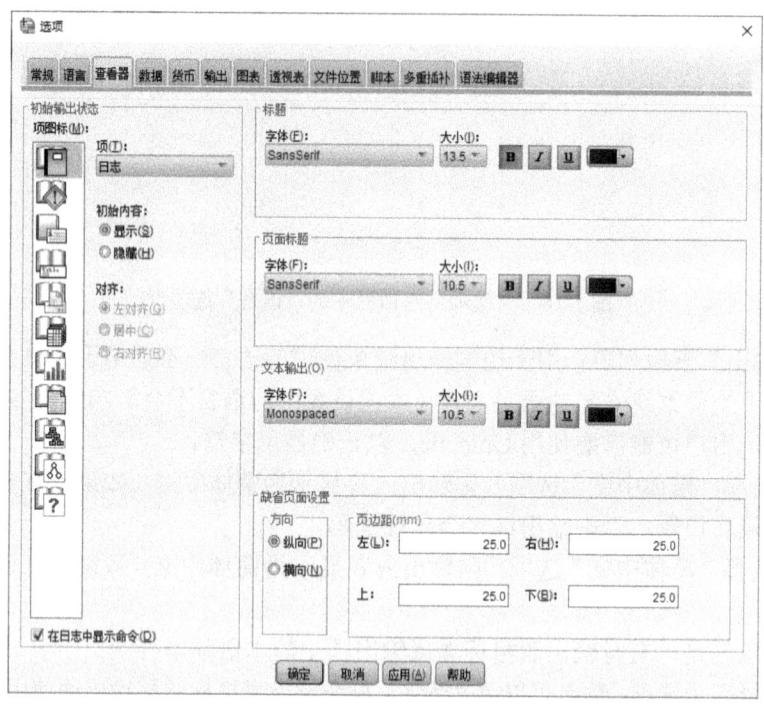

图1-19 "选项"对话框中的"查看器"选项卡

1. 初始输出状态设置

"查看器"选项卡左边第一项为"初始输出状态"栏，用于设置各种输出的初始状态。

（1）"项图标"框中的图标与"项"下拉列表中的选项——对应，可以通过"项图标"框进行设置，也可以通过下拉列表进行设置。可以选择的输出项有日志、警告、备注、标题、页面标题、透视表、图表、文本输出、树形结构图（SPSS汉化为"树模型"）、模型查看器和未知对象类型。

（2）"初始内容"选区：包括"显示"和"隐藏"两个单选按钮，用于确定项目列表中指定的项目是显示还是隐藏。

（3）"对齐"选区：用于指定文本内容的对齐方式。所有输出都默认为左对齐，仅打印输出的对齐方式由"对齐"选区下面的选项确定。

（4）"在日志中显示命令"复选框：勾选此复选框，用户可以从日志中复制命令语句并将它们保存在一个语法文件中。

2. 标题、输出文本的字体、字号设置

在"查看器"选项卡右侧有 4 个栏:"标题"栏、"页面标题"栏、"文本输出"栏、"缺省页面设置"栏,分别用于定义各项的字体、字形、字号、颜色和页面尺寸,这些设置对新产生的输出生效。

1.3.5 数据属性参数设置

"数据"选项卡用来设置有关数据的各种参数,如图 1-20 所示。

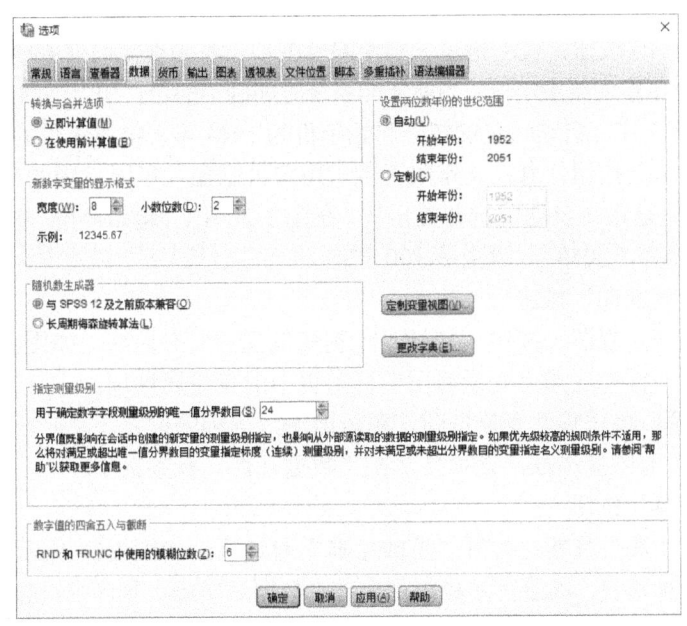

图 1-20 "选项"对话框中的"数据"选项卡

1)"转换与合并选项"栏

在 SPSS 中进行某些数据转换时(如计算变量和重新编码为不同变量)和在进行文件转换后(如增加变量或观测),不必要求立即执行,而是在 SPSS 读取这些数据去执行另一个命令时再执行。何时执行转换可以通过"转换与合并选项"栏中的选项设置。

① "立即计算值"单选按钮:用于指定转换方法后立即执行。

② "使用前计算值"单选按钮:用于指定在使用之前再进行转换或合并。对于大的数据文件,选择此项可以延迟执行,从而节省处理时间。

2)"新数字变量的显示格式"栏

"新数字变量的显示格式"栏用于为新数值型变量指定系统默认的显示宽度和小数位数。

若一个数值相对于显示格式太长,则 SPSS 先截掉小数部分,然后转化成科学记数法显示。显示格式对参与计算的数值本身没有影响,如 123456.78 可以显示成 123456,但在进行任何计算时使用的是未被截掉小数部分的原始值。

① "宽度"框:用于输入显示数值的总宽度。

② "小数位数"框:用于输入显示数值的小数位数。

3)"随机数生成器"栏

"随机数生成器"栏中有两个随机数生成器可供选择。

①"与 SPSS 12 及之前版本兼容"单选按钮：用于指定与 SPSS 12 及之前版本兼容的随机数生成器。如果需要使用 SPSS 12 之前版本的随机数发生器产生指定种子数的随机数，就选择此项。

②"长周期梅森旋转算法"单选按钮：长周期梅森旋转算法生成器，该生成器是一种更可靠的新随机数生成器。

4)"设置两位数年份的世纪范围"栏

"设置两位数年份的世纪范围"栏用于指定使用两位数字输入和显示（如 10/28/97、29-OCT-96）时日期型数据中的年份范围。

①"自动"单选按钮：自动指定表示年限范围项，将当前年向前 69 年作为开始年份，将当前年向后 30 年作为结束年份。当前年即系统时间确定的年，加上当前年范围是 100 年。如果当前年是 2013 年，自动设定的年限起始年份为 1944 年，结束年份为 2043 年。

②"定制"单选按钮：自定义年限范围。用户可以输入年限范围的起始年份。"结束年份"框中的数值是系统自动确定并显示的。在图 1-20 中，"起始年份"被设置为"1960"，"结束年份"显示为"2059"，范围是 100 年。

5)"定制变量视图"按钮

单击"定制变量视图"按钮，打开"定制变量视图"对话框，如图 1-21 所示。可在该对话框中重新安排和选择"变量视图"标签页中的变量属性项。

① 选择一项，单击移动变量按钮，可以改变该选项的位置。
② 勾选某项前的复选框，该项显示在"数据视图"标签页中。

6)"更改字典"按钮

单击"更改字典"按钮，打开"更改字典"对话框，如图 1-22 所示。在"字典"下拉列表中选择一种语言，该语言字典将用于在"数据编辑器"窗口中检查拼写。目前未提供中文字典。

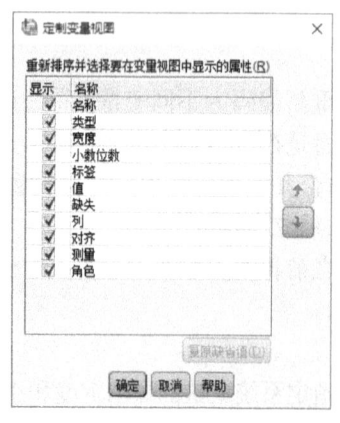

图 1-21 "定制变量视图"对话框

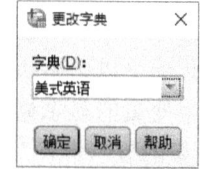

图 1-22 "更改字典"对话框

7)"指定测量级别"栏

在"指定测量级别"栏中可以定义尺度数据与分类数据的界限。若一个数值型变量不同的数值的个数不少于指定值，则系统认为它是尺度变量。若一个数值型变量的不同数值的个数少于指定值，则系统认为它是名义变量或有序变量。可以单击数值调节按钮更改这个参数。

此外，SPSS 默认货币变量、日期时间（不包括月份、星期）型变量数值中至少有一个负数或至少包含一个非整数的为尺度变量，即连续型变量。

8)"数字值的四舍五入与截断"栏

"RND 和 TRUNC 中使用的模糊位数"框用于设置 RND 函数和 TRUNC 函数四舍五入取整或截尾取整的默认阈值。

1.3.6 货币变量自定义格式设置

SPSS 允许用户自己设定常用的货币数值型变量的输出格式，即显示格式。"选项"对话框中的"货币"选项卡用于设置有关数据的各种参数，如图 1-23 所示。

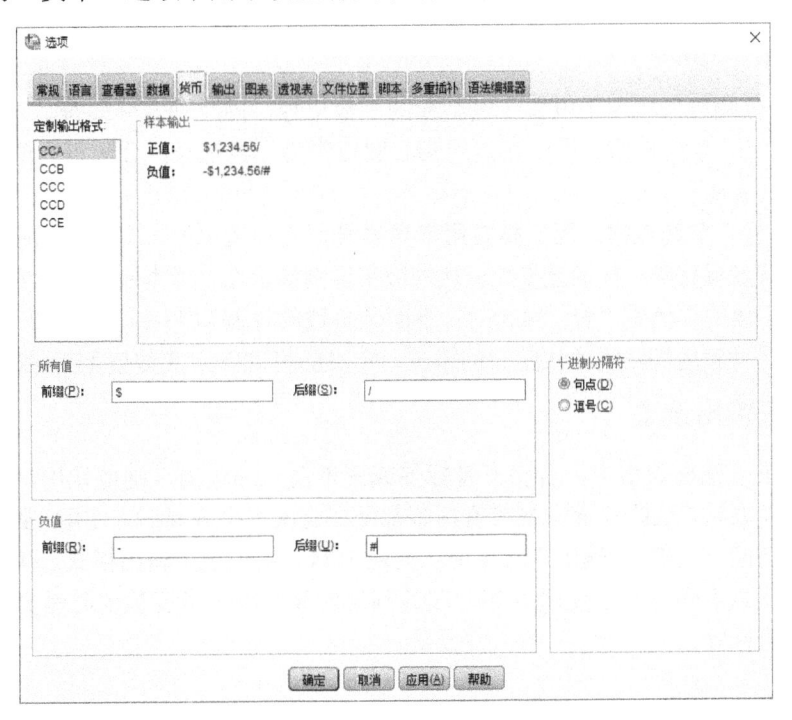

图 1-23　"选项"对话框"货币"选项卡

最多可以创建五种自定义货币输出格式，其名称为 CCA、CCB、CCC、CCD 和 CCE。格式名称不能更改。格式可以包括特殊的前缀和后缀字符以及对负值的表示方式。

自定义货币输出格式的前缀、后缀和小数指示符仅用于显示。这里自定义货币字符不能用作"数据编辑器"窗口中的输入值。"数据编辑器"窗口中的输入值要显示自定义货币字符，须通过定义变量属性的类型为"定制"货币，才能实现。

1."定制输出格式"框

"定制输出格式"框列出了可以设置的自定义货币输出格式。

5 种自定义货币输出格式的名称分别为 CCA、CCB、CCC、CCD 和 CCE。选择一个名称，图 1-23 中选择了"CCA"选项。

2."所有值"栏

"所有值"栏用于设置数值的首尾字符。

（1）"前缀"框：用于设置在数值前面添加的字符，系统默认值是空格，图 1-23 中设置为"$"。

（2）"后缀"框：用于设置在数值后面添加的字符，系统默认值是空格，图 1-23 中设置为"/"。

3．"负值"栏

"负值"栏用于设置负数的首尾字符。

（1）"前缀"框：用于设置负数首字符，系统默认值是"–"。

（2）"后缀"框：用于设置负数尾字符，系统默认值是空格，图 1-23 中设置为"#"。

4．"十进位分隔符"栏

"十进位分隔符"栏用于设置十进制数的小数记号，同时确定分隔符。

（1）"句点"单选按钮：用于指定用实心圆点作为小数记号，分隔符为逗号。系统默认选择此项。

（2）"逗号"单选按钮：用于指定用半角逗号作为小数记号，分隔符为圆点。

以上参数设置完毕，按设置参数表达的数字样例显示在"样本输出"栏内。在图 1-23 中，上面是正数的样例为"$1,234.56/"；下面是负数的样例为"–$1,234.56/#"。设置完以上参数后单击"应用"按钮确认定义的格式，定义的格式在定义数值型变量时即可使用。

1.3.7　标签输出设置

输出结果或输出表格中，若将变量标签或变量值一并输出，则能让用户很方便地阅读这些结果和表格。这些变量标签或值标签都是在定义一个变量时，使用"数据"菜单中的定义变量功能定义的。"输出"选项卡（见图 1-24）用于设定输出格式。例如，输出的表格是显示变量名还是显示变量标签，在遇到需要显示的分类变量值时是显示变量值还是显示它的值标签。

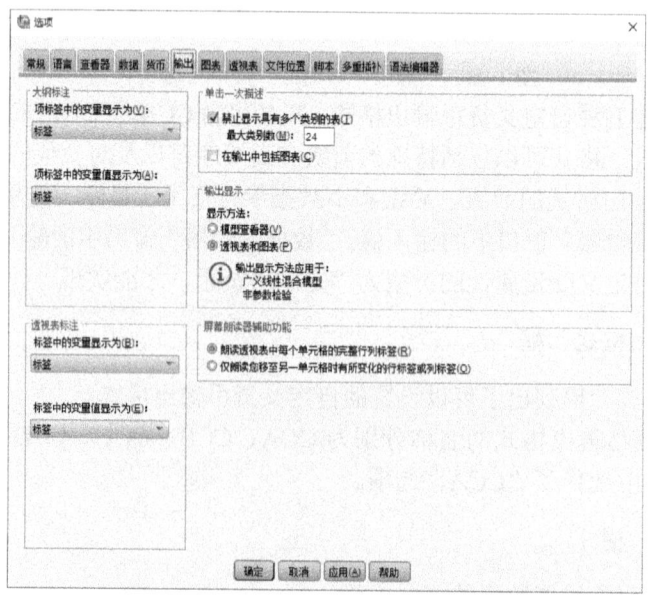

图 1-24　"选项"对话框中的"输出"选项卡

1. "大纲标注"栏

"大纲标注"栏用于设定在输出表格时是否在相应的导航栏中使用变量标签。

(1)"项标签中的变量显示为"下拉列表：用于设置变量标识。该下拉列表中有3个选项，指定其中一个。

① "标签"选项：用于指定输出使用变量标签表示每个变量。
② "名称"选项：用于指定输出使用变量名表示每个变量。
③ "名称和标签"选项：用于指定同时使用变量名和变量标签表示每个变量。

(2)"项标签中的变量值显示为"下拉列表：用于设置输出中变量值的表示方法。该下拉列表中有3个选项，指定其中一个。

① "标签"选项：用于指定使用值标签表示每个变量值，适用于分类变量值的输出。
② "值"选项：用于指定直接输出变量值本身。
③ "值和标签"选项：用于指定同时使用变量值和值标签表示每个变量的值，分类变量的输出可以选择此项。

2. "透视表标注"栏

"透视表标注"栏用于设置输出表格时是否使用标签，其设置过程与"大纲标注"栏的设置过程相同。

注意：当变量标签或值标签过长时，在图形或表格中使用标签不一定合适。因此，使用标签与否，要视实际情况而定。

输出标签选项只有对指定这些选项之后产生的输出生效，对当前已经在"查看器"窗口中的输出图形或表格不起作用。

3. "单击一次描述"栏

"单击一次描述"栏用于设置"数据编辑器"窗口中为选定的变量生成的描述统计选项。其中有两个选项。

(1)"禁止显示具有多个类别的表"复选框：勾选此复选框后可在下面的"最大类别"框中指定最多的类别数，系统默认值为24，对多于该指定类别数的变量，不显示其频数分布表。

(2)"在输出中包括图表"复选框：用于指定显示名义和有序测度的变量及未知测量级别的变量的条形图；显示连续（刻度）型变量的直方图。

4. "输出显示"栏

"输出显示"栏用于控制输出类型为模型查看器或透视表和图表。本项设置仅适用于广义线性混合模型和非参数检验过程。

5. "屏幕朗读器辅助功能"栏

"屏幕朗读器辅助功能"栏用于控制屏幕朗读器以何种方式朗读透视表行标签和列标签。

可以选择"朗读透视表中每个单元格的完整行列标签"单选按钮，也可以选择"仅朗读您移至另一单元格时有所变化的行标签或列标签"单选按钮。

1.3.8 统计图参数设置

"图表"选项卡用来设置统计图的各种参数,如图 1-25 所示。

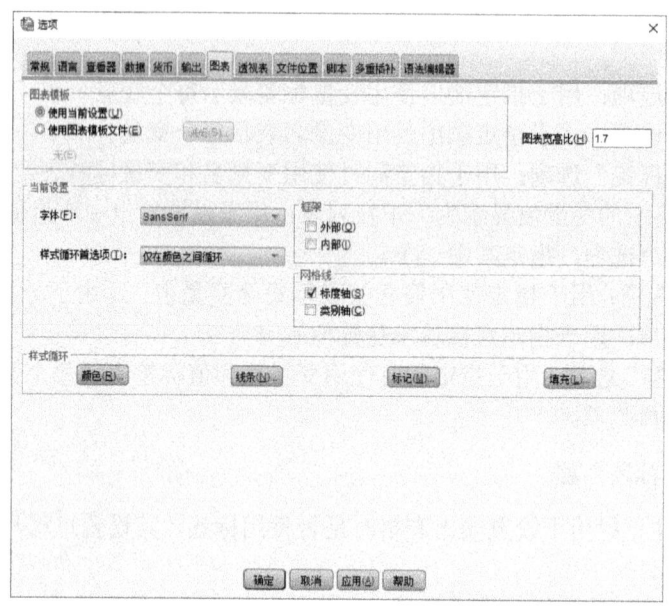

图 1-25 "选项"对话框中的"图表"选项卡

1."图表模板"栏

"图表模板"栏用于设置图形模板,新图形可以套用此模板。

(1)"使用当前设置"单选按钮:用于指定使用当前系统默认的模板和此选项卡中的默认参数。

(2)"使用图表模板文件"单选按钮:用于指定使用图表模板文件中设定的图形参数。选择此项,需要单击该单选按钮后面的"浏览"按钮,在"打开"对话框中指定一个模板文件。

也可以建立新的模板文件,用需要的参数生成图形并将其保存到模板文件中,具体方法是生成图表后,双击图表,打开"图形编辑器"窗口,在"文件"菜单中选择"保存"命令,设定保存的模板项目后把图表保存为扩展名为".sgt"的模板文件。

2."图表宽高比"框

"图表宽高比"框用于设置图表的宽高比,默认值为 1.25。可以直接在该框中输入需要设置的宽度比,输入的数值的范围为 0.1~10.0。若输入的数值小于 1,则图的高度大于图的宽度。若输入的数值大于 1,则图的宽度大于图的高度。若输入的数值等于 1,则图形为宽高相等的正方形。图形一旦生成,在 SPSS 中其宽高比就不能改变了。

3."当前设置"栏

"当前设置"栏用于设置生成图形的参数。

(1)"字体"下拉列表:用于设置图形中的文字字体,打开该下拉列表,选择一种字体。系统默认字体是没有修饰的普通字体。SPSS 20.0 可以设置中文字体。

（2）"样式循环首选项"下拉列表：用于设置新生成图形的填充方式。该下拉列表中有如下两个选项。

- "仅在颜色之间循环"选项：用于指定用不同颜色区别图形不同的分类，不使用底纹图案。
- "仅在图案之间循环"选项：用于指定只用不同底纹区别图形不同的分类，不使用颜色。如果显示器为单色显示器，选择此项可以获得比较好的图形显示效果。

（3）"框架"栏：用于设置图形框，其中有两个选项。

- "外部"复选框：用于设置外框，即在整个统计图（包含标题和图例等）的外围加框。
- "内部"复选框：用于指定只对统计图加边框。

（4）"网格线"栏：提供了两种坐标轴网格线。

- "刻度轴"复选框：用于显示刻度坐标轴网格线。
- "类别轴"复选框：用于显示分类坐标轴网格线。

4. "样式循环"栏

"样式循环"栏用于设置图形外观样式参数。

分别单击"颜色"按钮、"线条"按钮、"标记"按钮和"填充"按钮，打开相应的对话框，设置图形的颜色、线条、标记和填充的样式。

1）设置图形的颜色样式

单击"颜色"按钮，打开如图 1-26 所示的"数据元素颜色"对话框，左侧是"要编辑的样式"栏。

① "分组图表"列表：当一组图形需要用不同颜色表示时，可以在此列表中进行设置。图形颜色的选取可按此列表中自上而下的顺序选择。

- 如果要改变颜色使用顺序，只要选择一种颜色，然后单击移动变量按钮即可。

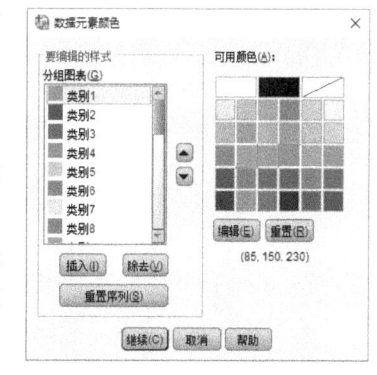

图 1-26　"数据元素颜色"对话框

- 如果要改变"分组图表"列表中的某一种颜色，只要单击对应色块，然后在右面的"可用颜色"调色板中选择一种合适的颜色并单击即可。
- 单击"可用颜色"调色板中的一种颜色，单击"插入"按钮，即可将其插入"分组图表"列表；若不想使用"分组图表"列表中的某种颜色，在"分组图表"列表中单击该颜色后，单击"删除"按钮，即可将其放回"可用颜色"调色板。

② 有 5 种编辑调色板的方式。单击"可用颜色"调色板下方的"编辑"按钮，打开如图 1-27（a）所示的"选择颜色"对话框。"选择颜色"对话框中的 5 个选项卡对应 5 种编辑调色板的方式。图 1-27 中只显示了其中 3 种。

- "图样（S）"选项卡：对应样品块方式，单击某个颜色块，就有一小块样品显示在右侧"最近"选区中。在下面的"预览"栏中可察看各种符号颜色是否合适。
- "HSV（H）"选项卡和"HSV（L）"选项卡：对应色相、饱和度、明度方式。界面左侧的方块中是在样品块方式中选择的颜色，其饱和度和明度是渐变的。只要拖曳其中的圆圈到饱和度和明度合适位置即可。通过查看下面"预览"栏确认是否合适。

(a)

(b)

(c)

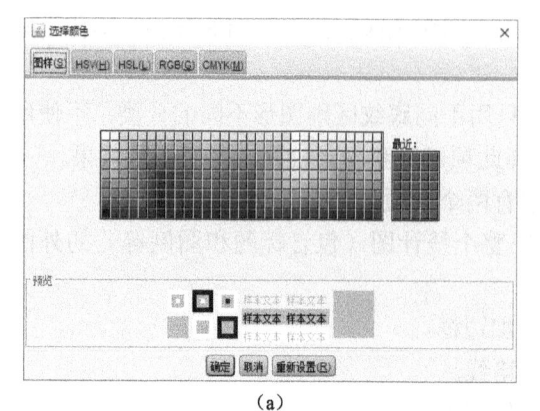

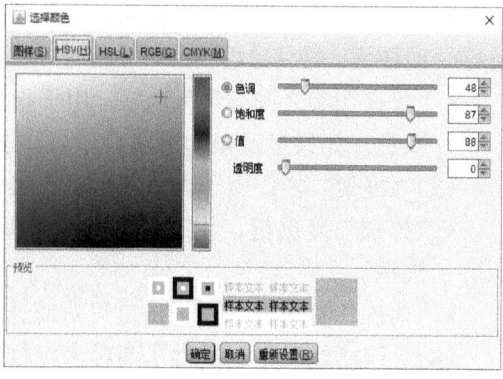

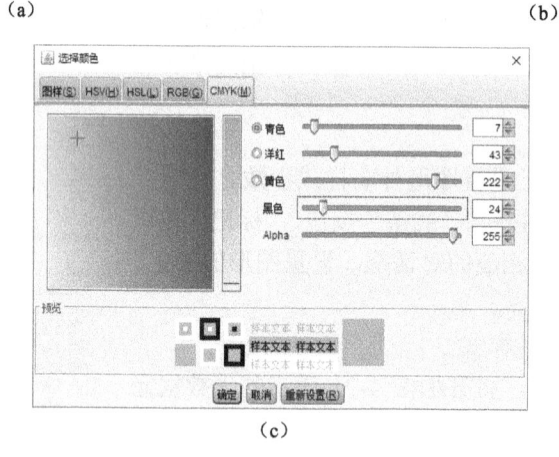

图1-27 "选择颜色"对话框中的3个选项卡

- "RGB"选项卡：对应红、绿、蓝基本色参数方式。熟悉基本色参数的读者可以使用这种方式。
- "GMYK（M）"选项卡：对应青、洋红、黄三色参数方式。

一般凭直觉调整颜色的读者选用前两种方式就可以满足需求。

颜色设置完成后单击"确定"按钮，返回"数据元素颜色"对话框，单击"继续"按钮返回"选项"对话框。

2）设置图形的线条样式

单击"线条"按钮，打开"数据元素线条"对话框，如图1-28所示。

在"要编辑的样式"栏内有两个选项供选择。

①"简单图表"单选按钮：用于设置所有数据元素都使用的线型，默认线型是细直线。样品显示在该选项下方。若要改变这个基本线型，只要在右面的"可用线条"列表中选择一种并单击即可。例如，只有一条折线的折线图就可以选择这种方式。

②"分组图表"单选按钮：由两条及以上直线或折线

图1-28 "数据元素线条"对话框

组成的图形需要使用两种及以上线型，以便区别，此时可以选择此项。

线型使用顺序为"可用线条"列表自上而下的顺序，若要改变线型使用顺序，只要选择一种线型并单击，然后单击移动变量按钮即可移动该线型。

除"分组图表"列表中的线型外，还可以用"可用线条"列表中选中的线型。单击"可用线条"列表中的某线型，单击"插入"按钮，将其插入"分组图表"列表所选线型下方。对于"分组图表"列表中不使用的线型，可以在"分组图表"列表中选择后，单击"删除"按钮，将其送回"可用线条"列表。

若想改变"分组图表"列表中某线型，只要单击该线型，然后在"可用线条"列表中选一种线型并单击即可。

若要恢复默认状态，只需要单击"重置序列"按钮。

3）设置图形的标记样式

单击图 1-25 中的"标记"按钮，打开"数据元素标记"对话框，如图 1-29（a）所示。该对话框用于设置图形中数据点所用标记。

4）设置图形的填充样式

单击图 1-25 中的"填充"按钮，打开"数据元素填充"对话框，如图 1-29（b）所示。该对话框用于设置有框图形（如柱形图、饼图等）内部填充使用的图案或称底纹，相应操作方法与线条样式的设置方法相同。

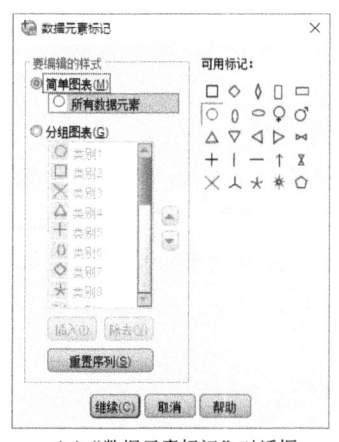

（a）"数据元素标记"对话框　　　　　　（b）"数据元素填充"对话框

图 1-29　设置标记和图案的对话框

以上所有在"图表"选项卡中的设置，只对单击"确定"按钮后生成的图形生效。

1.3.9　输出表格参数设置

"透视表"选项卡用来设置默认的输出表格样式及有关参数，如图 1-30 所示。在该选项卡中，可设置新的输出表格的外观。

在"表外观"栏中选择一个样式，被选择的样式显示在"样本"栏中。单击"应用"按钮或"确定"按钮，新表格按选择的外观样式生成。"表外观"栏中的表格样式文件保存在 SPSS 安装位置的一个文件夹中。选中的表格样式文件的文件名显示在"表外观"栏的第一行。系统默认的表外观是外框粗实线，内部细实线，不加任何修饰的普通表格。

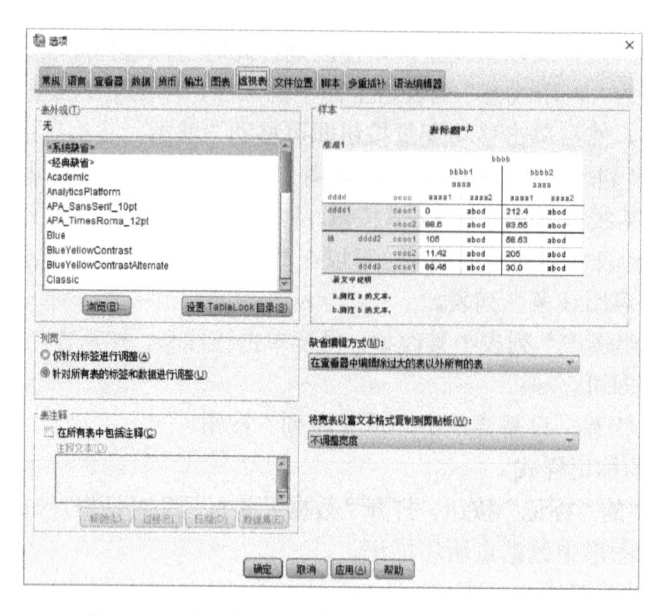

图1-30 "选项"对话框中的"透视表"选项卡

用户还可以使用 SPSS 提供的表外观功能建立表格样式，即双击"查看器"窗口中的表格，在表格编辑器中选择"格式"菜单中的"表外观"命令，打开"表外观"对话框，选择一种基本样式。单击"编辑外观"按钮，打开"表属性"对话框，改变表格各部位的参数，以建立自己的表格样式，详见 3.2.3 节。

1.3.10 文件默认存取位置设置

"文件位置"选项卡用来设置 SPSS 启动后打开和保存的文件的位置，如图 1-31 所示。图 1-31 中的各框内是系统默认的打开和保存的文件的位置。一般都是 Windows 用户的 Documents 文件夹。单击"浏览"按钮，可以对文件位置重新进行设置。此功能可以减少启动 SPSS 后查找数据文件或其他类型文件的操作。

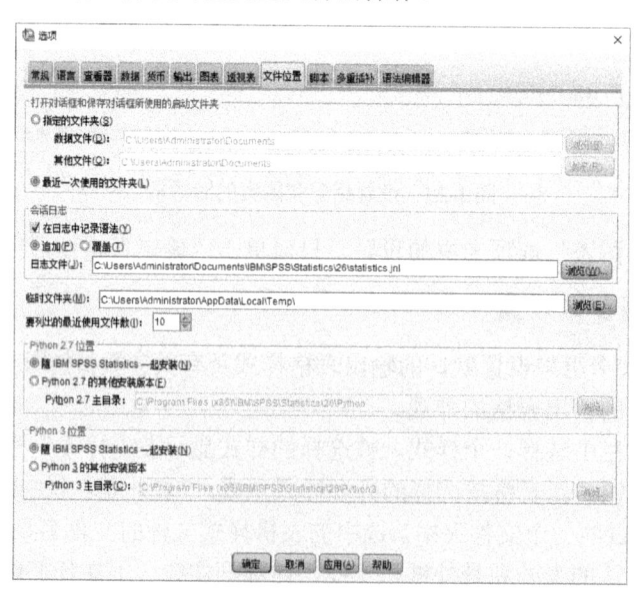

图1-31 "选项"对话框中的"文件位置"选项卡

(1)"打开对话框和保存对话框所使用的启动文件夹"栏：用于设定打开和保存对话框所使用的默认文件夹。

注意：指定的文件夹必须事先建好。如果指定了一个不存在的文件夹，单击"确定"按钮后，系统会给出警告信息，并要求改变。

① "指定的文件夹"单选按钮：用于指定保存数据文件的文件夹和保存其他文件的文件夹。

- 在"数据文件"框中直接输入文件路径及文件名或单击"浏览"按钮，打开"缺省数据文件夹"对话框，在"查找位置"下拉列表中确定文件夹位置，在"文件夹名"框中输入文件夹的名字，单击"设置"按钮完成设置。
- 在"其他文件"框中直接输入文件路径及文件名或单击"浏览"按钮，指定非数据文件存放位置。

② "最近一次使用的文件夹"单选按钮：用于指定在启动 SPSS 后，打开或保存操作直接使用上次从 SPSS 退出时最后使用的文件夹。

(2)"会话日志"栏：用于指定 SPSS 在运行时产生的日志文件自动保存的位置和形式。

① "在日志中记录语法"复选框：选择此项，每次运行会把语句写进日志文件。系统默认选择此项，擅长编程的人员适合选择此项。日志中记录的语句既包括写在"语法编辑器"窗口中的程序，也包括在进行对话框操作时调用命令、设置参数等形成的语句，对下一次修改程序减少程序输入量很有帮助。

② 日志文件续写方式设定。

- "附加"单选按钮：用于指定每次运行的语句接在前一次运行语句记录后面存入日志文件。
- "覆盖"单选按钮：用于指定每次运行语句存入日志文件时覆盖前一次存入的内容。

③ 设定日志文件名及存储路径。在"日志文件"框中直接输入文件路径及文件名或单击"浏览"按钮，展开保存日志文件的"另存为"对话框，指定保存日志文件的存储位置和文件名。

(3)"临时文件夹"框：用于指定临时文件路径。读者可以直接输入文件路径及文件名，或者单击"浏览"按钮，打开"临时文件夹"对话框，设置在 SPSS 计算过程中临时文件的存储位置和文件名。临时文件往往需要占用较大空间，如 200MB 的数据文件，需要大于占用 400MB 临时文件空间。不用的临时文件应及时删除。

(4)"要列出的最近使用文件数"框：用于设定最近使用文件数目，控制显示在"文件"菜单中的"最近使用的文件"子菜单中的文件名数目。改变该框中的数字即可达到目的。

(5)"Python 2.7 位置"栏和"Python 3 位置"栏：用于指定从 SPSS Statistics 中运行 Python 时 Python 2.7 和 Python 3.4 的安装位置。

系统默认选择"随 IBM SPSS Statistics 一起安装"单选按钮，表明 Python 2.7 和 Python 3.4 位于 SPSS 的安装目录的 Python（包含 Python 2.7）目录和 Python 3 目录下。

若使用安装在计算机其他目录中的 Python 2.7 或 Python 3.4 程序，则选择"Python 2.7 的其他安装版本"单选按钮或"Python 3 的其他安装版本"单选按钮，在"Python 2.7 主目录"框或"Python 3 主目录"框中直接输入该文件存放位置的路径及文件名称,或者单击"浏览"按钮,打开"Python 2.7 主目录"对话框或"Python 3 主目录"对话框,来进行设置。

1.3.11 脚本

通过"脚本"选项卡可以指定默认脚本语言,以及使用的任何自动脚本,如图 1-32 所示。

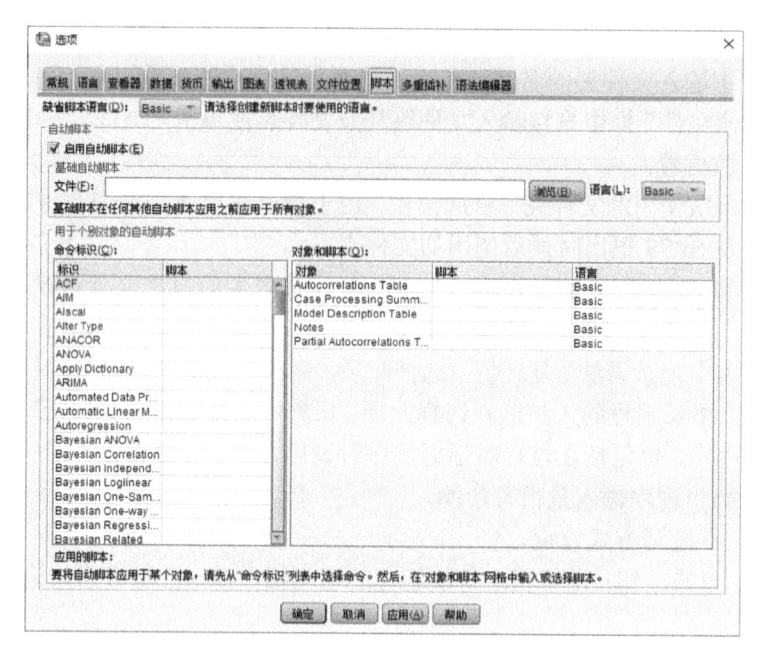

图 1-32 "选项"对话框"脚本"选项卡

1. "缺省脚本语言"下拉列表

在"缺省脚本语言"下拉列表选项中可以选择 Basic、Python 2、Python 3 中的一项作为创建新脚本时使用的语言。系统默认脚本语言为"Basic"。

2. "自动脚本"栏

(1)"启用自动脚本"复选框:通过勾选或取消勾选该复选框,可以确定启用或禁用自动脚本。系统默认启用自动脚本。

(2)"基础自动脚本"栏:用于设置在应用任何其他自动脚本之前,已应用于所有新"查看器"窗口的脚本。

- 在"文件"框中,直接输入该脚本存放位置的路径及脚本文件名称,或者单击"浏览"按钮,打开"选择脚本"对话框,从脚本文件列表中再选择确定。

3. "用于个别对象的自动脚本"栏

在"命令标识"表格中,选择一条应用自动脚本生成输出项的命令,"对象和脚本"表格的"对象"列将显示与选定命令关联的对象;"脚本"列将显示所选命令关联的任何现有脚本。单击对应的"脚本"单元格,输入脚本文件路径,为"对象"列中显示的任何项指定脚本；在"语言"列的对应单元格中选择用于运行脚本的语言。

单击"应用"按钮或"确定"按钮，上面所有设置将在下次运行脚本时生效。

1.3.12 缺失值处理

在数据收集过程中，由于种种原因数据会出现一定程度缺失或大量缺失。为弥补缺失值带来的信息损失和解决分析中的问题，可采用各种插值方法对缺失值进行处理，以得到完整数据集。

"多重插补"选项卡用于设置插补数据的标志，以原始数据和区分；确定输出内容，以便研究人员确定插补数据的影响，如图1-33所示。

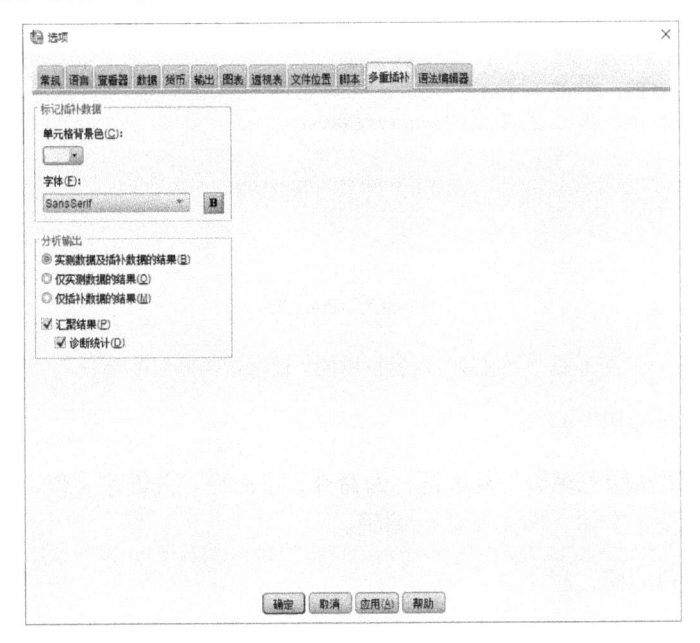

图1-33 "选项"对话框中的"多重插补"选项卡

（1）"标记插补数据"栏：用于设置数据集中插值得到的原缺失值数据显示方式。在"单元格背景色"下拉列表中选择一种颜色；在"字体"下拉列表中选择一种字体；单击右侧的"B"图标，可选择或者取消字体的加粗。

（2）"分析输出"栏：用于确定插值后数据处理结果的输出内容。

① "实测数据及插补数据的结果"单选按钮：用于指定输出观测值与插补数据一起分析的结果。

② "仅实测数据的结果"单选按钮：用于指定仅输出对观测值分析的结果。

③ "仅插补数据的结果"单选按钮：用于指定仅输出对插补值分析的结果。

以上选项只能选择一项。除此之外，还有两个选项是系统默认选择的：

① "汇聚结果"复选框。

② "诊断统计"复选框。

1.3.13 语法编辑器

"语法编辑器"选项卡用于设置语句中各项显示的颜色，如图1-34所示。

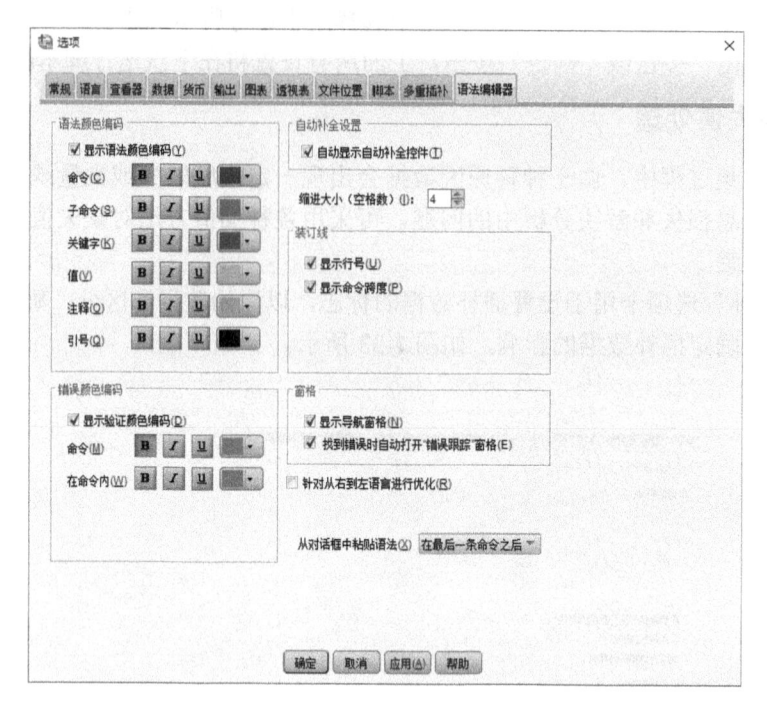

图1-34 "选项"对话框中的"语法编辑器"选项卡

1. "语法颜色编码"栏

勾选"显示语法颜色编码"复选框,为命令、子命令、关键字、值、注释和引号涉及的语句的对应项设定字体、样式和颜色编码。

2. "错误颜色编码"栏

勾选"显示验证颜色编码"复选框,指定命令、在命令内使用的包含错误命令名称和文本的字体样式和颜色。系统默认颜色为红色。

3. "自动补全设置"栏

勾选"自动显示自动补全控件"复选框,打开自动补全控件的自动显示。在 Windows 10 系统中,始终可以通过按空格键来切换"自动显示补全控件"复选框的勾选与取消勾选。

4. "缩进大小(空格数)"框

通过"缩进大小(空格数)"框的数值调节按钮指定缩进的字符数。该设置适用于选定语句行缩进及自动缩进的空格数。系统默认值为4。

5. "装订线"栏

勾选或取消勾选"显示行号"复选框和"显示命令跨度"复选框,可指定在"语法编辑器"窗口中间空白区域(文本窗格左侧区域,用于保留行号、书签、分界点和命令跨度)默认显示或隐藏行号和命令跨度。命令跨度是提供命令开始和结束的可视指示符的图标。

6. "窗格"栏

勾选或取消勾选"显示导航窗格"复选框，可指定默认显示或隐藏导航窗格。导航窗格在"语法编辑器"窗口中包含所有已识别命令，按命令执行的先后顺序显示。单击导航窗格中的命令，光标将置于命令开始。

勾选或取消勾选"找到错误时自动打开'错误跟踪'窗格"复选框，可指定当发现运行错误时显示或隐藏错误跟踪窗格的默认值。

7."针对从右至左语言进行优化"复选框

使用从右至左的语言时，勾选"针对从右至左语言进行优化"复选框可获得最佳用户体验。

8."从对话框中粘贴语法"下拉列表

选择"从对话框中粘贴语法"下拉列表中的"在最后一条命令之后"选项或"在光标或选定内容处"选项，语句将被插入"语法编辑器"窗口指定选项的对应位置。

1.4 统计分析功能概述

SPSS 26 的统计分析功能主要集中在以下 3 方面。

1．统计分析函数

统计分析函数共 19 类 206 个函数（其中在不同类中重复出现的函数有 8 个），如算术函数、累积分布函数、转换函数、当前日期时间函数、日期运算函数、日期创建函数、日期提取函数、逆分布函数、混杂函数、缺失值函数、概率密度函数、随机数函数、搜索函数、显著性函数、统计函数、评分函数、字符串函数、时间间隔生成函数、时间间隔提取函数等。

2．统计分析过程

在"分析"菜单中有 26 类 116 个分析过程。除此之外还有可以使用语句实现分析而没有窗口化的 SPSS 中的统计方法。SPSS 中窗口化的方法都可以使用编程语句实现。

3．统计图

统计图可以直观表达数据特征和统计分析结果，大致可以分为以下两类。

"图形"菜单中有条形图、三维条形图、折线图、曲线图、面积图、饼图、盘高-盘低图、控制图、箱图、误差条形图、人口金字塔图、散点图、直方图、威布尔图、比较子图、回归变量图等。SPSS 有一套灵活且完整的对统计图进行编辑的方法。这些统计图是对数据统计特征的描述，可以作为初步统计分析结果和数据特征。

一般可以通过在分析过程对话框的"图"对话框的选项中选择特定选项，以生成常用的统计图，另外还可以在"图形"菜单中选择特定的过程来生成特定的统计图。

注意：由于各种课题的目的及所收集数据的性质不同，而各种统计分析方法的使用条件也各不相同，因此必须选择合适的统计方法，最终的分析结果的好坏依赖于数据的质量和方法的选择。

1.5 数据与变量

1.5.1 常量与变量

1. SPSS 常量

常用的 SPSS 常量有数值型、字符串型、日期型和日期时间型。

（1）数值型常量就是 SPSS 语句中的数字，一般有两种书写方式：一种是普通书写方式，如 26、38.4 等；另一种是科学记数法，即用指数表示数值的计算机书写方式，用于表示特别大或特别小的数字，如 1.23E18（或 1.23E+18）表示 $1.23×10^{18}$，2.56E-16 表示 $2.56×10^{-16}$。

（2）字符串型常量是被单引号或双引号括起来的一串字符。如果字符串型常量中带有"'"字符，那么该字符串型常量必须使用双引号括起来，如"BOY'S BOOK"。"数据编辑器"窗口中的字符串型常量不使用引号。

（3）日期时间型常量的表示方法有很多，可以使用表 5-1 中列出的各种格式。

2. SPSS 变量及其属性

SPSS 中的变量除应定义变量名外，还应该定义的 4 个属性为变量类型（Type）；格式，即变量宽度（Width）、小数位数（Decimal）；缺失值定义（Missing Value）；测量类型（Measure）（SPSS 汉化为"测量"）。为便于查看输出结果，还可以定义变量标签（Label）和值标签（Values），以及变量在"数据编辑器"窗口中显示的列宽度（Columns）、对齐方式（Align）。SPSS 中的变量名和变量类型是必须定义的，其他属性可以采用默认值。

1）变量名应该遵循的命名原则

变量名应该遵循的命名原则如下。

（1）SPSS 中的变量的变量名最多可达 64 字节，相当于 64 个英文字符或 32 个汉字。

（2）首字符不能是数字，必须是字母，其后可为除"?""-""!""*""#""$"和空格以外的字符或数字。应该注意的是，不能将下画线"_"和圆点"."作为自定义变量名的最后一个字符。

（3）变量名不能与 SPSS 的保留字相同。SPSS 的保留字包括 ALL、AND、BY、EQ、GE、GT、LE、LT、NE、NOT、OR、TO、WITH。

（4）系统不区分变量名中的字符的大小写，如认为 ABC 和 abc 是同一个变量。

2）变量类型与默认长度

SPSS 中的变量有 3 种基本类型：数值型、字符串型、日期型（或日期时间型）。数值型变量按不同要求又分为 5 种。系统默认的变量类型为标准数值型。每种类型的变量由系统给定默认长度。小数记号或其他分界符包括在总长度内。变量的系统默认长度可以通过"编辑"菜单中的"选项"命令重新设置。

（1）标准数值型变量（Numeric）：默认总长度为 8 位，小数位数为 2；其值用标准数值格式显示，用圆点作小数记号；可以用标准数值格式输入，也可以用科学记数法输入。在使用科学记数法输入时，显示的仍是标准数值格式的数值。

(2) 带逗号的数值型变量 (Comma)：默认总长度为 8 位，小数位数为 2；其值在显示时整数部分自右向左每三位用一个逗号分隔，用圆点作小数记号；定义为此类型变量在输入时可以带逗号，也可以不带逗号，还可以用科学记数法输入。在使用科学记数法输入时，显示的还是用圆点作小数记号，用逗号作三位分隔符的数值。

(3) 圆点数值型变量 (Dot)：默认总长度为 8 位，小数位数为 2；其值显示方式与带逗号的数值型变量正好相反，即整数部分自右向左每三位用一个圆点作分隔符，用逗号作小数点；定义为此类型变量在输入时可以带圆点，也可以不带圆点，还可以用科学记数法输入。

(4) 科学记数法 (Scientific Notation)：默认总长度为 8，小数位数为 2。数值很大或很小的变量可以使用科学记数法表示，这种变量的值可以有指数部分，也可以没有指数部分。表示指数的字母可以用 E，也可以用 D。指数部分可以带正、负号，正号可以省略。指数部分不用字母 D 或 E 表示，只用符号表示也是可以接受的。例如，123 可以用以下方式输入：1.23E2、123、1.23D2、1.23E+2、1.23+2 等。

(5) 带美元符号的数值型变量 (Dollar)：默认总长度为 8 位，小数位数为 2；其值在显示时有效数字前带有 "$"，变量总长度包括 "$"，其余规定与标准数值型变量相同。定义为此类型变量在输入时可以带 "$"，也可以不带 "$"。对于显示在数据表格中的数值，系统会自动加上 "$" 和分隔符。定义为此类型的变量可以用科学记数法输入，如果数值不超过定义的长度，那么显示在数据表格中的数值自动变换为定义的格式。

带美元符号的数值型变量的具体格式还可以从格式列表框中选择，举例如表 1-1 所示。

表 1-1 带美元符号的数值型变量格式列表框选项举例

格　式	总　长　度	小　数　位　数	格　式	总　长　度	小　数　位　数
$##	3	0	$####.##	7	2
$#,###	6	0	$#,###.##	9	2

选定的格式只对在数据表格中显示的数据形式有效，当输入的数值小数位数超过格式规定值时，系统自动对数值进行四舍五入处理。如果输入的整数位数超过格式规定值，那么在显示该数值时自动去掉作为分隔符的逗号。

读者应该根据数据中最大数值的位数指定数值显示格式，以使显示的值与输入的值一致。

(6) 自定义型变量 (Custom Currency)：一种由用户利用"编辑"菜单中的"选项"命令来定义的变量。

(7) 日期型变量 (Date)：SPSS 的日期型变量可以表示日期，也可以表示时间。日期型变量的值按指定的格式输入和显示，不能直接参与运算。要使用日期型变量的值进行运算，必须通过相关日期时间函数转换，详见第 5 章。

3) 变量格式

设置变量格式是指对数据的宽度和小数位数进行设置。数值型变量要定义宽度和小数位数；字符串型变量只定义宽度；日期型变量一般使用默认宽度，一旦日期格式确定了，宽度就确定了，不用再进行设置。

4）变量标签与值标签

（1）变量标签（Variable Labels）是对变量名进行的进一步说明。变量名只能由不超过 64 字节的字符组成。若 64 字节的字符不足以表明变量含义，或变量比较多，则需要用变量标签对变量名的含义进行解释。如果 SPSS 运行在中文环境下，那么可以给变量名附加中文标签，示例如表 1-2 所示。

表 1-2 变量和值标签示例

变量	变量标签	变量值	值标签
Gender	性别	f	男
		m	女
Height	身高	1	<=1.49m
		2	1.50~1.59m
		3	1.60~1.69m
		4	1.70~1.79m
		5	>=1.80m

（2）值标签（Values）是对变量可能取值附加的说明。分类变量往往要定义值标签。如果 SPSS 运行在简体中文版的 Windows 环境中，那么可以给变量值附加中文标签，如表 1-2 所示。

变量标签和值标签是可选择的属性，可以定义，也可以不定义。为了对输出信息进行解释并得出结论，建议使用中文标签。通过"编辑"菜单中的"选项"菜单，"查看器"窗口中的输出表格可以使用标签表明变量和变量值。

5）变量的显示格式

（1）宽度（Columns）是指显示数据的宽度。注意区分定义变量类型时指定的宽度与定义显示格式时指定的宽度。显示宽度应该综合考虑变量类型定义的总长度和变量名宽度。显示宽度不影响机内值，不影响分析运算结果，只影响显示形式。

（2）对齐方式可分为左对齐、右对齐、中间对齐。在一般情况下，数值型变量默认为右对齐；字符串型变量默认为左对齐，也可以指定为中间对齐。

6）缺失值（Missing）

已经输入的失真数据、没有测到或没有记录的数据将用特殊数字或符号表示，并输入数据文件，这些数据统称为"缺失值"，应加以定义。在进行数据分析时不能使用缺失值，或需要对缺失值进行单独处理。在 SPSS 中，字符串型变量的缺失值默认为空格；数值型变量的缺失值没有默认值，需要定义。对于缺失值处理，各统计分析过程有默认的方法，也可以由用户自定义。

7）变量测量类型

变量测量类型是指变量是如何测量的。

（1）尺度变量（Scale）是指按尺度测量的变量，如身高、体重。

（2）有序变量（Ordinal），如表示职称、职务、对某事物的赞同程度的变量，是分类变量中有顺序特性的一种变量，可以用有序数字作为代码。设置了值标签的变量被认为是有序分类变量，可以作为分组变量，也可以参与某些分析过程的运算。

（3）名义变量（Nominal）是无序分类变量，取值是无法度量的，只能作为分组变量，如表示民族、宗教信仰、党派等的变量。

当分类变量值为数值时，分类变量与尺度变量的默认分界值为 24，当变量的独立数值个数大于 24 时被认为是尺度变量，当变量的独立数值个数小于 24 时被认为是有序分类变量。该分界值可以通过"编辑"菜单中的"选项"菜单重新设定。

1.5.2 操作符与表达式

SPSS 的基本运算共有 3 种：算术运算、关系运算、逻辑运算。SPSS 的基本运算符如表 1-3 所示。

表 1-3 SPSS 的基本运算符

算术运算符	关系运算符	逻辑运算符
+：加	<（LT）：小于	&（and）：与
−：减	>（GT）：大于	|（or）：或
*：乘	<=（LE）：小于或等于	~（not）：非
/：除	>=（GE）：大于或等于	
**：幂	=（EQ）：等于	
()：括号	~=（NT）：不等于	

1．算术运算符与算术表达式

算术运算符可以连接数值型的常量、变量和函数，从而构成算术表达式。算术表达式的运算结果为数值型常量。例如，$X+Y**2/(A+B)-1+ABS(A*Z)$ 就是一个合法的算术表达式。在算术运算表达式中，运算的优先顺序为括号、函数、乘方（幂）、乘或除、加或减，同一优先级的运算位于左面的优先进行。

2．关系运算符与关系表达式

关系运算符建立的是两个量间的比较关系，由系统判断关系是否成立。若比较关系成立，则关系表达式的值为逻辑值"真"，否则为"假"。相互比较的两个量必须类型一致。无论进行比较的两个量是字符串型还是数值型，比较的结果均是逻辑型常量。表 1-3 中的关系运算符均有两种表示方法，括号中的运算符与括号前的运算符是等价的。例如，$A>3$ 和 $A\ GT\ 3$ 是等价的。若 $A=4$，则表达式 $A>3$ 的值为真，其值为 1；若 $A=3$，则表达式 $A>3$ 的值为假，其值为 0。

3．逻辑运算符与逻辑表达式

逻辑运算符即布尔运算符。表 1-3 中的逻辑运算符括号前的运算符与括号中的运算符等价。例如，$A\ \&\ B$ 与 $A\ and\ B$ 是等价的。逻辑运算符与逻辑型变量或其值构成逻辑表达式。逻辑表达式的值为逻辑型常量。

（1）与运算：&（或 and）前后的两个量均为真，逻辑表达式的值为"真"，否则为"假"。

例如，逻辑表达式 $A>B\ \&\ C>0$，若 A 的值大于 B 的值且 C 为正数，则该逻辑表达式的值为"真"；若 $A=3$，$B=2$，$C=-6$，则该逻辑表达式的值为"假"。

（2）或运算：|（或 or）前后的两个量只要有一个为"真"，逻辑表达式的值就为"真"；只有当运算符前后两个量均为假时，逻辑表达式的值才为"假"。

例如，逻辑表达式 $A>B\ |\ C>0$，只要 $A>B$ 成立，无论 C 为何值，该逻辑表达式的值均为"真"；或者只要 $C>0$ 成立，无论 A 与 B 为何值，该逻辑表达式的值均为"真"；当 $A<B$ 且 $C\leq0$ 时，该逻辑表达式的值为"假"。

（3）非运算：~（或 not）是前置运算符，对其后面的量进行非运算。若 not 后面的量值为"真",则非运算结果为"假";若 not 后面的量值为"假",则非运算的结果为"真"。

例如,逻辑表达式 not(A>0),若 A 为正数,则逻辑表达式的值为"假";若 A 为负数或 A 为 0,则逻辑表达式的值为"真"。

1.5.3 观测

在"数据编辑器"窗口的"数据视图"标签页中显示的是一个二维表格。该表格中的每行是数据文件的一个记录,SPSS 的菜单中或帮助信息将其表示为"个案",每个个案是由各变量的一定的值组成的,或者是由一个被观测对象的各种特征的实测值或派生值组成的,因此相对"变量"来说可以称之为"观测"。单元格中的数值既是某个变量的一个取值,也是某个观测中的一个值,因此可以称之为××变量值,也可以称之为某个观测的某个变量值。

1.5.4 SPSS 函数

SPSS 有 19 类函数,如表 1-4 所示。函数的表示方法是在函数关键字后面的括号中写入函数自变量。函数自变量有的是单个值或变量名,有的是使用":"隔开的多个变量名,还有的是表达式。当然,如果使用变量名或带有变量名的表达式作为自变量,那么必须在使用该函数前对这些变量赋值。

表 1-4 SPSS 函数类型清单

序号	类型		数量
1	算术	算术函数	13
2	CDF 与非中心 CDF	累积分布函数	30
3	转换	转换函数	2
4	当前日期/时间	当前日期/时间函数	4
5	日期运算	日期运算函数	3
6	日期创建	日期创建函数	6
7	日期提取	日期提取函数	11
8	逆 DF	逆分布函数	18
9	其他	混杂函数	4
10	缺失值	缺失值函数	6
11	PDF 与非中心 PDF	概率密度函数	27
12	随机数	随机数函数	22
13	搜索	搜索函数	10
14	显著性	显著性函数	2
15	统计	统计函数	8
16	评分	评分函数	2
17	字符串	字符串函数	26
18	持续时间创建	时间间隔生成函数	4
19	持续时间提取	时间间隔提取函数	8

下面列出 SPSS 函数,函数类型就是函数值的类型。函数中使用的符号说明:numexpr 表示数值型表达式;radians 表示以弧度为单位的角度。

1. 算术函数（Arithmetic）

算术函数共 13 个。

（1）ABS (numexpr)数值型函数，函数值为数值表达式的绝对值。

（2）ARSIN (numexpr)数值型函数，函数值为数值表达式的反正弦值，单位为弧度，自变量 numexpr 的范围为–1～1。

（3）ARTAN (numexpr)数值型函数，函数值为数值型表达式的反正切值，单位为弧度。

（4）COS (radians)数值型函数，函数值为单位为弧度的自变量表达式 radians 的余弦值。

（5）EXP (numexpr)数值型函数，函数值为以 e 为底，以括号中的自变量表达式 numexpr 的值为指数的幂值。需要注意的是，若指数太大或函数值太大，其结果会超出 SPSS 的计算范围。

（6）LG10 (numexpr)数值型函数，函数值为以 10 为底的自然对数值，自变量数值表达式 numexpr 必须是数值型，而且要大于 0。

（7）LN (numexpr)数值型函数，函数值为以 e 为底的自然对数值，自变量数值表达式 numexpr 必须是数值型，而且要大于 0。

（8）LNGAMMA (numexpr)数值型函数，函数值为数值表达式 numexpr 的完全伽马函数的对数。表达式必须是数值型，且其值必须大于 0。

（9）MOD (numexpr, modulus)数值型函数，函数值为数值表达式 numexpr 除以模数 modulus 的余数。两个自变量必须是数值型，模数不能为 0。

（10）RND (numexpr, [mult, fuzzbils])数值型函数，函数值为数值表达式 numexpr 的值进行四舍五入处理后得到的整数，第二个参数和第三个参数是可选项。因此有如下 3 种情况，前两种是常用的。

- RND (numexpr,?)：若 RND 函数只有一个数值型参数 numexpr，则函数值是最接近该参数值的整数。小数部分为 5 的函数值为舍五进一，如 RND(–7.5)=–8。
- RND (numexpr, mult)：两个参数的 RND 函数，第二个参数必须是不为 0 的数值型变量或数值，默认为 1。函数值是将 numexpr 四舍五入成 mult 值的整数倍，如 RND(4.55,0.2)=4.6。在利用"转换"菜单中的计算变量功能建立新变量时，选择一个参数，指定 RND1；选择两个参数，指定 RND2，依次类推。
- RND（numexpr, mult, fuzzbils)：第三个参数 fuzzbils 是最低有效位数。它是 numexpr 的机内值（以 64 位浮点二进制数表示）可能没有达到四舍五入的阈值（如四舍五入为整数时为 0.5）但仍然被四舍五入的最低有效位数。例如，RND(9.62–5.82–9.21+6.91,1,3)=1，但 RND (9.62–5.82–9.21+6.91,1,4)=2，在 Intel 处理器上，9.62–5.82–9.21+6.91 的和的机内值为 1.49999999999999998，使用参数 fuzzbils，可以使得四舍五入的阈值具有很小的模糊性，以此来补偿浮点数计算结果与精确结果之间的微小差异。在这种情况下，设定 fuzzbils=4，mult=1，足以产生 2.0 的预期结果。系统默认设置为 fuzzbils=6。使用三个参数时，指定 RND3。

（11）SIN (radians)数值型函数，自变量 radians 是以弧度为单位的角度，函数值为弧度角的正弦值。

（12）SQRT (numexpr)数值型函数，函数值为一个正数的平方根，数值表达式 numexpr

的值必须大于或等于0。

（13）TRUNC (numexpr,[mult, fuzzbils])数值型函数，函数值为数值表达式 numexpr 的值被截去小数部分的整数。第二个参数和第三个参数是可选的。

2．累积分布函数（CDF & Noncentral CDF）

累积分布函数共30个，详见第4章。

3．转换函数（Conversion）

转换函数共2个。

（1）NUMBER (strexpr, format)数值型函数，当字符串内容为一串数字时，该函数返回字符串表达式作为数字的值，返回的函数值可以参与运算。format 为数值格式，用来读取字符串表达式中的数字。

如果 name 是一个由8个数字组成的字符串，那么 NUMBER(name, f 8)就是由这些数字表示的数值。如果字符串不能使用指定格式，那么该函数值是系统缺失值。

（2）NUMBER (stringDate, DATE11)数值型函数，把内容为标准格式日期的字符串（dd-mmm-yyyy）转换成描述该日期的秒数。如果字符串不能使用标准格式读取，那么函数值是系统缺失值。第一个自变量是字符串型，自变量的值是与 DATE11 格式相应的日期。

如果定义了字符串格式的自变量，输入了与 dd-mmm-yyyy 相应的日期，那么可以使用该函数将字符串变量转换为日期变量。

（3）STRING (numexpr, format)字符串型函数，根据 format 设定的格式将数值表达式转换为字符串。例如，string(-1.5,F5.2)返回字符串-1.50。自变量 format 必须是数值格式。

注意：数值与数字有区别，以上所讲的数值是数，数字是指表现为数字的字符。

4．当前日期/时间函数（Current Date/Time）

当前日期/时间函数共4个。

5．日期运算函数（Date Arithmetic）

日期运算函数共3个。

6．日期创建函数（Date Creation）

日期创建函数共6个。

7．日期提取函数（Date Extraction）

日期提取函数共11个，有关日期的函数和应用见第5章。

8．逆分布函数（Inverse DF）

逆分布函数共18个，详见第4章。

9．其他函数（Miscellaneous）

其他函数共4个。

（1）$Casenum 无参数函数，其值为当前观测（或称个案）的顺序号。对于每个观测，$Casenum 是读取的并包括这个观测的观测号，格式是 F8.0。$Casenum 的值不一定是"数据编辑器"窗口中的行号，如果文件排序或者新的观测代替了文件末尾之前的观测，那么这个值将改变。

（2）LAG (variable)数值型或字符串型函数，函数值是前一个观测的变量值。

（3）LAG (variable[, n])数值型或字符串型函数，函数值是前一个或前 n 个观测的变量值。第二个自变量是可选的。n 必须是正整数，默认值为 1。例如，prev4=LAG(gnp, 4) 的值为当前观测之前的第 4 个观测的变量 gnp 的值。

（4）VALUELABELS (varname)字符串型函数，函数值是变量的值标签，当该值没有标签时函数值是空字符串。自变量 varname 必须是变量名，不能是表达式。

10. 缺失值函数（Missing Values）

缺失值函数共 6 个。

（1）$SYSMIS 数值型函数，常用于判断并记录缺失值。例如，取得的身高数据中有小于 1.4 的，而身高小于 1.4m 不能参与研究，执行语句：

```
IF  (height<1.40) height=$Sysmis.
EXECUTE.
```

就可将身高变量值小于 1.4 的身高值改为圆点。可以单击"转换"菜单中的"计算变量"菜单，打开相应对话框完成操作。

（2）MISSING (variable)逻辑型函数，若变量具有缺失值，则返回 1 或 True。自变量 variable 应该是当前数据文件中的变量名。

（3）NMISS (variable [,...])数值型函数，函数值是自变量表中各自变量的系统缺失值或用户缺失值的总数。此函数需要至少一个自变量，这些自变量必须是当前数据文件中的变量名。

（4）NVALID (variable[,...])数值型函数，函数值是自变量表中的变量具有的合法非缺失值的总数。函数要求至少有一个自变量，自变量应该是当前数据文件中的变量名。

（5）SYSMIS (numvar)逻辑型函数，若 numvar 的值为系统缺失值，则函数值为 1 或 True。自变量 numvar 必须是当前数据文件中的一个数值型变量的变量名。

（6）VALUE (variable)数值型或字符串型函数，忽略用户定义的缺失值，返回变量值。自变量 variable 必须是当前数据文件中的变量名。

需要说明的是，统计函数和简单的算术表达式处理缺失值的方法是不同的。

① 在表达式(var1+var2+var3)/3 中，如果一个观测的 3 个变量中任意一个是缺失值，则运算结果就是缺失值。

② 在表达式 MEAN(var1,var2,var3)中，仅当一个观测的所有变量的值都是缺失值时，运算结果才是缺失值。

③ 对于统计函数，可以在函数名后指定非缺失值的最小数。具体操作为在函数名后面加一个半角圆点，以及至少要有的非缺失值数，如 MEAN.2(var1, var2, var3)。

11. 概率密度函数（PDF 与非中心 PDF）

概率密度函数共 27 个，详见第 4 章。

12. 随机数函数

随机数函数共 22 个。

13. 搜索函数（Search）

搜索函数共 10 个（与其他类拆分的有 8 个）。

（1）ANY (test, value [, value...])逻辑型函数，如果 test 的值与其后的 value [, value,...] 中的某一数值匹配，那么函数值为真，返回 1 或 True；否则，函数值为假，返回 0 或 False。该函数要求至少有两个自变量。例如，ANY(var1, 1, 3, 5)，若 var1 的值是 1 或 3 或 5，则函数值为 1；若 var1 为其他值，则函数值为 0。该函数可以用于在变量表或表达式表中扫描一个值。例如，ANY(1, var1, var2, var3)，若在 3 个指定的变量中任意一个变量的值为 1，则函数值为 1；若 3 个指定的变量的值都不是 1，则函数值为 0。

（2）RANGE (test, lo, hi [, lo, hi,...])逻辑型函数。如果 test 的值在由 lo 和 hi 定义的范围内，则函数值为 1 或 True；否则函数值为 0 或 False。所有变量必须都为数值型或都为字符串型，并且所设置的 lo 和 hi 的大小必须为 lo≤hi。需要注意的是，不同地区使用的语言不同，对于自变量为字符串型的情况，同一函数运算结果可能有很大区别。本函数按 ASCII 顺序运算。

除此之外，还有 6 个字符串函数：CHAR.INDEX(2)、CHAR.INDEX(3)、CHAR.RINDEX(2)、CHAR.RINDEX(3)、REPLACE(3)、REPLACE(4)，将在下文进行介绍。

另外，SPSS 26 把 MAX、MIN 也列入搜索函数。MAX 和 MIN 函数在统计函数中重复出现，这里不再解释。

14. 显著性函数（Significance）

显著性函数共 2 个。

（1）SIG.CHISQ (quant, df)数值型函数，函数值为自由度为 df 的卡方分布中的值大于 quant 的累积概率。

（2）SIG.F (quant, df1, df2)数值型函数，函数值为自由度为 df1、df2 的 F 分布中值大于 quant 的累积概率。

15. 统计函数（Statistical）

统计函数共 8 个。

（1）CFVAR (numexpr, numexpr[,...])数值型函数，函数值为自变量（或数值表达式 numexpr 的值）的变异系数（标准差除以平均值）。此函数要求有两个或两个以上自变量。自变量必须为数值型，而且必须有合法值。

（2）MAX (value, value[,...])数值型函数或字符串型函数，函数值为自变量 value 所有合法值的最大值，至少需要两个 value。

（3）MEAN (numexpr, numexpr[,...])数值型函数，函数值为多个数值表达式 numexpr 的算术平均值，至少需要两个数值表达式。

（4）MEDIAN (numexpr, numexpr[,...])数值型函数，函数值为多个数值表达式 numexpr 的中位数，至少需要两个数值表达式。

（5）MIN (value, value[,...])数值型函数或字符串型函数，函数值为具有合法值的自变量 value 的最小值，至少需要两个 value。

（6）SD (numexpr, numexpr[,...])数值型函数，函数值为所有数值表达式的标准差，需要两个或两个以上自变量，自变量可以是表达式，也可以是非缺失的合法值，必须为数值型。

（7）SUM (numexpr, numexpr[,...])数值型函数，函数值为所有数值表达式值的累加和，需要两个或两个以上非缺失合法值，自变量可以是数值、数值型表达式。

（8）VARIANCE (numexpr, numexpr[,...])数值型函数，函数值为所有数值表达式的方差，需要两个或两个以上自变量，自变量可以是表达式，但必须是数值型。

16．评分函数

评分函数共 2 个。

（1）APPLYMODEL (handle, "function",value)数值型函数，使用 handle 指定的模型将特定得分函数应用于输入样品的数据。其中，function 是用引号括起来的以下字符串文本之一：predict、stddev、probability、confidence、nodeid、cumhazard、neighbor、distance。handle 是与外部 XML 文件相关联的名称，通过 MODEL HANDLE 命令指定。当"function"为"probability"、"neighbor"或"distance"时，函数可用到第三个参数 value，对于"probability"其指定为其计算概率的类别，对于"neighbor"或"distance"其指定最近邻回归中的特定的邻元素。若无法计算值，则返回系统缺失值。

（2）STRAPPLYMODEL (handle, "function",value)字符串函数，使用 handle 指定的模型将特定得分函数 function 应用于输入样品的数据。其中，function 是用引号括起来的以下字符串文本之一：predict、stddev、probability、confidence、nodeid、cumhazard、neighbor、distance。handle 是与外部 XML 文件相关联的名称，通过 MODEL HANDLE 命令指定。当"function"为"probability"、"neighbor"或"distance"时，函数可用到第三个参数 value，对于"probability"其指定为其计算概率的类别，对于"neighbor"或"distance"其指定最近邻回归中的特定的邻元素。若无法计算值，则返回空字符串。

17．字符串函数（String）

字符串函数共 26 个。

（1）CHAR.INDEX (haystack, needle)数值型函数，返回一个整数，表示 needle 代表的字符串在 haystack 代表的字符串中第一次出现的起始位置。若返回值为 0，则表明字符串 needle 在字符串 haystack 中不存在。例如，CHAR.INDEX(var1, 'abcd')将返回整个字符串"abcd"在字符串变量 var1 中的起始位置。在函数列表中，此函数的函数名为 CHAR.INDEX(2)，意为两个自变量。

（2）CHAR.INDEX (haystack, needle, divisor)数值型函数，前两个参数的含义与上一个函数相同。第三个自变量 divisor 是可选择的，必须是一个整数，表示将字符串 needle 均匀地分为要查询的独立的子字符串的字符数。例如，CHAR.INDEX(var1, 'abcd', 1)返回字符串中任意一个字符在字符串变量 var1 代表的字符串中第一次出现的位置；CHAR.INDEX(var1, 'abcd', 2)返回的值是"ab"或"cd"在字符串中第一次出现的位置。divisor 必须是正整数，必须把 needle 分成均匀的长度。若 needle 或子字符串在 haystack 中不存在，则函数值为 0。在函数列表中，此函数的函数名为 CHAR.INDEX(3)，意为三个自变量。

（3）CHAR.LENGTH (strexpr)数值型函数，函数值为自变量 strexpr 值的以字符为单位去掉尾部空格后的长度。

（4）CHAR.LPAD (strexpr, length)字符串型函数，返回一个字符串，在字符串表达式的左侧增加空格，扩充到 length 指定的长度。length 必须是正整数，其范围为 1~255。在函数列表中，此函数名为 CHAR.LPAD(2)，意为两个自变量。

（5）CHAR.LPAD (strexpr, length, char)字符串型函数，前两个参数的含义与上一个函数相同，但不是用空格扩充长度，而是用 char 变量代表的字符串完整复制在 strexpr 代表的字符串左侧，以扩充长度。char 必须是用单引号括起的字符串常量。在函数列表中，此函数名为 CHAR. LPAD(3)，意为 3 个自变量。

（6）CHAR.MBLEN (strexpr, pos)数值型函数，返回表达式 strexpr 代表的字符在 pos 指定位置上所占字节。

（7）CHAR.RINDEX (haystack, needle)数值型函数，返回一个整数，表示字符串 needle 在字符串 haystack 中最后一次出现的位置。若返回 0，则表示字符串 needle 不在字符串 haystack 中。例如，CHAR.RINDEX (var1, 'abcd')返回字符串 abcd 在自变量 var1 代表的字符串中最后一次出现的位置。在函数列表中，此函数名为 CHAR. RINDEX (2)，意为两个自变量。

（8）CHAR.RINDEX (haystack, needle, divisor)数值型函数，返回一个整数，表示字符串 needle 在字符串 haystack 中最后一次出现的开始位置。若返回 0，则表示字符串 needle 不在字符串 haystack 中。第 3 个自变量是可选择的，是一个整数，用来表示将字符串 needle 平均分成被查询的字符串的字符数目，必须是一个可以将字符串 needle 整分的正整数。若没有第 3 个自变量，则此函数的功能与上一个函数相同。在函数列表中，此函数名为 CHAR.RINDEX (3)，意为 3 个自变量。

例如，CHAR.RINDEX (var1, 'abcd', 1)最后的参数 1 表示把字符串 abcd 分成单独的一个个的字符，函数值为任何一个字符在自变量 var1 代表的字符串中最后一次出现的位置。又如，CHAR.RINDEX (var1, 'abcd', 2)最后的参数 2 表示把字符串"abcd"分成长度相等的两部分"ab"和"cd"，函数值是这两个字符串中任何一个在自变量 var1 代表的字符串中最后一次出现的位置。

（9）CHAR.RPAD (strexpr, length)字符串型函数，返回字符串，它的长度由 length 指定。在字符串表达式的右侧加空格，以达到 length 指定的长度，length 的值必须在 1~255 之间。在函数列表中，此函数名为 CHAR. RPAD(2)，意为两个自变量。

（10）CHAR.RPAD (strexpr1, length, strexpr2)字符串型函数，返回字符串。第 3 个变量 strexpr2 是可选的，若没有第 3 个自变量，此函数功能与上一个函数相同。函数值是在字符串的右侧增加若干自变量 strexpr2 代表的字符串，达到自变量 length 指定的长度。strexpr2 必须是一个带有引号的字符串或其值是字符串的表达式。在函数列表中，此函数名为 CHAR. RPAD(3)，意为 3 个自变量。

（11）CHAR.SUBSTR (strexpr, pos)字符串型函数，函数值为自变量 strexpr 代表的字符串中从 pos 开始到其结尾处的子字符串。在函数列表中，此函数名为 CHAR.SUBSTR(2)，意为 2 个自变量。

（12）CHAR.SUBSTR (strexpr, pos, length)字符串型函数，函数值为自变量 strexpr 代表的字符串中从 pos 开始的长度为 length 的子字符串。在函数列表中，此函数名为 CHAR.

SUBSTR(3)，意为 3 个自变量。

（13）CONCAT (strexpr, strexpr [,...])字符串型函数，函数中每个自变量都是一个字符串表达式，返回一个字符串，是各自变量代表的字符串按括号中的顺序串接起来的结果。此函数要求有两个或两个以上字符串型自变量。

（14）LENGTH (strexpr)数值型函数，返回 strexpr 代表的字符串以字节为单位的长度。对于 Unicode 字符串变量，它是每个自变量值的字节数，不包括尾部空格。对于编码页面模式，它是定义的包括尾部空格的变量长度。在编码页面模式下，要得到以字节为单位的除去尾部空格的长度，需要调用嵌套函数 LENGTH(RTRIM(strexpr))。

（15）LOWER (strexpr)字符串型函数，函数值为将自变量 strexpr 中的大写字母改为小写字母其他字符不变的字符串。自变量可以是字符串变量、字符串表达式，也可以是字符串常量。例如，变量 name 的值是 Jery，LOWER (name)返回的值为 jery。

（16）LTRIM (strexpr)字符串型函数，函数值为自变量 strexpr 去掉首部空格的结果。在函数列表中，此函数名为 LTRIM(1)。

（17）LTRIM (strexpr[, char])字符串型函数，函数值为自变量 strexpr 去掉首部变量 char 代表的字符。第 2 个自变量 char 的值必须是单个字符。在函数列表中，此函数名为 LTRIM(2)。

（18）MBLEN.BYTE (strexpr, pos)数值型函数，函数值是自变量 strexpr 在 pos 指定位置以字符为单位的字节数（如英文字符是 1 字节，中文字符是 2 字节）。

（19）NORMALIZE (strexpr)字符串型函数，函数值是自变量 strexpr 的标准化版本。对于 Unicode 模式，函数值是 Unicode NFC。对于编码页面模式无效，函数值就是自变量值，但长度可能与输入的长度不同。

（20）NTRIM (varname)函数值是自变量 varname 没有去掉尾部空格的值，自变量 varname 的值必须是一个变量名，不能是表达式。

（21）REPLACE (a1, a2, a3)字符串型函数，在 a1 代表的字符串中所有 a2 字符串都用 a3 字符串代替。自变量 a1、a2、a3 必须在调用函数前处理成字符串型。例如，REPLACE ("abcabc", "a", "x") 函数值为 xbcxbc。在函数列表中，此函数名为 REPLACE(3)。

（22）REPLACE (a1, a2, a3[, a4])字符串型函数，a1 代表的字符串中的 a2 字符串用 a3 字符串代替 a4 次。可选的自变量 a4 用于指定替换发生的次数。自变量 a1、a2、a3 必须在调用函数前处理成字符串型（字符串型变量或者括在引号中的字符串常量）。可选的自变量 a4 必须处理成非负整数。例如，REPLACE("abcabc", "a", "x",1)函数值为 xbcabc。在函数列表中，此函数名为 REPLACE(4)。

（23）RTRIM (strexpr)字符串型函数，返回截取了尾部空格后的字符串。在函数列表中，此函数名为 RTRIM (1)。

（24）RTRIM (strexpr, char)字符串型函数，函数值是自变量 strexpr 的值截取了尾部 char 代表的字符后的字符串。char 必须是一个带引号的单个字符或其值是单个字符的字符表达式。在函数列表中，此函数名为 RTRIM (2)。

（25）STRUNC (strexpr, length)字符串型函数，函数值是自变量 strexpr 截取 length 指定的长度（单位为字节），去掉尾部空格。

（26）UPCAS (strexpr)字符串型函数，函数值为字符串表达式 strexpr 值中的小写字符变为大写字符后的字符串。

18. **时间间隔生成函数（Time Duration Creation）**

时间间隔生成函数共4个，见第5章。

19. **时间间隔提取函数（Time Duration Extraction）**

时间间隔提取函数共8个，见第5章。

1.6 获得帮助

1.6.1 SPSS帮助系统

以下内容只有在联网情况下，才能实现。

单击各窗口中的"帮助"菜单，如图1-35所示，通过单击各子菜单可获得多项帮助。不同窗口的"帮助"菜单内容略有不同，主要的帮助内容如下。

（1）按"帮助→主题"顺序单击，进入"帮助"界面，如图1-36所示。对于"帮助"界面，系统默认勾选"显示完整目录"复选框，其下显示窗中列出了所有有关学习SPSS过程中需要帮助的内容。单击左侧目录窗中的标题，右侧显示窗中将显示对应的内容。可以通过滚动鼠标中间键，查看具体帮助内容。

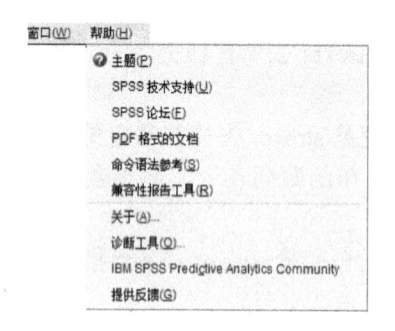

图1-35 "帮助"菜单

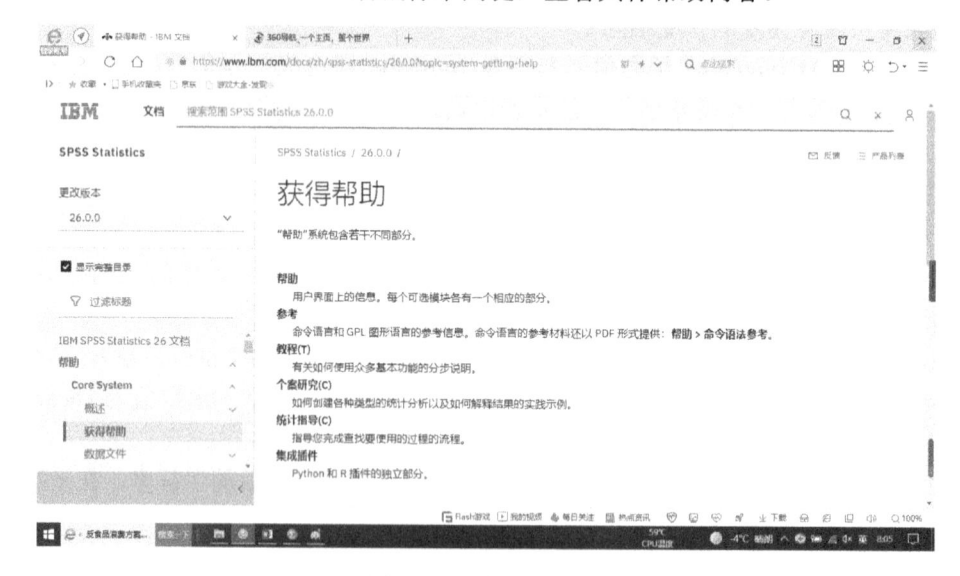

图1-36 "帮助"界面

此外，可在"显示完整目录"复选框下的"过滤标题"框内输入关键字，若帮助目录中有与之关联的内容，则"过滤标题"栏下会出现查询到的相关内容目录的列表，单击需要查看的内容，右侧显示窗中将显示对应内容。

这方面的操作类似于Windows系列软件的帮助系统，不再赘述。

（2）在如图1-36所示的"帮助"界面左侧目录窗中，按"帮助→tutorial（教程）"顺序单击，打开教程帮助系统，这对初学者而言是入门向导，在如图 1-36 所示的界面中单击左侧目录窗中的"Tutorial"标题，可以向下一层一层地打开树形目录。单击一个标题，如"Introduction"，可以获得如图 1-37 所示的指导界面。在右侧显示窗中，在显示目录内容的最后一段的下边，会出现蓝色的"Next"按钮。单击"Next"按钮或目录窗中"Introduction"标题下面的目录"Sample Files"，显示窗中将显示接下来的与 Sample Files 相关的帮助内容。

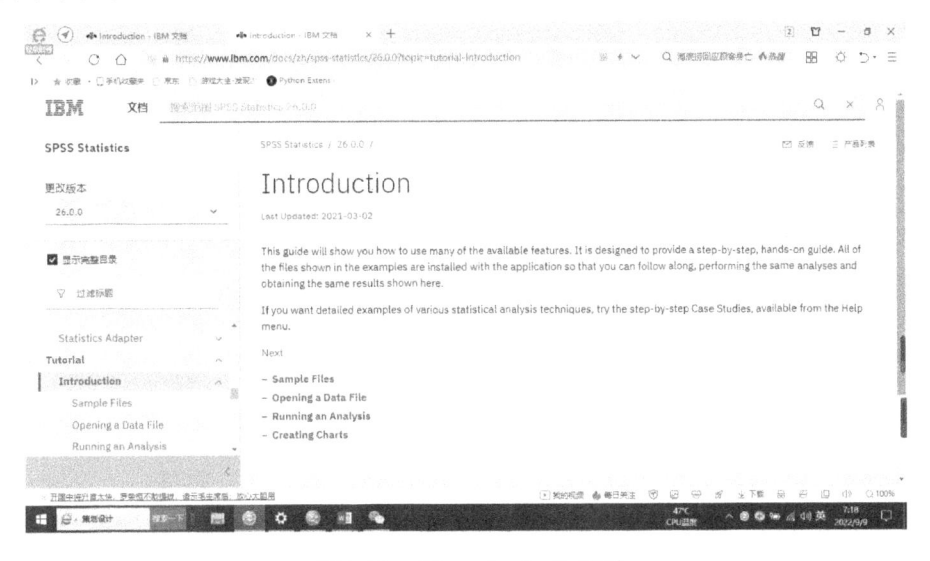

图 1-37 "Introduction"界面

右侧显示窗显示的内容的底部如图 1-38 所示，在右下方语言选择框中，选择"简体中文"选项，可将界面中的英文内容切换为中文内容。

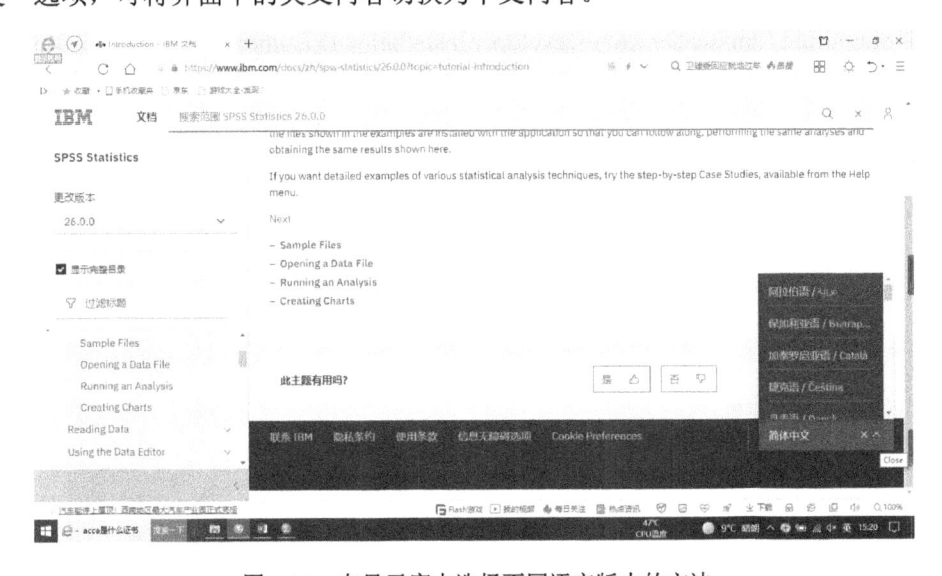

图 1-38 在显示窗中选择不同语言版本的方法

单击"Case Studies"目录下的各个子目录，可以查看个案研究对应的帮助内容，这是对各种分析过程的操作指导，内容很丰富，有例题，有操作步骤，有选项说明，还有对输出结果的解释及得出的结论，操作方法与"Tutorial"相关操作方法相同。单击"数据编辑器"窗口各个过程的"帮助"菜单中的"主题"选项可进入与如图 1-37 所示的界面一样的界面对各个过程怎么使用进行详细的说明。

如果，希望得到统计指导、如何使用 R 语言等方面的操作方法，可以仿照上述步骤查阅"统计指导"目录中的相关内容。

（3）利用 PDF 格式的帮助文档寻求帮助。

在"数据编辑器"窗口，按"帮助→PDF 格式的文档"顺序单击，打开如图 1-39 所示界面。

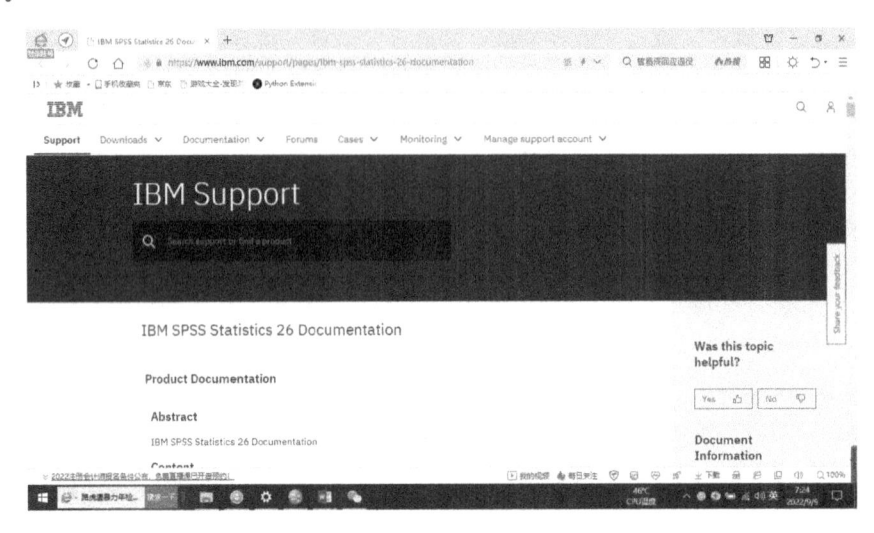

图 1-39　IBM SPSS Statistics 26 Documentation 界面

如果想查阅 Windows 操作系统相关过程的 PDF 格式的中文的文档，应先在"Language"下拉菜单中单击"Simplified Chinese"（简体中文版）选项，文件目录将直接跳转到"Simplified Chinese Desktop/Developer Installation Documents"，然后在其"Windows"目录及其下的"Manuals"目录中选择需要查阅的内容。例如，要查阅自定义表格方面的 PDF 格式的文档，单击"IBM SPSS Custom Tables.pdf"文件名，即可在浏览器新打开的窗口中看到期望得到的 PDF 格式的有关自定义表格的帮助文档，如图 1-40 所示。

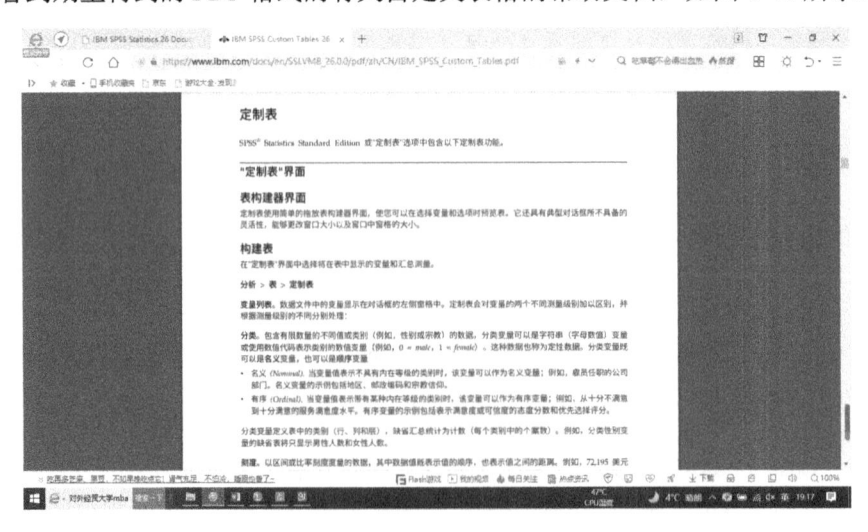

图 1-40　自定义表格 PDF 文档

(4)关于过程语句的帮助系统。

在"数据编辑器"窗口,按"帮助→命令语法参考"顺序单击,打开语法参考窗口,如图 1-41 所示。

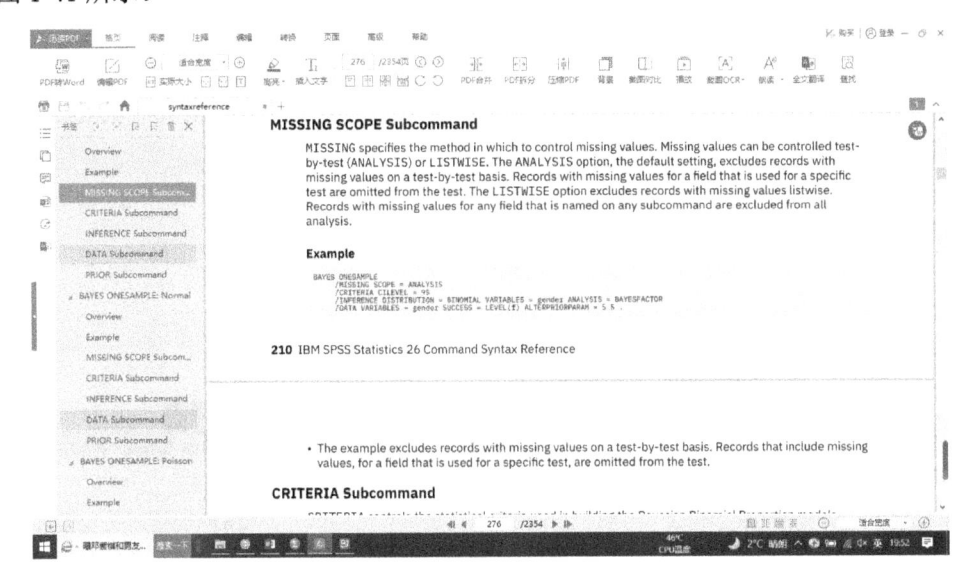

图 1-41 语法参考窗口

在左侧"书签"窗格中单击想查看的帮助信息目录的菜单,在右侧显示窗中将出现对应目录中的语句帮助信息。

1.6.2 右键帮助

1. 对话框中的变量右键帮助

在对话框中的原始变量列表中,右击一个变量,弹出快捷菜单,如图 1-42(a)所示,该快捷菜单中包括以下 6 项。

(1)"显示变量名"单选按钮。

(2)"显示变量标签"单选按钮:用于设置原始变量列表显示变量名还是变量标签,系统参数设置过程中的设置,可以在这里改变。

(3)"按字母顺序排列"单选按钮。

(4)"按文件顺序排序"单选按钮:用于设置按变量在数据文件中出现的顺序排列。

(5)"按测量级别排列"单选按钮:用于设置原始变量列表中的变量按测量标准排列。改变变量的排列顺序,便于查找。

(6)"变量信息"单选按钮:选择此项,打开"变量信息"对话框,该对话框将显示变量详细信息,包括值标签,如图 1-42(b)所示。

这些帮助信息有助于选择分析变量。

2. 输出表格中的右键帮助

在"查看器"窗口中双击一个表格,激活它。右击表格中的某个统计量,会出现如图 1-43(a)所示快捷菜单,单击"这是什么?"选项,会显示对该统计量的解释,如图 1-43(b)所示。

(a)   (b)

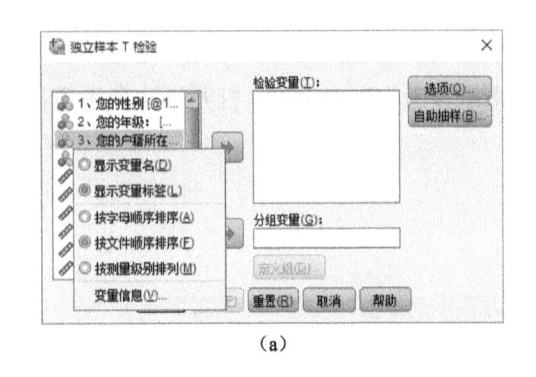

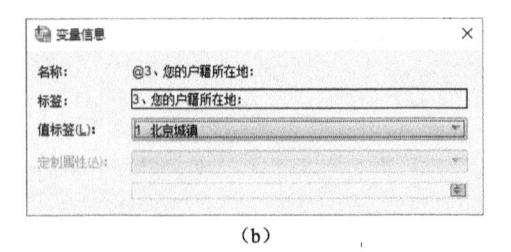

图 1-42 对话框中变量的右键帮助快捷菜单及"变量信息"对话框

(a)   (b)

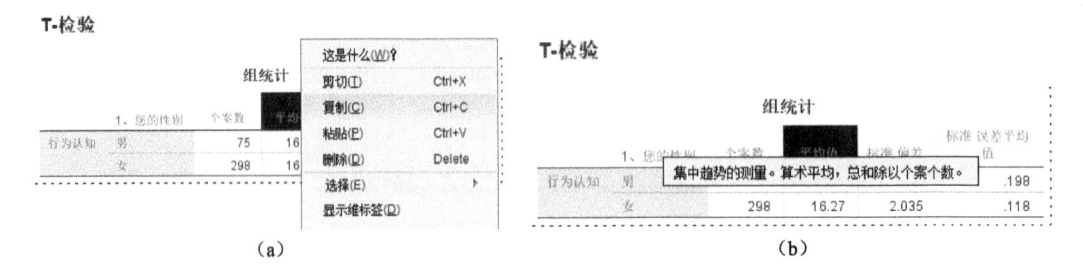

图 1-43 输出表格中的右键帮助快捷菜单及对某项统计量的解释

习 题 1

1．IBM SPSS Statistics 软件有几种运行方式？什么是混合运行方式，它有什么特点？

2．IBM SPSS Statistics 有几种类型的窗口，每种类型的窗口的主要功能是什么？

3．什么是"查看器"窗口（或"语法编辑器"窗口）的主窗口？什么是主窗口的标志？怎样把非主窗口变成主窗口？分别叙述主窗口和非主窗口的作用，以"查看器"窗口为例说明。

4．通过什么菜单项设置系统参数？

5．IBM SPSS Statistics 的统计分析功能分布在何处？

6．从何处可以获得帮助信息？系统提供的帮助有几种形式？

第 2 章 数据与数据文件

2.1 变量定义与数据编辑

2.1.1 数据编辑器

SPSS 启动后,将进入"数据编辑器"窗口,也称数据窗口。用户在该窗口可建立、打开数据文件。为便于建立变量和查看变量属性,"数据编辑器"窗口中有"数据视图"和"变量视图"两个标签页,其组成与功能如下。

(1) 窗口标题栏。当 SPSS 启动后,窗口标题栏显示为"未标题 1[数据集 0]-IBM SPSS Statistics 数据编辑器"。标题栏中的"未标题"后面的数字和数据集后的数字随着打开的文件的增加增长。当窗口中的数据已经保存到数据文件时,标题栏将显示该窗口中的数据文件的名称。窗口标题栏下面是菜单栏和工具栏。

(2)"变量视图"标签页用于定义和编辑变量的属性,如图 2-1(a)所示。变量显示区是一个二维表格。左面是行号,即变量的序号。变量的属性显示在二维表格的第一行,包括变量的变量名、类型、宽度、小数位数、变量标签、值标签、变量显示格式,以及其测量方式等。

(3)"数据视图"标签页用于输入、显示和编辑数据,如图 2-1(b)所示。

在工具栏下面是数据栏与数据输入栏:左边栏是当前数据栏,显示光标所在位置的变量名和当前记录号。右边栏为数据输入栏,显示光标所在位置的数据值。通过键盘输入的数据先显示在右边栏中,按回车键后系统根据定义的变量长度选择合适的形式显示在光标定位的单元格中。数值过大或过小都可使用科学记数法显示数据。

(a)

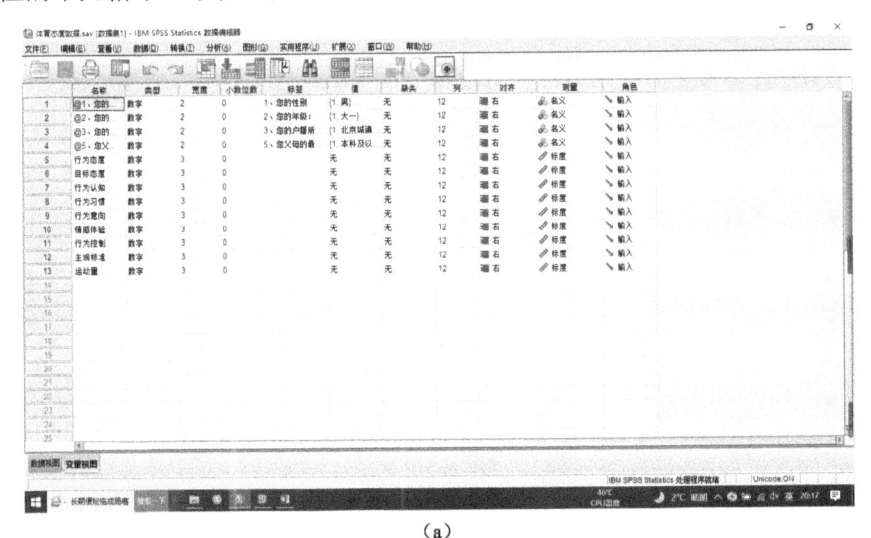

图 2-1 "数据编辑器"窗口中的两个标签页

(b)

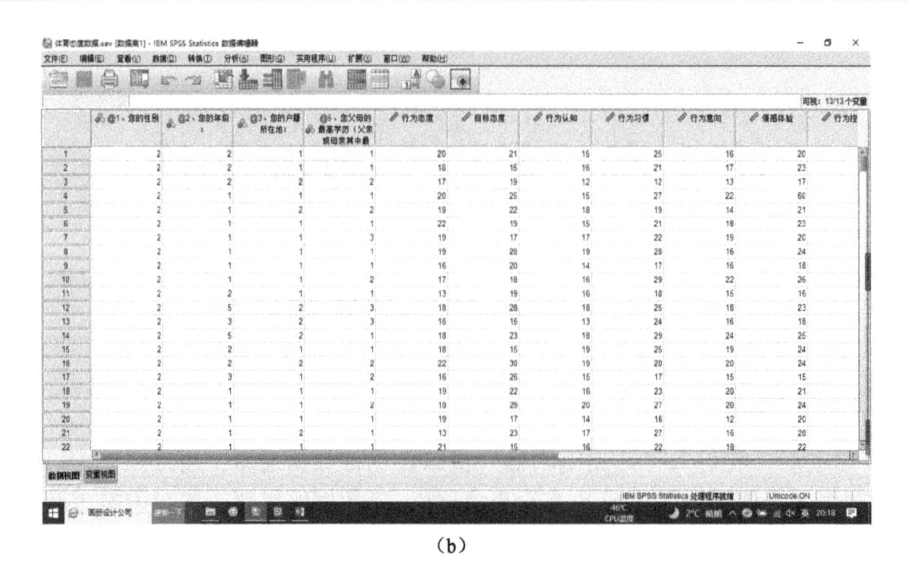

图 2-1 "数据编辑器"窗口中的两个标签页（续）

数据显示区：是一个二维表格，左面的行号，即观测的序号；在顶部单元格显示变量名，下面的各单元格显示各变量值。被选中的单元格有底色且边框颜色加深。所选中单元格中的数据值显示在数据输入栏中。

2.1.2 定义变量

输入数据之前要先定义变量。定义变量，即定义变量名、变量类型、变量长度（小数位数）、变量标签（或值标签）、变量显示格式（显示宽度、对齐方式、缺失值标记等）、缺失值和测量方式。

定义变量的步骤如下。

1. 进入定义变量状态

单击"变量视图"标签，使"数据编辑器"窗口处于定义变量状态，如图 2-2 所示，每行定义一个变量。

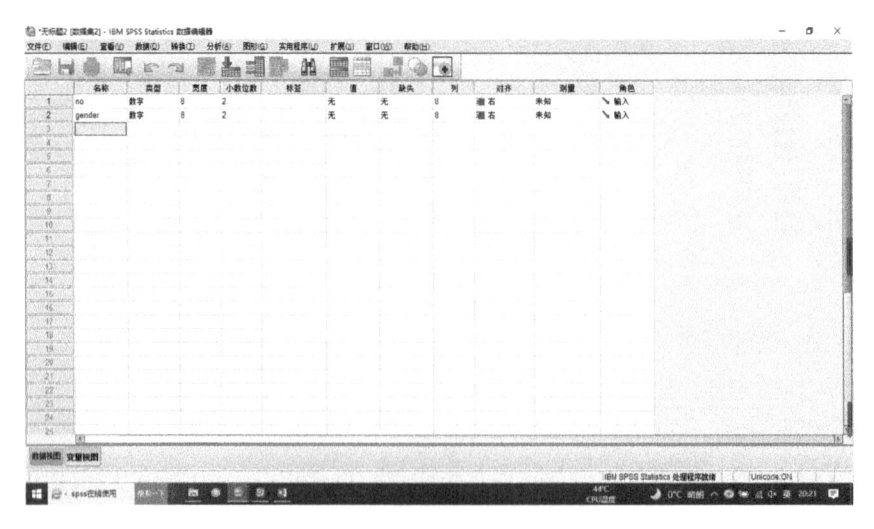

图 2-2 "变量视图"标签页

2. 定义变量名

将光标置于"名称"列的空单元格中后输入变量名。例如,输入"gender",按回车键后系统自动在同行各单元格中给出变量的默认属性。

3. 变量的默认属性值

(1)"类型"列:描述变量类型,默认类型为数值型。
(2)"宽度"列:描述变量长度,默认长度为 8 位。
(3)"小数位数"列:默认小数位数为 2。
(4)"标签"列:描述变量标签。
(5)"值"列:描述值标签默认为无,由用户自定义。
(6)"缺失"列:描述缺失值定义,默认为无,由用户自定义。
(7)"列"列:描述列宽,变量在"数据视图"标签页中所占列宽默认为 8 位。
(8)"对齐"列:描述对齐方式,默认为右对齐。
(9)"测量"列:描述测量方式,默认为等间隔测量方式。

如果默认属性值与要定义的变量属性不符,可以在同行各属性对应单元格中进行设置。

4. 定义变量类型与宽度

1)定义变量类型

单击"类型"列的单元格,系统默认数值旁出现删节号。单击删节号,打开"变量类型"对话框,如图 2-3 所示。

"变量类型"对话框左侧列有 9 种供选择的变量类型,各选项自上而下表示的变量类型为:数字(标准数值型)、逗号(逗号作分隔符的数值型)、点(逗号作小数记号的数值型)、科学记数法、日期、美元(带美元符号的数值型)、定制货币(自定义货币型)、字符串、受限数字(带有前导零的整数,美元数位分组的限制)。

选择对应单选按钮即可设置变量为对应类型。

2)定义变量宽度和小数位数

"宽度"框中的数值是变量的总宽度,包括整数位数、小数位数和小数记号所占位。"小数位数"框

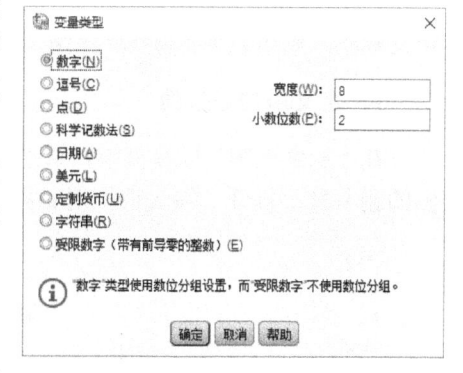

图 2-3 "变量类型"对话框

中的数值是小数位数。要改变框内的值,可在框中双击,在编辑状态下输入合适的值;或者在框中单击,调出数值调节按钮,单击数值调节按钮使该值增大或减小。

5. 定义变量标签

定义变量标签是为了注释变量名含义,可以在输出的表格和图中使用,以便理解。

在"变量视图"标签页中,双击"标签"列对应的单元格,输入注释即可。注释内容要尽量简单明了。例如,对于 gender 变量,可以设置其变量标签为"性别"。SPSS 16 及以上版本都可以输入中文标签,每个分析过程的主对话框的原始变量列表会在显示英文

变量名的同时显示中文标签，这使操作变得容易。可以通过"编辑"菜单中的选项功能设置在输出表格中是否使用在此定义的中文标签。

6. 定义与修改值标签

（1）定义值标签。单击"值"列对应的单元格，再单击单元格右侧出现的删节号，打开"值标签"对话框，如图2-4所示。在"值"框中输入变量值，在"标签"框中输入解释该值含义的内容。单击"添加"按钮，该值标签被加入第三个框，即值标签清单中。例如，在定义gender变量的过程中，数值"1"表示"男性"，数值"2"表示"女性"，则在"值"框中输入"1"，在"标签"框中输入"男"，单击"添加"按钮，值标签清单中便增加了一个值标签，显示为1="男"。用同样方法定义第二个值标签，在值标签清单中显示为2="女"，值标签定义完毕。单击"确定"按钮，确认定义的变量标签和值标签正确无误，并返回"变量视图"标签页。定义中文值标签并选择"编辑"菜单的"选项"命令，定义在输出表格中使用这个值标签，以使解释输出结果变得更加容易。

（2）修改值标签。要修改变量的值标签，应在"值标签"对话框中按如下步骤进行。

在值标签清单中选择要修改或删除的值标签表达式，单击使其反向显示。此时，变量值和该值的标签分别显示在"值标签"对话框中的"值"框和"标签"框中。

删除操作：单击加亮的"除去"按钮，被选中的值标签将从值标签清单中删除。

修改操作：在"值"框中输入新的变量值，在"标签"框中输入新的值标签。例如，选择值标签清单中的gender变量值2的值标签表达式，并将"值"框中"2"改为"0"，标签框中的"女"不变，单击"更改"按钮，值标签清单中的表达式由2="女"改为0="女"。

一个变量值不能定义两个不同的标签；不同变量值不能有相同的值标签。若用英文定义标签，则可以通过单击对话框右上角的"拼写"按钮，检查拼写错误。

7. 定义用户缺失值

在"变量视图"标签页中，单击变量与"缺失"列对应的单元格，然后单击单元格右侧的删节号，打开"缺失值"对话框，如图2-5所示。

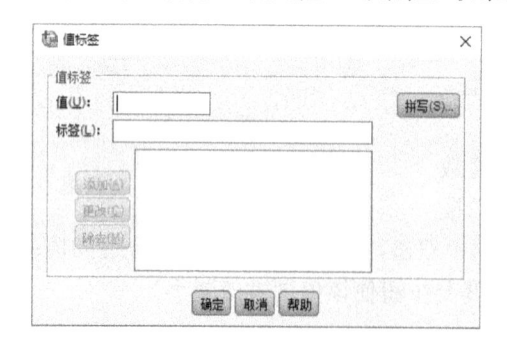

图2-4 "值标签"对话框

图2-5 "缺失值"对话框

先选择一种缺失值类型，再进行具体定义。定义用户缺失值的类型有3种。

（1）"无缺失值"单选按钮：系统默认选择此项。若当前变量的测试值完全正确，没有遗漏，则可选择此项。

(2)"离散缺失值"单选按钮：选择此项，可以在下面的 3 个框中输入 3 个可能出现在相应变量中的缺失值，也可以少于 3 个。在进行统计分析时若遇到这几个值，则系统将视其为缺失值。例如，对于性别变量，若定义了用"1"表示"男"，用"2"表示"女"，则值"0""3""4"都被认为是非法的，将这 3 个值分别输入 3 个框，当数据文件中出现这几个值时，系统将按缺失值对其进行处理。

(3)"范围加上一个可选的离散缺失值"单选按钮：选择此项后，除"下限"框和"上限"框外，还有"离散值"框将被激活。其中"离散值"框用于定义一个范围以外的值。例如，如果定义变量 height 的值中输入的错误数据有 1.40、1.90、1.95 和 2.03，而且在 1.90～2.03 间没有正确的测试值，正确值在大于 1.40 和小于 1.90 的范围内，那么可选择此项，并在"下限"框中输入"1.90"，在"上限"框中输入"2.03"，在"离散值"框中输入"1.40"。

若这 3 种定义缺失值的方式都不能把所有的非法值包括在内，则要在数据文件中查出错误数据并将其修改成系统缺失值，或者在"语法编辑器"窗口中利用缺失值函数解决缺失值定义问题。

8．定义变量的显示格式

(1)定义变量显示的列宽度。在"变量视图"标签页中，单击"列"列对应的单元格，再单击出现的数值调节按钮，增大或减小该单元格中的值，如图 2-6（a）所示。

(2)定义变量显示的对齐方式。在"变量视图"标签页中，与"对齐"列对应的单元格中显示的是系统默认的对齐方式。对于数值型变量，系统默认右对齐；对于字符串型变量，系统默认左对齐。若要改变系统默认的变量对齐方式，则应单击"对齐"列对应的单元格。可选择的对齐方式有 3 种，即左对齐、居中对齐、右对齐，在"对齐"下拉列表中任选一种，如图 2-6（b）所示。

(3)关于默认类型。

① 字符串（字母、数字）型变量默认类型为名义变量。

② 有值标签的数值型变量默认类型为有序变量。

③ 没有定义值标签的数值型变量，但数值数量少于指定数量的，系统默认设置成序号。

④ 没有定义值标签的数值型变量，但数值数量大于或等于指定数量的，系统默认设置成度量型变量，即等间隔测量的变量或称尺度变量。

9．定义变量测量类型

在"变量视图"标签页中，与变量行"测量"列对应的单元格中显示的是系统默认变量测量方式，即等间隔测量。默认变量值的数量为 24。

若要改变这个值，则按"编辑→选项"顺序单击，打开"选项"对话框，在"数据"选项卡的"指定测量级别"栏中设置。

若要改变系统默认变量测量方式，则单击"测量"列对应的单元格，单击下拉列表按钮，如图 2-6（c）所示。在下拉列表中有如下 3 个选项。

（1）"标度"（应译为"尺度"）选项：对应尺度变量，对于尺度变量或者表示比值的变量应选择此项，如身高、体重。

（2）"有序"选项：对应有序变量，对于表示顺序的变量应选择此项，如比赛名次、职务、职称等，可以是数值型变量，也可以是字符串型变量。

（3）"名义"选项：对应标称变量，是分类变量的一种，可以是数值型变量，也可以是字符串型变量。例如，变量值表示喜欢的颜色等。

10．定义变量角色

有些对话框使用预先在"数据编辑器"窗口中定义的变量角色。例如，在"自动线性建模"对话框中的"字段"选项卡中就有"使用预定义角色"单选按钮。在打开这样的对话框时，满足角色要求的变量会自动显示在"目标"框中。系统默认变量角色是输入变量。角色定义只影响支持角色分配的对话框，对命令语句没有影响。

要改变变量角色只需单击"角色"列对应的单元格，打开如图2-6（d）所示"角色"下拉列表。在"角色"下拉列表中选择某项即可。

"角色"下拉列表中有如下6个选项。

- "输入"选项：预设变量在分析中作为输入变量（如回归分析中的自变量、预测变量）。
- "目标"选项：预设变量在分析中作为输出变量或目标变量，如回归分析中的因变量。
- "两者"选项：预设变量在分析中可以同时作为输入变量或输出变量。
- "无"选项：不预设变量在分析中的角色。
- "分区"选项：预设变量用于将数据划分为单独训练样本、检验和验证样本。
- "拆分"选项：预设变量作为拆分文件的变量。若定义了拆分角色，按"数据→拆分文件"顺序单击，打开"拆分文件"对话框，该对话框中的"分组依据"框中会自动显示相关变量。

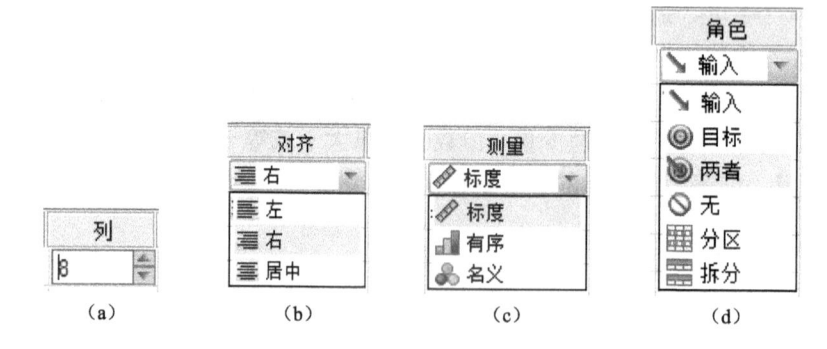

图2-6 定义变量的列格式和测量方式

11．确认全部定义的属性

经过上述操作，即可定义完一个变量的属性。重复上述操作，可以定义其他变量属性参数。所有变量名及其属性都显示在"变量视图"标签页中。若满意定义的属性，则单击"数据视图"标签，进入数据编辑状态，输入数据。

2.1.3 定义日期变量

定义日期功能可产生周期性的时间序列日期变量，还可以给时间序列的分析输出加标签。按"数据→定义日期和时间"顺序，打开"定义日期"对话框，如图 2-7 所示。在该对话框中选择各项与建立、修改、删除日期型变量有关的操作。

1．"个案是"列表

"个案是"列表即日期类型选项列表，其中各项都是为定义日期变量的时间间隔和为定义时间变量做准备的功能项。利用该对话框建立具有一定时间间隔的日期变量必须满足下列条件。

（1）在"数据编辑器"窗口中已经有一个数据文件。

（2）该数据文件中的变量名不能与将要建立的日期变量的默认变量名重名，否则新建日期变量将覆盖同名变量。系统默认变量名有 YEAR_、QUARTER_、MONTH_、WEEK_、DAY_、HOUR_、MINUTE_、SECOND_ 和 DATE_。

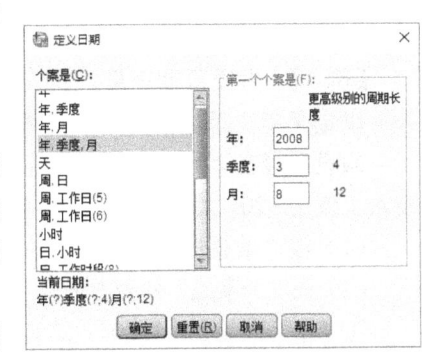

图 2-7 "定义日期"对话框

（3）对于每个"个案是"列表中列出的功能项，SPSS 生成若干数值型变量，新变量名以下画线结尾。同时生成一个字符串型变量 DATE_，用来解释生成的日期变量。例如，在"个案是"列表中选择"周,日,小时"选项，将生成四个新变量 WEEK_、DAY_、HOUR_ 和 DATE_。

2．"当前日期"栏

"当前日期"栏在"个案是"列表下方，显示项与定义新日期变量有关。在"当前日期"下面显示的是已经存在的与即将生成的日期变量同名的变量及其定义，用于提醒用户。

3．"第一个个案是"栏

"第一个个案是"栏用于定义起始日期值。定义的起始日期值作为第一个观测，接下来的各观测值根据时间间隔自动生成。

4．"更高级别的周期长度"栏

"第一个个案是"栏内显示的项与"个案是"列表中选择的项目对应，其中"更高级别的周期长度"栏用于指定相应的重复周期，如一年中的月数、一周中的天数，在对应框后面显示的是可以输入的最大值。

如图 2-7 所示，在"个案是"列表中选择了"年,季度,月"选项，在"第一个个案是"栏中显示的是即将产生的三个日期型变量的值，这些值在"数据编辑器"窗口中作为第一个观测。"更高级别的周期长度"栏显示的是各变量的最大值，即该对应变量的周期。

5．"个案是"列表的部分功能

（1）"未注日期"选项（倒数第 2 项）：选择此项将删除当前数据文件中与系统默认

日期型变量名相同的变量，为"个案是"列表中的某些功能项的执行创造条件。

（2）"设定"选项（倒数第 1 项）：选择此项将指出由命令语句生成的日期变量，而非使用定义日期功能生成的日期变量。例如，每周 4 个工作日的日期变量，它只反映当前数据文件状态，对数据文件没有影响。

除以上两个选项外，"个案是"列表中的其余各项都是生成日期变量的功能项。

【例 1】 生成日期变量。

以定义年、季度、月为例说明操作方法。

假设已经在"数据编辑器"窗口中建立了一个变量"no"，其"标签"为"编号"，且输入了值 1～20，数据集中有 20 个观测。

（1）按"数据→定义日期和时间"顺序单击，打开"定义日期"对话框。

（2）在"个案是"列表内选择"年,季度,月份"选项。"第一个个案是"栏内的内容如下。

① "年" 框显示"1900"，这是系统默认数值，将该值修改为"2008"，如图 2-7 所示，此项表明第一个观测的 YEAR_变量值为 2008。

② "季度"框显示变量的起始值为"1"，周期为"4"，按"1""2""3""4"顺序排列，将该值设置为"3"。

③ "月"框显示变量的起始值为"1"，周期为"12"，将该值设置为"8"。

单击"确定"按钮，在"变量视图"标签页中生成的新变量有 YEAR_、QUARTER_、MONTH_和对这 3 个变量值的解释变量 DATE_，如图 2-8（a）所示。

第一个观测：no 值为 1，YEAR_、QUARTER_、MONTH_三个变量的值分别为 2008、3、8，DATE_的值为 AUG 2008。下一个观测，四个变量的值分别为：2008、3、9、SEP 2008。

共生成 20 个观测，如图 2-8（b）所示。

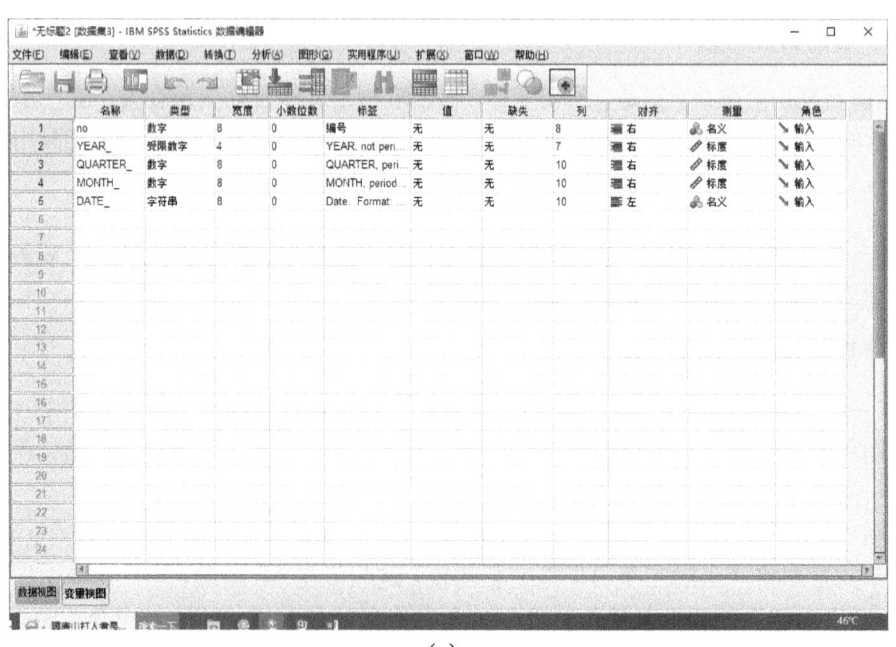

(a)

图 2-8 日期变量生成的结果

(b)

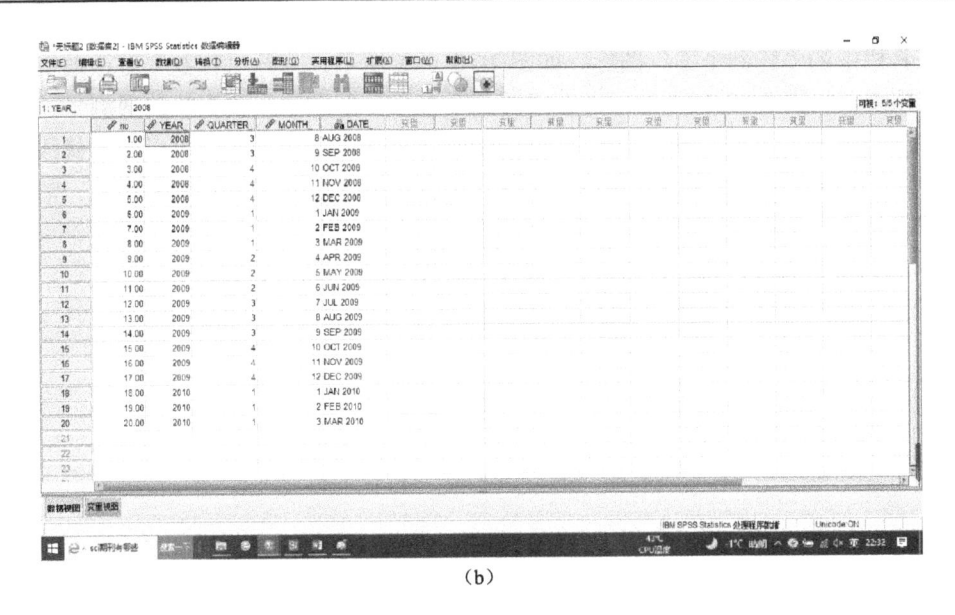

图 2-8　日期变量生成的结果（续）

从图 2-8 中可以看出，要想使用定义日期功能自动生成日期变量，原始数据文件中的各观测必须是按某时间顺序取得的，而且时间顺序必须与"定义日期"对话框中的"个案是"列表中的某一选项相对应。

2.1.4　数据输入与编辑

1．数据输入

输入数据的操作方法是多种多样的，可以在定义一个变量后就输入这个变量的值（纵向进行），也可以定义完所有变量后按观测输入变量的值（横向进行）。

"数据视图"标签页中的二维表格顶部标有变量名，最左侧栏标有观测序号。一个变量名和一个观测序号可以指定唯一单元格。使用键盘上的上、下、左、右键可以将插入点（当前定位的单元格）移动到相邻位置；使用键盘上的 Home 键、End 键可以将插入点移动到同行首单元格和同行尾单元格，使用垂直滚动条或键盘上的 PageUp 键和 PageDown 键可以实现上下移动一屏。

单击"值标签"图标 ，所有设置了值标签的变量均显示值标签。图 2-9 所示为在显示值标签的状态下录入变量 gender 的值。当输入一个变量值时，单击对应单元格的下拉列表按钮，在打开的下拉列表中选择一个定义的值标签即可，只用鼠标即可输入有值标签的变量值。

2．数据编辑

如果知道某个变量的某个值输入错误，只要定位到相应单元格，重新输入这个数据即可。

1）移动鼠标指针到指定序号的观测

当数据量很大时，在"数据视图"标签页中查找一个观测是很麻烦的事，可以利用转到个案功能解决此问题。例如，修改第 108 个观测的性别，先把鼠标指针移到"数据视图"标签页中的 gender 变量的任意一个观测上。按"编辑→转到个案"顺序单击，或者单击工具栏中的"转到个案"图标,如图 2-10(a)所示,打开"转到"对话框中的"个案"选项卡,如图 2-10(b)所示。在"转到个案号"框中输入要查找的观测号,如输入"2",单击"跳转"按钮。第 2 行对应的 gender 变量的值加深显示,可以即刻修改。不关闭"转到"对话框,还可以继续查找。若输入的观测号大于数据文件观测个数,则鼠标指针停留在最后一个观测上。

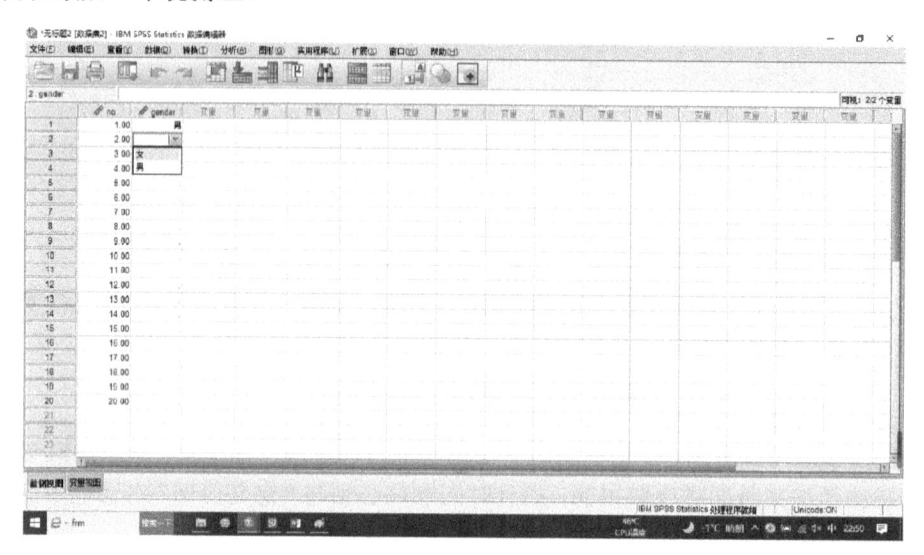

图 2-9 显示值标签的变量

2)查找变量

按"编辑→转到变量"顺序单击,或者单击工具栏中的"转到变量"图标,如图 2-11(a)所示,打开"转到"对话框中的"变量"选项卡,单击"到向变量"下拉列表按钮,在下拉列表中选择要查找的变量名,如选择 gender 变量,如图 2-11(b)所示。单击"跳转"按钮,gender 变量列的所有值都将加深显示。不关闭"转到"对话框还可以继续查找。

图 2-10 "转到个案"图标和"转到"对话框中的"个案"选项卡

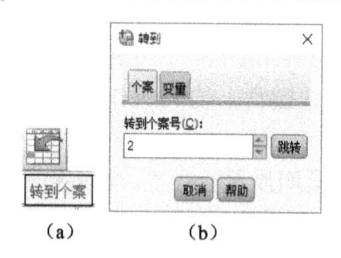

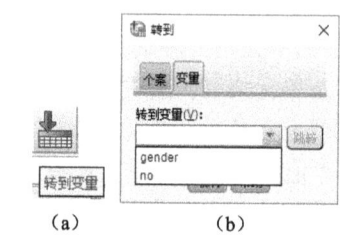

图 2-11 "转到变量"图标和"转到"对话框中的"变量"选项卡

"转到"对话框有两个选项卡——"个案"选项卡和"变量"选项卡,可以根据查找目标进行切换。

3)在"数据视图"标签页中查找或替换指定变量中的指定数据(定位到单元格)

【例 2】 查找 educ 值为 19 的观测。

① 将鼠标指针移至变量 educ 所在列中的任意单元格处,单击,指定在该列中查找。

② 按"编辑→查找"顺序单击,或者单击工具栏中的"查找"图标,如图 2-12(a)

所示，打开"查找和替换-数据视图"对话框，该对话框中的"列"后显示要查找的值所属变量列：educ，如图 2-12（b）所示。

③ 在"查找"框中输入要查找的变量值。本例要求查找 educ=19 的观测，因此输入"19"。

④ 单击"查找下一个"按钮，即向观测序号大的方向查找；查找到的内容加深显示。再次单击"查找下一个"按钮，可以继续查找。直到显示查找终止提示信息，单击"关闭"按钮，关闭对话框。

4）匹配查找

单击"显示选项"按钮将显示被折叠的选项，如图 2-12（c）所示。在"匹配目标"栏中选择一种方式，对查找目标进行进一步定义。"匹配目标"栏中的选项如下。

- "包含"单选按钮：查找包含指定内容的变量值。例如，在姓名变量中找姓张的，在"查找"框中填入"张"，选择此项，将显示所有名字中有"张"的变量。
- "整个单元格"单选按钮：整个单元格的内容必须与指定内容完全一致才能被找到。
- "开始内容"单选按钮：查找以指定内容开头的变量值。例如，选择此项，在"查找"框中输入"$123"，找到的内容可以是$123.0、$1234.0，但是不包括$1,23.0。
- "结束内容"单选按钮：用于查找以指定内容为结尾的变量值。

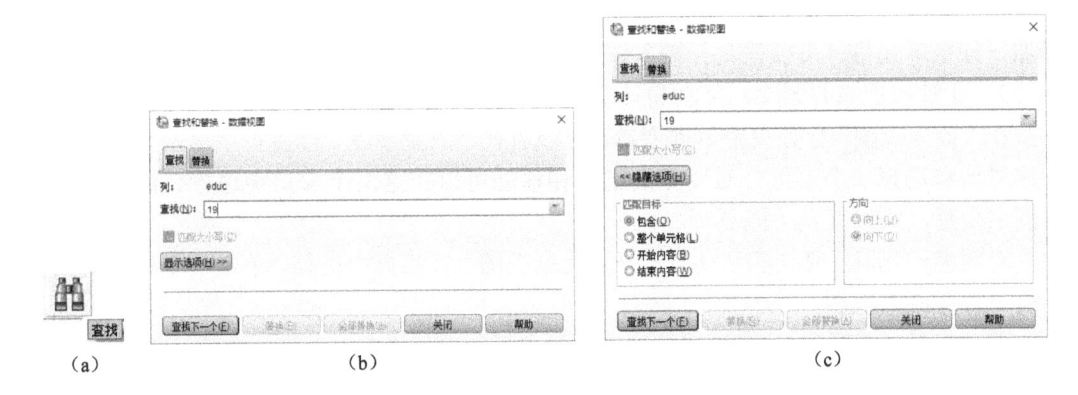

图 2-12 "查找"图标和"查找和替换-数据视图"对话框

注意：日期（时间）型变量在"数据视图"标签页中将按显示格式查找。如果显示格式为 10/18/2008，就找不到 10-18-2008。在"数据编辑器"窗口中只能向观测号大的方向查找，不能向观测号小的方向查找。

5）替换功能

当查找到一个符合查找标准的观测时，"替换"按钮加亮。单击"替换"选项，在"替换内容"框中填写需替换的内容。当查找到一个目标时，单击"替换"按钮，查找到的内容被替换。再单击"查找下一个"按钮，找到下一个目标，再单击"替换"按钮，查找到的内容被替换。若单击"全部替换"按钮，则所有与查找内容匹配的都将被替换成"替换内容"框中填写的内容。

6）在"变量视图"标签页中的查找与替换

在"变量视图"标签页中，只能对变量名、变量标签、值、缺失值和自定义变量属性进行查找，且只能对标签、值的内容和自定义的变量属性进行替换。

注意：在"值"列可以对值和值标签进行查找，但是若替换数据值，将把原来的值标签一起删除。

7）插入一个变量

如果要在现存变量的右边界的左侧增加一个变量，只需单击"变量视图"标签，转换到"变量视图"标签页，在变量表最下面一行定义新变量。

如果想把要定义的变量放在已经存在的变量之间，那么可进行如下操作。

① 确定插入位置。在"数据视图"标签页中将鼠标指针置于要插入新变量的列中任意单元格上并单击；或者在"变量视图"标签页中，单击新变量要占据的行的任意单元格。

② 按"编辑→插入变量"顺序单击，或者单击"插入变量"图标，在选定的位置上插入一个变量名为 Var0000n 的变量，其中 n 是系统给的变量序号。原来占据此位置的变量及之后变量依次后移。

③ 切换到"变量视图"标签页，定义插入的变量的属性，包括更改变量名。之后切换到"数据视图"标签页，输入该变量的值。

8）插入一个观测

观测的排列无关紧要，其排列次序可以用排序功能整理。如果需要插入一个观测，那么可以先将鼠标指针置于待插入观测一行的任意单元格中，单击；然后按"编辑→插入个案"顺序单击，或者单击工具栏中的"插入观测"图标。操作结果为在选中的一行上增加一行空单元格，可以在此行输入该观测的各变量值。

9）变量和观测的删除、复制和移动

在"数据视图"标签页中单击变量名，或者在"变量视图"标签页中单击变量所在的行序号即可选择一个变量；对变量的删除和移动可以在这两个窗口中进行。因为不允许有同名变量，所以变量不能复制。

对观测的删除、复制和移动只能在"数据视图"标签页中进行。单击一个行号就选择了这一行对应的观测。

移动变量（或观测）：在选择要移动的对象后，选择"编辑"菜单中的"剪切"命令，找到插入位置，先插入一个空变量（或空观测），单击空变量的变量名（或空观测号），选中这个空变量（或空观测），然后选择"编辑"菜单中的"粘贴"命令，将剪贴板中的变量（或观测）粘贴到空变量（或空观测）的位置上。

若要复制观测，只需把上述步骤中的剪切操作改为复制操作即可。

若要删除变量或观测，只需在选择要删除的对象后，按 Delete 键或选择"编辑"菜单中的"清除"命令。

另外，工具栏中的 、 、 图标的作用是剪切、复制、删除，使用方法与上述命令一致。

10）恢复删除或修改前的数据

选择"编辑"菜单中的"撤销"命令或单击工具栏中的"撤销"图标，可撤销前一步操作。选择"编辑"菜单中的"重做"命令或单击图标，可恢复至撤销前的状态。

2.1.5 根据已有的变量建立新变量

使用计算变量功能完成对新变量值的计算

在进行数据的分析处理时，往往需要根据已经存在的变量建立新变量。这一工作可以直接通过 SPSS 语句实现。对于 SPSS 来说，体现其特点的更直观的方法是通过"计算变量"对话框完成。

（1）按"转换→计算变量"顺序单击，打开如图 2-13（a）所示的"计算变量"对话框。

（2）在"目标变量"框中输入目标变量名，用来接收计算的值。目标变量名可以是一个新的变量名，也可以是一个定义过的变量名。如果是新变量，就单击"类型和标签"按钮，展开"计算变量：类型和标签"对话框，如图 2-13（b）所示，定义新变量的类型和标签。

① "标签"栏：用于指定新变量标签。
- "标签"框：可在该框中输入长达 120 个字符的说明变量含义的标签。
- "将表达式用作标签"单选按钮：用于指定用表达式的前 110 个字符作为标签。

② "类型"栏：用于指定变量类型。只有两种基本类型可以指定，即数值型（对应"数字"单选按钮），这是默认设置；字符串型（对应"字符串"单选按钮），要在"宽度"框中输入字符串的宽度。

设置完成后，单击"继续"按钮，即可返回"计算变量"对话框。

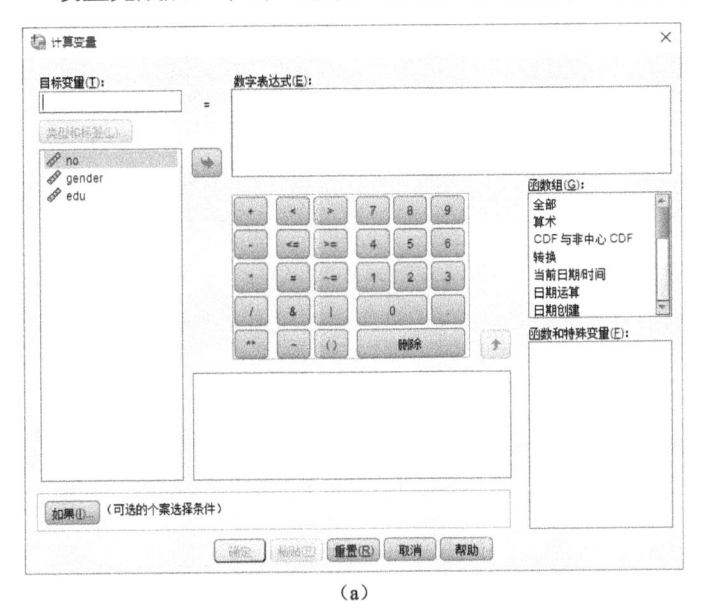

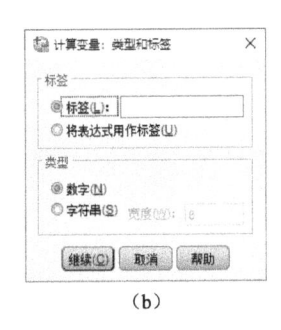

图 2-13 "计算变量"对话框和"计算变量：类型和标签"对话框

（3）在"数字表达式"框中输入合理的数学表达式。"计算变量"对话框中的软键盘中包含常数、算术运算符、关系表达符、逻辑运算符。"数字表达式"框相当于计算器的显示屏。在"数字表达式"框中可以利用鼠标或键盘进行相应操作，方法如下。

① 在左面的矩形框中选择已经存在的变量，移入"数字表达式"框。

② 在软键盘中单击对应数字或运算符，显示在"数字表达式"框中。

③ 在"函数组"框中选择需要的函数，双击选中的函数；或者单击选中的函数后单击向上箭头按钮，使选中的函数出现在"数字表达式"框中。函数自变量用问号表示。

④ 移动插入点，即"I"形光标，至函数名称后面的括号中，按①所示方法选择自变量并单击向右移动变量按钮，使其置于括号中，代替括号中表示自变量的问号。

（4）表达式组成规则参见 1.5.2 节，另外需要注意如下几点。

① 自变量必须放在函数名后的括号中。

② 每一个关系表达式必须单独完成。例如，把年龄变量分段：age1=3(if age >= 30 & age < 40)与 age1=4(if age >= 40 & age < 50)，定义变量 age1 的两个值，由于两个值分别以变量 age 的不同值为条件确定，因此必须分两步完成。

③ 圆点"."是表达式中唯一合法的小数记号。

（5）条件表达式。

当不同特点的观测使用不同的表达式计算新变量值时，新变量值需要分步进行计算。在"计算变量"对话框中确定计算部分新变量值的表达式，再利用条件表达式选择观测。对于使条件表达式值为真的观测，使用"计算变量"对话框中确定的表达式计算新变量的值；对于使条件表达式为假或缺失的观测，新变量的值或为缺失值或保持不变。

① 在"计算变量"对话框中单击"如果"按钮，打开"计算变量：If 个案"对话框，如图 2-14 所示。

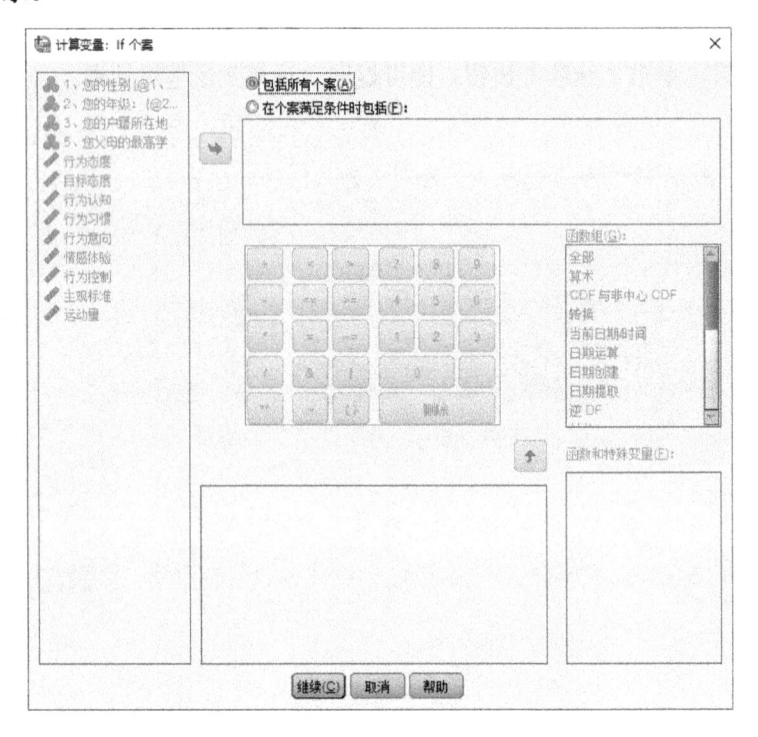

图 2-14 "计算变量：If 个案"对话框

② 根据需要选择下列选项。

- "包括所有个案"单选按钮：用于指定包括数据集中所有观测，是系统默认选项。选择此项，将对所有观测使用"计算变量"对话框中的计算表达式来计算新变量值，没有任何条件。
- "在个案满足条件时包括"单选按钮：用于指定只对满足条件表达式条件的观测计算新变量值。选择此项，将激活下面的矩形框，可在其中输入条件表达式。操作方法与"计算变量"对话框中的操作方法相同。

③ 条件表达式规则如下。

大多数条件表达式至少要包括一个关系运算符，并且可以通过关系运算符连接多个条件表达式。例如：

- age >= 21 表示只有 age 大于或等于 21 的观测会被选择。
- Salary*3 < 100000 表示只有 Salary 乘以 3 的值小于 100000 的观测会被选择。
- Salary*3 < 100000 & jobcat<>3 表示只有 Salary 乘以 3 小于 100000 并且 jobcat 不等于 3 的观测才会被选择。

逻辑运算符连接的两个关系表达式必须单独完成，如 age >= 18 & age < 35 合法，而 age >= 18 & < 35 非法。

④ 单击"继续"按钮可确认输入的条件表达式并返回"计算变量"对话框。

（6）单击"确定"按钮，对符合"计算变量:If 个案"对话框中设置条件的观测，按"计算变量"对话框中确定的计算表达式计算新变量值。

2.1.6 打开、保存与查看数据文件

1. 打开一个已有的数据文件

按"文件→打开→数据"顺序单击或单击工具栏中的 图标，打开"打开数据"对话框。在"查找位置"框中指定文件存储位置。数据文件类型栏显示为 SPSS Statistics (*.sav)。单击或输入要打开的数据文件，单击"打开"按钮，就可以将数据文件显示在"数据编辑器"窗口中。

在"打开数据"对话框中，单击"文件类型"下拉列表按钮，可展开 SPSS 允许打开的文件类型列表。

数据文件的类型大致有以下几种。

- SPSS（*.sav）：SPSS 建立的数据文件，扩展名为.sav。
- SPSS/PC+（*.sys）：SPSS/PC 或 SPSS/PC plus 建立的语法文件，扩展名为*.sys。
- Systat（*.syd 和*.sys）：SYSTAT 建立的数据文件（扩展名为.syd）或语法文件（扩展名为*.sys）。
- 可移植格式（*.por）：用 SPSS 简便格式保存的数据文件。
- Excel（*.xls）：Excel 建立的表格数据文件。SPSS 可以直接打开 Excel 文件。
- LOTUS（*.w*）：用 LOTUS 1-2-3 格式写的数据文件，可以是 1 版、2 版、3 版 LOTUS 1-2-3 记录的数据文件，一行对应一个观测，一列对应一个变量。
- SYLK（*.sylk）：用 SYLK 保存的数据文件格式。
- dBASE（*.dbf）：数据库格式文件，扩展名为.dbf。可以是各种版本 dBASE 或 FoxBASE 建立的数据文件。一个记录转换成"数据编辑器"窗口中的一个观测。
- SAS（*.sas7bdat、*.sd7、*.sd2、*.ssd01、*.ssd04、*.xpt）：各版本的 SAS 软件生成的数据文件。
- STATA（*.dta）：各版本的 STATA 软件生成的数据文件。
- 文本文件（*.txt、*.dat、*.csv 和*.tab）。

2. 保存数据文件

保存数据文件可以使用"文件"菜单中的"保存"和"另存为"命令。操作方法与 Windows 系列应用软件保存文件的操作方法一样，而 SPSS 数据文件可以选择不同变量保存为不同的文件。

可以保存的数据文件的类型很多。基本上可以打开的文件类型都是可以保存的文件类

型，但大部分会丢失变量标签和值标签。将数据文件保存为文本文件时有如下两种类型。

- 以制表符分隔（*.dat）：保存为 ASCII 文件，用制表符作为两个观测间的分隔符。如果一个软件不能读取其他任何格式的数据文件，那么可以使用此种格式文件保存数据。在将数据文件保存为此种格式文件的同时，变量标签、值标签、缺失值定义均会丢失。
- 固定格式 ASCII（*.dat）：保存为固定列格式的 ASCII 文件。

注意：*.dat 文件不是标准格式文件，在 SPSS 中是文本格式的数据文件在 Windows 操作系统中被默认为视频文件。因此要注意打开和保存文件时的操作。

3．保存部分变量

按"文件→另存为"顺序单击，打开如图 2-15 所示的"将数据另存为"对话框，在"查找位置"下拉列表中设置保存位置，在"文件名"框中输入文件名。

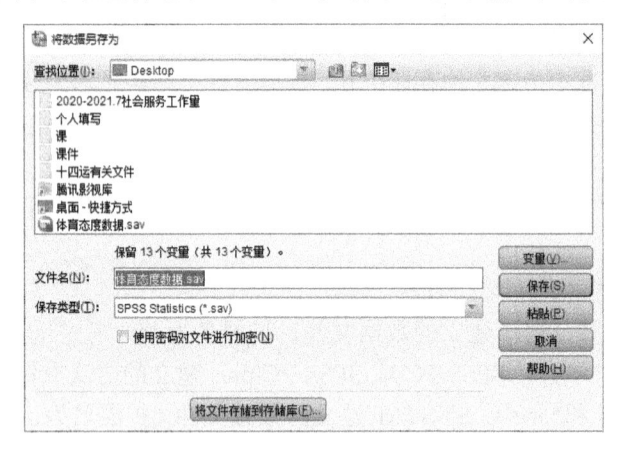

图 2-15 "将数据另存为"对话框

单击"将数据另存为"对话框中的"变量"按钮，打开如图 2-16 所示的"将数据另存为：变量"对话框，选择要保存的变量。系统默认保留全部变量，即所有变量名前都标有对钩。只有标有对钩的变量才会被保存到文件中。选择不需要保存的变量，即去掉该变量前面的对钩，"全部保留"按钮被激活。单击"全部保留"按钮，所有变量都被选中，"全部保留"按钮变暗。此时单击"全部丢弃"按钮，所有变量前面的对钩都将被去掉。

单击"继续"按钮，将返回"将数据另存为"对话框，单击"保存"按钮，完成保存部分变量的操作。

【例3】 另存为 ASCII 数据文件实例。

数据文件 data02-02 中有 5 个变量：no（编号）、gender（性别）、age（年龄）、height（身高）、weight（体重）。把数据保存为固定格式的 ASCII 文件的操作如下。

（1）按"文件→另存为"顺序单击，打开"将数据另存为"对话框。

（2）在"将数据另存为"对话框的"查找位置"下拉列表框中指定存储位置，在"保存类型"

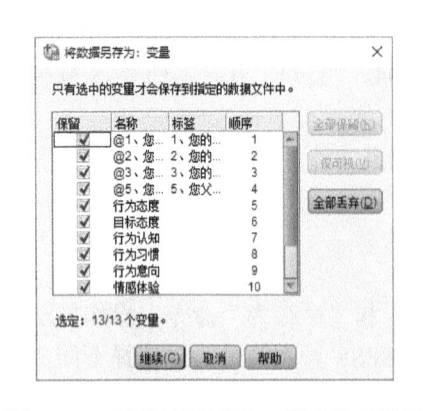

图 2-16 "将数据另存为：变量"对话框

下拉列表中选择文件类型为固定格式 ASCII，其扩展名为.dat，在"文件名"框中输入文件名，单击"保存"按钮。"查看器"窗口中将显示保存记录，如表 2-1 所示。

表 2-1 文件以 ASCII 形式存入指定位置

变量名	观测序号	起始列号	结束列号	变量的格式
no	1	1	2	F2.0
gender	1	3	4	F2.1
age	1	5	7	F3.2
height	1	8	12	F5.2
weight	1	13	15	F3.2

表 2-1 第 1 列是变量名；第 2 列是该变量所在的观测序号，这些变量处于同一个观测中；第 3 列是对应变量所占起始列号；第 4 列是对应变量所占结束列号，变量 no 占两列，变量 gender 占两列……第 5 列是对应的变量的格式。表 2-1 中的前两个变量是字符串型变量，后 3 个变量是数值型变量。由于各变量值间没有空格，因此当在其他软件中打开此文件时，该表对于重新整理数据很重要，应该保存。

4．查看变量信息

当数据集中有很多变量时，在"数据编辑器"窗口中查看变量全面信息比较困难，操作很烦琐。简便办法是，在"数据编辑器"窗口中选择一个变量，选择"实用程序"菜单中的"变量"命令，打开"变量"对话框，如图 2-17 所示（data 02-02）；也可以单击"变量"图标 ，打开该对话框。

"变量"对话框左半部是"变量"栏，列出了当前"数据编辑器"窗口中定义的所有变量名和测量类型图标。右半部分"变量信息"显示区列出的是"变量"栏中选定的变量的属性。"变量信息"显示区中只能显示一个变量的属性信息。图 2-17 中显示的是 gender 变量的信息，第一行是变量名称"gender"；第二行是变量标签"性别"；第三行是变量类型"F2"，表示 2 位数值型变量；第四行是对变量缺失值的定义，为"无"，表示如果该变量值为 0，则认为是缺失值。第五行是变量的测量类型，为"名

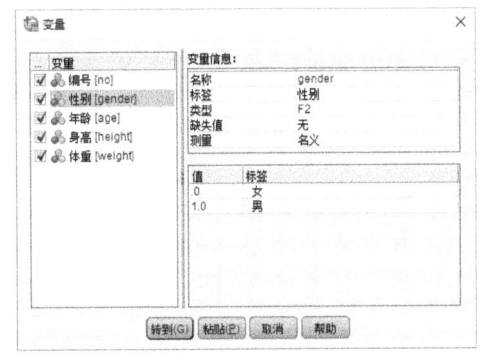

图 2-17 "变量"对话框

义"。下面的"值"列和"标签"列表示，值"0"的标签为"女"；值"1.0"的标签为"男"。

单击"转到"按钮，返回"数据编辑器"窗口。

5．查看文件信息

可以利用"文件"菜单中的命令查看所有定义的变量。方法是按"文件→显示数据文件信息"顺序单击，在二级菜单中进行如下操作。

（1）单击"工作文件"选项：当前"数据编辑器"窗口中所有变量的有关信息均显示在"查看器"窗口变量信息表中。

（2）单击"外部文件"选项：打开"显示外部数据集信息"对话框，指定一个外部数

据文件，文件中所有变量信息均显示在"查看器"窗口中。

文件信息包括文件保存位置、文件类型、生成日期，以及是否定义了加权变量等。变量信息表包含变量在"数据编辑器"窗口中的位置序号、变量名、变量标签、值标签、格式和缺失值。该功能对查找一个已经建立的数据集，确定是否是想要打开的数据集很有用。

2.2 数据文件的转换

2.2.1 ASCII 数据文件的转换

几乎所有有计算功能或管理数据功能的软件都可以输出 ASCII 数据文件，因此掌握将 ASCII 数据文件转换成 SPSS 数据文件的方法是非常重要的。

1. 不同格式的 ASCII 数据文件

SPSS 可以读入 ASCII 数据文件，并将其转换为 SPSS 格式，显示在"数据编辑器"窗口中。ASCII 数据文件有固定格式 ASCII 和以制表符分隔的自由格式两种。固定 ASCII 格式，即一个观测占一行或若干行，每个变量所占起始列和结束列是固定的，如图 2-18 所示。以制表符分隔，即每个变量在文件中的列位置不一定是固定的，各变量值之间使用相同的符号（如空格或逗号）隔开，转换根据分隔符和变量值排列顺序进行。

(a)

(b)

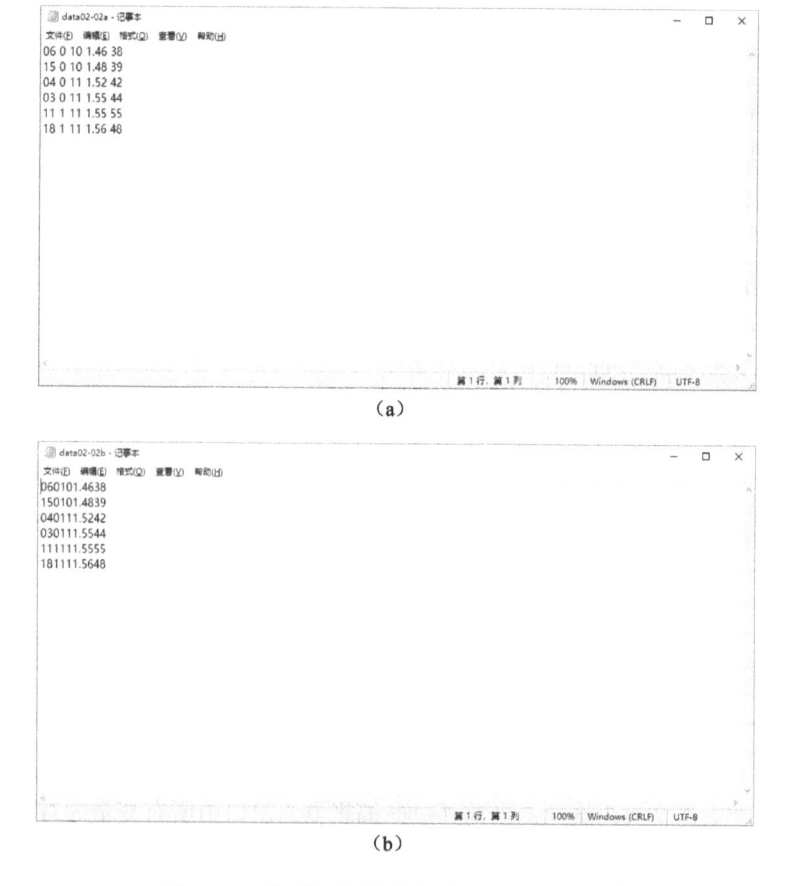

图 2-18 不同排列的固定格式 ASCII 数据文件

（1）在以固定格式排列的 ASCII 数据文件中，数据的排列方式有以下两种。

① 每行安排一个观测，每个变量值之间用空格分隔，如图 2-18（a）所示。这种固定格式也可以看作使用分隔符的自由格式数据文件，数据文件实例见文件 data02-02a.txt。

② 每行安排一个观测，各变量值间没有任何分隔符，如图 2-18（b）所示，数据文件实例见 data02-02b.txt。

（2）以制表符分隔的自由格式 ASCII 数据文件有以下两种数据排列方式。

① 每行安排若干个观测，或者整齐地排列两个观测。如图 2-19（a）所示，数据文件 data02-03.txt 看上去既是固定格式 ASCII 数据文件，又是以制表符分隔的自由格式 ASCII 数据文件。转换程序将其归为使用制表符分隔的自由格式 ASCII 文件。如果使用固定格式转换操作，那么在转换后需要通过对数据文件进行编辑才能形成正确转换结果。

② 每行一个或多个观测，使用分隔符将各变量值分开，甚至一个观测从一行中间开始并在下一行继续，如图 2-19（b）所示，参见数据文件 data02-04.txt。

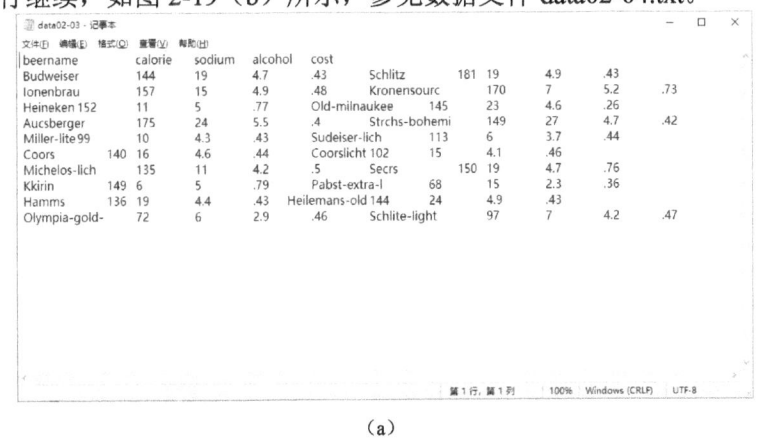

（a）

（b）

图 2-19　不同排列的自由格式 ASCII 数据文件

2. 固定格式 ASCII 数据文件的转换

以图 2-18（b）为例，来说明固定格式 ASCII 数据文件转换为 SPSS 数据文件的操作。

图 2-18（b）中所示数据文件为 data02-02b.txt，数据由 5 个变量组成，变量编号占第 1 列和第 2 列，性别占第 3 列，年龄占第 4 列和第 5 列，身高占第 6～9 列（小数点占一

列),体重占第 10 列和第 11 列。

数据文件转换步骤如下。

(1)按"文件→打开→数据"顺序单击,打开"打开数据"对话框,在"文件类型"下拉列表中选择"文本格式(*.txt、*.dat、*.csv)"选项,矩形框中将列出这一类数据文件。指定一个扩展名为.txt 的数据文件(本例为 dada02-02b1.txt)(以上步骤也可以通过按"文件→导入数据→文本数据"顺序单击实现)并单击"打开"按钮,打开"文本导入向导-第 1/6 步"对话框,如图 2-20 所示。分 6 步完成转换工作,如图 2-20 所示的对话框中的操作为第 1 步。数据显示在下面带有标尺的预览框内。

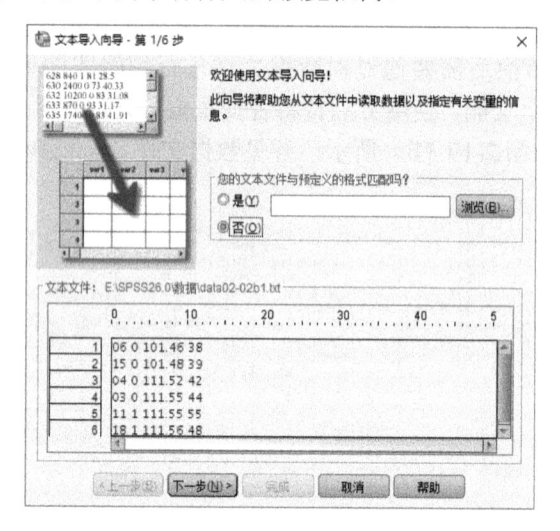

图 2-20 "文本导入向导-第 1/6 步"对话框

对于右面"您的文本文件与预定义的格式匹配吗?"栏,若需要,则选择"是"单选按钮,并通过单击"浏览"按钮指定一个扩展名为.tpf 的文件。通常不选择该选项。否则,选择"否"单选按钮。设置完成后单击"下一步"按钮,打开"文本导入向导-第 2/6 步"对话框,如图 2-21 所示。

(2)在"文本导入向导-第 2/6 步"对话框中回答如下 3 个问题。

① 变量如何排列?

选择"定界"单选按钮,即使用分隔符将变量隔开;选择"固定宽度"单选按钮,即使用固定列宽。图 2-21 所示对话框中的预览框中的数据排列整齐,虽然列宽是固定的,但文本向导无法读取固定宽度的 Unicode 文本文件。固定宽度的 Unicode 文本文件,只可以通过 DATA LIST 命令来读取。因此选择"定界"单选按钮。每个选项后面都有解释,仔细阅读并确定文本文件中的变量属于哪种排列。

② 文件开头是否包括变量名?

"是"单选按钮或"否"单选按钮选其一。拖动垂直滚动条可以看到,文件顶部没有变量名,因此选择"否"单选按钮。

单击"下一步"按钮,打开"文本导入向导-定界,第 3/6 步"对话框,如图 2-22 所示。

③ 小数符号是什么?

这里提供了"句点"单选按钮和"逗号"单选按钮,选择其中之一,设置用句点或逗号来作为小数符号。

(3) 在"文本导入向导-定界-第 3 步/6 步"对话框中要求提供与观测有关的信息,一个观测相当于数据库中的一个记录。各选项的含义与操作如下。

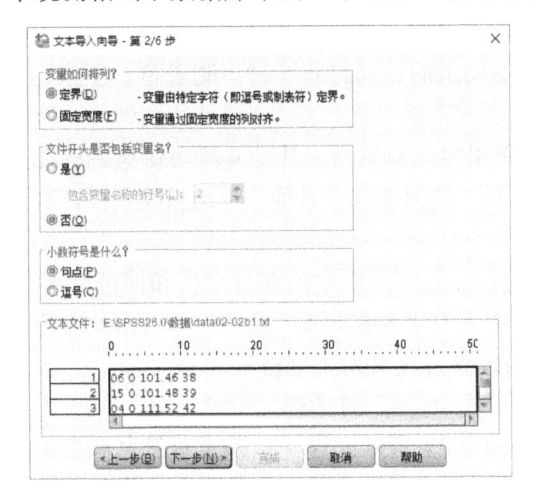

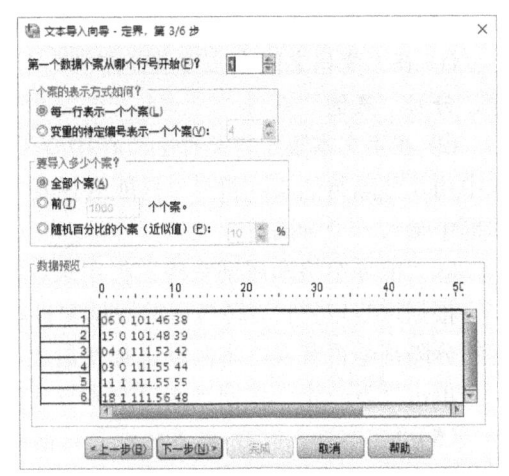

图 2-21 "文本导入向导-第 2/6 步"对话框   图 2-22 "文本导入向导-定界,第 3/6 步"对话框

① "第一个数据个案从哪个行号开始?"框:要求指定数据文件中第一个包括数据值的行号,默认值为 1。若顶行包括对变量的解释文字或变量标签,则该值不能是 1。若没有变量行,但是只需分析一部分数据,也可能不从第一个观测开始,基于此应该在该框中设置具体值。

② "个案的表示方式如何?"栏:用于控制文本向导如何确定每个个案结束、下一个个案开始的位置,有两个选项。

- "每一行表示一个个案"单选按钮:选择本项,则每一行仅包含一个个案。每个个案通常包含在一行中,即使对于有大量变量的数据文件而言这一行会很长。若不是所有行都包含相同数量的数据值,则每个个案的变量数将由数据值个数最多的行决定。对于数据值较少的个案,多出来的变量将被指定为缺失值。
- "变量的特定编号表示一个个案"单选按钮:选择本项,则需在其对话框中将指定每个实例的变量数,告诉文本向导在哪里停止读取某个个案,并开始读取下一个个案。同一行可以包含多个个案,个案可以从一行的中间开始,并在下一行继续。文本向导按照读取的值的数量确定每个个案的结束位置,不管有多少行。每个个案必须包含所有变量的数据值(或由分隔符表示的缺失值),否则数据文件将无法被正确读取。在选择此项时,系统默认每个实例的变量数为 11。应根据实际情况进行修改。

③ "要导入多少个案?"栏:用于指定要转换的观测数。

- "全部个案"单选按钮:用于指定转换所有观测。系统默认选择此项。
- "前□个个案"单选按钮:用于指定前 n 个观测,n 是自定义的正整数;框中输入 n 值。
- "随机百分比的个案(近似值)"单选按钮:用于指定一个百分数,系统按指定的百分比随机提取观测来转换。由于随机采样是通过对每个观测产生一个独立的伪随机数进行的,因此该百分比是一个近似值,最后采样得到的样本占观测总数的百分比接近这个指定值。

本例指定转换所有观测，即选择"每一行表示一个个案"单选按钮。设置完成后，单击"下一步"按钮，进入"文本导入向导-固定宽度，第4/6步"对话框。

（4）"文本导入向导-固定宽度，第4/6步"对话框，如图2-23所示。

① 在"变量之间存在哪些定界符？"栏中列出的分隔符有5种：制表符、空格、逗号、分号、其他。

② 在"文本限定符是什么"栏中有无、单引号、双引号、其他4种可供选择的在文本中用作分隔符的实际符号，只能选择其中一种。如果选择"其他"单选按钮，要在其后的框中输入一个分隔符。

③ "前导空格和尾部空格"栏用来选择是否除去字符串中的前导空格和尾部空格。

根据这些定界符，转换后的数据文件状态显示在"数据预览"栏中，可以由此查看指定的分隔符是否有误。本例将选择变量之间的定界符设置为"空格"。

单击"下一步"按钮进入"文本导入向导-第5/6步"对话框。

（5）"文本导入向导-第5/6步"对话框如图2-24所示。这一步确定变量名和变量类型。"数据预览"栏内显示的变量名为系统默认的Vn形式，其中，n为自左至右的变量顺序号。转换程序据此对各变量进行读取并将其转换成SPSS数据文件。

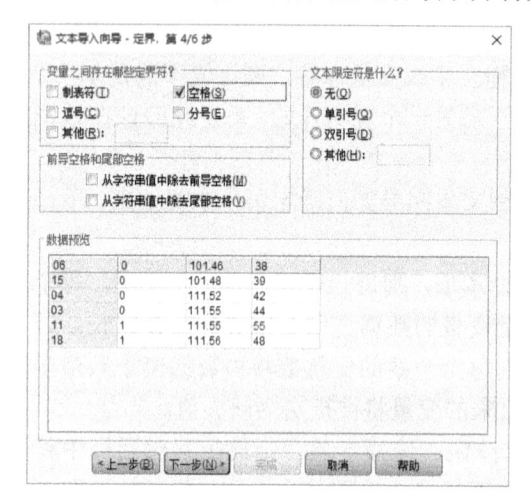

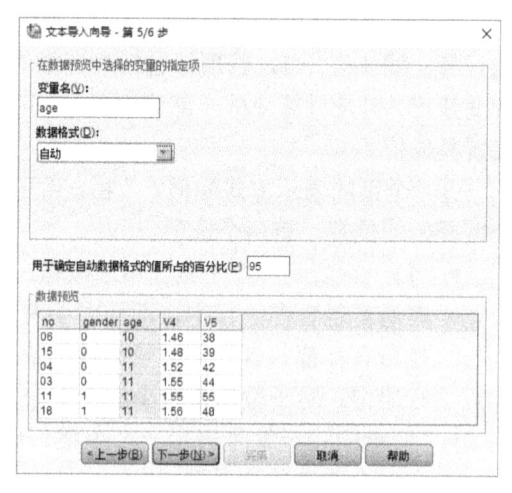

图2-23 "文本导入向导-定界，第4/6步"对话框　　图2-24 "文本导入向导-第5/6步"对话框

① 在"数据预览"栏中单击要定义的默认变量名。在"变量名"框中输入自定义变量名。自定义变量名除应该符合变量名有关规定外，还不能重名。

② 在"数据格式"下拉列表中选择一种类型，定义选中变量的数据类型。

完成相关设置后，单击"下一步"按钮进入"文本导入向导-第6/6步"对话框。

（6）"文本导入向导-第6/6步"对话框如图2-25所示。

① 在"您要保存此文件格式以供将来使用吗？"栏内选择"是"单选按钮，指定将该格式保存到一个文件中，以便在相同或类似数据文件进行转换时使用。单击"另存为"按钮，打开相应的对话框，指定文件保存位置和文件名。否则，选择"否"单选按钮。

② 在"要粘贴此语法吗？"栏内选择"是"单选按钮，把各步确定的转换参数粘贴到"语法编辑器"窗口形成命令文件，以便在进行类似转换工作时使用。否则，选择"否"单选按钮。

图 2-25 "文本导入向导-第 6/6 步"对话框

参数设置工作完成后,单击"完成"按钮,开始转换。最后在"数据编辑器"窗口中显示转换结果,如图 2-26 所示。可以在"数据编辑器"窗口中对各变量的标签、值标签、缺失值等属性进行完善和修改。

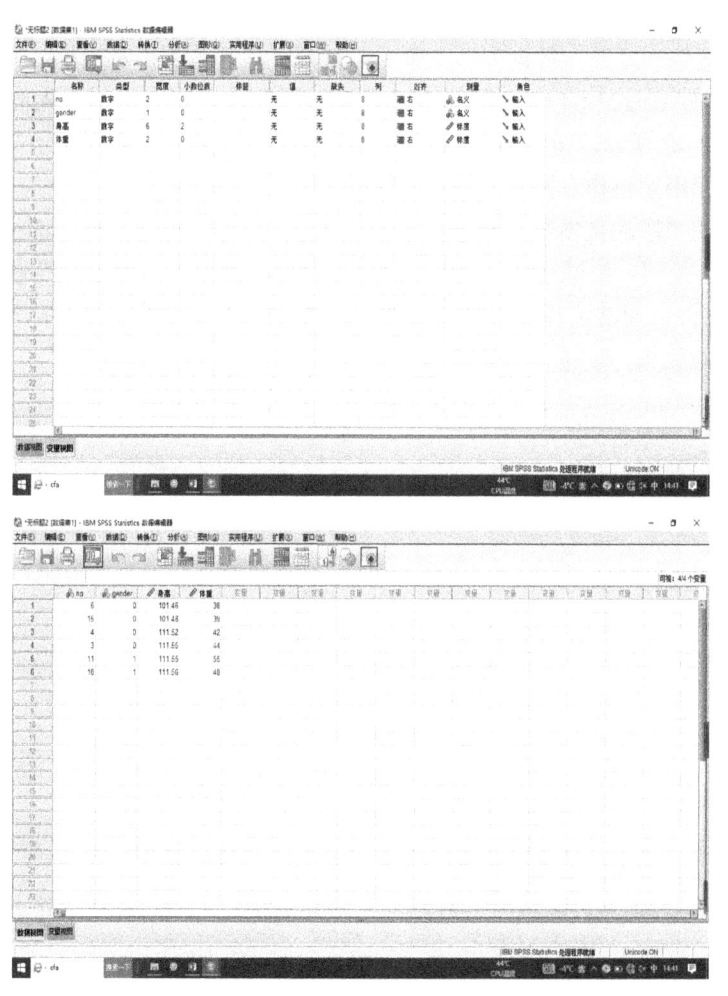

图 2-26 "数据编辑器"窗口中的转换结果

3. 以制表符分隔的自由格式 ASCII 数据文件的转换

以制表符分隔的自由格式 ASCII 数据的文件有以下特性。
① 各观测中的各变量值按相同顺序排列，但同一变量的值占的列位置不一定相同。
② 两个变量值间用空格、逗号或其他符号分隔。
③ 每行可以有不止一个观测。

在转换时，当读完最后一个定义的变量的值时，就读完了数据文件中的一个观测，SPSS 读下一个值时认为该值是下一个观测的第一个变量值。因此，定义的变量数必须与 ASCII 数据文件中的变量数相同，否则转换后的结果是混乱的，当存在两种类型的变量时，会出现数据与变量类型不匹配的错误。

【例4】数据文件 data02-04.txt 是一组关于 12 盎司啤酒中的成分和价格的 ASCII 数据文件，如图 2-19（b）所示，是一个用空格分隔的一行有两个观测的文本文件，包括 beername（啤酒名）、calorie（热量卡路里）、sodium（钠含量）、alcohol（酒精含量）、cost（价格）5 个变量；空格数不定。查看数据文件 data02-04.txt 可知，顶部包括变量名。

将数据文件 data02-04.txt 转换为 SPSS 格式数据文件的操作步骤如下。

（1）按"文件→打开→数据"顺序单击，打开"打开数据"对话框，指定一个扩展名为.txt 的数据文件 data02-04.txt，并单击"打开"按钮，打开"文本导入向导-第 1/6 步"对话框，如图 2-27 所示。分 6 步完成转换工作，此为第 1 步。数据显示在预览框内。可以看出，数据间用空格作分隔符，每行有两个观测，排列较混乱。

对于右面的"您的文本文件与预定义的格式匹配吗?"问题，可以选择"是"单选按钮或"否"单选按钮。如果选择"是"单选按钮，应该通过单击"浏览"按钮指定一个扩展名为.tpf 的文件。通常选择"否"单选按钮。单击"下一步"按钮，打开"文本导入向导-第 2/6 步"对话框，如图 2-28 所示。

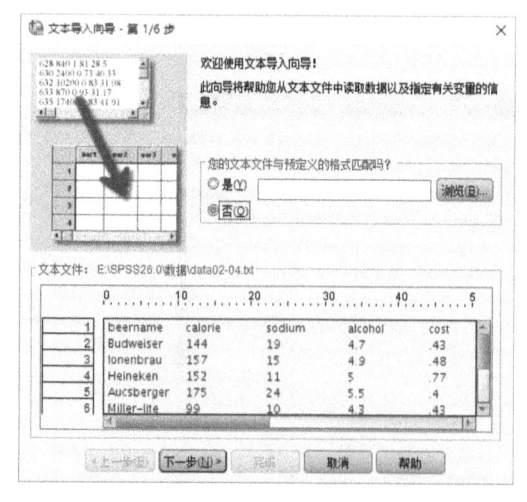

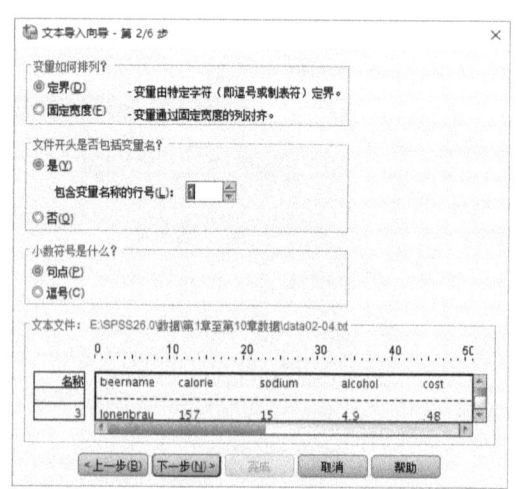

图 2-27　"文本导入向导：第 1/6 步"对话框　　图 2-28　"文本导入向导-第 2/6 步"对话框

（2）在"文本导入向导-第 2/6 步"对话框中进行如下设置。
① 虽然图 2-27 中的预览框中的数据排列凌乱，不是固定列宽度，但每两个数据间

均有空格，因此是使用分隔符的，因此对于"变量如何排列？"问题选择"界定"单选按钮。

② 拖动预览框中的垂直滚动条可以看到，变量名在顶部，因此对于"文件开头是否包括变量名？"问题，选择"是"单选按钮。其他选项保持系统默认设置，如图 2-28 所示。单击"下一步"按钮，打开"文本导入向导-定界，第 3/6 步"对话框，如图 2-29 所示。

（3）"文本导入向导-定界，第 3/6 步"对话框提供了有关观测的信息。

①"第一个数据个案从哪个行号开始？"框用于指定数据文件中第一个包括数据值的行号，默认值为 1。因为本例数据文件的顶行有变量名，所以数据从第 3 行开始，即在该框中输入"3"。

②"个案的表示方式如何？"栏设置的是一个观测占几行，以便确定何处为一个观测的结束位置和下一个观测的起始位置，本例为两个观测占一行，此项不能确切回答数据文件排列的实际情况，因此选择"变量的特定编号表示一个个案"单选按钮。只有每个观测必须包括所有变量的数值（缺失值必须使用分隔符指定），才能正确进行转换。本例一个观测包括 5 个变量，故将"变量的特定编号表示一个个案"框设置为"5"。输入变量数以后，"数据预览"栏中的数据按 5 个变量为一个观测整理好。

③"要导入多少个案？"栏：本例希望转换所有观测，因此在该栏中选择"全部个案"单选按钮。

单击"下一步"按钮，打开如图 2-30 所示的"文本导入向导-定界，第 4/6 步"对话框。

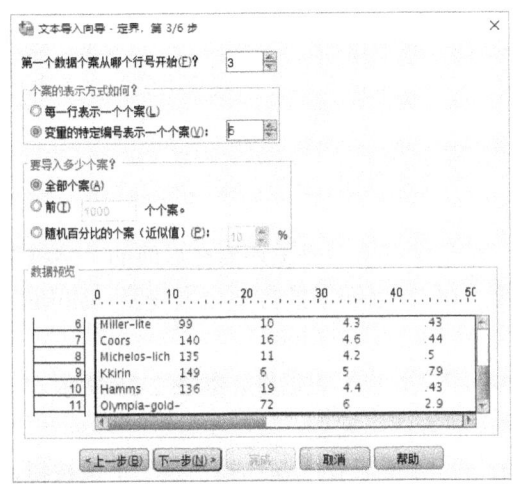

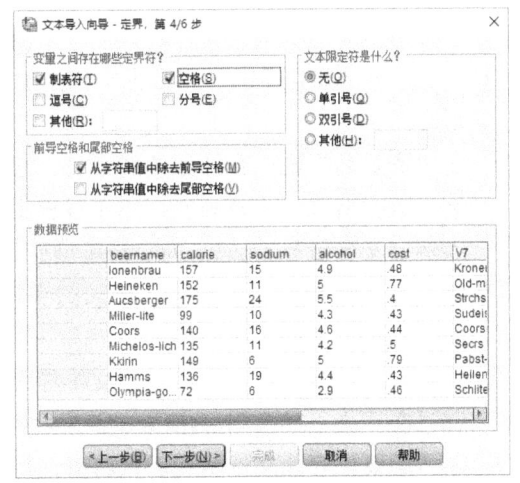

图 2-29　"文本导入向导-定界，第 3/6 步"对话框　　图 2-30　"文本导入向导-定界，第 4/6 步"对话框

（4）"文本导入向导-定界，第 4/6 步"对话框用于指定分隔符和字符串的标识符。

①"变量之间存在哪些定界符？"栏：本例数据中啤酒名变量值中有可能有空格，所以同时勾选"制表符"复选框和"空格"复选框。

②"前导空格和尾部空格"栏：用于控制字符串值中前导空格和尾部空格的处理，本例勾选"从字符串值中除去前导空格"复选框。

③ 在"文本限定符是什么？"（指的是数据中的字符串值用什么符号表示）栏中有 4 个选项，即"无"单选按钮（没有限定符）、"单引号"单选按钮、"双引号"单选按钮、"其他"单选按钮，由于本例数据文件中的字符串值没有单引号或双引号标识，所以选择"无"单选按钮。

单击"下一步"按钮，打开"文本导入向导-第 5/6 步"对话框，如图 2-31 所示。

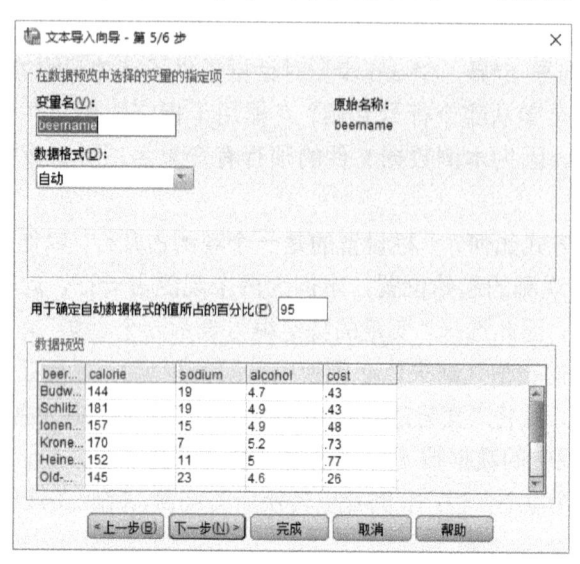

图 2-31　"文本导入向导-第 5/6 步"对话框

（5）"文本导入向导-第 5/6 步"对话框用于定义每个变量值的变量名和变量类型，以便在进行转换并组成数据文件时读取各变量值。在"数据预览"栏内选择一个变量，对它进行定义。单击要定义的一列数据顶部的原始变量名，原始变量名出现在"变量名"框内及其后面。

① "变量名"框：删掉原始变量名，输入自定义变量名。
② "数据格式"下拉列表：用于设置变量类型。

本例定义变量 beername 为字符串型变量，对于字符串型变量还要在后面的"字符"框中输入字符串长度，本例输入最长的字符数"14"。以同样的方式定义变量 calorie、sodium、alcohol、cost 为数值型。

单击"下一步"按钮，打开"文本导入向导-第 6/6 步"对话框，如图 2-25 所示。

（6）在"文本导入向导-第 6/6 步"对话框中回答两个问题。

① "您要保存此文件格式以供将来使用吗？"：如果需要，则选择"是"单选按钮，并单击"另存为"按钮指定文件存储位置和文件名。本例选择"否"单选按钮。
② "要粘贴此语法吗？"：是否要将其转换为 SPSS 命令语句。本例选择"否"单选按钮。

设置完成后，单击"完成"按钮，系统开始进行转换。转换后的数据出现在"数据编辑器"窗口中，如图 2-32 所示。在"数据编辑器"窗口中对转换后的数据进行编辑，如调整每个变量的宽度等。

(a)

(b)

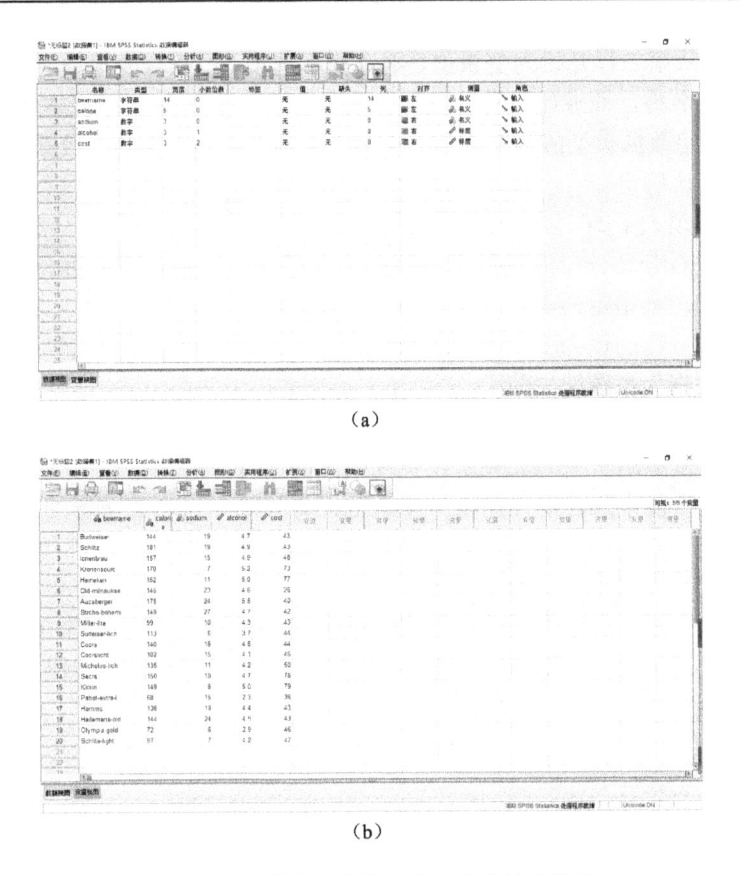

图 2-32 "数据编辑器"窗口中的转换结果

2.2.2 数据库文件的转换

任何数据库文件，如 Excel、dBASE、FoxBASE、FoxPro、Oracle，如果想使用 SPSS 进行分析处理，就必须将数据库文件转换成 SPSS 数据文件。本书只介绍 Excel 文件转换成 SPSS 数据文件的快速完全转换方法。

快速完全转换就是打开对话框选择一种数据库文件直接打开。下面以打开数据文件 data02-17.xls 为例，进行介绍。

(1) 按"文件→打开→数据"顺序单击，打开"打开数据"对话框，建立搜索路径。

(2) 打开"文件类型"下拉列表，选择 Excel 类型，选择数据文件 data02-17.xls。

(3) 单击"打开"按钮，打开"读取 Excel 文件"对话框，如图 2-33 所示，该对话框中的选项如下。

①"工作表"下拉列表：Excel 文件可以包含多个工作表。在默认情况下，读取第一张工作表。若要读取其他工作表，需从"工作表"下拉列表中选择。

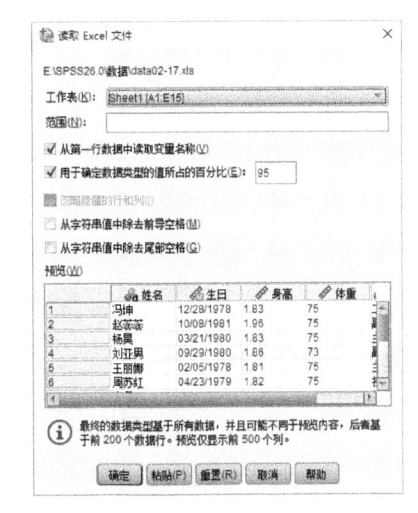

图 2-33 "读取 Excel 文件"对话框

②"范围"框：使用与在 Excel 文件中相同的方法指定单元格范围，如：A1:D10。

③"从第一行数据中读取变量名称"复选框：如果 Excel 文件是标准数据清单，即第

一行为变量名,从第二行开始为变量值,则选择本选项。不符合变量命名规则的值会被转换为有效的变量名称,而原始名称将被用作变量标签。系统默认选择本选项。

④ "用于确定数据类型的值所占的百分比"复选框:每个变量的数据类型由符合相同格式的值的百分比确定。

- 该数值必须大于 50。
- 用于确定百分比分母的是每个变量的非空值的数量。若指定百分比的值使用了不一致格式,则指定的变量数据类型为字符串型。
- 若基于百分比的值为变量指定了数字格式(包括日期时间格式),则不符合此格式的值将被视为系统缺失值。

⑤ "忽略隐藏的行和列"复选框:导入 SPSS 的文件中将不包含 Excel 文件中隐藏的行和列。此选项仅适用于 Excel 2007 及更高版本的文件。

⑥ "从字符串值中除去前导空格"复选框:将移除字符串值前导的空格。

⑦ "从字符串值中除去尾部空格"复选框:将移除字符串值尾部的空格。这个设置会影响确定字符串变量宽度的计算。

本例由于建立信息的数据清单存放在 Excel 的工作表 1 中,需要全部读取,因此直接用"读取 Excel 文件"对话框中的全部默认选项即可。单击"确定"按钮,转换自动进行,转换结果如图 2-34 所示。

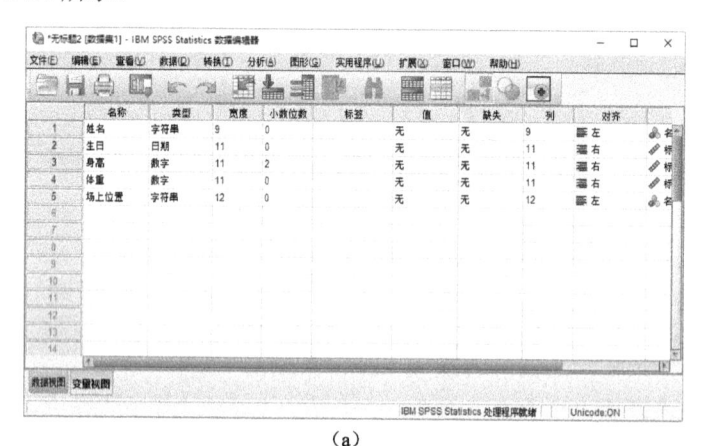

(a)

(b)

图 2-34 转换结果

2.2.3 观测的查重

在实际工作中有时会输入重复的数据，可能出现的情况如下。
- 同一个观测被输入了多次。
- 多个观测共用一个标识变量的值，但是第二标识变量的值不同，如同一个家庭的多个成员共用一个家庭地址或家庭编号。
- 标识变量值相同，非标识变量值不同。例如，同一个人或同一个公司在不同时间购买不同的产品，在记录购买情况的数据文件中，这个人的名字或编号会出现多次。

识别与处理重复观测的方法如下。

（1）按"数据→标识重复个案"顺序单击，打开如图 2-35 所示对话框。

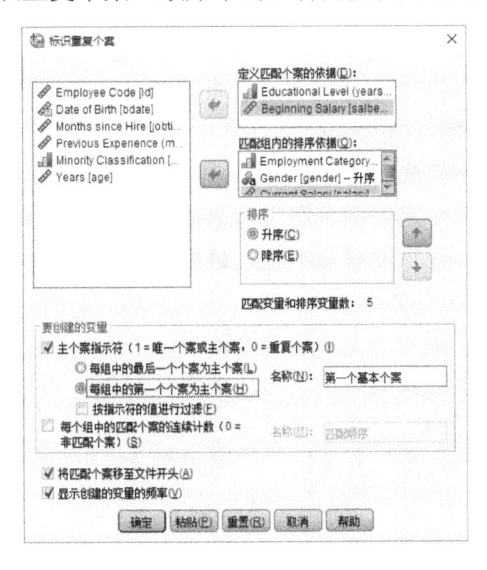

图 2-35 "标识重复个案"对话框

（2）定义识别重复观测的依据。

将原始变量列表中的标识变量移到右边的"定义匹配个案的依据"框中，这些标识变量值相等的观测被认为是重复观测。可以选择一个，也可以选择多个。

如果选择两个标识变量，那么系统将按第一个识别变量对数据文件排序，第一个变量值相同的变量再按第二个标识变量对数据文件进行排序。这两个变量值都相同的观测就是读者定义的重复观测。

系统为了标识重复观测，将生成一个新变量。对于重复观测，该变量值为 0；对于非重复观测，该变量值为 1。

（3）在匹配组内的排序标准。

系统根据标识重复观测变量找到重复观测后会对它们进行排序。在原始变量列表内选择一个变量并送入"匹配组内的排序依据"框内，作为排序变量，符合同一重复条件的观测组将按该变量值进行排序。可以使用"排序"栏右侧的移动变量按钮改变排序变量的位置。若排序变量在"匹配组内的排序依据"框中的位置不同，则排序结果不同。按第一排序变量排序，第一个变量值相同的观测形成一组，第一排序变量值相同的组内按第二排序变量排序……

(4) 指定匹配组内的排序规则。

从"排序"栏内的两个选项中选择一个,"升序"单选按钮或"降序"单选按钮,以决定按排序变量(在匹配组内的排序标准中的变量)值升序排列还是降序排列匹配组中的观测。

如果指定了两个排序变量,就要在"排序"栏中定义两次升序排列或降序排列方式。有几个排序变量就定义几次。系统默认按排序变量值进行升序排列。

当在将变量移入"定义匹配个案的依据"框及/或"匹配组内的排序依据"框时,"匹配变量和排序变量数"后面会自动显示移入的变量数。

(5) 指定指针变量的特性。

对经过查重的数据文件会生成一个指针变量,在"要创建的变量"栏内指定该指针变量如何标识重复观测。

① "主个案指示符(1=唯一个案或主个案,0=重复个案)"复选框:选择此项,产生的指针变量对于不重复的观测,值为1;对于重复的主观测,值也为1;对于重复的非主观测(不满足主观测定义的),值为0。

② 定义重复观测组中主观测的条件。

- "每组中的最后一个个案为主个案"单选按钮:选择此项后,指针变量名变为"最后一个基本个案"。在重复观测组中,最后一个观测的指针变量值为1,其他观测的指针变量值为0。

- "每组中的第一个个案为主个案"单选按钮:选择此项后,指针变量名变为"第一个基本个案"。在重复观测组中,第一个观测为基本观测的指针变量值为1,其他观测的指针变量值为0。

- "按指示符的值进行过滤"复选框:选择此项后,用指针变量作为过滤变量,重复非主观测将从分析中去除,但无须从数据文件中删除。输出结果和报告与这些观测无关。也就是说,重复观测只保留一个参与后续分析,通过选择"每组中的最后一个个案为主个案"单选按钮或"每组中的第一个个案为主个案"单选按钮来决定是保留排序后的重复观测中的第一个,还是保留最后一个。

- "每个组中的匹配个案的连续计数(0=非匹配个案)"复选框:选择此项,在后面的"名称"框内将设置产生的新变量名称,系统默认为"匹配顺序",它将有 n 个重复观测的组中的各观测标记为 $1 \sim n$。每个重复观测组自行排列。若指定了排序变量,则排列顺序取决于排序变量;若没有指定排序变量,则排列顺序取决于观测在原始数据文件中的顺序。

③ "将匹配个案移至文件开头"复选框:选择此项,查重执行的结果会把有重复观测的组移到数据文件的顶部,以便观察。

④ "显示创建的变量的频率"复选框:选择此项,要求生成频数分布表,包括所生成的新变量各值的计数。例如,对于主指针变量,频数分布表将给出 0 的个数和 1 的个数。1 的个数表明数据文件中共有多少个无重复观测的单一观测和主观测。

【例5】 数据文件 data02-01 为 474 个雇员情况的观测数据。变量:id(雇员编号)、gender(性别)、bdate(出生日期)、educ(受教育年限)、jobcat(职务等级)、salary(当前工资)、salbegin(起始工资)、jobtime(雇用工作月数)、prevexp(以前的工作经历月数)、minority(民族)和 age(年龄)。

使用查重功能查看雇员受教育程度、职务的构成及初始工资情况。操作步骤如下。

（1）按"数据→标识重复个案"顺序单击，打开"标识重复个案"对话框。

（2）在原始变量列表中选择 educ 变量、salbegin 变量，并将其作为标识变量移到"定义匹配个案的依据"框中。

（3）在原始变量列表中选择 jobcat 变量、gender 变量、salary 变量并作为排序变量送入"匹配组内的排序依据"框。

（4）设置按 jobcat 变量降序，按 gender 变量、salary 变量升序排列。

（5）在"要创建的变量"栏中，先勾选"主个案指示符"复选框，再选择"每组中的第一个个案为主个案"单选按钮，定义重复观测中第一个观测为主观测。

（6）要求生成重复观测的有序变量，勾选"每个组中的匹配个案的连续计数（0=非匹配个案）"复选框，生成的新变量名为"匹配顺序"。

（7）勾选"将匹配个案移至文件开头"复选框，把有重复观测的组移到数据文件顶部。

（8）勾选"显示已创建的变量的频率"复选框，生成频数分布表。

单击"确定"按钮，运行结果如表 2-2、表 2-3 和图 2-36 所示。

表 2-2 显示，重复的观测共 312 个，主观测 162 个，总观测数是 474 个。

表2-2 指针变量概况表

		每个作为主个案的第一个匹配个案的指示符			
		频 率	百 分 比	有效百分比	累积百分比
有效	重复个案	312	65.8	65.8	65.8
	主个案	162	34.2	34.2	100.0
	总计	474	100.0	100.0	

表 2-3 是重复观测的频数分布表。下面通过有效值（匹配顺序的值）为 6 的频数（SPSS 中译为"频率"）是 21 说明各项内容。

本例指定了两个重复（匹配）依据变量 educ 和 salbegin。第一个重复依据变量值相同（在 SPSS 中称为匹配）第二个重复依据变量值也相同的观测为一组。该组中的每个观测都有一个序号，即图 2-36 中的"匹配顺序"列对应的值。表 2-3 中的有效值就是匹配顺序值。"频率"（应译为"频数"）就是匹配顺序值为某有效值时，educ 变量值相同，对应 salbegin 变量值也相同的观测的个数。例如，有效值为 6 的有 21 个。这 21 组中重复观测数至少是 6，百分比为 4.4%，累积百分比是 72.2%，其含义是，重复观测数为 6 及以上的组共有 21 个，占总观测数的 4.4%，从不重复的观测（有效值为 0）到一组有至少 6 个重复观测的个数占观测总数 474 的 72.2%。

图 2-36 所示为查重过程运行结束后的数据排

表2-3 重复观测的频数分布表

匹配个案的连续计数

		频率	百分比	有效百分比	累积百分比
有效	0	94	19.8	19.8	19.8
	1	68	14.3	14.3	34.2
	2	68	14.3	14.3	48.5
	3	42	8.9	8.9	57.4
	4	27	5.7	5.7	63.1
	5	22	4.6	4.6	67.7
	6	21	4.4	4.4	72.2
	7	18	3.8	3.8	75.9
	8	16	3.4	3.4	79.3
	9	14	3.0	3.0	82.3
	10	13	2.7	2.7	85.0
	11	12	2.5	2.5	87.6
	12	10	2.1	2.1	89.7
	13	8	1.7	1.7	91.4
	14	7	1.5	1.5	92.8
	15	6	1.3	1.3	94.1
	16	5	1.1	1.1	95.1
	17	4	.8	.8	96.0
	18	3	.6	.6	96.6
	19	3	.6	.6	97.3
	20	3	.6	.6	97.9
	21	3	.6	.6	98.5
	22	3	.6	.6	99.2
	23	3	.6	.6	99.8
	24	1	.2	.2	100.0
	总计	474	100.0	100.0	

列，为便于查看，删去了与此例无关的变量。

图 2-36 查重过程运行结束后的数据排列

2.3 数据文件操作

2.3.1 数据文件的拆分与合并

1. 数据文件的拆分

在进行数据处理时经常需要对数据文件中的观测进行分组分析，但有些分析功能没有设置分组变量的选项。以使用描述功能（在"分析"菜单中）分别求出男生、女生的平均身高为例，来对数据文件的拆分进行讲解。在进行分析之前必须对该数据文件进行拆分。这里的"拆分"并非将一个数据文件拆分为两个或若干个独立的数据文件，而是在同一个数据文件中按某个条件对数据进行分组。若对数据文件进行了拆分处理，则拆分处理一直有效，直到取消拆分处理或更改拆分变量才会有变化。关闭 SPSS，也会使拆分失效。具体操作步骤如下。

图 2-37 "拆分文件"对话框

（1）读取数据文件 data02-05。

（2）按"数据→拆分文件"顺序单击，打开"拆分文件"对话框，如图 2-37 所示。

（3）根据对数据的具体要求选择以下选项。

- "分析所有个案，不创建组"单选按钮：系统默认选择此项。
- "比较组"单选按钮：选择此项后，将对各分组的观测数据分别进行分析，所得结果放在一起进行比较。
- "按组来组织输出"单选按钮：选择此项后，将分别显示各组所得统计结果。

（4）从左侧的原始变量列表中选择一个或若干个变量作为分组依据，即拆分变量送入"分组依据"列表中。此处，最多可以选择 8 个变量作为拆分变量。这些变量所起作用相当于排序变量中的 BY 变量。

如果只选择一个变量，之后的分析将会依据该变量的每一个值分组，分别进行分析。例如，选择变量 sex，分析时分别按 sex=0 和 sex=1 把观测分为两组进行分析。

如果选择了若干个变量，之后的分析将会依据选择的变量各值的组合分组，对每个组分别进行分析。例如，选择变量 sex，它有 2 个水平，即 sex=0，sex=1；还选择了变量 age，它有 3 个水平，age=11，age=12，age=13。分析将分为 6 组进行：sex=0，age=11；sex=0，age=12；sex=0，age=13；sex=1，age=11；sex = 1，age=12；sex=1，age=13。

（5）指明数据文件的当前状态。

① "按分组变量进行文件排序"单选按钮：选择此项，表示要求按选择的变量对数据文件进行排序。虽然拆分文件在分析时才起作用，但从"数据编辑器"窗口中查看按拆分变量拆分的数据文件与按同样的变量排序的文件是相同的。如果在进行拆分前进行了排序，那么会节省拆分所需时间。

② "文件已排序"单选按钮：选择此项，表示数据文件已经按选择的变量排序。

（6）单击"确定"按钮提交系统执行并完成拆分。选择不同变量作为拆分变量的拆分结果如图 2-38 所示。图 2-38（a）是按变量 sex 拆分的结果；图 2-38（b）是按变量 sex、变量 age 拆分的结果。读者可以用数据文件 data02-05a 进行实验。

2．合并数据文件

1）两种合并方式

合并数据文件是指将外部数据中的观测或变量合并到当前数据文件中，包括如下两种合并方式。

（a） （b）

图 2-38 选择不同变量作为拆分变量的拆分结果

① 从外部数据文件增加观测到当前数据文件中，称这种方法为纵向合并或追加观测。相互合并的数据文件中包含相同的变量不同的观测。

② 从外部数据文件增加变量到当前数据文件中，称这种方法为横向合并。相互合并的数据文件中包含不同的变量。

2）增加观测的纵向合并

① 先在"数据编辑器"窗口中打开数据文件 data02-06，如图 2-39（a）所示。再在"数据编辑器"窗口中打开数据文件 data02-07 数据文件，如图 2-39（b）所示。两个数据文件中的相同的变量为 id、sex、age。

图 2-39　两个数据文件的原始状态

② 返回数据文件 data 02-06 所在"数据编辑器"窗口，按"数据→合并文件→添加个案"顺序单击，打开"添加个案至 data02-06.sav[数据集 5]"对话框，如图 2-40 所示，指定一个要与之合并的数据文件。该对话框中有如下两个选项。

- "打开数据集"框：列出了与数据文件 data02-06 同时打开的数据文件，可以从其中选择一个与之合并。本例从中选择已打开的数据文件 data02-07。
- "外部 SPSS Statistics 数据文件"单选按钮：用于指定一个未打开的 SPSS 数据文件与数据文件 data02-06 合并。选择该单选按钮后，单击"浏览"按钮，指定一个外部 SPSS 数据集。

③ 指定与主文件合并的数据文件后，单击"继续"按钮，打开如图 2-41 所示对话框。

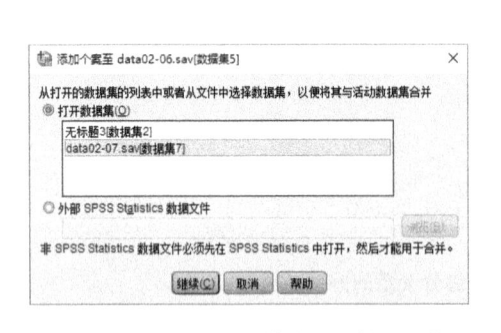

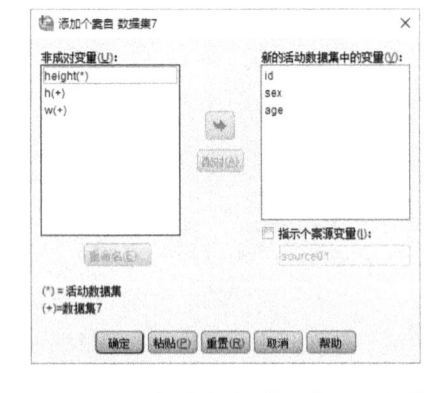

图 2-40　指定与主文件合并的数据文件　　　图 2-41　"添加个案自　数据集 7"对话框

"新的活动数据集中的变量"框中列出的变量是两个数据文件中变量名相同且类型相同的变量（id、sex、age）。这些变量包含在合并后的新文件中。

"非成对变量"框中列出的变量是未配对变量，如 height、h 和 w，这些变量在另一个数据文件中找不到变量名相同且和类型相同的变量，即它们不能配对。标有"*"的是当前数据文件中的变量，标有"+"的是外部数据文件中的变量。该对话框下方列有这两个变量标识符号，并标明了该标识符号代表哪个数据集中的变量。

④ 根据实际情况处理数据。
- 若只合并两个数据文件中变量名和类型都相同的变量的观测，则单击"确定"按钮。
- 若追加外部数据文件中名称不同的变量（不匹配变量）的观测，则需要先在"非成对变量"框中设置配对变量，即先选择一个变量，再按住 Ctrl 键选择与之配对的变量，然后单击"配对"按钮将它们送入"新的活动数据集中的变量"框，最后单击"确定"按钮。
- 若想将"非成对变量"框中的变量改名后再送入"新的活动数据集中的变量"框，则需在"非成对变量"框中选择一个变量，单击"重命名"按钮，在"重命名"对话框中给出新变量名，单击"继续"按钮，将变量重新命名，再将重新命名后的变量送入"新的活动数据集中的变量"框，再单击"确定"按钮，即可完成数据文件的纵向合并。

图 2-41 所示对话框中的"指示个案源变量"复选框用于指定一个变量，值为"1"表明来自当前数据文件，值为"0"表明来自外部数据文件。默认的变量名为"source 01"，也可以自己命名。

【例6】 图 2-39（a）所示当前数据文件中的变量 height 与外部数据文件中的变量 h [见图 2-39（b）] 均为身高数据，只是变量名称不同。在"非成对变量"框中同时选中这两个变量，单击"配对"按钮，"新的活动数据集中的变量"框中显示"height & h"。勾选"指示个案源变量"复选框，生成指针变量，使用默认名"source01"。单击"确定"按钮，观测合并结果如图 2-42（a）所示。

"非成对变量"框中的变量在配对时要求必须具有相同的变量类型。宽度不相同时，当前数据文件中的变量宽度应当大于或等于外部数据文件中的变量的宽度（如变量 height 的宽度大于或等于变量 h 的宽度）。如果当前数据文件中的变量宽度小于外部数据文件中的变量宽度（如果变量 height 的宽度小于变量 h 的宽度），那么在合并后外部数据文件中的被合并的观测中的相应变量值会丢失，用若干个星号"*"表示。

对于只在一个数据文件中含有的变量（如变量 w 仅在外部数据文件中存在），如果不进行配对，但要求包含在新的数据文件中，则应选择这个变量，并将其移入"新的活动数据集中的变量"框中。图 2-42（b）是将变量 w 移入"新的活动数据集中的变量"框后的观测合并结果，但变量 w 并没有与之配对的变量，由于当前数据文件不包括变量 w，因此相应的观测的 w 值为缺失值。

3. 增加变量

增加变量的方式有如下两种。
- 两个数据文件按观测顺序一对一地横向合并。
- 按关键变量合并，要求两个数据文件必须有一个共同的关键变量，两个数据文件中关键变量值相同的观测被合并为一个观测。

假设数据文件 data02-08 为当前数据文件，该文件包括变量 id、变量 sex、变量 age、变量 h；数据文件 data02-09 为外部数据文件，该文件包括变量 id、变量 w。以这两个数据文件按关键变量合并为例,来说明操作步骤。

图 2-42 不同变量情况的观测合并结果

(1) 打开数据文件 data02-09,显示在另一个"数据编辑器"窗口中。

由于两个数据文件中有名称相同且基本类型相同的变量 id,因此将变量 id 作为关键变量。在两个打开的"数据编辑器"窗口中,分别按"数据→个案排序"顺序单击,打开"个案排序"对话框,如图 2-43 所示。在左侧原始变量列表中将关键变量 id 移到"排序依据"框中。在"排列顺序"框中选择"升序"单选按钮,单击"确定"按钮,对两个要合并的数据文件根据关键变量 id 的值进行升序排序。

图 2-43 "个案排序"对话框

(2) 在打开数据文件 data02-08 的"数据编辑器"窗口中,按"数据→合并文件→添加变量"顺序单击,打开类似图 2-40 的对话框。"打开的数据集"栏内显示了已经打开的数据文件 data02-09,选择该文件后单击"继续"按钮。

(3) 在打开的"变量添加自 数据集 2"对话框[见图 2-44 (a)]中,单击"变量"选项,打开如图 2-44 (b) 所示对话框。

(4) "合并方法"选项卡[见图 2-44 (a)]上方有三种合并选项。

- "基于文件顺序的一对一合并"单选按钮:文件中的观测顺序决定了观测的匹配方式。在两个文件中不存在具有名称相同且基本类型相同的变量时系统默认选择本选项。显而易见,本例不适合选择本选项。

- "基于键值的一对一合并"单选按钮:在两个文件中存在一个或多个具有相同名称和基本类型变量时系统默认选择本选项。本例属于这种情况,故选择本选项。

- "基于键值的一对多合并"单选按钮:适用于当前数据文件中包含的观测数据与另一个通过"选择查找表"栏指定的数据文件中的观测数据的合并。通过"选择查找表"栏指定的数据文件中的观测数据将与当前数据文件中具有匹配关键值的观测合并。相同的关键值在当前数据文件中可以出现多次。通过"选择查找表"栏指定的数据文件中的一个观测可以与当前数据文件中的多个观测合并。当前数据文件中的所有观测都将包含在合并的文件中。若通过"选择查找表"栏指定的数据文件中的观测在当前数据文件中没有对应的具有匹配关键值的观测，则合并数据文件中将不包含此类观测。通过"选择查找表"栏指定的数据文件中不能包含重复的关键值，若这个文件中包含多个关键变量，则关键值使用这些值的组合。

(a)

(b)

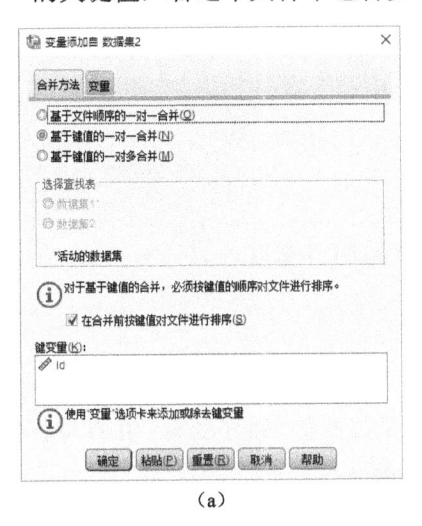

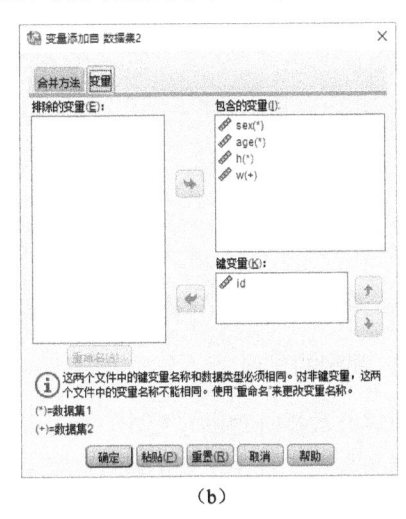

图 2-44 "变量添加自 数据集 2"对话框

（5）在"选择查找表"栏中，选择一个已在"数据编辑器"窗口打开，需要进行变量合并的数据文件。注意：本项仅在选择"基于键值的一对多合并"单选按钮时被激活。

"键变量"框中列出了两个数据文件中具有的名称相同且基本类型相同的变量。

（6）在如图 2-44（b）所示对话框中，可以添加、移除和重命名变量并使其被包含在合并后的文件中。左侧"排除的变量"框列出的是两个文件中名称相同的变量，只有这样的变量可以作为关键变量。右侧"包含的变量"框中列出的是可以在新当前数据文件中存在的变量。

在两个矩形框中标有"*"的变量是当前数据文件中的变量，本例是数据文件 data02-08 中的变量；标有"+"的变量是指定的外部数据文件或已经打开的另一个数据文件中的变量，本例是数据文件 data02-09 中的变量。

若某个关键变量在两个数据文件中具有不同的名称，则通过重命名更改其中一个变量的名称。

（7）设置完成后，单击"确定"按钮，运行后，在当前数据文件 data02-08 中将完成变量合并工作。

图 2-45（a）所示窗口打开的文件为当前数据文件 data02-08，图 2-45（b）所示窗口打开的文件为第 2 个数据文件 data02-09，这两个文件均已经按关键变量 id 排序。图 2-45（c）所示窗口打开的数据文件为完成变量合并后的数据文件，该数据文件已将排序后关键变量值相同的观测合并。由图 2-45（c）可知，两个数据文件中都存在 id=60，65，68 的观测，在当前数据文件中新增变量 w，进行横向合并，同时将数据文件 data02-09 中的不同观测添加到数据文件 data02-08 中。

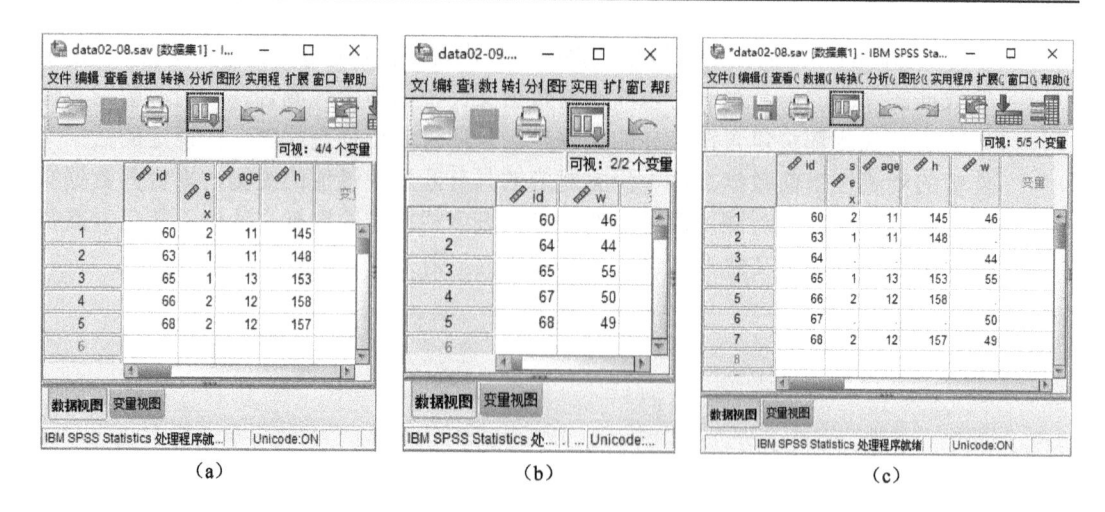

图 2-45　由两个排序数据文件提供合并数据

2.3.2 观测的排序与排秩

1. 观测的排序

在进行数据处理的过程中，有时需要按某个或某些变量（排序变量）值的大小重新排列观测在数据文件中出现的顺序，可以通过下述步骤实现。

（1）按"数据→个案排序"顺序单击，打开"个案排序"对话框，如图 2-43 所示。

（2）在左侧的原始变量列表中选择排序变量，将其移到"排序依据"框中。

若选择了两个及以上排序变量，则列于首位的称为第一排序变量，其后的变量按顺序分别称为第二排序变量、第三排序变量……排序的结果与排序变量在"排序依据"框中的顺序有关。

排序的结果是观测先按第一排序变量的值排列，在第一排序变量值相等的观测组中，按第二排序变量的值排序，以此类推。

若排序变量是字符串型的，则英文排序按拼写单词的 ASCII 顺序排列，中文排序按拼音字母的 ASCII 顺序排列。

（3）确定排序的方式，即根据变量顺序排列。

① 在"排序依据"框内选择一个排序变量。

② 在"排列顺序"栏内从以下排序方式中选择一种。

- "升序"单选按钮：按所选择的排序变量值升序排列。
- "降序"单选按钮：按所选择的排序变量值降序排列。

（4）重复第 3 步操作，可以指定下一个排序变量的排序方式。

（5）设置完成后，单击"确定"按钮，即可完成排序工作。单击"粘贴"按钮可以在"语法编辑器"窗口中生成相应程序。

2. 根据变量的值对观测排秩

在当前数据文件中产生秩变量的操作步骤如下。

（1）按"转换→个案排秩"顺序单击，打开"个案排秩"对话框，如图 2-46 所示。

（2）在左侧的原始变量列表中至少选择一个变量，并将其移入右侧的"变量"框中，将对每个变量产生一个秩变量。

(3) 在"将秩 1 赋予"栏中选择秩的排列方式。
- "最小值"单选按钮：定义 1 为最小数值的秩。
- "最大值"单选按钮：定义 1 为最大数值的秩。

(4) 用户可以将一个或多个分组变量移入"依据"框，系统将依据排序变量的值分组排秩。

图 2-46 中选择了身高变量作为排秩对象，即对身高排秩；选择了性别变量作为排秩依据。

(5) 单击"类型排秩"按钮，打开如图 2-47 所示对话框，指定产生秩的算法。

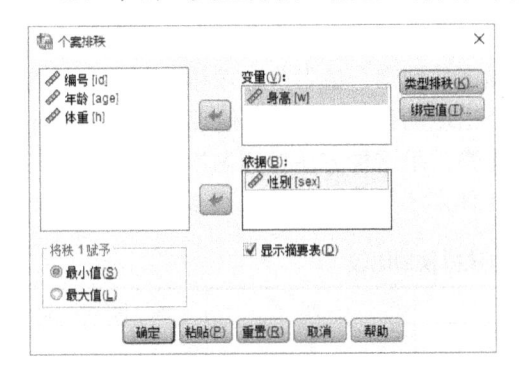

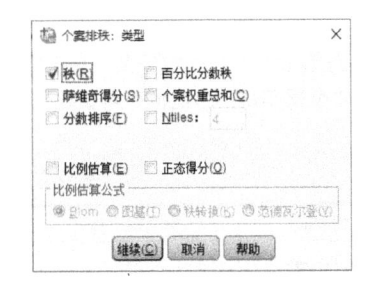

图 2-46 "个案排秩"对话框　　　　图 2-47 "个案排秩：类型"对话框

① "秩"复选框：简单秩。数据文件中的新变量值就是对应观测的秩，系统默认选择此项。新变量名为原始变量名前冠以 r。

② "萨维奇得分"复选框：新变量的值是依据指数分布获得的 Savage 分数。新变量名为原变量名前冠以 s。

③ "分数排序"复选框：新变量的值等于简单秩除以非缺失观测的加权和。

④ "百分比分数秩"复选框：新变量的值为简单秩除以所有合法值的观测数目之和再乘以 100。

⑤ "个案权重总和"复选框：新变量的值是观测权重之和。在同组中新变量值是个常数。

⑥ "Ntiles"复选框：分组排秩。在其后框中输入 N（N 为大于 1 的整数），排序变量的值将被等分成由 N 个百分位数组成的组，再根据排序变量的值落入的组来给予相应组别值。排序变量值小于或等于第 $1/N$ 百分位数的，新变量的值赋予 1；排序变量值大于第 $1/N$ 百分位数且小于或等于第 $2/N$ 百分位数的，新变量的值赋予 2；排序变量值大于第 $2/N$ 百分位数且小于等于第 $3/N$ 百分位数的，新变量的值赋予 3；以此类推。

⑦ "比例估算"复选框：是与一个特定秩的分布的累积比估计。

⑧ "正态得分"复选框：与估计累积比相应的 Z 分数。

勾选"比例估算"复选框和"正态得分"复选框后，将激活"比例估计公式"栏中的选项，通过这些选项可以进一步指定计算公式。

- "Blom"单选按钮：由公式 $(r-3/8)/(w+1/4)$ 决定，式中，r 为秩，w 为观测的权重和。此项为系统默认设置。
- "图基"单选按钮：由公式 $(r-1/3)/(w+1/3)$ 决定，式中，w 为观测权重和，r 为秩。
- "秩转换"单选按钮：由公式 $(r-1/2)/w$ 决定，式中，w 为观测权重和；r 为秩，取值范围为 $1\sim w$。

- "范德瓦尔登"单选按钮：由公式 $r/(w+1)$ 决定，式中，w 为观测权重和；r 为秩，取值范围为 $1\sim w$。

（6）确定结的秩。

变量值相同的变量称为结。结的秩次决定原则可以在"个案排秩：绑定值"对话框中指定，标题栏中的"绑定值"即"结"。在如图2-46所示的对话框中单击"绑定值"按钮，打开"个案排秩：绑定值"对话框，如图2-48所示，该对话框中的选项如下。

① "平均值"单选按钮：变量值相同的秩取平均值。
② "低"单选按钮：变量值相同的秩取最小值。
③ "高"单选按钮：变量值相同的秩取最大值。
④ "顺序秩到唯一值"单选按钮：变量值相同的秩取第一个出现的秩次的值，其他观测的秩次顺序排列。体育比赛常用这种方法排列名次。

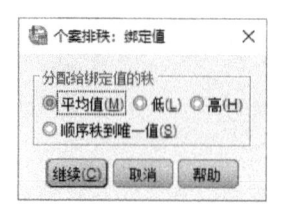

图2-48 "个案排秩：绑定值"对话框

上述4种方法排秩的比较如表2-4所示。

表2-4 上述4种方法排秩的比较

观测值	平均值	低	高	顺序秩到唯一值
1.00	1	1	1	1
2.50	3	2	4	2
2.50	3	2	4	2
2.50	3	2	4	2
3.50	5	5	5	3
3.75	6	6	6	4

（7）以上选项确定后，在"个案排秩"对话框中单击"确定"按钮，根据指定的变量、分组变量及其他选项计算秩，并生成新变量。在"查看器"窗口中将显示新变量的名称、标签、秩类型等总结性信息。

2.3.3 对变量值重新编码

在把连续型变量变成分类变量或对连续型变量重新分类时需要重新编码。选择"转换"菜单中的"重新编码"命令和"自动重新编码"命令可以对多个类型相同的变量重新编码，生成新变量。新变量的值是重新编码的结果，也可以用新代码代替原始变量。重新编码命令允许在编码过程中人为干预。

1. 重新编码

"转换"菜单中有两个菜单项与重新编码有关。

- "重新编码为相同的变量"菜单项：对一个变量重新编码，结果代替该变量。单击该菜单项将打开如图2-49所示对话框。
- "重新编码为不同变量"菜单项：生成新变量，变量的值是编码的结果。单击该菜单项将打开如图2-50所示对话框。

两个对话框的区别在于"重新编码为相同的变量"对话框中没有定义输出变量部分。因此，在此只叙述通过"重新编码为不同变量"菜单项生成新变量的操作。以对数据文件data02-10中的age变量进行重新编码为例来说明重新编码方法。

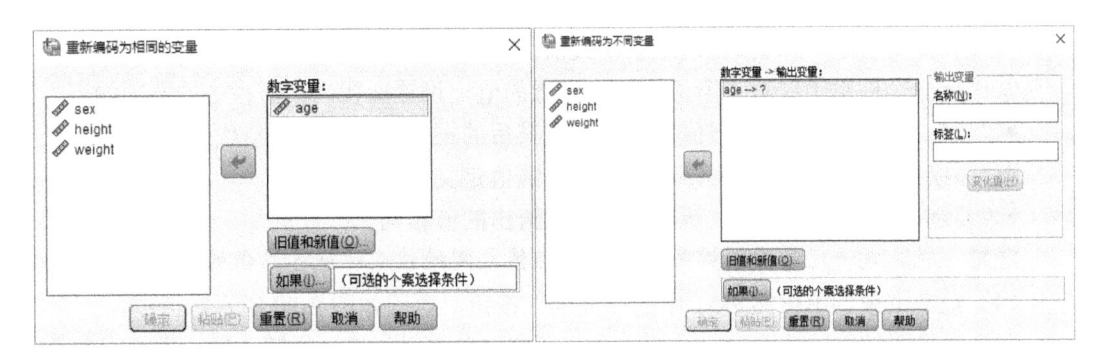

图 2-49 "重新编码为相同的变量"对话框　　图 2-50 "重新编码为不同变量"对话框

（1）从原始变量列表中选择要重新编码的变量，将其移入"数字变量->输出变量"框中。

（2）每选择一个变量，就在"输出变量"栏的"名称"框内输入新变量名，在"标签"框内输入新变量标签。设置完成后，单击"变化量"按钮。

（3）单击"旧值和新值"按钮，展开"重新编码为不同变量：旧值和新值"对话框，如图 2-51 所示。在左边的"旧值"栏中可以对原始变量的值或值的范围进行设置，每选择一项就在右边的"新值"栏中设置一项，或者选择一项同时给出新变量的值。单击"添加"按钮，将新变量和旧变量之间的关系，即变量值与编码的对应关系移入"旧->新"框中。

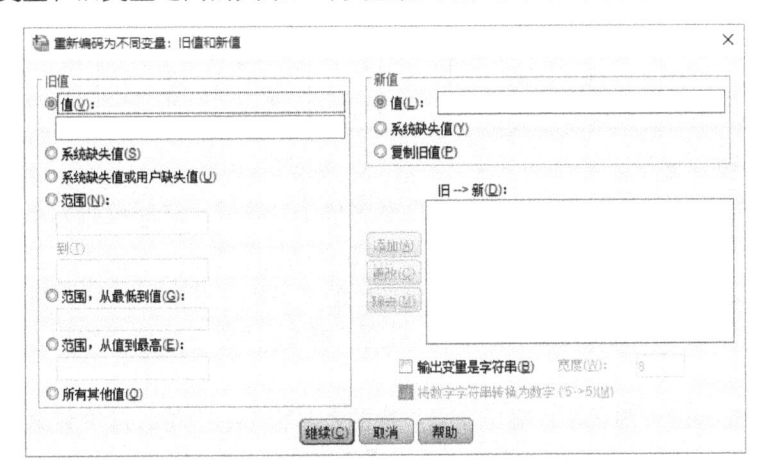

图 2-51 "重新编码为不同变量：旧值和新值"对话框

① "旧值"选区中的选项如下。
- "值"单选按钮：在其后的框中输入单个值。
- "系统缺失值"单选按钮。
- "系统缺失值或用户缺失值"单选按钮。
- "范围"单选按钮：在下面的两个框中分别输入最小值和最大值，定义这个区间内的所有值。
- "范围，从最低到值"单选按钮：在其后的框中输入一个值，定义小于或等于这个值范围内的值。
- "范围，从值到最高"单选按钮：在其后的框中输入一个值，定义大于或等于这个值范围内的值。

- "所有其他值"单选按钮:用于定义前面所有定义没有包括的值。

②"新值"栏用于针对"旧值"栏中设置的值,设置新代码。该栏中的选项如下。
- "值"单选按钮:针对旧值给出的值在其后的框中输入对应的新代码的值。
- "系统缺失值"单选按钮:将旧值给出的值定义为缺失值。
- "复制旧值"单选按钮:新代码与旧值给出的值相同。

注意:表达式一定不要漏掉某些界于两组值之间的值,注意各界值的衔接。

(4)定义结束,单击图 2-51 中的"继续"按钮,返回如图 2-50 所示对话框。

(5)如果要按不同情况进行分组定义,还应该单击"如果"按钮,进一步阐明条件。有关操作见 2.1.5 节"根据已有的变量建立新变量"。

(6)设置完成后,在如图 2-50 所示对话框中单击"确定"按钮,开始转换。

【例 7】 重新编码实例。

打开数据文件 data02-11。

(1)编码要求:对职工的初始工资 salbegin 和当前工资 salary 重新编码,对应的新变量名分别为 salbegin1z 和 salary1,将连续型变量编码为分类变量。要求的代码如表 2-5 所示。

表 2-5 编码表

salary 和 salbegin	≤16000	16001~20000	20001~25000	25001~30000	30001~35000	35001~40000	40001~45000	45001~50000	50001~55000	55001~60000	60001~65000	≥65001	System-missing
salary1 和 salbegin1	1	2	3	4	5	6	7	8	9	10	11	12	System-missing

(2)操作要点如下。

① 按"转换→重新编码为不同变量"顺序单击,打开"重新编码为不同变量"对话框,将 salary 和 salbegin 移入"数字变量->输出变量"框中。

单击"salary->?"选项,在"输出变量"栏的"名称"框中输入新变量名 salary1,在"标签"框中输入当前工资等级,单击"变化量"按钮,"数字变量->输出变量"框中显示"salary->salary1"。

再单击 salbegin 变量,在"输出变量"栏的"名称"框中输入新变量名 salbegin1,在"标签"框中输入初始工资等级,单击"变化量"按钮,"数字变量->输出变量"框中显示"salbegin->salbegin1"。

② 单击"旧值和新值"按钮,展开"重新编码为不同变量:旧值和新值"对话框,定义新变量和旧变量对应关系。

在"旧值"栏中选择"范围,从最低到值"单选按钮,在其后的框中输入 16000,在"新值"栏中选择"值"单选按钮,在其后的框中输入 1。单击"添加"按钮,"旧->新"框中显示"lowest thru 16000->1"。

在"旧值"栏中选择"范围"单选按钮,在其后的框中分别输入 16001 和 20000,在"新值"栏中选择"值"单选按钮,在其后的框中输入 2。单击"添加"按钮,"旧->新"框内显示"16001 thru 20000->2"。新变量代码为 3~11 的操作与此操作相同。

在"旧值"栏中选择"范围,从值到最高"单选按钮,在其后的框中输入 65001,在"新值"栏中选择"值"单选按钮,在其后的框中输入 12。

在"旧值"栏中选择"系统缺失值"单选按钮,在"新值"栏中选择"系统缺失值"单选按钮。单击"添加"按钮,"旧->新"框中显示"SYSMIS->SYSMIS"。

③ 定义完成,单击"继续"按钮,返回"重新编码为不同变量"对话框,单击"确定"按钮,提交系统运行,结果见数据文件 data02-11a。"数据编辑器"窗口中的"数据视图"标签页如图 2-52 所示。

(3)对于等级较多的重新编码,写个小程序会更简单。这个程序在编码完成后的"查看器"窗口中也可以看到。本例运行程序如下:

```
RECODE  salary salbegin
(SYSMIS=SYSMIS)  (Lowest thru 16000=1)  (16101 thru 20000=2)
(20001 thru 25000=3)  (25001 thru 30000=4)  (30001 thru 35000=5)
(35001 thru 40000=6)  (40001 thru 45000=7)  (45001 thru 50000=8)
(50001 thru 55000=9)  (55001 thru 60000=10)  (60001 thru 65000=11)
(65001 thru Highest=12)  INTO  salary1  salbegin1 .
VARIABLE LABELS salary1 '工资等级' /salbegin1 '初始工资等级'.
EXECUTE .
```

上述程序由两部分组成。

第一部分程序是 RECODE 过程语句。RECODE 是命令关键字,后面是要进行重新编码的原始变量,之后是编码表达式,INTO 后为两个新变量名。

每个编码表达式由等号连接左、右两部分,等号左侧是原始变量值或值范围表达式,等号右侧是新代码值。表达式有几种形式:(SYSMIS=SYSMIS)表示新变量的系统缺失值与原始变量定义相同;(Lowest thru C1=C3)定义原始变量值小于或等于 C1 的新变量的值为 C3;(C1 thru C2=C3)定义原始变量值在 C1 与 C2 之间的(包括 C1、C2),新变量的值为 C3;(C1 thru Highest=C3)定义原始变量值大于或等于 C1 的新变量的值为 C3。

第二部分程序是 VARIABLE LABELS 过程语句,用于为新变量加变量标签。VARIABLE LABELS 是过程语句关键字,后边是变量名与变量标签,中间用空格分隔。

2. 自动重新编码

(1)根据对数据进行预处理的需要,可使用自动编码功能对数据进行重新编码。

① 若原始分类变量的分类值不是等间隔的,则在进行频数分布分析时会形成空单元,不仅浪费计算机资源,还会使输出表格臃肿,不利于得出结论。

② 若分析过程要求参与分析的分类变量必须是数值型的,不能是字符串型的,则需要进行转换。某些分析过程要求分类变量值是整数。

(2)以数据文件 data02-11 中的受教育程度变量 educ 为例,来说明自动重新编码的操作。

① 按"转换→自动重新编码"顺序单击,打开"自动重新编码"对话框,如图 2-53 所示。

将要自动编码的变量 educ 移入右侧的"变量->新名称"框,显示为"educ->? ",在下面的"新名称"框中输入新变量名 educ1,单击"添加新名称"按钮,"变量->新名称"框中显示新变量名和旧变量名对应关系"educ→educ1"。

② 在"重新编码起点"栏中选择"最小值"单选按钮,表示从最小值开始编码。也可以选择"最大值"单选按钮,表示从最大值开始编码。对于受教育程度这个有序分类变

量,新编码顺序与原来的受教育年限的原始值最好一致。单击"确定"按钮,"查看器"窗口中将显示编码结果,如图 2-54(a)所示。

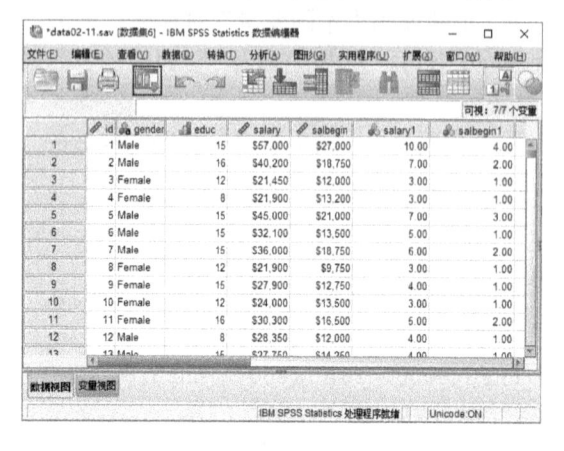

图 2-52 重新编码后的数据(两个新变量)　　　图 2-53 "自动重新编码"对话框

③ 输出结果表明,原始值从 8~21,缺少 9、10、11、13;新变量值从 1~10,使用原始值作为值标签。在分析输出表中使用值标签,可以得到比较满意的、易于解释的结果。"数据编辑器"窗口中的"数据视图"标签页显示的结果如图 2-54(b)所示。

```
educ into educ1 (Educational Level (years))
Old Value  New Value  Value Label

    8          1        8
   12          2       12
   14          3       14
   15          4       15
   16          5       16
   17          6       17
   18          7       18
   19          8       19
   20          9       20
   21         10       21
```

(a)　　　　　　　　　　　　　　　(b)

图 2-54 自动重新编码的结果

(3)"自动重新编码"对话框中还有如下几个选项。
① "对所有变量使用同一种重新编码方案"复选框。
② "将空字符串值视为用户缺失值"复选框。
③ "模板"栏。
- "应用文件中的模板"复选框:选择此项,将指定一个模板文件为本数据文件指定变量重新编码的模板。单击该选项后面的"文件"按钮,可指定模板文件。
- "将模板另存为"复选框:把当前重新编码方案作为模板保存,以便以后在对其他变量进行自动重新编码时使用。选择此项,单击对应的"文件"按钮,可指定文件的保存位置和文件名。

2.3.4 数据文件的转置与重新构建

分析工作中要求的数据排列方式往往与当前数据文件中的数据排列方式不同。为了满足分析过程对数据文件结构的要求，需要对数据文件中的数据排列方式进行转置。通过移动、复制虽然可以达到目的，但是容易出错。本节将介绍利用转置工具实现自动转置数据文件结构的方法。

1. 数据文件的转置

选择"数据"菜单中的"转置"命令，可以将数据文件中原来的行变成列，原来的列变成行；可以将观测转换为变量，将变量转换为观测；还可以在新文件中建立一个其值为原始变量名的变量。转置后的数据文件结构与原来的数据文件结构完全不同，应该保存为一个新的文件名。操作步骤如下。

① 按"数据→转置"顺序单击，打开"转置"对话框，如图 2-55 所示。

② 在左侧的原始变量列表中选择要进行转置的变量，单击 ▶ 图标将其送到"变量"列表中。

这些变量在新数据文件中变成观测（从列变成行）。新数据文件中不会出现未选择的变量。

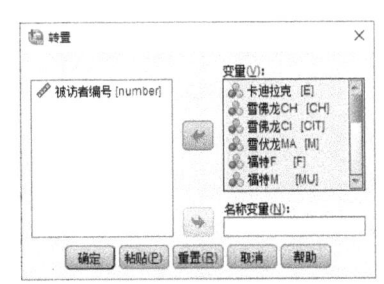

图 2-55 "转置"对话框

③ 在原始变量列表中选择一个变量将其移至"名称变量"框中，一般选择标识观测的变量，如观测的编号、姓名等。该变量的值在新数据文件中将作为变量名出现。如果所选变量是一个数值型变量，那么新变量名为该变量各值冠以字母"K_"。如果没有设置"名称变量"框，那么系统会自动为转置后的变量赋予名称 var001,var002,…,var00n。

④ 单击"确定"按钮，进行转置。

【例 8】 数据文件转置操作实例。

数据文件 data02-12 中为对汽车市场调查的数据——25 名被访者对卡迪拉克、雪佛龙等品牌的 17 个类型的汽车打分的结果。该数据文件中的 18 个变量为 17 类汽车类型名和一个被访者编号。一个观测是一个被访者给 17 类汽车打分的结果。为了进行顾客偏好分析，需要对数据文件进行转置。转置结果经整理保存为名为 data02-12a 的数据文件。以此为例，来说明转置操作。

本例选择 17 个汽车类型变量作为要转置的变量送入"变量"列表。本例将被访者编号变量"number"送入"名称变量"框。

图 2-56（a）所示为转置前的"变量视图"标签页，变量名称是被访者编号和 17 类汽车类型名；图 2-56（b）所示为转置后的"变量视图"标签页，变量名称为 K_1～K_25 和系统自动生成的变量 CASE_LBL。

在"查看器"窗口中列出了所有新变量的名称。另外，如果原始数据文件中包含缺失值，那么 SPSS 会将其设置为系统缺失值。为了保留缺失值，需要改变对变量中缺失值的设置。图 2-57 所示为转置前的"数据视图"标签页，图 2-58 为转置后的"数据视图"标签页。原来的 17 个变量被转换成 17 个观测。

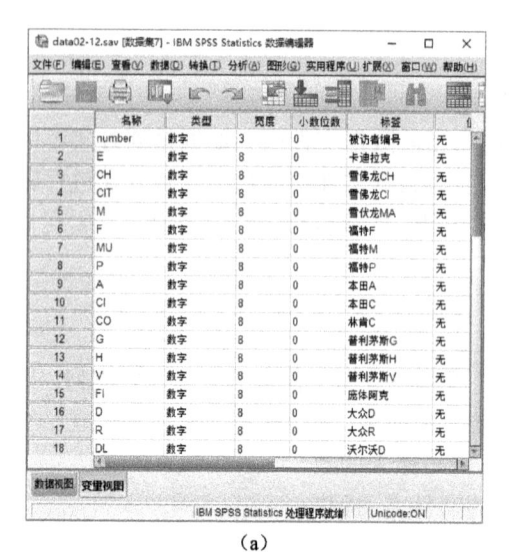

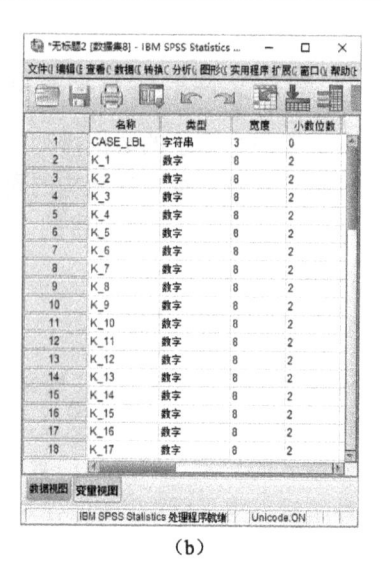

图 2-56 转置前后的"变量视图"标签页

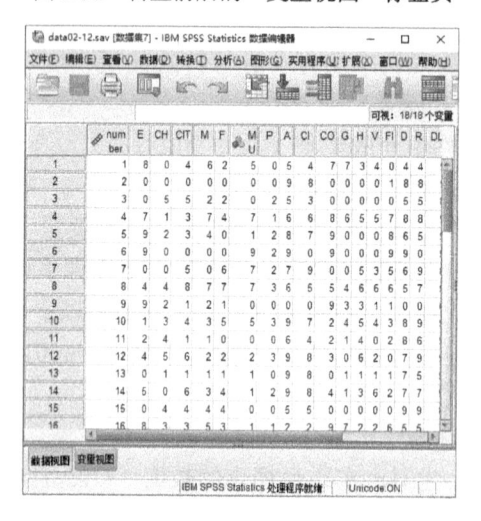

图 2-57 转置前的"数据视图"标签页

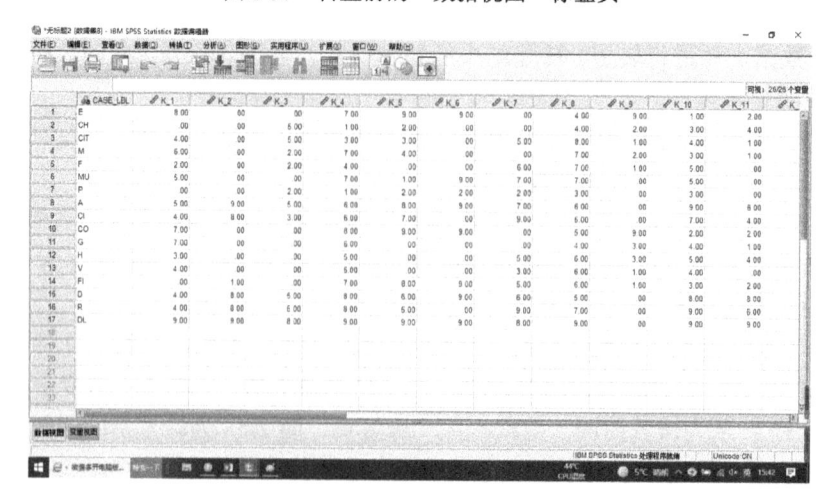

图 2-58 转置后的"数据视图"标签页

2. 数据文件的重新构建

1) SPSS 数据文件结构

SPSS 进行数据分析需要的数据文件在"查看器"窗口中的结构分为 3 种。

① 简单数据文件。一个变量占一列,一个观测占一行。例如,对一个班的所有学生进行一项测试,所得数据文件中的所有分数占一列,每个学生占一行。

② 有关一个观测的信息占不止一行。例如,一个因素的每个水平占一行或不止一行,如表 2-6 所示。一个因素的若干水平称作一个观测组。在 SPSS 中,当数据用这种方式构造时,因素经常被作为分组变量。

③ 有关一个变量的信息占不止一列。例如,一个因素的每个水平占一列,如表 2-7 所示。一个因素的若干列称作一个变量组。在 SPSS 中,当数据按这种方式构造时,因素常常涉及重复测量。

表 2-6 观测组结构

factor	var
1	3
1	8
1	6
2	5
2	9
2	4

表 2-7 变量组结构

var1	var2
4	6
8	5
7	9

2) 各种分析方法需要的数据文件结构

① 观测组数据结构的分析过程要求数据必须按观测组构建,以便进行分组变量分析。例如,一般线性模型中的单因变量方差分析、多因变量方差分析、方差成分分析;混合模型;独立样本 T 检验或非参数检验。

② 变量组数据结构的分析过程要求数据必须按变量组构建,包括一般线性模型的重复测量,Cox 回归分析中的以时间为因变量的协方差分析、配对样本 T 检验或相关样本的非参数检验。

如果选择的分析过程需要分析的数据结构与当前数据文件的数据结构不相符,就需要进行变换,这项工作可以通过选择"数据"菜单中的"重组"命令来完成。

【例 9】 变量组结构到观测的转换步骤。

以数据文件 data02-13-1 为例,来说明将一个变量组结构转换成观测组结构的操作。数据文件 data02-13-1 中的数据为 5 个学生的信息,其中包含变量:学号 no(1~5)、A、B、C 三门课程的考试分数 scoreA、scoreB、scoreC,以及身高 h、体重 w,如图 2-59 所示。

① 按"数据→重构"顺序单击,打开"重构数据向导"对话框,如图 2-60 所示。这是一个向导式的操作,该对话框中有 3 个选项,对应 3 种重新构建的数据类型。

- "将选定变量重构为个案"单选按钮:若当前数据文件的结构是变量组结构要转换成观测组结构,则选择此项。
- "将选定个案重构为变量"单选按钮:若当前数据文件的结构是观测组结构要转换成变量组结构,则选择此项。
- "转置所有数据"单选按钮:若选择此项,则单击"完成"按钮,自动关闭如图 2-60

所示的对话框,打开"转置"对话框,进行转置操作。

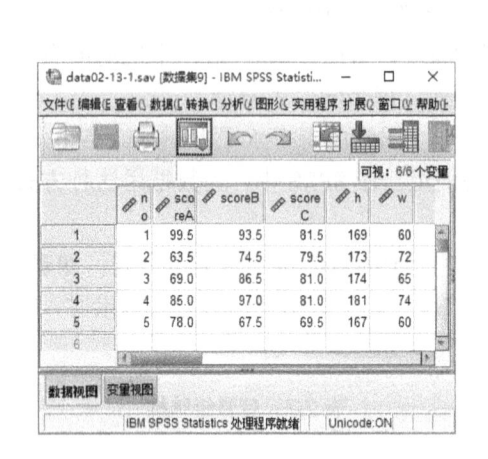

图 2-59 原始数据集

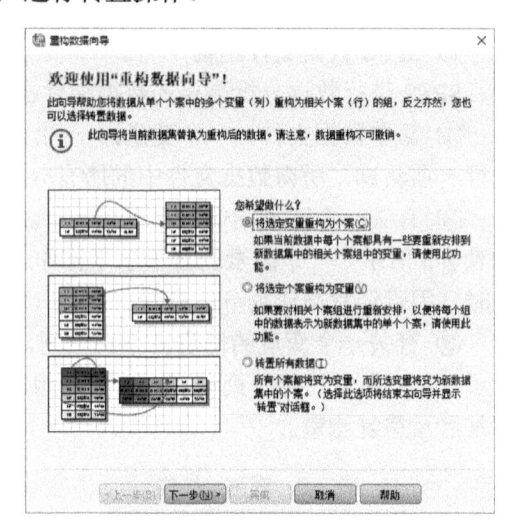

图 2-60 "重构数据向导"对话框

本例选择"将选定变量重构为个案"单选按钮,单击"下一步"按钮,打开如图 2-61 所示"重构数据向导-第 2/7 步"对话框。在该对话框中选择"一个"单选按钮(把一个变量组 scoreA、scoreB、scoreC 转换成一个观测组)。若有两组变量要同时进行转换,则应该选择"多个"单选按钮。

② 单击"下一步"按钮,打开如图 2-62 所示的"重构数据向导-第 3/7 步"对话框。

图 2-61 "重构数据向导-第 2/7 步"对话框

图 2-62 "重构数据向导-第 3/7 步"对话框

"个案组标识"栏:用于确定新数据文件中的标识变量,其中下拉列表中有三个选项。
- "使用个案号"选项。
- "使用选定变量"选项。
- "无"选项。不用标识变量。

本例将"学号"作为观测标识,所以选择"使用选定变量"选项,在"当前文件中的变量"栏中选择变量学号送入右面的"变量"框。

"要转置的变量"栏:在"当前文件中的变量"栏中选择要转换的变量送入"目标变量"下拉列表下的栏中,本例选择科目 A 成绩、科目 B 成绩、科目 C 成绩。将"目标变量"下拉列表设置为 score。

在"当前文件中的变量"栏中选择不进行转换,但需要出现在新文件中的变量,送入"固定变量"框。

本例中的身高、体重两个变量在分析中不会用到,且不希望出现在转换后的文件中,所以没有对这两个变量进行操作。

③ 单击"下一步"按钮,打开如图 2-63 所示的"重构数据向导-第 4/7 步"对话框,决定是否在新文件中生成索引变量。索引变量根据原始变量组在新文件中的位置按顺序编码。

在 SPSS 中,索引变量可以作为分组变量,"您希望创建多少索引变量?"下有如下 3 个选项。

- "一个"单选按钮:在大多数情况下,一个索引变量就足够了。本例选择此项。
- "多个"单选按钮:如果当前数据文件中的变量组表现为多个因素的水平,可能要生成多个索引变量,则选择此项并在"数目"框中输入想要生成的索引变量数。
- "无"单选按钮:若不需要生成索引变量,则选择此项。

指定的索引变量的数目会对下一步有影响,下一步向导会自动生成指定数目的索引变量。

④ 单击"下一步"按钮,打开如图 2-64 所示的"重构数据向导-第 5/7 步"对话框,确定索引变量的值。

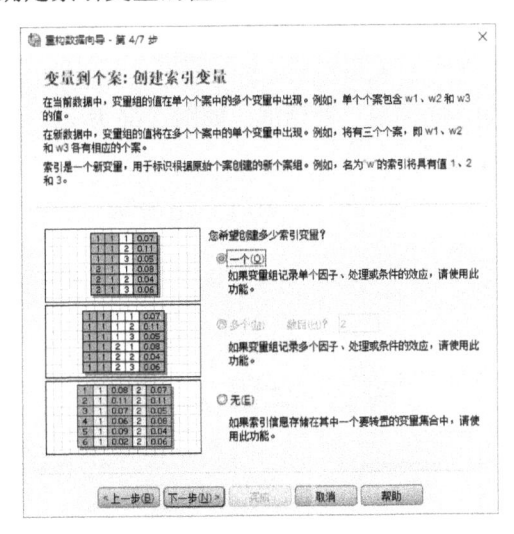

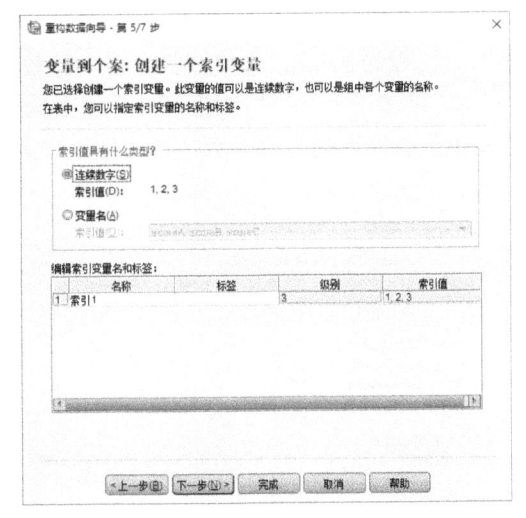

图 2-63 "重构数据向导-第 4/7 步"对话框   图 2-64 "重构数据向导-第 5/7 步"对话框

在"索引值具有什么类型?"栏中有如下两个选项。

- "连续数字"单选按钮:用于指定自动赋予顺序数作为索引值。若本例选择此项,则索引变量的值为 1、2、3。
- "变量名"单选按钮:用于指定使用选择的变量组各变量的变量名作为索引值。从列表中选择一个变量组。本例若选择此项,则索引变量的值为 scoreA、scoreB、scoreC。

"编辑索引变量名和标签"表：用于编辑索引变量属性。对于索引变量，可以改变其默认的变量名及输入描述变量的标签。

对于本例，选择"连续数字"单选按钮的结果如图 2-67（a）所示；选择"变量名"单选按钮的结果如图 2-67（b）所示。

⑤ 单击"下一步"按钮，打开"重构数据向导-第 6/7 步"对话框，如图 2-65 所示。

- "未选择的变量的处理方式"栏：用于处理原始数据文件中未被选择的变量。在"重构数据向导-第 3/7 步"对话框中选择的要重新构建的变量组和当前数据文件中的标识变量将出现在新数据文件中。如果在当前数据文件中还有其他变量，那么可以选择丢弃或保留它们。对此可通过如下两个选项进行设置。
  - "从新数据文件中删除变量"单选按钮。
  - "保留并作为固定变量处理"单选按钮。
- "所有转置后的变量中的系统缺失值或空值"栏：用于确定如何处理无效值，即要进行转换的变量中的缺失值和空值，有如下两个选项。
  - "在新文件中创建个案"单选按钮。
  - "废弃数据"单选按钮。
- "个案计数变量"栏：用于确定是否在转换后的新数据文件中生成计数变量。计数变量包含当前数据文件中产生的新行数。在选择丢弃无效值时，计数变量是很有用的，因为有可能对给定的当前数据文件产生不同的行数。该栏内只有一个选项。
  - "计算由当前数据中的个案创建的新个案的数目"复选框：用于指定对由当前数据文件中的一个观测产生的新观测的数进行计数。选择此项，可以改变计数变量默认的变量名称并提供描述变量的标签。本例勾选此复选框，并将"名称"设为 count，将"标签"设为计数。

⑥ 单击"下一步"按钮，打开"重构数据向导-完成"对话框，如图 2-66 所示。这是重组数据向导的最后一步。该对话框中有两个选项。

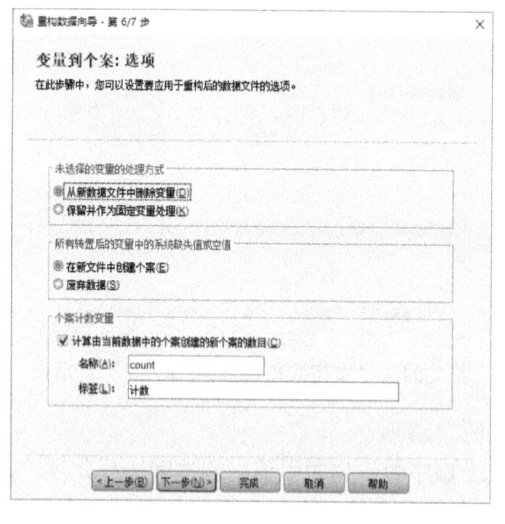

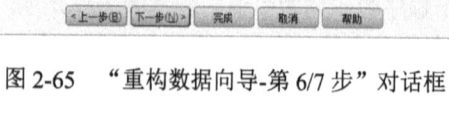

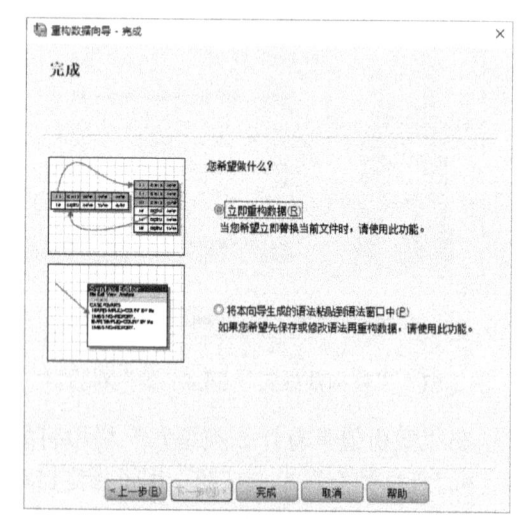

图 2-65 "重构数据向导-第 6/7 步"对话框　　图 2-66 "重构数据向导-完成"对话框

- "立即重构数据"单选按钮：选择此项，单击"完成"按钮，将立即进行重组，将产生新的、重新构建的文件。如果要立刻改变当前数据文件的结构，就选择此项。

注意：如果原始数据是加权的，那么新的数据也会是加权的，除非用作权重的变量是被重新构建的或者在新数据文件中被去除了。

- "将本向导生成的语法粘贴到语法窗口中"单选按钮：当没有准备好改变当前数据文件时，或者想修改语句，或者保存它以便以后再用时，选择此项。

本例选择"立即重构数据"单选按钮，单击"完成"按钮，程序运行转换，结果如图 2-67 所示。图 2-67（a）所示为索引变量值使用顺序值的结果；图 2-67（b）所示为索引变量值使用顺序值，保留变量身高、体重的结果；图 2-67（c）所示为第 3 步保留固定变量身高、体重，索引变量值使用原始变量名的结果。运行结果保存在数据文件 data02-13-1a、data02-13-1b 和 data02-13-1c 中。

【例 10】 转换两个变量组，数据文件为 data02-13-2。数据文件中包括的变量有：学号 no、理科成绩 scoreA1、scoreB1、scoreC1 和文科成绩 scoreA2、scoreB2、scoreC2，以及身高 h、体重 w。

转换结果如图 2-68 所示。转换步骤与例 9 基本相同，仅下述操作有区别。

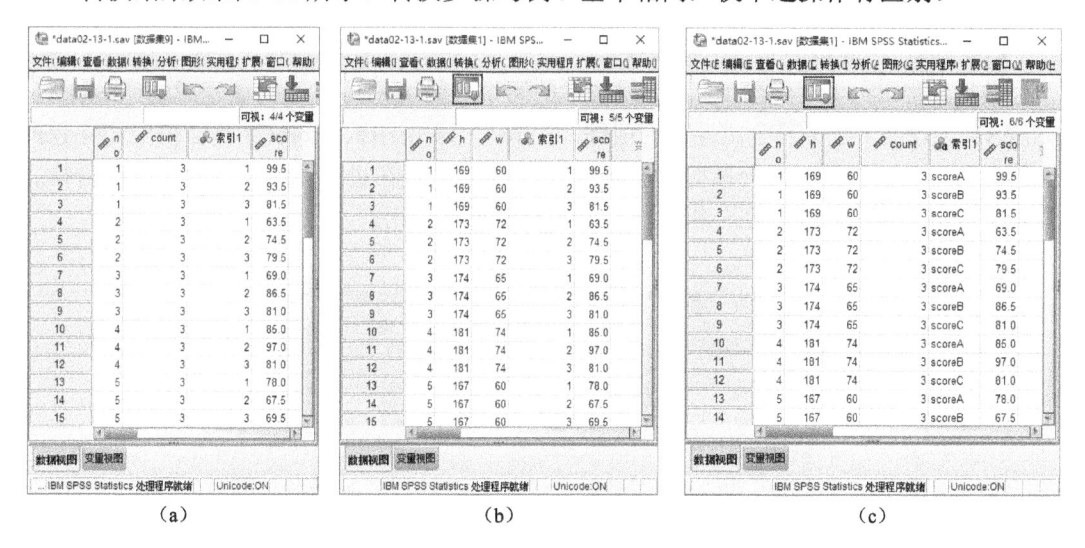

图 2-67 原始数据和不同选项生成的不同结果

在如图 2-61 所示的对话框中选择"多个"单选按钮，而不是选择"一个"单选按钮，并将"数目"设为 2。

在如图 2-62 所示对话框中的"个案组标识"下拉列表中选择"使用选定变量"选项，从"当前文件的变量"栏中选择学号 no 作为个案组标识变量，送入"变量"框。

在"要转置的变量"栏中的"目标变量"下拉列表框中输入"Lscore"，将"当前文件中的变量"栏中的 scoreA1、scoreB1、scoreC1 送入要转置的变量列表，就定义了第一组变量 scoreA1、scoreB1、scoreC1，新变量名为 Lscore。在"目标变量"下拉列表中选择"另一项"选项，下面的栏自动清空。在"目标变量"下拉列表框中输入第 2 个目标变量名 Wscore。将变量 scoreA2、scoreB2、scoreC2 送入要转置的变量列表。

在如图 2-64 所示对话框中选择"连续数字"单选按钮。

其余选项不是必须改变的。原始数据集如图 2-68（a）所示，转换结果如图 2-68（b）所示。

结果数据文件见数据文件 data02-13-2a。

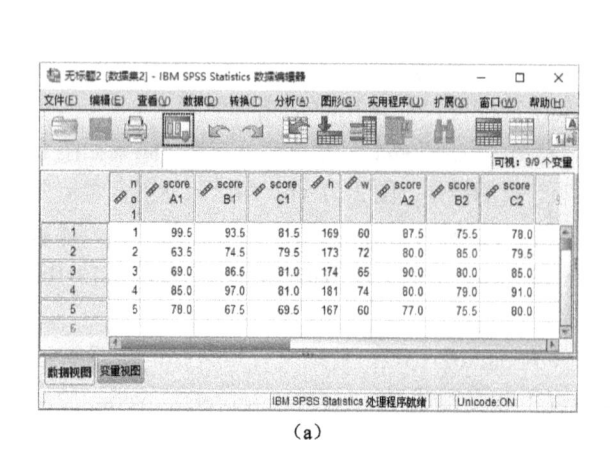

图 2-68 变换两个变量组到观测组的原始数据集和转换结果

【例 11】 两因素不同水平的转换。

数据文件 data02-14 是用不同教材教学的两个班的 A、B、C 三门课程成绩。scoreA1、scoreB1、scoreC1 是 1 班三门课程的成绩,scoreA2、scoreB2、scoreC2 是 2 班三门课程的成绩。两个班三门课程得分原始数据如图 2-69 所示。现在进行变量组到观测组的转换。要求生成两个索引变量,在分析时作为两个分类变量使用。

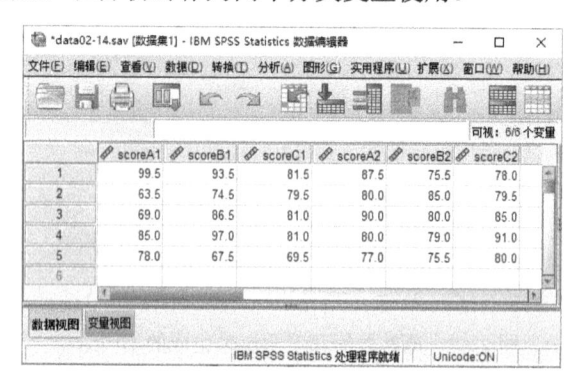

图 2-69 两个班三门课程得分原始数据

主要操作步骤如下。

① 在如图 2-60 所示对话框中的"您希望做什么?"栏中,选择"将选定变量重构为个案"单选按钮。(提示:变量要分类按序存放。)

② 在如图 2-61 所示对话框中选择"一个"单选按钮,一组变量将转换成一个新的因变量。

③ 在如图 2-62 所示对话框中,将 6 个变量 scoreA1、scoreB1、scoreC1、scoreA2、scoreB2、scoreC2 全部送入"要转置的变量"栏中的要转置的下拉变量列表内,在"目标变量"下拉列表内输入新变量名 score。在"个案组标识"栏中选择"使用个案号"选项。

④ 在如图 2-63 所示对话框中,选择"多个"单选按钮,并在"数目"框中输入 2,建立两个索引变量。也就是说,所有选择的一组变量属于不止一个因素(条件或处理)的因变量。

⑤ 在如图 2-64 所示对话框中，在"编辑索引变量名和标签"表中填写索引变量名、变量标签和水平值。将索引变量名"索引 1"改为"class"，在同行的"标签"列对应的单元格中输入"班级"，在同行的"级别"列对应的单元格中输入"2"；在下一行各单元格分别输入 courses、课程、3。（提示：此处的班级和课程顺序与原始数据中的变量顺序是对应的，在原始数据中变量先按班级排序，然后按课程排序，所以在此处第一个索引变量是班级，第二个索引变量是课程，注意要对应，否则结果将不是操作者想要的。）

⑥ 在如图 2-66 所示对话框中选择"立即重组数据"单选按钮。

单击"完成"按钮，开始运行。图 2-69 所示为原始数据集，图 2-70 所示为转换结果，重构后的数据文件详见数据文件 data02-14a。

【例 12】 观测组到变量组结构的转换。

以数据文件 data02-15 为例说明转换操作。变量 time 为 2 水平的因素，表示两个测试时间——期中和期末；courses 是 3 水平的因素，表示课程 A、课程 B、课程 C；score 是 5 个学生的对应测试成绩，如图 2-71 所示。

这是应该进行一个因素（三门课程）、两次（期中、期末）重复测量的方差分析的问题。而数据文件 data02-15 中的数据结构不符合分析要求，需要转换。id 是接受测试的 5 个学生的标识变量。要按变量 time 的两个水平将 score 变成两个变量，分别表示期中和期末对应的 3 门课程的测试成绩，具体操作如下。

（1）在"重构数据向导"对话框（见图 2-60）中，选择"将选定个案重构为变量"选项，即把选择的观测组变成变量组，单击"下一步"按钮。

（2）打开如图 2-72 所示"重构数据向导-第 2/5 步"对话框。将"当前文件变量"栏中的要在新文件中作为分类变量的课重和作为标识变量的 no 送入"标识变量"栏；将要作为转换依据的分类变量 time 送入"索引变量"栏，单击"下一步"按钮。

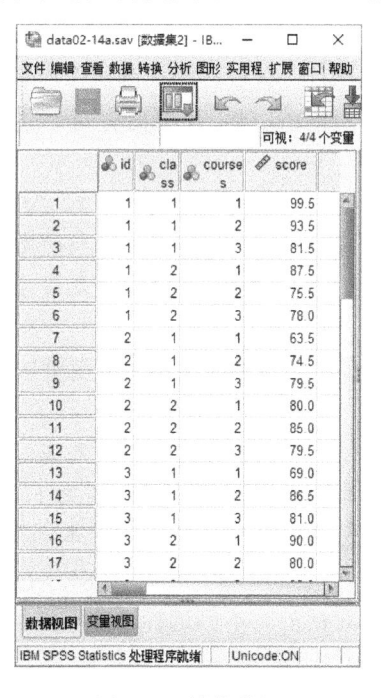

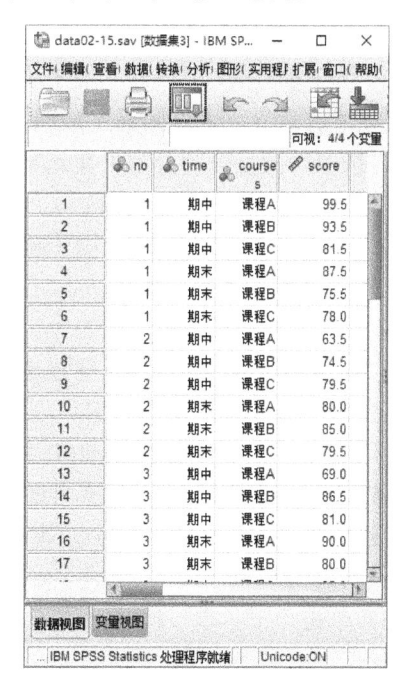

图 2-70　转换结果　　　　图 2-71　5 个学生期中、期末三门课程测试成绩数据

（3）打开如图 2-73 所示"重构数据向导-第 3/5 步"对话框。该对话框中有两个选项，用于确定是否对原始数据文件按标识变量排序。"是"单选按钮用于指定对原始数据文件按前一步指定的标识变量排序。如果没有排序或不确定是否已经排好序，应该选择此项。

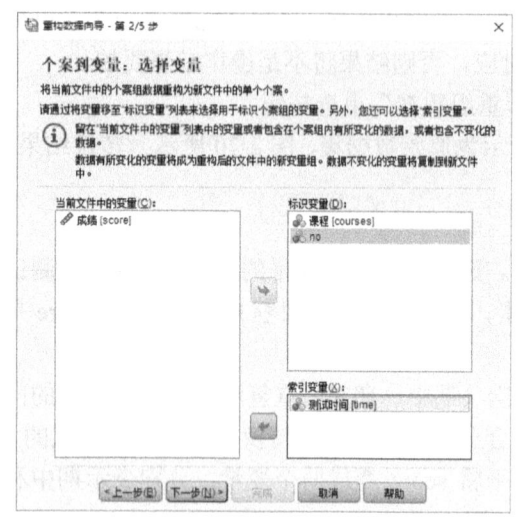

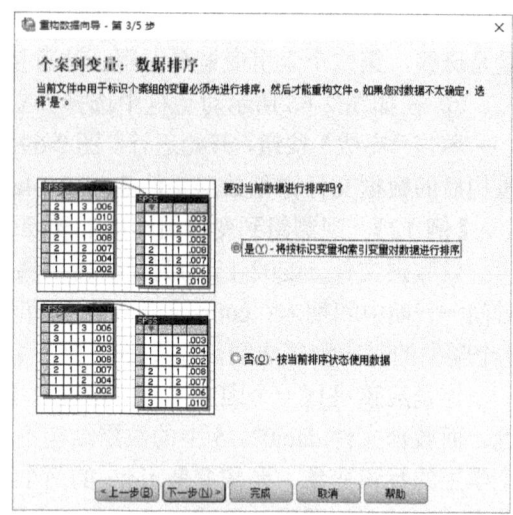

图 2-72 "重构数据向导-第 2/5 步"对话框   图 2-73 "重构数据向导-第 3/5 步"对话框

当原始数据文件已经按标识变量排好序时，选择"否"单选按钮。因为系统每遇到标识变量值的一个新组合就生成一个新行，所以对数据文件按标识观测组的变量值排序很重要。本例选择此项，单击"下一步"按钮。

（4）打开"重构数据向导-第 4/5 步"对话框，如图 2-74 所示。"重构数据向导-第 4/5 步"对话框中的选项如下。

①"新变量组的顺序"栏：用于确定新变量组的顺序。在要转换成两组以上新变量时选择此项才有意义。本例因只生成两个新变量，故不选择此项。该栏内有两个选项。

- "按原始变量进行分组"单选按钮。
- "按索引分组"单选按钮。

②"个案计数变量"栏：用于确定是否生成计数变量。勾选"计算当前数据中用来创建新个案的个案数"复选框，在"名称"框和"标签"框中分别输入变量名和变量标签。

③"指示符变量"栏：用于确定是否生成指针变量。勾选"创建指示符变量"复选框，在"根名称"框中输入变量名字头。

可以利用索引变量在新文件中生成指针变量。对索引变量的每个值生成一个新变量。指针变量指明观测的一个值出现与否，若观测有值，则指针变量的值为 1，否则指针变量的值为 0。在某些问题中，指针变量可以作为频数用于计数。对于本例没有用，所以不选。

（5）单击"下一步"按钮，进入如图 2-66 所示对话框。本例选择"立即重构数据"单选按钮。

单击"完成"按钮，转换结果如图 2-75 所示，详见数据文件 data02-15a。

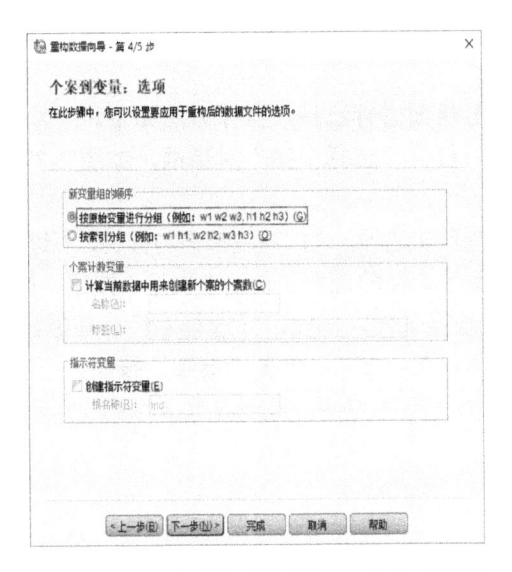

图 2-74 "重构数据向导-第 4/5 步"对话框   图 2-75 转换结果

2.4 观测的加权与选择

2.4.1 定义加权变量

在实际应用中，我们经常需要对观测进行加权处理。如果数据文件中存在一个表明相同的变量值出现频数的变量，就应该定义该变量为加权变量。通过选择"数据"菜单中的"个案加权"命令，可以定义加权变量。对哪个变量的值加权属于使用加权变量计算问题。

1. 在选择加权变量时应该注意的事项

（1）加权变量中含有零、负数或缺失值的观测将被排除在分析以外。
（2）分数权重值有效。
（3）一旦定义了加权变量，在以后的分析中加权变量就一直有效，直到取消加权变量的定义，或者定义了其他加权变量。

2. 定义加权变量的操作

（1）按"数据→个案加权"顺序单击，打开"个案加权"对话框，如图 2-76 所示。
（2）在"个案加权"对话框中设置是否对观测进行加权处理。
　①"不对个案加权"单选按钮：系统默认选项，表示对数据不加权，不用定义加权变量。
　②"个案加权依据"单选按钮：用于指定权重变量。
（3）选择加权变量。从左边原始变量列表中选择加权变量，送入"频率变量"（应译为"频数变量"）框中。
（4）单击"确定"按钮，加权变量定义完成。

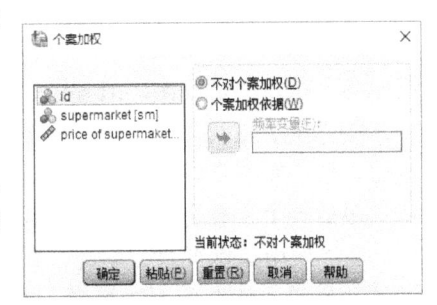

图 2-76 "个案加权"对话框

2.4.2 选择参与分析的观测

如果需要部分观测参与分析，就要在分析前进行选择，操作方法如下。

（1）按"数据→选择个案"顺序单击，打开"选择个案"对话框，如图 2-77 所示。

（2）在"选择"栏中设置选择方法。

①"所有个案"单选按钮：该选项是系统默认选项，全部观测都参与分析，不进行选择。

②"如果条件满足"单选按钮：选择满足条件的观测。单击"如果"按钮，打开"选择个案：if"对话框如图 2-78 所示，设置选择条件。例如，只选择女性，在原始变量列表中选择变量"id"送入右侧的矩形框，输入"='f'"，单击"继续"按钮。

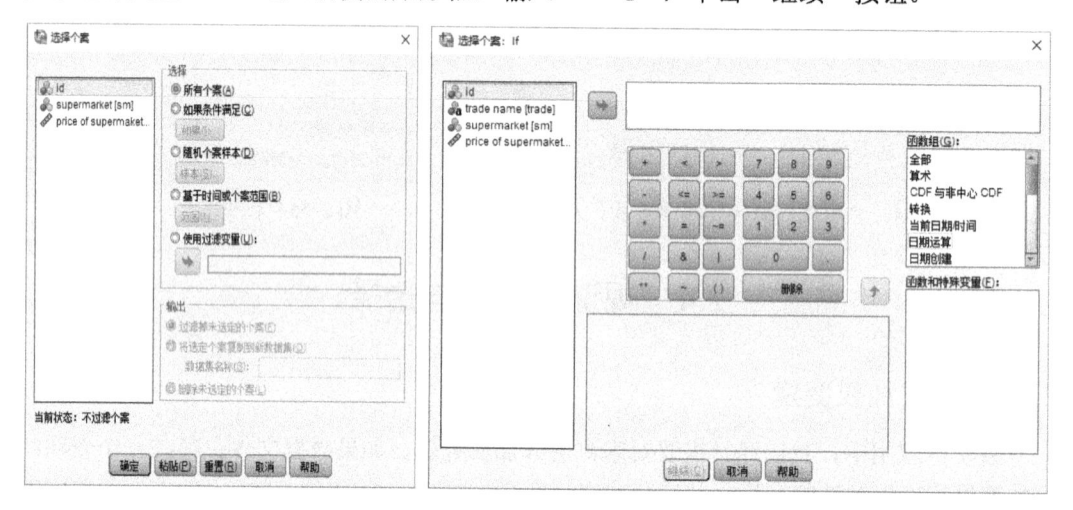

图 2-77　"选择个案"对话框　　　　图 2-78　"选择个案：if"对话框

③"随机个案样本"单选按钮：对数据文件中的观测进行随机采样。单击"样本"按钮，打开如图 2-79 所示的"选择个案：随机样本"对话框。在"样本大小"（应译为"样本量"）栏中有两种采样方法，选择一种。

- "大约□%的所有个案"单选按钮：按给定的百分比近似选择。在矩形框中输入百分比数值。
- "正好为□个个案，来自前□个个案"单选按钮：在指定范围内随机选择给定数目的观测。在"正好为"后面的矩形框中输入样本量 $n1$，在"来自前"后面的矩形框中输入一个小于或等于全部观测数的数值 $n2$。选择的观测是从前 $n2$ 个观测中选择出 $n1$ 个观测。

此方法属于重复采样，一个观测可能不止一次被选中，因此样本量与全部观测之比近似等于指定的百分比，或者近似等于指定的样本量数值。

④"基于时间或个案范围"单选按钮：根据时间或数据范围选择观测。单击"范围"按钮，打开如图 2-80 所示"选择个案：范围"对话框，在"第一个个案"框中输入"5"，在"最后一个个案"框中输入"100"，指定范围内的观测将被选中。

⑤"使用过滤变量"单选按钮：从左面的原始变量列表中选择一个数值型变量作为过滤变量送入该选项下的框中。过滤变量值不是 0，或者不是缺失值的观测都将被选中。

从以上 5 种选择方法中选择一种，设置好条件参数，返回如图 2-77 所示的对话框。

（3）在"输出"栏中，选择未选中的观测的处理方法。

- "过滤掉未选定的个案"单选按钮：选择此项，未选中的观测的观测号被打上斜线，不参与分析。这是系统默认的处理方法。
- "将选定个案复制到新数据集"单选按钮：选择此项，在"数据集名称"框中输入新文件名。
- "删除未选定的个案"单选按钮：未选中的个案将从数据文件中被删除。

参数设置完成后单击"确定"按钮，提交系统运行，结果如图 2-81 所示。

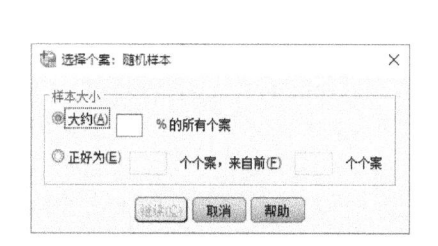

图 2-79　"选择个案：随机样本"对话框

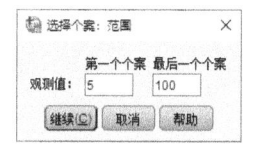

图 2-80　"选择个案：范围"对话框

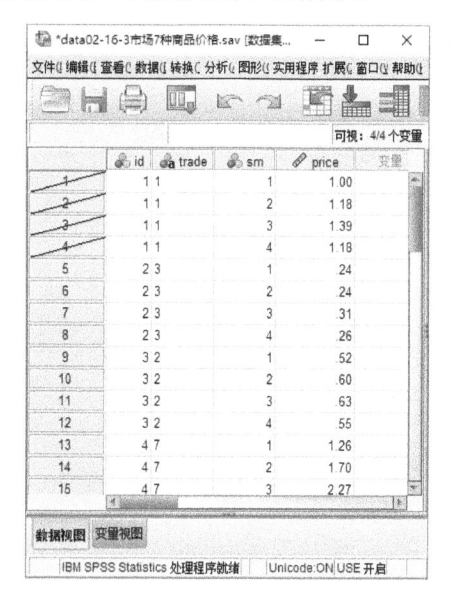

图 2-81　被滤掉的观测

习　题　2

1．SPSS 中的变量有几种类型？

2．变量哪些属性会影响它们在分析中的作用？变量哪些属性只影响数据在窗口中的显示？变量哪些属性只影响输出？

3．变量有几种测量方式？在分析中的作用是什么？

4．在日常工作中数据可以存放在什么格式的文件中？SPSS 可以直接打开这些数据文件吗？如果不能直接打开，是否能经过转换形成 SPSS 格式的数据文件？

5．对于数据文件 data02-01，用查重功能分析受教育年限相同的职工初始工资是否都相同。

6．为什么要拆分数据文件？拆分结果是什么？

7．合并数据文件有几种情况？

8．观测排序和观测排秩有什么区别？什么叫作结？结上观测的秩次有几种排法？在体育比赛中常用哪种方法排列名次？

9．查看数据文件 data02-03.txt，它是否是固定格式的 ASCII 数据文件？有列间隔吗？将其转换为 SPSS 数据文件。

10. 将数据文件 data02-01 按变量 educ 值升序排列。
11. 为什么要对变量重新编码？SPSS 有几种重新编码的过程？举例说明。
12. 什么是数据文件的重新构建？有几种重新构建方式？
13. 某超市对竞争对手的商品价格进行定期调查，共调查了 3 个竞争超市 49 种商品的售价，与本超市进行比较。从 49 种商品中随机抽取 7 种商品的价格，数据记录在数据文件 data02-16 中。因为要做方差分析，要求将 4 个超市的商品价格放到一个价格变量中，另外增加变量，使数据文件能正确表达每个价格属于哪个超市的哪种商品。

第 3 章 输出信息的编辑

如果系统默认的"查看器"窗口中的常用工具操作不方便,那么可以选择"查看"菜单中的"工具栏"命令将常用工具按钮显示在工具栏中,详见 1.2.6 节。例如,在默认工具栏中加入"剪切""复制""粘贴""删除"等常用图标。

SPSS 的基本编辑功能和图标与 Windows 系统相同,查找和替换操作与 Windows 系统的同类功能一致,本章只介绍"查看器"窗口中的一些特殊的常用编辑方法。

3.1 "查看器"窗口中的文本浏览与编辑

SPSS 中的操作与过程运行的结果显示在"查看器"窗口中。"查看器"窗口中的导航系统是比较特殊的输出信息浏览器,它不仅提供了查找、浏览窗口中的内容的工具,还便于编辑窗口中的内容。

3.1.1 利用导航器浏览输出信息

图 3-1 所示为"查看器"窗口,左半部分是导航器,右半部分是输出信息区。导航器实际上是可折叠的输出信息树形结构图。导航器中的每一项都可以通过单击实现选择,通过双击实现打开与隐藏。

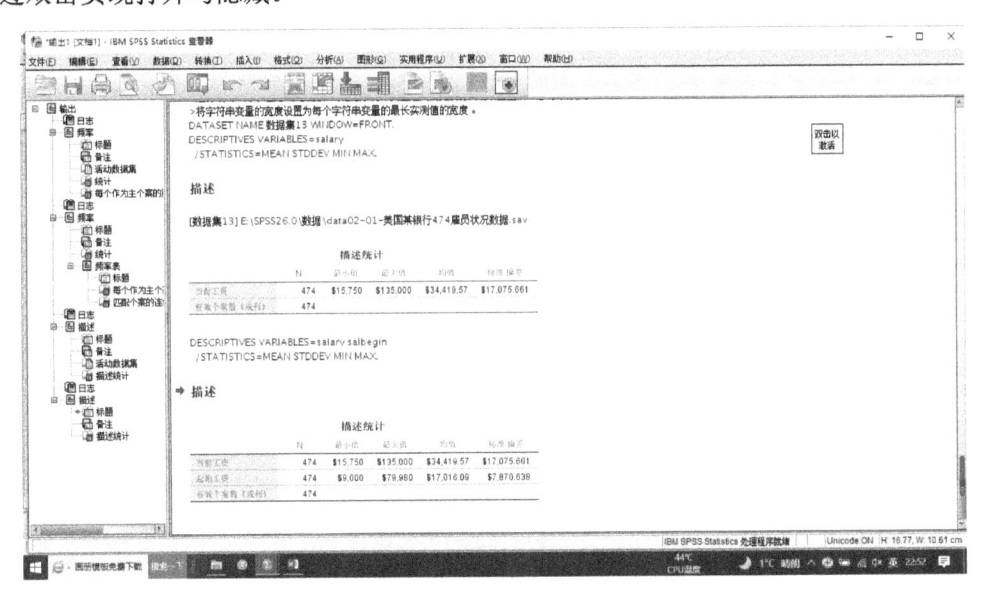

图 3-1 "查看器"窗口

1. 认识导航器

导航器中有"输出"总项,这是最高级的输出项。以过程语句命名的过程项,如图 3-1

中的频率、描述过程项，是第二级。第一级和第二级输出项前显示的是带有结构图的书形图标，而且有折叠按钮（加/减号）。每个过程项都可能包括几种结构项，即第三级结构项。这些结构项是否显示在导航器中，取决于系统参数设置，参见 1.3 节有关内容。可能显示的结构项有：日志项、标题项、附注说明项、活动数据集（当前数据集）、统计量、表格（如图 3-1 中的频率表）、警告项、统计图项和文本输出项。

2. 在导航器中选择输出项

单击导航器结构图中的某一项，与该项相应的输出信息将显示在输出信息区，且外轮廓加了黑实线框。可以用这种方法将需要浏览的部分调入输出信息区。

3. 在导航器中打开与隐藏输出项

为突出浏览重点，可先隐藏部分输出项，在需要浏览时再显示出来，具体操作如下。

（1）导航器中的第一级项是"输出"项，单击前面的折叠按钮，所有输出内容将全部显示（或隐藏），如图 3-2（a）所示。

（2）隐藏/显示各级内容。导航器中的第二级项是过程项，每一项是一个过程输出，单击过程项前面的折叠按钮，可以显示（或隐藏）过程项中的内容。图 3-2（a）中的"描述"项是被隐藏了第二级项的过程项，"频率"项是被打开了第二级项的过程项。打开第二级项，各项前有折叠按钮的是第三级项。例如，"探索"项下面的"当前工资"项是第三级项。第三级项的下一级各项前都有书形图标或输出类型图标，单击该图标，左侧出现红色箭头，对应内容显示在输出信息区中，如图 3-2（b）所示的当前工资的直方图。

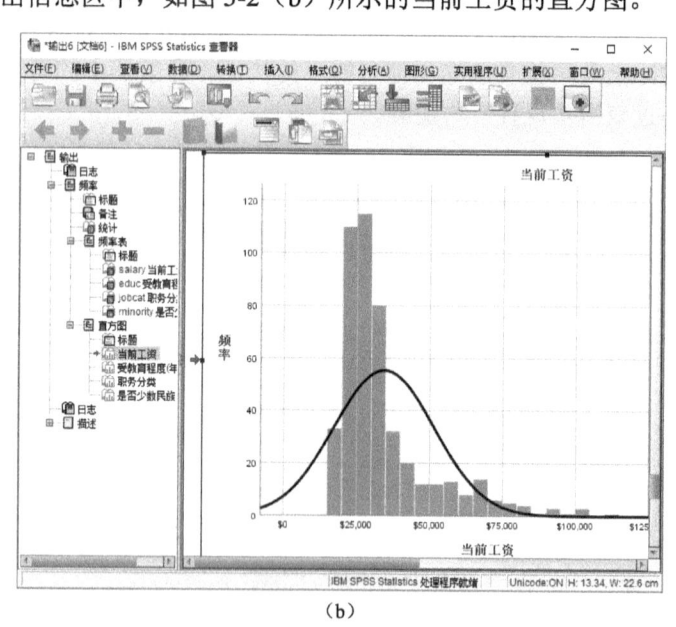

图 3-2 输出项的打开与隐藏

（3）在输出信息区中显示某项输出的方法是，在导航器中单击各级项前的折叠按钮，使之展开。直到显示带有书形图标的各项，单击对应项，左侧出现红色箭头，书形图标呈打开状态，相应内容显示在输出信息区，对应信息（一个标题、一个表格、一个统计图或一段完整的文本）左侧也显示出红色箭头，外轮廓显示黑色框线。

如果第三级项下不止有一个输出项，如图3-2（b）中的直方图有四个，单击其中一项，右侧输出信息区显示相应的内容。

3.1.2 编辑导航器中的输出项

1. 选择操作对象

使用"编辑"菜单的"选择"子菜单中的选择功能对操作对象进行分类选择，如图3-3所示。"选择"子菜单中的各项选择功能介绍如下。

- 最后的输出功能：选择最后一次执行SPSS过程的全部输出。
- 所有标题功能。
- 所有页面标题功能。
- 所有透视表功能：选择所有输出表格。
- 所有图表功能。
- 所有文本输出功能。
- 所有警告功能。
- 所有注释功能：选择所有说明信息。
- 所有日志功能。
- 所有其他对象功能：选择上述各功能未包括的信息。
- 所有树功能。
- 所有模型功能。
- 所有未知项功能。

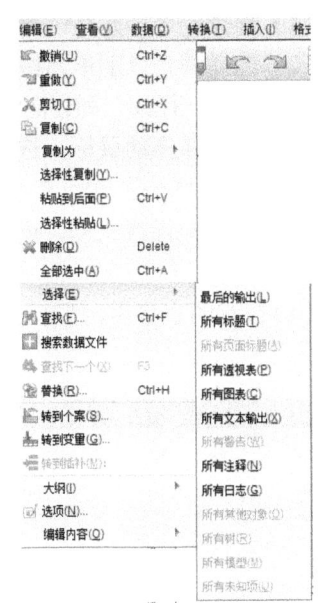

图3-3 "编辑"菜单的"选择"子菜单

2. 使用鼠标选择操作对象

① 在导航器中单击一个结构项，可以选择一个操作对象，使之以彩底形式显示。
② 按住Ctrl键的同时单击要选择的对象，可选择位置不连续的多个对象。
③ 按住Shift键的同时分别单击两个不相邻的结构项，可以选择这两个结构项间的各项。

对选中的结构项及其内容可以进行删除、剪切到剪贴板、复制到剪贴板和粘贴到另一位置的操作。

移动输出项显示位置的另一种方法是，利用鼠标将其拖动到目标位置。用这种方法可以将有用信息组织到一起，建议只在一个过程项内做这种操作，以免出现混乱。

3.2 输出表格中信息的编辑

3.2.1 表格编辑工具与常用编辑方法

1. 选择操作对象

要编辑某个表格，必须先选择它。双击要编辑的表格即可选择这个表格，被选择的表格的标题是反向显示的，左侧有红色箭头，右侧、下方均显示虚线，如图3-4（a）所示。

使用下面的方法，在表格中选择具体表格元素。

（1）选择一个单元格：只要单击这个单元格即可。

（2）选择两个以上单元格：在按住 Ctrl 键的同时单击需要选择的各单元格。

（3）选择一行或一列：拖动鼠标，使鼠标指针经过需要选择的行或列，或者按住 Ctrl 键的同时单击并拖动鼠标，选择相邻的两个及以上单元格，就选中了这两个单元格所在的行或列。

选择不止一行或一列，可以按住鼠标左键拖动，鼠标指针经过的行（或列）均反向显示。

（4）在有的表格中，选择一行或一列会导致同时选择与之相关的行或列，如图 3-4（b）所示。

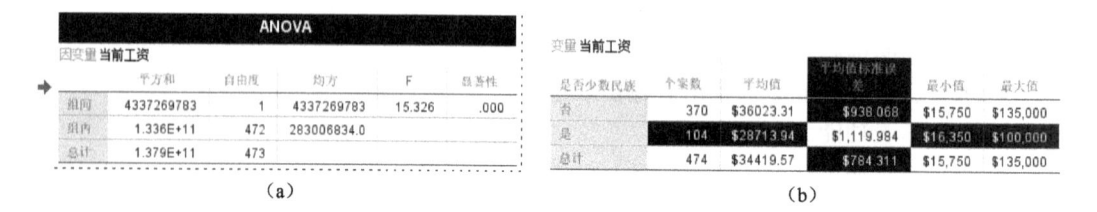

图 3-4 选择表格中的操作对象

2．表格编辑工具

在选择了要编辑的表格后，单击"查看"菜单，在二级菜单项中单击"工具栏"选项，会打开表格编辑工具栏，如图 3-5 所示。在选择表格中的编辑对象后，表格编辑工具栏中的可用工具将加亮。

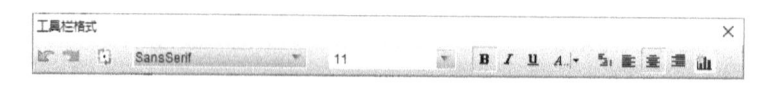

图 3-5 表格编辑工具栏

除表格转置盘功能外（对应图标为 ），表格编辑工具栏中的工具及功能（如撤销与恢复操作、单元格中字体字号的设置、对齐方式的设置）与 Windows 中相应功能的操作方法相同。

3．标题与文字编辑

双击一个标题或表格中的文字，如图 3-6 所示，使之变成蓝底白字（默认），即可使用表格编辑工具栏进行编辑，包括修改文字内容，改变字体、字号、对齐方式，等等。图 3-6（a）所示为选择了要进行比较的表格标题，图 3-6（b）所示为表格标题变为 18 号华文新魏体并加粗、倾斜的结果。

图 3-6 表格中的文字编辑

4. 修改单元格中的内容

表格单元格中的任何内容均可以仿照表格标题的操作方法修改，但最好不要修改单元格中的数据。这样做不只是为了实事求是，还因为修改一个数据会影响其他数据的正确性，这是 SPSS 的输出与 Excel 工作表的不同之处。例如，对于图 3-7，由于将当前工资的描述统计量表中的个案数（样本量）改变后，与之有关的统计量（如平均值）数值不会自动随之改变，因此整个表格中的其他值将出错。

图 3-7　修改表格中的数据会造成错误

5. 隐藏或显示表格的行与列

（1）双击表格，选择要隐藏的行或列，如图 3-8（a）所示。

（2）单击"查看"菜单，选择"隐藏"命令，选择的表格的行或列将被隐藏，如图 3-8（b）所示。

（3）要恢复显示被隐藏的行或列，必须先选择邻近的未隐藏的行或列，再选择"查看"菜单中的"显示所有类别"命令。

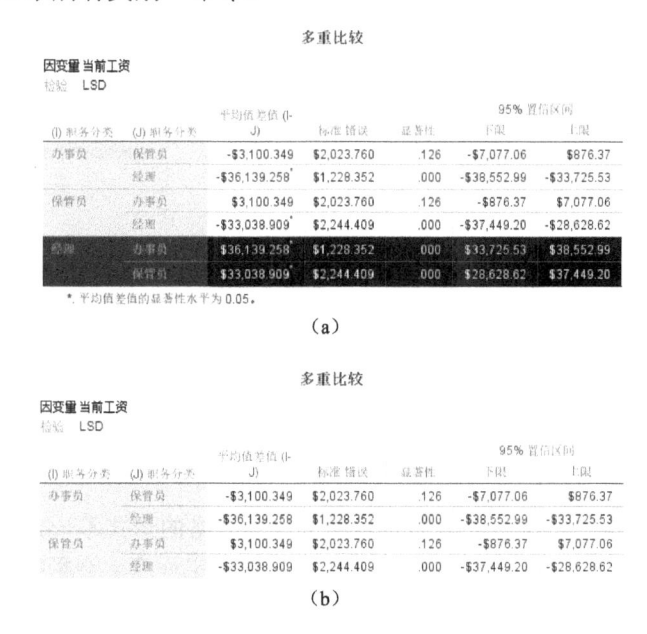

图 3-8　表格内容的选择与隐藏

选择一个表格或表格中的某一部分后，在"查看"菜单下可以选择的选项如下。

① "隐藏"选项：隐藏选择的表格元素。

② "显示维标签"选项。

③ "隐藏所有类别标签"选项。

④ "显示所有类别"选项。

⑤ "显示所有注脚"选项。
⑥ "全部显示"选项。

6. 改变表格列宽度

表格常常因列宽不够而将单元格中的数字显示成一系列星号，这时就需要调整表格的列宽。

1）手动调整

将鼠标指针置于要调整的单元格竖线上，此时光标变为水平的双箭头线，同时待调整的竖线加粗。按住鼠标左键，拖动鼠标调整表格列宽，直到列宽合适或未显示的数值显示出来为止，松开鼠标左键，如图3-9所示。

应该注意，在调整列宽时显示的列宽数值，可以作为列宽参考值。列宽的调整会影响该列单元格中数据显示的有效数字位数。当列宽过小时，会显示"隐藏"字样，如果此时松开鼠标左键，列宽过小的列会被隐藏。当发现因调整列宽而隐藏了一列不应被隐藏的数据时，可以使用"编辑"菜单中的"撤销"命令将此步操作撤销。

2）菜单命令调整

双击表格，按"格式→设置数据单元格宽度"顺序单击，打开"设置数据单元格宽度"对话框，如图3-10所示。在"所有数据单元格的宽度"框中输入列宽，也可以单击数值调节按钮增加或减少列宽值。设置完成后，单击"确定"按钮确认。

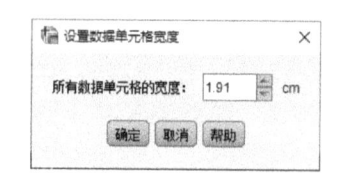

图3-9 手动调整表格的列宽　　　　图3-10 "设置数据单元格宽度"对话框

这样设置的宽度产生的效果是，除最左列外，其他各列等宽。

如果选择整个表格后选择"格式"菜单中的"自动调整"命令，那么各列宽度将按数据的宽度自动调整，不必分别调整每列。

3.2.2 表格的转置与行、列、层的处理

表格是运行分析过程自动生成的，自动生成的表格的形式不一定满足编写报告的要求。例如，行、列的安排使得表格过长或过宽，这在一定程度上会影响对数据的观察和分析。此时，可以用下面的方法进行转换。

1. 使用菜单对表格进行行、列互换（转置）

（1）双击表格，弹出名称为"透视表+所编辑表头名称"的透视表编辑窗口，如图3-11所示。或者，在"查看器"窗口中，将鼠标指针指向要编辑的表格，右击，弹出如图3-12所示的快捷菜单。在"编辑内容"子菜单中，若选择"在单独窗口中"选项，则弹出如图3-11所示的透视表编辑窗口；若选择"在查看器中"项，则"查看器"窗口中的部分菜单项发生改变，如图3-13所示。

图 3-11　透视表编辑窗口

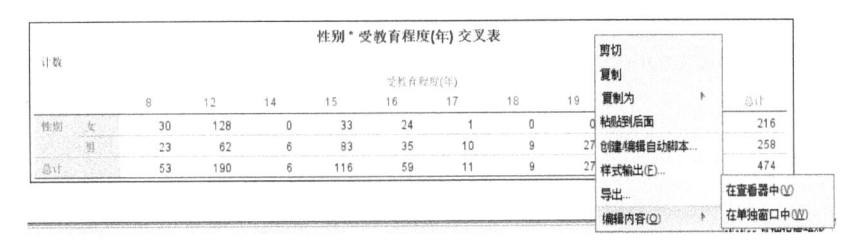

图 3-12　快捷菜单

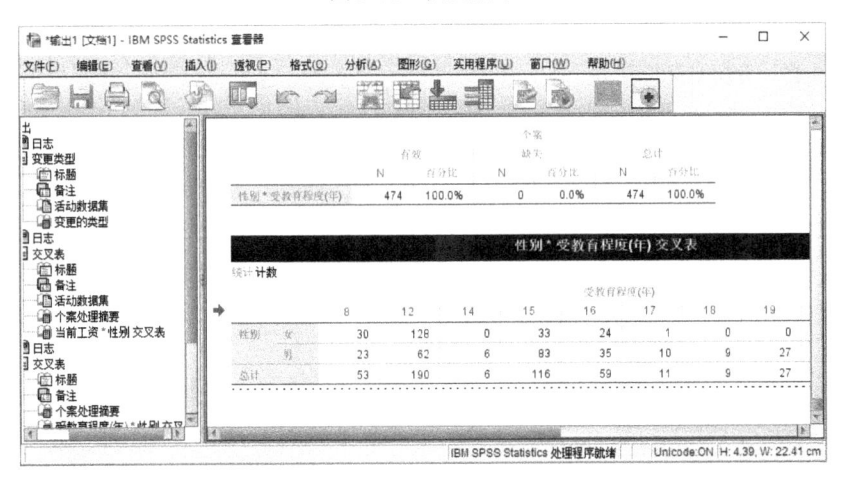

图 3-13　"查看器"窗口

（2）之后，在"查看器"窗口或透视表编辑窗口中可按"透视→行列转置"顺序单击，实现表格的转置。图 3-14（a）所示为一个频数分布交叉表，其转置后的结果如图 3-14（b）所示。

（a）

（b）

图 3-14　转置前后的表格

2. 使用表格转置盘进行行、列、层之间的位置转换

使用菜单对表格只能进行行、列之间的转置，如果表格还有层，那么行、列、层间的转换就应该使用转置盘。

图 3-15 是一个分层交叉长表，若要对它进行行、列、层间的转换，就需要使用转置盘。

在输出信息区，双击如图 3-15 所示的表格，再按"透视→透视托盘"顺序单击；或者在出现的表格编辑工具栏中单击表格转置盘图标，打开"透视托盘"对话框，如图 3-16 所示。在该对话框中可以使用鼠标拖曳层标、行标、列标中的任意一个变量到另一个位置，改变层、行、列的关系，使层、行、列上的数据改变位置，以使表格满足显示要求。

由图 3-16 可知，转置盘上有多个图标，分别代表层、行、列上的变量或统计量。转置盘中的表格左边标有"行"处是行标，行标上的变量是受教育程度和职务分类；转置盘右上方标有"列"处是列标，列标上的变量是"性别"。如果输出信息区中选择的是二维表格，就只有行标和列标。图 3-15 所示表格为三维表格，层标上是"统计"。

图 3-15 分层交叉长表

单击行变量职务分类，按住鼠标左键，将该变量拖至列标第 2 行，如图 3-16 中的箭头所示，拖曳结果如图 3-17 所示。松开鼠标左键就可以看到变化了的表格（观察变化后的表格是否符合要求，如果不满意还可以将变量拖回行标）。拖曳后的表格如图 3-18 所示。显然，横向长的表格更易于在文章中排版。

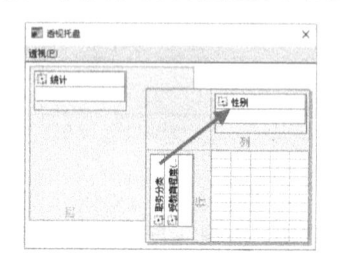

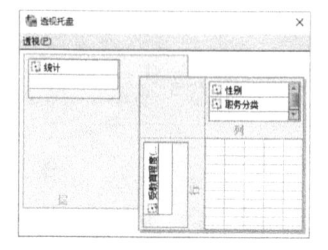

图 3-16 "透视托盘"对话框　　图 3-17 将行标中的职位分类变量拖曳到列标中的结果

图 3-18 用转置盘对带层的表格进行转置的最终结果

3. 层变量位置的变换

为了便于观察，层变量一般放在表格左上角，如果层变量有两个及以上类别，就会形成下拉列表形式。

在图 3-17 的基础上，将列标中的职位分类拖曳到层标中，如图 3-19（a）所示，图 3-18 所示表格转换成图 3-19（b）所示形式。

（a）　　　　　　　　　　　　　　（b）

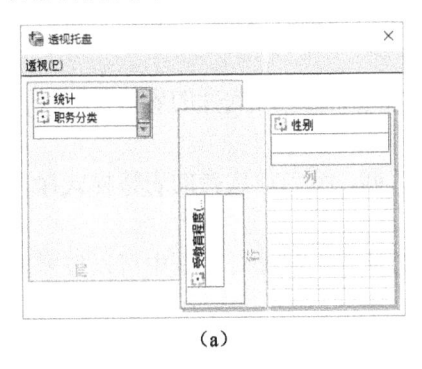

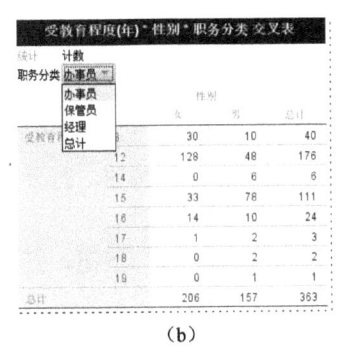

图 3-19　"职务分类"变量转至层标上及转换后的表格

作为报告的一部分，下拉列表不能起作用，但是可以把一个大表分成几个较小的表。在"职务分类"下拉列表中每选择一个职务就显示一个小表格。把在行或列上的分类变量拖曳到层上生成层，便于观察输出结果。

3.2.3　表格外观的设置与编辑

1. 表格样式设置

SPSS 为用户预设了一些表格样式，每个样式的表格有各自的特点。用户可以根据需要选择表格样式。

一般外观的特征设置如下。

① 双击表格，进入透视表编辑窗口。

② 按"格式→表外观"顺序单击，打开"表外观"对话框，如图 3-20 所示。

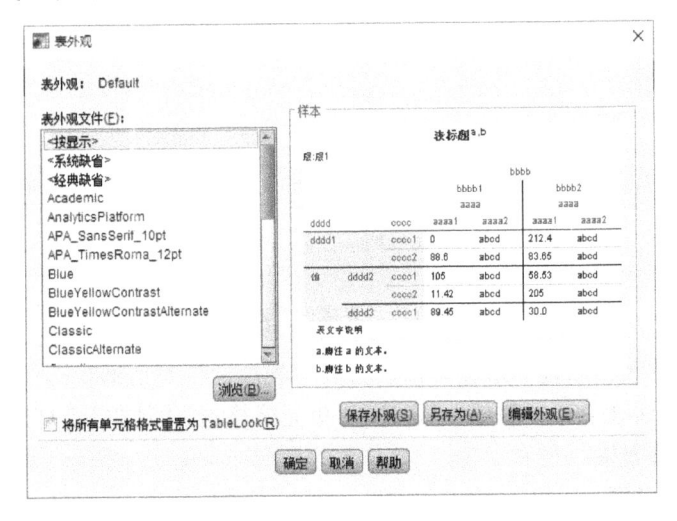

图 3-20　"表外观"对话框

③ 在"表外观文件"栏中选择表格样式文件,在"样本"栏中观察所选表格样式文件代表的表格样式。

④ 如果要选择保存在文件中的表格样式,就单击"浏览"按钮,打开"打开"对话框,选择相应文件。SPSS 表格样式文件是 tlo 格式的,文件扩展名为.tlo。

⑤ "将所有单元格格式重置为 TableLook"复选框:将所有单元格格式重置为该表格外观。对于编辑过的表格若选择这个选项,将废除原来的编辑结果,将表格中所有编辑过的单元格重新设置成这里选择的表格样式。

⑥ 单击"保存外观"按钮,打开"保存"对话框。将当前选择的表格样式保存为当前选择的表格样式文件,以备需要时使用。

⑦ 单击"另存为"按钮,打开"另存为"对话框,将当前选择的表格样式保存到指定路径下的指定文件中。

⑧ 单击"编辑外观"按钮,打开"表属性"对话框。在该对话框中可以按需要对表格样式进行修改和编辑。

⑨ 单击"确定"按钮,所选表格变成在"表外观"对话框中选择的样式。

2. 表格样式的编辑

要对表格样式进行编辑,可以先使用"表外观"对话框选择一种基本样式,然后对所选样式进行修改。进入"表属性"对话框的途径有两个。

- 从"表外观"对话框中选择一种表格样式后,单击"编辑外观"按钮,进入"表属性"对话框,如图 3-21 所示。

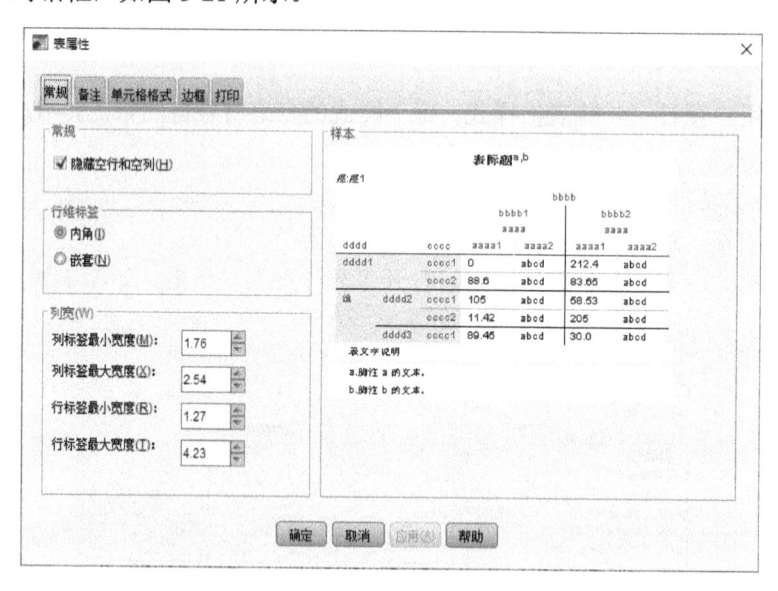

图 3-21 "表属性"对话框

- 按"格式→表格属性"顺序单击,打开"表属性"对话框。

"表属性"对话框中有"常规""备注""单元格格式""边框""打印"五个选项卡,可从这五方面修饰表格。

1)常规特性设置

① 在"表属性"对话框"常规"选项卡的"常规"栏中勾选"隐藏空行和空列"复

选框，表格将不显示空行或空列。

② 在"行维标签"栏内设置作为维度的变量，如方差分析中的因素变量的变量名和变量标签显示的位置，有两种方式，即内角与嵌套。

- 内角方式：对应"内角"单选按钮，变量名显示在表格左上角单元格中，变量标签显示在变量名旁边（一般显示在变量名右边），如图3-22（a）所示。如果在系统参数设置中设置了输出只显示变量标签，就不会显示变量名。
- 嵌套方式：对应"嵌套"单选按钮，如图3-22（b）所示。

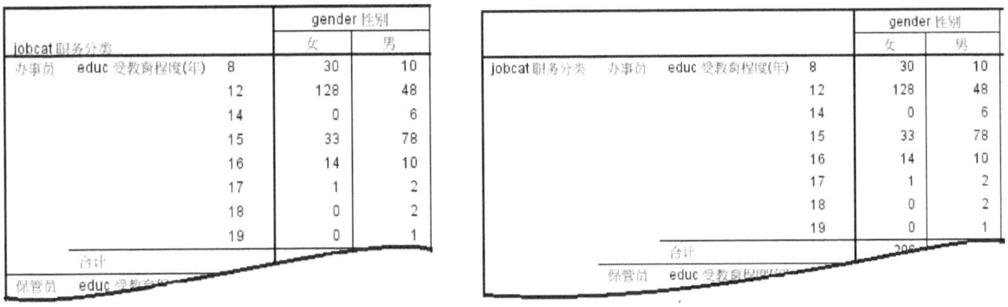

图 3-22 行维标签显示位置

③ 在"列宽"栏中以像素点为单位设置列、行的极限宽度。
- "列标签最小宽度"框：设置最小列宽，可以在该框中输入某值，或者单击数值调节按钮改变框内数值。
- "列标签最大宽度"框：设置最大列宽，此值必须大于最小列宽。
- "行标签最小宽度"框：设置最小行宽，此值必须小于最大行宽。
- "行标签最大宽度"框：设置最大行宽，此值必须大于最小行宽。

设置完成后，单击"确定"按钮，对所选择的表格即刻产生效果。

2）脚注设置

对于输出的表格，常常需要添加脚注。在"表属性"对话框中的"备注"选项卡中对脚注进行设置。

① 在"编号格式"栏中，设置脚注方式。在"样本"栏内查看设置的效果。
- "字母"单选按钮：使用字母作为脚注标记，按顺序排列，第一个脚注用a，第二个脚注用b……
- "数字"单选按钮：使用数字作为脚注标记，按顺序排列，顺序为1、2、3、4……

② 在"标记位置"栏中，设置脚注位置。
- "上标"单选按钮：脚注标记为上标，显示在被标记对象的右上角。
- "下标"单选按钮：脚注标记为下标，显示在被标记对象的右下角。

图 3-23（a）所示为"备注"选项卡；图 3-23（b）所示为三种脚注方式样本，第一个样本是用字母上标，第二个样本是数字上标，第三个样本是字母下标。

单击"应用"按钮，再单击"确定"按钮，设定的脚注即刻对所选表格中的脚注生效。

3）单元格格式设置

在"单元格格式"选项卡中设置单元格格式，如图 3-24 所示。

(a)　　　　　　　　　　　　　　　　(b)

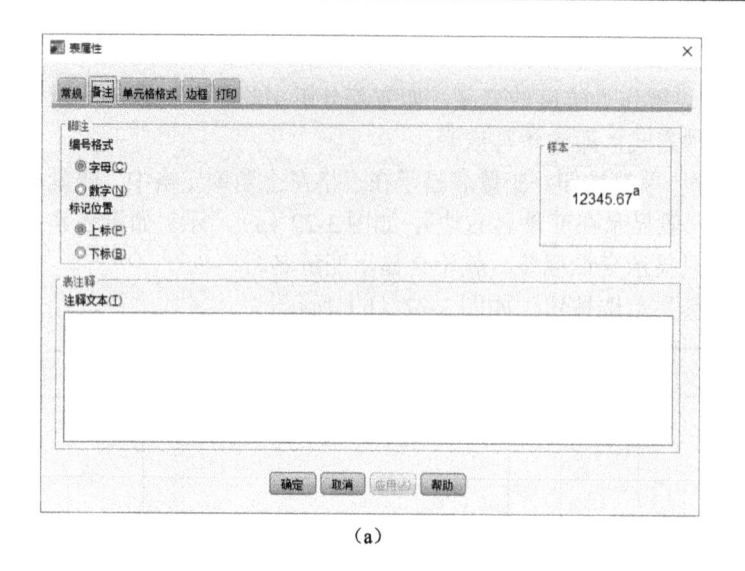

图 3-23　"备注"选项卡及脚注方式样本

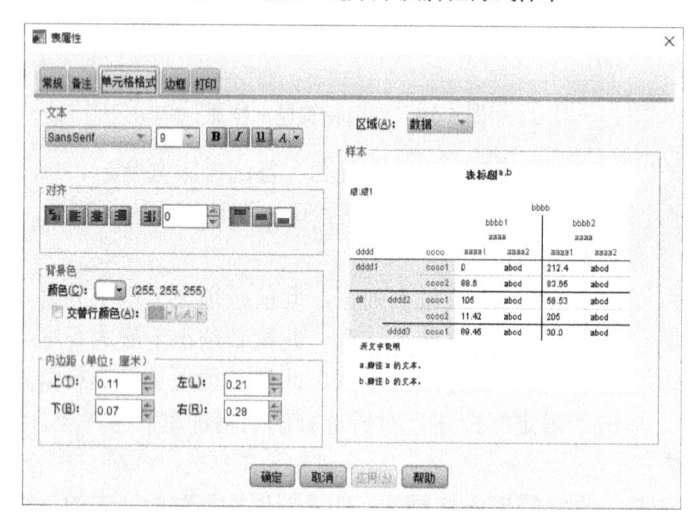

图 3-24　"单元格格式"选项卡

① 在"区域"下拉列表中选择要编辑哪个区域的单元格格式，其中选项包括"标题""层""(左上)角标签""行标签""列标签""数据""文字说明""脚注"。

在"样本"栏中可看到以上各项代表的表格区域。

② 在"文本"栏设置所选区域内容的字体、字号、是否加粗、是否倾斜、是否加下画线和颜色。

③ 在"对齐"栏中设置表格中指定元素的对齐方式。

- 混合对齐：数字、日期右对齐，所选区域的其他元素在单元格中左对齐。
- 左对齐：所选区域单元格中的文字、数字左对齐。
- 居中：所选区域单元格中的内容居中对齐。
- 右对齐：所选区域单元格中的文字、数字对齐到单元格的右边界。
- 小数对齐：所选区域单元格中的小数点距右边界的距离为指定的距离。
- ：指定单元格中数字的小数点与右边界的距离，单位是点、英寸或厘米。这个单位在"选项"对话框的"常规"选项卡中指定(见 1.3 节)。
- ▦ 顶端:所选区域单元格中的内容对齐到上边界。
- ▦ 居中:所选区域单元格中的内容垂直居中。
- ▦ 底端:所选区域单元格中的内容对齐到下边界。

④ 在"背景色"栏中设置背景颜色:单击"颜色"下拉列表按钮,打开调色板,选择背景颜色。

勾选"交替行颜色"复选框,可以在调色板中选择交替行的颜色。

⑤ 在"内边距(单位:厘米)"栏中设置单元格中的内容与上(顶部)、下(底部)、左(边界)和右(边界)的距离。

4) 边框格式设置

在"边框"选项卡中设置表格边框格式,如图 3-25 所示。表格边框指表格各位置上的表格线。

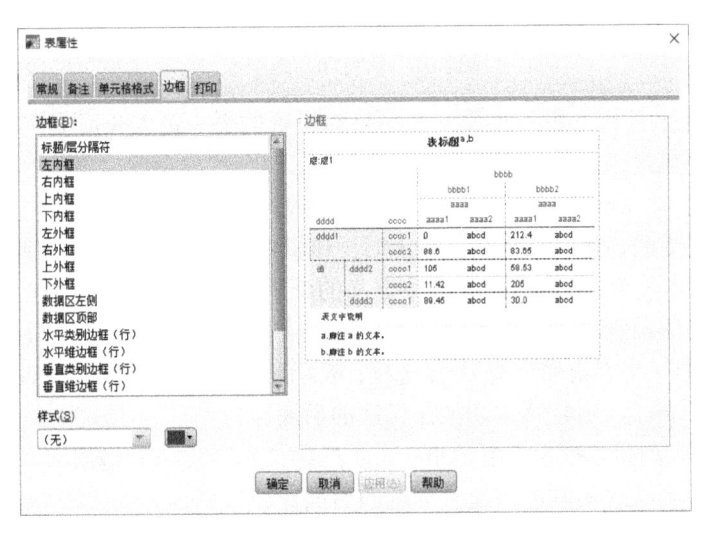

图 3-25 "边框"选项卡

选项卡左边"边框"栏中列出的是各边框线的名称,在该栏中选择一种表格线,在"样式"下拉列表中设置该位置上的表格线样式,单击下拉列表按钮,在左侧下拉列表中选择线型,在右侧下拉列表中选择线的颜色。在设置了不同线型或颜色后,可以在右边的"边框"栏中查看选项指的是哪些边框线,以及设置的效果。单击"应用"按钮,可以在"查看器"窗口中看到所选表格的设置效果。

5) 打印参数设置

在"打印"选项卡中设置有关打印的参数,如图 3-26 所示,其中的选项及含义如下。

① "打印所有的层"复选框:选择此项,激活"每个层独占一页打印"复选框,如果勾选该复选框,每一层表格将独占一页打印。

② "调整宽表比例以适合页面"复选框:压缩一个过宽的表格,保持表格的纵横比,以便在打印时适应在页面设置中设置的页宽。

③ "调整长表比例以适合页面"复选框:压缩一个过长的表格,保持表格的纵横比,以便在打印时适应在页面设置中设置的页长。

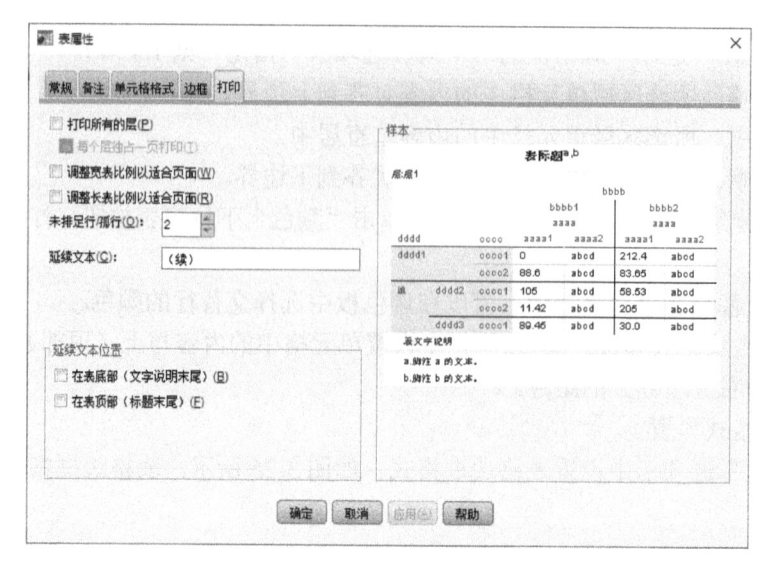

图 3-26 "打印"选项卡

④ "未排足行/孤行"框：如果一个表格对设置的页来说太长或太宽，该设置可以规定一个打印区中包含的最小行数和列数。

⑤ "延续文本"框：在其中输入一个标志性文字，默认是"（续）"。当要打印的表格对设置的页来说太长，需要打印在多页上时，该框中设置的文字将被打印在两页接续处。

⑥ "延续文本位置"栏：设置在⑤中定义的延续文本显示的位置。延续文本只在打印时出现，使用打印预览功能可以观察到。

- "在表底部（文字说明末尾）"复选框：表示延续文本显示在表格底部。若表格底部已经有了表注，则延续文本加在脚注的后面。
- "在表顶部（标题末尾）"复选框：表示延续文本显示在表格顶部。若表格上面已经有标题，则延续文本加在原有标题的后面。

3.2.4 输出信息的复制与打印

当撰写论文需要的分析结果数据需要从输出表格中复制到用 Word 撰写的论文中时，可以使用选择、复制、粘贴的方法，但要注意以下两点。

（1）直接将表格粘贴到 Word 文档中，结果仍是 Word 表格，可以使用 Word 表格功能进行编辑和调整。

（2）单击所选表格，按"编辑→选择性复制"顺序单击，打开"选择性复制"对话框，如图 3-27 所示。勾选该对话框中的所有复选框，并勾选"保存为缺省设置"复选框。单击"确定"按钮。在 Word 中粘贴表格时，在插入点处右击，在右键快捷菜单中选择"选择性粘贴"命令。这时就可以根据需要选择任何形式进行粘贴了。

如果选择表格后，选择右键快捷菜单中的"复制"命令，再粘贴到 Word 文档中，那么这个表格将是图片格式，可以使用 Word 中图片工具栏中的各种工具对表格进行编辑。

图 3-27 "选择性复制"对话框

注意：如果表格太宽，可以在复制前先调整表格宽度，或者隐藏不必要的数据列。

打印的参数设置与操作可以参考 Windows 系统的打印设置与操作。

习 题 3

1．导航器的作用是什么？
2．输出表格中的数据能任意改变吗？为什么？
3．怎样组织输出内容？
4．若表格太长一页宽度不能显示全部内容，怎么办？

第4章 随机变量与分布函数的综合应用

4.1 随机变量与分布函数

4.1.1 随机变量及其概率分布

1. 随机变量

表示随机事件取值的变量称为随机变量。

要对随机变量进行分析往往要将随机变量的取值数量化，即每个随机事件都使用数字表示。例如，在掷骰子时，用点数表示 6 个随机事件；合格产品用 1 表示，不合格产品用 0 表示；喜欢某产品用 1 表示，不喜欢用 0 表示；对于喜欢程度，很喜欢、喜欢、无所谓、不喜欢、很不喜欢，分别用 1、2、3、4、5 表示。

随机变量根据其取值类型分为离散型随机变量和连续型随机变量。

随机变量取有穷个值或可列无穷多个值的称为离散型随机变量。例如，对于某品牌牙膏喜欢的程度，很喜欢、喜欢、无所谓、不喜欢、很不喜欢，分别用 1、2、3、4、5 表示。

随机变量可以取某区间中或某些区间中任何值的称为连续型随机变量。例如，1000 个成人样本中的身高变量可以取 1.4～2.0m 间的任何值，体重变量可以取 30～100kg 间的任何值，等等。

2. 离散型随机变量的概率分布

离散型随机变量的取值是有限的或可列无限的，如果知道每个可能取值的概率，就可以用表格、图形（如表示相对频数的柱形图）或公式表示概率分布状况。

离散型随机变量的概率分布表示为设 x 所有可能取的不同值为 x_i，$i=1,2,\cdots,n$，或者可列无限的 $i=1,2,\cdots$，则 $P(x_i) = p_i$，$i=1,2,\cdots,n$，或者可列无限的 $i=1,2,\cdots$。

离散型随机变量的重要性质：

$$\sum_{i=1}^{n} p_i = 1, \ p_i > 0, \ i=1,2,\cdots,n$$

常见的离散型随机变量的概率分布有以下三种。

1）两点分布

两点分布又称伯努利分布，是二项分布的特例。如果重复实验只有两种互斥的事件，即事件的发生与不发生，那么这两种事件的分布服从两点分布。也就是说，随机变量只能取两个值，若事件发生，则取值 1；若事件不发生，则取值 0。例如，掷硬币时的正面向上事件与反面向上事件，市场调查中购买与不购买某商品，等等。服从两点分布的概率分布函数表示为

$$P(X=x)=\begin{cases}p & x=1\\ 1-p & x=0\end{cases}$$

与两点分布有关的函数如下。

PDF.BERNOULLI(quant, prob)数值型函数，函数值为概率参数为 prob 的伯努利分布在 quant 处的概率值。

CDF.BERNOULLI(quant, prob)数值型函数，函数值为概率参数为 prob 的二项分布的随机变量值小于或等于 quant 的累积概率值。

RV.BERNOULLI(prob)数值型函数，函数值为一个来自伯努利分布且具有指定概率参数 prob 的随机数。

2）二项分布

满足如下条件的分布为二项分布。

① 从总体中抽取 n 个个体组成样本（重复 n 次实验）。

② 每次实验相互独立，每次实验只能有两种互斥的结果，即事件 A 发生与不发生。

③ 每次实验，事件 A 发生的概率为 π，记为 $P(A)=\pi$；事件 A 不发生的概率为 $1-\pi$。

在 n 次实验中，事件 A 发生 m 次的概率的分布为二项分布，如果用 x 表示事件 A 发生次数的随机变量，则该概率的表达式为

$$P(x)=C_n^x\pi^x(1-\pi)^{n-x} \quad k=1,2,3,\cdots,n$$

SPSS 中的二项分布概率函数为 PDF.BINOM 函数。

- PDF.BINOM(quant, n, prob)数值型函数，当每次实验成功的概率参数是 prob 时，函数值为 n 次实验中的成功次数等于 quant 的概率。当 $n = 1$ 时，该函数同 PDF.BERNOULLI 函数。
- CDF.BINOM(quant, n, prob)数值型函数，当每次实验成功的概率参数是 prob 时，函数值是一个 n 次实验中成功次数小于或等于 quant 的二项分布累积概率值。当 $n=1$ 时，该函数同 CDF.BERNOULLI 函数。
- RV.BINOM(n, prob)数值型函数，函数值是一个具有指定实验次数 n 和概率参数 prob 的二项分布的随机数。

二项分布要求总体率（或样本率）不能太小，不能接近 0，如<0.01。如果事件的发生需要很大的样本量，即 n 很大，一次发生的概率很小，那么二项分布趋近泊松分布。

3）泊松分布

若某稀有事件的发生次数用随机变量 x 表示，x 的取值范围是 $k = 0, 1, 2, 3,\cdots$，而且随机变量 $x = k$ 的概率是

$$p(x=k)=\frac{\lambda^k}{k!}e^{-\lambda} \quad k=0,1,2,3,\cdots,\infty, \quad \lambda>0$$

则称随机变量 x 服从参数为 λ 的泊松分布。

若 x 的平均值为 μ，则上式可以用下面的公式表示：

$$p(x)=\frac{\mu^x e^{-\mu}}{x!} \quad k=0,1,2,3,\cdots,\infty$$

式中，e 是欧拉常数，是自然对数的底。

与泊松分布有关的函数如下。

- PDF.POISSON(quant, mean)数值型函数，函数值是具有指定平均值或比率的泊松分

布，随机变量值等于 quant 的概率。
- CDF.POISSON(quant, mean)数值型函数，函数值是具有指定平均值或比率的泊松分布，随机变量值小于或等于 quant 的累积概率。
- RV.POISSON(mean)数值型函数，函数值是一个具有指定平均值或比率参数的泊松分布的随机数。

3．连续型随机变量的概率分布

连续型随机变量是在某个定义区间内可以取任意实数的变量。度量这些量的单位在理论上是可以无限再分的。

连续型随机变量取任何值的概率都是 0，只有在某个区间中的概率才可能不是 0。因此，连续型随机变量不能像离散型随机变量那样列出每一个值的相应概率。对于连续型随机变量，用密度函数形式来描述。连续型概率密度函数 $f(x)$ 满足下列两个条件：

$$f(x) \geqslant 0 \tag{4-1}$$

$$\int_{-\infty}^{+\infty} f(x)\mathrm{d}x = 1 \tag{4-2}$$

与离散型随机变量的概率分布不同的是，式（4-1）和式（4-2）中的 $f(x)$ 不是概率，而是概率密度函数。累积分布函数是连续分布的随机变量 X 小于或等于 x 的概率，即 $P(X \leqslant x)$ 用概率密度函数曲线在该区间的面积表示，即

$$F(x) = \int_{-\infty}^{x} f(x)\mathrm{d}x$$

当 $x = a$ 时，有概率：

$$F(a) = \int_{-\infty}^{a} f(x)\mathrm{d}x$$

当 $x = b$ 时，有概率：

$$F(b) = \int_{-\infty}^{b} f(x)\mathrm{d}x$$

连续型随机变量在某区间上的概率是式（4-2）在某一个区间的积分，表示 x 值落在这个区间中的概率。

例如，连续型随机变量 x 落在 (a, b) 区间中的概率（见图 4-1）是

$$P(a < x < b) = \int_{a}^{b} f(x)\mathrm{d}x$$

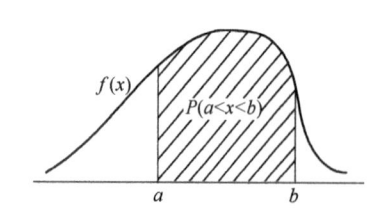

因此有 $P(a < x < b) = F(b) - F(a)$。

图 4-1 概率密度函数与概率示意图

4．连续型随机变量的平均值与标准差

连续型随机变量的平均值定义为

$$\mu = \int_{-\infty}^{+\infty} xf(x)\mathrm{d}x$$

连续型随机变量的标准差定义为

$$\sigma = \sqrt{\int_{-\infty}^{+\infty} (x-\mu)^2 f(x)\mathrm{d}x}$$

连续型随机变量的常用概率分布如下。

（1）指数分布的概率密度函数为

$$f(x)=\begin{cases}\lambda e^{-\lambda x} & x>0 \\ 0 & x\leqslant 0\end{cases}$$

SPSS 中与指数分布有关的函数如下。
- PDF.EXP(quant, shape)数值型函数,函数值是形状参数为 shape 的指数分布在 quant 处的概率密度。
- CDF.EXP(quant, shape)数值型函数,函数值是具有给定的形状参数 shape 的指数分布的随机变量值小于 quant 的累积概率。
- RV.EXP(shape)数值型函数,函数值是一个具有指定形状参数 shape 的指数分布的随机数。

(2) 正态分布的概率密度函数为

$$f(x)=\frac{1}{\sqrt{2\pi}\,\sigma}e^{-\frac{(x-\mu)^2}{2\sigma^2}} \quad -\infty<x<+\infty,\ \sigma>0$$

式中,μ 为随机变量 x 的平均值;σ 为标准差;μ 和 σ 均为常数。随机变量服从平均值为 μ,标准差为 σ 的正态分布,记作 $x\sim N(\mu,\sigma)$。

当平均值为 0,标准差为 1 时,正态分布为标准正态分布,记作 $z\sim N(0,1)$。

$$f(z)=\frac{1}{\sqrt{2\pi}}e^{-\frac{z^2}{2}}$$

可以通过 z 变换实现随机变量的标准化:

$$z=\frac{x-\mu}{\sigma}$$

SPSS 中与正态分布函数有关函数如下。
- PDF.NORMAL(quant, mean, stddev)数值型函数,函数值是具有指定平均值 mean 和标准差 stddev 的正态分布在 quant 处的概率密度。
- CDF.NORMAL(quant, mean, stddev)数值型函数,函数值是一个平均值为 mean,标准差为 stddev 的正态分布的随机变量值小于 quant 的累积概率。
- RV.NORMAL(mean, stddev)数值型函数,函数值是一个具有指定平均值 mean 和标准差 stddev 的正态分布随机数。

4.1.2 随机变量的函数

SPSS 中随机变量的函数包括 7 类(见表 4-1)。

表 4-1 7 类随机变量函数概述

类	解　释	数目
CDF	累积分布函数 CDF.d_spec($x,a,\cdots$),其值是累积概率 p,是指定的分布(d_spec)的连续型随机变量落在 x 以下的累积概率;对离散型随机变量来说是在 x 处或小于 x 的概率	26
IDF	逆分布函数对离散型分布不适用。 逆分布函数 IDF.d_spec($p,a,\cdots$)的函数值是 CDF.d_spec($x,a,\cdots$)=p 的具有指定分布(d_spec)的 x 值	18
PDF	概率密度函数 PDF.d_spec($x,a,\cdots$),其值对于连续型随机变量来说是指定分布在 x 处的概率密度,对离散型随机变量来说是具有指定分布的随机变量值等于 x 的概率	23
RV	随机数函数 RV.d_spec($a,\cdots$),其值是独立的具有指定分布(d_spec)的观测	22
NCDF	非中心累积分布函数 NCDF.d_spec($x,a,b,\cdots$),其值是具有指定的非中心分布的变量落在小于 x 处的概率 p,只对贝塔(β)分布、卡方分布、F 分布和学生(T)分布可用	4

续表

类	解释	数目
NPDF	非中心概率密度函数 NCDF.d_spec($x,a,\cdots$),其值是具有指定分布(d_spec)的随机变量在 x 处的概率密度,只对贝塔分布、卡方分布、F 分布和 T 分布可用	4
SIG	显著性函数 SIG.d_spec($x,a,\cdots$),其值是具有指定分布(d_spec)的变量大于 x 的概率 p,等于 1 减去累积分布函数值	2

随机变量和分布函数的关键字有前缀和后缀两部分,前缀和后缀间用圆点分隔。前缀用于指定分布的函数归类,后缀用于指定分布。

随机变量和分布函数的自变量可以是常量,也可以是变量。

对于累积分布函数、概率密度函数和逆分布函数,函数的自变量必须出现在第一个,用 x 或 p 表示。

对于随机变量和分布函数,必须指定概率参数作为对分布的说明,所有自变量都是实数。

注意:SPSS 20.0 把累积分布函数与非中心累积分布函数归为一类;把概率密度函数与非中心概率密度函数归为一类。读者在计算变量或其他应用查找这些函数时,应注意。

1. 随机数函数(Random Numbers,22 个)

若在数据文件中建立新变量时使用这些函数,则变量值的个数等于数据文件中合法的观测数。

注意:函数名中的圆点是半角的。

可以先在"随机数生成器"对话框中设置一个种子值,再由循环结构程序产生一系列符合一定分布的伪随机数。按"转换→随机数生成器"顺序单击,打开"随机数生成器"对话框,如图 4-2 所示。该对话框中有以下两栏。

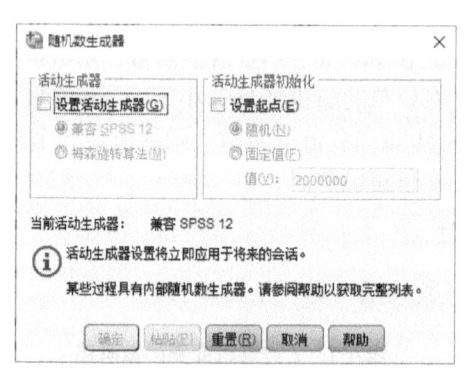

图 4-2 "随机数生成器"对话框

①"活动生成器"栏:提供了两个随机数字生成器。勾选"设置活动生成器"复选框,可选如下两个生成器。

- 兼容 SPSS 12 的生成器。如果需要利用 12 版本或 12 版本以前的生成器,生成基于种子值的随机化结果,就选择"兼容 SPSS 12"单选按钮。
- 梅森旋转算法生成器。一个新的更可靠的随机数生成器。

②"活动生成器初始化"栏:设置现行生成器初始值。勾选"设置起点"复选框,设置随机数字生成器的初始种子值。

- "随机"单选按钮：由系统给出随机数作为随机数产生的初始种子值，系统默认选择此选项。
- "固定值"单选按钮：由用户设定。在"值"框中输入一个数值，作为初始种子值。

随机数函数如下，其根据指定的分布给出一个随机变量值，自变量是概率参数。

（1）RV.BERNOULLI(prob)数值型函数，函数值是一个来自伯努利分布且具有指定概率参数 prob 的随机数。

（2）RV.BETA(shape1, shape2)数值型函数，函数值是一个来自具有指定形状参数 shape1 和 shape2 的贝塔分布的随机数。

（3）RV.BINOM(n, prob)数值型函数，函数值是一个来自具有指定实验次数 n 和概率参数 prob 的二项式分布的随机数。

（4）RV.CAUCHY(loc, scale)数值型函数，函数值是一个来自具有指定位置参数 loc 和尺度参数 scale 的柯西分布的随机数。

（5）RV.CHISQ(df)数值型函数，函数值是一个来自具有指定自由度 df 的卡方分布的随机数。

（6）RV.EXP(shape)数值型函数，函数值是一个来自具有指定形状参数 shape 的指数分布的随机数。

（7）RV.F(df1, df2)数值型函数，函数值是一个来自具有指定自由度 df1、df2 的 F 分布的随机数。

（8）RV.GAMMA(shape, scale)数值型函数，函数值是一个来自具有指定形状参数 shape 和尺度参数 scale 的伽马分布的随机数。

（9）RV.GEOM(prob)数值型函数，函数值是一个来自具有指定概率参数 prob 的几何分布的随机数。

（10）RV.HALFNRM(mean, stddev)数值型函数，函数值是一个来自具有指定平均值 mean 和标准差 stddev 的半正态分布的随机数。

（11）RV.HYPER(total, sample, hits)数值型函数，函数值是一个来自具有指定参数的超几何分布的随机数。

（12）RV.IGAUSS(loc, scale)数值型函数，函数值是一个来自具有指定位置参数 loc 和尺度参数 scale 的逆高斯分布的随机数。

（13）RV.LAPLACE(mean, scale)数值型函数，函数值是一个来自具有指定平均值 mean 和尺度参数 scale 的拉普拉斯分布的随机数。

（14）RV.LNORMAL(a, b)数值型函数，函数值是一个来自具有指定参数 a 和 b 的对数正态分布随机数。

（15）RV.LOGISTIC(mean, scale)数值型函数，函数值是一个来自具有指定平均值 mean 和尺度参数 scale 的 Logistic 分布的随机数。

（16）RV.NEGBIN(threshold, prob)数值型函数，函数值是一个来自具有指定阈值 threshold 和概率参数 prob 的负二项分布随机数。

（17）RV.NORMAL(mean, stddev)数值型函数，函数值是一个来自具有指定平均值 mean 和标准差 stddev 的正态分布的随机数。

（18）RV.PARETO(threshold, shape)数值型函数，函数值是一个来自具有指定阈值

threshold 和形状参数 shape 的帕累托分布的随机数。

（19）RV.POISSON(mean)数值型函数，函数值是一个来自具有指定平均值或比率参数的泊松分布的随机数。

（20）RV.T(df)数值型函数，函数值是一个来自具有指定自由度 df 的 T 分布的随机数。

（21）RV.UNIFORM(min, max)数值型函数，函数值是一个来自具有指定最大值 max 和最小值 min 的均匀一致分布的随机数。

（22）RV.WEIBULL(a, b)数值型函数，函数值是一个来自具有指定参数 a 和 b 的威布尔分布的随机数。

2. 概率密度函数——PDF 与 NPDF(27 个)

下列函数根据指定的分布，给出第一个自变量 quant 值处的密度函数的值，后面的自变量是概率参数。

注意：每个函数名中的圆点是半角的。

（1）PDF.BERNOULLI(quant, prob)数值型函数，函数值等于概率参数为 prob 的伯努利分布在 quant 处的概率值。

（2）PDF.BETA(quant, shape1, shape2)数值型函数，函数值等于形状参数为 shape1 和 shape2 的贝塔分布在 quant 处的概率密度。

（3）PDF.BINOM(quant, n, prob)数值型函数，函数值是当每次实验成功的概率参数是 prob 时，n 次实验中的成功次数等于 quant 的概率。当 $n=1$ 时，该函数与 PDF.BERNOULLI 函数相同。

（4）PDF.BVNOR(quant1, quant2, corr)数值型函数，函数值为指定相关系数 corr 的标准二元正态分布在 quant1 和 quant2 处的概率密度。

（5）PDF.CAUCHY(quant, loc, scale)数值型函数，函数值为指定位置参数 loc 和尺度参数 scale 的柯西分布在 quant 处的概率密度。

（6）PDF.CHISQ(quant, df)数值型函数，函数值为自由度为 df 的卡方分布在 quant 处的概率密度。

（7）PDF.EXP(quant, shape)数值型函数，函数值为形状参数为 shape 的指数分布在 quant 处的概率密度。

（8）PDF.F(quant, df1, df2)数值型函数，函数值为自由度为 df1、df2 的 F 分布在 quant 处的概率密度。

（9）PDF.GAMMA(quant, shape, scale)数值型函数，函数值为形状参数 shape，尺度参数为 scale 的伽马分布在 quant 处的概率密度。

（10）PDF.GEOM(quant, prob)数值型函数，函数值为当成功的概率是 prob 时获得成功的实验数等于 quant 的概率。

（11）PDF.HALFNRM(quant, mean, stddev)数值型函数，函数值为平均值为 mean，标准差为 stddev 的半正态分布在 quant 处的概率密度。

（12）PDF.HYPER(quant, total, sample, hits)数值型函数，函数值为当从大小为 total 具有指定特征的总体的 hits 个对象中随机选取样本 sample 时，采样数中具有指定特征的对象数等于 quant 的概率。

（13）PDF.IGAUSS(quant, loc, scale)数值型函数，函数值为指定位置参数 loc 和尺度

参数 scale 的逆高斯分布在 quant 处的概率密度。

（14）PDF.LAPLACE(quant, mean, scale)数值型函数，函数值为指定平均值 mean 和尺度参数 scale 的拉普拉斯分布在 quant 处的概率密度。

（15）PDF.LNORMAL(quant, a, b)数值型函数，函数值是指定参数 a 和 b 的对数正态分布在 quant 处的概率密度值。

（16）PDF.LOGISTIC(quant, mean, scale)数值型函数，函数值为指定平均值 mean 和尺度参数 scale 的 Logistic 分布在 quant 处的概率密度值。

（17）PDF.NEGBIN(quant, thresh, prob)数值型函数，函数值是当阈值参数是 thresh，成功的概率是 prob 时，获得成功的实验数等于 quant 的概率。

（18）PDF.NORMAL(quant, mean, stddev)数值型函数，函数值是指定平均值 mean 和标准差 stddev 的正态分布在 quant 处的概率密度。

（19）PDF.PARETO(quant, threshold, shape)数值型函数，函数值是指定阈值 threshold 和形状参数 shape 的帕累托分布在 quant 处的概率密度。

（20）PDF.POISSON(quant, mean)数值型函数，函数值是指定平均值或比率参数的泊松分布的值等于 quant 的概率。

（21）PDF.T(quant, df)数值型函数，函数值是指定自由度 df 的 T 分布在 quant 处的概率密度。

（22）PDF.UNIFORM(quant, min, max)数值型函数，函数值是指定最小值参数为 min 和最大值参数为 max 的一致分布在 quant 处的概率密度。

（23）PDF.WEIBULL(quant, a, b)数值型函数，函数值是指定参数 a 和 b 的威布尔分布在 quant 处的概率密度。

（24）NPDF.BETA(quant, shape1, shape2, nc)数值型函数，函数值是指定形状参数 shape1、shape2 和非中心参数 nc 的非中心贝塔分布在 quant 处的概率密度。

（25）NPDF.CHSQ(quant, df, nc)数值型函数，函数值是指定自由度 df 和非中心参数 nc 的非中心卡方分布在 quant 处的概率密度。

（26）NPDF.F(quant, df1, df2, nc)数值型函数，函数值是指定自由度 df1、df2 和非中心参数 nc 的非中心 F 分布在 quant 处的概率密度。

（27）NPDF.T(quant, df, nc)数值型函数，函数值是指定自由度 df1、df2，且非中心参数为 nc 的非中心 T 分布在 quant 处的概率密度。

其中，（24）～（27）为非中心分布的概率密度函数。

3. 累积分布函数——CDF 与 NCDF(30 个)

下面的函数根据指定的概率参数，给出随机变量值小于第一个自变量 quant 的累积概率，分布类型由函数名决定，后面的自变量是概率参数。

注意：函数名中的圆点是半角的。

（1）CDF.BERNOULLI(quant, prob)数值型函数，函数值为符合概率参数为 prob 的二项分布的随机变量小于或等于 quant 的累积概率。

（2）CDF.BETA(quant, shape1, shape2)数值型函数，函数值为给定形状参数 shape1、shape2 的贝塔分布的随机变量小于 quant 的累积概率。

（3）CDF.BINOM(quant, n, prob)数值型函数，当每次实验成功的概率是 prob 时，函

数值是一个 n 次实验中成功次数小于或等于 quant 的二项分布累积概率；当 $n=1$ 时，该函数与 CDF.BERNOULLI 函数相同。

（4）CDF.BVNOR(quant1, quant2, corr)数值型函数，函数值为相关系数为 corr 的来自二元标准正态分布的两个随机变量分别小于 quant1、quant2 的累积概率。

（5）CDF.CAUCHY(quant, loc, scale)数值型函数，函数值是指定位置参数 loc 和尺度参数 scale 的柯西分布的随机变量小于 quant 的累积概率。

（6）CDF.CHISQ(quant, df)数值型函数，函数值是指定自由度 df 的卡方分布的随机变量小于 quant 的累积概率。

（7）CDF.EXP(quant, shape)数值型函数，函数值是指定形状参数 shape 的指数分布的随机变量小于 quant 累积概率。

（8）CDF.F(quant, df1, df2)数值型函数，函数值是指定自由度 df1、df2 的 F 分布的随机变量小于 quant 的累积概率。

（9）CDF.GAMMA(quant, shape, scale)数值型函数，函数值是指定形状参数 shape 和尺度参数 scale 的伽马分布的随机变量小于 quant 的累积概率。

（10）CDF.GEOM(quant, prob)数值型函数，函数值是概率参数为 prob 的几何分布获得一次成功的实验次数。

（11）CDF.HALFNRM(quant, mean, stddev)数值型函数，函数值是指定平均值 mean 和标准差 stddev 的半正态分布的随机变量小于 quant 的累积概率。

（12）CDF.HYPER(quant, total, sample, hits)数值型函数，函数值是当从大小为 total 的指定特性的总体的 hits 个对象中随机选取样本 sample 时，随机变量小于或等于 quant 的累积概率，即具有指定特性的事件数。

（13）CDF.IGAUSS(quant, loc, scale)数值型函数，函数值是指定位置参数 loc 和尺度参数 scale 的逆高斯分布的随机变量小于 quant 的累积概率。

（14）CDF.LAPLACE(quant, mean, scale)数值型函数，函数值是来自平均值为 mean，尺度参数为 scale 的拉普拉斯分布的随机变量小于 quant 的累积概率。

（15）CDF.LNORMAL(quant, a, b)数值型函数，函数值是指定参数 a 和 b 的对数正态分布的随机变量小于 quant 的累积概率。

（16）CDF.LOGISTIC(quant, mean, scale)数值型函数，函数值是指定平均值 mean 和尺度参数 scale 的 Logistic 分布的随机变量小于 quant 的累积概率。

（17）CDF.NEGBIN(quant, thresh, prob)数值型函数，函数值是当阈值参数为 thresh 成功的概率参数为 prob 时，在 quant 次实验中获得一次成功的实验次数。

（18）CDF.NORMAL(quant, mean, stddev)数值型函数，函数值是一个平均值为 mean，标准差为 stddev 的正态分布的随机变量小于 quant 的累积概率。

（19）CDF.PARETO(quant, threshold, shape)数值型函数，函数值是阈值为 threshold，形状参数为 shape 的帕累托分布的随机变量小于 quant 的累积概率。

（20）CDF.POISSON(quant, mean)数值型函数，函数值是指定平均值或概率参数的泊松分布的随机变量小于 quant 的累积概率。

（21）CDF.SMOD(quant, a, b)数值型函数，函数值是指定参数 a 和 b，属于学生化的最大模的随机变量小于 quant 的累积概率。

（22）CDF.SRANGE(quant, a, b)数值型函数，函数值是指定参数 a 和 b 的学生化值域

分布的随机变量小于 quant 的累积概率。

（23）CDF.T(quant, df)数值型函数，函数值是指定自由度 df 的 T 分布的随机变量值小于 quant 的累积概率。

（24）CDF.UNIFORM(quant, min, max)数值型函数，函数值是指定最小值参数 min 和最大值参数 max 的一致分布的随机变量小于 quant 的累积概率。

（25）CDF.WEIBULL(quant, a, b)数值型函数，函数值是指定参数 a 和 b 的威布尔分布的随机变量小于 quant 的累积概率。

（26）CDF.NORM(zvalue)数值型函数，函数值是一个平均值为 0，标准差为 1 的标准正态分布的随机变量小于 zvalue 的概率。

（27）NCDF.BETA(quant, shape1, shape2, nc)数值型函数，函数值是一个指定形状参数 shape1、shape2 和非中心参数 nc 的贝塔分布的随机变量小于 quant 的累积概率。

（28）NCDF.CHISQ(quant, df, nc)数值型函数，函数值是一个指定的自由度 df、非中心性参数 nc 的无偏卡方分布的随机变量小于 quant 的累积概率。

（29）NCDF.F(quant, df1, df2, nc)数值型函数，函数值是一个指定的自由度 df1、df2 和非中心性参数 nc 的非中心 F 分布的随机变量小于 quant 的累积概率。

（30）NCDF.T(quant, df, nc)数值型函数，函数值是一个指定自由度 df，非中心性参数 nc 的非中心 T 分布的随机变量小于 quant 的累积概率。

4．逆分布函数(Inverse DF，18 个)

下面的函数根据指定的分布，给出一个值，这个分布的累积概率为第一个自变量 prob 的值，其后的自变量是指定分布的参数。注意，每个函数名由两部分组成，圆点前是函数类名，圆点后是分布名称，括号内是自变量。当已知某分布累积概率求随机变量值时，应使用逆分布函数。

（1）IDF.BETA(prob, shape1, shape2)数值型函数，函数值为形状参数为 shape1、shape2 的贝塔分布的随机变量在累积概率参数为 prob 处的值。

（2）IDF.CAUCHY(prob, loc, scale)数值型函数，函数值为位置参数 loc 和尺度参数 scale 的柯西分布的随机变量在累积概率参数为 prob 处的值。

（3）IDF.CHISQ(prob, df)数值型函数，函数值为一个卡方分布中的值，该卡方分布的自由度为 df，概率参数为 prob。例如，在 0.05 水平上（累积概率为 95%），自由度为 3 的卡方分布中的值为 IDF.CHISQ(0.95,3)。

（4）IDF.EXP(p, scale)数值型函数，函数值为按 scale 速度指数衰减的随机变量在累积概率参数为 p 处的值。

（5）IDF.F(prob, df1, df2)数值型函数，函数值为自由度为 df1、df2 的 F 分布的随机变量累积概率参数为 prob 的值。例如，显著性概率在 0.05 水平上，自由度分别为 3 和 100 的 F 值为 IDF.F(0.95,3,100)。

（6）IDF.GAMMA(prob, shape, scale)数值型函数，函数值为形状参数为 shape 和尺度参数为 scale 的伽马分布的随机变量，在累积概率参数为 prob 处的值。

（7）IDF.HALFNRM(prob, mean, stddev)数值型函数，函数值为一个指定平均值为 mean，标准差为 stddev 的半正态分布的随机变量在累积概率参数为 prob 处的值。

（8）IDF.IGAUSS(prob, loc, scale)数值型函数，函数值为指定位置参数 loc 和尺度参数 scale 的逆高斯分布随机变量在累积概率参数为 prob 处的值。

（9）IDF.LAPLACE(prob, mean, scale)数值型函数，函数值等于平均值参数为 mean 和尺度参数为 scale 的拉普拉斯分布的随机变量在累积概率参数为 prob 处的值。

（10）IDF.LNORMAL(prob, a, b)数值型函数，函数值为有指定参数 a 和 b 的对数正态分布的随机变量在累积概率参数为 prob 处的值。

（11）IDF.LOGISTIC(prob, mean, scale)数值型函数，函数值等于平均值参数为 mean 和尺度参数为 scale 的 Logistic 分布的随机变量在累积概率参数为 prob 处的值。

（12）IDF.NORMAL(prob, mean, stddev)数值型函数，函数值为指定平均值参数 mean 和标准差参数 stddev 的正态分布随机变量在累积概率参数为 prob 处的值。

（13）IDF.PARETO(prob, threshold, shape)数值型函数，函数值为阈值为 threshold，尺度参数 scale 的帕累托分布的随机变量在累积概率参数 prob 处的值。

（14）IDF.SMOD(prob, a, b)数值型函数，函数值为指定参数 a 和 b 的学生最大模数随机变量在累积概率参数为 prob 处的值。

（15）IDF.SRANGE(prob, a, b)数值型函数，函数值为指定参数 a 和 b 的学生化范围统计量在累积概率参数为 prob 处的值。

（16）IDF.T(prob, df)数值型函数，函数值为指定自由度 df 的 T 分布的随机变量在累积概率参数为 prob 处的值。

（17）IDF.UNIFORM(prob, min, max)数值型函数，函数值为指定最大值参数 max、最小值参数 min 的均匀分布的随机变量在累积概率参数为 prob 处的值。

（18）IDF.WEIBULL(prob, a, b)数值型函数，函数值为指定参数 a 和 b 的威布尔分布的随机变量在累积概率参数为 prob 处的值。

5. 显著性函数(Significance，2个)

下列函数根据指定分布，给出随机变量大于第一个自变量 quant 的概率，后边的自变量是概率参数。

（1）SIG.CHISQ(quant, df)数值型函数，函数值是指定 df 自由度的卡方分布的大于自变量 quant 值的累积概率。

（2）SIG.F(quant, df1, df2)数值型函数，函数值是指定自由度为 df1、df2 的 F 分布的大于自变量 quant 值的累积概率。

4.2 随机变量与分布函数的综合应用

4.2.1 符合分布要求的随机数的生成

【例1】 生成平均值为0，标准差为1的正态分布的随机数1000个，方法如下。

（1）在"数据编辑器"窗口中输入序号变量 no，该变量为数值型变量，输入编号 1~1000，即制造1000个观测。

可以先在 Excel 中生成数字 1~1000，然后将其复制到剪贴板；在 SPSS 中打开一个空数据文件，建立编码变量 no；将剪贴板中的数据粘贴到该变量列中。

（2）按"转换→计算变量"顺序单击，打开"计算变量"对话框。

（3）在"目标变量"框中输入变量名 RNorm，单击"类型和标签"按钮，打开"计算变量：类型和标签"对话框，如图 4-3（a）所示，选择"标签"单选按钮，在其后的框中输入"正态分布随机数"。选择"数字"单选按钮。单击"继续"按钮，返回"计算变量"对话框。

（4）在"计算变量"对话框中的"函数组"框中选择"随机数"选项。在"函数和特殊变量"框中选择 Rv.Normal 函数，单击向上移动变量按钮，使该函数原型 RV.NORMAL(?,?)显示在"数字表达式"框内。输入函数参数 0 和 1，该函数变为 RV.NORMAL(0,1)，如图 4-3（b）所示。

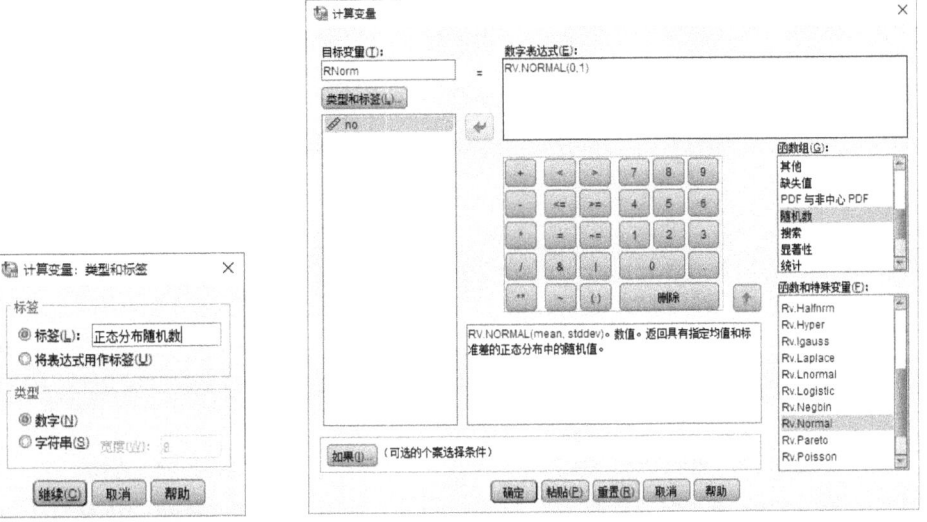

（a）"计算变量：类型和标签"对话框　　　　（b）"计算变量"对话框

图 4-3　生成正态分布的随机数操作过程示意图

（5）单击"确定"按钮，生成平均值为 0，标准差为 1 的正态分布随机数，显示在"数据编辑器"窗口中。生成的部分数据如图 4-4 所示。

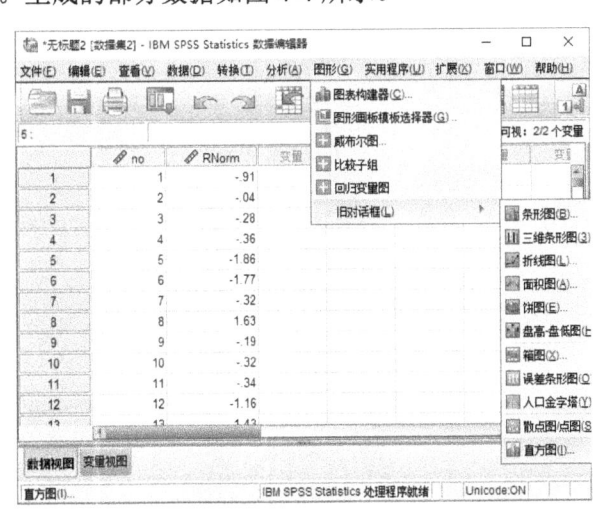

图 4-4　生成的正态随机数据及绘制直方图菜单

根据生成的正态随机数绘制直方图。

（1）按"图形→旧对话框→直方图"顺序单击，如图 4-4 所示，打开"直方图"对话框，如图 4-5（a）所示。

（2）选择随机变量 RNorm，单击向右移动变量按钮，将其移入"变量"框内，勾选"显示正态曲线"复选框，在输出的直方图上将同时显示标准正态曲线，如图 4-5（a）所示。

（3）单击"标题"按钮，打开如图 4-5（b）所示的"标题"对话框。在"第 1 行"框中输入"正态分布随机数发生函数验证"。单击"继续"按钮，返回"计算变量"对话框。

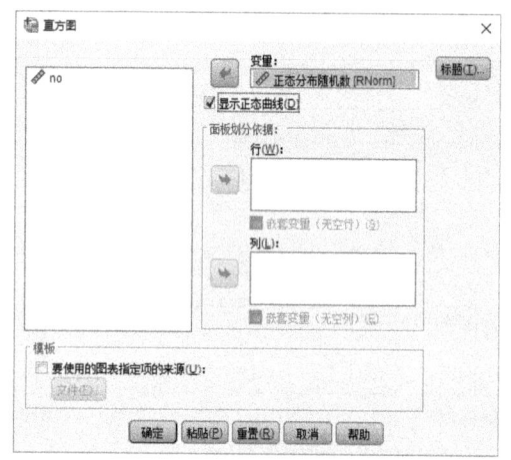

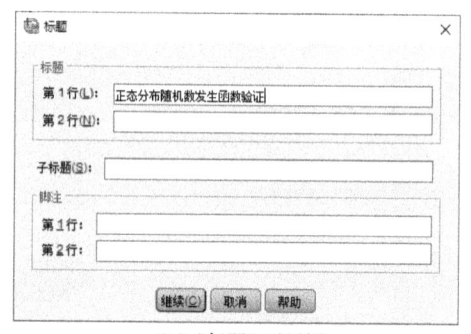

| (a)"直方图"对话框 | (b)"标题"对话框 |

图 4-5 "直方图"对话框和"标题"对话框

单击"确定"按钮，生成如图 4-6 所示的直方图，图中的实线为标准正态曲线。

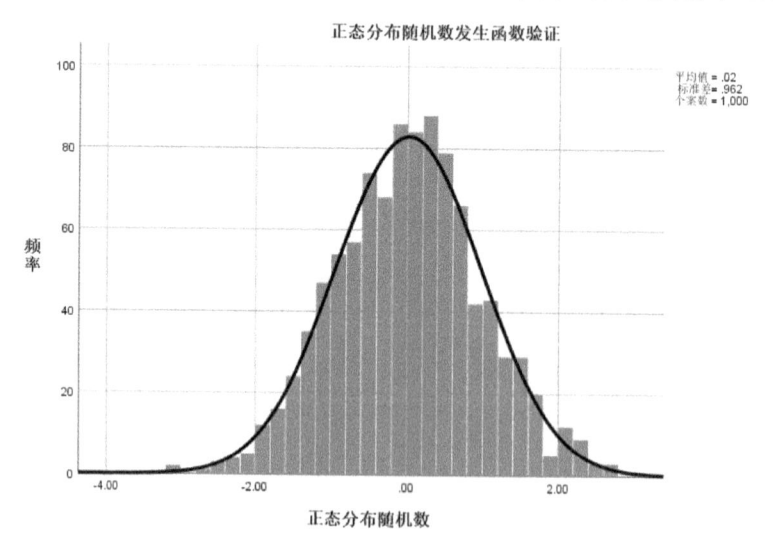

图 4-6 标准正态随机数绘制出的直方图

由图 4-6 可以看出，随机数函数产生的数据服从正态分布。

本例给出了一个从感性层面认识一种分布的方法。这种方法在统计学学习及教学中是很有用的。

4.2.2 概率密度函数与累积概率密度函数的应用

【例2】 离散型随机变量及其分布的应用。

某体育专科学校改革课题的调查表明，该类学校有75%的教师认为学生严重缺乏应该在中学阶段掌握的基本技能。假设该校同意这一看法的总体概率 $\pi=0.75$，在某校抽取20名教师组成样本，问：20人中有11人同意该意见的概率是多大？小于或等于11人同意该意见的概率是多大？多于11人同意该意见的概率是多大？

解：同意与否是两个互斥事件，本例中的实验结果数据属于二项分布。设同意该意见的人数为 x，则原题意为求 $P(x=11)$ 的概率、$P(x\leqslant 11)$ 的累积概率和 $P(x>11)$ 的累积概率。

$$P(x=11)=P(x\leqslant 11)-P(x\leqslant 10)$$

在 SPSS 中，这可以调用二项分布累积概率密度函数 CDF.BINOM 来解决上述问题，具体做法如下。

① 在 SPSS "数据编辑器" 窗口中，建立如图 4-7 所示的数据文件，其中，P 为同意的总体概率，n 为抽取的样本量。

② 按 "转换→计算变量" 顺序单击，打开 "计算变量" 对话框。

③ 在 "目标变量" 框内输入新变量名 "小于或等于10人同意的概率"。在 "函数组" 框中选择 "CDF 与非中心 CDF" 选项，在 "函数和特殊变量" 框中选择 CDF.Binom 函数，将函数送入 "数字表达式" 框。在函数名后的括号中按顺序输入 "同意人数-1,n,P"。

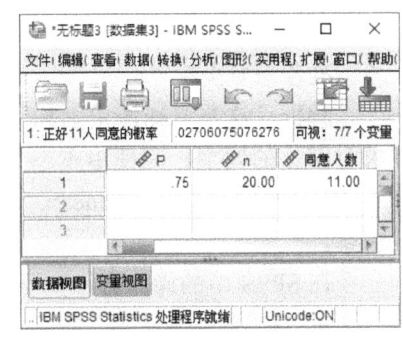

图 4-7 根据题意建立的数据文件

④ 单击 "确定" 按钮，在当前数据文件中出现新增变量 "小于或等于10人同意的概率"，以及计算结果 "0.0139"。

⑤ 重复步骤②，在 "目标变量" 框内输入新变量名 "小于或等于11人同意的概率"，在 "数字表达式" 框内修改表达式为 CDF.Binom（同意人数,n,P），单击 "确定" 按钮，在当前数据文件中出现新增变量 "小于或等于11人同意的概率"，以及计算结果 "0.0409"。

⑥ 重复步骤②，在 "目标变量" 框内输入新变量名 "有11人同意的概率"，在 "数字表达式" 框内修改表达式为 "小于或等于11人同意的概率-小于或等于10人同意的概率"，单击 "确定" 按钮，在当前数据文件中出现新增变量 "有11人同意的概率"，以及计算结果 "0.0271"。

⑦ 重复步骤②，在 "目标变量" 框内输入新变量名 "多于11人同意的概率"，在 "数字表达式" 框内修改表达式为："1-小于或等于11人同意的概率"，单击 "确定" 按钮，在当前数据文件中出现新增变量 "多于11人同意的概率"，以及计算结果 "0.9591"。

上述计算结果如图 4-8 所示。

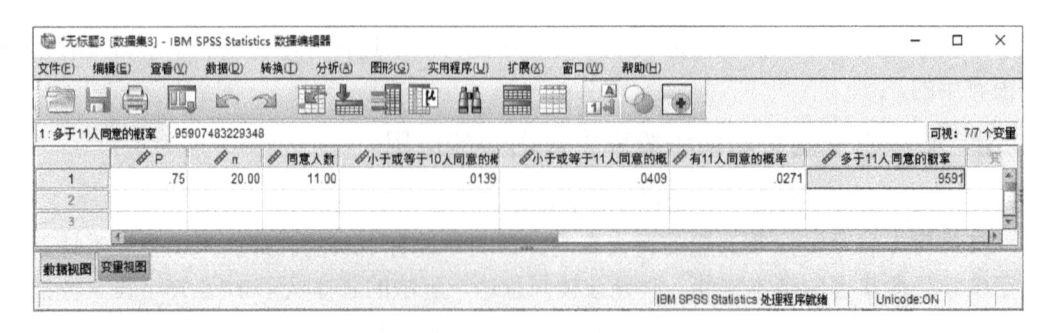

图 4-8　计算结果

【例 3】　连续型随机变量及其分布的应用。

从某重点中学高二男生中随机抽取 200 名学生参加立定跳远测验，得到其立定跳远的统计量为 $\bar{x}=240\text{cm}$，$s=18\text{cm}$。假设立定跳远成绩服从正态分布。现希望高二男生在立定跳远成绩上能有 5%达到优秀，25%达到良好，35%达到中等，30%达到及格，余下 5%为不及格，如图 4-9 所示（图中比例从左到右依次对应不及格、及格、中等、良好、优秀）。问：达到各等级的原始成绩标准各为多少？

解析：这是已知图中面积（概率）求对应 x 的题型，应使用正态分布反函数 IDF.NORMAL(prob, mean, stddev)来求解。

在 SPSS 中的操作方法如下。

① 在"数据编辑器"窗口中，建立如图 4-10 所示的数据文件。

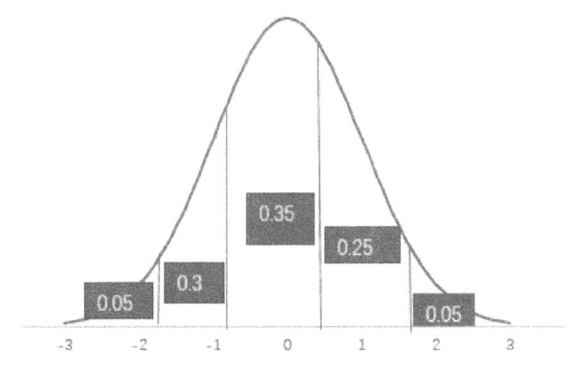

图 4-9　各达标等级出现的概率

② 按"转换→计算变量"顺序单击，打开"计算变量"对话框。

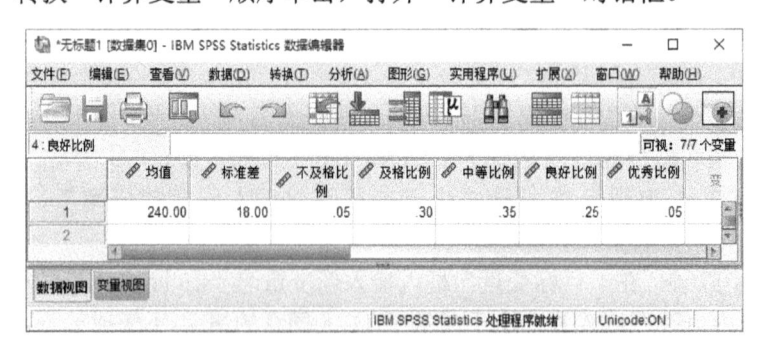

图 4-10　本例的数据文件

③ 在"目标变量"框内输入新变量名"不及格标准"。在"数字表达式"框内输入"IDF.NORMAL(不及格比例,平均值,标准差)"。

④ 单击"确定"按钮，在当前数据文件中出现新增变量"不及格标准"及计算结果"210.39"，即立定跳远成绩小于 210cm 的为不及格（实际采用的标准采用四舍五入取整的处理方式，如下数据情况相同）。

⑤ 重复步骤②，在"目标变量"框内输入新变量名"及格标准"。在"数字表达式"框内输入"IDF.NORMAL(不及格比例+及格比例,平均值,标准差)"。单击"确定"按钮，在当前数据文件中出现新增变量"及格标准"及计算结果"233.06"，即立定跳远成绩大于或等于210cm且小于233cm的为及格。

⑥ 重复步骤②，在"目标变量"框内输入新变量名"中等标准"。在"数字表达式"框内输入"IDF.NORMAL(不及格比例+及格比例+中等比例,平均值,标准差)"。单击"确定"按钮，在当前数据文件中出现新增变量"中等标准"及计算结果"249.44"，即立定跳远成绩大于或等于233cm且小于249cm的为中等。

⑦ 重复步骤②，在"目标变量"框内输入新变量名"良好标准"。在"数字表达式"框内输入"IDF.NORMAL(不及格比例+及格比例+中等比例+良好比例,平均值,标准差)"。单击"确定"按钮，在当前数据文件中出现新增变量"良好标准"及计算结果"269.61"，即立定跳远成绩大于或等于249cm且小于270cm的为良好。立定跳远成绩大于或等于270cm的为优秀。全部计算结果如图4-11所示。

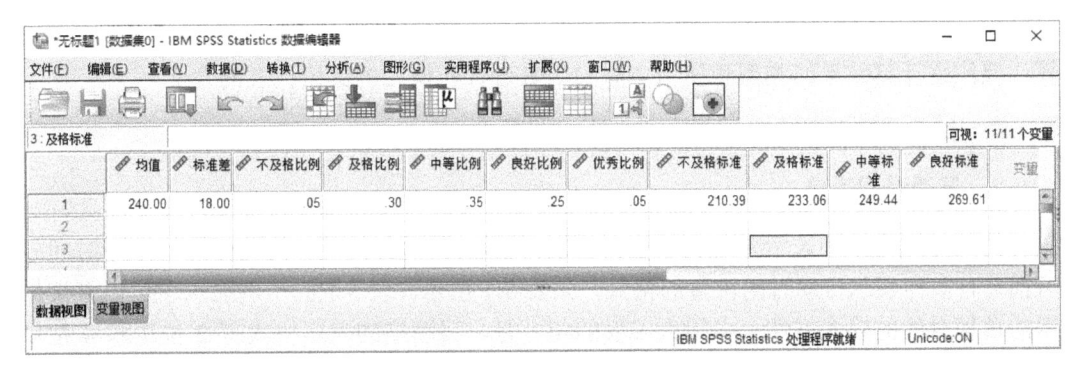

图4-11 全部计算结果

习 题 4

1. 某汽车公司的汽车销量在过去的300天营业时间内有55天为0；有118天为1；有70天为2；有40天为3；有10天为4；有7天为5。以过去300天的销量为原始数据，问：一天中售出0辆、1辆、2辆、3辆、4辆、5辆汽车的概率分别是多少？以此验证离散型随机变量的概念与性质。

2. 用RV.BERNOULLI函数生成符合伯努利分布的概率为0.4的1000个随机数；用RV.LNORMAL函数生成参数$a=0.2$，$b=0.5$的符合对数正态分布的随机数1000个，并绘制直方图。

3. 某仪器上的部件长度有非常严格的要求，要求介于0.304～0.322cm，某生产厂家生产的部件的长度近似服从平均值为0.3015，标准差为0.0016的正态分布。求该生产厂家的不合格率。经改进，该厂产品近似服从平均值为0.3146，标准差为0.0030的正态分布，此时不合格率为多少？

第5章 日期时间函数及其运算

5.1 日期时间函数

5.1.1 SPSS 日期时间函数概述

SPSS 中的日期时间函数是借用固定数值进行转换的，这个固定数值是 1582 年 10 月 14 日 24 时 0 分 0 秒。函数自变量无论 timevalue 还是 datevalue 都是以这个时间为基准的。若用一个数值型变量作日期时间函数的自变量，则日期时间函数将自变量的值看作自 1582 年 10 月 14 日 24 时 0 分 0 秒算起的秒数。在 SPSS 中输入 1582/10/15 之前的日期数据，系统自动将其转换为缺失值。因此，如果对两个日期（时间）型变量直接进行运算，要注意计算结果的类型和使用之后的函数进行转换后的数值代表的含义。

5.1.2 日期时间常量与日期（时间）型变量

1. 日期时间常量

日期时间常量的表示方式有很多。SPSS 为适应不同国家、不同地区表示日期时间的习惯，有多种表示日期时间常量的格式，如表 5-1 所示。表 5-1 的示例显示了可以直接使用的日期时间的输入方法。中国人习惯的年、月、日顺序的表示格式有 2 位年和 4 位年两种，年、月、日之间用斜杠分隔，见表 5-1 中灰色底纹的两行。

表 5-1 日期时间常量格式及示例

格　式	说　明	示　例
dd-mmm-yyyy	日（2位）-月份（英文）-年（4位）	15-AUG-1945，23-DEC-2008
dd-mmm-yy	日（2位）-月份（英文）-年（2位）	15-AUG-45，23-DEC-95
mm/dd/yyyy	月份（2位）/日（2位）/年（4位）	08/15/1945，12/23/1995
mm/dd/yy	月份（2位）/日（2位）/年（2位）	08/15/45，12/23/95
dd.mm.yy yy	日（2位）.月份（英文）.年（4位）	08.15.1945，12.23.95
dd.mm.yy	日（2位）.月份（英文）.年（2位）	08.15.45
yyyy/mm/dd	年（4位）/月（2位）/日（2位）	2008/07/07
yy/mm/dd	年（2位）/月（2位）/日（2位）	08/08/15
yyddd	年（2位）日数（从1月1日算起）	45227，95
yyyyddd	年（4位）日数（从1月1日算起）	1945227，1995
q Q yyyy	季度 Q 年（4位）	3Q1945，4Q1995
q Q yy	季度 Q 年（2位）	3Q45，4Q95
mmm yyyy	月份（英文）年（4位）	AUG1945，DEC1995
mmm yy	月份（英文）年（2位）	AUG45，DEC95
ww WK yyyy	周数 WK 年（4位）	33 WK 1945，52 WK 1995
ww WK yy	周数 WK 年（2位）	33 WK 45，52 WK 95
Monday, Tuesday…	直接输入英文的星期几	Friday

续表

格　式	说　明	示　例
Mon, Tue, Wed…	直接输入星期几的英文缩写	FRI
January, February…	直接输入英文月份	August，December
Jan, Feb, Mar…	直接输入英文月份缩写	AUG，DEC
dd-mmm-yyyy hh:mm	日（2位）-月（英文月份缩写）-年（4位）时（2位）:分（2位）	11-AUG-1945 11:10
dd-mmm-yyyy hh:mm:ss	日（2位）-月（英文月份缩写）-年（4位）时（2位）:分（2位）:秒（2位）	11-AUG-1945 11:10:35
dd-mmm-yyyy hh:mm:ss.ss	日（2位）-月（英文月份缩写）-年（4位）时（2位）:分（2位）:秒（2位）.百分秒	11-AUG-1945 11:10:35.30
hh:mm	时（2位）:分（2位）	11:30，08:50
hh:mm:ss	时（2位）:分（2位）:秒（2位）	11:08:05，08:15:25
hh:mm:ss.ss	时（2位）:分（2位）:秒（2位）.百分秒	11:08:05.80，08:15:25.45
ddd hh:mm	日数 时（2位）:分（2位）	128 08:50
ddd hh:mm:ss	日数 时（2位）:分（2位）:秒（2位）	128 08:50:30
ddd hh:mm:ss.ss	日数 时（2位）:分（2位）:秒（2位）.百分秒	128 08:50:30.78

注：m 在年与日（字母 y 与 d）间表示月，在时与秒（字母 h 与 s）间表示分；mmm 表示要求书写英文月份缩写；ddd 表示要求用从 1 月 1 日算起的日数表示日期。

虽然指定了日期时间常量的格式，但在输入日期时间常量时不一定使用指定的格式。在输入用"/"或"-"作分隔符的具体日期后，按回车键，系统将自动把输入的日期转换为指定格式，显示在单元格中。

2．日期（时间）型变量

日期（时间）型变量的输入/输出格式如表 5-2 所示，其中 w 表示总的列宽位数，d（如果存在）表示小数秒的小数点位数。

表 5-2　日期（时间）型变量输入/输出格式

格式类型	说　明	最小 w 输入	最小 w 输出	最大 w	最大 d	一 般 格 式	示　例
DATEw	国际通用日期格式	6	9	40	—	dd-mmm-yy	28-OCT-90
		8	11	—	—	dd-mmm-yyyy	28-OCT-1990
ADATEw	美国日期格式	6	8	40	—	mm/dd/yy	10/28/90
		8	10	—	—	mm/dd/yyyy	10/28/1990
EDATEw	欧洲日期格式	6	8	40	—	dd.mm.yy	28.10.90
		8	10	—	—	dd.mm.yyyy	28.10.1990
JDATEw	朱利安日期格式	5	5	40	—	yyddd	90301
		7	7	—	—	yyyyddd	1990301
SDATEw	可排序的日期	6	8	40	—	yy/mm/dd	90/10/28
		8	10	—	—	yyyy/mm/dd	1990/10/28
QYRw	季度和年	4	8	40	—	q Q yy	4 Q 90
		6	10	—	—	q Q yyyy	4 Q 1990
MOYRw	月和年	6	6	40	—	mmm yy	OCT 90
		8	8	—	—	mmm yyyy	OCT 1990

续表

格式类型	说明	最小w输入	最小w输出	最大w	最大d	一般格式	示例
WKYRw	星期和年	4	8	40	—	ww WK yy	43 WK 90
		6	10	—		ww WK yyyy	43 WK 1990
WKDAYw	一周的天	2	2	40	—	周内天的英文名	SU
MONTHw	月	3	3	40	—	月的英文名	JAN
TIMEw	时间	4	5	40	—	hh:mm	01:02
TIMEw.d		8	10	40	16	hh:mm:ss.s	01:02:34.75
DTIMEw	天数和时间	1	1	40	—	dd hh:mm	20 08:03
DTIMEw.d		13	13	40	16	dd hh:mm:ss.s	20 08:03:00
DATETIMEw	日期和时间	17	17	40	—	dd-mmm-yyyy hh:mm	20-JUN-1990 08:03
DATETIMEw.d		20	20	40	5	dd-mmm-yyyy hh:mm:ss.s	20-JUN-1990 08:03:00

合法日期或日期（时间）型变量值无论是以什么格式输入的，转换成另一种日期时间格式都能正常显示。因为它们的机内值是相同的，改变的只是输出（显示）格式。Date11（dd-mmm-yyyy）和Date9（dd-mmm-yy）是标准格式。有些函数只对标准格式有效。

5.1.3 日期时间函数分类

1. 当前日期时间函数(Current Date/Time)

（1）$Date 字符串型函数，其值为9位的 dd-mmm-yy 形式的当前日期，年数占2位。格式是A9；字符串型，要进行算术运算必须转换成数值型或日期（时间）型。

（2）$Date11 字符串型函数，其值为11位的 dd-mmm-yyyy 形式的当前日期，年数占4位。格式是A11；字符串型，要进行算术运算必须转换成数值型或日期（时间）型。

（3）$JDate，其值为数值型的当前日期，是用从1582年10月15日（罗马教皇格里高利定的第1天，即阳历第1天）算起的天数表示的当前日期，格式是F6.0。

（4）$Time，其值为当前日期时间，是从1582年10月14日24:00:00到转换命令执行时的秒数，格式是F20；可以显示为一个使用不同日期（时间）格式的数值型数据，也可以用在日期时间函数中。

2. 日期的算术运算函数(Date Arithmetic)

（1）DATEDIFF(datetime2, datetime1, unit)数值型函数，计算两个日期/时间值之间的差，并按指定的日期/时间单位 unit 返回一个整数（截去任何小数部分）。datetime2 和 datetime1 是日期（时间）型变量（或者表示有效的日期/时间的数值），而 unit 是用引号括起来的下列字符串之一：years、quarters、months、weeks、days、hours、minutes、seconds（年、季度、月、周、天、小时、分、秒），表示差值转换后的时间单位。

（2）DATESUM(datetime, value, unit, method)数值型函数，计算 datetime 指定的日期（时间）型变量（或者表示合法日期/时间的数值）与日期时间值 value 之和。unit 是用引号括起来的下列字符串之一：years、quarters、months、weeks、days、hours、minutes、seconds（年、季度、月、周、天、小时、分、秒），表示 value 的单位；method 是可选的，可以是 rollover 或 closest。

- rollover：用滚动的方式把超出的天放到下一个月。
- closest：最近法，使用本月中最近的合法日期，这是系统默认的方法。

返回的值是表示成秒数的日期/时间值。若要显示成日期/时间格式，则需要赋予变量适当的格式。可以用转换函数将数值型变量转换成日期（时间）型变量。

3．日期创建函数(Date Creation)

日期创建函数是一组数值型函数，函数值是将日期的年、月、日、季度、周的数字的有效组合转变成自 1582 年 10 月 14 日 24 点 0 分 0 秒起至指定日期的秒数。自变量必须是整数。其中，year 必须是 4 位的大于 1582 的表示年的整数；month 是 1～13 间的月份，实际上有效值应该是 1～12，若输入数值为 13，则按下一年的 1 月计算；quarter 是 1～4 间的季度值；weeknum 是 1～52 间的周数值；daynum 是 1～366 间的日数值。函数值是数值型，要显示成日期，只需在"变量视图"标签页中将变量类型改为日期型。

（1）DATE.DMY(day, month, year)数值型函数，返回与 day、month 和 year 相应的日期值。

（2）DATE.MDY(month, day, year)数值型函数，返回与 month、day 和 year 相应的日期值。

（3）DATE.MOYR(month, year)数值型函数，返回与 month、year 相应的日期值。

（4）DATE.QYR(quarter, year)数值型函数，返回与 quarter、year 相应的日期值。

（5）DATE.WKYR(weeknum, year)数值型函数，返回与 weeknum、year 相应的日期值。

（6）DATE.YRDAY(year, daynum)数值型函数，返回与 year、daynum 相应的日期值。

4．日期提取函数(Date Extraction)

日期提取函数的自变量 datevalue 或 timevalue 可以是如下形式。

- 数值或已经赋值的数值型变量或数值型表达式，将自变量的值看作 1582 年 10 月 14 日 24:00:00 算起的天数或秒数。
- 日期（时间）型变量、日期（时间）型表达式或日期（时间）值，机内值是从 1582 年 10 月 14 日 24:00:00 算起到自变量指定日期（时间）的天数或秒数。

自变量是 timevalue 的函数是数值型函数，函数值为数值型常量。要把函数值显示成日期（时间）型常量，应该赋予该函数值日期时间格式。

（1）XDATE.DATE(datevalue)数值型函数，函数值为从 datevalue 中提取的日期。要把结果显示成日期，需要赋予变量日期（时间）格式。

实验表明，如果将因变量定义成数值型，那么函数值是数值型常量，是从 1582 年 10 月 15 日 0 点 0 分 0 秒到自变量指定的日期间的秒数；如果将因变量定义成日期（时间）型，那么函数值仍然是原日期。

（2）XDATE.JDAY(datevalue)数值型函数，函数值为一年中的天数（1～366 间的整数）。

（3）XDATE.MDAY(datevalue)数值型函数，函数值是从 datevalue 中提取出的月份的第几天（1～31 间的整数）。

（4）XDATE.MONTH(datevalue)数值型函数，函数值是从 datevalue 中提取出的月份（1～12 间的整数）。

（5）XDATE.QUARTER(datevalue)数值型函数，函数值是自变量代表的日期所在的一年中的季度（1~4间的整数）。

（6）XDATE.TDAY(timevalue)数值型函数，函数值是时间间隔的自变量数值，是整数天数。

（7）XDATE.TIME(datetime)数值型函数，从一个表现为时间或日期时间的值返回时间部分。要把结果显示成时间，要赋予结果变量一个日期（时间）格式。

（8）XDATE.WEEK(datevalue)数值型函数，函数值是自变量表达的日期在该年的周数（1~53间的整数）。

（9）XDATE.WKDAY(datevalue)数值型函数，函数值为自变量 datevalue 表达的日期所在周中的天数（1~7间的整数，1代表周日，依次类推，7代表周六）。

（10）XDATE.YEAR(datevalue)数值型函数，函数值是4位整数的年数。

（11）YRMODA(year, month, day)数值型函数，根据自变量 year、month、day 返回从1582年10月15日起到自变量 year、month、day 指定的日期的天数。

5．时间间隔生成函数(属于创建的持续时间函数组)

（1）TIME.DAYS(days)数值型函数，函数值是与自变量 days 指定的天数相应的时间间隔。自变量必须是数值型。要将结果显示成时间，就要赋予结果变量日期（时间）格式。函数值是与自变量值相应的秒数。例如，TIME.DAYS(3)的结果为259200，当赋予结果变量日期（时间）格式为 hh:mm:ss 时，显示为72:00:00。

（2）TIME.HMS(hours)数值型函数，函数值是与时间间隔变量 hours 指定的小时数相应的秒数。hours 必须是整数；所有自变量必须全部处理成正值或者负值。要把它显示成时间，需要赋予结果变量日期（时间）格式。在函数列表中该函数名为 TIME.HMS(1)。例如，TIME.HMS(48)的结果为172800，当赋予其日期（时间）格式为 hh:mm 时，显示为48:00。在保持结果变量为数值型时自变量可以是负值，其他格式将显示为缺失值。

（3）TIME.HMS(hours, minutes)数值型函数，函数值是与时间间隔自变量 hours、minute 相应的秒数。hours 必须是整数；minutes 必须是小于60的整数。若要将函数值显示为时间，则应赋予其日期（时间）格式。自变量可以都是负值或都是正值。对于都是负值的自变量，结果变量只能是数值型，其他格式的结果变量将显示为缺失值。在函数列表中该函数名为 TIME.HMS(2)。例如，TIME.HMS(96,30)的结果为347400，当赋予结果变量日期（时间）格式为 hh:mm 时，显示为96:30。

（4）TIME.HMS(hours,minute,second)数值型函数，函数值是与时间间隔自变量 hours、minute、second 相应的秒数。hours 必须是整数；minutes 必须是小于60的整数；seconds 可以包括小数，但必须小于60。若要将函数值显示为时间，则应赋予结果变量日期（时间）格式。自变量可以都是负值或都是正值。对于都是负值的自变量，结果变量只能是数值型，其他格式的结果变量将显示为缺失值。在函数列表中该函数名为 TIME.HMS(3)。例如，TIME. HMS(96,30,20.50)结果为347420.50，当赋予结果变量日期（时间）格式为 hh:mm:ss 时，显示为96:30:20。

6．时间间隔提取函数(属于时间段提取函数组)

（1）CTIME.DAYS(timevalue)数值型函数，函数值是指定时间值（被看作秒数）折合的天数（自 1582 年 10 月 15 日算起），包括分数的天数。自变量 timevalue 必须是一个数值或是 SPSS 格式的时间表达式，如 TIME.×××函数的计算结果。例如，CTIME.DAYS(10800) 的结果为 0.125，与 CTIME.DAYS (time.hms(3))的结果相同。

（2）CTIME.HOURS(timevalue)数值型函数，函数值是指定时间值折合的带有小数部分的小时数。自变量时间值必须是一个秒数值或 SPSS 格式的时间表达式，如 TIME.×××函数创建的时间值或用 TIME 输入格式读取的数值。例如，CTIME.HOURS(172830)结果为 48.008，显示值的近似程度取决于设置的数值格式的小数位数。

（3）CTIME.MINUTES(timevalue)数值型函数，函数值是指定时间值折合的带有小数部分的分钟数。自变量时间值必须是一个数值或 SPSS 格式的时间表达式，如 TIME.×××函数创建的时间值或用 TIME 输入格式读取的数值。

（4）CTIME.SECONDS(timevalue)数值型函数，函数值是指定时间值折合的带有小数部分的秒数。自变量时间值必须是一个数值或 SPSS 格式的时间表达式，如 TIME.×××函数创建的时间值或用 TIME 输入格式读取的数值。

（5）XDATE.HOUR(datevalue)数值型函数，函数值是与自变量 datetime 相应的小时数，一个介于 0～23 的整数。自变量是描述时间或日期的值。自变量可以是一个数值或日期（时间）型变量，也可以是处理成时间或日期时间值的表达式。

（6）XDATE.MINUTE(datevalue)数值型函数，函数值是与自变量 datevalue 相应的分钟数，是一个介于 0～59 的整数。自变量可以是一个数值、时间、日期（时间）型变量，也可以是一个处理成时间或日期时间值的表达式。

（7）XDATE.SECOND(datetime)数值型函数，函数值是与描述时间或日期时间的值相应的介于 0～59 的秒数。自变量可以是一个数值、时间、日期（时间）型变量，也可以是一个处理成时间或日期时间值的表达式。

（8）XDATE.TDAY(timevalue)数值函数，函数值是与描述时间或日期时间的数值相应的整数天数。自变量可以是一个数值、时间格式的变量，也可以是处理成时间间隔的表达式。

7．与日期时间有关的转换函数

NUMBER(stringDate, Date11)数值型函数，用于把内容为标准格式（dd-mmm-yyyy）的字符串转换成描述该日期的秒数。如果字符串不能使用标准格式读取，那么函数值是系统缺失值。

第一个自变量是字符串型，自变量的值是与 Date11 格式相对应的日期。

如果定义了字符串型的自变量，输入了与 dd-mmm-yyyy 相对应的日期，那么可以使用该函数将字符串型变量转换为日期（时间）型变量。

5.2 日期时间函数的应用

5.2.1 日期（时间）型变量的格式转换

日期（时间）型变量在机内是从 1582 年 10 月 14 日 24:00:00 算起到变量值代表的时间的秒数，是一个数值，只是在显示方式上有所不同。因此，日期时间变量与数值型变量的转换只是显示方式的转换，只要在"变量视图"标签页中改变变量的类型即可。

【例1】 将数据文件data05-01中的日期型变量birthday转换为数值型变量，方法如下。

（1）图5-1（a）所示为"数据编辑器"窗口中的日期型变量birthday显示成4位年、2位月、2位日的日期格式。

（2）在"变量视图"标签页建立数值型变量birthday1，如图5-1（b）所示。

（3）回到"数据视图"标签页，选择birthday变量中的所有数据，在右键快捷菜单中选择"复制"命令。

（4）将光标置于birthday1的第一个观测处，在右键快捷菜单中选择"粘贴"命令。birthday1中的所有数据均为数值型。

每个观测的birthday1的值均为birthday值的数值型数值。

也可以先将birthday的值全部复制到一个新日期型变量中，再将新变量的类型修改为数值型。

birthday1中的数值是从1582年10月14日24:00:00（10月15日0:00:00）算起到birthday值指定日期的秒数。日期型变量到数值型变量转换完毕后的数据文件为data05-01a。在"数据视图"标签页显示的结果如图5-1（c）所示。

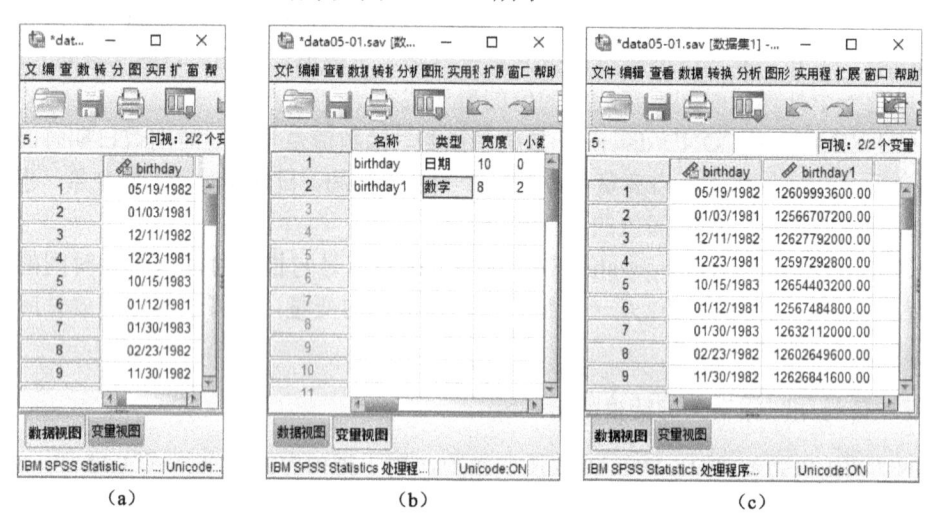

图5-1 日期型变量转换成数值型变量的过程

【例2】 数据文件data05-02中的变量data1是数值型变量，如图5-2（a）所示，要求将其改为日期型变量，并在"变量类型"对话框中指定一种日期（时间）格式。具体步骤如下。

（1）单击"变量视图"标签，如图5-2（b）所示，单击"类型"列的"数字"单元格，打开"变量类型"对话框。

（2）在"变量类型"对话框中选择"日期"单选按钮，并在右边的矩形框中选择日期（时间）格式"yyyy/mm/dd"，如图5-2（c）所示。

（3）单击"确定"按钮，结果如图5-3所示。

为了对比，把转换前后的数据放在一个数据文件中，如图5-4所示。负的数值转换成日期型的结果是缺失值。转换后的结果见数据文件 data05-02a。

（a） （b） （c）

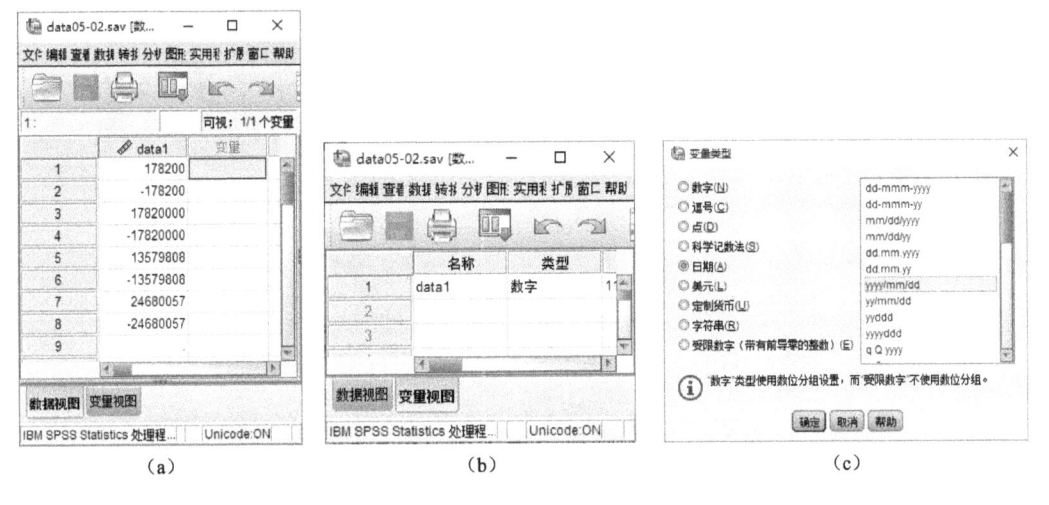

图 5-2 数值型变量转换成日期时间型变量的过程

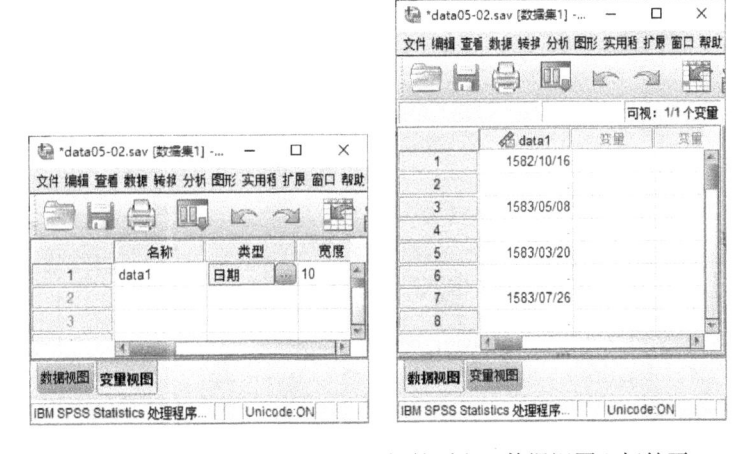

图 5-3 转换后的"变量视图"标签页和"数据视图"标签页

【例3】 字符串型变量与日期型变量的转换。

当前日期时间函数返回的函数值是字符串型的。字符串型变量是不能参与算术运算的。因此如果运算涉及当前日期时间函数产生的变量，必须先将显示成日期的字符串型变量转换成日期型变量。

图 5-5 所示为使用 $Date11 字符串型函数产生的 currentdate 变量，见数据文件 data05-03。

可利用转换函数将显示为日期形式的字符串型变量转换成数值型或日期型变量，具体操作步骤如下。

（1）按"转换→计算变量"顺序单击，打开"计算变量"对话框，如图 5-6 所示。

图 5-4 数值型转换成日期型
变量的结果对比

图 5-5　当前日期时间函数生成的字符串型变量

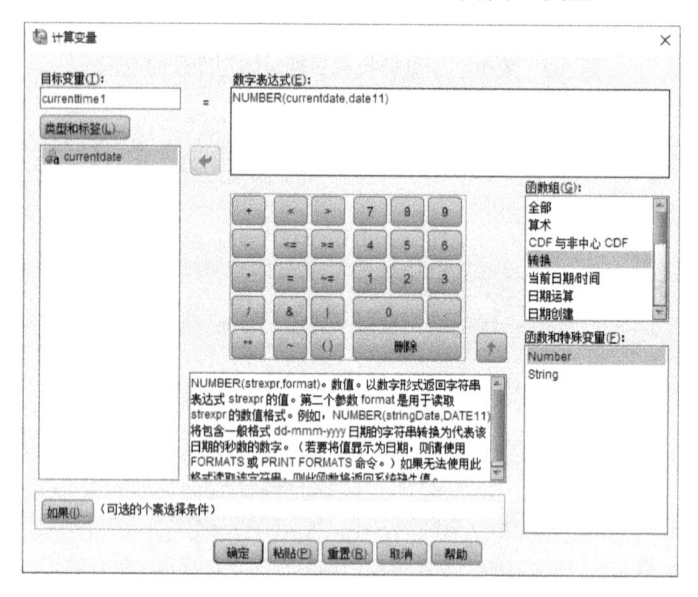

图 5-6　"计算变量"对话框

（2）在"计算变量"对话框中进行如下操作。

① 在"目标变量"框中输入新变量名 currenttime1。

② 单击"类型和标签"按钮，打开"计算变量：类型和标签"对话框。在"标签"框内输入"日期字符转换数值"。在"类型"栏内选择"数字"单选按钮，设置新变量是数值型。

单击"继续"按钮，返回"计算变量"对话框。

③ 在"函数组"框中选择"转换"选项。

④ 在"函数和特殊变量"框内选择"Number"选项，单击向上移动变量按钮，"数字表达式"框内显示为"Number(?,?)"，光标停留在第一个问号处。

在原始变量列表中选择 currentdate，单击向右移动变量按钮，在第二个问号处输入日期变量格式 Date11，形成等式：

```
currentdate1=number(currentdate,date11)
```

格式参数也可以是 Date9，对应等式：

```
currentdate1=number(currentdate,date9)
```

⑤ 单击"确定"按钮，在"数据编辑器"窗口中生成新变量 currentdate1。转换后的数据如图 5-7 所示，参见数据文件 data05-03a。

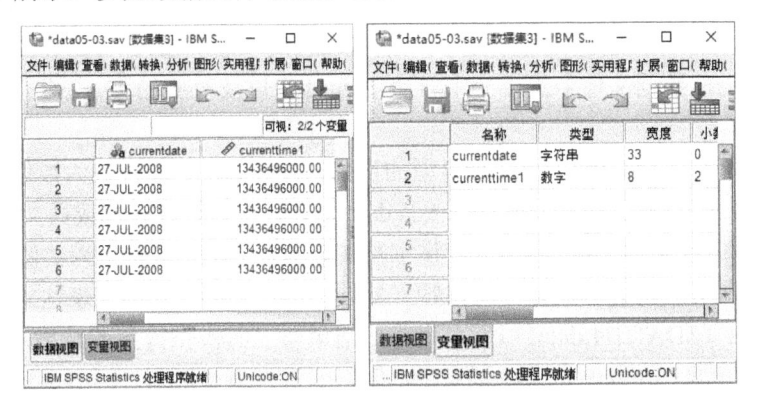

图 5-7 字符串型日期值转换成数值型变量的结果

5.2.2 日期（时间）型变量的算术运算

【例 4】体校某项运动的校友花名册中记录了老运动员的出生日期。计算到当前日期为止，这些老队员的年龄。具体步骤如下。

（1）在"变量视图"标签页中建立一个变量名为 birthday 的变量。

（2）在"类型"列对应单元格内定义该变量为日期型。选择下拉列表中的"日期"选项，打开"选择格式"对话框，在对话框中选择"yyyy-mm-dd"选项，单击"确定"按钮，返回"变量视图"标签页，自动显示变量宽度 10，如图 5-8（a）所示。

（3）在"数据视图"标签页中，按选择的 yyyy-mm-dd 格式输入运动员生日，如图 5-8（b）所示，见数据文件 data05-04。

(a)　　　　　　　　　　(b)

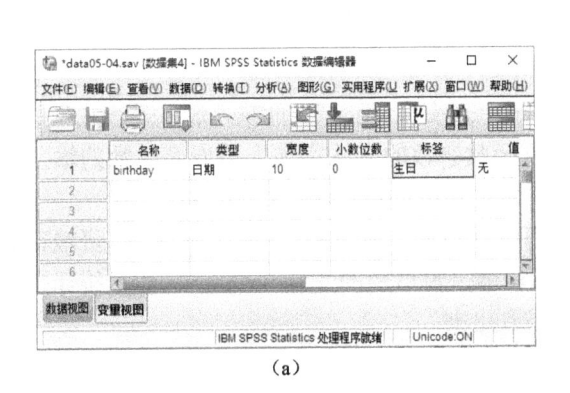

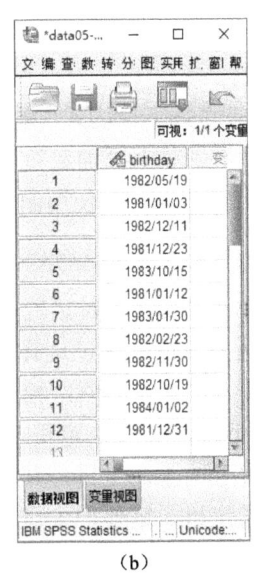

图 5-8 定义一个日期变量，输入日期数据

（4）按"转换→计算变量"顺序单击，打开"计算变量"对话框；在"目标变量"框内输入新变量名 curda。单击"类型和标签"按钮，打开"计算变量：类型和标签"对话框。在"标签"框内输入变量标签"当前日期"；在"类型"栏内选择"字符串"单选按钮，设置新变量为字符串型。在该对话框内只能从数值型和字符串型中选择一个，由于日期的表示格式中存在分隔符，不可能是数值型，故选择"字符串"单选按钮。在"宽度"框内输入"11"，单击"继续"按钮。在"数字表达式"框中输入"$DATE11"，单击"确定"按钮。在当前数据文件中生成一个新变量 curda，以及对应的 11 位长的当前日期的字符串型数据。

（5）按上一节所述的方法将字符串型的当前日期变量 curda 转换为数值型，变量名为 currentdate，对应表达式为 NUMBER(curda,date11)，转换后的数据见数据文件 data05-04a。

在上述操作方法中，也可以不进行将字符串型变量 curda 先转换为数值型这个中间转换步骤，而是通过在"目标变量"框内输入 currentdate 后，在"数字表达式"框中直接输入"NUMBER（$DATE11,date11)"来完成，结果与上面操作得到的结果是一样的。

（6）虽然变量 birthday 是日期型变量，但它的机内值是数值，currentdate 也是数值型变量，二者都是自 1582 年 10 月 14 日 24:00:00 算起的秒数，所以可以进行算术运算。

（7）调用日期计算函数，得到年龄变量 age。

按"转换→计算变量"顺序单击，打开相应的对话框。

① 在"目标变量"框内输入新变量名 age；单击"类型和标签"按钮，打开"计算变量：类型和标签"对话框。在"标签"框输入变量标签"年龄"，在"类型"栏中选择"数字"单选按钮，单击"继续"按钮，返回"计算变量"对话框。

② 在"计算变量"对话框中，在"函数组"框中选择"日期运算"选项，在"函数和特殊变量"框内选择计算日期差函数"Datediff"，单击向上移动变量按钮，该函数显示在"数字表达式"框中，即 DATEDIFF(?,?,?)。

③ 在原始变量列表内选择当前日期变量 currentdate 作为第一个参数，单击向右移动变量按钮，代替函数中第一个问号。用同样的方法选择变量 birthday 作为第二个参数变量，代替第二个问号。在第三个问号处输入"'years'"作为第三个参数。注意，必须带半角引号。

④ 在"数字表达式"框内显示调用函数 DATEDIFF(Currentdate,birthday,"years")，如图 5-9 所示。单击"确定"按钮。相关数据见数据文件 data05-04a。

以上操作，可以使用函数嵌套方式组成一个表达式：

```
Age= datediff(number($date11,date11),birthday,"years")
```

在"计算变量"对话框中，先定义一个新变量"age"，再在"数字表达式"框中输入以上表达式，或者通过选择函数并设置函数参数的方法实现上述嵌套函数的输入，即可一步获得 age 变量的值，相关数据见数据文件 data05-04b。

【例5】班委会决定每个月为在该月过生日的同学举办一次庆祝活动，班级花名册中记载着每个同学的生日，对应"数据编辑器"窗口中的变量 birthday。为了统计每个月有几个人过生日，需要把生日中的月份提取出来。

原始数据见数据文件 data05-05。

需要使用的是提取月份的函数 XDATE.MONTH(datevalue)，操作步骤如下。

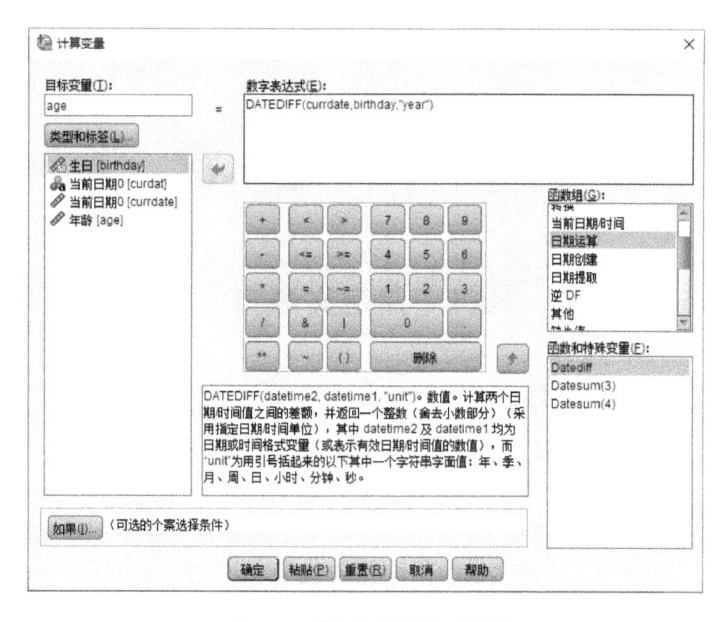

图 5-9 "计算变量"对话框

(1) 按"转换→计算变量"顺序单击，打开"计算变量"对话框。

(2) 在"目标变量"框内输入新变量名 month；单击"类型和标签"按钮，打开"计算变量：类型和标签"对话框。在"标签"框内输入变量标签"生日月份"，在"类型"栏内选择"数字"单选按钮，单击"继续"按钮，返回"计算变量"对话框。

(3) 在"函数组"框中选择"抽取日期类"选项，在"函数和特殊变量"框内选择提取月份的函数 XDATE.MONTH，单击向上移动变量按钮，该函数显示在"数字表达式"框中，即 XDATE.MONTH(?)。

(4) 在原始变量列表内选择 birthday 作为函数自变量，单击向右移动变量按钮，代替函数中的问号，"数字表达式"框内显示为 XDATE.MONTH(birthday)。

(5) 单击"确定"按钮，在"数据编辑器"窗口中显示变量 month 的值，即每个同学生日所在月份，如图 5-10 所示，结果保存在数据文件 data05-05a 中。

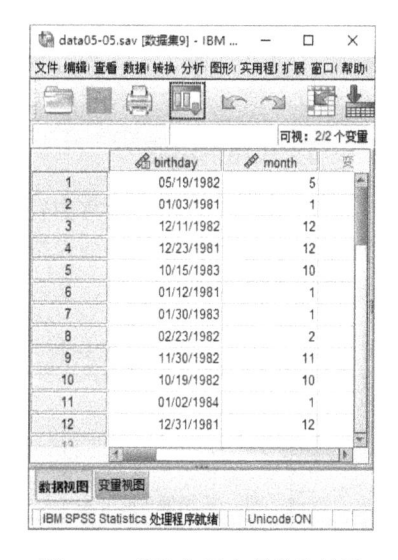

图 5-10 提取生日中月份的结果

习 题 5

1. 上网查询为什么 SPSS 的时间运算与 1582 年 10 月 14 日 24:00:00（10 月 15 日 0:00:00）有关。

2. 定义一个日期型变量，输入你们班同学的生日，计算他们此时的年龄。

3. 计算你们班同学中生日在 10 月的人数。

第6章 构建表格

6.1 自定义表格

6.1.1 自定义表格的概念

在数据资料整理中表格是一种常用形式。一个好的表格能使统计资料系统化、层次化和条理化。虽然在 SPSS 的各种分析过程中,能在"查看器"窗口自动生成各种表格,但表格的形式不一定能满足撰写报告的要求,因此很多场合会根据不同表述需要,使用自定义的各种表格。

在 SPSS 20.0 中,选择"分析"下拉菜单中的"表"命令(见图 6-1),可以通过自定义表格的方式产生一维表格、二维表格、三维表格。各维度可用单个变量或变量组合来定义。在每一维(行、列和层)中可以叠放多重变量,使之成为复合表,也可以为嵌套变量建立子表。

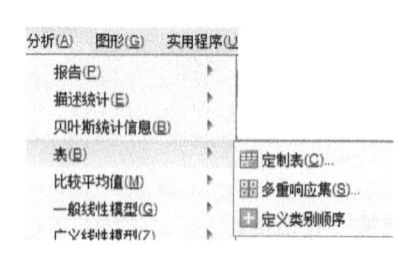

图 6-1 自定义表格过程

1. 表格的组成

常用的二维表格通常由行和列交叉组成。根据表格行、列中变量的嵌套情况,可将表格划分成简单表格和复杂表格。最简单的表格可由单列两行或单行两列组成。表 6-1 是一张较复杂的表格,由男、女对婚姻幸福程度的感受的两个同结构的单表上下叠加而成。

表 6-1 不同性别多子女人群对婚姻幸福程度的感受

				各组分类中子女的数量			
				0	1~2	3~4	≥5
性别	男	婚姻幸福程度	很幸福	36.2	64.9	62.2	71.4
			中等幸福	32.9	33.0	35.2	26.2
			不太幸福	3.9	2.1	2.4	2.4
	女	婚姻幸福程度	很幸福	69.2	63.9	61.6	57.6
			中等幸福	28.6	33.2	35.5	23.3
			不太幸福	2.2	2.9	2.8	9.1

表格通常包括以下几部分。
(1)表头:一般位于表格上方,简明地描述表格的中心内容。
(2)行变量:定义表格的行,在表格左边纵向排列的变量称为行变量。
(3)列变量:定义表格的列,在表格上面横向排列的变量称为列变量。
(4)单元格:由表格的行和列的交叉点形成。
(5)表格的实体部分:由所有单元格组成,包括总计、总和、平均值、百分比等基本信息。

（6）角注位于右上角，脚注位于表格的下方，简要说明表格的组成、生成日期、时间或其他需要特别声明的内容。

2．表格的结构类型

根据表格中变量的位置、作用可将表格分为以下几种类型。

（1）简单表格：由一个变量和若干汇总统计指标组成，变量可以在行上，也可以在列上。

（2）简单交叉表：在行、列上均设置了一个变量，包括各变量的分类、汇总统计指标。

（3）堆栈表格：在行（或列）上有并列的两个及以上变量，如图 6-2（a）所示。

（4）嵌套表格：同行或同列上由不同层的变量组成的表格，如图 6-2（b）所示。

（5）分层表格：按某变量的分类分别形成表格，每层一个表，如图 6-2（c）所示。

		Count
Gender	Male	1232
	Female	1600
Age category	Less than 25	242
	25 to 34	627
	35 to 44	679
	45 to 54	481
	55 to 64	320
	65 or older	479

（a）

			Count
Age category	Less than 25	Male	108
		Female	134
	25 to 34	Male	276
		Female	351
	35 to 44	Male	309
		Female	370
	45 to 54	Male	221
		Female	260
	55 to 64	Male	136
		Female	184
	65 or older	Male	178
		Female	301

（b）

Gender Female

Age category	Less than 25	134
	25 to 34	351
	35 to 44	370

Gender Male

Age category	Less than 25	108
	25 to 34	276
	35 to 44	309
	45 to 54	221
	55 to 64	136
	65 or older	178

（c）

图 6-2　表格类型举例

3．变量的测量方法与设定表程序能自动识别的测量标准

在 SPSS 中，测量方法共有 3 种，即序号测量（习惯称有序测量）、名义测量和度量测量（习惯称尺度测量）。用前两种方法测量的变量，就是有序变量和名义变量，是分类变量，它们可以定义表格的行、列和层。默认的汇总统计指标是计数；尺度变量一般被汇总为分类变量类，默认的汇总统计指标是平均值（算术平均值）。在没有使用分类变量定义组别时，可以使用尺度变量本身来汇总尺度变量。

6.1.2　自定义表格的操作

按“分析→表→定制表”顺序单击，在第一次启动时先打开的是如图 6-3 所示的“定制表格”预备对话框。

在进行制表工作前，应先定义好变量的各种属性，尤其是变量类型、变量标签、值标签、测定标准等。如果这一步工作没做好，那么可在“定制表”预备对话框中单击“定义变量属性”按钮，将变量属性定义完整。相关内容已在第 2 章介绍，具体做法请参阅 2.1.6 节。若已经定义了变量属性，则可以勾选“不再显示此对话框”复选框并单击“确定”按钮关闭这一对话框，进入“定制表”对话框，如图 6-4 所示。该对话框中有 4 个选项卡，分别是“表”选项卡、“标题”选项卡、“检验统计”选项卡和“选项”选项卡。

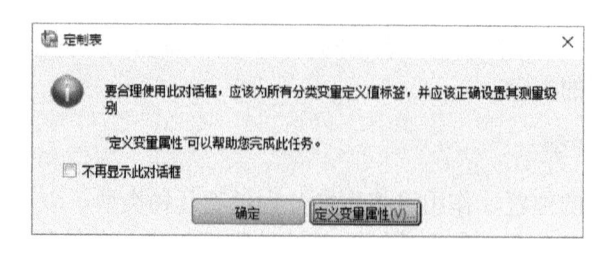

图 6-3 "定制表"预备对话框

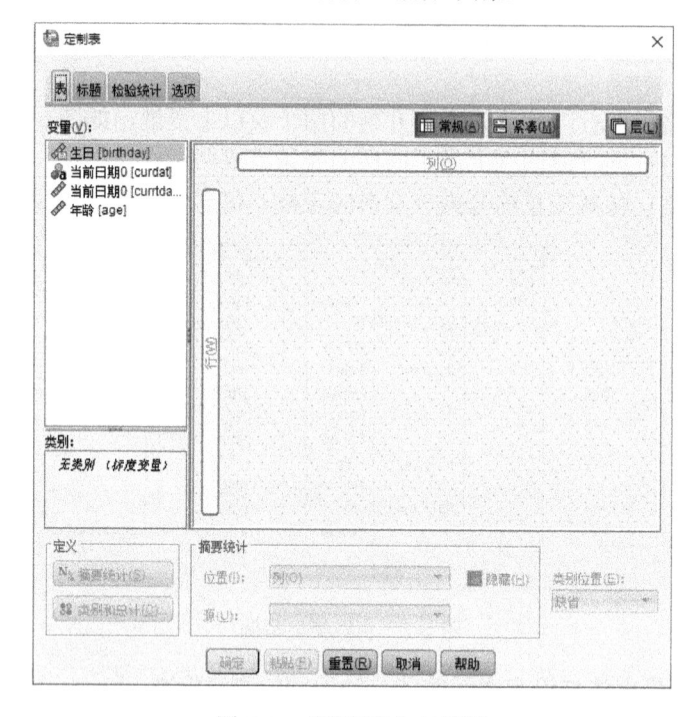

图 6-4 "定制表"对话框

"定制表"对话框中的"表"选项卡及简单的制表操作过程如下。

在"表"选项卡中,"变量"框中显示的是在当前数据文件中的所有变量名。当选中"变量"框中的一个变量时,在"类别"框中会出现所选变量的各个类别。若选中的变量不是分类变量,而是尺度变量,则在"类别"框中显示"无类别(标度变量)"。

当从"变量"框中选择一个或多个变量,按住鼠标左键将其拖曳到右侧探究窗口(也称画布窗口)的"行"或"列"下时,单击"常规"按钮,探究窗口中将显示表格格式,系统默认这种显示方式,如图 6-5(a)所示。常规显示方式显示表中包含的所有行和列(包括分类变量的类别)及行和/或列的汇总统计等轮廓,以供制表人预览,不显示实际数据值。

由此可知,制表操作过程很简单,只要从"变量"框中拖曳一个分类变量或多响应变量到探究窗口中的"行"或"列"区域,就可以建立一个简单的表格。

从"变量"框中拖曳一个分类变量到"行"下,拖曳一个分类变量到"列"下,就可构成一个简单的交叉表。

若拖曳到"行"或"列"下的变量在"行"或"列"中成上下并列关系或左右并列关系,则可构建堆栈表格。

若拖曳到"行"或"列"下的变量在"行"或"列"中成左右嵌套关系或上下嵌套关

系，则可组成嵌套表格。

若拖曳到"行"或"列"下的变量是分类变量，则在探究窗口中显示该变量的各分类值和系统默认统计量名称——计数。

如果拖曳到"行"或"列"下的变量是尺度变量，则只在探究窗口的"行"（或"列"）下显示变量名和系统默认统计量名称——平均值。

单击"确定"按钮，所建表格显示在"查看器"窗口中。

当希望查看在常规显示方式下构建的较为复杂的表格涉及的变量及内在结构关系时，可单击探究窗口上方的"紧凑"按钮，如图 6-5（b）所示。紧凑显式方式只显示表中包含的变量，不显示表中包含的行和列的预览。

上面提到的制表过程，只是在行、列两个维度中展开的。如果要创建两个以上的多维的复杂表，则需要用到探究窗口上方的"层"按钮。层类似于嵌套或堆栈；它与这两者的主要区别在于：每次只有一个层类别是可见的。例如，将年龄分类作为行变量，将性别作为层变量生成一个表，在该表中男性和女性的信息显示在表的不同层中。

(a)

(b)

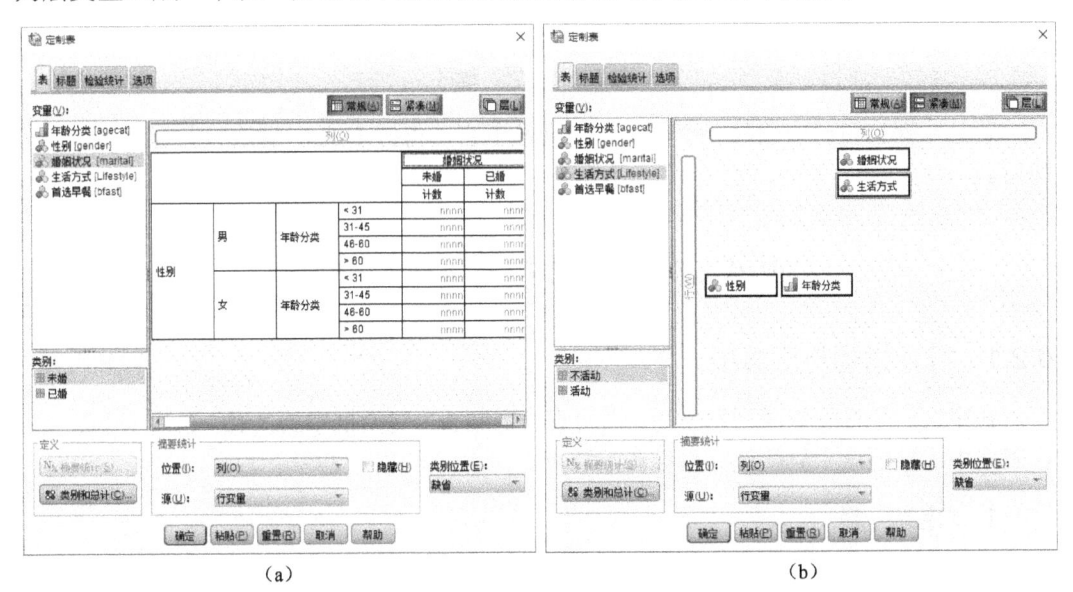

图 6-5 表格轮廓

单击"层"按钮，打开如图 6-6 所示的"层"选区。将要定义层的尺度变量或分类变量拖曳到"层"框中。该框中不能既包含尺度变量又包含分类变量，表中所有变量类型必须相同。在"层"框中的多响应变量被视为分类变量。层中的尺度变量始终是堆栈的。若有多个分类的层变量，则可以对层变量进行堆栈或嵌套设置。

当往"层"框中拖入一个变量时，"层输出"栏中的两个选项被激活。

- "将每个类别显示为一层"单选按钮：选择本选项，将为每个层变量的每个类别分别显示一个层，相当于堆栈制表。总层数就是每个层变量的类别数的合计。若有 3 个层变量，每个层变量有 3 个类别，表将有 9 个层。
- "将每个类别组合显示为一层"单选按钮：选择本选项，相当于对层进行嵌套或交叉制表。总层数为每个层变量的类别数的积。若有 3 个层变量，每个层变量有 3 个类别，表将有 27 个层。

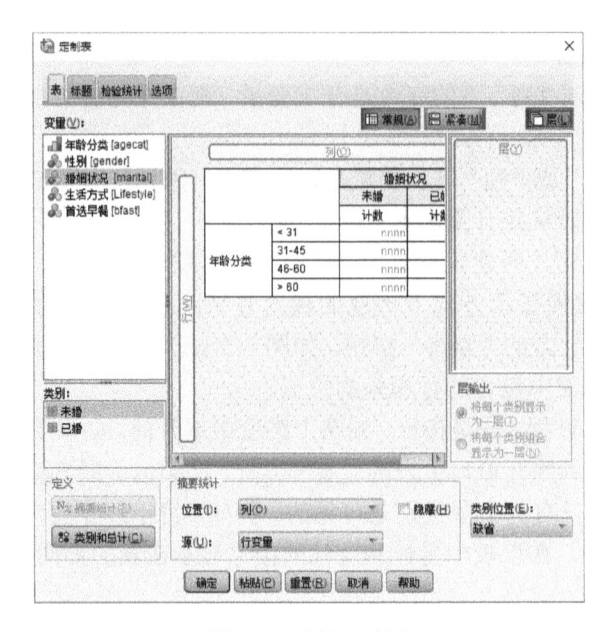

图 6-6 "层"选区

若想从探究窗口中删除一个变量,只需选中它,再按 Delete 键或将其拖曳到窗口外即可。

6.2 汇总、统计量与统计检验

6.2.1 统计指标与汇总项

在定义一个行变量或列变量后,即可在"定制表"对话框中的"表"选项卡中定义需在表格中出现的该变量的统计指标和汇总项。

1. "定义"栏

"定义"栏中有两个选项,在探究窗口中若选中"行"或"列"下的尺度变量,将激活"N%摘要统计"(其中"摘要统计"应译为"汇总统计")按钮;若选中"行"或"列"下的分类变量,将激活"类别和总计"按钮。

1)汇总统计

在探究窗口中选择尺度变量,选择"定义"栏中的"N%摘要统计"按钮,进入"摘要统计"对话框,如图 6-7 所示,定义该变量的统计量。在该对话框中,从"统计"框中选择一个统计指标,单击移动变量按钮送入"显示"表中,便可以在"显示"表中编辑这个统计量的标签,从"格式"下拉列表中选取统计指标的显示格式,在"小数位数"下面的单元格中输入一个数值定义小数位数,系统默认值为 0。单击右边向上和向下的移动变量按钮,可以改变当前统计指标的显示顺序。

单击"应用于所选项"按钮,在生成的表格中将只对当前选择的变量计算指定的汇总统计指标。单击"应用于全部"按钮,将对探究窗口中所有同类型的变量都计算指定的汇总统计指标。

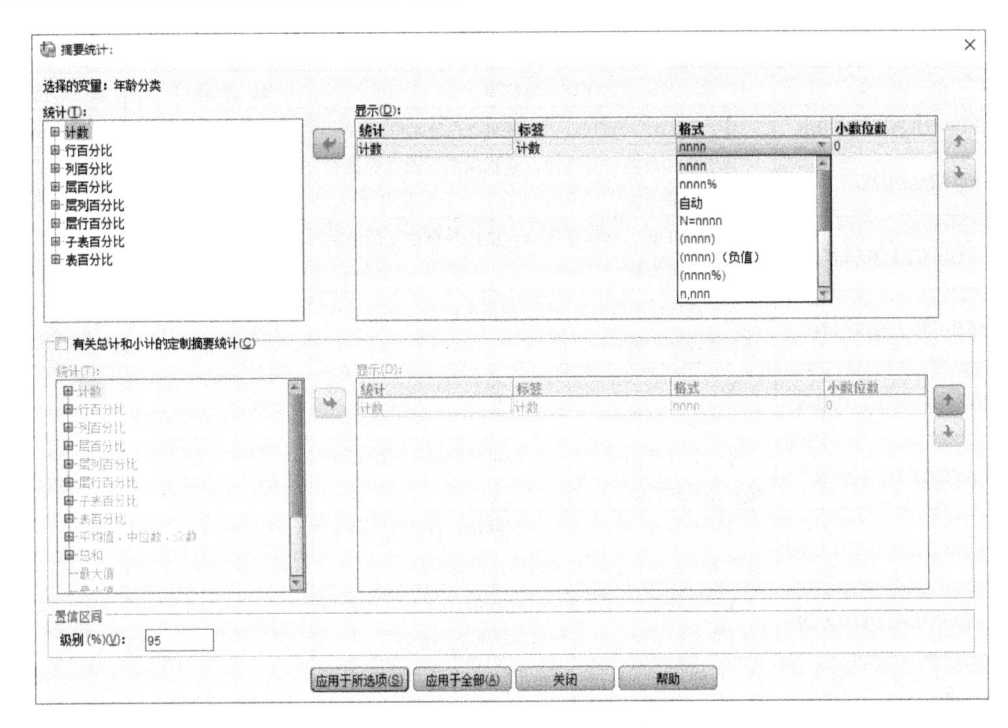

图 6-7 "摘要统计"对话框

汇总统计指标的有效性取决于所选变量的测量标准和变量的选择顺序。对于嵌套表格来说，对嵌套在最内层的变量有效。对于分层表格来说，对每层中指定的变量都有效。

（1）适合所有变量的汇总统计指标如表 6-2 所示。

表 6-2 适合所有变量的汇总统计指标

统 计 量	计算内容描述	默 认 标 签	默 认 格 式
COUNT[①]	各类中样品的数量。对于分类变量和多响应变量是系统默认统计量	计数	nnnn
ROWPCT.COUNT	基于单元格计数的行百分比。在子表内部计算	行百分比	nnnn.n%
COLPCT.COUNT	基于单元格计数的列百分比。在子表内部计算	列百分比	nnnn.n%
TABLEPCT.COUNT	基于单元格计数的表格百分比	表格百分比	nnnn.n%
SUBTABLEPCT.COUNT	基于单元格计数的子表百分比	子表百分比	nnnn.n%
LAYERPCT.COUNT	基于单元格计数的层百分比。在未定义层时同表格百分比	层百分比	nnnn.n%
LAYERROWPCT.COUNT	基于单元格计数的行百分比。整行（子表）的百分比总和为 100%	层行百分比	nnnn.n%
LAYERCOLPCT.COUNT	基于单元格计数的列百分比。整列（子表）的百分比总和为 100%	层列百分比	nnnn.n%
ROWPCT.VALIDN	基于有效计数的行百分比	行有效百分比	nnnn.n%
COLPCT.VALIDN	基于有效计数的列百分比	列有效百分比	nnnn.n%
TABLEPCT.VALIDN	基于有效计数的表格百分比	表有效百分比	nnnn.n%
SUBTABLEPCT.VALIDN	基于有效计数的子表百分比	子表有效百分比	nnnn.n%
LAYERPCT.VALIDN	基于有效计数的层百分比	层有效百分比	nnnn.n%
LAYERROWPCT.VALIDN	基于有效计数的行百分比。整行的百分比和为 100%	分层行有效百分比	nnnn.n%

续表

统计量	计算内容描述	默认标签	默认格式
LAYERCOLPCT.VALIDN	基于有效计数的列百分比。整列的百分比和为100%	分层列有效百分比	nnnn.n%
ROWPCT.TOTALN	基于总计数的行百分比，包括用户自定义的缺失值和系统缺失值	行总计百分比	nnnn.n%
COLPCT.TOTALN	基于总计数的列百分比，包括用户自定义的缺失值和系统缺失值	列总计百分比	nnnn.n%
TABLEPCT.TOTALN	基于总计数的表格百分比，包括用户自定义的缺失值和系统缺失值	表格总计百分比	nnnn.n%
SUBTABLEPCT.TOTALN	基于总计数的子表百分比，包括用户自定义的缺失值和系统缺失值	子表总计百分比	nnnn.n%
LAYERPCT.TOTALN	基于总计数的层百分比，包括用户自定义的缺失值和系统缺失值	层总计百分比	nnnn.n%
LAYERROWPCT.TOTALN	基于总计数的行百分比，包括用户自定义的缺失值和系统缺失值。整行的百分比和为100%	层行总计百分比	nnnn.n%
LAYERCOLPCT.TOTALN	基于总计数的列百分比，包括用户自定义的缺失值和系统缺失值。整列的百分比和为100%	层列总计百分比	nnnn.n%

① 在英语体系中这是默认的。后缀.COUNT 可以从计算基于单元格的百分比中省略，如 ROWPCT 等于 ROWPCT.COUNT。

（2）适合分类变量的汇总统计指标如下。
- 计数：各单元格中样品的数量，或多响应变量集中应答的数量。
- 未加权的计数：表格的每个单元格中样品的未加权的数量。
- 列百分比：子表每列的百分数之和为100%。仅当有分类行变量时，列百分数才是有效的。
- 行百分比：子表每行的百分数之和为100%。仅当有分类列变量时，行百分数才是有效的。
- 层行和层列百分比：每层中行的百分比和列的百分比。嵌套表格中各子表的行或列百分数的总和为100%；分层表格每层中所有嵌套子表的行或列的百分数总和为100%。
- 层百分比：每层中的百分数。作为简单百分数，当前可见层中单元格的百分数总和为100%。若没有层变量，则它等于表格百分数。
- 表格百分比：表中各单元格的百分数建立在整个表格的基础上。所有单元格的百分数是建立在样品总数的基础上的，并且整个表格百分数的总和为100%。
- 子表百分比：子表中每个单元格的百分数建立在子表的基础上。子表中所有单元格的百分数建立在子表内相同样品总数的基础上，并且在子表内单元格的百分数总和为100%。在嵌套表中，应用最里面嵌套水平之前的变量定义子表。百分数受计算它们的基数（分母）的影响，并且选项的数量决定基数。基于样品、应答或计数，多响应变量集可以有百分数。

由层变量定义的各层表格被当作独立的表格处理。在各层表格内，各层的行百分比的总和、各层的列百分比的总和及各层的表格百分比的总和都为100%。

（3）适合尺度变量、合计、总计和小计的主要统计量如表6-3所示。表6-3也可为分类变量定制汇总总计和小计。这些汇总统计量对多响应变量集或字符串型变量不适用。

表 6-3 适合尺度变量、合计、总计和小计的主要统计指标

统 计 量	计算内容描述	默认标签	默认格式
MAXIMUM	最大值	最大值	自动
MEAN	算术平均值。默认尺度变量	平均值	自动
MEDIAN	中位数	中位数	自动
MINIMUM	最小值	最小值	自动
MISSING	缺失值合计（用户和系统的缺失值）	缺失	自动
MODE	众数。若有结（众数相同），则显示最小的值	众数	自动
PTILE	百分位数。取一个介于 0~100 的数值作为需要的参数。PTILE 在 SPSS Tables 中是用同样的 PTILE 来计算的。注意，在 SPSS Tables 中默认的百分位数的计算方法是 HPTILE	百分位数	自动
RANGE	极差	范围（应译为"极差"）	自动
SEMEAN	标准误差	标准平均误差（应译为"标准误差"）	自动
STDDEV	标准差	标准偏差（应译为"标准差"）	自动
SUM	数值总和	合计	自动
TOTALN	非缺失值、用户缺失值和系统缺失值的合计。由 CATEGORIES 子命令中隐含的有效值不计数	总计 N	nnnn
VALIDN	非缺失值合计	有效 N	nnnn
VARIANCE	方差	方差	自动
ROWPCT.SUM	基于总和的行百分比	行和百分比	nnnn.n%
COLPCT.SUM	基于总和的列百分比	列和百分比	nnnn.n%
TABLEPCT.SUM	基于总和的表格百分比	表和百分比	nnnn.n%
SUBTABLEPCT.SUM	基于总和的子表百分比	子表合计百分比	nnnn.n%
LAYERPCT.SUM	基于总和的层百分比	层和百分比	nnnn.n%
LAYERROWPCT.SUM	基于总和的行百分比。整行的百分比总和为 100%	分层行合计百分比	nnnn.n%
LAYERCOLPCT.SUM	基于总和的列百分比。整列的百分比总和为 100%	分层列合计百分比	nnnn.n%

（4）适合多响应变量集的主要统计指标如表 6-4 所示。

表 6-4 适合多响应变量集的主要统计指标

统 计 量	计算内容描述	默认标签	默认格式
RESPONSES	回答合计	响应	nnnn
ROWPCT. RESPONSES	行百分比。回答合计是分子，回答总计是分母	行 N%	nnnn.n%
COLPCT. RESPONSES	列百分比。回答合计是分子，回答总计是分母	列 N%	nnnn.n%
TABLEPCT. RESPONSES	表格百分比。回答合计是分子，回答总计是分母	表 N%	nnnn.n%
SUBTABLEPCT. RESPONSES	子表百分比。回答合计是分子，回答总计是分母	子表 N%	nnnn.n%
LAYERPCT. RESPONSES	层百分比。回答合计是分子，回答总计是分母	层 N%	nnnn.n%
LAYERROWPCT.RESPONSES	层中行百分比。回答合计是分子，回答总计是分母，子表中整行的百分比和为 100%	分层行 N%	nnnn.n%
LAYERCOLPCT.RESPONSES	层中列百分比。回答合计是分子，回答总计是分母，子表中整列的百分比和为 100%	分层列 N%	nnnn.n%

续表

统计量	计算内容描述	默认标签	默认格式
ROWPCT.RESPONSES.COUNT	行百分比。行的回答合计是分子，回答总计为分母	行响应%（基准：计数）	nnnn.n%
COLPCT.RESPONSES.COUNT	列百分比。列的回答合计是分子，回答总计为分母	列响应%（基准：计数）	nnnn.n%
TABLEPCT.RESPONSES.COUNT	表格百分比。表格的回答合计是分子，回答总计为分母	表计数%（基准：计数）	nnnn.n%
RESPONSES	分母	（基准：响应）	
SUBTABLEPCT.COUNT.RESPONSES	子表百分比。子表中的回答合计是分子，回答总计是分母	子表计数%（基准：响应）	nnnn.n%
LAYERPCT.COUNT.RESPONSES	层百分比。层中的回答合计是分子，回答总计是分母	层计数%（基准：响应）	nnnn.n%
LAYERROWPCT.COUNT.RESPONSES	行百分比。行中的回答合计是分子，回答总计是分母。整行（子表）的百分比和为100%	分层行计数%（基准：响应）	nnnn.n%
LAYERCOLPCT.COUNT.RESPONSES	列百分比。列中的回答合计是分子，回答总计是分母。整列（子表）的百分比和为100%	分层列计数%（基准：响应）	nnnn.n%
SUBTABLEPCT.RESPONSES.COUNT	子表百分比。子表的回答合计是分子，回答总计是分母	子表响应%（基准：计数）	nnnn.n%
LAYERPCT.RESPONSES.COUNT	计算层百分比。层的回答合计是分子，回答总计是分母	层响应%（基准：计数）	nnnn.n%
LAYERROWPCT.RESPONSES.COUNT	计算行百分比。行的回答合计是分子，回答总计是分母。整行（子表）的百分比和为100%	分层行响应%（基准：计数）	nnnn.n%
LAYERCOLPCT.RESPONSES.COUNT	计算列百分比。列的回答合计是分子，回答总计是分母。整行（子表）的百分比和为100%	分层列响应%（基准：计数）	nnnn.n%
ROWPCT.COUNT.RESPONSES	行百分比。行的回答合计是分子，回答总计是分母	行计数%（基准：响应）	nnnn.n%
COLPCT.COUNT.RESPONSES	列百分比。列中的回答合计是分子，回答总计是分母	列计数%（基准：响应）	nnnn.n%

（5）设定有关总计和小计的定制汇总统计。在"N%摘要统计"对话框中，勾选"有关总计和小计的定制摘要统计"复选框，在"统计"框中，选择相应的统计量，则可在探究窗口中自定义表格中的总计和小计（只有在"分类和总计"对话框中添加小计，并在"显示"栏中勾选"总计"复选框后才能看到）。

2）分类和总计

拖曳一个分类变量或多响应变量集到探究窗口，单击"定义"栏中的"类别和总计"按钮，进入"分类和总计"对话框，如图6-8所示。

① "显示"栏和"排除"框。"显示"栏中显示的是生成的表格中的分类变量的所有值和值标签。单击向上和向下移动变量按钮，可改变分类变量的值在表中的位置。若想生成的表格不包括某个分类值，可将其移入"排除"框中。

② "小计以及计算的类别"。如果需要计算部分分类变量的值小计，只需在"显示"栏中选择一个分类变量的值，单击"添加小计"按钮，在弹出的"定义小计"对话框（见图6-9）中设置标题，并单击"继续"按钮，小计项将插入"显示"栏中所选分类变量的值的下方，并在"值"列显示小计的范围。同样，单击"添加类别"按钮，弹出"定义已

计算类别"对话框,如图 6-10 所示。可在"计算的类别的标签"框中设置小计的标签,将需要自定义的计算类别以表达式的形式输入"计算的类别的表达式"框,如[1]+[3],表示计算第 1 类和第 3 类的小计。单击"继续"按钮,返回"分类和总计"对话框,小计项被插入到"显示"栏中所选分类变量的值的下方。单击"编辑"按钮,打开如图 6-9 所示的"定义小计"对话框,可对之前在此对话框中进行的设置进行修改。如果要移走添加的类别,只需选择相应类别后单击"删除"按钮即可。

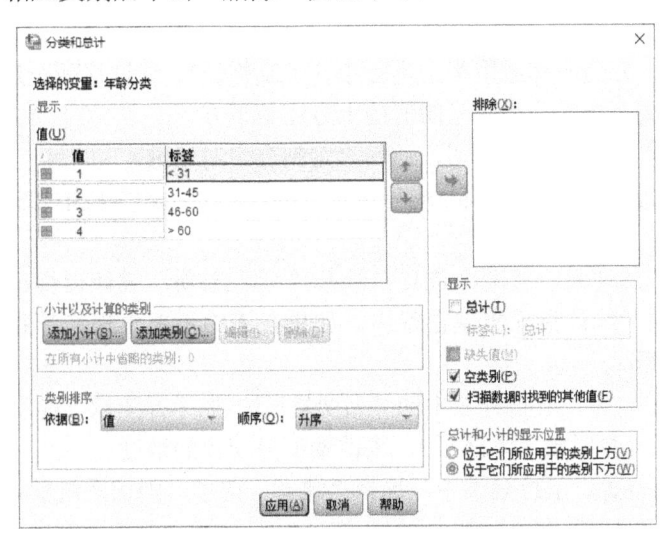

图 6-8 "分类和总计"对话框

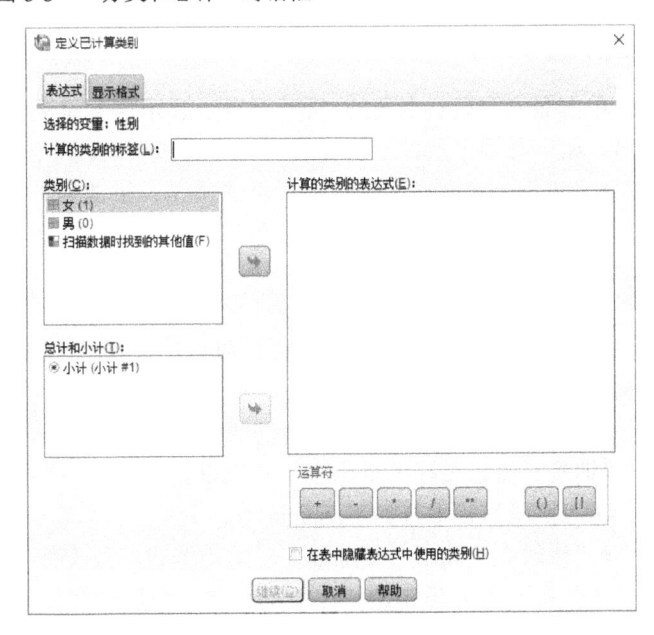

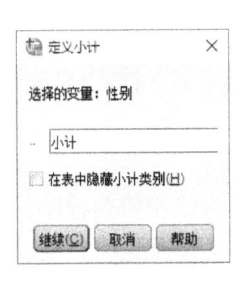

图 6-9 "定义小计"对话框   图 6-10 "定义已计算类别"对话框

③"类别排序"栏。在该栏中,在"依据"下拉列表中可选择排序依据。可选择的排序依据有值、标签或计数(单元格频数)。在"顺序"下拉列表中可选择是升序排序还是降序排序。

④ 右侧的"显示"栏。系统默认勾选"空类别"（频数为 0 的分类）复选框和"扫描数据时找到的其他值"复选框。如果勾选右侧"显示"栏中的"总计"复选框，则可以继续选择特殊分类总计的内容。"缺失值"复选框不可用。

⑤ "总计和小计的显示位置"栏。用该栏中的选项可以重新定义②中添加的小计项的统计范围。相对于被小计（或被总计）的所有分类变量的值的位置，若选择"位于它们所应用于的类别上方"单选按钮，则对②中添加的小计项所在位置下方的所有适用类别进行小计（或总计）；若选择"位于它们所应用于的类别下方"单选按钮，则对②中添加的小计项所在位置上方的所有适用类别进行小计（或总计）。通过这两个选项可指明所插入的小计项是在所要小计的分类变量的值的上方还是下方。

设置完成后单击"应用"按钮，返回"定制表"对话框。

⑥ 在"定制表"对话框"表"选项卡下方的"摘要统计"栏中选择统计指标出现的位置和维度。

- "位置"下拉列表中有两个选项：选择"列"选项，统计指标出现在列中；选择"行"选项，统计指标出现在行中。如果在表中不想出现统计指标，就勾选"隐藏"复选框。
- 可通过选择"源"下拉列表中的"列变量"选项、"行变量"选项、"层变量"选项（已设定层变量时激活本选项），来改变汇总统计的维度。

⑦ 在"类别位置"下拉列表中，选择"缺省"选项，则按系统默认格式显示；选择"列中的行标签"选项或"行中的列标签"选项，则按行分类值标签显示在列中或按行分类值标签显示在行中。

2. 层

单击探究窗口右上角的"层"按钮，显示层变量列表。多响应变量集被当作分类变量列出。如果有两个及以上层变量，可以通过下面两个选项中，确定层的构建方式。

- "将每个类别显示为一层"单选按钮：层数为分类数总和。
- "将每个类别组合显示为一层"单选按钮：层数为各层变量分类数的乘积。

6.2.2 表格中的统计检验

在"检验统计"选项卡中，可以对自定义表格中的变量进行不同的显著性统计检验，如图 6-11 所示。

（1）"列平均值和列比例"栏包括"检验"栏、"确定显著性差异"栏、"显著性水平"框、"调整 p 值以进行多重比较"复选框。

① "检验"栏中有如下两个选项。

- "比较列平均值"复选框。它适用于进行尺度变量的列平均值相等的检验。列中至少有一个分类变量和行中至少有一个尺度变量的表格可以选择此项。该表汇总统计中必须包含平均值。对于有序变量，估计所有类别或只比较需要对比的类别间平均值的差异。对于多响应变量，只对比较的类别进行平均值差异检验。
  - "仅根据比较的类别估算方差（对于多重响应变量始终执行）"复选框。对于多响应变量，可选此项，它只估计比较类别的方差。
- "比较列比例"复选框。列比例相等检验。它适用于分类变量。行和列中至少存在一个分类变量的表格可以选择此项。表中必须包含计数或列百分比。

图 6-11 "检验统计"选项卡

② "确定显著性差异"栏。对于列平均值和列比例检验，可在单独的表或主表中显示显著性结果。

- "在单独的表中"单选按钮。选择本选项，则显著性检验结果将显示在单独的表中。如果两个值之间存在显著性差异，那么较大值对应的单元格将显示关键字，这个关键字标识了较小值所在列。显著性的值显示在单元格中每个关键值后的括号中。
- "在主表中"单选按钮。如果想把显著性检验结果显示在主表中，就选择本选项。表中每个列类别使用字母关键字进行标识。对于每一个显著性对，具有较小列平均值或比例的类别关键字将显示在具有较大列平均值或比例的类别中。
  - "使用 APA 样式下标"复选框。若想使用 APA 样式（使用下标字母）标识显著性差异，则选择本选项。如果两个值之间有显著性差异，这些值将显示不同的下标字母。这些下标字母并非脚注。当此选项有效时，在当前表格外观中定义的脚注样式将被覆盖，并且脚注将显示为上标数字。

③ "显著性水平"框用于定义列平均值和列比例检验的显著性水平的数值。该数值必须大于 0 且小于 1。

如果在两个"显著性水平"框中分别指定了一个显著性水平，那么会使用大写字母来标识小于或等于较小级别的显著性值，使用小写字母标识小于或等于较大级别的显著性值。

若选择使用 APA 样式下标，则会忽略第二个值。

④ "调整 p 值以进行多重比较"复选框对应如下两个选项。

- "邦弗伦尼"单选按钮。选项本项，将用 Bonferroni 校正检验的 P 值。
- "Benjamini-Hochberg"单选按钮。选项本项，将用 Benjamini-Hochberg 方法对错误发生率进行调整，以校正检验的 P 值。

（2）"独立性检验（卡方）"复选框。行和列中至少有一个分类变量的表格可以选择此项进行独立性检验。可以通过"显著性水平"框，来指定检验的显著性水平，系统默认值为 0.05。

（3）系统默认勾选"将多重响应变量包括在检验中"复选框，如取消勾选本复选框，则多响应变量集变量不包含在显著性检验中。

（4）勾选"使用小计来代替小计类别"复选框，每个小计将替换类别，以用于显著性检验。否则，只有隐藏小计类别的小计才替换类别，以用于显著性检验。

6.3 标题与其他选项

6.3.1 定义表格标题

在"定制表"对话框中，单击"标题"选项卡，如图 6-12 所示。

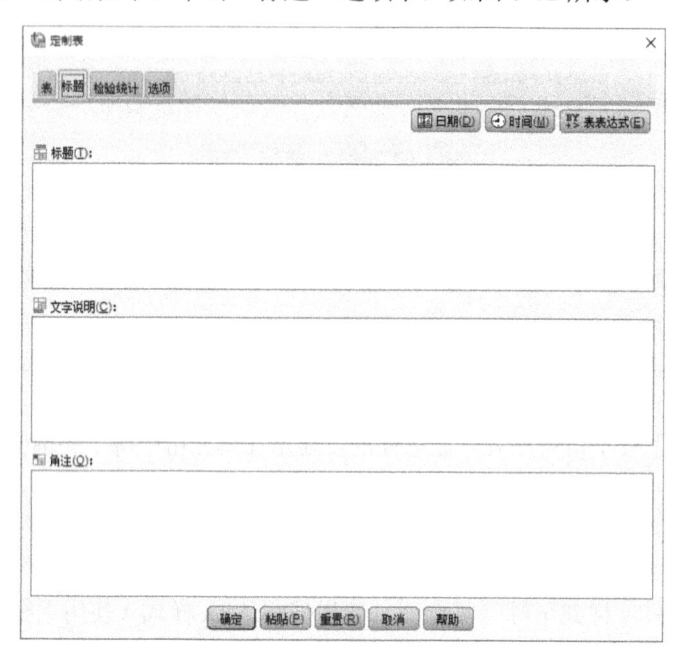

图 6-12 "标题"选项卡

（1）在"标题"框中输入表格的标题。

（2）在"文字说明"框中输入在表格下方和任何脚注上方显示的文本。

（3）在"角注"框中输入显示在表格左上角的说明文字。该说明文字只有当定义行变量且当基准行的维度标签已设置成嵌套时才显示。这不是默认表格外形的设置。

（4）插入当前日期、时间的方法是将光标移至"标题"框或"文字说明"框中，单击"标题"选项卡上方的"日期"按钮或"时间"按钮。

（5）"表表达式"按钮。若在"标题"框中插入此项标识，则产生的表格会在相应位置显示各变量在表格中的作用，如"+"表示堆栈变量；">"表示嵌套变量；"BY"表示交互变量或层变量。

6.3.2 定义表格选项

在"定制表"对话框中单击"选项"选项卡,如图 6-13 所示。

图 6-13 "选项"选项卡

(1)"数据单元格外观"栏。该栏用于定义空单元格及无法进行统计计算的单元格中显示的内容。

① "空单元格"选项。对计数为 0 的单元能选择显示零、空或文本。需要说明的是,文本的最大长度为 255 个字符。

② "无法计算的统计量"框。该框用于指定当指定的统计量不能计算时,如分类里没有样品的平均值,相应位置要显示的文字,字符数应小于或等于 255。默认用圆点表示。

(2)"数据列的宽度"栏。该栏用于定义数据列最小和(或)最大宽度。

① "TableLook 设置"单选按钮。该项表示使用默认的表格外观参数中的列宽度。

② "定制"单选按钮。该项用于指定最小列宽和最大列宽,以及使用的单位(磅、英寸或厘米)。

(3)"标度变量的缺失值"栏。该栏用于指定当有两个或更多尺度变量的表格定义计算尺度变量的统计指标时,有关缺失数据的处理方法,其中有两个选项。

① "最大限度使用可用的数据(按变量删除)"单选按钮。该选项表示在表格中主要统计指标的计算包含每个尺度变量具有有效值的所有观测。

② "在标度变量之间使用一致的个案库(成列删除)"单选按钮。该选项表示在表格中任意尺度变量的主要统计指标的计算剔除所有有缺失值的观测。

(4)"有效基数"栏。如果某个变量用来表示调整权重而非频数权重,那么可将此变量用作有效基数加权变量。该栏用于分析来自复杂样本的数据的方法基于有效基数的概念或有效样本量加权。通过有效基数加权变量,可以在涉及使用调整权重对来自简单随机抽样设计的数据进行特别调整的分析中,实现统计推断的近似处理。

① 有效基数权重会影响加权汇总统计的值及列平均值和列比例的显著性检验。

② 若对数据集进行了加权，则会忽略数据集中的加权变量，并且将使用有效基数加权变量对结果进行加权。

③ 有效基数加权变量必须为数值型变量。

④ 将从所有结果中排除具有负数权重值的观测、权重值为 0 的观测及空权重值的观测。

（5）"表样式"按钮。单击"表样式"按钮，打开如图 6-14 所示的"表样式"对话框。在这个对话框中，可以指定根据具体条件自动更改透视表属性。例如，可以将所有小于 0.05 的显著性值设置为粗体和红色。可以从"样式"对话框或从特定统计过程的对话框访问"表样式"对话框。支持"表样式"对话框的统计过程有双变量相关性、交叉表、定制表、描述、频率、Logistic 回归、线性回归和平均值。

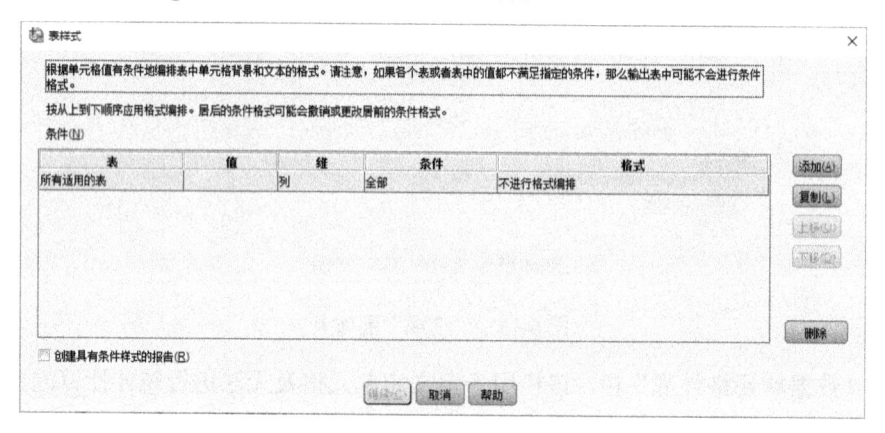

图 6-14　"表样式"对话框

①"表"列：应用于有条件的表格。如果通过"样式"对话框访问"表样式"对话框，"表"列只有"所有适用的表"选项。如果通过统计过程中的对话框访问"表样式"对话框，可以从过程特定表格的列表选择表格类型，列表中的可选项如下。

- 所有适用的表。
- 平均值的比较。
- 比例的比较。
- 定制表。
- 皮尔逊卡方检验。

②"值"列：此列为行标签值或列标签值，用于定义表中用来搜索符合条件的值的区域。可以从列表中选择值或输入值。列表中的值不受输出语言影响。列表中提供的值取决于表格类型。

- 计数：显示在标有频数、计数、个案数标签或等价标签的行或列的"值"列中。
- 平均值：显示在"平均值"标签或等价标签的行或列的"值"列中。
- 中位数：显示在"中位数"标签或等价标签的行或列的"值"列中。
- 百分比：显示在"百分比"标签或等价标签的行或列的"值"列中。
- 残差：显示在标有残差、剩余残差、标准剩余残差标签或等价标签的行或列的"值"

- 相关性：显示在标有校正 R 方、相关系数、相关、皮尔逊相关、R 方标签或等价标签的行或列的"值"列中。
- 显著性：显示在标有渐近显著性、渐近显著性（双尾）、精确显著性（单尾）、精确显著性（双尾）、显著性、显著性（单尾）、显著性（双尾）标签或等价标签的行或列的"值"列中。
- 所有数据单元格：包括所有数据单元格。

③ "维"列：指定搜索具有指定值标签的行或列。
④ "条件"列：指定要查找的条件。
⑤ "格式"列：指定要应用到符合条件的表单元格或区域的格式。
⑥ "添加"按钮：单击"添加"按钮可向列表添加一行。
⑦ "复制"按钮：单击"复制"按钮，复制选定行。
⑧ "上移"按钮和"下移"按钮：在列表中上移和下移选定行。行的顺序可能很重要，因为在后续行中指定的更改可能覆盖在先前行中指定的更改。
⑨ "创建具有条件样式的报告"复选框：勾选该复选框，在"查看器"窗口中显示更改的汇总表。如果通过统计过程中的对话框访问"表样式"对话框，那么本复选框可用。

（6）"对多个类别集的重复响应进行计数"复选框。该选项用于设定在默认情况下，是否计算重复应答的数量。勾选此复选框，将计算重复应答的数量。

（7）"隐藏较小的计数"复选框。在该选项下的框中输入一个正整数，以定义隐藏小于该整数值的计数。指定的整数必须大于或等于 2。系统默认值为 5。如果对数据集进行了加权处理，或者指定了有效基数加权变量，那么会使用加权值。

6.4 自定义表格实例

【例 1】 对不同性别、不同年龄的顾客进行调查，得到的他们的婚姻状况、生活方式和首选早餐的资料已汇总在数据文件 data06-01 中。基于该数据文件自定义表格。

（1）打开数据文件 data06-01，按"分析→表→定制表"顺序单击，打开"定制表"对话框。

（2）将性别变量拖曳到"行"下，将年龄段变量拖曳并嵌套在性别变量下，将婚姻状况变量拖曳并嵌套在年龄段变量下，将生活方式变量和首选早餐变量拖曳到"列"下。

（3）单击"标题"选项卡，在"标题"框中输入表题"不同性别、年龄、婚姻状况的生活方式和首选早餐的统计表"；将光标移到"文字说明"框中，单击"日期"按钮和"时间"按钮。设置"文字说明"为制表时的计算机系统的时间。

（4）单击"检验统计"选项卡，勾选"独立性检验（卡方）"复选框。对表格的列变量的分类进行独立性的卡方检验。

（5）在"选项"选项卡中，取消勾选"隐藏较小的计数"复选框。

（6）单击"确定"按钮，运行程序，在"查看器"窗口中得到如表 6-5 和表 6-6 所示的输出结果。

表 6-5　频数分布表

不同性别、年龄、婚姻状况的生活方式和首选早餐的统计表

性别	年龄分类	婚姻状况	生活方式 不活动 计数	生活方式 活动 计数	首选早餐 早餐吧 计数	首选早餐 麦片 计数	首选早餐 谷类 计数
男	<31	未婚	18	26	25	0	19
		已婚	14	27	15	0	26
	31-45	未婚	10	14	13	2	9
		已婚	33	40	26	12	35
	46-60	未婚	5	13	5	7	6
		已婚	60	35	16	37	42
	>60	未婚	31	9	4	27	10
		已婚	65	23	0	70	18
女	<31	未婚	15	33	27	1	20
		已婚	23	25	17	3	28
	31-45	未婚	12	16	17	1	10
		已婚	34	47	34	9	38
	46-60	未婚	19	5	7	10	7
		已婚	55	39	11	43	40
	>60	未婚	49	27	10	47	19
		已婚	31	26	9	41	12

表 6-5 反映了不同性别、不同年龄、不同婚姻状况的人的生活方式和首选早餐的人数。

表 6-6 是皮尔逊卡方检验表，表中列出了不同性别、不同年龄、不同婚姻状况的人的生活方式和首选早餐两个变量各项间的独立性检验，各组数据中第一个数据是卡方值；第二个数据是自由度；第三个数据是在零假设为真的前提下，出现目前统计量值或更加极端值的概率，即在接受备选假设时，准备犯错误的概率，该值小于 0.05，说明在该性别、年龄、婚姻状况下生活方式和首选早餐的各项间有差异，其余类推。需要注意的是，本例由于超过 20%的期望单元格计数小于 5，因此在进行独立性检验时最好改用精确检验法。

表 6-6　皮尔逊卡方检验

皮尔逊卡方检验

性别	年龄分类	婚姻状况		生活方式	首选早餐
男	<31	婚姻状况	卡方	.414	3.487
			自由度	1	1
			显著性	.520	.062[b]
	31-45	婚姻状况	卡方	.092	2.802
			自由度	1	2
			显著性	.762	.246
	46-60	婚姻状况	卡方	7.752	1.395
			自由度	1	2
			显著性	.005*	.498
	>60	婚姻状况	卡方	.045	9.482
			自由度	1	2
			显著性	.832	.009*,[b]
女	<31	婚姻状况	卡方	2.788	4.606
			自由度	1	2
			显著性	.095	.100[b]
	31-45	婚姻状况	卡方	.007	3.443
			自由度	1	2
			显著性	.935	.179
	46-60	婚姻状况	卡方	3.488	4.754
			自由度	1	2
			显著性	.062	.093
	>60	婚姻状况	卡方	1.383	1.885
			自由度	1	2
			显著性	.240	.390

结果基于每个最内部子表的非空行和列。

*. 卡方统计在 .05 级别显著。

b. 在此子表中，20% 以上的单元格期望单元格计数小于 5，卡方结果可能无效。

6.5 多响应变量

6.5.1 多响应变量的概念与分类

1. 多响应变量的概念

一般情况下,在实验研究中,测定的每个被试对象的尺度变量,尤其是名义变量或有序变量有且只有一个测定值。但在调查研究中,尤其是在问卷调查的多项选择题中,经常会遇到一名被调查者对一个问题的响应不总是只有一项,而是有多项,甚至全部的情况。

例如,当问到"您喜欢什么颜色?"时,被调查者既喜欢红色,又喜欢蓝色和绿色。如果让被调查者按喜欢程度排顺序,被调查者的回答是,"红色第一,蓝色第二,绿色第三"。这就构成了对一个问题(变量)的多个选择(响应)。称这种问题为多项选择题(又称多选题)。这是在市场研究或许多领域对某事物评价的研究中经常遇到的问题。这种对于同一个问题中有多种结果的方式称为多重响应。描述多重响应的变量称为多重响应变量或多响应变量。

2. 多响应变量的分类与编码

多响应变量的分类取决于对问题的设计,以及对数据的整理和数据文件的建立。

1)多响应二分变量集及其编码

下述问题是典型的多项选择题。

请您在喜欢的服装颜色编号上画"✓"(可多选)。

①红色 ②橙色 ③黄色 ④绿色 ⑤青色 ⑥蓝色 ⑦紫色 ⑧黑色 ⑨白色

对于这样的多项选择题,应答者不只在一个选项上做出响应,为便于在 SPSS 中对应答结果进行分析,一般在建立数据文件时,将多项选择题的问题分解为多个二选一的单选题。上述问题可以等价地演变成如表 6-7 所示的单选题形式。

请您在喜欢的服装颜色前的"□"中画"✓"(可多选)。

表 6-7 服装颜色问卷

编 号	调查内容	选 项	
1	您喜欢红色吗	□ 是	□ 否
2	您喜欢橙色吗	□ 是	□ 否
3	您喜欢黄色吗	□ 是	□ 否
4	您喜欢绿色吗	□ 是	□ 否
5	您喜欢青色吗	□ 是	□ 否
6	您喜欢蓝色吗	□ 是	□ 否
7	您喜欢紫色吗	□ 是	□ 否
8	您喜欢黑色吗	□ 是	□ 否
9	您喜欢白色吗	□ 是	□ 否

当用变量来表示二选一的单选题的响应结果时,每个变量的值只有表示"是"和"否"的两个编码。这样的变量称为二分变量。在建立数据文件时,变量名由相同的主变量名加不同序号组成,以便分析和整理时识别。对于上述问题,9 个变量名是 color1~color9。

编码规则为回答"是",变量值为 1;回答"否",变量值为 0;其他值为缺失值。

由此,不难得出对多项选择题设置变量时,可将其分解成若干个简单的单选题,要用数量与题中选项数相等的变量来存放该题的响应数据。显而易见,这些变量均为二分(值)变量,一般用值"0"表示未选择该项,用值"1"表示选择该项。若要对该题调查结果进行完整描述,需要将这些二分变量组合在一起形成一个新变量。因此多响应二分变量集实际上是由若干个二分变量组成的变量集。

2)多响应分类变量集及其分析方法

在多项选择题中,研究者只对被调查者在选项上的分布情况感兴趣。在实际研究中,研究者还可能对被调查者对选项喜好的先后顺序感兴趣。

例如,作为服装主体颜色,您可以选择最喜欢的 3 种,在选项前的〇中填写喜欢的顺序号(最喜欢的为①,其次为②、③)。

〇 红　　〇 橙　　〇 黄　　〇 绿　　〇 青
〇 蓝　　〇 紫　　〇 黑　　〇 白　　〇 说不清

在这个问题中,每个问题可以有 3 个答案。在建立数据文件时,要建立 3 个变量,即 color1、color2、color3,表示被调查者按喜欢程度选择的 3 种颜色。响应变量的值按填写的顺序值编码,即编码 A 表示选择红色,编码 B 表示选择橙色,编码 C 表示选择黄色,……,编码 I 表示选择白色,编码 J 表示说不清。如果选择结果为①黑、②红、③蓝,则变量 color1 的值为 H,变量 color2 的值为 A,变量 color3 的值为 F。当然也可以使用数字来编码。

若要求被调查者对上述 9 种颜色(去掉"说不清"选项)按喜好程度进行排序,则需要建立 9 个变量,每个变量有 9 个可能的回答,需要用 9 个编码表示。

这类问题与多项选择题类似,习惯上将其称为排序题,需要建立的变量数等于需要排序的项数。由于每个变量可取的编码数为选项数,通常大于 2,为与二分变量有所区别,称这样的变量为分类变量。因此,多响应分类变量集是由若干个分类变量组成的变量集。每个分类变量都有两个以上的值作为被调查者的应答。这些分类变量共同反映了被调查者对问题的看法。

3)解决多响应问题的 SPSS 过程

无论多项选择题还是排序题,每个大问题都包含若干个子问题,因此如果使用单个变量进行分析肯定是不全面的,在 SPSS 中首先将每个问题的若干个答案组成一个综合变量,即多响应变量集,习惯上也称为多重应答变量集,然后对综合变量的各种取值进行分析。

对多响应变量集的建立及分析可在 SPSS 中通过"分析"菜单中的"多重响应"菜单项中的各项功能实现,如图 6-15 所示。

① 定义变量集过程:用来定义并建立多响应二分变量集或多响应分类变量集。

图 6-15 "多重响应"菜单项

② 频数过程（注：汉化为"频率"，不妥）：对多响应二分变量集和多响应分类变量集进行频数分布分析。

③ 交叉表过程：对多响应二分变量集、多响应分类变量集与其他变量集或原始变量进行交叉表分析。

多响应二分变量集或多响应分类变量集也可以使用表格功能进行分析。先用"分析"菜单中的"表"命令中的多响应变量集过程（见图6-1）来建立多响应二分变量集或多响应分类变量集，再利用表格功能中的统计分析功能得到更丰富的统计量和统计分析结果。

值得一提的是，无论定制表过程，还是"分析"菜单中的"多重响应"命令中的频数过程和交叉表过程均不支持对多响应变量集进行显著性检验。

此外，调用这两个过程建立的多响应变量集互不兼容，即在"表"命令下建立的多响应变量集只能在"表"命令下使用，在"多重响应"命令下定义的多响应变量集只能在"多重响应"命令下使用。尽管两者建立多响应变量集的界面和操作过程很相似。为节省篇幅，下文只对如图6-15所示的定义多响应变量集的过程进行介绍。

6.5.2 定义与建立多响应变量集

定义多响应变量集是对多项选择题进行分析的必要步骤，必须把一组反映同一问题的多个响应变量组合在一个变量集中，方法如下。

（1）按"分析→多重响应→定义变量集"顺序单击，打开"定义多重响应集"对话框，如图6-16所示。

图6-16 "定义多重响应集"对话框

（2）在"集合定义"栏里选择属于同一个问题的多个响应变量，单击向右移动变量按钮送入"集合中的变量"框内，再根据"集合中的变量"框内的变量定义多响应变量集。

（3）在"变量编码方式"栏内定义这组变量的编码方式。

① "二分法"单选按钮。若所选变量是回答"是""否"的题目，则选择此项，并在"计数值"框内输入想进行计数的答案编码。若要对回答"是"的观测进行计数，并且在

数据文件中对于每个问题选择"是"使用的编码为"1",则在"计数值"框中输入"1"。

②"类别"单选按钮。若选择的每个变量的回答是表示赞同顺序的数字,则选择此项,并在其后的两个框内输入要分析的变量的取值范围。

(4)在"名称"框内为变量集命名。

(5)在"标签"框内输入变量集的标签。

(6)单击"添加"按钮将定义好的变量集名及其标签送入右面的"多重响应集"框内,命名的多响应变量集前自动加"$",以区别于一般变量。

(7)重复进行上述操作,定义多个多响应变量集。定义完成后,单击"关闭"按钮。

需要注意的是,使用以上功能菜单和上述方法定义的多响应变量集只能在如图 6-15 所示的二级菜单的各项中使用,不可以在定制表过程中使用。按上述方法定义的多响应变量集可以对其进行频数分布分析和交叉表分析。

6.5.3 多响应变量集的频数分布分析

多响应变量集的频数分布分析操作很简单,下面举例说明。

一项对公务员的营养、运动及心理健康的调查,除记录了被访者的性别、年龄外,还有如下问题和供选择的答案。

问题:您一般在晚饭后做什么?(可多选)

供选择的答案:A. 看电视,B. 睡觉,C. 轻微活动,D. 打牌,E. 散步,F. 其他(如看电影、跳迪斯科舞、加班、应酬等)。

6.5.3.1 多响应二分变量集的频数分布分析

【例 2】 根据答案建立 6 个变量 V101~V106,选择的变量值编码为"1",未选择的变量值编码为"0",见数据文件 data06-02。

按 6.5.2 节介绍的方法建立多响应变量集,变量标签为"晚饭后活动"。

1. 使用"多重响应"菜单下的"频率"命令进行频数分布分析的步骤

(1)按"分析→多重响应→频率"顺序单击,打开"多响应频率"对话框,如图 6-17 所示。

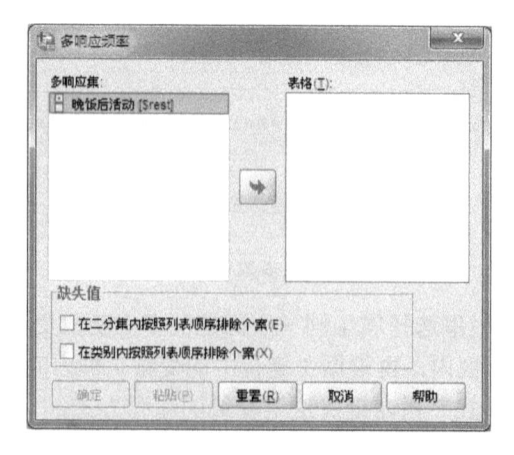

图 6-17 "多响应频率"对话框

（2）在"多响应频率"对话框中，已经定义的变量集显示在左面"多响应集"框中，选择要进行频数分布分析的变量集，本例只有一个，并将其送入右面的"表格"框。

（3）在"缺失值"栏中选择处理缺失值的方法。

- "在二分集内按照列表顺序排除个案"复选框：将多响应二分变量集中任意一个变量值缺失的观测从分析中剔除。只有当多响应变量集的所有组成变量是二分变量时，才可以选择此项。系统默认只剔除多响应变量集中的所有变量都没有计数值的观测。也就是说，若观测在多响应二分变量集中至少有一个变量包括计数值，那么该观测就会被计入频数分布表中。
- "在类别内按照列表顺序排除个案"复选框：将多响应分类变量集中因任意一个变量值不在定义范围内而被认为是缺失值的观测从分析中剔除。只有当多响应变量集的所有组成变量是分类变量时才可以选择此项。系统默认当一个观测的组成多响应分类变量集的所有变量没有一个变量的值包括在定义的范围内时，该观测才被认为是缺失的，要从分析中剔除。

显然，无论多响应二分变量集还是多响应分类变量集，默认的处理方法的数据利用率都较高。

2．输出结果及说明

（1）表 6-8 所示为观测小结。由表 6-8 可知有效观测共 513 个，占 95.7%；缺失值观测就是在多响应二分变量集中的变量没有一个值是"1"的观测，都为"0"或有"0"和"1"以外的值，这样的观测有 23 个，占 4.3%。

（2）表 6-9 所示为多响应二分变量集的频数分布表。

① 建立的多响应变量集名为$rest，标签为晚饭后活动。表 6-8 和表 6-9 中显示的都是变量标签。

表 6-8　观测小结

	个案摘要					
	个案					
	有效		缺失		总计	
	个案数	百分比	个案数	百分比	个案数	百分比
$晚饭后活动[a]	513	95.7%	23	4.3%	536	100.0%

a. 使用了值"1"对二分组进行制表。

表 6-9　多响应二分变量集的频数分布表

		$晚饭后活动频率		
		响应		个案百分比
		个案数	百分比	
$晚饭后活动[a]	看电视	381	50.3%	74.3%
	睡觉	57	7.5%	11.1%
	轻微活动	127	16.8%	24.8%
	打牌	18	2.4%	3.5%
	散步	174	23.0%	33.9%
总计		757	100.0%	147.6%

a. 使用了值"1"对二分组进行制表。

② 标注 a 说明表 6-8 和表 6-9 中的数是计数值为"1"的频数。

③ "响应"列的单元格中的数是各变量响应的观测数和占响应为"1"的总数的百分比。

④ "个案数"列的值对应左边变量值为 1 的发生频数，总和为 757，因为允许多选所以大于总观测数 536（其中有 23 个缺失值、513 个有效值）。757 为响应为"1"的总数。

⑤ "百分比"列说明"个案数"列的频数占总响应数 757 的百分比。总计百分比为 100%。

⑥ "个案百分比"列说明"个案数"列的频数占总有效观测数 513 的百分比。"总计"行中的"个案百分比"值是 757 占总有效观测数 513 的百分比，大于 100%。

从表 6-9 中可以看出，晚饭后看电视的人的比例大大超过进行其他活动的人的比例，进行散步或做轻微活动的人的比例相对较少。这对健康是不利的，应该引起重视。

6.5.3.2 多响应分类变量集的频数分布分析

【例 3】 使用与例 1 相似的例题，如果问题是，按照您的习惯选择 3 种晚饭后的主要活动，并按频率排列顺序。例如，频率最高的活动是晚饭后看电视，其次是散步，有时打打牌，应该在看电视前填写"1"，在散步前填写"2"，在打牌前填写"3"。

○ 看电视　　○ 睡觉　　○ 轻微活动
○ 打牌　　　○ 散步　　○ 其他（如看电影、跳迪斯科舞、加班、应酬等）

1．建立数据文件

相关数据见数据文件 data06-03。变量 vv1～vv3 分别表示第一选择到第三选择。

2．对数据进行频数分布分析

频数分布分析的方式有两种。

1）对 3 个变量分别进行频数分布分析

① 按"分析→描述统计→频率"顺序单击，打开"频率"对话框。

② 在"频率"对话框中，将 vv1、vv2、vv3 三个变量送入右面的"变量"框，并勾选"显示频率表"（注：应译为"显示频数分布表"）复选框，要求输出频数分布表。

③ 单击"图表"按钮，在"图表类型"栏中选择"饼图"单选按钮；在"图表值"栏中选择"百分比"单选按钮，要求用百分比标注饼图的各分块。单击"继续"按钮，返回"频率"对话框，单击"确定"按钮，在"查看器"窗口中得到运行结果。

④ 输出结果如表 6-10～表 6-13 和图 6-18～图 6-20 所示。

表 6-10 观测统计表

统　计		第一选择	第二选择	第三选择
个案数	有效	532	497	274
	缺失	4	39	262

表 6-10 所示为观测统计表，显示了每种选择的有效观测数和缺失观测数。

通过第一选择频数分布表（见表 6-11）和第一选择的饼图（见图 6-18）（注：在饼图上标注百分比的操作为在"查看器"窗口中双击饼图，进入图表编辑窗口，右击，在弹出的右键快捷菜单中选择"显示数据标签"命令）可以得出如下结论。

表 6-11　第一选择频数分布表

第一选择

		频率	百分比	有效百分比	累积百分比
有效	看电视	281	52.4	52.8	52.8
	睡觉	11	2.1	2.1	54.9
	轻微活动	90	16.8	16.9	71.8
	打牌	5	.9	.9	72.7
	散步	125	23.3	23.5	96.2
	其他	20	3.7	3.8	100.0
	总计	532	99.3	100.0	
缺失	系统	4	.7		
总计		536	100.0		

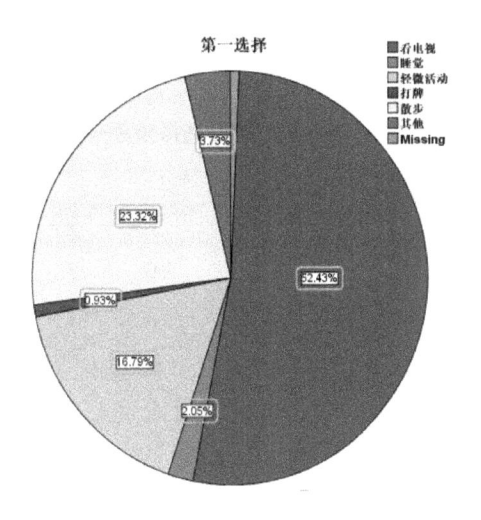

图 6-18　第一选择的饼图

- 52.43%的被调查者晚饭后活动的第一选择是看电视，这是他们频率最高的活动方式。由此可知看电视在人们晚饭后活动中占有很重要的地位。看电视是大多数人的首选活动。
- 被调查者中有 23.32%将散步作为第一选择，有 16.79%将轻微活动作为第一选择。进行轻微活动和散步的人总和约占 40.1%，说明有相当一部分人重视晚饭后的活动。
- 进行打牌、睡觉和其他活动的人占比很小，总和不到 10%。

从第二选择频数分布表（见表 6-12）和第二选择的饼图（见图 6-19）中可以看出，第二选择为看电视和散步的百分比相当，进行轻微活动的人的占比较大。

表 6-12　第二选择频数分布表

第二选择

		频率	百分比	有效百分比	累积百分比
有效	看电视	158	29.5	31.8	31.8
	睡觉	45	8.4	9.1	40.8
	轻微活动	70	13.1	14.1	54.9
	打牌	28	5.2	5.6	60.6
	散步	158	29.5	31.8	92.4
	其他	38	7.1	7.6	100.0
	总计	497	92.7	100.0	
缺失	系统	39	7.3		
总计		536	100.0		

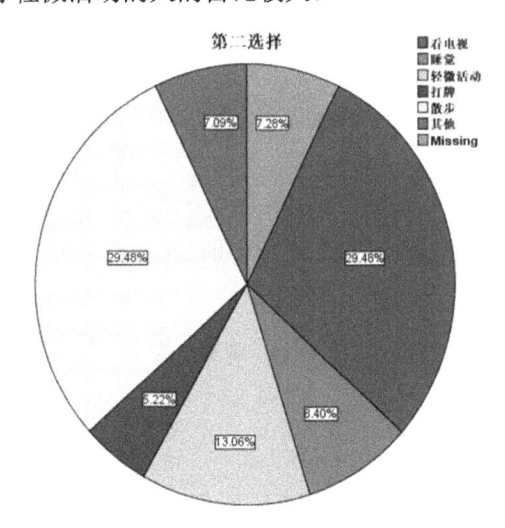

图 6-19　第二选择的饼图

由第三选择频数分布表（见表 6-13）和第三选择的饼图（见图 6-20）可知，将近一半的被调查者没有任何选择。也就是说，近 50%的人每天晚饭后经常安排两项活动。

表 6-13　第三选择频数分布表

第三选择

		频率	百分比	有效百分比	累积百分比
有效	看电视	46	8.6	16.8	16.8
	睡觉	43	8.0	15.7	32.5
	轻微活动	68	12.7	24.8	57.3
	打牌	40	7.5	14.6	71.9
	散步	36	6.7	13.1	85.0
	其他	41	7.6	15.0	100.0
	总计	274	51.1	100.0	
缺失	系统	262	48.9		
总计		536	100.0		

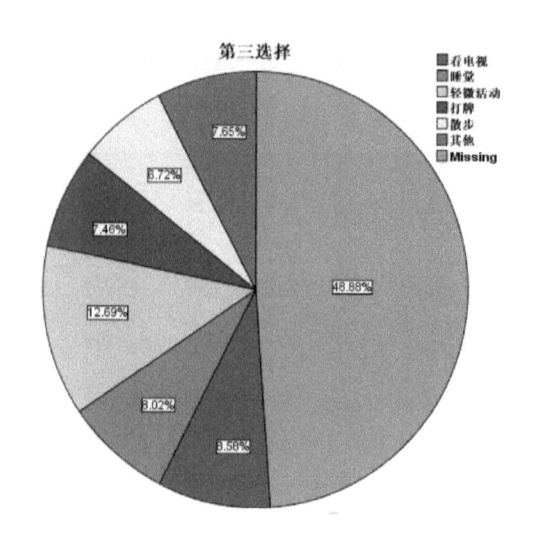

图 6-20　第三选择的饼图

如果想分析晚饭后看电视、散步等活动的总计百分比，就应该建立多响应分类变量集，并对变量集进行频数分布分析。

2）建立多响应分类变量集，对该变量集进行频数分布分析

① 建立多响应分类变量集。

- 按"分析→多重响应→定义变量集"顺序单击，打开"定义多重响应集"对话框，将变量 vv1、vv2、vv3 送入"集合中的变量"框内。
- 在"变量编码方式"栏中选择"类别"单选按钮，在其后的框中输入变量 vv1、vv2、vv3 的取值范围，最小值为 1，最大值为 6。
- 在"名称"框中输入多响应分类变量集名 rest，在"标签"框中输入"晚饭后的活动"。单击"添加"按钮，将变量名送入右面的"多重响应集"框内，单击"关闭"按钮。

② 进行频数分布分析。

- 按"分析→多重响应→频率"顺序单击，打开"多响应频率"对话框，将多响应分类变量集$rest 送入"表格"框。
- 单击"确定"按钮，在"查看器"窗口中得到频数分布表；运行结果如表 6-14 和表 6-15 所示。

表 6-14　观测小结

个案摘要

	个案					
	有效		缺失		总计	
	个案数	百分比	个案数	百分比	个案数	百分比
$rest[a]	533	99.4%	3	0.6%	536	100.0%

a. 组

表 6-15　多响应分类变量集的频数分布表

$rest 频率

		响应		个案百分比
		个案数	百分比	
晚饭后的活动[a]	看电视	485	37.2%	91.0%
	睡觉	99	7.6%	18.6%
	轻微活动	228	17.5%	42.8%
	打牌	73	5.6%	13.7%
	散步	319	24.5%	59.8%
	其他	99	7.6%	18.6%
总计		1303	100.0%	244.5%

a. 组

③ 结果解释。

表 6-14 所示为观测小结。由表 6-14 可知，共有 533 个有效观测参与分析，占全部观测的 99.4%；缺失值有 3 个，占全部观测的 0.6%。

表 6-15 所示为多响应分类变量集的频数分布表。

- 从左向右数第 2 列是组成多响应变量集的 3 个变量 vv1、vv2、vv3 共同使用的 6 个值标签。
- 第 3 列"个案数"是多重响应分类变量取值 1~6 的总频数，即 3 个原始变量取各编码值的总计频数。
- "个案数"列总响应是 1303。
- 第 4 列"百分比"中的值是同行对应"个案数"值占总响应 1303 的百分比。
- 第 5 列"个案百分比"中的值是同行对应的"个案数"值占总有效观测的百分比。因为每个被调查者都有可能选择 2 个或 3 个答案，所以此值会大于 100%。

根据表 6-15 第 4 列数据可以看出，晚饭后经常看电视的人数占活动总数（总响应数）的 37.2%，散步和轻微活动的百分比分别为 24.5%和 17.5%。说明这 3 项活动是公务员晚饭后生活的主要内容。轻微活动与散步总数占 42%比看电视的总计百分比要大，说明公务员比较重视身体健康。而其他活动（编码为 6）只占 7.6%，说明公务员晚饭后活动单调。

应该说明的是，该问题调查使用的答案是经过初步调查设计的，答案很少，虽然排列了第一选择、第二选择、第三选择，但由于大多数人晚饭后的活动单调，所以对 3 个变量的分析和对多响应分类变量集的频数分布分析的结果大体一致，没有体现出多响应变量频数分布分析的特点。这里仅作为一种方法加以介绍。

6.5.4 多响应变量集的交叉表分析

6.5.4.1 多响应变量集交叉表分析过程

多响应变量集交叉表分析的步骤如下。

（1）按"分析→多重响应→交叉表"顺序单击，打开"多重响应交叉表"对话框，如图 6-21 所示，左上栏中显示了数据文件中的所有数值型变量，下面栏中显示了定义好的多响应变量集。

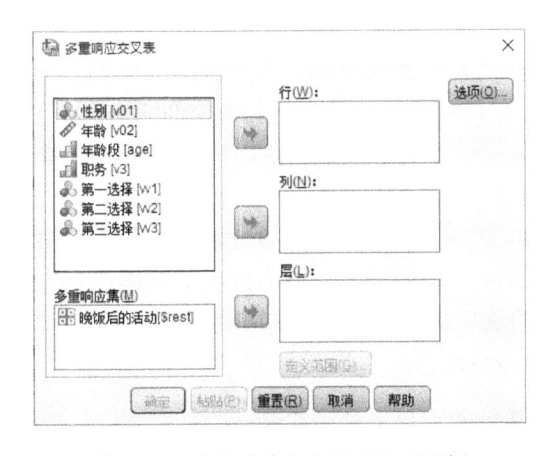

图 6-21 "多重响应交叉表"对话框

（2）可以选择多响应变量集作为行变量送入"行"框；若作为列变量，则送入"列"框；若作为层变量，则送入"层"框。

（3）可以选择基本变量作为交叉表的行变量、列变量、层变量，并送入相应的框。对于基本变量，无论在交叉表中处于什么位置，在选择并送入相应的框中后都需要定义它们在交叉表中的取值范围。

（4）在"行"框、"列"框、"层"框中，选择要定义分析范围的基本变量，单击"定义范围"按钮，打开"多重响应交叉表：定义范围"对话框，如图 6-22 所示。在"最小值"框中输入所选变量的分类的最小值，在"最大值"框中输入所选变量的分类的最大值。最小值和最大值的选择可以不涵盖全部分类值。处于范围内的分类值将出现在交叉表中。

（5）单击"选项"按钮，打开"多重响应交叉表：选项"对话框，如图 6-23 所示，指定输出选项。

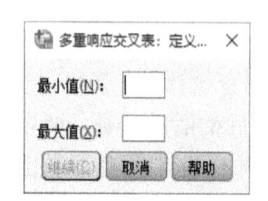

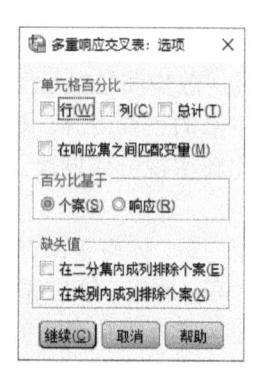

图 6-22　"多重响应交叉表：定义范围"对话框　　图 6-23　"多重响应交叉表：选项"对话框

① 在"单元格百分比"栏内选择交叉表的单元格内显示哪些统计量，可选择输出行百分比、列百分比、总计百分比。

②"在响应集之间匹配变量"复选框：仅对多响应分类变量集可用。该复选框用于确定输出的交叉表中的对应关系。两个多响应分类变量集中的第一个变量集中的第一个变量与第二个变量集中的第一个变量作为一对，第一个变量集中的第二个变量与第二个变量集中的第二个变量作为一对，等等。当勾选此复选框时，单元格中的百分比的基数是总响应数，而不是被调查者总数。此时，该选项下面的"百分比基于"栏中只有"响应"单选按钮是可以选择的，而且是默认选择的。

③ 在"百分比基于"栏中选择如下两个选项中的一个。

- "个案"单选按钮：交叉表中各单元格中的百分比的计算基数是观测数，即被调查者数。
- "响应"单选按钮：交叉表中各单元格中的百分比的计算基数是总响应数。由于是多项选择题，因此在一般情况下总响应数大于被调查者数。

④"缺失值"栏中的选项的含义与"多响应频率"对话框中"缺失值"栏中各项的含义相同，见 6.5.3.1 节的相关内容。

6.5.4.2　多响应二分变量集的交叉表分析实例

【例 4】以数据文件 data06-02 中的数据为例进行说明。分析 50 岁以下各年龄段的人饭后做什么。数据文件 data06-02 中记录年龄数据,为了分析,先根据年龄变量 V2 生成年龄段变量 age。利用"转换"菜单中的"计算变量"命令,按下列原则将年龄变量分段。

- if V2<=17 then age=0;不参与分析没有定义值标签,可以当作缺失值处理。
- if 17<V2<=30 then age=1;值标签为"<=30";在以下叙述中称之为 30 岁及以下。
- if 30<V2<=40 then age=2;值标签为"31~40"。
- if 40<V2<=50 then age=3;值标签为"41~50"。
- if V2>50 then age=4;值标签定义为">50"。

使用多响应变量分析功能进行交叉表分析

(1)进行交叉表分析的步骤如下。

先定义多响应二分变量集$rest,方法见 6.5.2 节,然后进行如下操作。

① 按"分析→多重响应→交叉表"顺序单击,打开"多重响应交叉表"对话框。
② 做二维交叉表,选择年龄段变量 age,将其送入"行"框。
③ 单击"定义范围"按钮,将最小值设为"1",将最大值设为"3"。
④ 选择多响应二分变量$rest,将其送入"列"框。
⑤ 单击"选项"按钮,在"单元格百分比"栏中勾选"行"复选框、"列"复选框、"总计"复选框,要求每个单元格除显示单元格频数外,还显示行百分比、列百分比和总计百分比。

由于多响应变量集是由若干个二分变量组成的,因此不能勾选"在响应集之间匹配变量"复选框。由于计算百分比的基数是观测数,因此选择"百分比基于"栏中的"个案"单选按钮。

单击"继续"按钮返回"多重响应交叉表"对话框。

单击"确定"按钮,运行后,重复上述过程。不同之处为在"多重响应交叉表:选项"对话框的"百分比基于"栏中选择"响应"单选按钮。

(2)输出结果如表 6-16~表 6-18 所示。

(3)结果解释。

表 6-16 所示为观测小结,注意凡是没有包含在分析范围之内的观测,如小于 17 岁的和大于 50 岁的,都被计数在缺失值内。因此有效值有 456 个,占总观测的 85.1%,缺失值有 80 个。

表 6-16 观测小结

个案摘要

	个案					
	有效		缺失		总计	
	个案数	百分比	个案数	百分比	个案数	百分比
age*$晚饭后活动	456	85.1%	80	14.9%	536	100.0%

表 6-17 所示为以总观测数为百分比基数的交叉表。表 6-17 中的值标签对应的单元格中的数据自上至下为该单元格的频数、行百分比、列百分比、总计百分比。以左上角第一个单元格为例,进行解释。该单元格表示 30 岁及以下的人晚饭后看电视的有 63 人,占这个年龄段 93 人的 67.7%,占晚饭后看电视总人数(三个年龄段)337 人的 18.7%,占三

个年龄段总人数 456 人的 13.8%。

表 6-17 以总观测数为百分比基数的交叉表

age*$晚饭后活动 交叉表

			$晚饭后活动[a]					
			看电视	睡觉	做轻微活动	打牌	散步	总计
年龄段	<=30	计数	63	9	27	5	33	93
		占 age 的百分比	67.7%	9.7%	29.0%	5.4%	35.5%	
		占 $晚饭后活动 的百分比	18.7%	18.4%	22.7%	29.4%	22.3%	
		占总计的百分比	13.8%	2.0%	5.9%	1.1%	7.2%	20.4%
	31~40	计数	127	19	42	5	51	170
		占 age 的百分比	74.7%	11.2%	24.7%	2.9%	30.0%	
		占 $晚饭后活动 的百分比	37.7%	38.8%	35.3%	29.4%	34.5%	
		占总计的百分比	27.9%	4.2%	9.2%	1.1%	11.2%	37.3%
	41~50	计数	147	21	50	7	64	193
		占 age 的百分比	76.2%	10.9%	25.9%	3.6%	33.2%	
		占 $晚饭后活动 的百分比	43.6%	42.9%	42.0%	41.2%	43.2%	
		占总计的百分比	32.2%	4.6%	11.0%	1.5%	14.0%	42.3%
总计		计数	337	49	119	17	148	456
		占总计的百分比	73.9%	10.7%	26.1%	3.7%	32.5%	100.0%

百分比和总计基于响应者。

a. 使用了值 1 对二分组进行制表。

最右列各值标签对应的单元格中第一个数值是该行总观测数，第二个数值是该行总观测数占总观测数的百分比。例如，30 岁及以下的人数为 93（注意因为允许有多项选择，所以并不等于该行中各单元格的计数之和），这个年龄段的 93 人占总人数 456 的比例为 20.4%。

表 6-17 倒数第二行"计数"为各列总观测数，就是该列各值标签对应的单元格中"计数"单元格的总和；倒数第一行"占总计的百分比"是列观测数占总观测数的百分比。例如，晚饭后看电视的有 337 人，占总观测数 456 的百分比为 73.9%。

倒数第二行右下角单元格中显示的是总观测数 456。

注意：由于交叉表中的列变量是多响应二分变量，因此倒数第二行右下角单元格中的总计数 456 不等于倒数第二行各列应答数之和 670，而是总观测数 456；最后一行的各列百分比的总和不是 100%，而是总应答数除以总观测数的商，大于 100%，即 670/456=146.9%，这个数在表 6-17 中未列出。

比较表 6-17 和表 6-18 可以看出，各对应单元格中的频数是一样的，但是对应单元格中的行百分比、列百分比和总计百分比是不同的。

表 6-18 是以总应答数为百分比基数的交叉表，以数据区左上角单元格为例进行解释。30 岁及以下的人晚饭后看电视的人数为 63，占这个年龄段应答者总人数（行总和）137 的比例为 46.0%（行百分比），该频数占选择看电视总人数（列总和）337 的比例为 18.7%（列百分比），占总应答数 670 的比例为 9.4%。最右边一列中各单元格中的数值是各行频数之和，下边的数值是各行频数之和占总应答数 670 的百分比。数据区第一行为总频数，即 30 岁及以下应答者总人数 137，其下边的数值是该值占总应答数 670 的比例为 20.4%。

表 6-18 以总应答数为百分比基数的交叉表

age*$晚饭后活动 交叉表

			$晚饭后活动[a]					
			看电视	睡觉	做轻微活动	打牌	散步	总计
年龄段	<=30	计数	63	9	27	5	33	137
		占 age 的百分比	46.0%	6.6%	19.7%	3.6%	24.1%	
		占 $晚饭后活动 的百分比	18.7%	18.4%	22.7%	29.4%	22.3%	
		占总计的百分比	9.4%	1.3%	4.0%	0.7%	4.9%	20.4%
	31~40	计数	127	19	42	5	51	244
		占 age 的百分比	52.0%	7.8%	17.2%	2.0%	20.9%	
		占 $晚饭后活动 的百分比	37.7%	38.8%	35.3%	29.4%	34.5%	
		占总计的百分比	19.0%	2.8%	6.3%	0.7%	7.6%	36.4%
	41~50	计数	147	21	50	7	64	289
		占 age 的百分比	50.9%	7.3%	17.3%	2.4%	22.1%	
		占 $晚饭后活动 的百分比	43.6%	42.9%	42.0%	41.2%	43.2%	
		占总计的百分比	21.9%	3.1%	7.5%	1.0%	9.6%	43.1%
总计		计数	337	49	119	17	148	670
		占总计的百分比	50.3%	7.3%	17.8%	2.5%	22.1%	100.0%

百分比和总计基于响应。

a. 使用了值 1 对二分组进行制表。

表 6-18 倒数第二行中的数值是各种选择（各列）的总频数，与表 6-17 中的数值相同，而最后一行是各列总频数占总应答数 670 的百分比。

表 6-18 中的总应答数是 670，它是各列总频数计数值之和，百分比之和是 100%，也是行百分比之和。

读者可以根据上述对各项的解释，观察交叉表，得出必要的结论。

多响应分类变量集的交叉表分析操作方法与多响应二分变量集的交叉表分析操作方法相同。读者可以自己实践，此处不再赘述。

注意：使用多响应变量集交叉表分析功能也可以制作单个基本变量间的交叉表，但其功能不如"描述统计"二级菜单中的交叉表分析功能强。如果希望进行卡方检验，或者得到表明分布情况的图形、分析原始变量的频数分布表、交叉表，那么应该使用"描述统计"二级菜单中的交叉表分析功能。但此功能不支持多响应变量集。

6.5.5 使用表功能分析多响应变量集

使用"分析"菜单中的表功能也可以分析多响应变量集，要想得到形式合适的表格，可用"表"子菜单中的设定表功能制作表并进行分析。

6.5.5.1 简单频数分布分析

（1）多响应二分变量集进行简单频数分析的操作步骤如下。

基于数据文件 data06-02，已通过"分析"菜单中的"表"命令的多响应集过程中建立了一个包含 V101~V106 六个变量的名为$rest、标签名为晚饭后的活动的多响应二分变量集。现按"分析→表→定制表"顺序单击，对$rest 进行频数分布分析。

① 打开"定制表"对话框，如图 6-4 所示，把多响应变量集"$rest"拖曳到"列"下。

② 单击"标题"选项卡，在"标题"框中输入表格标题"某单位公务员晚饭后活动类型频数分布表()"，将光标置于括号中，单击"日期"按钮，要求显示分析日期。

单击"确定"按钮，返回"定制表"对话框。

③ 在"定制表"对话框"表"选项卡左下角的"定义"栏中,单击"N%摘要统计"按钮,打开"摘要统计"对话框。在"统计"框中选择"行百分比"选项,并送入右边的"显示"表中。注意这是以总观测数为基数计算百分比的。单击"应用于所选项"按钮,单击"关闭"按钮,返回"定制表"对话框。

④ 单击"类别和总计"按钮,打开"类别和总计"对话框。

取消勾选右下侧"显示"栏中的复选框,要求不显示空单元格。因为对于多响应问题显示的是总观测数,而不是各项频数的总和,且各项频数的总和没有什么实际意义,所以不勾选"总计"复选框。单击"应用"按钮,返回"定制表"对话框。

⑤ 在"定制表"对话框中的"摘要统计"栏中的"位置"下拉列表中选择"行"选项,要求把统计量标题排在表格左边,每类统计量占一行。单击"确定"按钮,运行结果如表6-19所示。

表6-19 多响应二分变量集的频数分布分析结果

某单位公务员晚饭后活动类型频数分布表(2021/12/26)

	晚饭后活动					
	看电视	睡觉	微轻微活动	打牌	散步	其他
计数	381	57	127	18	174	44
行 N %	71.8%	10.7%	23.9%	3.4%	32.8%	8.3%

(2)多响应分类变量集与多响应二分变量集的操作步骤完全相同,这里基于数据文件data06-03重复上述步骤,在"查看器"窗口中得到的表格是按前3种选择的频数分布表,如表6-20所示。

表6-20 多响应分类变量集的频数分布分析结果

某单位公务员晚饭后活动类型频数分布表(2021/12/26)

	晚饭后活动					
	看电视	睡觉	轻微活动	打牌	散步	其他
计数	485	99	228	73	318	99
行 N %	91.0%	18.6%	42.8%	13.7%	59.7%	18.6%

6.5.5.2 交叉表分析

【例5】以数据文件data06-02为例,制作分析多响应变量的交叉表。

1. 多响应二分变量集的交叉表

(1)打开数据文件data06-02,按"分析→表→多重响应集"顺序单击,打开定义多响应变量集的对话框,定义二分变量集$rest,具体方法可参见6.5.2节。使用这个菜单定义的多响应变量集是可以保存的,保存后的多响应变量集到下一次打开SPSS时仍然存在,不用重新定义。

(2)按"分析→表→定制表"顺序单击,打开"定制表"对话框,将$rest拖曳到"列"下,进行以下定义。

① 在"定制表"对话框左下角,单击"N%摘要统计"按钮,在"摘要统计"对话框的"统计"栏中选择以下各常用项,送入"显示"表。

- "计数"选项:要求显示每个单元格的计数,即各年龄段中晚饭后从事各种活动的人数。

- "行 N%"选项：是以计数值为分母的百分比。
- "响应"选项：回答人数。数值上与计数值相等，但总计、百分比有区别。
- "行响应%"选项：各单元格中的回答人数相对于该行（同年龄段）总回答人数的百分比。
- "表 N%"选项：该单元格中的计数频数与样本量计数的百分比。

单击"应用于所选项"按钮，单击"关闭"按钮，返回"定制表"对话框。

② 单击"类别和总计"按钮，在"类别和总计"对话框右下侧"显示"栏中勾选"总计"复选框，要求显示总计；取消勾选"空类别"复选框，要求不显示空单元格。单击"应用"按钮，将设置施加到$rest变量上，返回"定制表"对话框。

（3）将年龄段变量拖曳到"行"下。

① 单击"类别和总计"按钮，进入"类别和总计"对话框，在左上侧"显示"栏中选择"值"为"3"（"标签"为41~50）的组；在"小计以及计算的类别"栏中单击"添加小计"按钮，要求在该组后面加一个阶段总计。因为该研究更关心50岁以下公务员的饭后活动情况，故在右下侧"显示"栏中只勾选"总计"复选框，要求显示总计。单击"应用"按钮，将以上设置施加到行变量上，返回"定制表"对话框。

② 在"定制表"对话框的"摘要统计"栏中将"位置"设置为"行"，将"源"设置为"列变量"，要求将列变量的综合统计量显示在行上。

（4）运行后得到的结果如表6-21所示。

表6-21 用表功能实现的交叉表

年龄段			看电视	睡觉	轻微活动	打牌	散步	其他	总计
	<=30	计数	63	9	27	5	33	10	97
		行 N%	64.9%	9.3%	27.8%	5.2%	34.0%	10.3%	100.0%
		响应	63	9	27	5	33	10	147
		行响应%	42.9%	6.1%	18.4%	3.4%	22.4%	6.8%	100.0%
		表 N%	11.9%	1.7%	5.1%	0.9%	6.2%	1.9%	18.3%
	31~40	计数	127	19	42	5	51	21	180
		行 N%	70.6%	10.6%	23.3%	2.8%	28.3%	11.7%	100.0%
		响应	127	19	42	5	51	21	265
		行响应%	47.9%	7.2%	15.8%	1.9%	19.2%	7.9%	100.0%
		表 N%	23.9%	3.6%	7.9%	0.9%	9.6%	4.0%	33.9%
	41~50	计数	147	21	50	7	64	11	195
		行 N%	75.4%	10.8%	25.6%	3.6%	32.8%	5.6%	100.0%
		响应	147	21	50	7	64	11	300
		行响应%	49.0%	7.0%	16.7%	2.3%	21.3%	3.7%	100.0%
		表 N%	27.7%	4.0%	9.4%	1.3%	12.1%	2.1%	36.7%
	小计	计数	337	49	119	17	148	42	472
		行 N%	71.4%	10.4%	25.2%	3.6%	31.4%	8.9%	100.0%
		响应	337	49	119	17	148	42	712
		行响应%	47.3%	6.9%	16.7%	2.4%	20.8%	5.9%	100.0%
		表 N%	63.5%	9.2%	22.4%	3.2%	27.9%	7.9%	88.9%
	>50	计数	44	8	8	1	26	2	59
		行 N%	74.6%	13.6%	13.6%	1.7%	44.1%	3.4%	100.0%
		响应	44	8	8	1	26	2	89
		行响应%	49.4%	9.0%	9.0%	1.1%	29.2%	2.2%	100.0%
		表 N%	8.3%	1.5%	1.5%	0.2%	4.9%	0.4%	11.1%
	总计	计数	381	57	127	18	174	44	531
		行 N%	71.8%	10.7%	23.9%	3.4%	32.8%	8.3%	100.0%
		响应	381	57	127	18	174	44	801
		行响应%	47.6%	7.1%	15.9%	2.2%	21.7%	5.5%	100.0%
		表 N%	71.8%	10.7%	23.9%	3.4%	32.8%	8.3%	100.0%

由表 6-21 可知，使用表功能制作的多响应变量交叉表可以插入其他统计量。例如，50 岁以下公务员的小计，是对所在行之上的数据的小结，即 50 岁以下公务员晚饭后活动的小结。在 50 岁以下被调查者中，选择看电视的人数为 337 人，占 50 岁以下被调查者 472 人的 71.4%；选择轻微活动和散步的人数为 267 人，占 50 岁以下被调查者 472 人的 56.6%。相比之下，选择轻微活动和散步的人比例不如选择看电视的大。

2. 多响应分类变量集的交叉表

【例 6】 以数据文件 data06-03 为例制作多响应分类变量集的交叉表。

（1）打开数据文件 data06-03，按"分析→表→多重响应集"顺序单击，打开定义多响应变量集的对话框，定义多响应变量集\$rest。具体方法可参见 6.5.2 节。

（2）按"分析→表→定制表"顺序单击，打开"定制表"对话框，将\$rest 拖曳到"列"下。单击"类别和总计"按钮，在"类别和总计"对话框中的"类别排序"栏中的"依据"下拉列表中选择"计数"选项，在"顺序"下拉列表中选择"降序"选项，要求生成的表格按单元格降序排列；在右下侧"显示"栏中，只勾选"总计"复选框，要求显示总计。单击"应用"按钮，将设置施加到\$rest 列变量上，返回"定制表"对话框。

（3）将年龄段变量拖曳到"行"下。

① 单击"类别和总计"按钮，进入"类别和总计"对话框，在左上方的"显示"栏中选择"值"为"3"（"标签"为"41~50"）的组，在"小计以及计算的类别"栏中单击"添加小计"按钮，要求在该组后面加一个阶段总计。因为该研究更关心 50 岁以下的公务员晚饭后活动情况，故在右下侧"显示"栏中只勾选"总计"复选框，要求显示总计。单击"应用"按钮，将以上设置施加于行变量上，返回"定制表"对话框。

② 在"定制表"对话框中的"摘要统计"栏将"位置"设置为"行"，将"源"设置为"列变量"，要求将列变量的综合统计量显示在行上。

（4）将性别变量拖曳到"层"图标上，要求按性别分页制作交叉表。单击"类别和总计"按钮，进入"类别和总计"对话框，只勾选"显示"栏中的"总计"复选框。单击"应用"按钮，返回"定制表"对话框。

（5）运行后生成如表 6-22 和表 6-23 所示的输出结果。

表 6-22 第一页交叉表

某单位公务员晚饭后活动类型频数分布表(2021/12/26)

性别 男

			晚饭后活动						
			看电视	睡觉	轻微活动	打牌	散步	其他	总计
年龄段	<=30	计数	43	16	24	12	19	12	51
	31~40	计数	82	15	33	12	47	21	89
	41~50	计数	97	8	46	15	76	15	102
	小计	计数	222	39	103	39	142	48	242
	>50	计数	37	4	17	4	33	6	40
	总计	计数	259	43	120	43	175	54	282

比较利用"表"菜单中的定制表功能制作的表格和利用多响应分析功能制作的表格，可以看出，"表"菜单中的定制表功能更强，但是无论"表"菜单中的定制表功能还是多

响应分析功能,对多响应变量集,无论多响应二分变量集还是多响应分类变量集,都不能进行任何检验,只能进行各种百分比分析。

表 6-23 第二页交叉表

某单位公务员晚饭后活动类型频数分布表(2021/12/26)

性别 女

年龄段			看电视	睡觉	轻微活动	打盹	散步	其他	总计
	<=30	计数	42	20	18	5	21	1	46
	31~40	计数	79	20	36	7	49	23	91
	41~50	计数	87	12	45	16	59	18	94
	小计	计数	208	52	99	28	129	42	231
	>50	计数	18	4	9	2	14	3	20
	总计	计数	226	56	108	30	143	45	251

6.6 建立宏或多响应二分变量集来定义类别顺序

6.6.1 建立宏或多响应二分变量集来定义类别顺序概述

定义类别顺序过程用于创建自定义表中的宏或多响应二分变量集,以控制超出多响应变量集过程建立的类别顺序。对于普通变量(不是多响应二分变量集),定义类别顺序过程还可以创建自定义属性,以保持能被 Python 使用的顺序。

定义类别顺序过程处理两种输入类型。

对于普通变量,定义类别顺序过程创建一个宏定义,该定义能够按照计数顺序列出类别,并能够将选中的值移动到列表的顶部或底部。一个典型的用法是将"其他"类别移到底部。生成的宏可以在 CTABLES CATEGORIES 子命令中指定顺序。通过自定义属性,可以使用 Python 生成子命令。

多响应二分变量集由表示选择或每个属性的是或否(计数值)属性的一组变量组成。对于多响应二分变量集,定义类别顺序过程创建一个由按计数顺序排列的原始变量列表中相同的变量和其他任意选择的类似变量组成的新多响应二分变量集。通过指定特殊变量(通常包含但不一定包含在集定义中),这些变量可以移动到列表的顶部或底部。用自定义表将新变量集制成表格,将按定义类别顺序过程生成的顺序列出变量。

- 可以同时处理普通变量和多响应二分变量集,每个输入类型变量都根据其类型规范进行处理。
- 定义类别顺序过程主要用于 CTABLES,还可用于 GGRAPH 中的多响应二分变量集。
- 定义类别顺序过程不能用于多响应分类变量集,但是 STATS MCSET CONVERT 扩展命令可以将多响应分类变量集转换为多响应二分变量集。

6.6.2 定义类别顺序过程

(1)在"数据视图"标签页中,建立或打开一个数据文件。

(2)按"分析→表→定义类别顺序"顺序单击,打开"定义类别顺序"对话框,如图 6-24 所示。

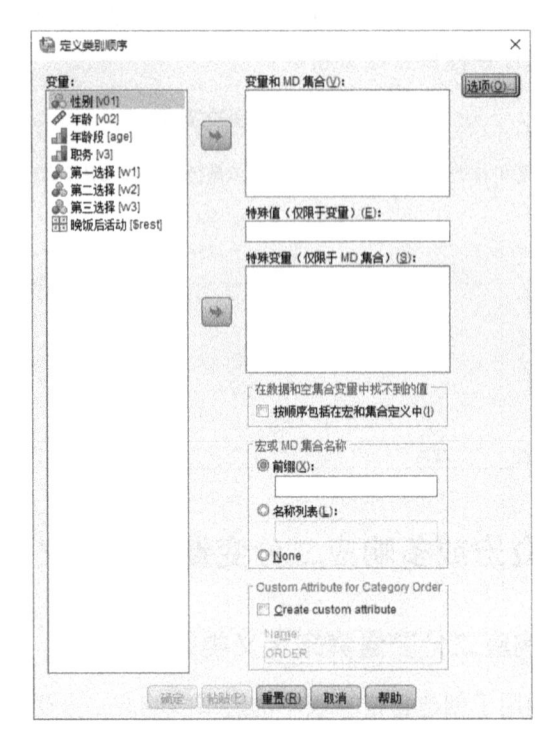

图 6-24 "定义类别顺序"对话框

（3）"变量"框中列出的是当前数据文件中的所有变量。

（4）从"变量"框中选择要处理的一个或多个变量和二分类变量集，将其移入"变量和 MD 集合"框。选择的每个变量将被创建一个宏；选择的每个变量集将被创建一个多响应二分变量集。

所有直接选择或是作为多响应二分变量集成员被选择的变量都必须具有相同的数据类型（数值型或字符串型）。

（5）"特殊值（仅限于变量）"框。在该框中输入普通变量的一个特殊值。值间用空格分开。如果字符串值中包含空格，那么该字符串值应该放在引号中。被选择的特殊值或变量将被从排序顺序中移出。

这些值不影响多响应二分变量集。

（6）"特殊变量（仅限于 MD 集合）"框。从"变量"框中选择移入该框的包含特殊值的变量，如多响应二分变量集中的"其他"变量。当定义新变量集时，这些变量将根据选项中的说明被从排序顺序中移出。

这些值不影响普通变量。

（7）"在数据和空集合变量中找不到的值"栏。勾选"按顺序包括在宏和集合定义中"复选框，对于普通变量，数据中没有找到要添加标签值的结果将变成 0；如果排除缺失值，那么标记为缺失值的观测将被忽略。

如果勾选"按顺序包括在宏和集合定义中"复选框，那么对于集合变量而言，将使得计数为 0 的集合的成分变量与其他集合变量被分到一组。只有在定义了特殊变量时，才能做出区分。

（8）"宏或 MD 集合名称"栏。本栏用来定义创建宏或多响应变量集的名称。如果选择"前缀"单选按钮并在其框中输入一个前缀，在"名称列表"框中输入一个宏或多响应二分变量集名称，那么输出宏或多响应二分变量集的名称将具有"前缀_输入名称"的形式。或者，在"名称列表"框中，为输出宏或多响应二分变量集名称输入一个名称列表。在"名称列表"框中，输入与选择的变量及变量集的数量一样多的变量名称。宏定义名称前要加一个"!"，多响应二分变量集名称前要加一个"$"。

如果现有变量或集合名称与新输出变量名称或新建多响应二分变量集名称相同，那么该变量或集合将被替换。如果现有变量的类型与新输出变量的类型不同，那么只会出现一个提示错误。

（9）"None"单选按钮。选择本选项，并勾选"Cstom Attribute for Category Order"栏中的"Create custom attribute"复选框将指定自定义属性。

（10）"Cstom Attribute for Category Order"栏。在本栏中为指定顺序的每个变量创建自定义属性。勾选"Create custom attribute"复选框，就可以在 Python 中用于生成适当的 CTABLES 语句。自定义属性可以显示在"变量视图"标签页及其他地方，和数据集一起保存，只要数据没有变动，就可以避免重新计算的麻烦。

通过"Name"框可以在本控件中指定自定义属性的名称。

下面是一个使用 Python 指定自定义属性名称的例子：

```
STATS CATEGORY ORDER items=jobcat customattr=yes.
begin program.
import spss, spssaux

order = spssaux.VariableDict()['jobcat'].Attributes["ORDER"]
cmd="""ctables /table jobcat
/categories variables=jobcat [%s]""" % order
spss.Submit(cmd)
end program.
```

（11）"选项"按钮。

单击"选项"按钮，弹出如图 6-25 所示的"选项"对话框。在该对话框中，可以选择排列顺序、用户缺失值处理方式、特殊值位置及类别标签的定义等。

①"顺序"栏。除特殊情况外，多响应二分变量集的类别将按所选方式来排列。

- "降序"单选按钮。选择本选项，多响应二分变量集的类别将按计数降序排列。
- "升序"单选按钮。选择本选项，多响应二分变量集的类别将按计数升序排列。

图 6-25 "选项"对话框

②"特殊值位置"栏。根据本栏中的指定，任何特殊值或变量都将被移动到类别列表的末尾或开头。

- "在其他值之后"单选按钮。选择本选项，任何特殊值或变量将移到类别列表最后。
- "在其他值之前"单选按钮。选择本选项，任何特殊值或变量将移到类别列表最前。

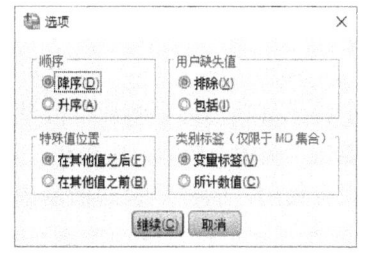

③"用户缺失值"栏。选择是否合计数据或标签中的用户缺失值。这里的设置分别应用于每个变量。如果特殊值也是缺失值,那么无论这里如何设置,都将包含该值。系统缺失值总是被忽略。
- "排除"单选按钮。选择本选项,将不合计数据或标签中的用户缺失值。
- "包括"单选按钮。选择本选项,将合计数据或标签中的用户缺失值。

④"类别标签(仅限于 MD 集合)"栏。仅适用于多响应二分变量集,选择是使用集合变量的变量名标签还是使用计数值标签来标识多响应二分变量集。这通常与创建输入集时使用的指定名称相同。

⑤ 单击"继续"按钮,返回"定义类别顺序"对话框。

(12)单击"确定"按钮,开始运行。

6.6.3 定义类别顺序实例分析

【例 7】 以数据文件 data06-02 为例,对多响应分类变量集重新定义输出的类别顺序。

(1)在"数据视图"标签页中,打开数据文件 data06-02。

(2)按"分析→表→定义类别顺序"顺序单击,打开"定义类别顺序"对话框,如图 6-23 所示。

(3)从"变量"框中选择$rest,将其移入"变量和 MD 集合"框。

(4)在"宏或 MD 集合名称"栏中选择"前缀"单选按钮,并在其框中输入一个前缀"data0602"。

(5)单击"确定"按钮,运行,在"查看器"窗口得到如表 6-24 所示的输出结果。

表 6-24 定义输出类别顺序

多重响应集

名称	标签	编码为	计数值	数据类型	基本变量
$data0602_$rest	晚饭后活动	二分法	1	数字	看电视 散步 做轻微活动 睡觉 其他 打牌

(6)输出结果解释。

从"基本变量"列可知,各类别排列顺序已与多响应变量集中的顺序有所不同。

现在,按"分析→表→定制表"顺序单击,打开"定制表"对话框后,在"变量"框中将见到新增的多响应二分变量集名 data0602_$rest。如将其拖入探究窗口的"列"下,单击"确定"按钮,那么在"查看器"窗口中可得到表 6-25。这个新变量可以和其他变量组合使用,创建复杂的嵌套表等。

表 6-25 用重新排序类别后新变量集 data0602_$rest 的频数分布

某单位公务员晚饭后活动类型频数分布表(2021/12/26)

	晚饭后活动					
	看电视	散步	轻微活动	睡觉	其他	打牌
计数	381	174	127	57	44	18

习 题 6

1．用数据文件 data06-04 制表，表明不同性别、不同民族的人的平均工资，以职务等级为层变量，自定义表格标题。

2．用数据文件 data06-04 将受教育年限重新分段编码：≤8 年的编码为 1；9~12 年的编码为 2；13~16 年的编码为 3；17 年及以上的编码为 4。制表，表明不同受教育年限的各种职务的人数，不同受教育年限的各种职务的平均初始工资。将性别作为层变量。

3．多响应变量分几种类型？分别对应哪种分析方法？

4．在分析多响应变量前，对原始数据应该进行什么处理？

5．设计两种问卷对中央电视台的 15 个频道的认知情况进行调查，分别用两种方式建立数据文件，并对其知名度进行排序。

提示：

问卷 1：请说出你知道的中央电视台的频道名称，顺序记录频道号和名称。

问卷 2：你知道 CCTV-1 的频道名称吗？答对记 1，否则记 0。你知道 CCTV-2 的频道名称吗？答对记 1，否则记 0。

第7章 基本统计分析

SPSS "分析"菜单中的"描述统计"命令包括一系列基本统计分析过程，如常用的频数分布表、描述统计量、交叉表、独立性检验、探索分析等。

在得到审核无误的原始数据后，需要认识数据、了解数据特征、检查数据分布，以便对数据进行进一步判断，从而选择适合的统计分析方法分析数据。

对于离散型变量（也称分类变量），可以进行频数分布分析。通过频数过程，对单一变量进行频数分布分析，认识变量的分布特征；通过交叉表过程，对两个及以上的离散型变量进行频数分布分析，实现二维及以上的交叉表、分层交叉表的分析，从而认识变量间的关联关系，并检验变量间的独立性。

对于连续型变量（尺度测量变量），可以使用描述过程计算描述统计量。例如，反映数据集中性特征的统计指标集中趋势指标，如算术平均值、中位数和众数等；反映数据波动性特征的统计指标离散趋势指标，如全距（也称为极差）、平均差、方差和标准差等。除此之外，使用"描述"命令还可以计算偏度、峰度，以对变量的分布进行描述分析。

正态分布是连续型变量概率分布之一，在统计学中非常重要。它是中间分布频数多，两边分布频数少，均数为中心，左右对称的频数分布。变量服从正态分布是很多统计方法的前提条件。例如，正态或近似正态分布的变量可以使用平均值、标准差进行简要描述分析，而非正态分布变量就不适合用平均值反映水平，而需要使用最大值、最小值、极差、中位数等进行分析。又如，比较两个总体平均值的差异是否显著的 T 检验的前提条件是变量服从正态分布，如果变量不服从正态分布，特别是在小样本情况下，要使用非参数检验。在 SPSS 中可通过探索命令或 P-P 图和 Q-Q 图过程对变量是否服从正态分布进行初步验证。

SPSS 的描述统计过程还包括比率过程，适用于对两个变量值的比率变化进行描述统计分析，适用于尺度变量。

7.1 频数分布分析

利用频数分布分析可以按变量值或组对数据进行分类，输出结果为各变量的频数分布表和频数分布图，进而对各变量的分布特征有一个基本认识和了解；还可以对数据进行审核和检查。

7.1.1 频数分布分析过程

（1）建立或打开数据文件后，按"分析→描述统计→频率"顺序单击，打开"频率"对话框，如图 7-1 所示。

（2）在原始变量列表中选择一个或多个变量，将其送入右侧的"变量"框。

（3）勾选"显示频率表"复选框，要求输出频数分布表。

(4) 单击"统计"按钮，打开如图 7-2 所示对话框，选择要输出的统计量。

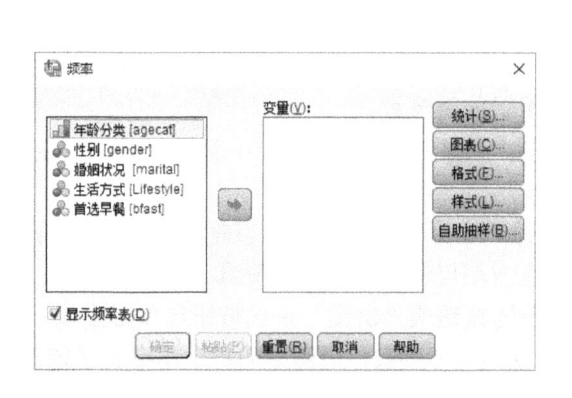

图 7-1　"频率"对话框　　　　　图 7-2　"频率：统计"对话框

① "百分位值"栏：用于指定四分位数、百分位数等。
- "四分位数"复选框：选中该项，输出四分位数，即第 25 百分位数、第 50 百分位数、第 75 百分位数。
- "分割点"复选框：选中该项，输出等分点的百分位数。在其后的框中可以输入介于 2~100 的整数。如果输入"5"，那么数值将按从小到大排序并被分为 5 等份，输出第 20 百分位数、第 40 百分位数、第 60 百分位数、第 80 百分位数。
- "百分位数"复选框：选中该项，自定义输出百分位数。在其后的框中输入介于 0~100 的数值，单击"添加"按钮。多次重复此操作，可指定输出多个百分位数。要剔除已定义的百分位数，只需选中它，单击"除去"按钮。若更改已定义的百分位数，只需单击该百分位数，单击"更改"按钮。

② "集中趋势"栏：用于指定集中趋势指标。该栏中的选项有"平均值"复选框、"中位数"复选框、"众数"复选框和"总和"复选框。

③ "离散"栏：用于指定离散趋势指标。
- "标准差"复选框：选中该项，输出标准差。
- "方差"复选框：选中该项，输出方差。
- "最小值"复选框、"最大值"复选框和"范围"（注：指统计学中的极差）复选框：分别勾选各复选框，输出的分别是最小值、最大值和极差。
- "标准误差平均值"复选框：输出平均值的标准误差。

④ "值为组的中点"复选框：选中该项，在计算百分位数和中位数时，将假设数据已经分组，用各组的中位数代表各组数据。

⑤ "表示后验分布"栏：用于指定描述数据分布的统计指标。偏度和峰度是描述分布形状和对称性的统计量。这些统计量与其标准误差一起显示。
- "偏度"复选框：选中该项，输出偏度值，并显示偏度的标准误差。偏度值为"0"，说明变量分布是对称的。
- "峰度"复选框：选中该项，输出峰度值及其标准误差。峰度值为"0"，说明变量分布是正态的。

（5）在"频率"对话框中单击"图表"按钮，打开如图 7-3 所示对话框，设置统计图的类型及坐标轴等。

①"图表类型"栏：用于选择统计图类型。
- "无"单选按钮：选中该项，不输出统计图，是系统默认状态。
- "条形图"单选按钮：选中该项，输出条形图，各条高度代表变量各分类的频数或百分比，不显示频数为 0 的分类，适用于分类变量。
- "饼图"单选按钮：选中该项，输出饼图，不显示频数为 0 的类，适用于分类变量，整体构成为 1。
- "直方图"单选按钮：选中该项，并勾选"在直方图中显示正态曲线"复选框，则显示的直方图中带有标准正态曲线。直方图仅适用于连续型变量。

②"图表值"栏：在选择了"条形图"单选按钮或"饼图"单选按钮选项后生效。
- "频率"单选按钮：选中该项，直方图纵轴表示频数，饼图中的每个扇形表示该部分观测值频数。
- "百分比"单选按钮：选中该项，直方图纵轴表示百分比，饼图中的每个扇形为各观测值频数占总数的百分比。

（6）在"频率"对话框中单击"格式"按钮，打开如图 7-4 所示对话框，设置频数分布表输出格式。

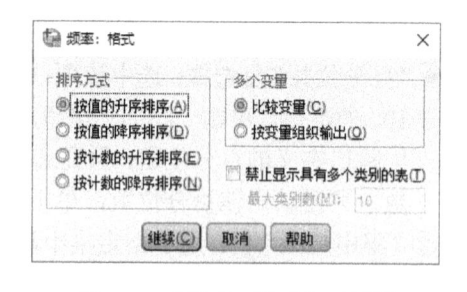

图 7-3 "频率：图表"对话框

图 7-4 "频率：格式"对话框

①"排序方式"栏：用于设置频数分布表顺序。当在"频率"对话框中勾选了"显示频率表"复选框后生效。
- "按值的升序排序"单选按钮。系统默认选择此项。
- "按值的降序排序"单选按钮。
- "按计数的升序排序"单选按钮。
- "按计数的降序排序"单选按钮。

如果设置了直方图或百分位数，频数分布表将按变量值升序排列，忽略用户的设置。

②"多个变量"栏：用于设置输出的频数分布表中包含的变量。
- "比较变量"单选按钮：选中该项，所有变量的频数分布表集中输出。
- "按变量组织输出"单选按钮：选中该项，每一个变量单独输出一个频数分布表。

③"禁止显示具有多个类别的表"复选框：用于控制频数分布表输出的分类数。如果变量值的个数太多，占用较多空间，那么可以压缩它。"最大类别数"框的默认值为 10，表示当变量值的个数大于 10 时，不输出相应的频数分布表。

（7）在"频率"对话框中单击"样式"按钮，打开如图 6-13 所示的"表样式"对话框。关于其详细说明，参见 6.3.2 节，这里不再赘述。

7.1.2 频数分布分析实例

【例1】 数据文件 data07-01 中为 1991 年美国社会调查数据。选取其中的变量：race（种族）、happy（幸福感）。要求编制变量 race、happy 的频数分布表。

（1）操作步骤。

打开数据文件 data07-01，按"分析→描述统计→频率"顺序单击，打开"频率"对话框，在原始变量列表中选中种族变量和幸福感变量，单击中间的移动变量按钮，将其送入"变量"框，勾选"显示频率表"复选框，要求输出频数分布表，单击"确定"按钮，开始运行。

输出结果如表 7-1 和表 7-2 所示。

表 7-1 种族变量的频数分布表

种族

		频率	百分比	有效百分比	累积百分比
有效	白人	1264	83.3	83.3	83.3
	黑人	204	13.4	13.4	96.8
	其他	49	3.2	3.2	100.0
	总计	1517	100.0	100.0	

表 7-2 幸福感变量的频数分布表

幸福感

		频率	百分比	有效百分比	累积百分比
有效	Very Happy	467	30.8	31.1	31.1
	Pretty Happy	872	57.5	58.0	89.0
	Not Too Happy	165	10.9	11.0	100.0
	总计	1504	99.1	100.0	
缺失	NA	13	.9		
总计		1517	100.0		

（2）结果解释。

从表 7-1 中可看到，白人有 1264 人，占 83.3%；黑人有 204 人，占 13.4%；其他人种有 49 人，占 3.2%。没有缺失值。可见，本次被调查者大部分是白种人。

从表 7-2 中可看到，有 13 个缺失值。在被调查者中，467 人感到非常幸福，有效百分比是 31.1%（分母是 1504）；872 人感到比较幸福，有效百分比是 58.0%；165 人感到不太幸福，有效百分比是 11.0%。从输出结果看，有一半被调查者感到比较幸福，有 89%的被调查者是幸福的（包括比较幸福和非常幸福）。

说明：本例计算的两个变量，race 的测量类型是名义，happy 的测量类型是定序，这两种类型的数据适合使用频数过程进行频数分布分析。

【例2】 仍使用数据文件 data07-01。选取其中变量：age（年龄）、educ（受教育年数）。要求分析年龄和受教育年数的分布特征和描述统计量。

（1）读取数据文件 data07-01，按"分析→描述统计→频率"顺序单击，打开"频率"对话框，将年龄变量和受教育年数变量送入"变量"框，勾选"显示频率表"复选框，要求显示频数分布表。

（2）单击"统计"按钮，在"百分位值"栏中勾选"四分位数"复选框；在"表示后验分布"栏中勾选"偏度"复选框和"峰度"复选框，检查数据的正态性；在"集中趋势"栏中勾选"平均值"复选框和"中位数"复选框；在"离散"栏中勾选"标准差"复选框、"最小值"复选框、"最大值"复选框和"范围"复选框。单击"继续"按钮，返回"频率"对话框。

（3）单击"图表"按钮，选择"直方图"单选按钮，并勾选"在直方图中显示正态曲线"复选框。单击"继续"按钮，返回"频率"对话框。

(4) 单击"确定"按钮,开始运行。

部分输出结果与分析如表 7-3、表 7-4 及图 7-5、图 7-6 所示。

表 7-3 为年龄变量和受教育年数变量的描述统计量。以年龄为例,来看输出结果,平均值是 45.63,中位数是 41,二者相差较大,说明年龄变量是偏态的;偏度为 0.524,大于 0,说明年龄变量左偏,有一个较长的右尾,峰度值为-0.786,小于 0,曲线比较平缓。可以对照直方图认识这个变量。对于受教育年数变量,读者可以自己通过输出表来认识它。

表 7-3 年龄变量和受教育年数变量的描述统计量

统计

		年龄	受教育年数
个案数	有效	1514	1510
	缺失	3	7
平均值		45.63	12.88
中位数		41.00	12.00
标准 偏差		17.808	2.984
偏度		.524	-.168
偏度标准误差		.063	.063
峰度		-.786	.710
峰度标准误差		.126	.126
范围		71	20
最小值		18	0
最大值		89	20
百分位数	25	32.00	12.00
	50	41.00	12.00
	75	60.00	15.00

表 7-4 受教育年数变量的频数分布表

受教育年数

		频率	百分比	有效百分比	累积百分比
有效	0	2	.1	.1	.1
	3	5	.3	.3	.5
	4	5	.3	.3	.8
	5	6	.4	.4	1.2
	6	12	.8	.8	2.0
	7	25	1.6	1.7	3.6
	8	68	4.5	4.5	8.1
	9	56	3.7	3.7	11.9
	10	73	4.8	4.8	16.7
	11	85	5.6	5.6	22.3
	12	461	30.4	30.5	52.8
	13	130	8.6	8.6	61.5
	14	175	11.5	11.6	73.0
	15	73	4.8	4.8	77.9
	16	194	12.8	12.8	90.7
	17	43	2.8	2.8	93.6
	18	45	3.0	3.0	96.6
	19	22	1.5	1.5	98.0
	20	30	2.0	2.0	100.0
	总计	1510	99.5	100.0	
缺失	NA	7	.5		
总计		1517	100.0		

图 7-5 和图 7-6 所示分别为年龄变量和受教育年数变量带有标准正态曲线的直方图,从图中可以比较明显地看到数据的分布与正态分布不一致,这与偏度、峰度的结果一致。年龄变量有一个较长的右尾,曲线较平缓;受教育年数变量右偏,左尾较长,曲线较陡峭。

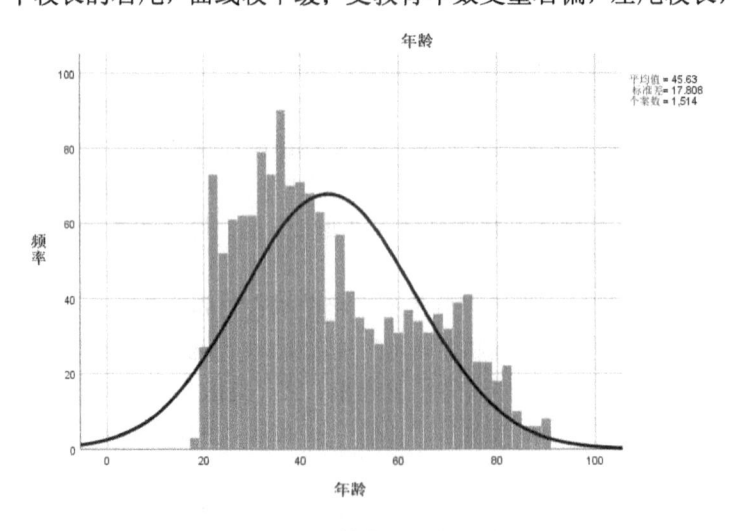

图 7-5 年龄变量的直方图

在这里需要说明的是：
① 图中的正态曲线是根据变量的平均值和标准差绘制的，不是标准正态分布。
② 年龄变量和受教育年数变量的值都较多，最好先分组，再编制频数分布表。

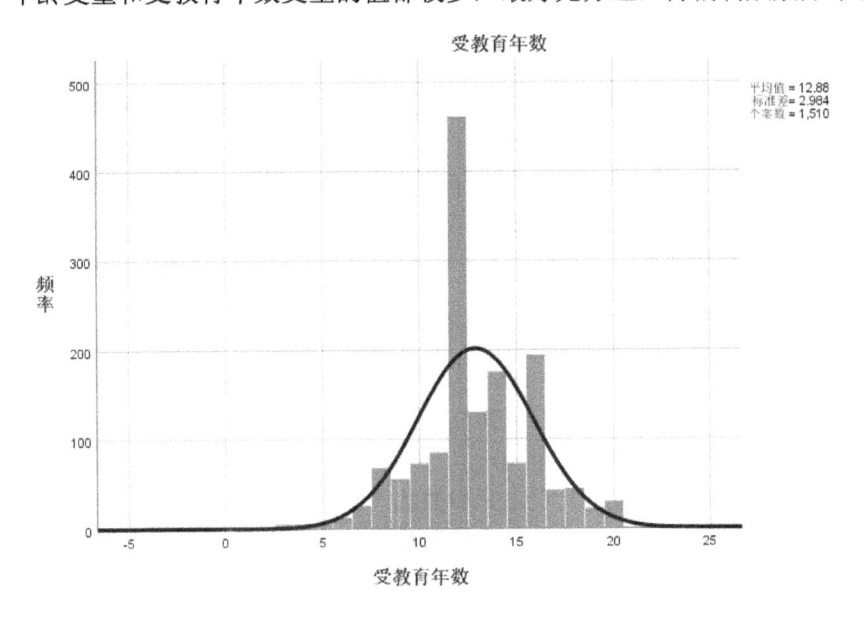

图 7-6 受教育年数变量的直方图

7.2 描 述 统 计

描述统计分析过程通过计算平均值、算术和、标准差、最大值、最小值、方差、极差和平均值的标准误差等统计量对变量进行描述，通过 Z 分数探明异常观测。描述统计分析过程适用于尺度变量。至于使用哪些统计量进行最终描述，要视正态性检验结果而定。

7.2.1 描述统计中的基本概念

1. 平均值、中位数和众数都是反映数据集中性特征的统计指标

当数据分布呈均匀分布或正态分布时，平均值是一组常用的用来反映数据平均水平的统计指标。当数据分布不对称或有极端值时，中位数是一个较好的用来反映数据平均水平的统计指标。通过众数可以初步认识一组数据。众数是一组数据中出现次数最多的数。中位数与众数相差很大，说明变量值中存在异常值。平均值和中位数相差很大，说明数据的分布是偏态的。具体的计算公式参见第 8 章。

2. 四分位数和百分位数都是描述变量值相对位置的统计指标

四分位数是指将一组数据按从小到大的顺序排序后，将其分成 4 等份，每个等分点上的值就是一个四分位数。百分位数是指将排序后的数据分成 100 等份，每个等分点上的值就是一个百分位数。较常用的百分位数是第 5 百分位数和第 95 百分位数。通过计算百分位数，可以了解某个值在集体中的位置。比如，收集到某个班 50 名学生的统计考试成绩，基于该数据算得的第 60 百分位数是 80，说明该班中有 60%的学生成绩低于 80 分，有40%的学生成绩高于80分。四分位数实际就是百分位数中的第25百分位数、第50百分位数、第75百分位数，其中，第50百分位数就是中位数。

3．极差、方差、标准差和标准误差是描述一组数据离散程度或变异大小的统计指标

具体计算公式参见第8章。对于正态分布数据，常将平均值和标准差结合在一起描述数据特征。标准误差是反映抽样误差大小的统计指标。标准误差有均数的标准误差和率的标准误差，分别是样本均数和样本率的标准差。标准误差是由样本均数（或样本率）推断总体均数（或总体率）可靠程度的统计指标。标准误差越小，说明样本均数（或样本率）与总体均数的差异越小，抽样误差越小，由样本均数（或样本率）推断总体均数（或总体率）的可靠性程度越高。

4．偏度和峰度是描述数据分布状况的统计指标

偏度，也称为偏斜度，用于描述数据分布的偏斜程度和方向。正态分布曲线的偏度值为0。偏度值为正值，分布左偏，右侧有长尾；偏度值为负值，分布右偏，左侧有长尾。一个经验是，如果计算的偏度值介于$-1\sim1$，就表明数据分布近似正态分布。峰度是描述数据分布曲线陡峭程度的统计量。正态分布曲线的峰度值为0。如果峰度值为正，那么分布曲线比较陡峭，其峰比标准正态分布曲线的峰高，两端的尾部较长；如果峰度值为负，那么分布曲线比较平缓，其峰比标准正态分布曲线的峰低，两端的尾部较短。

7.2.2 描述统计分析过程

描述统计分析过程主要计算数据的集中趋势指标和离散趋势指标。具体操作和内容如下。

（1）建立或打开数据文件后，按"分析→描述统计→描述"顺序单击，打开"描述"对话框，如图7-7所示。

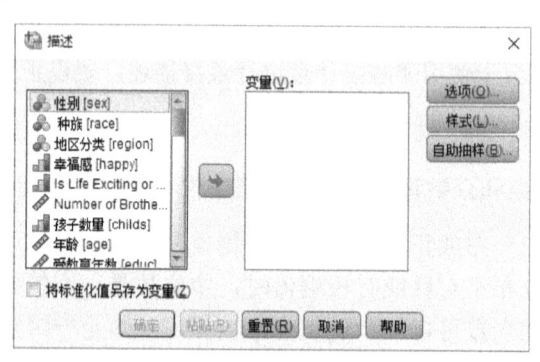

图7-7 "描述"对话框

（2）在原始变量列表中选择一个或多个变量作为待分析变量移入"变量"框。

（3）"将标准化值另存为变量"复选框：选中该项，则对所选择的每一个变量进行标准化，产生相应的Z分值，并作为新变量保存在当前"数据编辑器"窗口中。其变量名为相应变量名加前缀z。变量标准化的计算公式为

$$Z_i = \frac{x_i - \overline{x}}{s}$$

式中，x_i为变量x的第i个观测值；$\overline{x}$为变量x的平均值；s为变量x的标准差。

(4) 单击"选项"按钮,打开如图 7-8 所示对话框。在该对话框中可以指定其他统计量与输出结果的显示顺序。

基本统计量的介绍参见 7.2.1 节。

7.2.3 描述统计分析实例

【例 3】 数据文件 data07-02 中是 1985 年美国联邦调查局对 50 个州各种犯罪情况调查的数据。变量 murder、rape、robbery、assault、burglary、larceny、autothft 分别为杀人案件、强奸案件、抢劫案件、袭击案件、入室行窃、盗窃案件、盗车案的案件数。对该数据进行描述统计分析。

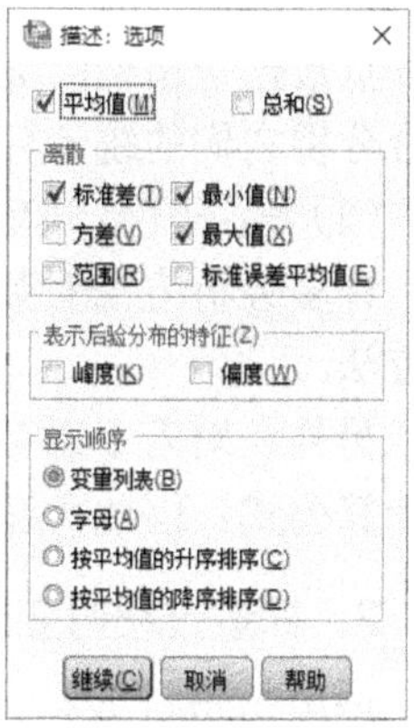

(1) 打开数据文件,按"分析→描述统计→描述"顺序单击,打开"描述"对话框。

图 7-8 "描述:选项"对话框

(2) 将 murder、rape、robbery、assault、burglary、larceny、autothft 变量送入"变量"框。

(3) 勾选"将标准化值另存为变量"复选框,要求计算变量的标准化值,并将结果保存到当前数据文件中。

(4) 单击"选项"按钮,勾选"平均值"复选框、"总和"复选框、"标准差"复选框、"最小值"复选框、"最大值"复选框、"范围"复选框。

(5) 单击"继续"按钮,返回"描述"对话框。单击"确定"按钮,提交系统运行,输出结果如表 7-5 所示。

表 7-5 各种犯罪数据描述统计量

描述统计

	N	范围	最小值	最大值	合计	均值	标准差
杀人案件	50	15	1	15	343	6.86	3.848
强奸案件	50	32	4	36	781	15.62	7.348
抢劫案件	50	437	7	443	5076	101.51	91.193
袭击案件	50	272	21	293	6771	135.42	68.170
入室行窃	50	1467	286	1753	46540	930.80	361.050
盗窃案件	50	2856	694	3550	97182	1943.64	709.829
盗车案	50	800	78	878	18393	367.86	199.610
有效个案数(成列)	50						

表 7-5 中从左至右分别为变量名称、样本量、极差、最小值、最大值、合计、平均值及标准差;最后一行为有效观测数,本例是 50。

7.3 探索分析

7.3.1 探索分析的意义和数据要求

1. 探索过程提供对测得数据在分组与不分组的情况下的审核与观察

审核与观察可以有以下两方面。

(1) 检查数据是否有误。

对于过大或过小的这些离群点数据,第一要把它们找出来,第二要分析其原因,第三由分析人员从实际出发,决定是否从后续的分析中将其保留、剔除或替换。如果实证这些离群点数据是错误的数据,则应剔除或替换;如果不是错误数据,则应保留,并寻找一个适合分析它们的统计分析模型进行分析。

(2)验证变量分布特征。

许多分析方法对数据的分布是有要求的。检查数据是否服从正态分布,以便选择分析方法。

另外,对若干组数据平均值差异性的分析,需要根据其方差是否相等选择进行检验的计算公式。因此,在分析前要先验证其方差齐性等。

2. 探索过程对变量和数据的要求

探索过程要求参与分析的变量是等间隔测量的数值型变量,分类变量是数值型或是字符串型。箱图中用来标识异常值的变量可以是字符串型也可以是数值型。

3. 探索过程提供观察和验证变量的方法

探索过程除输出描述统计量外,还提供图形,因此可以直观地将异常值、极端值、缺失数据及数据本身的特点表现出来;同时提供正态性检验,为选择分析方法提供依据。

1)箱图(见图 7-9)

箱图是对任何分布的数据的整体描述。

① 矩形框是箱图的主体,上、中、下三条线分别表示变量值的第 75 百分位数、第 50 百分位数、第 25 百分位数。

② 中间的纵向直线称为触须线。上截止横线是变量的最大值,下截止横线是变量的最小值。

③ 定义四分位数间距(IQ)是第 75 百分位数与第 25 百分位数之差。异常值用 O 标记,分为两种:箱体上方的 O 标记的变量值是大于 U_1(第 75 百分位数+1.5IQ)的值;箱体下方的 O 标记的变量值是小于 L_1(第 25 百分位数–1.5IQ)的值。

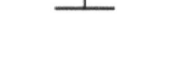

图 7-9 箱图

④ 极端值使用*标记。上极端值是大于 U_2(第 75 百分位数+3IQ)的值,下极端值是小于 L_2(第 25 百分位数–3IQ)的值。箱图中的数字是对应极端值在当前数据文件中的记录号。

2)茎叶图(见图 7-10)

茎叶图直观地描述了数据的频数分布。可以自左至右分为三大部分:频数、茎、叶。茎表示数值的整数部分,叶表示数值的小数部分。每行的茎和叶组成的每个数字相加再乘以茎宽得到的值是实际数据的近似值,即实际数据的近似值=(茎值+叶值×0.1)×茎宽。

图 7-10 所示为 Current Salary 变量中 gender = 女的观测的茎叶图。自左向右分别为频数、茎(Stem)、叶。图 7-10 中标有"③"的一行表示存在 11 个极端值,这些极端值大于或等于 40800;标有"④"的一行说明茎宽为 10 000;标有"⑤"的一行表明每一个叶代表 1 个观测。

以标有"⑥"的一行为例进行说明:茎为 3,频数为 5,本行叶的组成为 6、6、7、7、7。根据公式实际数据的近似值 =(茎值 + 叶值 × 0.1)× 茎宽,第 1 个观测的值为(3 + 0.6)× 10000 = 36000。以此类推,本行 5 个 Current Salary 变量的值近似为 36 000、36 000、37 000、37 000、37 000。

① Current Salary 茎叶图: gender= 女
② 频率　　　　Stem &　叶
　　2.00　　　　1 .　55
　16.00　　　　1 .　6666666666777777
　14.00　　　　1 .　88889999999999
　31.00　　　　2 .　0000000000000111111111111111111
　35.00　　　　2 .　22222222222222222222233333333333333
　38.00　　　　2 .　44444444444444444444444444455555555555555
　22.00　　　　2 .　6666666666677777777777
　17.00　　　　2 .　88888899999999999
　　7.00　　　　3 .　0001111
　　8.00　　　　3 .　22233333
　　8.00　　　　3 .　44444555
⑥　　5.00　　　　3 .　66777
　　2.00　　　　3 .　88
③　11.00 极值　　　(>=40800)
④　主干宽度：　　10000
⑤　每个叶：　　　1 个案

图 7-10　茎叶图

3）正态性检验

除通过偏度、峰度观察变量分布特征外，探索过程还提供了正态性验证方法及 P-P 图或 Q-Q 图。正态性检验可同时输出柯尔莫戈洛夫-斯米诺夫（Kolmogorov-Smirnov）统计量（简称 K-S 统计量）和夏皮洛-威尔克（Shapiro-Wilk）统计量。前一种检验建立在样本分布与预期累积分布间没有显著性差异假设的基础上，是用 Lillifors 显著性概率进行修正来检验正态性的。Lillifors 可以在方差与平均值未知的情况下直接使用，它是对 K-S 统计量的修正。如果指定的是非整数加权，当加权样本量介于 3~50 时，计算夏皮洛-威尔克统计量；如果指定的是未加权或整数加权，当加权样本量介于 100~5000 时，计算 K-S 统计量。当 p 值（观测的显著性水平）小于具体应用时在分析者心目中的显著水平 α 时，（本例中，该值可取 0.05），则拒绝正态分布零假设。需要记住的是"我们永远不能证明一个数据是来自正态分布的（但在证据足够时可以拒绝其来自正态分布）"。

4）方差齐性检验

许多检验要求方差齐性。例如，方差分析要求各分组样本的数据来自方差相同的正态总体；在进行独立样本 T 检验前也需要先确定两组方差是否相同；在对多个组间平均值进行比较时，也需要确定方差是否相等。

若各组方差不等，则可以通过对数据进行转换来稳定方差或使方差尽可能地相等。

① 分布-水平图（Spread vs. Level）用来判断各组数据离散程度是否相同。在显示图形的同时，输出回归方程斜率及对数据进行幂转换的幂值。它们之间的关系为幂值＝1－回归斜率。若没有指定因素变量，则不生成此图。

② 莱文检验（Levene 检验）。该方法最大的好处是在对两个样本的数据进行方差齐性检验时，不强求数据必须服从正态分布。莱文检验法先计算出离均差（各观测值减组平均值的值），然后通过离均差的绝对值进行单因素方差分析。若 p 值小于分析者心目中的显著水平 α 时，则拒绝各组方差相等的假设。在选择了数据转换时，莱文检验是根据转换后的数据计算的。

在进行方差齐性检验时，SPSS 提供了 4 种判断指标，分别是依据平均值、依据中位数、依据中位数与调整后的自由度、依据调整的平均值所得的各个统计量。这几种统计量各有利弊,平均值容易受最大值、最小值及极端值的影响;后 3 种都是不错的方法,但它们都将极端值排除在外。

③ M-估计量,即集中趋势最大似然比稳健估计统计量。它是样本数据平均值与中位数统计量的另外一种表现形式。当数据的分布具有较长尾部或具有极端值时,M-估计量要比平均值及中位数给出的结果更精确。

在计算 M-估计量时对所有观测加权。权重随观测量距分布中心的远近而改变,在计算时包括极端值。由于极端值离中心远,因此其比位于中心部位的观测量给予的权重小。M-估计量不要求变量值呈正态分布。当数据分布均匀并且尾部较长时,或者当数据中存在极端值时,M-估计量可以给出比平均值或者中位数更合理的结果。

计算 M-估计量的方法有 Huber(胡贝尔)估计、Andrew(安德鲁)估计、Hampel(汉佩尔)估计和 Tukey(图基)估计。实践证明,这 4 种方法都可以很好地取代平均值及中位数,其中 Huber 估计对于近似正态分布的数据效果最好。

7.3.2 探索分析过程

(1)建立或打开数据文件后,按"分析→描述统计→探索"顺序单击,打开"探索"对话框如图 7-11 所示。

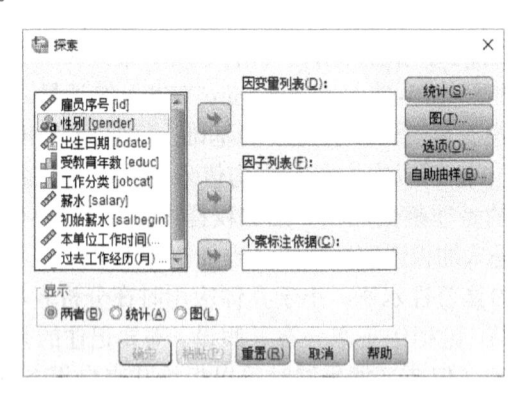

图 7-11 "探索"对话框

(2)从原始变量列表中选择若干个数值型变量作为因变量送入"因变量列表"框中。此时单击"确定"按钮即可进行默认的统计分析,输出结果包括箱图、茎叶图及描述统计量。在默认情况下,缺失值将被排除到分析过程之外。

(3)指定分组变量。在原始变量列表中选择一个或多个分组变量进入"因子列表"框。分组变量可以将数据按该变量中的观测值进行分组分析。如果选择的分组变量不止一个,那么会以分组变量各取值进行组合分组。例如,指定分组变量:性别 sex(f、m)、年龄段 age(11、12、13),则按组合分组,即(f,11)、(f,12)、(f,13)、(m,11)、(m,12)、(m,13),对数据进行分析。

(4)选择标识变量。在原始变量列表中指定一个变量作为观测量的标识变量送入"个案标注依据"框中。

(5)"显示"栏:用于确定输出项。

① "两者"单选按钮:输出图形及描述统计量。

② "统计"单选按钮:只输出描述统计量。

③ "图"单选按钮:只输出图形。

(6) 选择描述统计量。单击"统计"按钮,打开如图 7-12 所示对话框。

① "描述"复选框:系统默认选项,输出的描述统计量有平均值、中位数、众数、5% 的调整平均值、标准误差、方差、标准差、最大值、最小值、极差、四分位数、偏度及其标准误差、峰度及其标准误差。

"平均值的置信区间"框中输入的是要求计算平均值的置信区间。在本框中输入置信水平,选择的范围为 1%~99%,常用的数值为 90%、95%、99%,系统默认值为 95%。

② "M-估计量"复选框:输出集中趋势最大似然比的稳健估计统计量。

③ "离群值"复选框:输出 5 个最大值与最小值。它们在"查看器"窗口中被标注为极值。

④ "百分位数"复选框:输出第 5 百分位数、第 10 百分位数、第 25 百分位数、第 50 百分位数、第 75 百分位数、第 90 百分位数、第 95 百分位数。

(7) 统计图及其参数的选择。

在"探索"对话框中单击"图"按钮,打开"探索:图"对话框,如图 7-13 所示。

① "箱图"栏:通过该栏内容可以绘制箱图。

- "因子级别并置"单选按钮:(其中"因子级别"应译为"因子水平")。因变量按因子水平分组,各组箱图并列输出。
- "因变量并置"单选按钮:在一个图形中生成所有因变量的箱图,便于比较。
- "无"单选按钮:不输出箱图。

图 7-12 "探索:统计"对话框   图 7-13 "探索:图"对话框

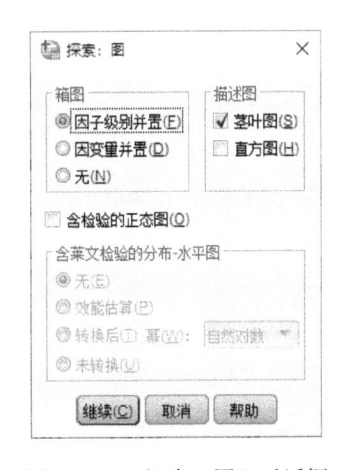

② "描述图"栏。通过该栏可选择描述统计分析的图形。"茎叶图"复选框是默认选项,选择此项可生成茎叶图;勾选"直方图"复选框可生成频数分布统计图。

③ "含检验的正态图"复选框:选择此项,输出 K-S 统计量及其 Lilliefors 显著性概率、夏皮洛-威尔克统计量及其显著性概率和 Q-Q 图。

④ "含莱文检验的分布-水平图"栏。输出分布-水平图,同时输出回归直线斜率及方差齐性的莱文检验结果。若没有指定分组变量,则此选项无效。如果选择了"转换后"单选按钮,将依据转换后的数据进行计算。

- "无"单选按钮:不产生分布-水平图,不进行方差齐性的莱文检验,是默认选项。
- "效能估算"单选按钮:(应译为"幂估计",估计幂值)。对每一组数据产生一个中位数的自然对数与四分位数的自然对数的分布-水平图。为了使每组中的数据方差相等，应对数据进行幂变换。这个结果常常用来确定转换时最合适的幂值。
- "转换后"单选按钮：对原始数据进行转换，由读者在"幂"下拉列表中指定幂转换使用的幂值。可以指定的幂值有自然对数、1/平方根、倒数、平方根、平方、立方。
- "未转换"单选按钮：不对数据进行转换。

（8）在"探索"对话框中，单击"选项"按钮，打开如图7-14所示对话框。在该对话框中选择分析过程中对缺失值的处理方式。

① "成列排除个案"单选按钮：剔除有缺失值的观测，是默认选项。

② "成对排除个案"单选按钮：成对剔除有缺失值的观测。

③ "报告值"单选按钮：分组变量中的缺失值将被单独分为一组显示在频数分布表中。

（9）在"探索"对话框中，单击"自助抽样"按钮，打开如图7-15所示对话框。采用自助抽样方法可以得出平均值、中位数、比例、机会比率（也称相对风险）、相关系数或回归系数等估计值的稳健的标准误差估计值及置信区间。还可以利用自助抽样方法构建假设检验。当参数估计方法的假设存在疑问时（如异方差残差拟合小样本回归模型的情况），或者参数推断无法执行或需要非常复杂的公式计算标准误差（如为中位数、四分位数和其他百分位数计算置信区间）时，自助抽样是最好的替代选项。

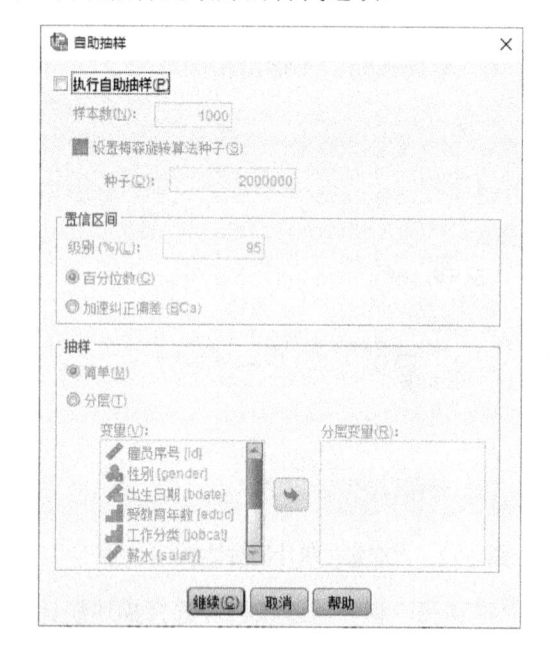

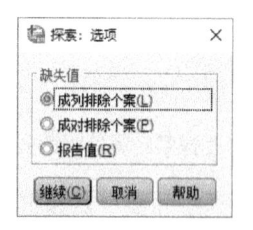

图7-14 "探索：选项"对话框　　图7-15 "自助抽样"对话框

① "执行自助抽样"复选框：选择本选项，在"样本数"框中输入一个正整数，指定产生的样本数。如果要产生百分位数和BCa（加速纠正偏差）区间，建议使用至少1000个自助抽样的样本。

"设置梅森旋转算法种子"复选框：设置复制分析允许的种子数。选择本选项，需在"种子"框中输入一个正整数，系统默认值为2000000。

使用本控件类似于将梅森旋转算法设为当前生成器并在"随机数生成器"对话框中指定固定起始点。两者的区别在于，在本对话框中设置的种子会保留随机数生成器的当前状态并在分析完成后恢复该状态。

②"置信区间"栏：在"级别"框（应译为"水平"）中，指定一个大于 50 且小于 100 的置信度数值。

"百分位数"单选按钮：选择本选项，将简单地使用对应于置信区间百分位数的有序自助抽样值。例如，95%置信区间使用有序自助抽样值的第 2.5 百分位数和第 97.5 百分位数作为区间的下限和上限（必要时可对自助抽样值进行插值处理）。

"加速纠正偏差"单选按钮：选择本选项，将使用 BCa 区间，它更加准确，代价是需要更长的计算时间。

③"抽样"栏提供了简单和分层抽样两种选择。

"简单"单选按钮：选择本选项，将通过有放回方式从原始数据集中重复取样。

"分层"单选按钮：在层变量的交叉分类定义的层内，通过有放回方式从原始数据集中重复取样。如果层中的单元相对均匀，且不同层间的单元相差较大，则分层自助抽样非常有用。选择本选项，在"变量"框中选择分层变量，并将其移入右侧的"分层变量"框。

单击"继续"按钮，返回"探索"对话框。

7.3.3 探索分析实例

【例 4】 数据文件 data07-03 中是 1969—1971 年美国一家银行的 474 名雇员情况的数据，包括变量：salary 当前薪水、educ 受教育年数（年）、prevexp 工作经历（月）、minority 是否是少数民族（0：非少数民族，1：少数民族）、jobcat 工作分类、id 雇员序号等。下面以 salary 当前薪水变量为例，来说明探索分析的操作过程及其结果。

（1）选择变量，指定选项。

① 打开数据文件 data07-03，按"分析→描述统计→探索"顺序单击，打开"探索"对话框。

② 选中薪水变量，将其移入"因变量列表"框；选中性别变量，将其移入"因子列表"框；选中雇员序号变量，将其移入"个案标注依据"框。在"显示"栏中，选择"两者"单选按钮。

③ 单击"统计"按钮，勾选"描述"复选框、"M-估计量"复选框、"离群值"复选框。单击"继续"按钮，返回"探索"对话框。

④ 单击"图"按钮，打开"探索：图"对话框。在"箱图"栏中选择"因子级别并置"单选按钮，在"描述图"栏中勾选"茎叶图"复选框，勾选"含检验的正态图"复选框，在"含莱文检验的分布-水平图"栏中选择"效能估算"单选按钮。单击"继续"按钮，返回"探索"对话框。

⑤ 单击"确定"按钮，提交系统运行。

（2）部分输出结果如表 7-6～表 7-10 及图 7-16～图 7-18 所示。

表 7-6 所示为薪水的描述统计量。由表 7-6 可知女雇员的薪水偏度值为 0.166，峰度值为 0.330，这说明薪水变量的分布基本呈正态。

表 7-7 中的 a、b、c、d 分别表示 4 种 M-估计量，是根据各自的加权常数计算的。与表 7-6 中的平均值比较，发现 M-估计量全部比平均值小（女雇员为 26031.92，男雇员为 41441.78），且相差较大，据此可初步判定各组数据不是来自正态分布总体。M-估计量与中位数（女雇员为 24300，男雇员为 32850）十分接近。

表 7-6 薪水的描述统计量

描述

性别				统计	标准误差
女	薪水	平均值		$26,031.92	$514.258
		平均值的 95% 置信区间	下限	$25,018.29	
			上限	$27,045.55	
		5% 剪除后平均值		$25,248.30	
		中位数		$24,300.00	
		方差		57123688.27	
		标准偏差		$7,558.021	
		最小值		$15,750	
		最大值		$58,125	
		范围		$42,375	
		四分位距		$7,013	
		偏度		1.863	.166
		峰度		4.641	.330
男	薪水	平均值		$41,441.78	$1,213.968
		平均值的 95% 置信区间	下限	$39,051.19	
			上限	$43,832.37	
		5% 剪除后平均值		$39,445.87	
		中位数		$32,850.00	
		方差		380219336.3	
		标准偏差		$19,499.214	
		最小值		$19,650	
		最大值		$135,000	
		范围		$115,350	
		四分位距		$22,675	
		偏度		1.639	.152
		峰度		2.780	.302

表 7-7 M-估计量

M - 估计量

性别		休伯 M - 估计量[a]	图基双权[b]	汉佩尔 M - 估计量[c]	安德鲁波[d]
女	薪水	$24,606.10	$24,015.98	$24,419.25	$24,005.82
男	薪水	$34,820.15	$31,779.76	$34,020.57	$31,732.27

a. 加权常量为 1.339。
b. 加权常量为 4.685。
c. 加权常量为 1.700、3.400 和 8.500。
d. 加权常量为 1.340*pi。

表 7-8 中的"个案号"是观测样品的编号,显示了按性别分组的各组中的 5 个最大值(最高薪水)和 5 个最小值(最低薪水)。

表 7-9 所示为正态分布检验结果,因为表中"柯尔莫戈洛夫-斯米诺夫"列下的"显著性"值为 0.000,所以拒绝数据呈正态分布的假设。

表 7-10 所示为方差齐性检验结果。由表 7-10 可知,依据各种集中趋势统计量进行的检验的显著概性值都小于 0.001,故拒绝方差相等的假设,即男雇员、女雇员的薪水方差不具有齐性。

表 7-8　变量的极端值

极值

性别				个案号	值
女	薪水	最大值	1	171	$58,125
			2	153	$56,750
			3	213	$55,750
			4	101	$54,375
			5	19	$54,000
		最小值	1	172	$15,750
			2	146	$15,900
			3	193	$16,200
			4	91	$16,200
			5	32	$16,200
男	薪水	最大值	1	233	$135,000
			2	236	$110,625
			3	227	$103,750
			4	410	$103,500
			5	458	$100,000
		最小值	1	329	$19,650
			2	417	$21,300
			3	361	$21,300
			4	229	$21,750
			5	263	$21,900

表 7-9　正态分布检验结果

正态性检验

		柯尔莫戈洛夫-斯米诺夫(V)[a]			夏皮洛-威尔克		
性别		统计	自由度	显著性	统计	自由度	显著性
女	薪水	.146	216	.000	.842	216	.000
男	薪水	.208	258	.000	.813	258	.000

a. 里利氏显著性修正

表 7-10　方差齐性检验结果

方差齐性检验

		莱文统计	自由度1	自由度2	显著性
薪水	基于平均值	119.669	1	472	.000
	基于中位数	51.603	1	472	.000
	基于中位数并具有调整后自由度	51.603	1	310.594	.000
	基于剪除后平均值	95.446	1	472	.000

图 7-16 所示为按性别变量分组的薪水茎叶图，从图中可以推断男雇员薪水集中在 25000~39000，女雇员薪水集中在 16000~29000，这说明男雇员和女雇员之间的工资水平可能有较大差异。

图 7-17（a）所示为男雇员当前薪水的标准 Q-Q 图，图中的直线是正态分布的标准线，围绕直线的各点为预测值，如果观测数据的分布是正态分布，那么这些点连成的线应与直线重合。在图 7-17（a）中大量点偏离了直线，因此数据分布不呈正态分布。图 7-17（b）所示为男雇员薪水去趋势标准 Q-Q 图，图中的点组成 "V" 形曲线，由此可得出拒绝正态分布的结论。

```
薪水 茎叶图:
gender= 男
 频率     Stem &  叶
   1.00    1 .    9
  18.00    2 .    111122222223344444
  64.00    2 .    5555555555566666666666666677777777777777778888888888999999999
  60.00    3 .    000000000000000000000000111111111111112223333333344444
  22.00    3 .    5555555566667778889999
  16.00    4 .    0000000012223334
  11.00    4 .    55556677889
   9.00    5 .    001122344
  10.00    5 .    5555667899
   8.00    6 .    00001112
  14.00    6 .    55566666788889
   6.00    7 .    000233
   5.00    7 .    55888
   4.00    8 .    0123
  10.00  极值     (>=86250)
 主干宽度:        10000
 每个叶:          1 个案
```

(a)

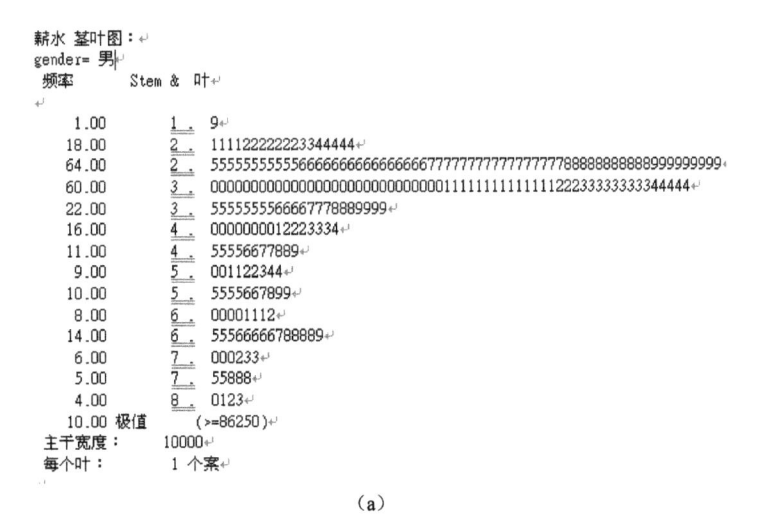

图 7-16　按性别变量分组的薪水茎叶图

```
薪水 茎叶图：
gender= 女
 频率      Stem &  叶
   2.00       1 .  55
  16.00       1 .  6666666666777777
  14.00       1 .  88889999999999
  31.00       2 .  0000000000000111111111111111111
  35.00       2 .  22222222222222222223333333333333333
  38.00       2 .  44444444444444444444444444555555555555
  22.00       2 .  6666666666667777777777
  17.00       2 .  88888899999999999
   7.00       3 .  0001111
   8.00       3 .  22233333
   8.00       3 .  44444555
   5.00       3 .  66777
   2.00       3 .  88
  11.00  极值     (>=40800)
 主干宽度：     10000
 每个叶：       1 个案
```

(b)

图 7-16　按性别变量分组的薪水茎叶图（续）

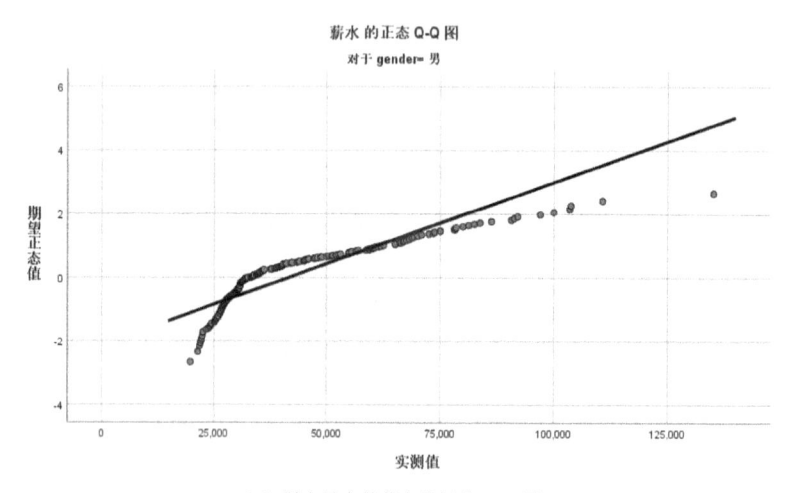

（a）男雇员当前薪水的标准 Q-Q 图

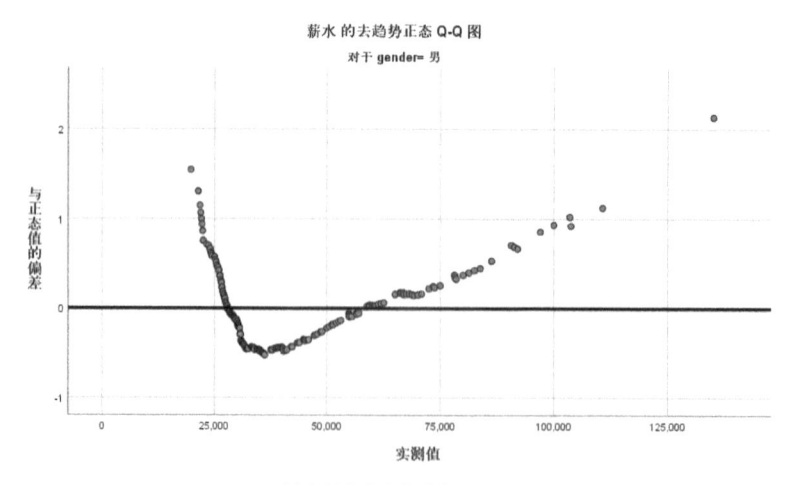

（b）男雇员薪水去趋势标准 Q-Q 图

图 7-17　男雇员薪水的 Q-Q 图

图 7-18 所示为性别变量的两个分组的薪水箱图。由图 7-18 可知,女雇员当前工资水平的极差较男雇员小,两组变量中都存在异常值,如男雇员中的 29 号、32 号、18 号、103 号观测值,女雇员中的 413 号观测值等。男雇员中的 29 号观测值、女雇员中的 80 号和 468 号观测值是极端值。通过查看这些观测值和其他变量值,可确定后续分析是否仍包括这些观测值或是否按其他变量分组分析。

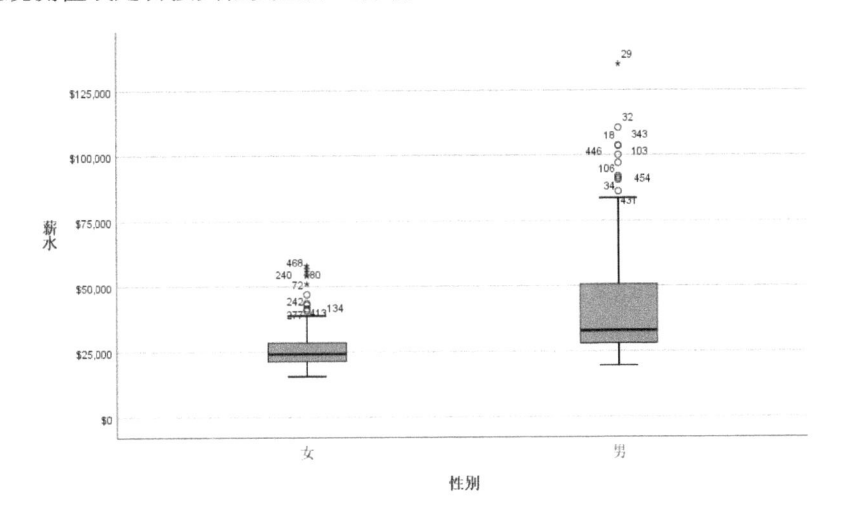

图 7-18 性别变量的两个分组的薪水箱图

7.4 交叉表分析

SPSS 中的交叉表过程可以生成二维或多维(分层)分类变量的频数分布表,可以计算分类变量间的关联程度,还可以进行分类变量间关联关系的独立性检验。

7.4.1 交叉表及其独立性检验的思路

1. 交叉表的概念

在实际统计分析过程中,常常讨论两个分类变量间是否存在关联。例如,收入高低和地区之间是否存在关联,收入高低与性别之间是否存在关联,性别与是否喜欢运动之间是否存在关联等。对于这类问题,在统计学中可以使用交叉表进行描述。一个变量作为行变量,其值的个数 r 就是行数;另一个变量作为列变量,其值的个数 c 就是列数,进而形成 $r \times c$ 交叉表(也称列联表)。最简单的交叉表是 2×2 交叉表。例如,性别(男、女)与是否喜欢运动(喜欢、不喜欢)两个变量的关联性分析就可以通过一个 2×2 交叉表来描述。又如,表 7-11 所示的某公司性别与工作分类的交叉表是一个 4×5 交叉表。交叉表中的数值是行列交叉情况发生的频数。

表 7-11 某公司性别与工作分类的交叉表

性别 * 工作分类 交叉表

计数

性别		工作分类			总计
		职员	保管员	经理	
性别	女	206	0	10	216
	男	157	27	74	258
总计		363	27	84	474

2. 交叉表独立性检验基本思想

在统计学中，可以通过交叉表的独立性检验对两个变量是否存在关联进行分析。该方法的基本思想与假设检验的基本思想是一样的。先建立一个零假设，即认为两个事物之间是独立的，没有关联。在假设成立的前提下，再建立一个卡方统计量，并计算它发生的概率，根据小概率事件在一次试验中不可能发生的原则，判断建立的零假设是否成立。若拒绝零假设，则做出两个事物之间存在关联的判断。因此交叉表的独立性检验又称为交叉表的卡方检验。卡方统计量的公式为

$$\chi^2 = \sum \frac{(A-T)^2}{T}$$

式中，A 是实际频数；T 是期望频数。

注意：在使用这个统计量公式进行检验时，要求期望频数大于或等于5。若不满足该条件，则需要使用精确检验法。

7.4.2 交叉表分析过程

一个行变量和一个列变量可以形成一个二维交叉表，再指定一个分组变量作为层变量（也称控制变量）就可以形成三维交叉表。如果可以指定多个行变量、列变量、层变量，就会形成复杂的多维交叉表。交叉表的变量可以是数值型、字符串型或短字符串。

（1）建立或打开数据文件后，按"分析→描述统计→交叉表"顺序单击，打开"交叉表"对话框，如图7-19所示。

（2）在原始变量列表中选择一个或多个分类变量送入"行"框，作为交叉表中的行变量。

（3）在原始变量列表中选择一个或多个分类变量送入"列"框，作为交叉表中的列变量。

（4）选择一个层变量送入"层1/1"栏中。单击"下一个"按钮，可指定另外一个层变量；单击"上一个"按钮可改变前一次确定的层变量。

（5）"显示簇状条形图"复选框：选择此项，将显示各组中各变量的分类条形图。

（6）"禁止显示表"复选框：选择此项，将只输出统计量，不输出交叉表。

（7）单击"统计"按钮，打开"交叉表：统计"对话框，如图7-20所示。

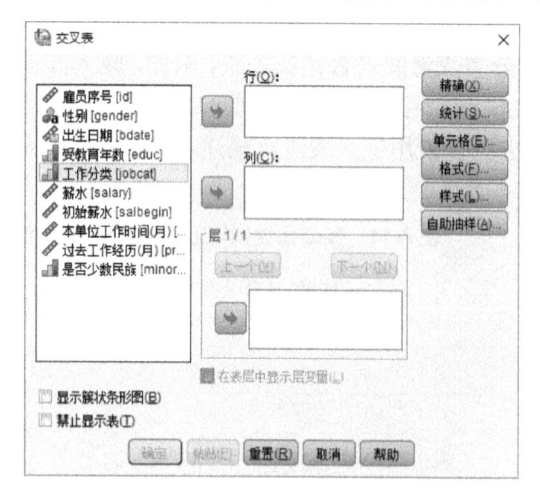

图 7-19　"交叉表"对话框　　　　图 7-20　"交叉表：统计"对话框

① "卡方"复选框：选择此项，将输出 3 种卡方检验结果，在"查看器"窗口中输出的表中可以看到如下内容。

- 皮尔逊卡方：检验的假设是行变量、列变量相互独立。当自由度大于 1、单元格频数大于 5 时，检验效果较好，是常用的检验方法。
- 似然比：对数线性模型检验方法之一，也是拟合优度检验方法。当样本量较大时，该统计量服从卡方分布。
- 费希儿的精确检验：当样本数小于 20 或单元格频数小于 5 时，使用该检验方法。
- 线性关联：检验的假设是行变量、列变量相互独立，适合两个变量是定序变量或尺度变量的数据。

② "相关性"复选框：选择此项，将输出皮尔逊 R 和斯皮尔曼相关系数，分别表示两变量的线性相关或变量秩之间的关联程度，数值范围为–1～1，0 表示无线性关系，符号表示相关方向。如果行变量、列变量为有序变量，应计算斯皮尔曼相关系数。如果行变量和列变量是分类变量，那么不适合使用该选项计算关联程度。

③ "Kappa"复选框：选择此项，将输出 Cohen 的 Kappa 系数，用来检验同一对象的两种评估的一致性。它仅适用于具有相同分类值和相同分类数的交叉表，如 2×2 交叉表。系数为 1 表示两者完全一致，系数为 0 表示两者没有关联。

④ "风险"复选框：选择此项，将计算相对危险度和比数比，表明事件的发生和某因素间的关联性，如检验心脏病是否与吸烟有关。若该系数的置信区间包括 1，则认为事件的发生与这个因素没有关联。当某因素发生的可能性非常小时，使用比数比统计量作为相对危险度的度量。

⑤ "麦克尼马尔"复选框：选择此项，将进行两个二分变量相关性的非参数检验。在试验前后的设计中，变化值符合卡方分布。十分适用于检验由于试验干扰而产生的变化。

⑥ "名义"栏用于计算两个名义变量间关联程度的统计量。

- "列联系数"复选框。列联系数是描述两个分类变量之间关联程度的统计量，由卡方统计量修正而得，公式为

$$C = \sqrt{\frac{\chi^2}{\chi^2 + N}}$$

式中，N 为观测数；χ^2 为卡方值，该值介于 0～1。列联系数为 0，表示行变量和列变量间没有关联；列联系数接近 1，表示行变量和列变量间有很强的关联。注意，列联系数可能的最大值受交叉表行数和列数影响，随着交叉表行数和列数的增大而增大。

- "Phi 和克莱姆 V"复选框。Phi 系数和克莱姆值是描述两个属性变量间关联程度的统计量。Phi 系数适用 2×2 交叉表。二者都是根据卡方计算公式修正而得的，克莱姆值介于 0～1，计算公式为

$$V = \sqrt{\frac{\chi^2}{N(k-1)}}$$

式中，k 为行变量和列变量中一个较小的水平数；N 为观测数；χ^2 为卡方值。

- "Lambda"复选框。当用自变量预测因变量时，该检验反映预测误差。Lambda 系数等于 1，表示自变量可以完全预测因变量；Lambda 系数等于 0，表示自变量不能预测因变量。

- "不确定性系数"复选框。不确定性系数表示用一个变量预测另一个变量的值可能发生的错误程度。该值越接近上限 1，表示从第一个变量获得的有关第二个变量的值的信息越多；越接近下限 0，表示从第一个变量获得的有关第二个变量的值的信息越少。

⑦ "有序"栏用于计算两个有序变量之间关联程度的统计量。

- "Gamma"复选框：两个有序变量间关联的对称检验，该值范围为 –1～1。Gamma 的绝对值接近 1，表示两个变量间高度关联；Gamma 的绝对值接近 0，表示两个变量间的关联程度很低。对于二维交叉表，提供零阶 Gamma 值；对于三维或高维交叉表，提供条件 Gamma 值。
- "萨默斯 d"复选框：两个有序变量间关联性的检验，该值范围为 –1～1。萨默斯 d 的绝对值接近 1，表示两个变量间是高度关联；萨默斯 d 的绝对值接近 0，表示两个变量间是低度关联。萨默斯 d 检验是 Gamma 非对称检验的扩展，两者之间的不同仅在于萨默斯 d 检验包含的是未打结自变量成对数据的含量。
- "肯德尔 tau-b"复选框：秩变量或有序变量关联性的非参数检验，考虑结的影响。该值范围是 –1～1，符号表明两变量间关系的方向，绝对值表明两变量间的相关程度。只有在正方形表格中该值才有可能为 +1 或 –1。
- "肯德尔 tau-c"复选框：秩变量关联性的非参数检验，不考虑结的影响。该值范围是 –1～1，符号表明两变量间关系的方向，绝对值表明两变量间的相关程度。如果交叉表的边际频数相等，那么肯德尔 tau-b 相关系数和肯德尔 tau-c 相关系数基本一致。

⑧ "按区间标定"（应译为"名义与连续型变量"）栏，用于计算 η 统计量。当一个变量是名义变量，另一个变量是定量变量时，选择 η 统计量。η 值的范围是 0～1，η 值为 0，表示行变量与列变量间没有关联性；η 值越接近 1，表示行变量与列变量间的关联程度越高。

⑨ "柯克兰和曼特尔-亨塞尔统计"复选框：选择此项，输出两个二分变量间独立性检验的统计量。在"检验一般比值等于"框中设置相对风险检验的零假设值，默认为 1，可以输入一个正数。

（8）在"交叉表"对话框中，单击"精确"按钮，打开"精确检验"对话框，如图 7-21 所示。

"精确检验"对话框中提供了两种专门针对数据量小或不均衡表的检验方法，即费希尔精确检验和蒙特卡洛（Monte Carlo）法。由于精确检验的计算很复杂，对于大样本进行精确检验会耗费大量计算机资源，因此在样本量少于 30 时，进行精确检验是最好的方法。

① "仅渐进法"单选按钮：显著性值是基于渐近分布计算的统计量。在一般情况下，如果其计算的 p 值小于分析者心目中的显著性水平 α 时，则认为有显著性意义。

② "蒙特卡洛法"单选按钮：该统计量是精确显著水平的无偏估计。蒙特卡洛法不要求渐近分布的假设，可获得精确的显著水平值。

- "置信度级别"框：输入介于 0.01～99.9 的置信水平。
- "样本数"框：输入介于 1～1000000000 的样本量数值，用来计算蒙特卡洛统计量。样本量越大，显著水平越可靠，同时计算过程耗时越长。

- "精确"单选按钮：精确计算检验的观测的显著性水平。一般情况下，如果此值小于 0.05，则认为行变量、列变量相互不独立。当有 20%以上单元格的期望数小于 5 时，适合使用该方法。

勾选"每个检验的时间限制"复选框，在其后框中输入介于 1～9999999999 的值作为进行精确检验的最大运行时间。当计算条件受到限制时，常使用蒙特卡洛法。

（9）在"交叉表"对话框中，单击"单元格"按钮，打开"交叉表：单元格显示"对话框，如图 7-22 所示。

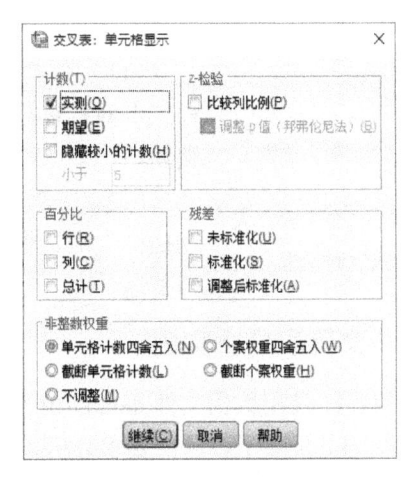

图 7-21　"精确检验"对话框　　　　图 7-22　"交叉表：单元格显示"对话框

① "计数"栏用于指定交叉表中显示的计数选项。
- "实测"复选框：显示实际频数，是默认选项。
- "期望"复选框：若行变量、列变量在统计意义上相互独立，则显示期望频数（理论数）。
- "隐藏较小的计数"复选框：选择本选项，应在"小于"框中输入一个临界值，小于该数的值不在"查看器"窗口中显示。

② "百分比"栏用于指定输出的百分比。
- "行"复选框：行百分比，单元格中的频数占所在行观测量的百分比。
- "列"复选框：列百分比，单元格中的频数占所在列观测量的百分比。
- "总计"复选框：单元格中的频数占全部观测量的百分比。

③ "残差"栏用于指定要输出的残差。
- "未标准化"复选框：计算非标准化残差，是单元格中的观测值减期望值。
- "标准化"复选框：平均值为 0，标准差为 1 的标准化残差。
- "调整后标准化"复选框：计算调整后的标准化残差。

④ "非整数权重"栏用于选择非整数权重处理方法。单元格中的频数一般是整数，但是当有带有小数的变量值加权时，单元格中的计数值可能出现小数。
- "单元格计数四舍五入"单选按钮：照常使用观测量权重，但是单元格中的累积权重需要在计算统计量之前四舍五入。
- "截断单元格计数"单选按钮：照常使用观测量权重，但是单元格中的累积权重需要在计算统计量之前截取整数部分。

- "不调整"单选按钮：不对单元格数值进行调整。
- "个案权重四舍五入"单选按钮：在进行加权计算之前对权重值进行四舍五入。
- "截断个案权重"单选按钮：在进行加权计算之前对权重值截取整数部分。

（10）在"交叉表"对话框中，单击"格式"按钮，打开"交叉表：表格式"对话框，如图 7-23 所示，确定表格中从左到右频数的排列顺序。

① "升序"单选按钮：以升序方式显示变量值的频数，是默认选项。

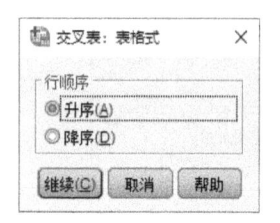

② "降序"单选按钮：以降序方式显示变量值的频数。

对于长字符串型变量，可以通过编码满足该过程对数据的要求。

（11）在"交叉表"对话框中，单击"样式"按钮，打开"表样式"对话框。其详细说明参见 6.3.2 节中的相关内容，这里不再赘述。

图 7-23 "交叉表：表格式"对话框

（12）在"交叉表"对话框中单击"自助抽样"按钮，打开"自助抽样"对话框。其详细说明参见 7.3.2 节中的相关内容，这里不再赘述。

7.4.3 交叉表分析实例

【例 5】使用数据文件 data07-01 中的数据。使用变量：occcat80 工作分类、region 地区分类、childs 孩子数量。要求分析各地区工作类型与孩子数量之间是否有关联。

（1）按"分析→描述统计→交叉表"顺序单击，打开"交叉表"对话框。

（2）将孩子数量变量作为行变量送入"行"框中；将工作分类变量作为列变量送入"列"框中；将地区分类变量作为层变量送入"层 1/1"框中。

（3）单击"统计"按钮，勾选"卡方"复选框。单击"继续"按钮，返回"交叉表"对话框。

（4）单击"单元格"按钮，确认"计数"栏中的"实测"复选框已勾选。单击"继续"按钮，返回"交叉表"对话框。

（5）单击"精确"按钮，打开"精确检验"对话框，选择"蒙特卡洛法"单选按钮，在"样本数"框中输入样本数量"1517"。单击"继续"按钮，返回"交叉表"对话框。

（6）单击"格式"按钮，打开"交叉表：表格式"对话框，选择"升序"单选按钮。单击"继续"按钮，返回"交叉表"对话框。

（7）在"交叉表"对话框中，单击"确定"按钮，提交系统执行。

（8）输出结果如表 7-12～表 7-14 所示。

表 7-12 观测统计处理摘要

个案处理摘要

	个案					
	有效		缺失		总计	
	N	百分比	N	百分比	N	百分比
孩子数量 * 工作分类 * 地区分类	1414	93.2%	103	6.8%	1517	100.0%

表 7-13 各变量间的多维交叉表

孩子数量 * 工作分类 * 地区分类 交叉表

计数

地区分类			工作分类						总计
			管理者或者专业人员	技术人员,销售,行政人员	维修人员	农林渔业	精密或手工制造业	一般操作人员或装配人员	
东北部	孩子数量	0	44	57	21	3	19	16	160
		1	27	45	12	3	10	18	115
		2	41	61	23	2	15	27	169
		3	21	43	14	0	8	14	100
		4	12	11	11	0	11	13	58
		5	1	6	3	1	2	6	19
		6	1	2	1	0	0	1	5
		7	3	2	2	1	1	3	12
		8或8以上	0	0	0	0	1	0	1
	总计		150	227	87	10	67	98	639
东南部	孩子数量	0	29	31	11	5	8	19	103
		1	22	22	4	4	6	11	69
		2	18	28	22	2	10	20	100
		3	6	11	5	2	10	6	40
		4	3	7	11	0	5	7	33
		5	4	7	0	0	2	5	18
		6	1	0	3	1	0	3	8
		7	0	1	3	0	0	2	6
		8或8以上	0	1	0	0	1	2	4
	总计		83	109	59	13	42	75	381
西部	孩子数量	0	37	45	12	5	17	13	129
		1	17	18	6	0	6	12	59
		2	25	29	17	2	10	8	91
		3	11	19	13	3	11	4	61
		4	5	8	2	3	5	4	27
		5	6	0	2	0	2	2	12
		6	2	1	4	0	1	1	9
		7	1	0	1	0	0	0	2
		8或8以上	2	0	1	0	1	0	4
	总计		106	120	58	13	53	44	394
总计	孩子数量	0	110	133	44	13	44	48	392
		1	66	85	22	7	22	41	243
		2	84	118	62	6	35	55	360
		3	38	73	32	5	29	24	201
		4	20	26	24	3	21	24	118
		5	11	13	5	2	6	13	49
		6	4	4	8	0	1	5	22
		7	4	3	6	1	1	5	20
		8或8以上	2	1	1	0	3	2	9
	总计		339	456	204	36	162	217	1414

表 7-12 所示为观测处理摘要,包括 N(样本量)、百分比和缺失值。

表 7-13 所示为不同地区、不同工作类型与不同孩子数量的交叉表。

表 7-14 所示为卡方检验结果。

注意:由于许多单元格的频数小于 5,所以应该根据费希尔精确检验结果得出结论。

① 东北部地区,费希尔精确检验的蒙特卡洛值的显著性水平(双侧)为 0.117,大于我们心目中显著性水平 α(本例取 0.05),所以孩子数量与工作类型没有关联。

② 东南部地区,费希尔精确检验的蒙特卡洛值的显著性水平(双侧)为 0.011,小于我们心目中显著性水平 α(本例取 0.05)所以孩子数量与工作类型有关联。

表 7-14 卡方检验结果

卡方检验

地区分类		值	自由度	渐进显著性（双侧）	蒙特卡洛显著性（双侧）			蒙特卡洛显著性（单侧）		
					显著性	99% 置信区间		显著性	99% 置信区间	
						下限	上限		下限	上限
东北部	皮尔逊卡方	47.163[d]	40	.203	.186[b]	.160	.212			
	似然比	44.483	40	.289	.262[b]	.233	.291			
	费希尔精确检验	48.225			.117[b]	.095	.138			
	线性关联	9.514[e]	1	.002	.003[b]	.000	.006	.002[b]	.000	.005
	有效个案数	639								
东南部	皮尔逊卡方	61.974[f]	40	.014	.016[b]	.008	.025			
	似然比	65.957	40	.006	.009[b]	.003	.016			
	费希尔精确检验	55.621			.011[b]	.004	.018			
	线性关联	9.398[g]	1	.002	.003[b]	.000	.006	.001[b]	.000	.002
	有效个案数	381								
西部	皮尔逊卡方	47.883[h]	40	.183	.191[b]	.165	.216			
	似然比	52.035	40	.096	.115[b]	.094	.136			
	费希尔精确检验	47.618			.072[b]	.055	.089			
	线性关联	.683[i]	1	.408	.411[b]	.378	.443	.200[b]	.174	.227
	有效个案数	394								
总计	皮尔逊卡方	73.038[a]	40	.001	.003[b]	.000	.006			
	似然比	70.970	40	.002	.001[b]	.000	.002			
	费希尔精确检验	70.181			.000[b]	.000	.003			
	线性关联	17.826[c]	1	.000	.000[b]	.000	.003	.000[b]	.000	.003
	有效个案数	1414								

a. 17 个单元格 (31.5%) 的期望计数小于 5，最小期望计数为 .23。
b. 基于 1517 个抽样表，起始种子为 2000000。
c. 标准化统计为 4.222。
d. 28 个单元格 (51.9%) 的期望计数小于 5，最小期望计数为 .02。
e. 标准化统计为 3.084。
f. 30 个单元格 (55.6%) 的期望计数小于 5，最小期望计数为 .14。
g. 标准化统计为 3.066。
h. 32 个单元格 (59.3%) 的期望计数小于 5，最小期望计数为 .07。
i. 标准化统计为 .827。

③ 西部地区，费希尔精确检验的蒙特卡洛值的显著性水平（双侧）为 0.072，大于我们心目中显著性水平 α（本例取 0.05），所以结论与①相同，即孩子数量与工作类型没有关联。

【例 6】 小样本的交叉表分析实例。

数据文件 data07-04 中为某公司经理收入情况数据。使用变量：sex 性别、earnings 收入高低，分析不同性别的经理的收入高低差异是否显著。数据中有 15 个经理，其中男性 9 人，女性 6 人。由于样本较小，又是 2×2 交叉表，所以根据费希尔精确检验结果得出结论。

（1）操作步骤。读取数据文件后执行如下操作。
① 按"分析→描述统计→交叉表"顺序单击，打开"交叉表"对话框。
② 将性别变量送入"行"框中，将收入变量送入"列"框中。
③ 单击"统计"按钮，打开"交叉表：统计"对话框，勾选"卡方"复选框。
④ 在"交叉表"对话框中，单击"确定"按钮，提交系统执行。

（2）输出结果如表 7-15～表 7-17 所示。

由于样本过小，所有单元格的期望频数都小于 5，最小的期望频数值为 2.8，费希尔精确检验计算蒙特卡洛值的显著性水平（双侧）为 0.041，小于我们心目中显著性水平 α（本例取 0.05），故结论是不同性别经理的收入高低差异显著。

表 7-15　观测量处理摘要

个案处理摘要

	个案					
	有效		缺失		总计	
	N	百分比	N	百分比	N	百分比
性别 * 收入	15	100.0%	0	0.0%	15	100.0%

表 7-16　交叉表

性别 * 收入 交叉表

计数

		收入		总计
		低	高	
性别	男性	2	7	9
	女性	5	1	6
总计		7	8	15

表 7-17　卡方检验

卡方检验

	值	自由度	渐进显著性（双侧）	精确显著性（双侧）	精确显著性（单侧）
皮尔逊卡方	5.402^a	1	.020		
连续性修正^b	3.225	1	.073		
似然比	5.786	1	.016		
费希尔精确检验				.041	.035
线性关联	5.042	1	.025		
有效个案数	15				

a. 4 个单元格 (100.0%) 的期望计数小于 5，最小期望计数为 2.80。
b. 仅针对 2×2 表进行计算。

7.5　比 率 分 析

在实践中常常需要分析两个尺度类型变量间的比值。例如，企业主营业务收入在总收入中的比重；篮球比赛中 3 分球得分占总得分的百分比；财产保险业务保费收入占全部业务保费收入的比例；汽车功率与车重之比，都涉及比率的概念。如果希望计算比率，并将比率作为一个变量进行描述统计分析，可以使用比率分析过程。

下面介绍几个基本概念。

（1）平均绝对离差 AAD。

平均绝对离差是各比率值与中位数之差的绝对值之和除以样本量，即

$$\mathrm{AAD} = \frac{\sum |R_i - M|}{N}$$

式中，R_i 是比率变量值；M 是比率变量的中位数；N 是样本量；i 的取值为 1～N。

（2）离散系数 COD。

离散系数是比率变量平均差与中位数的比值，描述的是比率变量的离散程度，其公式是

$$\mathrm{COD} = \frac{|R_i - \bar{R}|}{NM}$$

式中，R_i 是比率变量值；$\bar{R}$ 是比率变量值的平均值；M 是比率变量的中位数；N 是样本量；i 的取值为 1～N。

（3）相关价格微分 PRD。

相关价格微分又称递减指数，是比率平均值与加权比率平均值之比。

（4）基于中位数的变异系数 COV。

基于中位数的变异系数描述的是对比率变量离散程度，是比率变量的标准差与中位数的百分比，其公式为

$$COV = \frac{1}{M}\sqrt{\frac{(R_i - M)^2}{N}}$$

式中，R_i 是比率变量值；M 是比率变量的中位数；N 是样本量；i 的取值为 $1 \sim N$。

（5）基于均数的变异系数 COV。

基于均数的变异系数与统计学中的变异系数的概念相同，只是这里的变量是一个比率变量，该系数是比率变量的标准差与均数的百分比。

7.5.1 比率分析过程

（1）建立或打开数据文件后，按"分析→描述统计→比率"顺序单击，打开如图 7-24 所示的"比率统计"对话框。

（2）将计算比率的分子变量送入"分子"框。

（3）将计算比率的分母变量送入"分母"框。

（4）如果需要进行分组分析，就将分组变量送入"组变量"框。

（5）单击"统计"按钮，进入如图 7-25 所示的"比率统计：统计"对话框，选择要输出的统计量。

图 7-24　"比率统计"对话框　　　图 7-25　"比率统计：统计"对话框

① "集中趋势"栏。

- "中位数"复选框：输出比率的中位数。
- "平均值"复选框：输出比率的平均值。
- "加权平均值"复选框：计算比率的加权平均值。该值是用分子的平均值除以分母的平均值。
- "置信区间"复选框：计算比率的平均值、中位数、加权平均值 95%的置信区间。在"级别（%）"（应译为"置信水平"）框内输入大于或等于 0 且小于 100 的数值作为置信水平。

② "离散"栏用于定义输出的比率变量离散趋势指标。

- "AAD"复选框：输出平均绝对离差。
- "COD"复选框：输出离散系数。
- "PRD"复选框：输出相关价格微分。
- "中位数居中COV"复选框：输出基于中位数的变异系数。
- "平均值居中COV"复选框：输出基于平均值的变异系数。
- "标准差"复选框：输出比率的标准差。
- "范围"复选框：输出比率变量的极差。
- "最小值"复选框、"最大值"复选框：输出比率变量的最小值和最大值。

③ "集中指标"栏用来测量落在置信区间内的比率百分比集中指数，可以通过两种方式进行计算。

- 在"介于两个比例之间"栏的"低比例"框内输入指定区间的下限值，在"高比例"框内输入指定区间的上限值，单击"添加"按钮，将其送入"对"框。计算落在这个区间的百分比。
- 在"中位数百分比之内"栏内的"中位数百分比"框内输入介于0~100的值，单击"添加"按钮，将其送入"百分比"框内。区间下限为(1−0.01×该值)×中位数，区间上限为(1+0.01×该值)×中位数，将计算落在距离中位数这个区间内的比率数占比率总数的百分比。

（6）在"比率统计"对话框中选择结果输出方式。

- "显示结果"复选框：选择此项，将只在"查看器"窗口显示结果。
- "将结果保存到外部文件"复选框：选择此项，结果将被保存为外部文件。
- "按组变量排序"复选框：选择此项，可指定按分组变量输出的结果的升序、降序排列方式。选择"升序"单选按钮或"降序"单选按钮，将按分组变量值升序或降序输出结果。

7.5.2 比率分析实例

【例7】 数据文件data07-05中是美国某州估税员按现有资源价值评估地产价值的数据文件。调查数据为过去一年中在该州售出的房产。相关数据记录了每处房产所在镇的位置（town）、估税员自评估以来持续观察房产的时间（time）、房产售价（saleval）及房产最终估价（lastval）。为了帮助政府追踪房产销售状况，合理公正地制定房产税，对估价与售价比进行分析。

（1）具体操作步骤。

① 按在"数据视图"标签页中打开数据文件data07-05。按"分析→描述统计→比率"顺序单击，打开"比率统计"对话框。

② 选择房产最终估价变量，将其送入"分子"框，作为分子变量。

③ 选择房产售价变量，将其送入"分母"框，作为分母变量。

④ 选择房产所在镇的位置变量，将其送入"组变量"框，作为分组变量。

⑤ 单击"统计"按钮，打开"比率统计：统计"对话框。在"集中趋势"栏勾选"中位数"复选框，在"离散"栏中只保留"中位数居中COV"复选框的勾选。

⑥ 在"集中指标"栏的"低比例"框内输入"0.8"，在"高比例"框内输入"1.2"，单击"添加"按钮，将其送入"对"框；在"中位数百分比之内"栏内的"中位数百分比"

框内输入"20",单击"添加"按钮,将其送入"百分比"框。单击"继续"按钮,返回"比率统计"对话框。

⑦ 单击"确定"按钮,提交系统运行,结果如表 7-18 和表 7-19 所示。

表 7-18 对样本数据的描述摘要

个案处理摘要

		计数	百分比
房产所在城镇的位置	东部	177	17.7%
	中心	187	18.7%
	南部	205	20.5%
	北部	220	22.0%
	西部	211	21.1%
总体		1000	100.0%
排除		0	
总计		1000	

表 7-19 房产最终估价与房产售价的比率统计量

房产最终估价/房产售价 的比率统计

			集中系数	
分组	中位数	离散系数	百分比介于 0.8 与 1.2 之间(含首尾值)	处于中位数的 20% 以内(含首尾值)
东部	.867	.128	67.2%	78.5%
中心	.904	.118	75.9%	81.8%
南部	.747	.199	36.1%	58.5%
北部	.963	.070	95.9%	95.9%
西部	.816	.118	55.5%	84.8%
总体	.873	.141	66.3%	75.7%

(2)输出结果及解释。

表 7-18 所示为对样本数据的描述摘要,给出了各地区房产数量和所占百分比。

表 7-19 所示为房产最终估价与房产售价的比率统计量。第一列是房产所在位置。第二列是比率的中位数,通过各地区房产估价与售价比率中位数的比较,可以判断哪个地区的房产估售比变化最大。对于本例,北部的中位数是 0.963,接近 1,估售比变化最小;南部估售比变化最大。第三列是离散系数,它是描述比率变异大小的指标,数值越大,变异越大。对于本例,北部的离散系数是 0.070,最小,说明北部房产的估售比变异最小;而南部的离散系数是 0.199,最大,说明南部房产的估售比变异最大。最后两列是集中指数,其中第四列是估售比落在 0.8~1.2 内的百分比,北部是 95.9%,只有 4.1%房产需要重点关注;对于南部,该值为 36.1%,有 63.9%房产需要重点关注。最后一列是估售比落在中位数两侧 20%区间的占该区所售房产的百分比,其值越大,表明变异越小。

7.6 P-P 图和 Q-Q 图

P-P 图和 Q-Q 图是根据累积分布函数理论绘制的,常用于检验数据是否近似服从正态分布。若图形中所有点都聚集在直线上,则没有充分证据拒绝说明变量近似服从所要检验的分布。

7.6.1 P-P 图和 Q-Q 图分析过程

(1)在"数据视图"标签页中新建或打开一个数据文件,按"分析→描述统计→P-P 图(或 Q-Q 图)"顺序单击,打开如图 7-26 所示的"P-P 图"对话框(或"Q-Q 图"对话框)。"Q-Q 图"对话框与"P-P 图"对话框的界面是一样的。这里以"P-P 图"对话框为例进行介绍。

(2)在原始变量列表中,选择一个或多个需检验的数值型变量,将其送入"变量"框,对每个变量生成 P-P 图。

(3)"检验分布"栏用于指定检验的分布。该栏提供了 13 种概率分布:贝塔、卡方分布、指数分布、伽马分布、半正态分布、拉普拉斯分布、Logistic 分布、对数正态分布、

正态分布、帕累托分布、T 分布、威布尔分布、均匀分布。

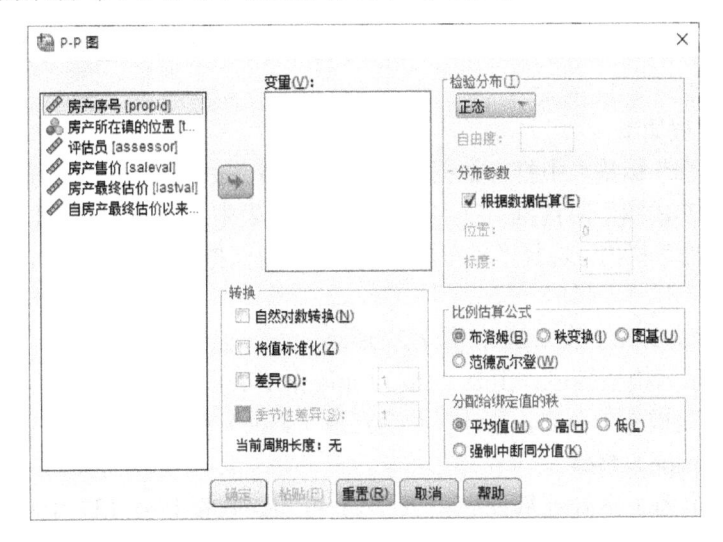

图 7-26 "P-P 图"对话框

若选择了"学生 t"选项，则需要在"自由度"框中输入自由度。

（4）在"分布参数"栏中勾选"根据数据估算"复选框，系统自动根据数据推算分布的参数；否则，需在对应框中自行指定。选择的分布不同，需设置的框也不同。

（5）在"转换"栏内选择变量转换方式。

① "自然对数转换"复选框：将原始变量值转换成以 e 为底的自然数值。

② "将值标准化"复选框：将原始变量值转换成平均值为 0，方差为 1 的标准正态分布 Z 值。

③ "差异"复选框：通过计算变量中两个连续数据之差来转换原有变量。选择此项，需要输入一个正整数确定差分度。

④ "季节性差异"复选框：计算时间序列中两个恒定间距的数据差，用来转换原有时间序列数据，数据间隔的大小根据当前选择的周期而定。输入一个正整数以确定差分度。若要计算季节差分，必须确定含有周期因素的数据变量，如一年中的月份。

⑤ "当前周期长度"项：用来指明计算时间序列的季节差分。若当前周期为 0，则不能计算季节差分。选择"数据"菜单中的"定义日期和时间"命令，可以建立具有周期性的变量。根据已存在的时间序列选择"转换"菜单中的"创建时间序列"命令，可以建立新的时间序列变量。

（6）"比例估算公式"栏提供了不同近似正态分布的方法。每次只能选择其中一项。

（7）"分配给绑定值的秩"（"绑定值"应译为"结"）栏。一个变量中的多个相同的值构成结。在本栏中可以选用以下不同方式解决结观测量处的秩。

① "平均值"单选按钮：用结观测值的平均秩来作为它们的秩值。

② "高"单选按钮：用结观测值中最高的秩来作为它们的秩值。

③ "低"单选按钮：用结观测值中最低的秩来作为它们的秩值。

④ "强制中断同分值"单选按钮：绘制每个结处的观测值，忽视权重的影响。

7.6.2 P-P 图和 Q-Q 图分析实例

【例8】 打开数据文件 data07-06，检验肺癌患者生存时间变量 time 是否服从威布尔分布。

具体操作过程如下。

在"数据视图"标签页中打开数据文件 data07-06，按"分析→描述统计→P-P 图"顺序单击，打开"P-P 图"对话框。在左侧原始变量列表中选中 time 变量，送入"变量"框。在"检验分布"栏内，选择"威布尔"选项，其他保持默认设置。单击"确定"按钮，提交系统运行。

输出结果如表 7-20～表 7-22 和图 7-27 所示。

表 7-20 所示为模型描述。由表 7-20 可知所作 P-P 图的变量名是时间，未做变量转换，检验的分布是威布尔分布，估计参数是尺度（scale）参数（注：表中将其汉化为"标度"）和形状（shape）参数。

表 7-21 所示为个案处理摘要。由表 7-21 可知该数据共有 137 个时间序列，无缺失值。

表 7-22 所示为估计的威布尔分布参数。该分布尺度参数是 110.127，形状参数是 0.937。

表 7-20 模型描述

模型描述

模型名称		MOD_1
系列或序列	1	time
转换		无
非季节性差分		0
季节性差分		0
季节性周期长度		无周期长度
标准化		未应用
分布	类型	威布尔
	标度	估算
	形状	估算
分数秩估算方法		布洛姆
分配给绑定值的秩		绑定值的平均秩

正在应用来自 MOD_1 的模型指定项

表 7-21 个案处理摘要

个案处理摘要

		time
系列或序列长度		137
图中的缺失值数目	用户缺失值	0
	系统缺失值	0

个案未进行加权。

表 7-22 估计的威布尔分布参数

估算的分布参数

		time
威布尔分布	标度	110.127
	形状	.937

个案未进行加权。

图 7-27（a）所示为肺癌生存时间的威布尔分布 P-P 图，可以看到各点基本在直线上，因此没有充分的证据拒绝该数据的分布近似服从威布尔分布的结论。

图 7-27（b）所示为肺癌生存时间的去趋势威布尔分布 P-P 图，该图各点是无规则的，表明数据是随机的。

【例9】 数据文件 data07-07 描述的是 200 例正常人血铅含量，用 P-P 图分析过程检验血铅含量变量是否服从正态分布。

操作步骤：在"数据视图"标签页中打开数据文件 data07-07，按"分析→描述统计→P-P 图"顺序单击，打开"P-P 图"对话框。将血铅含量变量选入"变量"框，在"检验分布"栏中选择"正态"选项，其他选项均保持默认设置，单击"确定"按钮，提交系统运行。运行结果如图 7-28 所示，可以看到各数据点没有完全分布在直线上，因此有较充分的证据认为分布不呈正态分布。

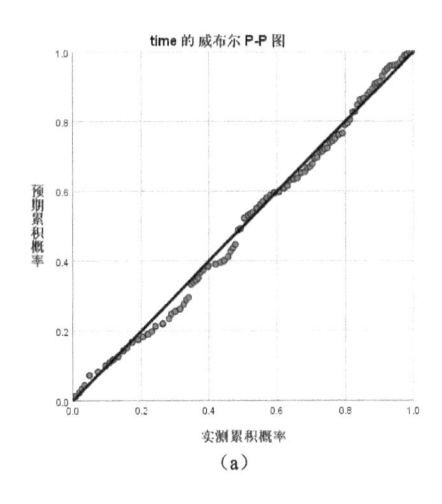

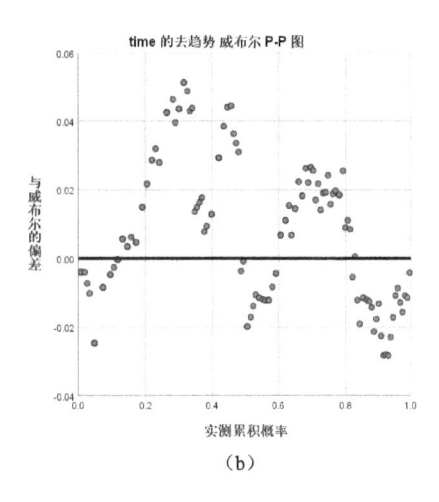

图 7-27 肺癌生存时间的威布尔分布 P-P 图和去趋势 P-P 图

现将血铅含量变量的数据转换成自然对数数据，检验转换后的血铅含量变量是否近似服从正态分布。

操作步骤：操作与前面操作大致相同，不同之处是在"转换"栏中勾选"自然对数转换"复选框。运行结果如图 7-29 所示。

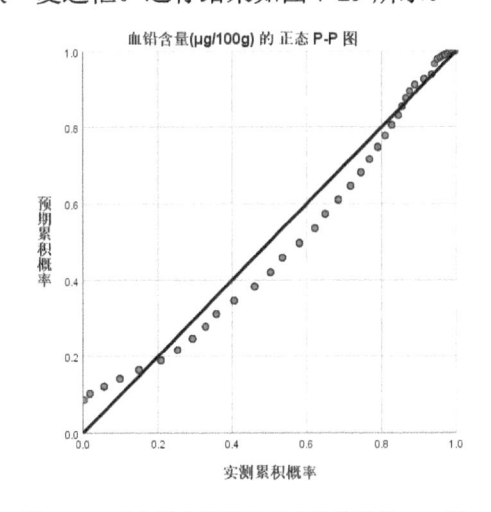

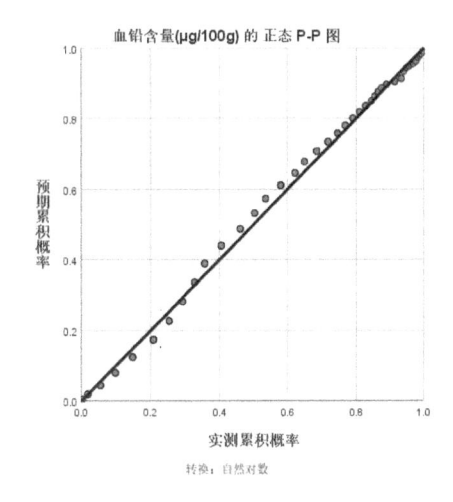

图 7-28 对血铅含量变量正态性检验的 P-P 图　　图 7-29 对转换后血铅含量变量正态性检验的 P-P 图

从图 7-29 可以看出，大多数点在直线周围，没有充分的证据能拒绝转换后的数据分布是近似正态的。因此当非正态分布变量经过转换后没有充分的证据能拒绝正态分布时，可以对转换后的数据使用假设正态性的方法进行分析。

【例 10】 数据文件 data07-08 中是某市 150 名 3 岁女童身高，使用 Q-Q 图分析过程检验身高数据的分布是否服从正态分布。

操作过程：在"数据视图"标签页中打开数据文件 data07-08，按"分析→描述统计→Q-Q 图"顺序单击，打开"Q-Q 图"对话框。将身高变量送入"变量"框，在"检验分布"栏中选择"正态"选项，其他选项均为默认选项，单击"确定"按钮，提交系统运行。运行结果如图 7-30 和图 7-31 所示。

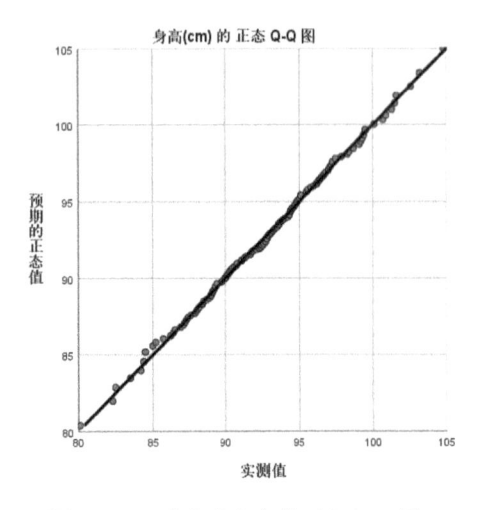

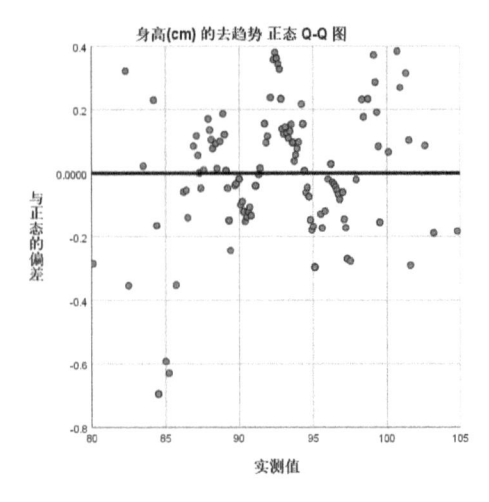

图 7-30　3 岁女孩身高的正态 Q-Q 图　　　图 7-31　3 岁女孩身高的去趋势正态 Q-Q 图

从图 7-30 可以看到，几乎所有点都在直线上，因此可以认为 150 名 3 岁女童的身高数据近似服从正态分布的结论。图 7-31 中的各点是无规则的，这表明数据是随机的。

7.7　计算累计不重复达到率和频次

　　TURF 分析过程用于计算一组响应变量的 TURF（Total Unduplicated Reach and Frequency，累计不重复达到率和频次）值。TURF 分析最初在传媒领域被应用于研究在有限经费条件下，通过广告等组合投放，到达具有最大范围的潜在观众，现已被广泛应用于商业营销等领域。

　　变量组合的达到率是指在变量组合中至少有一个变量有肯定响应的观测。频次是指组合肯定响应的累计数。响应百分比是使用表中任何变量的累计肯定响应的总计作为分母算得的。

7.7.1　TURF 分析过程

　　（1）在"数据视图"标签页中输入数据文件或打开一个已建立的数据文件。按"分析→描述统计→TURF 分析"顺序单击，打开"TURF 分析"对话框，如图 7-32 所示。

　　（2）"变量"框中列出了当前数据文件中的所有变量。

　　（3）"要分析的变量"框。从"变量"框中选择要分析的变量，将其移入本框。移入的变量应该用相同的方式编码，至少对于肯定响应应如此。

　　（4）"最大变量组合数"框用于指定要计算 TURF 值的最大组合数。例如，指定 3，将为所有单个变量、两个变量的所有组合及三个变量的所有组合报告 TURF 的最佳值。

　　（5）"要显示的组合数"框用于设置每个表中的最大行数。这些行按达到率的降序排序，用频率来打破结（并列）。但是，表中最后一项可能有额外的结。

　　（6）"肯定响应的最小百分比"框。如果一个变量的肯定响应的百分比低于该值，那么它将不参与分析。肯定响应为零的变量总是被放弃。本过滤器不会用于强制变量（分析中总是包括强制变量）。

图 7-32 "TURF 分析"对话框

（7）"肯定响应值"框。在默认情况下为"1"，表示定义一个肯定响应。在本框中可以输入一个或多个值，以定义不同的肯定响应。如果响应值介于1~5，那么可以输入"5"或"5 4"。两个值间要用空格隔开。

（8）"Number of Analyze Variables Always Required"框中的值表示"要分析的变量"框中的前几个变量是强制的，而且会出现在每个变量组合中，无论它们对达到率的影响如何。如果该值为0，那么不强制使用任何变量。如果该值为正，那么对应个数的变量不能在"除去顶级变量并重复运行的次数"框设定的重复分析次数的循环运算中被移走。

（9）"除去顶级变量并重复运行的次数"框用于设置最佳单个变量被排除并对其余变量进行重复分析的次数。这种重复运算（循环），只在最佳单个变量没有肯定响应的情况下才能使用。因为肯定响应的结果是累加的，所以循环 2 中的重复分析中已不包括循环 0 中的最佳变量，也不包括循环 1 中的最佳变量。只有在两个最佳变量都没有肯定响应的情况下才使用循环 2。

如果使用预选轮（汉化为"热区"），排除最佳变量的循环只适用于最后一轮循环。

（10）"到达率和频率图"复选框（SPSS 将 Reach 汉化为"到达率"和"达到率"两个不同名称）。选择本选项，可以生成显示每个组大小的最佳达到率和频数的图表。

（11）"仅显示最大变量组合的结果"复选框。选择本选项，只显示有关变量最大组合的表。如果没有选择本选项，那么表显示每组大小直至包括最大变量数的最佳组合。如果使用预选轮，那么无论是否选择本项，每个预选轮都显示一个表。

（12）"大小限制"栏。TURF 分析可能需要计算数量惊人的集合，并花费大量的运行时间。如果指定一个限制，那么一旦它超过了这个限制，就将终止执行本分析。

- "如果是必需集合则不运行"复选框。本选项是系统默认选项。选择本选项，则运算次数不受下面"运算计数限制"框中的设置限制。
- "运算计数限制"框。在本框中输入限定运算最大次数的正整数值。系统默认值为5000000。

如果使用预选轮,那么预选轮大小应分别适用于每个预选轮和最后一轮分析。

(13) 单击"热区"按钮,打开如图7-33所示的"热区"对话框。

随着变量数和组合数的增加,计算时间会急剧增加。通过"热区"对话框中的设置,可在极短时间内找到一个近似但通常是精确的解。

- "对于大型问题使用热区"复选框。如果选择本选项,程序将对随机选择的变量子集运行预选轮,其中包含某些预选轮中的所有变量,而预选轮胜方将进入最后一轮分析。进入最后一轮分析的预选轮大小和胜方数目可通过"热区参数"栏设置。选择"自动"单选按钮让程序设置这些参数,或者选择"指定"单选按钮自定义这些参数。

预选轮大小和胜方数目不应该包含强制变量,因为强制变量会自动被包含在每个预选轮中。

为了获得良好的性能,胜方数目的设置要远远小于预选轮大小。这是最佳的平衡预选轮大小和胜方数目的设置,可使最后一轮分析的大小不会明显大于预选轮的大小。

如果预选轮足够大,能够包含所有变量,那么预选轮就会被跳过。由于变量是随机分配给预选轮的,所以可以通过多次运行此过程并检查每种方法报告的最佳到达值,或者通过略微增加胜方数目,来比较基于预选轮的解决方案与精确解决方案。

(14) 单击"权重"按钮,打开如图7-34所示的"重要性权重"对话框。

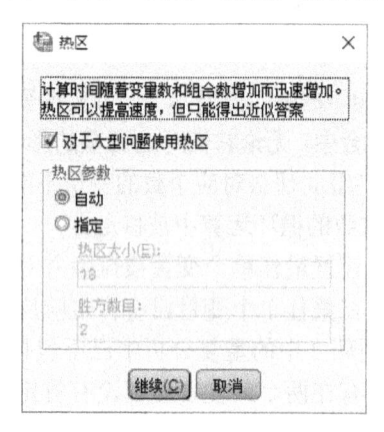

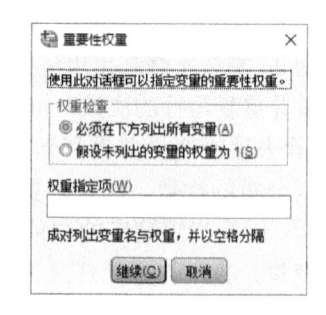

图7-33 "热区"对话框   图7-34 "重要性权重"对话框

重要性权重(注意不要与观测权重混淆)可以在分析中分配给变量。它们并不用于搜索最佳达到率,但会输出包含一些基于它们的统计数据。

如果使用权重,将输出包括平均值和肯定响应累计重要性的平均值。首先,对于每个至少有一个肯定响应的观测,计算一个特定变量组合的肯定响应的权重的平均值。输出报告了这些平均值的平均值,以及累计重要性。

①"权重检查"栏用于决定如何检查和使用权重说明。

- "必须在下方列出所有变量"单选按钮。选择本选项,则对在分析中所有被选择的使用权重的变量要一一列在"权重指定项"框中。
- "假设未列出的变量的权重为1"单选按钮。选择本选项,则已假定要分析的变量的权重为1,因此不必在"权重指定项"框中一一列出这些变量。

②在"权重指定项"框中输入变量名和权重。列出每个变量名,变量名后跟该变量的

重要性权重。例如，输入"V1 2 V2 1.5"，那么将为变量"V1"赋值"2"，为变量"V2"赋值"1.5"。小数记号必须始终为圆点。

7.7.2 TURF 分析实例

【例 11】 在刘海元等研究人员对北京市随机抽取的 37876 名中小学生进行的"2019年北京市中小学生参与体育情况问卷调查研究"中，调查问卷第三部分第 21 题如下。

从以下选项中，选出你最喜欢参加的体育运动？（多选）
（1）篮球、足球、排球等球类运动　（2）乒乓球、羽毛球等球类运动　（3）游泳
（4）轮滑（滑冰）等　（5）游戏类（如跳绳、跳皮筋、踢毽子等）
（6）短跑类（如 50 米跑等）　（7）长距离跑（如 800 米/1000 米等）
（8）跳跃类（如跳高、跳远等）　（9）投掷类（如掷实心球、沙包等）
（10）体操类（单、双杠，垫上运动等）　（11）没有　（12）其他

上述 12 个选项依次对应于 Q 三 21.1～Q 三 21.12 十二个变量。应答结果数据已存放在数据文件 data07-11 中，试通过 TURF 分析找出覆盖率最高的 4 类体育运动。

在 SPSS 中的操作步骤如下。
（1）在"数据视图"标签页中打开数据文件 data07-11。
（2）按"分析→描述统计→TURF 分析"顺序单击，打开"TURF 分析"对话框。
（3）在"变量"框中选择变量 Q 三 21.1 至 Q 三 21.12，并将其移入"要分析的变量"框。
（4）在"最大变量组合数"框中输入"4"。
（5）在"要显示的组合数"框中输入"4"。
（6）在"肯定响应的最小百分比"框中输入"5"。
其他保持系统默认值。
（7）单击"确定"按钮，运行，输出结果在"查看器"窗口中显示，如表 7-23～表 7-26 所示。
（8）结果解释。

表 7-23 列出了达到率最高的前 4 个变量，分别为 Q 三 21.1（篮球、足球、排球等球类运动），达到率为 22720；Q 三 21.6 [短跑类（如 50 米跑等）]，达到率为 15257；Q 三 21.5 [游戏类（如跳绳、跳皮筋、踢毽子等）]，达到率为 13520；Q 三 21.3（游泳），达到率为 11810。"个案百分比"列下是达到率占应答总人数 37876 的比例，分别为 60%、40.3%、35.7%、31.2%。"响应百分比"列是频数/总响应人数×100 得到的值。

表 7-23 单变量时不重复肯定响应的覆盖率

热区：0。最大组大小：1。到达率及频率。

变量	达到率	个案百分比	频率	响应百分比
Q三21.1	22720	60.0	22720	20.8
Q三21.6	15257	40.3	15257	14.0
Q三21.5	13520	35.7	13520	12.4
Q三21.3	11810	31.2	11810	10.8

变量：Q三21.1, Q三21.2, Q三21.3, Q三21.4, Q三21.5, Q三21.6, Q三21.7, Q三21.8, Q三21.9, Q三21.10, Q三21.12

表 7-24 两个变量组合不重复肯定响应的覆盖率

热区：0。最大组大小：2。到达率及频率。

变量	达到率	个案百分比	频率	响应百分比
Q三21.1, Q三21.5	28983	76.5	36240	33.2
Q三21.1, Q三21.6	28239	74.6	37977	34.8
Q三21.1, Q三21.3	27516	72.6	34530	31.6
Q三21.1, Q三21.2	26926	71.1	33995	31.1

变量：Q三21.1, Q三21.2, Q三21.3, Q三21.4, Q三21.5, Q三21.6, Q三21.7, Q三21.8, Q三21.9, Q三21.10, Q三21.12

由表 7-24 可知，当两个变量组合时，Q三21.1 与 Q三21.5 组合达到的不重复肯定响应的覆盖率最高，为 76.5%。如果简单将表 7-23 中的这两个变量的个案百分比相加，那么为 60.0%+35.7%=95.7%，大于 76.5%，说明在 Q三21.1 有肯定响应的学生中有一部分学生在 Q三21.5 也是为肯定响应，因此有部分学生存在肯定响应重叠。

这说明不重复指定响应的覆盖率的计算不能通过简单地用单个变量的个案百分比相加来求，而应该在去掉重叠部分的肯定响应的百分比后再求。

表 7-25 和表 7-26 与表 7-24 类似，是 3 个变量和 4 个变量组合的不重复指定响应的覆盖率情况，不重复肯定响应的覆盖率最高的前 4 种组合按降序排列在各表中。最高的不重复指定响应的覆盖率是 Q三21.1、Q三21.2、Q三21.5、Q三21.6 四个变量的组合达到的，为 89.9%。

表 7-25 3 个变量组合不重复肯定响应的覆盖率

热区：0．最大组大小：3．到达率及频率。

变量	达到率	个案百分比	频率	响应百分比
Q三21.1, Q三21.5, Q三21.6	31985	84.4	51497	47.2
Q三21.1, Q三21.3, Q三21.5	31647	83.6	48050	44.0
Q三21.1, Q三21.2, Q三21.5	31598	83.4	47515	43.5
Q三21.1, Q三21.3, Q三21.6	31559	83.3	49787	45.6

变量：Q三21.1, Q三21.2, Q三21.3, Q三21.4, Q三21.5, Q三21.6, Q三21.7, Q三21.8, Q三21.9, Q三21.10, Q三21.12

表 7-26 4 个变量组合不重复肯定响应的覆盖率

热区：0．最大组大小：4．到达率及频率。

变量	达到率	个案百分比	频率	响应百分比
Q三21.1, Q三21.2, Q三21.5, Q三21.6	34034	89.9	62772	57.5
Q三21.1, Q三21.3, Q三21.5, Q三21.6	33973	89.7	63307	58.0
Q三21.1, Q三21.2, Q三21.3, Q三21.6	33512	88.5	61062	55.9
Q三21.1, Q三21.2, Q三21.3, Q三21.5	33415	88.2	59325	54.4

变量：Q三21.1, Q三21.2, Q三21.3, Q三21.4, Q三21.5, Q三21.6, Q三21.7, Q三21.8, Q三21.9, Q三21.10, Q三21.12

表 7-27 分别列出了变量组合由 1 个、2 个、3 个、4 个变量组成时，达到的最高指定响应的覆盖率情况。由表 7-26 可知，如果选择 4 个变量，那么在各种组合中，肯定响应的覆盖率最高的应是 Q三21.1、Q三21.2、Q三21.5 和 Q三21.6。

图 7-35 用图的形式显示了在参与组合研究的 12 个变量中，分别得到从 1 个变量到 4 个变量的最佳组合的达到率与频率的变化趋势。显然，参与组合的变量越多，不重复肯定响应的覆盖率越高。

表 7-27 最佳达到率及频率

最佳到达率及频率（按组大小排列）

变量	组大小	统计		频率	响应百分比
		达到率	个案百分比		
ADDED: Q=21.1	1	22720	60.0	22720	20.8
ADDED: Q=21.5 KEPT: Q=21.1	2	28983	76.5	36240	33.2
ADDED: Q=21.6 KEPT: Q=21.1, Q=21.5	3	31985	84.4	51497	47.2
ADDED: Q=21.2 KEPT: Q=21.1, Q=21.5, Q=21.6	4	34034	89.9	62772	57.5

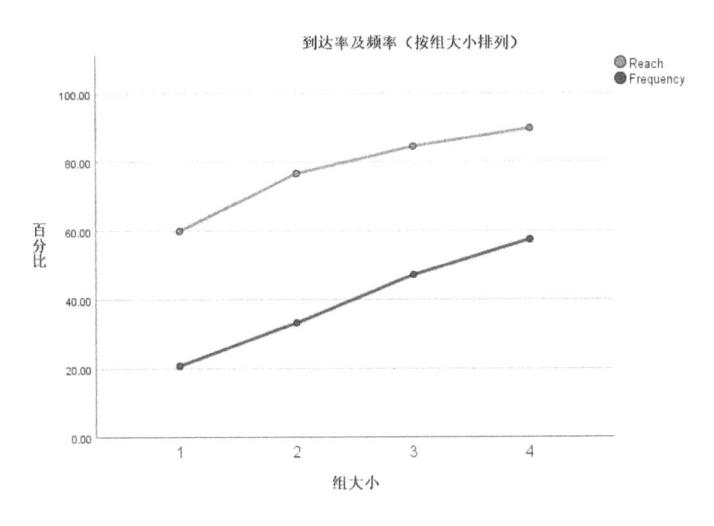

图 7-35 达到率及频率图

习 题 7

1．SPSS 提供了几种检验二维交叉表中两个变量间是否独立的方法？各方法的适用条件是什么？当单元格频数小于 5 时，应该考虑用什么方法检验？

2．正态分布的变量用哪些统计量描述？用哪些统计量描述该变量值的集中趋势？用哪些统计量描述该变量的离散趋势？

3．如果变量的数据分布不是正态的，那么可以用哪些统计量来描述？

4．对数据明显为非正态分布的变量能用平均值描述其平均水平吗？如果不能，那么使用什么指标描述比较合适？

5．基于数据文件 data07-09，使用交叉表分析收入类型（inccat）与订阅报纸（news）间的关系。

6．基于数据文件 data07-09，利用频数分布表简单说明家庭收入（income）数据的分布情况。

7．基于数据文件 data07-10，利用探索过程分析不同质量等级（标准、高级）是否与合金形成温度有关。

第8章 平均值比较与检验

8.1 平均值比较与平均值比较的检验

8.1.1 平均值比较的概念

统计分析常常采取抽样研究的方法,即从总体中随机抽取一定数量的样本进行研究,以推断总体的特性。由于总体中的个体间存在差异,因此即使严格遵守随机抽样原则也会由于抽到一些数值较大的或数值较小的个体,造成样本统计量与总体参数间有所不同。试验者测量技术的差别或测量仪器精确程度的差别等也会造成一定的偏差,使样本统计量与总体参数之间存在差异。由此可以得出结论:平均值不相等的两个样本不一定来自平均值不同的总体。能否用样本平均值估计总体平均值,两个平均值接近的样本是否来自平均值相同的总体呢?换句话说,两个样本中某变量平均值不同,其差异是否具有统计意义,能否说明总体差异呢?这是在各种研究工作中经常提出的问题。这时就要进行平均值比较。需要注意的是本章中用到的所有 T 检验的前提条件为:每个(独立)样本中的所有样本点是独立同正态分布的(这是 3 个条件:独立、同分布、分布为正态)。

8.1.2 平均值比较与检验过程

SPSS 提供了一些计算变量描述统计量过程和对平均值进行检验的过程。可以通过"分析"菜单中的"比较平均值"菜单调用这些过程。"分析"下拉菜单如图 8-1 所示。

1. 平均值过程的功能与术语

(1) 平均值过程用于计算指定变量的综合描述统计量。

当观测按一个分类变量分组时,平均值过程可以分组进行计算。例如,要计算工作人员的平均上班路程,SEX 变量把工作人员按性别分为男人和女人两组,平均值过程可以分别计算男人和女人的平均上班路程。分类变量应该是其值数量少且能明确表明数据特征的变量,

图 8-1 "分析"下拉菜单

可以是标称变量,如性别、民族、信仰等;也可以是有序变量,如年级、职称等。

使用平均值过程求若干组的描述统计量的目的在于比较,必须使用分类变量,根据分类变量的值对因变量分组求平均值。这是平均值过程与描述统计量过程的不同之处。

(2) 平均值过程中使用的术语。

① 水平数指分类变量的值的个数。例如,性别变量有两个值,称为有两个水平。

② 单元指因变量按分类变量值所分的组。例如,按性别可以将因变量的值分为两组;

若有一个分类变量年龄，共有 10、11、12 三个值，那么可以将因变量分为 3 组。每组因变量的值称为一个单元。平均值过程会对每个单元的因变量值求各种描述统计量。

③ 水平组合。如果有两个分类变量，如性别（男、女）和年龄（10 岁、11 岁、12 岁），按其水平组合可将因变量分为 6 个单元，即男性 10 岁、男性 11 岁、男性 12 岁、女性 10 岁、女性 11 岁、女性 12 岁。

平均值过程通过"比较平均值"菜单中的"平均值"命令调用，如图 8-1 所示。

2. T 检验过程

T 检验过程按不同的比较方式分为 3 个功能。

(1) 单一样本 T 检验。

单一样本 T 检验用于检验单个变量的平均值与给定的常数间是否存在差异。样本平均值与总体平均值间的差异显著性检验属于单一样本 T 检验。例如，方便面面饼标准质量为 80g，这里的 80 可以看作总体的平均值，从生产线上任意抽取 100 个面饼，研究其平均质量与标准质量之间的差异是否具有显著性的问题属于单一样本 T 检验。

(2) 两个独立样本 T 检验。

两个独立样本 T 检验用于检验两个不相关的样本来自具有相同平均值的总体。例如，想知道购买某产品的顾客与不购买该产品的顾客的平均收入是否相同，可以对两个独立样本进行 T 检验。必须注意，使用这种检验的条件是必须具有来自两个不相关组的观测，其平均值必须是对两组中相同变量的测量。

如果分组样本彼此不独立，如测量的是工人在技术培训前后某项技能的成绩，要求比较培训前后成绩平均值是否有显著性差异，那么应该使用配对 T 检验过程。如果分组不止两个，那么应该使用单因素 ANOVA 过程进行单变量方差分析。如果要比较的变量明显不服从正态分布，那么应该考虑使用非参数检验过程。如果要比较的变量是分类变量，那么应该使用交叉表过程。

如果已知的是两组独立样本已经汇总了的统计量（平均值、标准差、样本量），而非原始测试数据，那么可采用摘要独立样本的 T 检验。

(3) 配对样本 T 检验。

配对样本 T 检验用于检验两个相关的样本是否来自具有相同平均值的总体。这种相关的或配对的样本，常常来自在试验中被观测的对象在试验前后均被观测的试验结果。例如，想要知道经过技术培训后工作效率是否提高了，可以在技术培训前后测试完成一道工序的时间。在构成数据文件时，一个参与测试的工人在培训前后完成一道工序的时间形成一个观测，两个变量可以命名为 BEFORE 和 AFTER。配对分析的测量数据并非必须来自同一个观测对象。例如，试验前学习成绩和智商均相同的两个学生作为一对，若干对这样的学生分为两组，分别用不同教学方法进行教学，一段时间后，比较参与试验的两组学生平均成绩差异是否具有统计意义。在动物试验中，常常把同一窝出生的，体重和性别相同的小鼠配成试验中的一对。

3. 单因素 ANOVA 过程

一元方差分析用于检验几个（3 个或 3 个以上）独立的组是否来自平均值相同的总体，如检验 3 种减肥训练计划的效果（体重平均值）是否相同。若同时想看看哪一种减肥训练计划效果最好，或者 3 种减肥训练计划哪两种间的差异最显著，就应该使用单因素 ANOVA 过程。如果按性别、体重级别对肥胖患者进行分组后，再进行 3 种减肥训练计划的试验，以检验哪种减肥训练计划最有效和同一种减肥训练计划对不同性别的人是否具有不同的效果，或者消除每天进食量对训练效果的影响，那么应该选择一般线性模型过程中子菜单中的各个功能进行多元方差分析或协方差分析。

如果分析变量明显是非正态分布的，那么应该使用非参数检验过程。

8.2 平均值过程

平均值过程的基本功能是进行分组计算，比较指定变量的描述统计量，包括平均值、标准差、总和、观测数、方差等一系列单变量描述统计量，给出方差分析表和线性检验结果。

使用系统默认值即可按指定分组给出指定变量的平均值、标准差、观测数等基本描述统计量。通过"平均值：选项"对话框中的"统计"框中的设置，可以得到其他更丰富的描述统计量。

8.2.1 平均值过程中的统计量

如果变量为 x，变量 x 的第 i 个值为 x_i，非缺失观测数为 n（或 N）；定义了加权变量 w，第 i 个变量值对应的权重值为 w_i，那么可以选择的统计量关键字及含义如下。

（1）Sum：总和。Sum 总和及加权和公式分别为

$$\text{Sum} = \sum_{i=1}^{n} x_i \qquad \text{Sum} = \sum_{i=1}^{n} x_i w_i$$

（2）Number of Cases：观测数，若定义了加权变量为 w，则公式为

$$N = \sum_{i=1}^{n} w_i$$

否则所有 $w_i = 1$，即 $N=n$。

（3）Mean：算术平均值，正态分布变量的集中趋势统计量，公式为

$$\text{Mean} = \frac{\sum_{i=1}^{n} x_i w_i}{\sum_{i=1}^{n} w_i}$$

（4）Median：中位数，变量值按大小排序，若 N 为奇数，则 Median 是位于正中间的值；若 N 为偶数，则 Median 是位于正中间的两个值的平均值。

（5）Grouped Median：分组中位数，每组变量值按大小排序，若 N 为奇数，则 Grouped Median 是中值；若 N 为偶数，则 Grouped Median 是两个中值的平均值。

（6）Variance：方差，正态分布变量的离散趋势统计量，公式为

$$\text{Variance} = \frac{\sum_{i=1}^{n} w_i (x_i - \bar{x})^2}{\sum_{i=1}^{n} w_i - 1}$$

(7) Standard Deviation：标准差，公式为
$$S = \sqrt{Variance}$$
(8) Standard Error of Mean：平均值的标准误差，公式为
$$Stderr = \frac{S}{\sqrt{N}}$$
(9) Minimum：最小值要求 $N \geqslant 1$。
(10) Maximum：最大值要求 $N \geqslant 1$。
(11) Range：极差，Range = Maximum- Minimum。
(12) First：第一个变量值，按分组变量分组，该组第一个变量值。
(13) Last：最后一个变量值，按分组变量分组，该组最后一个变量值。
(14) Kurtosis：峰度，是正态性检验统计量之一。其值为负，分布曲线峰值高出正态分布曲线峰值；其值为正，分布曲线比较平坦，公式如下（要求 $N \geqslant 3$，$S > 0$）。
$$Kurtosis = \frac{N^2 - 2N + 3}{(N-1)(N-2)(N-3)} \frac{\sum(x_i - \bar{x})^4}{S^4} - \frac{3(2N-3)}{N(N-1)(N-2)(N-3)} \frac{\left[\sum(x_i - \bar{x})^2\right]^2}{S^4}$$
(15) Standard Error of Kurtosis：峰度的标准误差。
(16) Skewness：偏度，是正态性检验统计量之一。其值为正，分布曲线相对于正态分布曲线左偏，右尾较长；其值为负，分布曲线相对于正态分布曲线右偏，左尾较长，公式如下（要求 $N \geqslant 2$，$S > 0$）。
$$Skewness = \frac{N}{(N-1)(N-2)} \frac{\sum(x_i - \bar{x})^3}{S^3}$$
(17) Standard Error of Skewness：偏度的标准误差。
(18) Percent of Total Sum：每组总和占整个观测总和的百分比。
(19) Percent of Total N：每组中观测总数 N 占总观测数的百分比。
(20) Geometric Mean：几何平均值，适用于变量值间呈倍数关系的偏态分布，公式为
$$G = \lg^{-1}\left(\frac{\sum \lg x_i}{N}\right)$$
(21) Harmonic Mean：调和平均数，主要用于求平均率、平均速度或平均存活时间等，公式为
$$H = \frac{N}{\sum \frac{1}{x_i}}$$

8.2.2 平均值过程操作

(1) 建立的数据文件中要求至少有一个连续型变量、一个分类变量。求连续型变量的基本描述统计量，用分类变量来分组。

(2) 按"分析→比较平均值→平均值"顺序单击，打开"平均值"对话框，如图 8-2 所示。

(3) 选择因变量。在左面的原始变量列表中选择要分析的变量作为因变量，送入"因变量列表"框。可以选择一个因变量，也可以选择多个因变量。

(4) 自变量的选择及层控制。选择分类变量（也称自变量），因变量将按分类变量的取

值分组计算基本描述统计量。选择的若干分类变量可以放在第一层,也可以放在其他层。

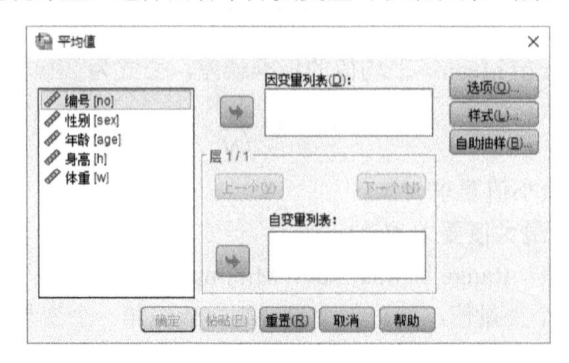

图 8-2 "平均值"对话框

① 两个分类变量均放在第一层的操作如下。
- 先在原始变量列表中选择一个分类变量,送入"自变量列表"框。此时层控制显示"层 1/1",表示变量被送入第一层,建立了一个控制层。
- 在原始变量列表中选择第二个变量,送入"自变量列表"框中。此时层控制仍显示"层 1/1",表示变量被送入第一层,建立了一个控制层。该层有两个分类变量。

若第一控制层中的两个分类变量分别有 n_1 个和 n_2 个水平,则程序运行结果分别给出两个分类变量各水平的因变量的统计量,即按第一个分类变量分 n_1 组给出因变量的描述统计量,按第二个分类变量分 n_2 组给出因变量的描述统计量。

② 两个分类变量分别放在两层中的操作如下。
- 在原始变量列表中选择一个分类变量,送入"自变量列表"框中,建立一个控制层。
- 单击"下一个"按钮,使层控制显示"层 2/2",表明可以建立第二个控制层了。
- 在原始变量列表中选择第二个分类变量,将其送入第二层,显示在"自变量列表"框中作为第二层的分类变量。此时"上一个"按钮和"下一个"按钮均加亮,表示既可以单击"上一个"按钮向前回到第一个控制层,也可以单击"下一个"按钮建立第三个控制层。

如果两个分类变量的水平数分别为 n_1、n_2,并分别控制第一个控制层和第二个控制层,那么会将因变量分为 $n_1 \times n_2$ 组,每个组合称为一个单元(Cell),按单元给出因变量的统计量。

综上所述,单元数的计算方式为同层变量的水平数相加,不同层变量的水平数相乘。

(5)在"平均值"对话框中单击"选项"按钮,打开"平均值:选项"对话框,如图 8-3 所示。
① "统计"框:在此框中选择统计量。
左面"统计"框内列出了可以计算的各组描述统计量,选择后,单击向右移动变量按钮将选定的统计量移入右面"单元格统计"框。可以选择的统计量关键字及含义如下。
总和、个案数、平均值、中位数、分组中位数、

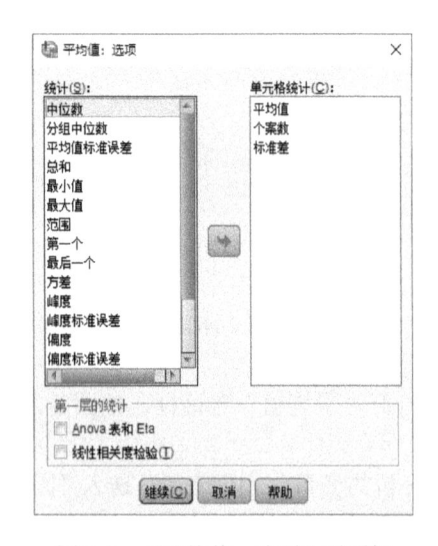

图 8-3 "平均值:选项"对话框

方差、标准差、平均值标准误差、最小值、最大值、范围、第一个（按分组变量分组，该组的第一个变量值）、最后一个（按分组变量分组，该组最后一个变量值）、峰度、峰度标准误差、偏度、偏度标准误差、在总和中所占的百分比（每组总和占总和的百分比）、在总个案数中所占的百分比（每组总观测数 n 占总观测数 N 的百分比）、几何平均值、调和平均值。

② "第一层的统计"栏：用于指定只对第一层中的每个层变量进行的分析。

- "Anova 表和 Eta"复选框：选择此项，则输出方差分析表和统计量、统计量 η^2。方差分析检验的零假设是，第一层层变量各水平上的因变量平均值都相等。统计量 η 表明了因变量和自变量间联系的强度。η^2 是因变量中不同组中的差异解释的方差比，是组间平方和与总平方和之比。

- "线性相关度检验"复选框：选择此项，产生平方和、自由度、均方、F 检验的 F 值、R 和 R^2 等统计量。但在分类变量是字符串型时，不计算有关线性度的统计量。R 和 R^2 是线性拟合的良好度的统计量，只有在层变量有基本数量级（如层变量表示年龄或药物剂量，不表示颜色或信仰等），且分类变量有 3 个及以上水平时才计算。其假设的前提是因变量平均值是第一层层变量的线性函数。

8.2.3 分析实例

【例 1】 数据文件 data08-01 描述的是 27 名男女学生身高。数据文件中的变量顺序是，no 编号、sex 性别、age 年龄、h 身高、w 体重。要求按年龄分组比较身高平均值；按性别分组比较身高平均值，并分析不同年龄和性别的学生的身高平均值。

（1）对于不同年龄、不同性别的学生的身高的分析，要把两个分类变量均放在第一层，操作如下。

① 在"数据视图"标签页中打开数据文件 data08-01，按"分析→比较平均值→平均值"顺序单击，打开"平均值"对话框。

② 在原始变量列表中选择变量身高作为因变量，送入"因变量列表"框。

③ 在原始变量列表中选择分类变量性别，送入"自变量列表"框，再在原始变量列表中选择变量年龄，送入"自变量列表"框。此时，建立了一个控制层，该层中有两个分类变量。单击"确定"按钮，提交系统执行。

④ 运行结果如表 8-1 和表 8-2 所示。

表 8-1 观测处理汇总表

个案处理摘要

	个案					
	包括		排除		总计	
	个案数	百分比	个案数	百分比	个案数	百分比
身高 * 性别	27	100.0%	0	0.0%	27	100.0%
身高 * 年龄	27	100.0%	0	0.0%	27	100.0%

表 8-1 所示为观测处理汇总表。在第一控制层只给出两个分类变量，即性别、年龄。因此进行的是按性别分组的身高平均值比较（身高*性别）和按年龄分组的身高平均值比较（身高*年龄）。表 8-1 中的"包括"列给出参与每个分析的观测数均为 27，其占总观测数的百分比均为 100%；"排除"列给出每个分析中剔除的观测数均为 0，其占总观测数

的百分比均为 0%;"总计"列给出观测数均为 27,总计百分比均为 100%。

表 8-2 基本描述统计量

身高 * 性别

身高 性别	平均值	个案数	标准 偏差
女	1.5154	13	.06253
男	1.5357	14	.07623
总计	1.5259	27	.06941

(a)

身高 * 年龄

身高 年龄	平均值	个案数	标准 偏差
10	1.4488	8	.02167
11	1.5209	11	.03910
12	1.6129	7	.01704
13	1.5900	1	.
总计	1.5259	27	.06941

(b)

在 SPSS 统计分析过程执行的输出结果中均有类似表 8-1 的摘要表。在以后的章节中,如无特殊需要,不再进行解释或说明,或者不再列出。

表 8-2 给出的是按性别和按年龄分组的分析结果。由于在定义系统参数时,要求输出显示变量标签和值标签,因此在表格中显示的分类变量不是变量名和变量值,而是变量标签和值标签。

表 8-2(a)中的分析变量是身高,分类变量是性别。由表 8-2(a)可以看出,女生 13 人平均身高为 1.5154,标准差为 0.06253;男生 14 人平均身高为 1.5357,标准差为 0.07623;27 名学生总平均身高为 1.5259,标准差为 0.06941。

由表 8-2(b)可知,按年龄分组的结果是 10 岁的学生有 8 人,平均身高为 1.4488,标准差为 0.02167;11 岁的学生有 11 人,平均身高为 1.5209,标准差为 0.0391;12 岁的学生有 7 人,平均身高为 1.6129,标准差为 0.01704;13 岁的学生有 1 人,平均身高为 1.59,不能计算标准差,因此该项为缺失值。

(2)发育阶段相同年龄的男孩和女孩身高是否不同?身高是否随年龄的增长呈线性关系?此时只建立一个控制层就不够了。应该考虑,选择身高作为因变量,分类变量年龄作为第一层层变量,性别作为第二层层变量。两个分类变量分别放在两层中。具体操作如下:

① 按前面叙述的方法先将变量年龄,送入"自变量列表"框,建立一个控制层。单击"下一个"按钮,在原始变量列表中选择第二个分类变量性别,送入"自变量列表"框中,建立第二个控制层。变量年龄和变量性别分别控制第一个控制层和第二个控制层。

② 单击"选项"按钮,打开"平均值:选项"对话框。在第一个控制层的"统计"栏中勾选"Anova 表和 eta"复选框和"线性相关度检验"复选框,单击"继续"按钮返回"平均值"对话框。

③ 在"平均值"对话框中单击"确定"按钮,输出结果显示在"查看器"窗口中,如表 8-3~表 8-5 所示。

④ 结果说明。观察输出结果,与上一种分析对比,可以看出层变量的作用,还可以看出使用系统默

表 8-3 各单元的身高平均值表

报告

身高 年龄	性别	平均值	个案数	标准 偏差
10	女	1.4500	5	.02000
	男	1.4467	3	.02887
	总计	1.4488	8	.02167
11	女	1.5383	6	.02317
	男	1.5000	5	.04637
	总计	1.5209	11	.03910
12	女	1.6100	2	.01414
	男	1.6140	5	.01949
	总计	1.6129	7	.01704
13	男	1.5900	1	.
	总计	1.5900	1	.
总计	女	1.5154	13	.06253
	男	1.5357	14	.07623
	总计	1.5259	27	.06941

认统计量和使用"平均值：选项"对话框确定的输出的统计量间的不同之处。

表 8-3 所示为各单元的身高平均值表，是由第一层变量年龄和第二层变量性别确定的各单元的身高平均值。

表 8-4 所示为对第一层变量的方差分析结果，是方差分析与线性度检验的结果，说明如下。

方差分析的变量信息是"身高*年龄"，变量 h 的标签是身高，分组变量 age 的标签是年龄。方差分析的要求是分析不同年龄的学生的身高平均值间是否存在显著性差异。

表 8-4 中各统计量的名称与各统计量间的数学关系。

- 偏差平方和。表 8-4 中的"平方和"是方差分析中的术语"偏差平方和"汉化的结果。
- 组间偏差平方和。从表 8-4 中可以看出，组间偏差平方和为 0.105（显示值，非机内值）。它由两部分组成：线性相关度，为 0.097，是分类变量与层变量间的线性关系引起的；偏离线性度，为 0.008，不是分类变量与层变量间的线性关系引起的。
- 组内偏差平方和。由表 8-4 可知组内偏差平方和为 0.020。组内偏差平方和用于表示各组内各观测相对于组平均值的变异，有时也称为误差变异。

表 8-4 对第一层变量的方差分析结果

ANOVA 表

			平方和	自由度	均方	F	显著性
身高*年龄	组间	（组合）	.105	3	.035	39.587	.000
		线性相关度	.097	1	.097	109.435	.000
		偏离线性度	.008	2	.004	4.664	.020
	组内		.020	23	.001		
	总计		.125	26			

- 总偏差平方和。它等于组间偏差平方和与组内偏差平方和之和，本例为 0.125。
- 自由度，由表 8-4 可知，本例组间自由度为 3，组内自由度为 23。
- 均方。数值上等于偏差平方和除以自由度的值。
- F。数值上等于组间均方值与组内均方值之比。均方值为组间偏差平方和除以自由度。由表 8-4 中可知，组间偏差平方和为 0.105，自由度为 3，故均方值为 $0.105/3 \approx 0.035$；组内偏差平方和为 0.020，自由度为 23，故均方值为 $0.020/23 \approx 0.001$（注意，因显示位数有限，此值是近似值）。
- 显著性。在 4 个年龄组学生身高平均值相等的零假设下，获得各统计量的值或更极端值的概率。由表 8-4 可知，显著性概率近似为 0。组间均方值远远大于组内均方值，表明组间差异远远大于随机误差引起的组内差异。因此可得出结论：10 岁、11 岁、12 岁、13 岁学生的身高差异显著。

由表 8-4 可知，线性回归方程的偏差平方和为 0.097，均方值为 0.097，F 值为 109.437。显著性值近似为 0.000，小于 0.001，说明回归方程预测性能很好。表 8-5 中的 R 值为 0.879，接近 1，也可以说明这一结论。

表 8-5 所示为关联度测量，其中各项解释如下。

- Eta，即 η，为 0.915，说明因变量与分类变量之间联系紧密。η 是介于 0~1 的数，越接近 1，因变量（身高）与层变量（年龄）关系越密切；若等于 0，则表明两个变量无关。
- Eta 平方，即 η^2，等于组间偏差平方和与总偏差平方和之比，即 $0.105/0.125 = 0.84$

（因各项计算存在误差，表 8-5 中的数值为 0.838）。

表 8-5 关联度测量

相关性测量

	R	R 方	Eta	Eta 平方
身高 * 年龄	.879	.772	.915	.838

- R，即 R 值，是因变量身高观测值与预测值间的线性相关系数。R 值越接近 1，线性回归方程的预测性能越好，因变量与分类变量间的线性回归关系越好。
- R 方，即 R^2，是线性模型的拟合良好度，有时称作确定系数，是在因变量中由回归模型解释的方差比例，取值的范围为 0～1。R^2 越小，表明模型对数据的拟合越不好。

8.3 单样本 T 检验

8.3.1 单样本 T 检验的概念

单样本 T 检验过程用于检验单个变量的平均值与给定常数间是否存在差异。例如，研究人员想检验一组学生的 IQ 平均分与 100 分的差异。

如果已知总体平均值，那么样本平均值与总体平均值间差异显著性的检验就属于单样本 T 检验。

变量的样本平均值为 $\bar{x}$，已知总体平均值（或给定常数）为 μ_0，检验的零假设是 $\bar{x} = \mu_0$。计算公式为

$$t = \frac{\bar{x} - \mu_0}{s_{\bar{x}}}$$

式中，$s_{\bar{x}} = \frac{s}{\sqrt{n}}$ 是平均值的标准误差；s 是变量的标准差。

单样本 T 检验过程对每个检验变量给出的统计量有平均值、标准差和平均值的标准误差。单样本 T 检验过程通过计算每个数据值与总体平均值间差的平均值，进行该差值为 0 的 T 检验，并计算该差值的置信区间。读者可以指定检验的显著性水平。

8.3.2 单样本 T 检验的实例

【例 2】 数据文件 data08-02 中的数据是 1973 年某市测量的 120 名 12 岁男孩的身高。已知该市 12 岁男孩平均身高为 142.5cm，问该市 12 岁男孩平均身高与该地区 12 岁男孩平均身高是否有差异。

（1）建立零假设：某市 12 岁男孩平均身高与该市 12 岁男孩身高平均值相等。
（2）建立数据集，仅有一个变量 Height，标签为 12 岁男孩身高。
（3）按"分析→比较平均值→单样本 T 检验"顺序单击，打开"单样本 T 检验"对话框。
（4）将唯一的变量 Height 从原始变量列表移至"检验变量"框内。在"检验值"框中输入该市 12 岁男孩平均身高"142.5"，如图 8-4 所示。

（5）单击"选项"按钮，打开"单样本 T 检验：选项"对话框，如图 8-5 所示。"置信区间百分比"框的系统默认值为"95%"，在"缺失值"栏中，系统默认选择"按具体分析排除个案"单选按钮，保持默认设置。单击"继续"按钮，返回"单样本 T 检验"对话框。

（6）在"单样本 T 检验"对话框中，单击"确定"按钮，输出结果如表 8-6 和表 8-7 所示。

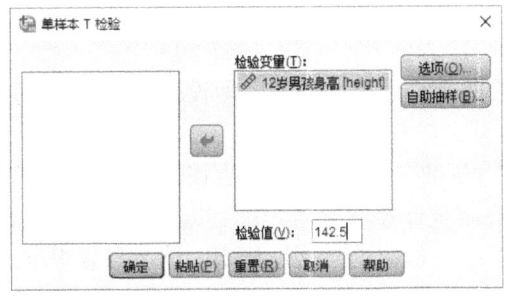

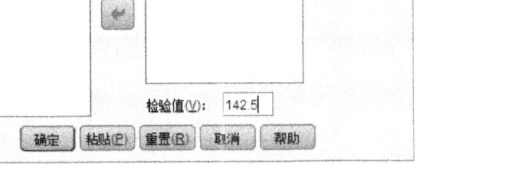

图 8-4 "单样本 T 检验"对话框 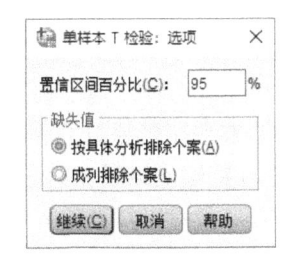　　　　图 8-5 "单样本 T 检验：选项"对话框

（7）结果分析。

由表 8-6 可知，样本身高平均值为 143.048，标准差为 5.8206，标准误差为 0.5313，样本平均值 143.048 比该市男孩身高平均值 142.5 略大，差值为 0.548。

表 8-6　身高的基本描述统计量

单样本统计

	个案数	平均值	标准偏差	标准误差
12岁男孩身高	120	143.048	5.8206	.5313

由表 8-7 可知，t 值为 1.032，自由度为 119，双尾 T 检验的显著性为 0.304，大于 0.05，没有充分理由拒绝零假设。

表 8-7　单样本 T 检验的分析结果

单样本检验

检验值 = 142.5

	t	自由度	Sig.（双尾）	平均值差值	差值 95% 置信区间 下限	上限
12岁男孩身高	1.032	119	.304	.5483	-.504	1.600

当总体标准差未知时，差值的 95%置信区间=平均值差值±1.96 × 标准误差。由表 8-7 可知，95%置信区间是 0.548 ± 1.96 × 0.531。由此推出，95%置信区间为 0.548 ± 196 × 0.531，该值的上限与下限就是表 8-7 中"下限"与"上限"两个单元格中的数值–0.504 和 1.600。这个 95%置信区间的含义是，若以相同的方式多次抽取等量样本，对每个样本算出的平均值与总体平均值的差异有 95%的概率落在这个区间内。（注意：以上数值显示值与机内值有一定误差，因此按显示值使用计算器进行验算的结果会稍有不同，误差小于 1%）。平均值差值的 95%置信区间包括 0，没有充足理由拒绝样本平均值与总体平均值无显著差异的假设。

样本平均值虽略高于总体平均值，但无统计意义。误差可能来自抽样误差，也可能来自测量误差。结论是，没有证据说明该市 12 岁男孩平均身高与该地区 12 岁男孩平均身高有显著性差异。

8.4 独立样本 T 检验

8.4.1 独立样本 T 检验的概念

进行独立样本 T 检验的要求为，被比较的两个样本彼此独立，即没有配对关系；两个样本均来自正态总体；对于检验平均值是有意义的描述统计量。

两个样本方差在相等与不等时使用的计算 t 值的公式不同，因此应该先对方差进行齐性检验。SPSS 的输出结果在给出方差齐与不齐两种计算结果的 t 值，以及 T 检验的显著性概率的同时，会给出对方差齐性检验的 F 值和 F 检验的显著性概率。读者需要根据 F 检验的结果可以判断依据 T 检验输出中的哪个结果得出结论。

方差齐性检验的零假设是，两个独立样本来自方差相等的两个总体 $v_1 = v_2$。由于理论上可以证明两个方差之比服从 F 分布，因此可用 F 检验来进行方差齐性检验。F 值的计算公式为

$$F = \frac{\text{Max}(v_1, v_2)}{\text{Min}(v_1, v_2)}$$

式中，v_1、v_2 分别为两个样本的方差。两个方差中的较大值与较小值的比值为 F 检验的 F 值。

当显著性概率值小于 0.05 时，拒绝零假设，认为方差不齐，否则（显著性概率值大于或等于 0.05），不足以在这个检验中拒绝零假设。注意，不排除在更多样本时或用另一种方法检验时拒绝零假设。

如果用 $\bar{x}_1$、$\bar{x}_2$ 分别表示两个样本的平均值，用 n_1、n_2 分别表示两个样本的观测数，用 v_1、v_2 分别表示两个样本的方差，那么方差齐（$v_1 = v_2$）时与方差不齐（$v_1 \neq v_2$）时计算 t 值的公式如下。

方差齐时计算 t 值的公式为

$$t = \frac{|\bar{x}_1 - \bar{x}_2|}{S_c \sqrt{\frac{1}{n_1} + \frac{1}{n_2}}}$$

式中，分母是两个样本平均值之差的标准误差；S_c 是合并方差，公式为

$$S_c = \sqrt{\frac{\sum(x_1 - \bar{x}_1)^2 + \sum(x_2 - \bar{x}_2)^2}{n_1 + n_2 - 2}}$$

在方差不齐时比较两个样本的平均值，可以对变量进行适当的变换，以使样本方差具有齐性，再使用上述 t 值计算公式进行计算与分析。SPSS 在独立样本 T 检验过程的输出中提供了在方差不齐时计算 t 值的公式：

$$t = \frac{|\bar{x}_1 - \bar{x}_2|}{\sqrt{\frac{v_1}{n_1} + \frac{v_2}{n_2}}}$$

独立样本 T 检验与配对样本 T 检验均使用 T 检验过程，但调用该过程的菜单不同，

8.4.2 独立样本 T 检验的过程

（1）按"分析→比较平均值→独立样本 T 检验"顺序单击，打开如图 8-6 所示的"独立样本 T 检验"对话框。

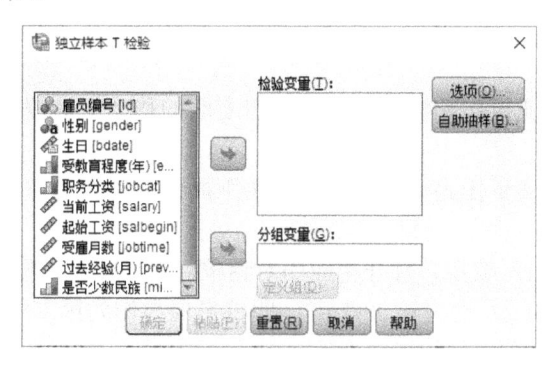

图 8-6 "独立样本 T 检验"对话框

（2）在原始变量列表中选择要进行检验的变量，将其送入"检验变量"框。

（3）在原始变量列表中选择分组变量，将其送入"分组变量"框。

（4）单击"定义组"按钮，展开"定义组"对话框，如图 8-7 所示。

① 如果指定的分组变量是分类变量（测量类型为名义或顺序），并且只有两个值，那么单击"定义组"按钮将打开如图 8-7（a）所示的对话框，在"组 1"框和"组 2"框中分别输入作为第一组和第二组的分类变量值。

② 如果指定的分组是连续型变量（测量类型为度量），或者测量类型为名义或顺序但有多个值，那么单击"定义组"按钮将打开如图 8-7（b）所示的对话框。选择"使用指定的值"单选按钮，在"组 1"框和"组 2"框中指定两个特定值，系统只对具有这两个值的因变量平均值进行比较。选择"分割点"单选按钮，在"分割点"框中输入一个值，观测将按分组变量值大于或等于该值和小于该值分成两个组。检验在这两个组之间进行，比较其因变量在两个组的平均值间是否差异显著。

（a）　　　　　　　　　　　　　（b）

图 8-7 "定义组"对话框

（5）在"独立样本 T 检验"对话框中，单击"选项"按钮，打开"独立样本 T 检验：选项"对话框，具体设置方法可参见图 8-5 及 8.3.2 节中的相关说明。

8.4.3 独立样本 T 检验的实例

【例 3】 以银行男、女雇员当前工资为例，使用数据文件 data08-08 检验男、女雇员当前工资是否有显著性差异。将性别变量 gender 作为分类变量，比较当前工资变量 salary 的平均值。

首先假设银行雇员工资服从正态分布。检验的零假设为不同性别雇员的当前工资平均值相等，取 $α = 0.05$。

（1）读取数据文件 data08-08，按"分析→比较平均值→独立样本 T 检验"顺序单击，打开"独立样本 T 检验"对话框，如图 8-6 所示。按如下步骤操作，即可使用系统默认值进行检验。

（2）选择 salary 变量作为检验变量，单击上面的移动变量按钮，将其送入"检验变量"框。

（3）选择 gender 变量作为分组变量，单击下面的移动变量按钮，将其送入"分组变量"框中。

（4）单击"定义组"按钮，打开相应的对话框。在"组 1"框中输入"f"，即将女雇员作为第一组；在"组 2"框中输入"m"，即将男雇员作为第二组。

其余使用系统默认值。

（5）输出结果如表 8-8 和表 8-9 所示。

表 8-8 分析变量的简单描述统计量

组统计

	性别	个案数	平均值	标准偏差	标准误差平均值
当前工资	女	216	$26,031.92	$7,558.021	$514.258
	男	258	$41,441.78	$19,499.214	$1,213.968

表 8-9 独立样本 T 检验的结果

独立样本检验

		莱文方差等同性检验		平均值等同性 t 检验					
		F	显著性	t	自由度	Sig.（双尾）	平均值差值	标准误差差值	差值 95% 置信区间 下限	差值 95% 置信区间 上限
当前工资	假定等方差	119.669	.000	-10.945	472	.000	-$15,409.862	$1,407.906	-$18,176.401	-$12,643.322
	不假定等方差			-11.688	344.262	.000	-$15,409.862	$1,318.400	-$18,002.996	-$12,816.728

表 8-8 所示为分析变量的简单描述统计量，该表列出了女雇员、男雇员两组的观测数、平均值、标准差、平均值的标准误差等统计量的值。

表 8-9 所示为独立样本 T 检验的结果，给出了方差齐性检验结果，以及 T 检验和校正 T 检验两种方法分别算得的检验结果。

① 方差齐性检验（莱文检验）结果，F 值为 119.669，显著性概率 $p < 0.001$，因此结论是两组方差差异显著，即方差不齐。因此，在 T 检验结果中应该选择"不假定等方差"行的数据作为本例 T 检验结果数据。

② "t"列有两个值。本例的 t 值等于 –11.69。"自由度"列给出两种 T 检验的自由度。

③ "Sig.（双尾）"列的值是双尾 T 检验的显著性概率。本例概率为 0.000，小于 0.05，拒绝不同性别雇员当前工资相等的零假设，可以得出男、女雇员现工资具有显著差异的结论。

④ "平均值差值"列的值为 –$15409.9，表示女雇员现工资低于男雇员现工资 15409.9 元。

⑤ 差值的标准误差为 1318.40。

⑥ 差值 95% 置信区间为 –18003.0～–12816.7，不包括 0，说明两组平均值之差与 0 有显著差异。

结论：通过 T 检验得到的 p 值为 0.000，小于 0.01，以及平均值之差值的 95%置信区间不包括 0 都能得出女雇员现工资明显低于男雇员现工资，差异有统计意义的结论。

注意：在实际应用中，由于存在其他条件，如职务等级、工作经验等，因此不能得出现平均工资差异是由性别差异造成的结论。根据分析结果得出结论要慎重。

【例 4】 对连续型变量按定点分组的独立样本 T 检验。

现对数据文件 data08-03 中的数据进行独立样本 T 检验。该数据文件中有 29 名 13 岁男生的身高、体重、肺活量数据，试分析身高大于或等于 155 厘米与身高小于 155 厘米两组男生的体重和肺活量平均值是否有显著性差异。

建立零假设：身高大于或等于 155.0 厘米与身高小于 155.0 厘米两组之间的体重平均值在 99%水平上无显著差异，两组之间的肺活量平均值在 99%水平上无显著差异。

（1）操作步骤。

打开数据文件 data08-03，按"分析→比较平均值→独立样本 T 检验"顺序单击，打开"独立样本 T 检验"对话框。

在原始变量列表中选择 weight 和 vcp 作为分析变量，并送入"检验变量"框中；选择变量 height 作为分组变量，并送入"分组变量"框中。

单击"定义组"按钮，打开"定义分组"对话框。选择"分割点"单选按钮，并在框中输入"155.0"，单击"继续"按钮，返回"独立样本 T 检验"对话框。

在"独立样本 T 检验"对话框中，单击"选项"按钮，打开相应的对话框。在"置信区间百分比"框中输入"99"，单击"继续"按钮，返回"独立样本 T 检验"对话框。其他各选项保持系统默认值。单击"确定"按钮，提交系统运行。

（2）运行结果与分析。

输出结果如表 8-10 和表 8-11 所示。

表 8-10 所示为分组描述统计量，给出了体重变量和肺活量变量按身高≥155.0 厘米和身高<155.0 厘米分组描述的统计量。身高≥155.0 厘米组有 13 人，平均肺活量为 2.40384 升，平均体重为 40.838 千克；身高<155.0 厘米组有 16 人，平均肺活量为 2.0156 升，平均体重为 34.113 千克。

表 8-10 分组描述统计量

组统计

	身高	个案数	平均值	标准偏差	标准误差平均值
体重	>= 155.00	13	40.838	5.1169	1.4192
	< 155.00	16	34.113	3.8163	.9541
肺活量	>= 155.00	13	2.4038	.40232	.11158
	< 155.00	16	2.0156	.42297	.10574

表 8-11 方差齐性检验与 T 检验结果

独立样本检验

		莱文方差等同性检验		平均值等同性 t 检验						
		F	显著性	t	自由度	Sig.(双尾)	平均值差值	标准误差差值	差值 99% 置信区间	
									下限	上限
体重	假定等方差	1.742	.198	4.056	27	.000	6.7260	1.6585	2.1309	11.3210
	不假定等方差			3.933	21.745	.001	6.7260	1.7101	1.9004	11.5515
肺活量	假定等方差	.002	.961	2.512	27	.018	.38822	.15456	-.04000	.81644
	不假定等方差			2.525	26.277	.018	.38822	.15373	-.03859	.81504

表 8-11 所示为方差齐性检验与 T 检验结果，从"Sig.（双尾）"列数据可以看出，无论两组体重还是两组肺活量方差均是齐性的，均选择"假定等方差"行数据进行分析。

体重 T 检验的结果：Sig.（双尾）=0.000，小于 0.001，拒绝零假设。两组平均值之差 99%置信区间的上限、下限均为正值，也说明两组体重平均值之差与 0 的差异显著。由此可以得出结论，按身高 155.0 厘米分组的两组体重平均值差异在统计意义上高度显著。

肺活量 T 检验的结果：Sig.（双尾）=0.018，大于 0.01。两组平均值之差的上限和下限一个为正值，一个为负值，说明差值的 99%置信区间的上限、下限与 0 的差异不显著。由此可以得出结论，按身高 155.0 厘米分组的两组肺活量平均值差异在 99%水平上不显著，但在 0.05 水平上差异依然有显著的统计学意义。

8.5 摘要独立样本 T 检验

8.5.1 摘要独立样本 T 检验的概念

当从正态分布的总体中随机抽取的两个样本的原始数据已经汇总成样本统计量（如平均值、标准差和样本量）时，若需要对这两个独立样本平均值进行差异显著性检验，则可选择摘要独立样本 T 检验过程。

8.5.2 摘要独立样本 T 检验过程

按"分析→比较平均值→摘要独立样本 T 检验"顺序单击，打开如图 8-8 所示对话框。

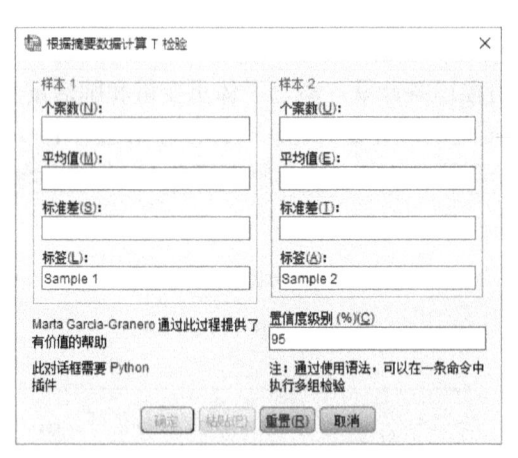

图 8-8 "根据摘要数据计算 T 检验"对话框

在"样本 1"栏、"样本 2"栏中的"个案数"框中分别输入两个样本的样本量 n_1、n_2；在"平均值框"中分别输入两个样本的平均值 $\bar{x}_1$、$\bar{x}_2$；在"标准差"框中分别输入两个样本的标准差 s_1、s_2；在"标签"框中可根据需要修改成实际的样本信息。"置信度级别"框一般保持系统默认设置。

8.5.3 摘要独立样本 T 检验的实例

【例5】 下表是对全职员工在家做家务花费时间（分钟）的随机调查结果。

性　　别	样本量 n	平　均　值	标　准　差
男	1219	23	32
女	733	37	16

建立零假设：男、女做家务花费时间均服从正态分布。检验男、女在做家务花费时间上是否有显著性差异。

操作步骤如下。

按"分析→比较平均值→摘要独立样本 T 检验"顺序单击，打开"根据摘要数据计算 T 检验"对话框。

将表中数据依次输入对应框中，如图 8-9 所示。

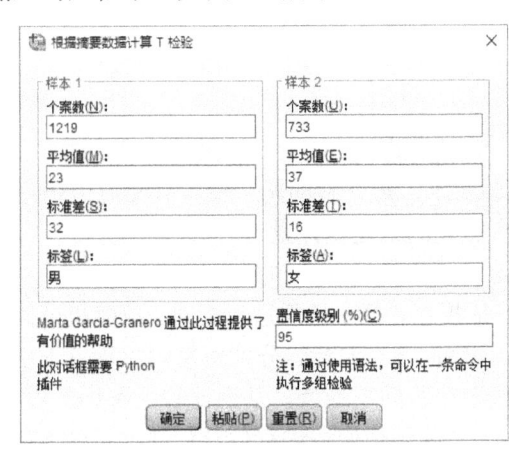

图 8-9　录入数据

单击"确定"按钮，提交系统运行。在"查看器"窗口中得到如表 8-12、表 8-13、表 8-14 所示的计算结果。

表 8-12　样本统计量

摘要数据

	N	平均值	标准差	标准误差平均值
男	1219.000	23.000	32.000	.917
女	733.000	37.000	16.000	.591

表 8-13　方差齐性检验和独立样本 T 检验结果

独立样本检验

	平均值 差值	标准误差 差值	t	自由度	显著性（双尾）
假定等方差	-14.000	1.268	-11.043	1950.000	.000
不假定等方差	-14.000	1.091	-12.838	1895.998	.000

Hartley 等方差检验：F = 4.000，显著性 = 0.0000

表 8-12 所示为样本统计量，是输入的两个样本的基本统计量信息。表 8-13 所示为方差齐性检验和独立样本 T 检验结果，根据表注内容可知，两个样本的方差不齐（$p<0.001$），因此两个样本的 T 检验需要根据"不假定等方差"行得出结论。由于 p 值小于 0.001，因此有充分的证据拒绝男、女做家务时间是一样的零假设。由表 8-12 可知，男子做家务花费时间平均值为 23 分钟，显著少于女子做家务花费时间的平均值（37 分钟）。表 8-14 是

表 8-14　差值的 95%置信区间

	差值的 95.0% 置信区间	
	下限	上限
渐近（等方差）	-16.485	-11.515
渐近（不等方差）	-16.137	-11.863
精确（等方差）	-16.486	-11.514
精确（不等方差）	-16.139	-11.861

男、女做家务劳动时间的平均值差值的 95%的置信区间，由此表可知，各种检验方法得到的男、女做家务劳动时间的平均值差值的 95%的置信区间的上限和下限均为负值，95%的置信区间内不包含 0，因此男、女做家务花费时间的平均值间在统计学上有显著性差异。结合表 8-12 的统计量结果，同样可以看到没有充分的理由拒绝"男子做家务花费时间平均值显著地少于女子做家务花费时间的平均值"的备择假设。

8.6　配对样本 T 检验

8.6.1　配对样本 T 检验的概念

进行配对样本 T 检验要求：被比较的两个样本有配对关系；两个样本均来自正态总体；平均值是对于检验有意义的描述统计量。

平均值的配对比较是比较常见的，举例如下。

（1）同一窝试验用白鼠根据性别、体重进行配对，再随机分为试验组和对照组，分别喂加入海藻的饲料和普通饲料。3 个月后，分别将每对白鼠置于水中，测量其到溺死前的游泳时间，比较两组白鼠游泳时间平均值，从而比较两种饲料对抗疲劳的作用。

（2）同一组高血压病人，测量他们在进行体育疗法前后的血压。每个病人在进行体育疗法前后的血压测量值构成观测对。求这组病人进行体育疗法前后的血压平均值进行配对 T 检验，分析体育疗法的降血压疗效。

（3）研究人体各部位体温是否有差别。一个人的两个部位的温度构成一对数据。测量若干人同样两个部位的温度，使用配对 T 检验分析这两个部位的平均温度是否有显著性差异。

配对样本 T 检验实际上是先求出每对测量值的差值，再对差值变量求平均值，检验配对变量平均值之间的差异是否显著，实质检验的假设是差值变量的平均值与 0 平均值之间差异的显著性。若差值平均值与 0 平均值无显著性差异，则说明配对变量平均值之间无显著性差异。

设差值变量为 x，差值变量的平均值为 $\bar{x}$，样本的观测数为 n，差值变量的标准差为 S，差值变量的平均值标准误差为 $S_{\bar{x}}$，则配对样本 T 检验的 t 值计算公式为

$$t = \frac{\bar{x} - 0}{S_{\bar{x}}}, \quad S_{\bar{x}} = \frac{S}{\sqrt{n}}$$

配对样本 T 检验与独立样本 T 检验均使用 T 检验过程，但调用该过程的菜单不同，对数据文件结构的要求不同，使用的命令语句也有所区别。进行配对样本 T 检验的数据文件中的一对数据必须作为同一个观测中的两个变量值。

8.6.2　配对样本 T 检验过程

（1）建立数据文件。

（2）按"分析→比较平均值→成对样本 T 检验"顺序单击，打开"成对样本 T 检验"

对话框，如图 8-10 所示。

（3）指定配对变量。

① 在"成对样本 T 检验"对话框的原始变量列表中选择一个变量，单击移动变量按钮，变量名出现在"配对变量"框的"变量 1"列中。

② 在原始变量列表中再选择一个与之前选择的变量配对的变量，单击移动变量按钮，变量名出现在"配对变量"框的"变量 2"列中。

使用上述方法可以指定多个配对变量。以上操作是使用系统默认参数进行配对样本 T 检验的基本操作。单击"确定"按钮，提交系统运行。

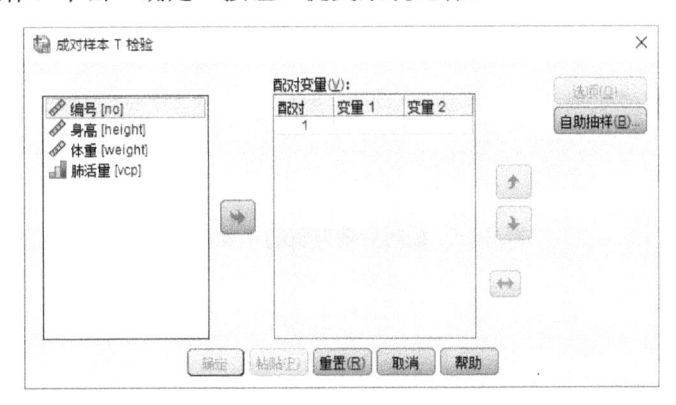

图 8-10 "成对样本 T 检验"对话框

注：上述步骤①和步骤②可以合并成一步进行，在原始变量列表中只要同时选中一对配对变量，将其移入"配对变量"框即可。

（4）配对样本 T 检验过程中的选项。

在配对样本 T 检验过程中，保持系统默认值就可以得到比较满意的结果。如果想改变显著性概率，以改变差值的置信区间，或者需要另外指定处理缺失值的方法，那么可以在"成对样本 T 检验"对话框中单击"选项"按钮，打开"成对样本 T 检验：选项"对话框，具体设置方法可参见图 8-5 及 8.3.2 节的相关内容。

8.6.3 配对样本 T 检验的实例

【例 6】 以体育疗法治疗高血压的数据为例，来说明配对样本 T 检验过程 10 个高血压患者在进行体育疗法前、后测定舒张压，相关数据文件为 data08-04。其中的变量：number 编号、pretreat 治疗前舒张压、postreat 治疗后舒张压。要求检验体育疗法对降低血压是否有效。

这是一个自身配对样本的 T 检验问题。解决问题的步骤如下。

建立零假设：体育疗法对高血压病人舒张压的降低无疗效。即高血压病人在进行体育疗法前、后舒张压的差值平均值是从差值为 0 的总体中随机抽取的，差值不为 0 是由抽样误差引起的。

（1）打开数据文件 data08-04，按"分析→比较平均值→成对样本 T 检验"顺序单击，打开"成对样本 T 检验"对话框。

（2）指定配对变量。配对变量为治疗前舒张压和治疗后舒张压。在原始变量列表中单击 pretreat 变量，按住 Ctrl 键同时单击 postreat 变量，单击移动变量按钮，将配对变量送入"配对变量"框中。单击"继续"按钮,确认并返回"成对样本 T 检验"对话框,单击"确定"按钮,提交系统运行。

(3) 运行结果如表 8-15～表 8-17 所示。

表 8-15 在进行体育疗法前、后舒张压的简单描述统计量

配对样本统计

		平均值	个案数	标准 偏差	标准 误差平均值
配对 1	治疗前舒张压	119.50	10	10.069	3.184
	治疗后舒张压	102.50	10	11.118	3.516

表 8-16 在进行体育疗法前、后舒张压相关性

配对样本相关性

		个案数	相关性	显著性
配对 1	治疗前舒张压 & 治疗后舒张压	10	.599	.067

表 8-17 配对变量差值的 T 检验结果

配对样本检验

		配对差值					t	自由度	Sig. (双尾)
		平均值	标准 偏差	标准 误差平均值	差值 95% 置信区间 下限	上限			
配对 1	治疗前舒张压 - 治疗后舒张压	17.000	9.534	3.015	10.180	23.820	5.639	9	.000

(4) 结果分析。

表 8-15 所示为在进行体育疗法前、后舒张压的简单变量描述统计量,表中显示的是配对变量的变量标签,共有 1 对配对变量。由表 8-15 可知,在进行体育疗法前、后的舒张压平均值分别为 119.50 与 102.50;在进行体育疗法前、后的观测数均为 10;在进行体育疗法前、后的舒张压的标准差分别为 10.069 和 11.118;在进行体育疗法前、后的舒张压平均值的标准误差分别为 3.184 和 3.516。

表 8-16 所示为在进行体育疗法前、后舒张压相关性。由表 8-16 可知,相关系数为 0.599,出现当前 t 值或更加极端值的概率为 0.067。大于本例中可以接受的显著性水平 α (0.05),因此没有充分的理由可以拒绝"在进行体育疗法前、后的舒张压没有明显线性关系"的假设。

表 8-17 所示为配对变量差值的 T 检验结果。变量对平均值之间的差值为 17.00;差值的标准差为 9.53;差值的标准误差为 3.015;差值 95%置信区间上限、下限分别为 10.18 和 23.82,应注意两个值均为正值。

由表 8-17 还可知,t 值为 5.64;自由度为 9;双尾 T 检验的结果表明获得 t 值的概率为 0.000,即小于 0.001。

由于 p 小于 0.001,有足够的证据拒绝零假设,因而有充分的理由可以相信体育疗法对降低舒张压有明显疗效。

习 题 8

1. 平均值比较的 T 检验分为几种类型?

2. 要使用 T 检验进行平均值比较的变量应该具有怎样的分布特征？

3. 两个独立样本 T 检验需要满足什么条件？

4. 一个品牌的方便面面饼的标称质量是 80g，要求标准差小于 2g。现从生产线包装前的传送带上随机抽取部分面饼，称重数据记录在数据文件 data08-05 中。问这批面饼质量是否符合要求？

5. 某康体中心的减肥班学员入班时的体重数据和减肥训练 1 个月后的体重数据记录在数据文件 data08-06 中，试分析 1 个月的训练是否有效。按性别分组分析结果如何？按体重等级分组检查训练效果结果如何？

6. 为评价两个培训中心的教学质量，对两个培训中心的学员进行一次标准化考试，考试成绩见数据文件 data08-07。分析两个培训中心教学质量是否存在差异，得出统计分析结果，并推断结论。

第9章 方差分析

9.1 方差分析的概念与方差分析过程

9.1.1 方差分析的概念

在科学试验过程中探讨不同试验条件或处理方法对试验结果的影响时，通常会比较不同试验条件下样本平均值间的差异。例如，研究几种药物对某种疾病的疗效，研究训练目标、方法和不同运动量等因素对提高某项运动成绩的效果，研究土壤、肥料、日照时间等因素对某种农作物产量的影响，研究不同饲料对牲畜体重增长的效果，等等都可以使用方差分析方法。方差分析是检验多个样本平均值间差异是否具有统计意义的一种方法。

1. 方差分析原理

方差分析的基本原理是认为不同处理组的平均值间的差别基本来源有如下两个。

（1）随机误差。例如，测量误差造成的差异或个体间的差异，称为组内差异，用变量在各组的平均值与该组内变量值的偏差平方和的总和表示，记作 SS_w，组内自由度记作 df_w。

（2）试验条件或不同处理方式造成的差异，称为组间差异。用变量在各组的平均值与总平均值的偏差总平方和表示，记作 SS_b，组间自由度记作 df_b。例如，将 $k \times m$ 个条件基本相同的试验对象随机分到 k 组，分别进行 k 种处理，研究 k 种处理间平均值是否存在显著差异，即处理是否有作用。测得数据是单因素 k 水平的完全随机设计数据，如表 9-1 所示。

表 9-1 单因素 k 水平的完全随机设计数据

	$j=$ 处理 1	处理 2	处理 3	处理 4	……	处理 k
$i=1$	x_{11}	x_{21}	x_{31}	x_{41}	……	x_{k1}
2	x_{12}	x_{22}	x_{32}	x_{42}	……	x_{k2}
3	x_{13}	x_{23}	x_{33}	x_{43}	……	x_{k3}
4	x_{14}	x_{24}	x_{34}	x_{44}	……	x_{k4}
5	x_{15}	x_{25}	x_{35}	x_{45}	……	x_{k5}
……	……	……	……	……	……	……
m	x_{1m}	x_{2m}	x_{3m}	x_{4m}	……	x_{km}

在表 9-1 中，$i=1,\cdots,m$，是试验序号；$j=1,\cdots,k$，是处理序号；x_{ij} 是对第 i 个试验对象在第 j 种处理的测试值。

此为平衡设计，即各处理组试验对象数相等，均为 m。数据的完全随机分析可以证明总偏差平方和可分解为组间偏差平方和和组内偏差平方和之和，即 $SS_t = SS_b + SS_w$。

总平均值计算公式为

$$\bar{\bar{x}} = \frac{\sum_{j=1}^{k}\sum_{i=1}^{m} x_{ij}}{km}$$

进行第 j 种处理的组的平均值为

$$\bar{x}_j = \frac{\sum_{i=1}^{m} x_{ij}}{m}$$

总偏差平方和为

$$SS_t = \sum_{j=1}^{k}\sum_{i=1}^{m}(x_{ij} - \bar{\bar{x}})^2$$

组间偏差平方和为

$$SS_b = m\sum_{j=1}^{k}(\bar{x}_j - \bar{\bar{x}})^2$$

反映处理方式间的差异，自由度 $df_b = k - 1$。

组内偏差平方和为

$$SS_w = \sum_{j=1}^{k}\sum_{i=1}^{m}(x_{ij} - \bar{x}_j)^2$$

自由度 $df_w = k(m - 1)$。

为去除样本量的影响，SS_b、SS_w 除以各自的自由度得到其均方（方差）值，即组间均方和组内均方，对应公式为

$$MS_b = \frac{SS_b}{df_b}, \quad MS_w = \frac{SS_w}{df_w}$$

两者比值服从自由度为 $k-1$ 和 $k(m-1)$ 的 F 分布，有

$$F = \frac{MS_b}{MS_w}$$

处理效果有两种：一种是处理没有作用，即各样本均来自同一总体，即 $MS_b/MS_w = 1$。考虑抽样误差的存在，则有 $MS_b/MS_w \approx 1$。另一种是处理确实有作用，组间均方是由于误差与不同处理方式共同导致的结果，即各样本来自不同总体，因此组间均方远远大于组内均方，即 $MS_b \gg MS_w$。

MS_b/MS_w 的值构成 F 分布。用 F 值与其临界值比较，推断各样本是否来自相同的总体。

2. 方差分析的假设条件和假设检验

1）方差分析的假设条件

① 各处理条件下的样本是随机的。
② 各处理条件下的样本是相互独立的，否则可能出现无法解释的输出结果。
③ 各处理条件下的样本分别来自正态分布总体 $N(\mu_i, \sigma^2_i)$，否则使用非参数检验。
④ 各处理条件下的样本方差相同，具有齐性，即 $\sigma^2_1 = \sigma^2_2 = \sigma^2_3 = \cdots = \sigma^2_k$。

2）方差分析的假设检验

假设有 k 个样本，零假设为 k 个样本有共同方差 σ^2（$\sigma^2_1 = \sigma^2_2 = \sigma^2_3 = \cdots = \sigma^2_k$）。检验

不拒绝零假设等价于不拒绝 k 个样本平均值相同（$\mu_1=\mu_2=\mu_3=\cdots=\mu_k=\mu$）的假设。

若组间均方远远大于组内均方，使得 $F > F_{0.05}(\mathrm{df_b}, \mathrm{df_w})$，则 $p < 0.05$，拒绝零假设，认为样本来自不同的正态总体，处理方式造成平均值的差异有统计意义；若 $F < F_{0.05}(\mathrm{df_b}, \mathrm{df_w})$，则 $p > 0.05$，不拒绝零假设，认为样本来自同一总体，处理方式无差异。

9.1.2 方差分析中的术语

方差分析中的常用术语如下。

1. 因素与处理

因素是影响因变量变化的客观条件，处理是影响因变量变化的人为条件，二者可以统称为因素，实际上就是变量。例如，影响农作物产量的气温、降雨量、日照时间等可称为因素，在研究不同肥料对不同种系农作物产量的影响时农作物的不同种系可称为因素，同种肥料施肥数量不同是人为干预因素，也是要分析的变量。这样的变量也称为处理。在要求进行方差分析的数据文件中均作为分类变量出现，即它们只有有限个取值。气温、降雨量等常被视为连续型的变量，在方差分析中如果作为影响产量的因素进行研究，也应该将其数值用分组定义水平的方法事先变为具有有限个取值的离散型变量。

2. 水平

因素的不同等级称作水平。例如，性别因素在一般情况下只研究两个水平：男、女；化学或生物试验中的"剂量"必须离散化为几个有限水平，如 1mL、2mL、4mL 三个水平。

3. 单元

在方差分析中，单元是指各因素水平间的每个组合。例如，研究问题中的因素有性别，取值为 0、1；有年龄，分 3 个水平，1（10 岁）、2（11 岁）、3（12 岁）。两个变量的组合一共可以形成 6 个单元：[1,1]、[1,2]、[1,3]、[2,1]、[2,2]、[2,3]，代表两种性别与 3 种年龄的 6 种组合。方差分析会比较各单元条件下因变量平均值间的差异。

4. 因素的主效应和因素间的交互效应

单独效应，是指当其他因素固定在某一水平时，因变量在某一因素不同水平间的差异。

因素的主效应，是指因变量在一个因素各水平间的平均差异。

当一个因素的单独效应随另一个因素的变化而变化时，称两个因素间存在交互效应。

例如，有 A、B 两种治疗缺铁性贫血的药物，有患者 12 例，分为 4 组。试验方案：第一组患者用一般疗法，第二组患者在一般疗法的基础上加用 A 种药物，第三组患者在一般疗法的基础上加用 B 种药物，第四组患者在一般疗法的基础上同时使用 A、B 两种药物，一个月后观察各组患者红细胞增加数，分析两种药物的疗效。试验数据如表 9-2 所示。这是一个双因素方差分析问题，因素 A 与因素 B 均有用药与不用药两个水平。研究药物 A 和药物 B 是否对红细胞的增加有显著影响，需对红细胞增加数的平均值进行以下比较。

表 9-2 试验数据

组别	第一组	第二组	第三组	第四组
观测指标	红细胞增加数($\times 10^6/m^3$)			
观测值	0.8	1.3	0.9	2.1
	0.9	1.2	1.1	2.2
	0.7	1.1	1.0	2.0
各组平均值	0.8	1.2	1.0	2.1

资料来源:《医用统计方法》(金丕焕,人民卫生出版社)。

① 比较第二组患者红细胞增加数的平均值与第一组患者红细胞增加数的平均值是否有显著性差异。

② 比较第三组患者红细胞增加数的平均值与第一组红细胞增加数的平均值是否有显著性差异。

这两项研究的是因素 A 和因素 B 的主效应。

除比较第四组患者红细胞增加数的平均值与第一组患者红细胞增加数的平均值是否有显著性差异外,还要研究药物 A 对药物 B 的疗效是否有影响。若药物 A 对药物 B 的疗效无影响,那么除采样误差外,第四组患者红细胞增加数平均值与第二组患者红细胞增加数平均值之差应该等于第三组患者红细胞增加数平均值减去第一组患者红细胞增加数平均值。实际上,$2.1 - 1.2 = 0.9$,$1.0 - 0.8 = 0.2$,两个数值相差 0.7,该差值几乎与第一组患者红细胞增加数平均值相同。这个差异有统计意义,即差值 0.7 中包括采样误差和药物 A、药物 B 的相互作用。这种因素之间的相互作用在统计学上称为交互效应,在医学中称为协同效应(一个因素的单独效应随另一个因素效应的增大而增大)或拮抗效应(一个因素的单独效应随另一个因素效应的增大而减小)。若存在交互效应,则两个因素不是相互独立的。

5. 平均值比较

平均值的相对比较是各因素对因变量的效应大小的相对比较。例如,研究 A、B 效应之和是否等于它们的交互效应,或者研究药物 A、药物 B 对红细胞增加数的效应是否相等。

平均值的多重比较研究的是因素单元对因变量的影响之间是否存在显著性差异,如研究药物 A、药物 B 对红细胞增加数的疗效是否存在显著性差异。

6. 单元平均值、边际平均值

在多因素方差分析中,每种因素水平组合的因变量平均值称为单元平均值;一个因素水平的因变量平均值称为边际平均值。这是根据它们在表格中的位置命名的。

7. 协方差分析

在进行方差分析时,一般要求除研究的因素外应该保证其他条件一致。例如,在做动物试验时对同一胎的动物分组给予不同的处理,以研究不同处理对研究对象的影响。研究身高与体重的关系时,要求按性别分别进行分析,以消除性别因素的影响。不同年龄的人的身高与体重的关系也不同,被测对象往往是不同年龄的,要消除年龄的影响,应该采用协方差分析。研究几种饲料对增加动物体重的作用,以便比较哪种饲料更好,应该在分析时消除每个动物的进食量的影响,因此应该采用协方差分析。

8. 重复测量

组内变异的主要原因是试验对象之间的个体差异。由于存在个体差异，即使对试验对象进行相同处理，它们的因变量值也可能相对不同。重复测量设计的方差分析是一种在研究中减小个体差异带来的误差方差的有效方法，对相同个体进行重复测量在一定程度上降低了人力、物力、财力的消耗。

如果重复测量是在一段时间内或一个温度间隔内进行的，那么还可以研究因变量对时间、温度等自变量的变化趋势。这种重复测量研究称为趋势研究。例如，通过让同一批动物在不同温度下生活一定时间，并进行体重、脂肪的测定，可以研究时间、温度对动物体重、脂肪量的变化趋势的影响。

9.1.3 方差分析过程

SPSS 提供的方差分析过程包括以下几种。

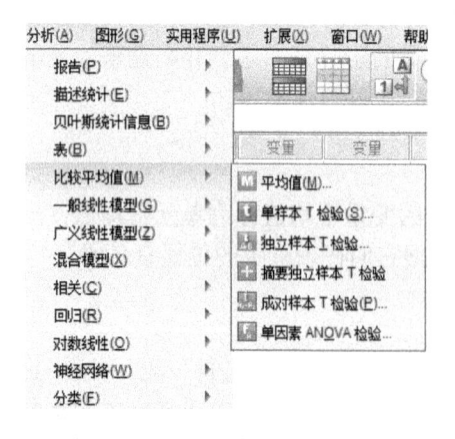

1．单因素 ANOVA 过程

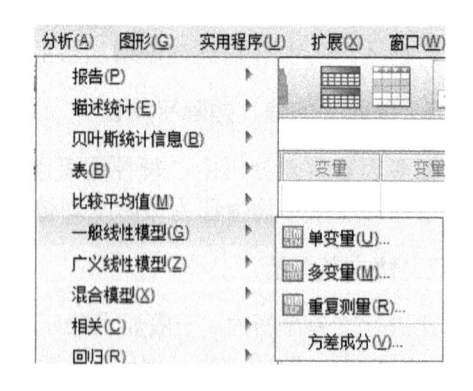

单因素 ANOVA 过程是单因素的简单方差分析过程，通过"分析"菜单下的"比较平均值"子菜单项调用，如图 9-1 所示。调用单因素 ANOVA 过程可以进行单因素方差分析。

2．一般线性模型过程

一般线性模型（General Linear Model，GLM）过程通过"分析"菜单调用。调用一般线性模型过程，可以完成简单的多因素方差分析和协方差分析，以分析各因素的主效应及各因素间的交互效应。一般线性模型过程允许指定最高阶次的交互效应，建立包括所有效应的模型。如果想建立包括某些特定的交互效应的模型，那么可以通过"模型"对话框中的"选项"对话框实现。通过平均值多重比较、绘制轮廓图等功能，可以比较各因素各水平的单元格平均值，直观地判断因素间的交互效应。

在"一般线性模型"菜单中有 4 个菜单项（见图 9-2），单击每个菜单项，可分别完成不同类型的方差分析任务。

图 9-1 调用单因素 ANOVA 过程   图 9-2 高级多元方差分析的菜单

1) 一般线性模型单变量过程

一般线性模型单变量过程提供了可用一个或多个因素变量对一个因变量进行回归分

析和方差分析的方法。通过这些因素变量可将总体划分成若干个组。使用一般线性模型单变量过程可以检验关于其他变量与单个因变量各组平均值效应的零假设，可以研究因素间交互效应及单个因素（也可以是随机的因素）的主效应，还可研究协变量效应和协变量与因素的交互效应。对于一般线性模型单变量过程，自变量（预测变量）要被指定为协变量。一般线性模型单变量过程在指定模型方面有较大的灵活性并可以提供大量的统计输出。

以公司 4 个部门中的两个级别的职工为观察对象，研究生产率刺激机制，可以设计一个因子试验以检验感兴趣的假设。由于在新刺激引入之前的原生产率可能对新刺激引入之后的生产率产生很大影响，因此可以把原生产率作为协变量进行协方差分析。如果想检验协变量效应对于两个级别的职工是否相同，也可以调用一般线性模型单变量过程进行分析。

2）一般线性模型多变量过程

一般线性模型多变量过程用于进行多因变量的多因素分析。当研究的问题具有两个或两个以上相关因变量，且要研究一个或几个因素变量与多个因素变量之间的关系时，可以选用"多变量"菜单项。例如，在研究数学、物理的考试成绩是否与教学方法、学生性别，以及方法与性别的交互作用有关时，可以使用"多变量"菜单项调用一般线性模型多变量过程。如果只有几个不相关的因变量或只有一个因变量，那么应该使用"单变量"菜单项调用一般线性模型单变量过程。

一般线性模型多变量过程同样可以研究因素间的交互效应及单个因素的效应，该因素可以是随机的，还可以研究包括协变量效应和协变量与因素的交互效应。对于一般线性模型多变量过程，自变量（预测变量）要被指定为协变量。一般线性模型多变量过程可以检验平衡和不平衡模型。

3）一般线性模型重复测量过程

一般线性模型重复测量过程用于进行重复测量方差分析。当一个因变量在同一课题中在不止一种条件下进行测量，要检验有关因变量平均值的假设时，应该使用一般线性模型重复测量过程。如果指定了被试间因素（被试间因素把总体分成多组），那么使用该过程可以检验组间因素的效应和组内因素的效应的零假设，可以检验单个因素的效应及因素间的交互效应，还可以检验包括协变量效应及被试间因素与协变量间的交互效应。

4）一般线性模型方差成分过程

一般线性模型方差成分过程用于估计每种随机效应对因变量方差的贡献，通过计算方差成分，可以确定减小方差时要重点关注的对象。

9.2 单因素方差分析

单因素方差分析也称作一维方差分析，可以检验由单一因素影响的一个（或几个相互独立的）因素各水平分组的平均值之间的差异是否具有统计意义，并可以对两两组间平均值进行比较（称作组间平均值的多重比较），还可以对该因素的若干水平分组中哪些组平均值间不具有显著性差异进行分析（一致性子集检验）。

单因素 ANOVA 过程要求因变量属于正态分布总体，若因变量的分布明显呈非正态，则不能使用该过程，而应该使用非参数检验过程。如果对被观测对象进行的试验不是随机分组的,而是重复测量的,形成的几个变量彼此不独立,那么应该用"重复测量"菜单项调用一般线性模型重复测量过程对各因变量进行重复测量方差分析,在条件满足时,还可以进行趋势分析。

9.2.1 简单的单因素方差分析

【例1】用4种饲料喂猪,观测对象为19头猪,将其分为4组,每组喂一种饲料。一段时间后称重,猪的体重增加量数据如表9-3所示。比较4种饲料对猪体重增加的作用有无不同。数据文件为data09-01。

表9-3 猪的体重增加量数据

饲料			
A	B	C	D
133.8	151.2	193.4	225.8
125.3	149.0	185.3	224.6
143.1	162.7	182.8	220.4
128.9	143.8	188.5	212.3
135.7	153.5	198.6	

资料来源:《医用统计方法》(金丕焕,人民卫生出版社)。

1)操作方法与步骤

(1)在"数据编辑器"窗口中建立数据文件,定义如下两个变量,并输入数据。

① fodder变量,数值型,取值1、2、3、4,分别代表A、B、C、D四种饲料。

② weight变量,数值型,其值为猪体重增加量。

需特别注意的是,不能把A、B、C、D定义为4个变量。

(2)按"分析→比较平均值→单因素ANOVA检验"顺序单击,打开"单因素ANOVA检验"对话框,如图9-3所示。

(3)根据分析要求指定方差分析的因变量和因素变量。

① 选定weight变量,将其送入"因变量列表"框,定义猪体重增加量为因变量。

② 选定fodder变量,将其送入"因子"框,定义饲料为因素变量。

(4)在"单因素ANOVA检验"对话框中单击"确定"按钮,提交系统执行。

2)输出结果

表9-4所示为使用系统默认值的单因素方差分析结果,是因素变量饲料对猪体重的影响分析结果,左上方是因变量的变量标签"猪体重增加量"。

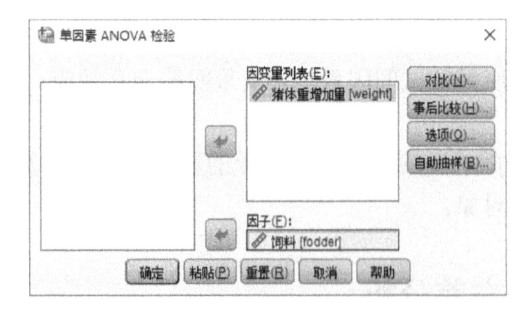

表9-4 使用系统默认值的单因素方差分析结果

ANOVA

猪体重增加量

	平方和	自由度	均方	F	显著性
组间	20538.698	3	6846.233	157.467	.000
组内	652.159	15	43.477		
总计	21190.858	18			

图9-3 "单因素ANOVA检验"对话框

(1)输出结果说明。

第一列:方差来源,包括组间偏差、组内偏差和偏差总和。

第二列:偏差平方和,组间偏差平方和为20538.698;组内偏差平方和为652.159;总偏差平方和为21190.858,是组间偏差平方和与组内偏差平方和之和。注:由于SPSS计算结果只保留了3位有效位数,因此会出现两者之和与总偏差平方和不完全相等的现象。

计算机计算误差是无法消除的。但理论上，总偏差平方和等于组间偏差平方和与组内偏差平方和之和，正是因为它的成立，才有了方差分析。

第三列：自由度 df。组间自由度为 3，组内自由度为 15，总自由度为 18。

第四列：均方，是第二列与第三列数据之比，即偏差平方和除以自由度的结果。组间均方为 6846.233，组内均方为 43.477。

第五列：F 值，是组间均方与组内均方之比。

第六列：F 值对应的概率值。针对零假设：组间平均值无显著性差异（4 种饲料对猪体重增加量的平均值无显著性差异）。算得的 F 值为 157.467，对应的概率值小于 0.001。

（2）结果分析。

由于输出的 p 值小于 0.001，因此在本例的实际应用中，有足够的证据拒绝零假设，有充分的理由相信 4 种饲料对猪体重增加量的平均值的差异间有统计学上的显著性意义。

（3）存在的问题与解决方法。

① 本例只考虑了猪体重的增加量，只对其平均值进行了比较，但实际工作中的问题往往不像这样简单。例如，是否应该考虑每头猪的进食量对体重增加量的影响，去除这个影响比较猪体重增加量会得出更切合生产实际的结论。这个问题应该使用因素各水平均值之间的协方差分析功能解决。

② 使用系统默认值进行单因素方差分析只能得出是否有显著性差异的结论。本例数据量少，哪两组之间差别最大、哪种饲料使猪体重增加得更快，几乎是可以直接看出来的。在实际工作中，往往需要进行两两组间平均值比较，这就需要在使用单因素 ANOVA 检验进行单因素方差分析时使用"事后比较"选项，以获得更丰富的信息，使分析更深入。

③ "单因素 ANOVA 检验"对话框中的"因变量列表"框中可以移入多个因变量，说明单因素方差分析允许分析一个因素变量对多个因变量的影响。

9.2.2 单因素方差分析过程

单因素方差分析涉及的选项可以分为 3 类，分别与 3 个按钮相对应：对比功能可以指定一种要用 T 检验来检验的对比；事后多重比较功能可以指定一种多重比较检验；选项功能可以指定要输出的统计量，并指定处理缺失值的方法。单击"单因素 ANOVA 检验"对话框中的对应按钮，打开相应的对话框即可进行设置。

1. 进行对照比较的选项

在"单因素 ANOVA 检验"对话框中单击"对比"按钮，打开"单因素 ANOVA 检验：对比"对话框，如图 9-4 所示。在该对话框中可以把组间偏差平方和划分成趋势成分，或者指定事先推测的对照比较。

（1）趋势成分分析。

考虑将组间偏差平方和分解为线性、二次、三次或更高次的趋势成分，具体操作如下。

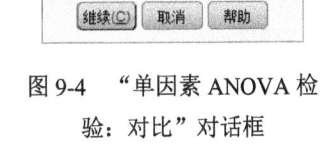

图 9-4 "单因素 ANOVA 检验：对比"对话框

① 勾选"多项式"复选框，该操作可激活其右面的"等级"下拉列表。

② 单因素 ANOVA 过程允许构造高达 5 次的平均值多项式，多项式的阶数需要根据研究需要设置。单击"等级"下拉列表按钮展开"等级"下拉列表，可以选择的阶次有：线性、二次、三次、四次、五次。系统将在输出时给出指定阶次和低于指定阶次的各阶的平方和分解结果和各阶次的自由度、F 值和 F 检验的概率值。

(2) 对照比较。

在"第 1/1 项对比"栏中选择对照比较需要设置的参数。可以选择多组比较参数。

① 系数指定规则：系数指定的顺序很重要，应该与因素变量分组值的升序相对应。列表中第一个系数与因素变量最低组的值相对应，最后一个系数与因素变量最高组的值相对应。例如，因素变量有 6 个水平，系数列为 –1、0、0、0、0.5、0.5，分别对应第一组到第六组。在一般情况下，系数之和应该为 0。设置的系数之和也可以不为 0，但在输出中会显示警告信息。在如表 9-4 所示的方差分析具有显著性意义的基础上，为检验零假设：第一组平均值与第四组平均值间无显著差异（差异无统计意义），可设定系数为 1、0、0、–1。

② 指定各组平均值的系数具体的操作步骤：在"系数"框中输入一个系数，单击"添加"按钮，输入的系数被送入下面的方框。重复上述操作，依次输入各组平均值的系数，方框中显示一列数值。因素变量有几个水平（分为几组）就输入几个系数，多出的系数无意义。不参与比较的分组系数应该为 0。如果多项式中只包括第一组与第四组的平均值的系数，那么必须把第二个和第三个系数设为 0；如果只包括第一组与第二组的平均值的系数，那么只需要输入前两个系数，第三个、第四个系数可以不输入。

可以同时进行多组平均值组合比较。一组系数输入结束，单击"下一页"按钮，方框被清空，准备接收下一组系数数据。最多可以输入 10 组系数。

如果认为输入的几组系数中存在错误数据，可以通过单击"上一页"按钮或"下一页"按钮，找到出错的数据，并单击，使该系数显示在"系数"框中，从而修改或删除该系数。修改后单击"更改"按钮，方框中会出现正确的系数值。当在方框中选中一个系数时，"除去"按钮会被激活，单击"除去"按钮，所选系数将被删除。

2. 各组平均值的多重成对比较选项

在"单因素 ANOVA 检验"对话框中，单击"事后比较"按钮，打开"单因素 ANOVA 检验：事后多重比较"对话框，如图 9-5 所示。该对话框提供了近 20 种组平均值成对比较的检验方法。有些方法用于检验平均值差异是否显著，给出差异一致性子集；有些方法成对进行组平均值比较；有些方法进行这两种检验。成对比较产生的检验表多达 10 种。输出的结果中的非空组的组平均值按升序排序，平均值具有显著性差异的组对被用星号标明。若要求进行一致性子集检验，则计算一致性子集并将结果显示在一致性子集表中。

若各组观测数目不同，在计算一致性子集时，除 R-E-G-WQ 检验和 R-E-G-WF 检验使用各组本身的样本含量外，其余检验方法将使用各组观测数目的调和平均值作为各组样本含量。

(1) 选择多重成对比较的方法。

① 当各组方差具有齐性时，在"假定等方差"栏中选择平均值比较的方法（共 14 种方法、16 种选择）。这些选项可以同时选择多个，以便对各种平均值比较方法的结果进行比较。

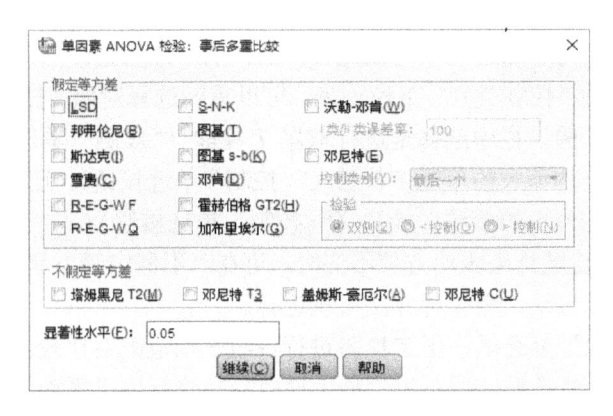

图 9-5 "单因素 ANOVA 检验：事后多重比较"对话框

- "LSD"复选框：即最小显著性差异法，用 T 检验完成各组平均值间的成对比较，不对多重比较误差率进行调整。
- "邦弗伦尼"复选框：即 Bonferroni 校正，计算 Student 统计量，完成各组间平均值的成对比较。它通过设置每个检验的误差率来控制总体误差率。
- "斯达克"复选框：即 Sidak 法，计算 t 统计量进行成对比较，调整两两比较的显著性水平。限制比 Bonferroni 校正更严格。
- "雪费"复选框：对所有可能的组合进行同步进入的配对比较。可以用于检验分组平均值所有可能的线性组合。
- "R-E-G-WF"复选框：使用基于 F 检验的逐步缩小的成对比较的检验，显示一致性子集表。
- "R-E-G-WQ"复选框：使用基于 Student-Range 逐步缩小的多元统计过程进行子集一致性检验。
- "S-N-K"复选框：使用 Student-Range 统计量，进行子集一致性检验。检验按平均值递减排序，差异最大的先检验。
- "图基"复选框：用 Student-Range 统计量对所有组间平均值进行配对比较，将所有配对比较的累计误差率作为试验误差率，并进行子集一致性检验。
- "图基 s-b"复选框：用学生化极差统计量进行组间平均值的配对比较，其精确值为前两种检验相应值的平均值。
- "邓肯"复选框：指定一系列的范围值，逐步进行计算比较得出结论，显示一致性子集检验结果。
- "霍赫伯格 GT2"复选框：是基于学生化最大模数的检验，与图基检验类似，进行组平均值成对比较和检测子集一致性。除单元格含量非常不平衡外，该检验还适用于方差不齐的情况。
- "加布里埃尔"复选框：根据学生化最大模数进行平均值成对比较和子集一致性检验。当单元格含量不等时，该方法比霍赫伯格 GT2 更有效。在单元格含量较大时，该方法较自由。
- "沃勒-邓肯"复选框：用 t 统计量进行子集一致性检验。使用贝叶斯逼近。选择本选项后，在"Ⅰ类/Ⅱ误差率"框中，输入一个指定值。系统默认为 100。
- "邓尼特"复选框：使用 T 检验进行各组平均值与对照组平均值的比较。选择本选项，进行各组与对照组的平均值比较，默认的对照组是最后一组。选择本选项后，将激活下面的"控制类别"下拉列表，可以重新选择对照（控制）组为第一组。在被激活的"检验"栏中选择是进行双尾 T 检验（"双侧"单选按钮）、各组平均值都比对照组平均值大的单尾 T 检验（">控制"单选按钮），还是进行各组平均值都比对照组平均值小的单尾 T 检验（"<控制"单选按钮）。

② 当方差齐性检验结果表明方差不齐时，可在"不假定等方差"栏中选择检验各平均值间是否有差异的方法，有 4 种方法可供选择。

- "塔姆黑尼 T2"复选框：用 T 检验进行各组平均值配对比较。
- "邓尼特 T3"复选框：用学生化最大模数检验进行各组平均值间的配对比较。
- "盖姆斯-豪厄尔"复选框：进行各组平均值配对比较检验，该方法较灵活。
- "邓尼特 C"复选框：用 Student-Range 检验进行各组平均值配对比较。

③ 为便于选择，下面按功能对各选项进行分类。

- 进行平均值两两比较的选项："LSD"复选框、"斯达克"复选框、"邦弗伦尼"复选框、"盖姆斯-豪厄尔"复选框、"塔姆黑尼 T2"复选框、"邓尼特 T3"复选框、"邓尼特 C"复选框、"邓尼特"复选框。
- 进行子集一致性检验的选项："SNK"复选框、"图基 s-b"复选框、"邓肯"复选框、"R-E-G-WQ"复选框、"R-E-G-WF"复选框、"沃勒-邓肯"复选框。
- 进行平均值两两比较和子集一致性检验两种检验的选项："霍赫伯格 GT2"复选框、"图基"复选框、"雪费"复选框、"加布里埃尔"复选框。

（2）"显著性水平"框用于设置各种检验的显著性概率临界值，默认值为 0.05，用户可自行设定。

3. 输出统计量的选择

在"单因素 ANOVA 检验"对话框中，单击"选项"按钮，打开"单因素 ANOVA 检验：选项"对话框，如图 9-6 所示。系统会按选择产生要求的统计量，并按要求的方式显示这些统计量。在该对话框中还可以选择对缺失值的处理要求。各选项的含义如下。

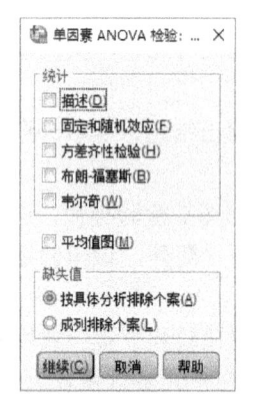

图 9-6 "单因素 ANOVA 检验：选项"对话框

① "统计"栏。

- "描述"复选框：输出描述统计量，包括观测数、平均值、标准差、标准误差、最小值、最大值、各组中每个因变量的 95%置信区间。
- "固定和随机效应"复选框：输出固定效应模型的标准差、标准误差和 95%置信区间，以及随机效应模型的标准误差、95%置信区间和方差成分间的估测值。
- "方差齐性检验"复选框：要求进行方差齐性检验，并输出检验结果。用莱文检验计算每个观测与其组平均值之差，然后对这些差值进行单因素方差分析。
- "布朗-福塞斯"复选框：该统计量用于检验各组平均值是否相等，当方差不齐时，该统计量比 F 统计量更稳定。
- "韦尔奇"复选框：该统计量用于检验各组平均值是否相等，当不能确定方差齐性假设是否成立时，该统计量优于 F 统计量。

② "平均值图"复选框：要求作平均值分布图，根据因素变量值确定的各组平均值描绘因变量的平均值分布情况。

③ "缺失值"栏。在该栏选择缺失值处理方法。
- "按具体分析排除个案"单选按钮：只有被选择参与分析的变量含缺失值的观测被从分析中剔除。此为系统默认的处理方法。
- "成列排除个案"单选按钮：所有含有缺失值的观测被从分析中剔除。

以上 3 组选项选择完成后，单击"继续"按钮，确认所做选择并返回"单因素 ANOVA 检验"对话框。单击"取消"按钮，取消本次的所有选择，返回"单因素 ANOVA 检验"对话框。单击"帮助"按钮，显示有关帮助信息。

9.2.3 单因素方差分析实例

【例2】 分析不同饲料对猪体重的影响，相关数据见数据文件 data09-01。

（1）按"分析→比较平均值→单因素 ANOVA 检验"顺序单击，打开"单因素 ANOVA 检验"对话框。

（2）指定因变量 weight、因素变量 fodder。

（3）指定选项。

① 单击"对比"按钮，打开相应的对话框，在"第 1/1 项对比"栏中指定如下两组系数。
- 1、0、0、-1：检验 A 饲料、D 饲料对猪体重增加量的效应及它们之间是否有显著性差异。
- 0.5、-0.5、0.5、-0.5：检验 A 饲料、C 饲料之和效应是否与 B 饲料、D 饲料之和效应有显著差异。

② 单击"事后比较"按钮，打开"单因素 ANOVA 检验：事后多重比较"对话框，选择平均值配对比较的方法。在"假定等方差"栏中，勾选"LSD"复选框、"邓肯"复选框；在"不假定等方差"栏中，勾选"塔姆黑尼 T2"复选框；在"显著性水平"框中，输入"0.05"。单击"继续"按钮，返回"单因素 ANOVA 检验"对话框。

③ 单击"选项"按钮，打开"单因素 ANOVA 检验：选项"对话框，选择输出统计量。勾选"描述"复选框，要求输出描述统计量；勾选"方差齐性检验"复选框，要求进行方差齐性检验；勾选"平均值图"复选框，要求作平均值分布图；选择"按具体分析排除个案"单选按钮，要求剔除参与分析的变量中有缺失值的观测。

（4）输出结果如表 9-5～表 9-11 和图 9-7 所示。

表 9-5 描述统计量结果

描述

猪体重增加量

	个案数	平均值	标准 偏差	标准 错误	平均值的 95% 置信区间		最小值	最大值
					下限	上限		
A	5	133.3600	6.80794	3.04460	124.9068	141.8132	125.30	143.10
B	5	152.0400	6.95723	3.11137	143.4015	160.6785	143.80	162.70
C	5	189.7200	6.35035	2.83996	181.8350	197.6050	182.80	198.60
D	4	220.7750	6.10594	3.05297	211.0591	230.4909	212.30	225.80
总计	19	171.5105	34.31137	7.87157	154.9730	188.0481	125.30	225.80

（5）结果说明。

表 9-5 所示为描述统计量结果，给出了 4 种饲料分组的样本含量，因变量猪体重增

加量的平均值、标准差、标准误差、95%的置信区间上限和下限，以及最小值、最大值。

表 9-6 方差齐性检验结果

方差齐性检验

		莱文统计	自由度1	自由度2	显著性
猪体重增加量	基于平均值	.024	3	15	.995
	基于中位数	.011	3	15	.998
	基于中位数并具有调整后自由度	.011	3	14.478	.998
	基于剪除后平均值	.024	3	15	.995

表 9-7 单因素方差分析结果

ANOVA

猪体重增加量				
	平方和	自由度	均方	F	显著性
组间	20538.698	3	6846.233	157.467	.000
组内	652.159	15	43.477		
总计	21190.858	18			

表 9-8 对比系数

对比系数

		饲料		
对比	A	B	C	D
1	1	0	0	-1
2	.5	-.5	.5	-.5

表 9-9 对比检验

对比检验

		对比	对比值	标准错误	t	自由度	Sig.（双尾）
猪体重增加量	假定等方差	1	-87.4150	4.42321	-19.763	15	.000
		2	-24.8675	3.03956	-8.181	15	.000
	不假定等方差	1	-87.4150	4.31164	-20.274	6.852	.000
		2	-24.8675	3.01398	-8.251	14.649	.000

表 9-10 平均值多重比较的结果

多重比较

因变量：猪体重增加量

	(I) 饲料	(J) 饲料	平均值差值 (I-J)	标准错误	显著性	95% 置信区间	
						下限	上限
LSD	A	B	-18.68000*	4.17024	.000	-27.5687	-9.7913
		C	-56.36000*	4.17024	.000	-65.2487	-47.4713
		D	-87.41500*	4.42321	.000	-96.8428	-77.9872
	B	A	18.68000*	4.17024	.000	9.7913	27.5687
		C	-37.68000*	4.17024	.000	-46.5687	-28.7913
		D	-68.73500*	4.42321	.000	-78.1628	-59.3072
	C	A	56.36000*	4.17024	.000	47.4713	65.2487
		B	37.68000*	4.17024	.000	28.7913	46.5687
		D	-31.05500*	4.42321	.000	-40.4828	-21.6272
	D	A	87.41500*	4.42321	.000	77.9872	96.8428
		B	68.73500*	4.42321	.000	59.3072	78.1628
		C	31.05500*	4.42321	.000	21.6272	40.4828
塔姆黑尼 T2	A	B	-18.68000*	4.35318	.016	-33.7633	-3.5967
		C	-56.36000*	4.16353	.000	-70.8053	-41.9147
		D	-87.41500*	4.31164	.000	-103.1431	-71.6869
	B	A	18.68000*	4.35318	.016	3.5967	33.7633
		C	-37.68000*	4.21260	.000	-52.3109	-23.0491
		D	-68.73500*	4.35904	.000	-84.6022	-52.8678
	C	A	56.36000*	4.16353	.000	41.9147	70.8053
		B	37.68000*	4.21260	.000	23.0491	52.3109
		D	-31.05500*	4.16966	.001	-46.4051	-15.7049
	D	A	87.41500*	4.31164	.000	71.6869	103.1431
		B	68.73500*	4.35904	.000	52.8678	84.6022
		C	31.05500*	4.16966	.001	15.7049	46.4051

*. 平均值差值的显著性水平为 0.05。

表 9-6 所示为方差齐性检验结果。从观测的显著性水平为 0.995 来看，没有足够的证据可以拒绝各组的方差没有统计学上的显著性差异，即方差具有齐性的零假设。

表 9-7 所示为单因素方差分析结果，给出了组间偏差平方和、组内偏差平方和、均方、F 值和显著性概率值。$p = 0.000$，有足够的证据相信至少两个组的均值间在 $\alpha = 0.05$ 水平上有显著性差异。

表 9-8 所示为对比系数，列出了两组平均值对比的系数，用来检查对比目的是否表达正确。

表 9-11　一致性子集检验结果

猪体重增加量

饲料		个案数	Alpha 的子集 = 0.05			
			1	2	3	4
邓肯[a,b]	A	5	133.3600			
	B	5		152.0400		
	C	5			189.7200	
	D	4				220.7750
显著性			1.000	1.000	1.000	1.000

将显示齐性子集中各个组的平均值。

a. 使用调和平均值样本大小 = 4.706。

b. 组大小不相等。使用了组大小的调和平均值。无法保证 I 类误差级别。

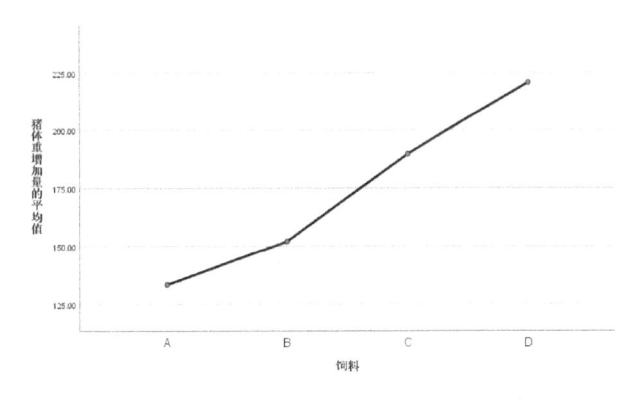

图 9-7　平均值散点图

表 9-9 所示为对比检验，是平均值对比结果，表中内容解释如下。

第一列：按方差齐性和非齐性划分。由表 9-5 可见没有足够的证据拒绝方差具有齐性的假设，所以目前只能分析"假设等方差"行的数据。

第二列：结合表 9-8 和表 9-7 可得出该列数据。第一个对比检验的是 A 组和 D 组平均值是否有显著性差异，两组平均值之差为–87.415，是 A 组平均值减 D 组平均值的值；第二个对比值为–49.735，是 $0.5A–0.5B–0.5C+0.5D$ 的计算结果，其中大写字母代表各组因变量平均值。

第三列：标准误差。

第四列：计算的 t 值，是第二列与第三列之比。

第五列：自由度。

第六列：双尾检验的显著性概率。从本例的实际出发，显著性水平 α 值可以取 0.05。

由于对比 1 的 $p < 0.05$；对比 2 的 $p < 0.05$。因此有充分的理由相信，饲料对猪体重增加量的效应，A、D 效应的平均值之间在 $\alpha = 0.05$ 水平上有显著性差异。而 A、C 饲料之和效应与 B、D 饲料之和效应之间有显著性差异。从"对比值"列内的值的符号和表 9-5 中"平均值"列内的数据不难得出各对比组平均值之差。

表 9-10 所示为 LSD 法和塔姆黑尼 T2 法进行平均值多重比较的结果。LSD 法对应的选项在"假定等方差"栏内，由表 9-5 可知方差具有齐性，因此应根据 LSD 法结果得出结论。比较结果说明，A 组与 B 组、A 组与 C 组、A 组与 D 组、B 组与 C 组、B 组与 D 组、C 组与 D 组各组平均值间均有显著性差异。表 9-10 中的"*"标示的组平均值在 $\alpha =$

0.05 水平上有显著性差异。

表 9-11 所示为一致性子集检验结果，第一列列出了 A 组、B 组、C 组、D 组，第二列列出了各组观测数。由于各组的样本量不等，因此计算平均值用的是调和平均值的样本量，为 4.706。各组猪体重增加量的平均值单独为一个子集，说明没有两组平均值相等的情况，该结论与多重比较结果一致。

图 9-7 所示为以因素变量"饲料"为横轴，以独立变量"猪体重增加量的平均值"为纵轴绘制的平均值散点图。通过图 9-7 可直观地看出各组平均值的分布。

应该特别说明的是，选项是根据研究需要选取的。本例希望比较各种饲料对猪体重增加量的效应，因此选择多重比较相关选项。两个平均值组合对比在此例中可能无实际意义，只是为了说明选项的使用方法才选择了该项。

【例 3】 分析不同细菌对三叶草含氮量的影响。

本例是 Erdman 做的一个试验，对同种三叶草接种不同的菌种，测量各三叶草的含氮量。每组数据中的前一个数据是菌种代码，变量名是 strain。SPSS 分析过程要求因素变量必须为数值型变量；后一个数据是含氮量，变量名是 nitrogen。数据文件为 data09-02。

（1）首先，进行方差齐性检验，操作简述如下。

① 在 SPSS "数据视图"标签页打开数据文件 data09-02，按"分析→比较平均值→单因素 ANOVA 检验"单击，调用单因素 ANOVA 过程。

② 在"单因素 ANOVA 检验"对话框中指定因变量 nitrogen，指定因素变量 strain。

③ 在"单因素 ANOVA 检验"对话框中单击"选项"按钮，勾选"描述"复选框和"方差齐性检验"复选框。

④ 使用系统默认方法处理缺失值。

⑤ 单击"确定"按钮，提交系统运行。在"查看器"窗口中得到表 9-12 和表 9-13 所示结果。

表 9-12 描述统计量结果

描述

三叶草含氮量

	个案数	平均值	标准 偏差	标准 错误	平均值的 95% 置信区间		最小值	最大值
					下限	上限		
1	5	28.820	5.8002	2.5939	21.618	36.022	19.4	33.0
4	5	14.640	4.1162	1.8408	9.529	19.751	9.1	19.4
5	5	23.980	3.7772	1.6892	19.290	28.670	17.7	27.9
7	5	19.920	1.1300	.5054	18.517	21.323	18.6	21.0
13	5	13.260	1.4276	.6384	11.487	15.033	11.6	14.4
30	5	18.700	1.6016	.7162	16.711	20.689	16.9	20.8
总计	30	19.887	6.2422	1.1397	17.556	22.218	9.1	33.0

表 9-13 方差齐性检验结果

方差齐性检验

		莱文统计	自由度 1	自由度 2	显著性
三叶草含氮量	基于平均值	3.145	5	24	.025
	基于中位数	.929	5	24	.479
	基于中位数并具有调整后自由度	.929	5	9.623	.503
	基于剪除后平均值	2.847	5	24	.037

（2）输出结果解释。

表 9-12 输出的是各组三叶草含氮量的描述统计量结果。从表 9-13 所示的方差齐性检验结果可知，因基于平均值检验的显著性 p 值为 0.025，因此在本实例中我们有充分的证据拒绝各组方差具有齐性的假设。

由此可知，在接下来的检验中，需要在方差不具有齐性的假设下进行单因素方差分析，以及在不等方差假设下进行各组平均值间的多重比较。

（3）重新进入"单因素 ANOVA 检验"对话框，单击"选项"按钮，在打开的对话框中选择"布朗-福塞斯"复选框（这是方差不齐时校正的方差分析方法）。由表 9-12 可知，各组平均值间相差较大，因此在"单因素 ANOVA 检验：事后多重比较"对话框中，勾选"不假定等方差"栏中的"塔姆黑尼 T2"复选框。其他保持系统默认设置。单击"单因素 ANOVA 检验"对话框中的"确定"按钮，提交系统运行。在"查看器"窗口中得到如表 9-14 和表 9-15 所示的输出结果。

表 9-14 所示为布朗-福塞斯法方差分析结果，$p=0.000$，因此有充分的理由相信至少两个组的平均值间的差异在 0.001 水平上具有统计学上的显著性差异。表 9-15 中的右上角带*号的数值对应的两个组的平均值间在 0.05 水平上存在显著性差异。

表 9-14 布朗-福塞斯法方差分析结果

平均值相等性稳健检验

三叶草含氮量

	统计[a]	自由度1	自由度2	显著性
布朗-福塞斯	14.371	5	12.242	.000

a. 渐近 F 分布。

表 9-15 方差不齐条件下的塔姆黑尼 T2 法多重比较结果

多重比较

因变量：三叶草含氮量
塔姆黑尼

(I) 菌株编号	(J) 菌株编号	平均值差值 (I-J)	标准 误差	显著性	95% 置信区间 下限	上限
1	4	14.1800*	3.1807	.040	.569	27.791
	5	4.8400	3.0954	.930	-8.690	18.370
	7	8.9000	2.6427	.317	-6.522	24.322
	13	15.5600*	2.6713	.044	.471	30.649
	30	10.1200	2.6910	.206	-4.768	25.008
4	1	-14.1800*	3.1807	.040	-27.791	-.569
	5	-9.3400	2.4984	.083	-19.625	.945
	7	-5.2800	1.9089	.485	-15.853	5.293
	13	1.3800	1.9484	1.000	-8.860	11.620
	30	-4.0600	1.9752	.769	-14.125	6.005
5	1	-4.8400	3.0954	.930	-18.370	8.690
	4	9.3400	2.4984	.083	-.945	19.625
	7	4.0600	1.7632	.678	-5.535	13.655
	13	10.7200*	1.8058	.026	1.444	19.996
	30	5.2800	1.8348	.384	-3.839	14.399
7	1	-8.9000	2.6427	.317	-24.322	6.522
	4	5.2800	1.9089	.485	-5.293	15.853
	5	-4.0600	1.7632	.678	-13.655	5.535
	13	6.6600*	.8142	.001	3.250	10.070
	30	1.2200	.8766	.968	-2.536	4.976
13	1	-15.5600*	2.6713	.044	-30.649	-.471
	4	-1.3800	1.9484	1.000	-11.620	8.860
	5	-10.7200*	1.8058	.026	-19.996	-1.444
	7	-6.6600*	.8142	.001	-10.070	-3.250
	30	-5.4400*	.9595	.007	-9.398	-1.482
30	1	-10.1200	2.6910	.206	-25.008	4.768
	4	4.0600	1.9752	.769	-6.005	14.125
	5	-5.2800	1.8348	.384	-14.399	3.839
	7	-1.2200	.8766	.968	-4.976	2.536
	13	5.4400*	.9595	.007	1.482	9.398

*. 平均值差值的显著性水平为 0.05。

9.3 单因变量多因素方差分析

9.3.1 单因变量多因素方差分析概述

1. 概述

单因变量多因素方差分析是对一个独立变量是否受多个因素或多个变量影响而进行的方差分析。调用单因变量多因素方差分析（UNIANOVA）过程，即一般线性模型单变量过程，可检验不同水平组合之间因变量平均值受不同因素影响是否有差异的问题。在这个过程中可以分析每一个因素的作用，也可以分析因素间的交互作用；可以进行协方差分析，也可以分析各因变量与协变量间的交互作用。该过程要求因变量从多元正态总体随机采样获得，且总体中各单元的方差相同，可以利用方差齐性检验选择平均值比较结果。

因变量和协变量必须是数值型变量，协变量与因变量彼此不独立。因素变量是分类变量，可以是数值型变量，也可以是长度不超过 8 的字符串型变量。固定因素变量（Fixed Factor）反应处理的因素。随机因素是随机设置的因素，是在确定模型时需要考虑会对试验产生影响的因素，其对试验结果影响的大小可以通过方差成分分析来确定。

2. 关于模型

一般线性模型单变量过程的功能很强大，通过该过程可以建立包括各种主效应、交互效应的模型。要确定自己的模型，必须认真分析因素变量的具体情况，否则会产生不可解释的输出结果。

9.3.2 单因变量多因素方差分析过程

调用单因变量多因素方差分析的步骤：按"分析→一般线性模型→单变量"顺序单击，打开"单变量"对话框，如图 9-8 所示。

用 9.2 节中叙述的方法确定因变量，并将因变量移到"因变量"框中；定义固定因素变量，并将其移到"固定因子"框中；将随机因素变量移到"随机因子"框中。

注意：由于内存容量的限制，选择的因素水平组合数（单元数）应该尽量少。因素数量和定义的因素取值数量决定了组合数。

若需要去除协变量的影响，则将协变量移到"协变量"框中。

"WLS 权重"框允许指定一个加权变量，用于进行加权的最小平方分析。加权变量可以赋予观测不同的权重，也可以为不同测量精度赋予不同的补偿。若需要考虑加权变量的影响，则将加权变量移到"WLS 权重"框中。

通过功能按钮展开相应对话框，可以选择模型、对比及输出统计量。

1. 选择分析模型

在"单变量"对话框中，单击"模型"按钮，打开"单变量：模型"对话框，如图 9-9 所示。

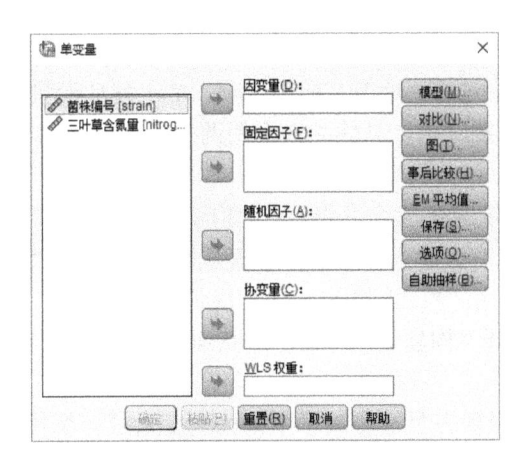

图 9-8 "单变量"对话框　　　　图 9-9 "单变量：模型"对话框

（1）在"指定模型"栏中，指定模型类型。

① "全因子"单选按钮为系统默认选项，对应全模型。全模型包括所有因素变量的主效应、所有协变量的主效应、所有因素与因素的交互效应，不包括协变量与其他因素的交互效应。

不打开"单变量：模型"对话框，即选择了全模型。

② "构建项"单选按钮：建立自定义的模型。选择此选项将激活下面各操作框。

③ "构建定制项"单选按钮：如果要包含嵌套项，或者想要用"变量*变量"来构建任何嵌套项，那么请选择此选项。

（2）建立自定义模型。

选择"构建项"单选按钮，"因子与协变量"框中自动列出可以作为因素变量的变量名，根据框中列出的变量名建立模型，可以仅指定其中一部分因子间的交互作用或指定因子与协变量间的交互作用。必须指定要包含在模型中的所有项。

① 选择模型中的主效应。在"因子与协变量"框中选择一个因素变量，单击两框中间"构建项"栏中的移动变量按钮，将变量送入"模型"框，一个变量名占一行，称为主效应项。欲在模型中包括几个主效应项，就进行几次上述操作。也可以同时选择多个变量，一次将其送入"模型"框中。

② 选择交互效应类型。两框中间的"构建项"栏中的"类型"下拉列表中有如下几个选项。

- "主效应"选项：选择该项只可以指定主效应。
- "交互"选项：选中此项可以指定任意的交互效应。
- "所有二阶"选项、"所有三阶"选项、"所有四阶"选项、"所有五阶"选项。指定所有二阶交互效应到所有五阶交互效应。

在"类型"下拉列表中单击某一项，选中的交互类型将显示在矩形框中。

③ 建立模型中的交互项。以 3 个因素变量为例来进行说明，具体方法如下。

- 要求模型中包括两个变量的二阶交互效应。相应的操作是在"因子与协变量"框内选择一个变量，作为交互项之一，再选择第二个变量，作为交互项之二。单击"构建项"栏内的移动变量按钮，一个交互效应出现在"模型"框中。模型增加了一个交互效应项，表示为用"*"连接的两个变量名。

- 若要求模型中包括 3 个变量的所有二阶交互效应项，则应该分别单击 3 个变量名。在"构建项"栏内的"类型"下拉列表中选择"所有二阶"选项，单击移动变量按钮，在"模型"框中出现 3 个二阶交互效应项，具体为 3 个两两变量名间用"*"连接的表达式。
- 若要求模型中包括所有三阶效应，分 3 次单击 3 个变量，在"构建项"栏内的"类型"下拉列表中选择"交互"选项或"所有三阶"选项，单击移动变量按钮，在"模型"框中出现三维交互效应项，具体为用"*"连接的 3 个变量名。

（3）为处理包含嵌套项的方差分析，应选择"构建定制项"单选按钮，通过下述步骤可构建嵌套项。

① 在"因子与协变量"框中，选择一个嵌套在另一个因子中的因素变量或协变量，单击"因子与协变量"框下方的向下移动变量按钮，将其移入下面的"构建项"框。

② 单击"内部"按钮，在刚才移入"构建项"框的因素变量名后出现"( )"。

③ 在"因子与协变量"框中，选择一个嵌套因子或协变量，单击"因子与协变量"框下方的向下移动变量按钮，将其移入"( )"中。

④ 单击"添加"按钮，将其添加到"模型"框中。

⑤ 在将一个因素变量移入"构建项"框后，单击"依据"按钮，在嵌套因素变量名后出现"*"号，再进行第③步操作可将包含交互效应的嵌套或者将多层嵌套添加到嵌套项中。

⑥ 对于其他因子，在选中后，单击"因子与协变量"框下方的向下移动变量按钮，将其移入下面的"构建项"框中，再按"添加"按钮，将其添加到"模型"框中。

（4）选择分解平方和的方法。

在"单变量：模型"对话框的下部有"平方和"下拉列表，其中包含四个选项，通过这四个选项可以确定平方和的分解方法："类型Ⅰ"选项、"类型Ⅱ"选项、"类型Ⅲ"选项和"类型Ⅳ"选项。其中，"类型Ⅲ"选项是系统默认选项，也是一种常用方法。

① 类型Ⅰ是分层处理平方和的方法。仅对模型主效应之前的每项进行调整。一般适用于平衡的 ANOVA 模型、多项式回归模型、完全嵌套模型。在平衡的 ANOVA 模型中，在一阶交互效应前指定主效应，在二阶交互效应前指定一阶交互效应，依次类推；在多项式回归模型中，任何低阶项都在较高阶项前面指定；在完全嵌套模型中，第一个被指定的效应嵌套在第二个被指定的效应中，第二个被指定的效应嵌套在第三个被指定的效应中，嵌套模型只能使用语句指定。

② 类型Ⅱ方法在计算一个效应的平方和时，对其他所有效应进行调整。一般适用于平衡的 ANOVA 模型、仅有主效应的模型、任何回归模型、完全嵌套模型。

③ 类型Ⅲ是系统默认的处理方法，对其他任何效应均能进行调整。它的优势是把估计的剩余常量也考虑到单元频数中。一般适用于：类型Ⅰ、类型Ⅱ所列的模型和没有空单元格的平衡和不平衡模型。

④ 类型Ⅳ方法是为有缺失单元格的情况设计的。使用此方法对任何效应 F 计算平方和。如果任何效应 F 不包含在其他效应里，那么类型Ⅳ=类型Ⅲ=类型Ⅱ；如果任何效应 F 包含在其他效应里，那么类型Ⅳ只对任何效应 F 的较高水平效应参数进行对比。一般适用于类型Ⅰ、类型Ⅱ所列模型和有空单元格的平衡和不平衡模型。

（5）勾选"在模型中包括截距"复选框，系统默认截距包括在回归模型中。如果能假设数据通过原点，那么可以不包括截距，即不勾选此复选框。

2．选择对照方法

在"单变量"对话框中，单击"对比"按钮，打开"单变量：对比"对话框，如图 9-10 所示。

（1）"因子"框中会显示出在"单变量"对话框中选中的所有因素变量。因素变量名后的括号中的内容是当前的对比方法。系统默认不进行对比，即显示"无"。

（2）在"更改对比"栏中改变对照方法，对比检验一个因素的各水平间的差异。可以对模型中的每个因素指定一种对比方法，对比结果描述的是参数的线性组合。操作方法如下。

① 在"因子"框中选择要改变对照方法的因素变量，激活"更改对比"栏中的各项。

② 单击"对比"下拉列表按钮，在展开的"对比"下拉列表中选择对照方法，可供选择的选项如下。

图 9-10　"单变量：对比"对话框

- "无"选项。不进行平均值比较。
- "偏差"选项。除被忽略的水平外，比较因素变量的每个水平的效应。可以选择最后一个水平或第一个水平作为被忽略的水平。
- "简单"选项。除了作为参考的水平外，因素变量的每一个水平都与参考水平进行比较。选择最后一个水平或第一个水平作为参考水平。
- "差值"选项。因素变量的每一个水平的效应，除第一个水平外，都与其前面各水平的平均效应进行比较。与赫尔默特对照方法相反。
- "赫尔默特"选项。对因素变量的每一个水平的效应，除最后一个水平外，都与后续的各水平的平均效应进行比较。
- "重复"选项。对相邻的水平进行比较。对因素变量的每一个水平的效应，除第一个水平外，对每一个水平都与它前面的水平进行比较。
- "多项式"选项。第一级自由度包括线性效应与预测变量或因素水平的交叉，第二级自由度包括二次效应等。各水平间的间隔被假设是均匀的。

③ 单击"变化量"按钮，选中的（或改变了的）对照方法将显示在步骤①选中的因素变量后面的括号中。

④ 只有在"对比"下拉列表中选择"偏差"选项或"简单"选项时，才需要对参考水平进行设置。共有两种参考水平可选：最后一个水平和第一个水平（分别对应"最后一个"单选按钮和"第一个"单选按钮）。系统默认选择"最后一个"单选按钮。

3．选择分布图形

在"单变量"对话框中单击"图"按钮，打开"单变量：轮廓图"对话框，如图 9-11 所示，选择作边际平均值图的参数。

边际平均值图（Profile）用于比较边际平均值。边际平均值图是线图，纵轴是因变量，横轴是一个因素变量，图中每个点表明因变量在因素变量每个水平上的边际平均值的估

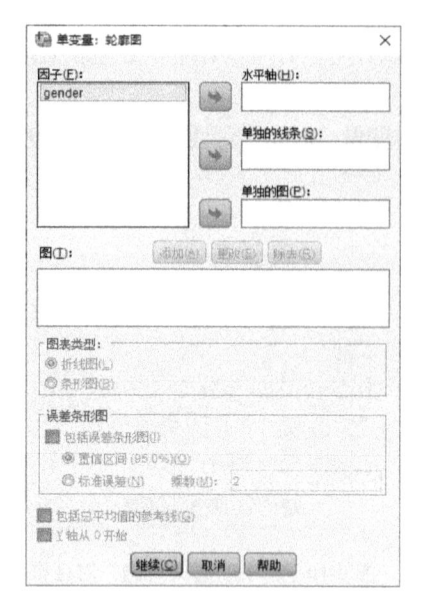

计值。如果指定了协变量，那么该平均值是经过协变量调整的平均值。

在进行单因素方差分析时，边际平均值图表明该因素各水平的因变量平均值。

在进行双因素方差分析时，指定一个因素变量作横轴变量，另一个因素变量的每个水平产生不同的线。如果是三因素方差分析，那么可以指定第三个因素变量每个水平产生一个边际平均值图。双因素或多因素边际平均值图中相互平行的线表明因素变量间无交互效应，不平行的线表明因素变量间存在交互效应，如图9-12和图9-13所示。

具体操作如下。

（1）"因子"框中是在"单变量"对话框中选择的因素变量名。

（2）"水平轴"框。选择"因子"框中一个因素变量作水平轴变量，单击移动变量按钮，将其送入"水平轴"框。

图9-11　"单变量：轮廓图"对话框

若只想看该因素变量各水平的因变量平均值分布，则需单击"添加"按钮，将所选因素变量移入下面的"图"框；否则，不单击"添加"按钮，接着进行下一步。

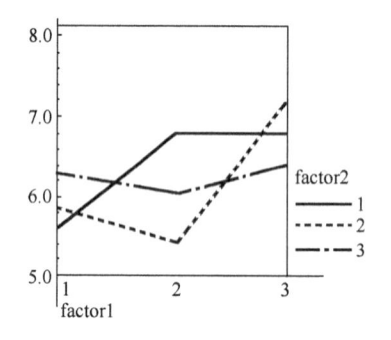

图9-12　因素变量有交互作用 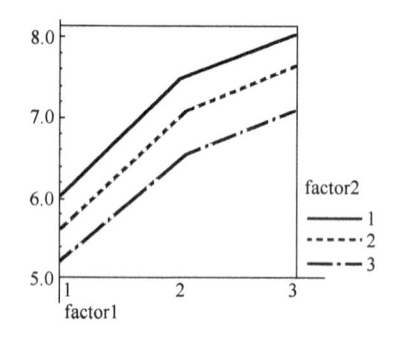　　　　图9-13　两因素变量间无交互作用

（3）"单独的线条"框，确定分线变量。若想看两个因素变量组合的各单元格的因变量平均值分布，或者想看两个因变量间是否存在交互效应，则选择"因子"框中另一个因素变量，单击移动变量按钮，将变量名送入"单独的线条"框，单击"添加"按钮，将自动生成的图形表达式送入"图"框。"单独的线条"框中的变量的每个水平在图中是一条线。图形表达式是用"*"连接的两个因素变量名。

（4）"单独的图"框，确定分图变量。如果在"因子"框中还有因素变量，可将其作为分图变量，按上述方法送入"单独的图"框，单击"添加"按钮，将自动生成的图形表达式送入"图"框。图形表达式是用"*"连接的3个因素变量名。分图变量的每个水平生成一张线图。

（5）如果将图形表达式送入"图"框后发现有错误，可以对其进行修改和删除操作。单击有错的图形表达式，该表达式包括的变量将显示在插入的位置。将选错的变量送回原始变量列表中，再重新输入正确内容，单击"更改"按钮改变表达式，检查无误后，可继续进行下面的设置。

（6）"图表类型"栏包括"折线图"单选按钮和"条形图"单选按钮。

（7）"误差条形图"框。在这里可以勾选"包括误差条形图"复选框，若选择本选项，则继续选择"置信区间（95.0%）"单选按钮或"标准误差"单选按钮，系统默认选择"置信区间（95.0%）"单选按钮，而"置信区间"范围大小取决于在"单变量：选项"对话框中指定的显著性水平。若选择"标准误差"单选按钮，则在其后"乘数"框中输入一个数值，系统默值为2。

（8）"包括总平均值的参考线"复选框。选择本选项，则在输出图形中包含一条表示总体平均值的参考线。

（9）"Y 轴从 0 开始"复选框。选择本选项，则强制仅包含整数值或仅包含负数值的折线图 Y 轴从 0 开始。条形图始终从 0 开始（或包含 0）。

单击"继续"按钮确认选择，返回"单变量"对话框。

4．选择多重比较分析

在"单变量"对话框中，单击"事后比较"按钮，打开"单变量：实测平均值的事后多重比较"对话框。从"因子"框中选择变量，单击移动变量按钮，将其送入"下列各项的事后检验"检验框，然后选择多重比较方法。

5．估计边际平均值

在"单变量"对话框中，单击"EM 平均值"按钮，打开如图 9-14 所示的"单变量：估算边际平均值"对话框，选择估计单元格中总体边际平均值所需因素变量和交互作用项。如果有协变量，那么这些平均值要根据协变量进行校正。

（1）在左侧"因子与因子交互"框中选择变量或交互项送入右侧"显示下列各项的平均值"框。

（2）"比较主效应"复选项。为模型中的主效应、因子组间效应和因子被试对象的组内效应提

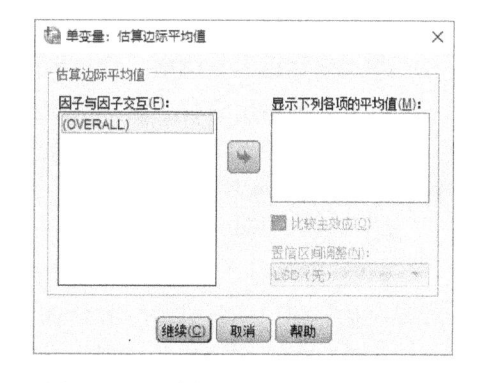

图 9-14　"单变量：估算边际平均值"

供未修正的估计边际平均值的成对比较。当"显示下列各项的平均值"框中包含主效应时，本选项才被激活。

- "置信区间调整"下拉列表。在勾选"比较主效应"复选框后本项激活，可在该下拉列表中选择对置信区间和显著性进行调整的方法，包括 LSD、邦弗伦尼、斯达克。

单击"继续"按钮确认选择，返回"单变量"对话框。

6．保存运算结果的选项

在"单变量"对话框中，单击"保存"按钮，打开"单变量：保存"对话框，如图 9-15 所示。通过在该对话框中的选择，系统使用默认变量名将算得的预测值、残差值和诊断值作为新的变量保存在当前数据文件中，以便在进一步进行统计分析时使用。在"数据编辑器"窗口中，当鼠标指针指向变量名时，会显示对该新生成变量含义的解释。

(1)"预测值"栏。系统对每个观测给出根据模型计算的预测值。

① "未标准化"复选框：给出非标准化预测值。

② "加权"复选框：如果在"单变量"对话框中选择了 WLS 加权变量，那么选择该选项将保存加权的非标准化预测值。

③ "标准误差"复选框：给出预测值标准误差。

(2)"诊断"栏。测量并标识对模型影响较大的观测或自变量。根据选择还可以给出库克距离、非中心化杠杆值。

(3)"残差"栏。

① "未标准化"复选框：给出未标准化残差值，即观测值与预测值之差。

② "加权"复选框：如果在"单变量"对话框中选择了 WLS 加权变量，选择该选项将保存加权的未标准化残差。

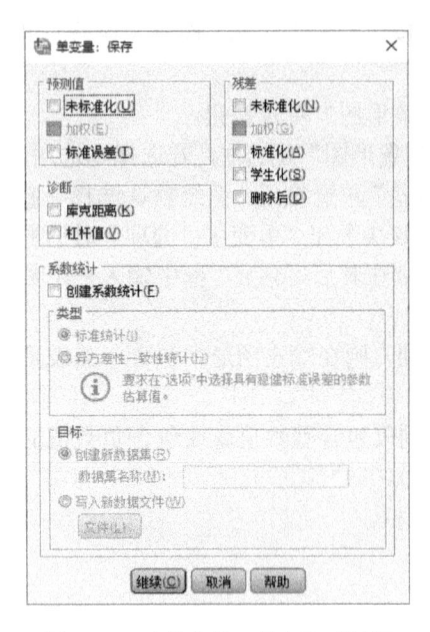

图 9-15 "单变量：保存"对话框

③ "标准化"复选框：给出标准化残差，又称皮尔逊（Pearson）残差。

④ "学生化"复选框：给出学生化残差。

⑤ "删除后"复选框：给出剔除残差，即因变量值与校正预测值之差。

以上选项给出的有关回归的统计量含义请参考第 11 章有关内容。

(4)"系数统计"栏。勾选"系数统计"栏中的"创建系数统计"复选框，可将模型参数估计的方差-协方差矩阵保存到一个新数据集中，或者写入一个外部的 SPSS 数据文件。

① "类型"栏。

- "标准统计"单选按钮。选择本选项，对单因变量模型产生三行数据：一行是参数估计值，一行是与参数估计值相对应的 T 检验的显著性值，还有一行是残差自由度。对于多因变量模型，对每一个因变量都存取类似的行。
- "异方差性一致性统计"单选按钮。本选项仅在单变量模型时有效。选择本选项，将使用稳健估计方法计算协方差矩阵，标准误差行显示稳健估计得到的标准误差，以及反映稳健误差的显著性值。

② "目标"栏。数据存放有以下两种处理方式。

- "创建新数据集"单选按钮。选择本选项，需要给出新数据集名称。
- "写入新数据文件"单选按钮。生成的新数据文件可以作为其他分析的输入数据文件。单击"文件"按钮，打开相应的对话框，指定文件的保存位置和文件名。

7. 选择输出项

在"单变量"对话框中，单击"选项"按钮，打开"单变量：选项"对话框，如图 9-16 所示。本对话框提供了一些输出时可以选择的统计量。这些统计量是使用固定效应模型计算的。

(1)"显示"栏中有以下统计量可以选择。

① "描述统计"复选框。选择本选项，在输出中将产生所有单元格中所有因变量观察

数据的平均值、标准差和合计数。

②"效应量估算"复选框。选择本选项,在输出中将给出每个效应和每个参数估计值的偏η^2值。η^2统计量描述了可归因于某个因子的效应占总变异的比例。

③"实测幂"(应译为"观测功效")复选框。当根据观测值设置备择假设时,选择本选项可以得到检验的功效。

④"参数估算值"复选框。选择本选项,可为每个检验产生参数估计值、标准误差、T检验、置信区间和检验的功效。

⑤"对比系数矩阵"复选框。选择本选项,可以获得拉普拉斯矩阵。

⑥"齐性检验"复选框。选择本选项,只针对组间因素输出对每一个因变量在组间因素的所有水平组合进行的方差齐性莱文检验结果。

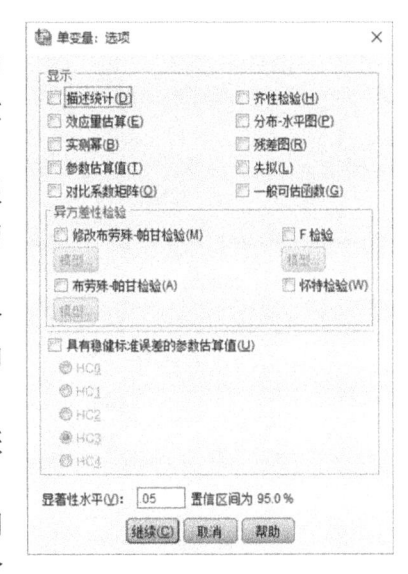

图 9-16 "单变量:选项"对话框

⑦"分布-水平图"复选框。选择本选项,输出绘制观测平均值-标准差图、观测平均值-方差图。本选项及下面的"残差图"选项,常用于对数据的假设进行检查。如果没有因素变量,那么本选项不可选。

⑧"残差图"复选框。选择本选项,可为每个因变量生成观测-预测-标准化残差图。这些图有助于检查方差相等的假设。

⑨"失拟"复选框。选择本选项,从输出结果中可以检查因变量和自变量间的关系是否能由模型充分地描述。

⑩"一般可估函数"复选框。选择本选项,可根据一般估计函数构建自定义假设检验。任何对比系数矩阵中的行均是一般估计函数的线性组合。

(2)"异方差性检验"栏可用于检验误差方差是否依赖于自变量的值(针对每个因变量)。

勾选"修改布劳殊-帕甘检验"复选框、"布劳殊-帕甘检验"复选框、"F 检验"复选框中的一个或两个时,单击下面对应的"模型"按钮,将打开如图 9-17 所示的"单变量:辅助回归模型"对话框。在这些对话框中,可以指定检验依据的模型。在默认情况下,该模型包含一个常数项、一个预测值的一次项、一个预测值的二次项和一个误差项。

"单变量:辅助回归模型"对话框中的操作方法可参见 9.3.2 节中建立嵌套项的相关说明。这里不再赘述。

"怀特检验"复选框:选择本选项,输出使用怀特异方差检验方法产生的检验结果。

(3)"具有稳健标准误差的参数估算值"复选框。选择本选项,输出中显示一个参数估计表,其中还包含稳健或异方差一致性(HC)的标准误差;以及使用稳健标准误差的 T 统计、显著性值和置信区间。本选项下面有五种不同的用来估计稳健协方差矩阵的方法。

①"HC0"单选按钮:基于原始渐近的或大样本稳健的、经验的或叠层结构法得到的协方差矩阵参数估计的估计量。叠层结构法的中间部分包含 OLS(普通最小二乘法)或加权 WLS(加权最小二乘法)残值的平方。

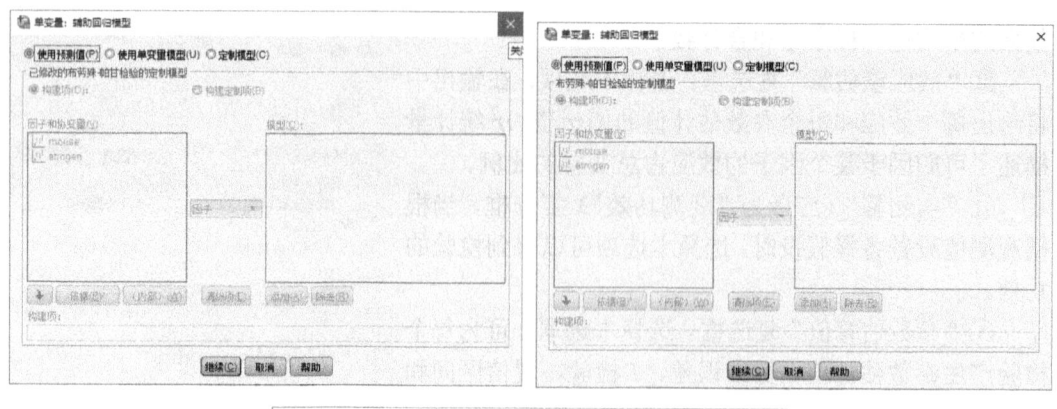

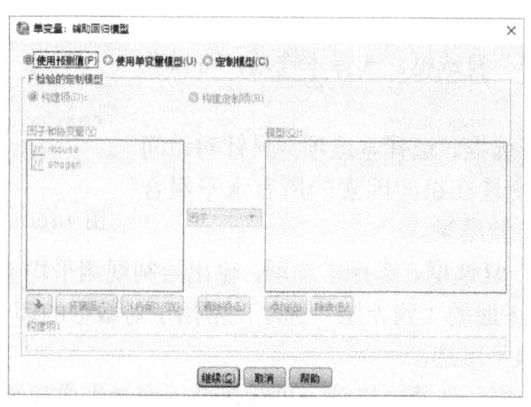

图 9-17 "单变量：辅助回归模型"对话框

② "HC1"单选按钮：用 HC0 乘以 $N/(N-p)$ 得到的 HC0 的有限样本校正法。其中，N 为样本量，p 为模型中非冗余参数的数量。

③ "HC2"单选按钮：用残差平方除以 $1-h$ 得到的 HC0 的校正法。其中，h 表示观测的杠杆值。

④ "HC3"单选按钮：近似于折刀法估计的 HC0 校正法，用残差平方除以 $1-h$ 的平方。

⑤ "HC4"单选按钮：HC0 的校正法，用残差平方除以 $1-h$ 后求幂值，幂值随着 h、N 和 p 的改变而改变，幂的上限值为 4。

（4）"显著性水平"框：如果要调整之后检验中的显著性水平，以及构造置信区间的置信度，那么可以在其后框中输入一个小数值，系统默认为"0.05"。该数值还用于计算检验的观测功效。如果指定了显著性水平，那么相关的置信区间水平会显示在对话框中。

9.3.3 随机区组设计的方差分析实例

【例4】 4个种系的未成年雌性大白鼠各 3 只，每只按一种剂量注射雌激素，一段时间后解剖，称其子宫重量，相关数据如表 9-16 所示，数据录入格式如图 9-18 所示，数据文件为 data09-03。

1）操作方法与步骤

（1）建立数据文件定义 3 个变量：2 个分类变量，1 个连续型变量。

① 大白鼠种系变量 mouse，取值 1~4，是种系 A~D 的代码。
② 雌激素剂量变量 etrogen，取值 1~3，是 0.2、0.4、0.8 三种剂量的代码。
③ 子宫重量变量 wuteri，连续型变量，是本例的研究对象。

在输入数据时应该注意观测是如何构成的。观测的正确构成方式应该如图 9-18 所示。

表 9-16 不同种系、不同雌激素剂量下的鼠的子宫重量

种系	剂量		
	0.2(1)	0.4(2)	0.8(3)
A(1)	106	116	145
B(2)	42	68	115
C(3)	70	111	133
D(4)	42	63	87

	mouse	etrogen	wuteri
1	1	1	106
2	1	2	116
3	1	3	145
4	2	1	42
5	2	2	68
6	2	3	115
7	3	1	70
8	3	2	111
9	3	3	133
10	4	1	42
11	4	2	63
12	4	3	87

图 9-18 数据录入格式

（2）按"分析→一般线性模型→单变量"顺序单击，打开"单变量"对话框。
（3）定义因变量和因素变量。
① 定义 wuteri 为因变量送入"因变量"框。
② 定义 mouse 和 etrogen 为固定因素变量，送入"固定因子"框。
（4）单击"模型"按钮，打开"单变量：模型"对话框，选择"构建项"单选按钮，即自定义模型。
① 在两框中间的"构建项"栏内的"类型"下拉列表中选择"主效应"选项，定义主效应。
② 从"因子与协变量"框中分别选择 mouse 变量、etrogen 变量送入"模型"框。
（5）在"单变量"对话框中单击"确定"按钮，执行多元方差分析过程。输出结果如表 9-17 和表 9-18 所示。

2）输出结果解释

表 9-17 所示为因素变量表，大白鼠子宫重量按大白鼠种系和雌激素剂量分组。
表 9-18 所示为主效应方差分析检验结果，表的左上方标明了研究对象，即子宫重量。

表 9-17 因素变量表

主体间因子

		值标签	个案数
雌激素计量	1	0.2	4
	2	0.4	4
	3	0.8	4
大白鼠种系	1	A	3
	2	B	3
	3	C	3
	4	D	3

表 9-18 主效应方差分析检验结果

主体间效应检验

因变量：子宫重量

源	III 类平方和	自由度	均方	F	显著性
修正模型	12531.667[a]	5	2506.333	27.677	.000
截距	100467.000	1	100467.000	1109.452	.000
etrogen	6074.000	2	3037.000	33.537	.001
mouse	6457.667	3	2152.556	23.771	.001
误差	543.333	6	90.556		
总计	113542.000	12			
修正后总计	13075.000	11			

a. R 方 = .958（调整后 R 方 = .924）

① "源"列：表明偏差来源，此列右侧的列将按以下各项列出各统计量。

- 修正模型：修正模型Ⅲ型偏差平方和，即经平均值校正后的偏差平方和。在"单变量：模型"对话框中设置的方差分析模型只有两个主效应。该值等于两个主效应 mouse、etrogen 偏差平方和之和。
- 截距：截距的偏差平方和。
- 主效应 etrogen：其偏差平方和解释的是不同雌激素剂量造成的子宫重量的差异。
- 主效应 mouse：其偏差平方和解释的是大白鼠种系不同（对雌激素反应不同）造成的子宫重量的差异，与 etrogen 偏差平方和一样，均属于组间偏差平方和。
- 误差：是除模型中指定的效应外不可解释的部分。在一般情况下，可能包括未考虑到的协变量效应或交互效应、随机因素效应和组内差异。在本例中，其偏差平方和反映组内（个体之间的）差异，也称为组内偏差平方和。误差项用于检验各效应的假设。其均方值作为 F 检验计算 F 值的分母。
- 总计：是因变量的总偏差平方和，数值上等于截距、两个主效应和误差的偏差平方和之总和，反映因变量原始的总变异。
- 修正后总计：校正的总偏差平方和。

对方差模型来说，从其值等于修正模型偏差平方和与误差偏差平方和的总和可以看出，方差模型的总偏差平方和可分解为两个主效应（组间）偏差平方和与误差（组内）偏差平方和。

对于以 wuteri 为因变量，以 mouse、etrogen 为自变量的线性回归模型来说，修正后总计就是线性模型的总偏差平方和，在数值上等于回归平方和与残差平方和的和。

② "Ⅲ型平方和"列："源"列中所列各项的Ⅲ型偏差平方和。
③ "自由度"列："源"列中所列各项的自由度。
④ "均方"列：在数值上等于偏差平方和除以相应的自由度。
⑤ "F"列：即 F 值，是各效应项的均方与误差项的均方的比。
⑥ "显著性"列：是进行 F 检验的 p 值。

从两个主效应的 F 检验结果的 p 值来看，$p=0.001$，因此种系 mouse 和剂量 etrogen 对因变量 wuteri 在 0.001 水平上是有显著性差异的。截距的检验结果 $p=0.000$。因此，有充分的证据拒绝"在相同剂量的雌激素下，不同种系大白鼠子宫重量增加相同"的假设。

由于 $p=0.01$，平均值差异显著，没有充分的证据拒绝同种系大白鼠随雌激素剂量增加，子宫重量增加。

没有充分的证据拒绝 wuteri 因变量与 mouse、etrogen 两个自变量间存在线性回归关系。

3）应注意的问题

本例虽然有两个因素变量，但是两个因素变量的各水平构成的每个组合只有一个观测。这是最简单的双因素方差分析的设计方案，不能分析因素间的交互作用，无法计算差异的显著性，输出结果也不能给出 F 值及其概率。本例按照双因素设计进行方差分析，在不考虑交互作用时，会得出较满意的结果。一定要使用模型选项，在构建项中只选择主效应项，不要选择交互项，即不要指定交互项。

9.3.4 单因变量单因素嵌套设计方差分析实例

【例 5】 为研究油菜种子包衣剂对油菜生长的影响，用 A、B、C、D 四种油菜种子包衣剂处理品种为农杂 62 的油菜种子，各种子包衣剂处理三盒油菜种子并播种，采用完全随机设计。播种 20 天后每盒测定 5 株苗高（单位为 cm），试验结果存放在数据文件

data09-03-1 中。试比较不同种子包衣剂对油菜苗高的影响有无显著差异。数据来源：金益《试验设计与统计分析》第一版 170 页，中国农业出版社 2007 年 8 月。

本例中的主要因素为油菜种子包衣剂，每种包衣剂处理三盒油菜种子并播种因素是嵌套在各种包衣剂的因素中的，因此它是影响油菜生长的次要因素。本例属于典型的单因变量单因素嵌套设计模型。

使用一般线性模型单变量过程进行分析需要满足的条件是，同一个亚组中各观测数据的随机变异要服从正态分布。可以使用前面介绍过的描述统计中的探索分析过程来进行正态性检验。在样本量较小的情况下，也可以在非参数检验单样本过程中通过设定平均值和标准差，来对各组数据资料进行正态性检验。

通过检验（检验过程略，读者可以自行验证）可以假设 4 种油菜种子包衣剂处理品种为农杂 62 的油菜种子组的苗高数据资料服从正态。

具体操作步骤如下。

（1）在"数据视图"标签页中打开数据文件 data09-03-1。

（2）按"分析→一般线性模型→单变量"顺序单击，打开"单变量"对话框。

（3）选中苗高变量，将其送入"因变量"框，作为因变量。选中种子包衣剂变量，将其送入"固定因子"框。选中盒子号变量，将其送入"随机因子"框。

（4）单击"模型"按钮，打开"单变量：模型"对话框。为处理包含嵌套项的方差分析，选择"构建定制项"单选按钮。

（5）在"因子与协变量"框中，选择种子包衣剂变量，单击"因子与协变量"框下方的向下移动变量按钮，将其送入下面的"构建项"框。单击"添加"按钮，将其添加到"模型"框中。

（6）构建嵌套。

在"因子与协变量"框中，选择被嵌套变量盒子号，单击"因子与协变量"框下方的向下移动变量按钮，将其送入下面的"构建项"框。

单击"内部"按钮，"盒子号"后出现"()"。

在"因子与协变量"框中，选择嵌套变量种子包衣剂，单击"因子与协变量"框下方的向下移动变量按钮，将其送入盒子号后面的"()"中，变为"盒子号（种子包衣剂）"，表明盒子号是嵌套在种子包衣剂中的变量。

单击"添加"按钮，将其添加到"模型"框中。

单击"继续"按钮，返回"单变量"对话框。

单击"确定"按钮，提交系统执行。输出结果如表 9-19 和表 9-20 所示。

表 9-19 因素、水平与样本量

主体间因子

		值标签	个案数
种子包衣剂	1	A	15
	2	B	15
	3	C	15
	4	D	15
盒子号	1		20
	2		20
	3		20

表 9-20 主效应检验结果

主体间效应检验

因变量：苗高

源		III 类平方和	自由度	均方	F	显著性
截距	假设	2236.261	1	2236.261	32967.000	.000
	误差	.543	8	.068[a]		
种子包衣剂	假设	29.274	3	9.758	143.852	.000
	误差	.543	8	.068[a]		
盒子号(种子包衣剂)	假设	.543	8	.068	.291	.966
	误差	11.172	48	.233[b]		

a. MS(盒子号(种子包衣剂))
b. MS(错误)

(7) 输出结果解释。

表 9-19 所示为因素、水平与样本量，显示了单因素嵌套试验设计中涉及的嵌套因素、被嵌套因素、水平，各组的样本量等信息。

表 9-20 所示为主效应检验结果，不同种子包衣剂之间的苗高平均值之间在 0.001 显著性水平上有显著性差异（$p=0.000$），而在同一种包衣剂间的平均苗高无显著性差异（$p=0.966$）。

单变量过程中目前还没有独立处理嵌套设计的各组间平均值的多重比较的选项，需要一个复杂的转换过程，限于篇幅不再赘述。

9.3.5 2×2 析因试验方差分析实例

【例6】 本例基于药物 A 和药物 B 治疗缺铁性贫血病人的数据，设计一个 2×2 析因试验，以说明平均值对比的选项与结果。为研究 A、B 两种治疗缺铁性贫血药物的疗效，随机选取 12 个病人分为 4 组，进行不同的治疗：第一组病人使用一般疗法；第二组病人使用一般疗法外加药物 A；第三组病人使用一般疗法外加药物 B；第四组病人使用一般疗法外加用药物 A 和药物 B。一个月后观察红细胞增加数（$\times 10^6/mm^3$），进行析因分析。数据文件为 data09-04。

1) 数据说明与假设

因素变量有两个：drugA 和 drugB，两个变量均有两个水平，0 表示不用此药，标签为 no；1 表示使用此药，标签为 yes。因变量为 redcell（红细胞增加数），单位为 $\times 10^6/mm^3$。

该研究的检验假设是：药物 A 和药物 B 对患者红细胞增加无显著效果。两种药物无协同作用，即无交互效应。

2) 操作步骤

（1）读取数据文件 data09-04。按 "分析→一般线性模型→单变量" 顺序单击，打开 "单变量" 对话框。

（2）指定分析变量。将 redcell 变量送入 "因变量" 框。将 drugA 变量和 drugB 变量送入 "固定因子" 框，作为因素变量。

（3）由于本次分析为全模型，因此不用对 "单变量：模型" 对话框做任何操作。全模型就是模型中包括所有主效应和交互效应。对于双因素的全模型应该包括两个主效应 drugA、drugB，一个交互效应 drugA*drugB。

（4）在 "单变量" 对话框中，单击 "图" 按钮，打开相应的对话框，进行如下操作。

① 在 "因子" 框中选择 drugA，送入 "水平轴" 框。单击 "添加" 按钮，在 "图" 框中出现图形表达式 drugA。

② 在 "因子" 框中选择 drugB，送入 "水平轴" 框。单击 "添加" 按钮，在 "图" 框中出现图形表达式 drugB。

③ 在 "因子" 框中选择 drugA，送入 "水平轴" 框。在 "因子" 框中选择 drugB，作为分线变量送入 "单独的线条" 框。单击 "添加" 按钮，在 "图" 框中出现图形表达式 drugA*drugB。

④ 勾选 "Y 轴从 0 开始" 复选框。

⑤ 单击 "继续" 按钮，返回 "单变量" 对话框。

（5）单击 "选项" 按钮，打开 "单变量：选项" 对话框，勾选 "描述统计" 复选框。单击 "继续" 按钮，返回 "单变量" 对话框。

（6）单击"EM 平均值"按钮，打开"单变量：估算边际平均值"对话框，在"因子与因子交互"框中，选择所有变量，将它们送入"显示下列各项的平均值"框。单击"继续"按钮，返回"单变量"对话框。

（7）单击"确定"按钮，提交系统执行。

3）输出结果

输出结果如表 9-21～表 9-27 和图 9-19～图 9-21 所示。

4）结果说明与分析

表 9-21 所示为研究中的变量信息，列出了 drugA 和 drugB 两个因素变量和分类水平，以及每个水平的样本含量。

表 9-22 所示为描述统计量。

表 9-23 所示为方差分析结果。根据表 9-23 可以得出如下结论。

表 9-21 研究中的变量信息

主体间因子

		值标签	个案数
A药	0	no	6
	1	yes	6
B药	0	no	6
	1	yes	6

表 9-22 描述统计量

描述统计

因变量：红细胞增加量

A药	B药	平均值	标准偏差	个案数
no	no	.800	.1000	3
	yes	1.000	.1000	3
	总计	.900	.1414	6
yes	no	1.200	.1000	3
	yes	2.100	.1000	3
	总计	1.650	.5010	6
总计	no	1.000	.2366	6
	yes	1.550	.6091	6
	总计	1.275	.5259	12

表 9-23 方差分析表

主体间效应检验

因变量：红细胞增加量

源	III 类平方和	自由度	均方	F	显著性
修正模型	2.963^a	3	.988	98.750	.000
截距	19.508	1	19.508	1950.750	.000
drugA	1.688	1	1.688	168.750	.000
drugB	.908	1	.908	90.750	.000
drugA * drugB	.368	1	.368	36.750	.000
误差	.080	8	.010		
总计	22.550	12			
修正后总计	3.043	11			

a. R 方 = .974（调整后 R 方 = .964）

① 修正后总计偏差平方和分解为修正模型的偏差平方和与随机误差的偏差平方和。修正模型偏差平方和=drugA 偏差平方和+drugB 偏差平方和+交互效应 drugA*drugB 的偏差平方和。

② 随机误差偏差平方和为 0.08。

③ 各项偏差平方和除以各自的自由度是相应的均方。各项 F 值等于各项均方除以误差均方。

④ F 检验的结果为观测的显著性水平均小于 0.001。

因此有足够的证据拒绝零假设，也就是说 drugA、drugB 均有显著疗效，并且交互效应也显著。检验使用药物 A 与不使用药物 A 的红细胞增加数的平均值有显著性差异，使用药物 B 与不使用药物 B 的红细胞增加数的平均值有显著性差异，同时使用药物 A 和药物 B 的协同作用也很显著。

表 9-24～表 9-27 所示为红细胞增加数的估计的边际平均值表。总结这 4 个表得到如表 9-28 所示的边际平均值估计示意。可以看出，交互项生成单元格中的平均值，主效应项生成边际平均值，总效应项生成总边际平均值 1.275。

表 9-24 drugA 边际平均值估计值表

1. A药

因变量：红细胞增加量

A药	平均值	标准误差	95% 置信区间 下限	上限
no	.900	.041	.806	.994
yes	1.650	.041	1.556	1.744

表 9-25 drugB 边际平均值估计值表

2. B药

因变量：红细胞增加量

B药	平均值	标准误差	95% 置信区间 下限	上限
no	1.000	.041	.906	1.094
yes	1.550	.041	1.456	1.644

表 9-26 交互项边际平均值估计值表

3. A药 * B药

因变量：红细胞增加量

A药	B药	平均值	标准误差	95% 置信区间 下限	上限
no	no	.800	.058	.667	.933
	yes	1.000	.058	.867	1.133
yes	no	1.200	.058	1.067	1.333
	yes	2.100	.058	1.967	2.233

表 9-27 综合边际平均值估计值表

4. 总平均值

因变量：红细胞增加量

平均值	标准误差	95% 置信区间 下限	上限
1.275	.029	1.208	1.342

图 9-19～图 9-21 是一系列边际平均值图。读者可以对照表 9-28 查看数据与图的关系。从图 9-19 和图 9-20 可以看出每种药物的单独效应，即用药与不用药对红细胞增加数的效用。图 9-21 中的两直线明显不平行，因此有证据表明这两种药之间很可能存在交互效应。

表 9-28 边际值估计值示意

试 验 分 组		A 药		B 边际 平均值
		不 用	使 用	
B 药	不用	0.80	1.20	1.000
	使用	1.00	2.10	1.550
A 边际平均值		0.900	1.650	1.275

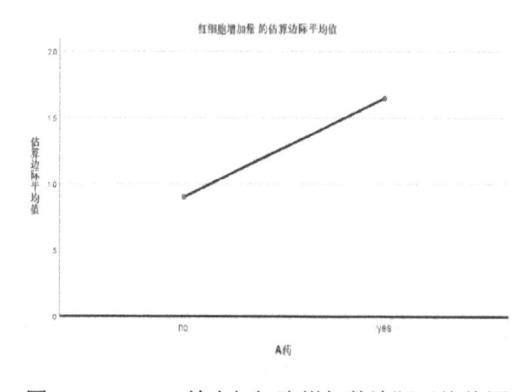

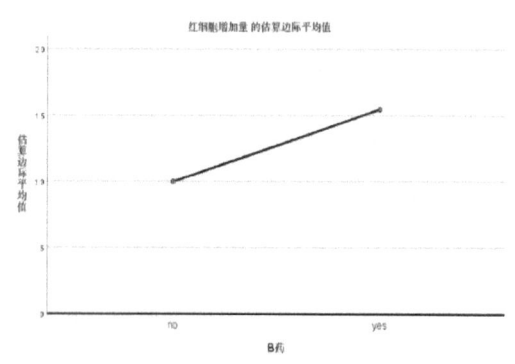

图 9-19 drugA 效应红细胞增加数边际平均值图　图 9-20 drugB 效应红细胞增加数边际平均值图

如果想更直观地比较 4 种疗法的疗效，可以根据 drugA、drugB 使用"转换"菜单中的"计算变量"选项生成有 4 水平的新变量，分别代表一般治疗、一般治疗加药物 A、一般治疗加药物 B 及一般治疗加药物 A 和药物 B，利用多重比较功能比较 4 种用药方法的疗效。

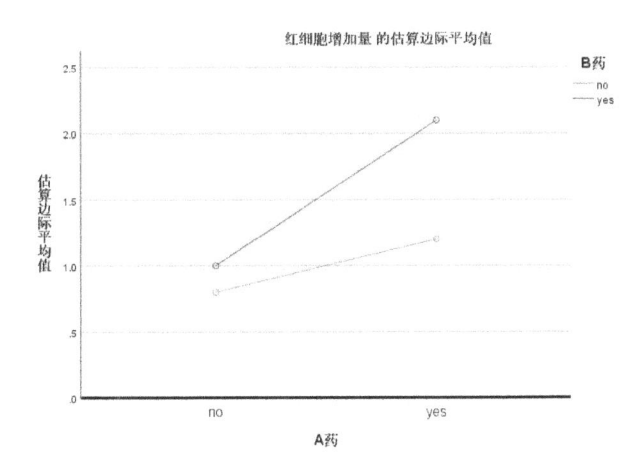

图 9-21　drugA、drugB 对红细胞增加数交互效应边际平均值图

9.3.6　拉丁方区组设计的方差分析实例

【例 7】　拉丁方区组设计的特点是有两个以上因素变量，每个因素变量的水平数相等。

变量：variety（甜菜种系）、rep（地块行）、col（地块列）、harvest（收获次数）、yield（产量）。要求分析 6 个种系的甜菜在相同土壤条件下的产量是否有显著性差异。为了得出这一结论，同时检验地块是否对平均产量有影响，即地块的行与行之间、列与列之间的平均产量是否有显著性差异，将 6 个种系的甜菜种子分别播在 6 行 6 列的地块上，记录两次收获的产量。数据文件为 data09-05。试验假设：不同地块对产量平均值无影响，不同种子产量平均值间也无显著差异。

1）操作步骤

分两步完成，先进行方差分析，再作边际平均值估计值表。

（1）读取数据文件 data09-05。按"分析→一般线性模型→单变量"顺序单击，打开"单变量"对话框。

（2）在"单变量"对话框中定义分析变量。

① 将 yield 变量送入"因变量"框。

② 将 rep、col、variety 变量送入"固定因子"框，作为因素变量。

（3）在"单变量"对话框中，单击"模型"按钮，打开相应的对话框。选择"构建项"单选按钮，自定义模型：指定要求分析 3 个主效应 rep、col、variety。单击"继续"按钮，返回"单变量"对话框。

（4）单击"EM 平均值"按钮，打开"单变量：估算边际平均值"对话框，在"因子与协变量"框中，选择 3 个因素变量 rep、col、variety 和（Overall）送入"显示下列各项的平均值"框，勾选"比较主效应"复选框，其他设置使用默认值。单击"继续"按钮，返回"单变量"对话框。

（5）在"单变量"对话框中，单击"确定"按钮，提交系统执行。

2）输出结果及解释说明

输出结果如表 9-29～表 9-32 所示。

表 9-29　方差分析表

主体间效应检验

因变量：产量

源	III 类平方和	自由度	均方	F	显著性
修正模型	27.717a	15	1.848	1.339	.211
截距	22588.751	1	22588.751	16364.072	.000
rep	4.460	5	.892	.646	.666
col	1.695	5	.339	.246	.940
variety	21.563	5	4.313	3.124	.015
误差	77.302	56	1.380		
总计	22693.770	72			
修正后总计	105.019	71			

a. R 方 = .264（调整后 R 方 = .067）

表 9-30　各列、各行、各种甜菜产量的边际平均值估计值表

估算值

因变量：产量

行号	平均值	标准误差	95% 置信区间	
			下限	上限
1	17.850	.339	17.171	18.529
2	17.658	.339	16.979	18.338
3	18.017	.339	17.337	18.696
4	17.933	.339	17.254	18.613
5	17.517	.339	16.837	18.196
6	17.300	.339	16.621	17.979

估算值

因变量：产量

列号	平均值	标准误差	95% 置信区间	
			下限	上限
1	17.483	.339	16.804	18.163
2	17.650	.339	16.971	18.329
3	17.642	.339	16.962	18.321
4	17.942	.339	17.262	18.621
5	17.875	.339	17.196	18.554
6	17.683	.339	17.004	18.363

估算值

因变量：产量

甜菜种系编号	平均值	标准误差	95% 置信区间	
			下限	上限
1	17.367	.339	16.687	18.046
2	17.817	.339	17.137	18.496
3	17.475	.339	16.796	18.154
4	17.367	.339	16.687	18.046
5	18.883	.339	18.204	19.563
6	17.367	.339	16.687	18.046

表 9-29 所示为方差分析表，只对 rep、col、variety 变量的主效应进行方差分析。

查看各主效应的显著性值，只有因素变量 variety 的值为 0.015，因而在显著性水平为 0.05 时，可以拒绝零假设，也就是 6 个种系的甜菜的平均产量具有显著性差异，平均产量的差异主要是由种系不同造成的。

表 9-30 所示为各列、各行和各种甜菜产量的边际平均值估计值表，此外还有标准误差和区间估计。

表 9-31 包括 3 个表，是每个因素的各水平均值的成对比较表。每个表中给出各变量两两水平之间的平均值差、平均值差的标准误差、针对两平均值相等的假设检验的显著性概率值、差值的 95%置信区间。从 3 个表中可以看出，第 5 种种子比其他种子产量高，且差值具有明显的统计意义。

表 9-32 包括 3 个表，是各因素单变量方差分析表，给出了 F 值及大于或等于该值的概率。可以看出，只有对种子种系的方差分析的观测的显著性水平较小为 0.015。

表 9-31 主效应因素平均值表（rep、col、variety）

成对比较

因变量：产量

(I) 行号	(J) 行号	平均值差值 (I-J)	标准误差	显著性[a]	差值的 95% 置信区间[a] 下限	上限
1	2	.192	.480	.691	-.769	1.153
	3	-.167	.480	.730	-1.128	.794
	4	-.083	.480	.863	-1.044	.878
	5	.333	.480	.490	-.628	1.294
	6	.550	.480	.256	-.411	1.511
2	1	-.192	.480	.691	-1.153	.769
	3	-.358	.480	.458	-1.319	.603
	4	-.275	.480	.569	-1.236	.686
	5	.142	.480	.769	-.819	1.103
	6	.358	.480	.458	-.603	1.319
3	1	.167	.480	.730	-.794	1.128
	2	.358	.480	.458	-.603	1.319
	4	.083	.480	.863	-.878	1.044
	5	.500	.480	.302	-.461	1.461
	6	.717	.480	.141	-.244	1.678
4	1	.083	.480	.863	-.878	1.044
	2	.275	.480	.569	-.686	1.236
	3	-.083	.480	.863	-1.044	.878
	5	.417	.480	.389	-.544	1.378
	6	.633	.480	.192	-.328	1.594
5	1	-.333	.480	.490	-1.294	.628
	2	-.142	.480	.769	-1.103	.819
	3	-.500	.480	.302	-1.461	.461
	4	-.417	.480	.389	-1.378	.544
	6	.217	.480	.653	-.744	1.178
6	1	-.550	.480	.256	-1.511	.411
	2	-.358	.480	.458	-1.319	.603
	3	-.717	.480	.141	-1.678	.244
	4	-.633	.480	.192	-1.594	.328
	5	-.217	.480	.653	-1.178	.744

基于估算边际平均值

a. 多重比较调节：最低显著差异法（相当于不进行调整）。

成对比较

因变量：产量

(I) 列号	(J) 列号	平均值差值 (I-J)	标准误差	显著性[a]	差值的 95% 置信区间[a] 下限	上限
1	2	-.167	.480	.730	-1.128	.794
	3	-.158	.480	.743	-1.119	.803
	4	-.458	.480	.343	-1.419	.503
	5	-.392	.480	.418	-1.353	.569
	6	-.200	.480	.678	-1.161	.761
2	1	.167	.480	.730	-.794	1.128
	3	.008	.480	.986	-.953	.969
	4	-.292	.480	.546	-1.253	.669
	5	-.225	.480	.641	-1.186	.736
	6	-.033	.480	.945	-.994	.928
3	1	.158	.480	.743	-.803	1.119
	2	-.008	.480	.986	-.969	.953
	4	-.300	.480	.534	-1.261	.661
	5	-.233	.480	.629	-1.194	.728
	6	-.042	.480	.931	-1.003	.919
4	1	.458	.480	.343	-.503	1.419
	2	.292	.480	.546	-.669	1.253
	3	.300	.480	.534	-.661	1.261
	5	.067	.480	.890	-.894	1.028
	6	.258	.480	.592	-.703	1.219
5	1	.392	.480	.418	-.569	1.353
	2	.225	.480	.641	-.736	1.186
	3	.233	.480	.629	-.728	1.194
	4	-.067	.480	.890	-1.028	.894
	6	.192	.480	.691	-.769	1.153
6	1	.200	.480	.678	-.761	1.161
	2	.033	.480	.945	-.928	.994
	3	.042	.480	.931	-1.003	1.003
	4	-.258	.480	.592	-1.219	.703
	5	-.192	.480	.691	-1.153	.769

基于估算边际平均值

a. 多重比较调节：最低显著差异法（相当于不进行调整）。

成对比较

因变量：产量

(I) 甘蔗种系编号	(J) 甘蔗种系编号	平均值差值 (I-J)	标准误差	显著性[b]	差值的 95% 置信区间[b] 下限	上限
1	2	-.450	.480	.352	-1.411	.511
	3	-.108	.480	.822	-1.069	.853
	4	2.331E-15	.480	1.000	-.961	.961
	5	-1.517*	.480	.003	-2.478	-.556
	6	2.708E-14	.480	1.000	-.961	.961
2	1	.450	.480	.352	-.511	1.411
	3	.342	.480	.479	-.619	1.303
	4	.450	.480	.352	-.511	1.411
	5	-1.067*	.480	.030	-2.028	-.106
	6	.450	.480	.352	-.511	1.411
3	1	.108	.480	.822	-.853	1.069
	2	-.342	.480	.479	-1.303	.619
	4	.108	.480	.822	-.853	1.069
	5	-1.408*	.480	.005	-2.369	-.447
	6	.108	.480	.822	-.853	1.069
4	1	-2.331E-15	.480	1.000	-.961	.961
	2	-.450	.480	.352	-1.411	.511
	3	-.108	.480	.822	-1.069	.853
	5	-1.517*	.480	.003	-2.478	-.556
	6	2.475E-14	.480	1.000	-.961	.961
5	1	1.517*	.480	.003	.556	2.478
	2	1.067*	.480	.030	.106	2.028
	3	1.408*	.480	.005	.447	2.369
	4	1.517*	.480	.003	.556	2.478
	6	1.517*	.480	.003	.556	2.478
6	1	-2.708E-14	.480	1.000	-.961	.961
	2	-.450	.480	.352	-1.411	.511
	3	-.108	.480	.822	-1.069	.853
	4	-2.475E-14	.480	1.000	-.961	.961
	5	-1.517*	.480	.003	-2.478	-.556

基于估算边际平均值

*. 平均值差值的显著性水平为 0.05。

b. 多重比较调节：最低显著差异法（相当于不进行调整）。

表 9-32 单变量方差分析的 3 个表（rep、col、variety）

单变量检验
因变量：产量

	平方和	自由度	均方	F	显著性
对比	4.460	5	.892	.646	.666
误差	77.302	56	1.380		

F 检验 行号 的效应。此检验基于估算边际平均值之间的线性无关成对比较。

单变量检验
因变量：产量

	平方和	自由度	均方	F	显著性
对比	1.695	5	.339	.246	.940
误差	77.302	56	1.380		

F 检验 列 列号 的效应。此检验基于估算边际平均值之间的线性无关成对比较。

单变量检验
因变量：产量

	平方和	自由度	均方	F	显著性
对比	21.563	5	4.313	3.124	.015
误差	77.302	56	1.380		

F 检验 甜菜种系编号 的效应。此检验基于估算边际平均值之间的线性无关成对比较。

综上所述，产量主要受种子种类影响，而第 5 种种子的产量在显著性水平 0.05 上显著高于其他种子；没有充分的证据拒绝产量与地块所处位置行、列无关的假设。

表 9-33 是综合统计表，给出了产量的总平均值、平均值标准误差和 95%置信区间。

表 9-33 综合统计表

因变量：产量

均值	标准误差	95% 置信区间	
		下限	上限
17.713	.138	17.435	17.990

本例中虽然有 3 个因素变量，但 3 个因素变量的各水平组合构成的每个单元只有 1 个观测。实际上，如果用这种试验设计分析因素间的交互作用是无法计算差异的显著性的，因此输出结果不能给出大于或等于 F 值的概率。如果本例按照三因素设计进行方差分析，不考虑交互作用会得出较满意的结果。这就需要注意，一定要使用模型选项，在"构建项"栏中只选择主效应项，不要选择交互项。所以在进行方差分析时，不考虑交互作用，只考虑主效应，在要求边际平均值时才用全模型。如果考虑两次收获（变量 harvest），行、列、地块的每种组合中将有两次收获的数据，那么就可以考虑交互作用了。另外，在该试验中，行、列两个因素变量不是相互独立的，因此不是一个严格的拉丁方设计，这里仅为说明拉丁方设计的概念及解决该问题使用 SPSS 的方法。

9.3.7 协方差分析实例

协方差分析是利用线性回归法消除混杂因素的影响后进行的方差分析，也就是先从因变量的总偏差平方和中去掉协变量对因变量的回归平方和，再对残差平方和进行分解，再进行方差分析。例如，考虑药物对患者某个生化指标变化的影响，需要比较试验组与对照组该指标的变化平均值是否有显著性差异，以确定药物的有效性。可能需要考虑患者病程的长短、年龄及原指标水平对疗效的影响，先消除这些因素的影响再考虑药物疗效才是科学的分析方法。有些试验可以考虑观测对象的选择，使这些条件都一致。例如，对同品种、同一胎的大白鼠进行分组，在相同的饲养条件下进行试验，可以避免许多混杂因素的影响。其他试验很难避免，因此要考虑使用协方差分析方法。这些混杂因素变量称作协变量。

协方差分析中要求因变量应该是等间隔测量的变量，理论上要求其服从正态分布。因素变量是分类变量，并且相互独立。协变量是与因变量存在一定关系（相互不独立）的等间隔测量变量。因变量与协变量之间是否线性相关,可以通过经验得知,或者使用"图形"菜单下的散点图功能进行初步直观判断。

【例8】 数据文件data09-06是镉作业工人年龄与肺活量的数据,数据来源于《医用统计方法》(金丕焕,人民卫生出版社)。镉作业工人按暴露于镉尘的年数分为大于或等于10年和不足10年两组。两组工人的年龄未经控制(人随着年龄的增长肺活量会有所下降),测量了每个工人的肺活量。课题研究的是暴露于镉粉尘中的年数与肺活量的关系。数据变量如下:time(接触镉粉尘时间分组),取值1代表大于或等于10年,取值2代表不足10年;age(年龄);vitalcp(肺活量,单位为L)。

1)操作步骤

(1)读取数据文件data09-06。按"分析→一般线性模型→单变量"顺序单击,打开"单变量"对话框。

(2)指定分析变量。将肺活量vitalcp变量送入"因变量"框,将暴露时间分组time变量作为因素变量送入"固定因子"框,将年龄age变量作为协变量送入"协变量"框。

(3)单击"EM平均值"按钮,打开"单变量:估算边际平均值"对话框,在"因子与协变量"框中,选择因素变量time,将其送入"显示下列各项的平均值"框内,要求输出暴露于镉粉尘年数大于或等于10年、不足10年两组工人的肺活量平均值。单击"继续"按钮,返回"单变量"对话框。

在"单变量"对话框中,单击"选项"按钮,打开相应的对话框。勾选"参数估算值"复选框,要求输出年龄作为自变量,肺活量作为因变量的线性回归方程的参数。

(4)单击"继续"按钮,返回"单变量"对话框。单击"确定"按钮,提交系统执行。

2)输出结果

输出结果如表9-34~表9-37所示。

表9-34 因素变量表

主体间因子

		值标签	个案数
曝露时间	1	>=10年	12
	2	<10年	16

表9-35 方差分析结果

主体间效应检验

因变量: 肺活量

源	III类平方和	自由度	均方	F	显著性
修正模型	11.085[a]	2	5.543	10.073	.001
截距	41.936	1	41.936	76.216	.000
age	10.881	1	10.881	19.775	.000
time	.542	1	.542	.985	.330
误差	13.755	25	.550		
总计	483.625	28			
修正后总计	24.841	27			

a. R方 = .446(调整后R方 = .402)

表9-34所示为因素变量表,列出了按时间分组的值标签和样本量。

表9-35所示为方差分析结果。

① 表9-35~表9-37的左上方列出了因变量为肺活量,即研究对象。

② 表9-35列出方差来源,包括系统默认的III型偏差平方和、自由度、均方差、F值和显著性。

③ 由表9-35可知,修正后总计偏差平方和24.841被分解为条件引起的偏差平方和(修正模型平方和)11.085和试验误差引起的偏差平方和13.755。time观测的显著性水平为0.330,而age观测的显著性水平为0.000。因而在显著性水平0.01上,有充分的理由相信协变量效应显著地由age引起,也就是肺活量的差异主要是由受试者的年龄引起的,

而与受试者接触镉粉尘的时间是否大于 10 年无太大关系。

表 9-36 所示为在"单变量：选项"对话框中的"显示"栏内勾选了"参数估算值"的输出结果。这里主要给出了 age 作为自变量，vitalcp 作为因变量的线性回归方程的斜率，即变量 age 的回归系数，为–0.087。这一回归系数是符合常识的。因为成年人随着年龄的增长，肺活量会有所下降。

表 9-37 所示为在"单变量：估算边际平均值"对话框中，将 time 送入"显示下列各项的平均值"框的结果。表 9-37 按 time 分组分别列出了平均值、标准误差和 95%置信区间的上限、下限。10 年以下组的肺活量平均值为 4.219，10 年以上组的肺活量平均值为 3.919。协方差分析结果表明，这两组肺活量平均值差异无统计意义上的显著性。

表 9-36 参数估测值的输出结果表

参数估算值

因变量：肺活量

参数	B	标准误差	t	显著性	95% 置信区间 下限	上限
截距	7.977	.886	8.998	.000	6.151	9.803
age	-.087	.020	-4.447	.000	-.127	-.047
[time=1]	.300	.303	.993	.330	-.323	.924
[time=2]	0[a]	.	.	.	.	.

a. 此参数冗余，因此设置为零。

表 9-37 按时间分组的肺活量平均值表

曝露时间

因变量：肺活量

曝露时间	平均值	标准误差	95% 置信区间 下限	上限
>=10年	4.219[a]	.223	3.761	4.678
<10年	3.919[a]	.191	3.526	4.312

a. 按下列值对模型中出现的协变量进行求值：年龄 = 46.64。

9.3.8 多维交互效应方差分析实例

【例 9】 本例主要表明使用单变量过程进行多因素方差分析构成模型的灵活性。

1）试验数据

本例为教育心理学试验，数据是心理运动测验分数与受试者必须瞄准的目标大小关系的资料。

（1）选择 4 个大小不同的目标（target）：1（T1）、2（T2）、3（T3）、4（T4）。

（2）从若干部使用过的设备中选择 3 部测验设备（device）：1（D1）、2（D2）、3（D3）。

（3）选择 2 种不同明暗程度的照明环境（light）：1（L1）、2（L2）。

4 个大小不同的目标、3 部设备、2 种不同的照明环境构成 4×3×2 的析因试验设计。不同目标、设备与照明水平构成了 24 个组合。每一个组合中随机部署 5 名受试者，测试其心理运动，得到 120 个得分数据。

每个观测为受试者在同一条件组合下的 5 个得分（score）。数据文件为 data09-07。

2）操作步骤

（1）读取数据文件 data09-07。按"分析→一般线性模型→单变量"顺序单击，打开"单变量"对话框。

（2）将 score 变量作为因变量送入"因变量"框，将 target 变量、device 变量、light 变量作为因素变量送入"固定因子"框。

（3）在"单变量"对话框中，单击"模型"按钮，打开相应的对话框。先选择"构建项"单选按钮，自定义模型，激活对话框中的各控制功能。

① 在两框中间的"构建项"栏中的"类型"下拉列表中选择"主效应"选项。在"因子与协变量"框中选择 target 变量、device 变量、light 变量送入"模型"框，即将这 3 个变量作为主效应定义到模型中。

② 选择交互项。在"构建项"栏中的"类型"下拉列表中选择"交互"项。在"因子与协变量"框中，选择变量 target，按住 Ctrl 键，选择第二个变量 device，单击向右移动变量按钮，将 target*device 交互项送入"模型"框，即该交互项进入模型。再用同样的方法在模型中建立另一个二次交互项 target*light。

用与建立二次交互项同样的方法在模型中建立三次交互项 target*device*light。单击"继续"按钮，返回"单变量"对话框。

（4）在"单变量"对话框中，单击"EM 平均值"按钮，打开"单变量：估算边际平均值"对话框，在"因子与因子交互"框中选择 target*device*light，将其送入"显示下列各项的平均值"框中，目的是输出各单元格的平均值。单击"继续"按钮，返回"单变量"对话框。

（5）在"单变量"对话框中，单击"图"按钮，打开相应对话框，选择 target 变量作为水平轴变量，选择 device 变量作为单独的线条变量，选择 light 变量作为单独的图变量，分别送入右边的 3 个框中。单击"添加"按钮，将作图表达式 target*device*light 送入"图"框中。

（6）单击"确定"按钮，提交系统执行。

3）运行结果

运行结果如表 9-38～表 9-40 和图 9-22、图 9-23 所示。

表 9-38 因素变量表

主体间因子

		值标签	个案数
目标	1	t1	30
	2	t2	30
	3	t3	30
	4	t4	30
设备	1	d1	40
	2	d2	40
	3	d3	40
亮度	1	l1	60
	2	l2	60

表 9-39 方差分析结果

主体间效应检验

因变量：得分

源	III 类平方和	自由度	均方	F	显著性
修正模型	783.467a	23	34.064	46.451	.000
截距	3162.133	1	3162.133	4312.000	.000
target	235.200	3	78.400	106.909	.000
device	86.467	2	43.233	58.955	.000
light	76.800	1	76.800	104.727	.000
target * device	104.200	6	17.367	23.682	.000
target * light	93.867	3	31.289	42.667	.000
target * device * light	186.933	8	23.367	31.864	.000
误差	70.400	96	.733		
总计	4016.000	120			
修正后总计	853.867	119			

a. R 方 = .918（调整后 R 方 = .898）

表 9-40 各单元格观测平均值

设备 * 亮度 * 目标

因变量：得分

设备	亮度	目标	平均值	标准误差	95% 置信区间 下限	上限
d1	l1	t1	2.000	.383	1.240	2.760
		t2	8.000	.383	7.240	8.760
		t3	8.800	.383	8.040	9.560
		t4	7.200	.383	6.440	7.960
	l2	t1	1.600	.383	.840	2.360
		t2	4.400	.383	3.640	5.160
		t3	5.600	.383	4.840	6.360
		t4	6.800	.383	6.040	7.560
d2	l1	t1	.800	.383	.040	1.560
		t2	8.400	.383	7.640	9.160
		t3	9.600	.383	8.840	10.360
		t4	9.200	.383	8.440	9.960
	l2	t1	5.200	.383	4.440	5.960
		t2	6.400	.383	5.640	7.160
		t3	4.800	.383	4.040	5.560
		t4	2.800	.383	2.040	3.560
d3	l1	t1	4.000	.383	3.240	4.760
		t2	5.200	.383	4.440	5.960
		t3	6.000	.383	5.240	6.760
		t4	2.000	.383	1.240	2.760
	l2	t1	3.200	.383	2.440	3.960
		t2	1.200	.383	.440	1.960
		t3	4.400	.383	3.640	5.160
		t4	5.600	.383	4.840	6.360

4）输出结果解释与分析

表 9-38 所示为因素变量表，表明系统接收了 120 个观测；表中列出了各个因素变量、值标签和样本含量。

表 9-39 所示为方差分析结果,表的左上方标有因变量得分。可以看出,对于模型来说,修正模型与截距的平方和加上误差的平方和等于总平方和。从方差分析的角度来看,各主效应的平方和与各交互效应的平方和及误差的平方和的总和就是修正的总计。而误差是修正的总计平方和与修正模型的平方和的差。也就是说,如果模型包括表 9-39 中的主效应和交互效应,那么它与修正模型间的平方和的差是 70.4。

从表 9-39 中的"显著性"列的数值可以看出,该试验中各主效应和交互效应都有统计意义。

表 9-40 列出了由 3 个因素变量构成的单元格表,给出了各单元格的平均值、标准误差和 95%置信区间的上限和下限。从"平均值"列的数据可以看出,light=1、devise=2、target=3 条件组合的得分平均值最高,light=1、devise=2、target=1 条件组合的得分平均值最低。心理学专业人士可以根据平均值表和方差分析表得出专业性结论。

图 9-22 和图 9-23 更直观地表现了表 9-40"平均值"列中的数据,可以很清楚地显示出在不同的光照条件下目标变量与设备变量间均存在交互效应。读者可以自己绘制使用不同设备时的光照变量与目标变量之间的边际平均值图。

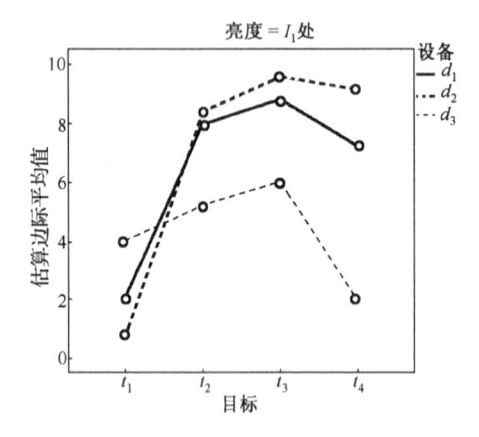

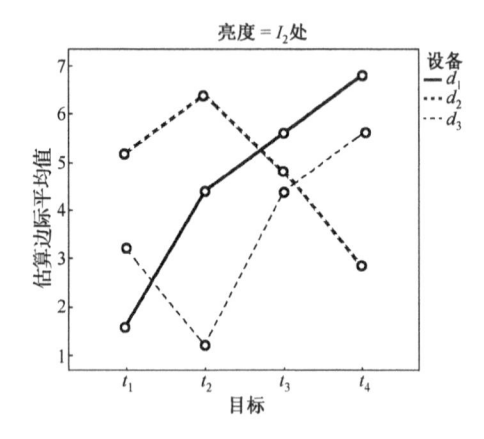

图 9-22 第一种照度下心理得分边际平均值图　　图 9-23 第二种照度下心理得分边际平均值图

9.4 多因变量线性模型的方差分析

9.4.1 多因变量方差分析概述

SPSS 的一般线性模型多变量过程提供了多因变量的方差分析。多因变量方差分析模型的因变量是尺度变量(连续型变量)。在一般线性模型多变量过程中,固定因素变量应是分类变量,而协变量必须是尺度变量。一般线性模型多变量过程构造的模型是一般线性模型,该模型基于尺度因变量与作为预测因子的因素变量和协变量之间的相关关系,可以检验因变量在因素变量各水平组合中的组平均值的效应,可以研究因素变量间的交互效应和单一因素的效应,另外还包括协变量效应和协变量与因素变量间的交互效应。对于回归分析,协变量作为自变量,即预测变量。

一般线性模型多变量过程可以检验平衡和不平衡模型。每个单元包括相同数量的观测的模型为平衡设计模型。在多因变量模型中,模型中的效应平方和和误差平方和是矩阵形式的,这些矩阵称作 SSCP 矩阵(平方和与叉乘矩阵)。如果指定了不止一个因变量,那么多因素方差分析的结果表中将自动包括比莱轨迹、威尔克 Lambda、霍特林轨迹和罗伊最大根、F 统计量，以及对每个因变量所做的单变量方差分析结果。除检验假设外，一般线性模型多因变量过程还会产生参数估计。

通常使用先验概率对比执行假设检验。当 F 检验已经表明显著性后，还可以使用多重比较检验评价指定平均值间的差异。对于边际平均值，将给出单元格预测平均值的估计，这些边际平均值图很容易将某些关系可视化。可分别对每个因变量进行多重比较检验。

残差、预测值、库克距离、杠杆值可以作为新变量保存在数据文件中，以便验证假设。此外，还可以要求在"查看器"窗口输出残差的 SSCP 矩阵（残差平方和与叉乘的矩阵）、残差协方差矩阵（残差的 SSCP 矩阵除以残差自由度）及残差相关系数矩阵（标准化的残差协方差矩阵）。

WLS 权重选项允许指定一个变量，给观测不同的权重用于加权最小平方分析，或用作对不同测量精度的补偿。

为了检验有关参数估计的假设，一般线性模型多变量过程假设：模型中的观测和因变量之间的误差值是彼此独立的。一个好的研究设计一般要避免违反这个假设。

因变量的协方差在各单元中是常数。当单元（因素变量水平组合）中数量（包括的观测数）不同时，这一点尤其重要。

因变量的误差方差在因素变量水平的各组合中是相等的，即误差方差具有齐性。

一般线性模型多变量过程用"分析"菜单中的"一般线性模型"菜单项下的选项调用。

9.4.2 多因变量方差分析过程

1. 多因变量方差分析的数据要求

多因变量方差分析的因变量应该是数值型尺度变量，即连续型变量。

因素变量是分类变量，可以是数值型的，也可以是变量值小于或等于 8 个字符的字符串型的。分类预测因素可以选择作为模型中的自变量。因素的每个水平可以与因变量的值有不同的线性效应。一般线性模型多变量过程假设所有模型因素都是固定的，也就是说，按照设计，所有被认为是感兴趣的变量值都会出现在数据文件中。

协变量是与因变量相关的数值型变量。

因变量数据是多元正态分布的随机样本。在总体中，方差-协方差矩阵对所有单元都是相等的。要检验假设，可以用方差齐性检验（包括 Box's M 检验）和用分布-水平图，还可以用残差检验和作残差图。

在进行方差分析前，有必要使用探索分析过程探索数据。对于单个因变量，使用一般线性模型多变量过程进行方差分析。如果在不同情况下对每个被试对象测试同一个因变量，那么可以使用一般线性模型重复测量过程进行重复测量的方差分析。

2. 操作方法

按"分析→一般线性模型→多变量"顺序单击，打开"多变量"对话框，如图 9-24 所示。

一般线性模型多变量过程与一般线性模型单变量过程操作相同的有 9.3 节中的模型

功能（设计分析模型）、对比功能（选择对照方法）、绘制图形功能（设定边际平均值图参数）、事后比较功能（选择多重比较方法）、保存功能（选择要保存的输出变量）。虽然操作相同，但输出结果不同。因为有多个因变量，对每个因变量都有一组输出。例如，在"单变量：轮廓图"对话框中指定了一个三维边际平均值图形表达式，那么对每个因变量，均按该表达式生成一组边际平均值图。

一般线性模型多变量过程与一般线性模型单变量过程操作方面的不同之处在于，在"因变量"框中前者可以选择多个因变量，后者只能选择一个因变量。二者在选项功能方面也略有不同。

在"多变量"对话框中，单击"选项"按钮，打开"多变量：选项"对话框，如图9-25所示。

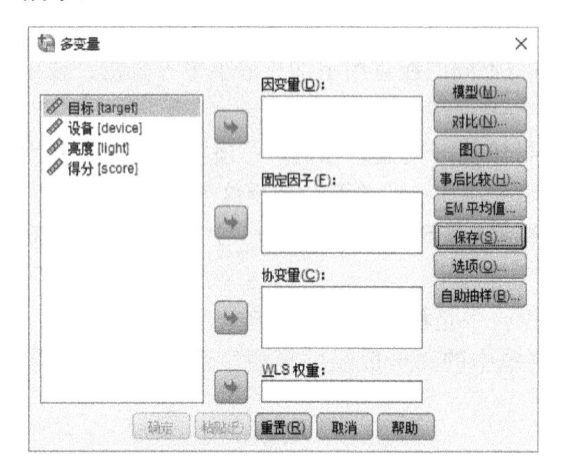

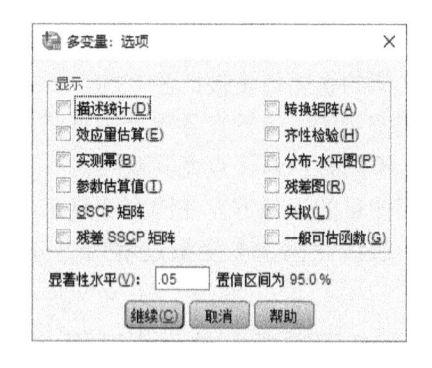

图9-24 "多变量"对话框　　　　图9-25 "多变量：选项"对话框

（1）"显示"框，在该框中选择输出项。

- "描述统计"复选框：选择此项，输出描述统计量，有观测的平均值、标准差和每个单元格中的观测数。
- "效应量估算"复选框：选择此项，输出效应量估计，给出 η^2 值，该值是一个自变量解释的变异（SSH）对自变量解释的变异和未计入模型解释的变异（SSE）总和（SSH+SSE）之比，即 SSH/(SSH+SSE)。
- "实测幂"（应译为"检验功效"）复选框：选择此项，可获取检验功效。
- "参数估算值"复选框：选择此项，给出各因素变量的模型参数估计、标准误差、T 检验的 t 值、显著性概率和 95% 置信区间。
- "SSCP 矩阵"复选框：选择此项，对每个效应给出平方和与叉乘矩阵。对设计中的每个效应给出假设的和误差的 SSCP 矩阵。每个组间效应有不同的 SSCP 矩阵，但对于所有组间效应只有一个误差矩阵。
- "残差 SSCP 矩阵"复选框：选择此项，给出 RSSCP 残差的平方和与叉乘矩阵。RSSCP 的维度与模型中的因变量数相同。残差的协方差矩阵为 RSSCP 除以残差自由度。残差相关系数矩阵是由残差协方差矩阵标准化得来的。
- "转换矩阵"复选框：选择此项，显示对因变量的转换系数矩阵或 M 矩阵。
- "齐性检验"复选框：选择此项，给出方差齐性检验结果。通过莱文检验验证每个因变量在所有因素的水平组合间方差是否相等。
- "分布-水平图"复选框：选择此项，将绘制观测单元平均值-标准差图和观测单元平均值-方差图。
- "残差图"复选框：选择此项，将绘制残差图。给出"观测值*预测值*标准化"残差图。
- "失拟"（应译为"失拟检验"）复选框：选择此项，将检查自变量和因变量间的关系是否被充分描述。执行一种拟合不足检验，若检验被拒绝，则说明当前模型不能充分说明响应变量与预测因素之间的关系，可能有变量被忽略或模型中需要其他项。
- "一般可估函数"复选框：选择此项，将产生表明估计函数一般形式的表格。可以根据一般估计函数，通过 LMATRIX 子命令自定义假设检验。

（2）在"显著性水平"框中，输入置信区间内多重比较的显著性水平。

9.4.3 多因变量线性模型方差分析实例

【例 10】 本例数据是 1481 个心梗患者的数据，数据文件为 data09-08。

1）变量说明（见表 9-41）

作为对心梗的初步治疗，有时在手术前会给患者使用溶解血栓的药物，即凝块消融药，以清理患者的动脉。3 种可用的药物是 alteplase 阿替普酶、reteplase 瑞替普酶和 streptokinase 链激酶。阿替普酶和瑞替普酶是新药，较昂贵。一个地区的卫生保健系统想确定阿替普酶和瑞替普酶的价格-效应是否足够代替链激酶。在手术前给患者使用凝块消融药的一个好处是手术过程会比较平稳，患者痊愈周期比较短。如果新药是有效的，那么患者住院时间就会较短。该地区的卫生保健系统希望，较短的住院时间有助于补偿术前新药的较大的花费。

表 9-41 变量说明

变量名	标签	中文标签	值	值标签	值标签（中文）
los	Length of stay	住院时间			
cost	Treatment costs	治疗花费			
clotsolv	Clot-dissolving drugs	凝块消融药	1	streptokinase	链激酶
			2	reteplase	瑞替普酶
			3	alteplase	阿替普酶
proc	Surgical treatment	手术治疗	1	PTCA	经皮冠状动脉成形术
			2	CABG	搭桥术

注：los 变量的单位为天，cost 变量的单位为千美元。

数据文件 data09-08 中包括接受凝块消融药治疗的 1481 个心梗患者的处理记录。使用一般线性模型多变量过程对住院时间（单位为天）和治疗花费进行多元方差分析。

2）初步分析操作步骤

（1）读取数据文件 data09-08。按"分析→一般线性模型→多变量"顺序单击，打开"多变量"对话框。

（2）在"多变量"对话框中定义分析变量。

① 将住院时间变量 los 和治疗花费变量 cost 作为因变量送入"因变量"框。

② 将 clotsolv 变量和 proc 变量作为固定因素送入"固定因子"框。

图 9-26 "多变量：对比"对话框

（3）由于要使用系统默认的全模型，因此不用打开"多变量：模型"对话框。

（4）单击"对比"按钮，打开"多变量：对比"对话框，如图 9-26 所示。

① 选择 clotsolv（无）作为对比变量。

② 在"更改对比"栏内，选择"对比"下拉列表中的"简单"选项，再选择"第一个"单选按钮，单击"变化量"按钮。在"因子"框内显示的对比表达式为"clotsolv（简单（第一个））"。单击"继续"按钮，返回"多变量"对话框。

（5）单击"选项"按钮，在"多变量：选项"对话框中勾选"描述统计"复选框、"效应量估算"复选框，要求估计效应大小；勾选"SSCP 矩阵"复选框、"齐性检验"复选框。

（6）单击"继续"按钮，返回"多变量"对话框。单击"确定"按钮，提交系统执行。

3）输出结果

输出结果如表 9-42～表 9-44 所示。

表 9-42 所示为组间因素各水平组合的单元频数，可以看出各单元频数大小不一。

表 9-42 各单元频数

主体间因子

		值标签	个案数
凝块消融药	1	链激酶	116
	2	瑞替普酶	696
	3	阿替普酶	669
手术处理	1	经皮冠状动脉成形术	907
	2	搭桥术	574

表 9-43 描述统计量

描述统计

	凝块消融药	手术处理	平均值	标准偏差	个案数
住院天数	1 链激酶	1 经皮冠状动脉成形术	4.94	1.105	68
		2 搭桥术	7.25	1.263	48
		总计	5.90	1.633	116
	2 瑞替普酶	1 经皮冠状动脉成形术	4.81	1.072	441
		2 搭桥术	6.62	1.137	255
		总计	5.47	1.399	696
	3 阿替普酶	1 经皮冠状动脉成形术	4.68	1.048	398
		2 搭桥术	6.48	1.135	271
		总计	5.41	1.396	669
	总计	1 经皮冠状动脉成形术	4.77	1.066	907
		2 搭桥术	6.60	1.163	574
		总计	5.48	1.422	1481
治疗花费	1 链激酶	1 经皮冠状动脉成形术	28.3838	3.27388	68
		2 搭桥术	44.7225	5.42780	48
		总计	35.1447	9.14344	116
	2 瑞替普酶	1 经皮冠状动脉成形术	29.6674	3.18096	441
		2 搭桥术	44.6251	5.22506	255
		总计	35.1476	8.27021	696
	3 阿替普酶	1 经皮冠状动脉成形术	29.8073	3.60094	398
		2 搭桥术	44.7432	5.63081	271
		总计	35.8575	8.62337	669
	总计	1 经皮冠状动脉成形术	29.6326	3.39406	907
		2 搭桥术	44.6890	5.42789	574
		总计	35.4681	8.50314	1481

表 9-43 所示为每个因变量按服用的凝块消融药和手术处理类型分组的描述统计量。

表 9-44 所示为多变量检验结果，是多元检验的 SSCP 矩阵。表 9-44 对每个模型效应显示了 4 种显著性检验。

表 9-44 多变量检验结果

多变量检验[a]

效应		值	F	假设自由度	误差自由度	显著性	偏 Eta 平方
截距	比莱轨迹	.975	28781.280[b]	2.000	1474.000	.000	.975
	威尔克 Lambda	.025	28781.280[b]	2.000	1474.000	.000	.975
	霍特林轨迹	39.052	28781.280[b]	2.000	1474.000	.000	.975
	罗伊最大根	39.052	28781.280[b]	2.000	1474.000	.000	.975
clotsolv	比莱轨迹	.026	9.833	4.000	2950.000	.000	.013
	威尔克 Lambda	.974	9.892[b]	4.000	2948.000	.000	.013
	霍特林轨迹	.027	9.952	4.000	2946.000	.000	.013
	罗伊最大根	.027	19.909[c]	2.000	1475.000	.000	.026
proc	比莱轨迹	.622	1212.157[b]	2.000	1474.000	.000	.622
	威尔克 Lambda	.378	1212.157[b]	2.000	1474.000	.000	.622
	霍特林轨迹	1.645	1212.157[b]	2.000	1474.000	.000	.622
	罗伊最大根	1.645	1212.157[b]	2.000	1474.000	.000	.622
clotsolv * proc	比莱轨迹	.004	1.508	4.000	2950.000	.197	.002
	威尔克 Lambda	.996	1.508[b]	4.000	2948.000	.197	.002
	霍特林轨迹	.004	1.509	4.000	2946.000	.197	.002
	罗伊最大根	.004	3.022[c]	2.000	1475.000	.049	.004

a. 设计：截距 + clotsolv + proc + clotsolv * proc
b. 精确统计
c. 此统计是生成显著性水平下限的 F 的上限。

- 比莱轨迹是一个正值统计量。该统计量值越大表明该效应对模型贡献越大。
- 威尔克 Lambda 是一个正值统计量，其值介于 0～1。该统计量值越小表明该效应对模型贡献越大。
- 霍特林轨迹是检验矩阵特征值之和，是一个正值统计量，值越大，表明该效应对模型的贡献越大。霍特林轨迹永远大于比莱轨迹，但当检验矩阵的特征值很小时，这两个统计量接近相等，这表明该效应对模型没什么贡献。
- 罗伊最大根是检验矩阵的最大特征值，是一个正值统计量，值越大表明该效应对模型的贡献越大。罗伊最大根永远小于或等于霍特林轨迹。当这两个统计量相等时，该效应主要与一个因变量相联系，在因变量间存在很强的相关性，或者该效应对模型没有什么贡献。

由表 9-44 可以看出 clotsolv（凝块消融药物）对模型贡献不大，因为它的比莱轨迹、霍特林轨迹、罗伊最大根的值分别为 0.026、0.027、0.027，都很小，而威尔克 Lambda 的值却很大，为 0.974，接近 1。

表 9-44 中还列出了由以上 4 个统计方法计算得到的 F 值、F 分布假设的自由度（分子）、误差自由度（分母）、显著性概率值和偏η^2。主效应 clotsolv 和 proc 的显著性水平都非常小，没有充分的证据拒绝主效应对模型有显著性的贡献。同样，没有充分的证据拒绝其交互项对模型没有贡献的零假设。更直接的方法是看偏η^2（表 9-44 中的"偏 Eta 平方"列）统计量。该统计量报告每项的实际的显著性是根据主效应计算的变异与总变异之比。偏η^2的值较大该效应对模型有较大贡献，最大值为 1。由于无论对住院时间还是对治疗花

费，变量 clotsolv 的偏 η^2 值都非常小，分别为 0.015 和 0.02 [见表 9-46（c）]，说明它对模型的贡献不太大。

相较而言，proc 的偏 η^2 值较大，分别为 0.291 和 0.621 [见表 9-46（c）]，这是该地区的卫生保健系统期望的。外科手术是患者必须接受的治疗，其导致的住院时间效应和最终花费比服用溶解血栓剂更大。多变量检验结果也表明 clotsolv 效应在显著性水平 0.01 上是显著的（$p=0.000$），这意味着至少有一种药的效应与其他药的效应是不同的。

表 9-45 是平均值比较的结果，显示了 3 种凝块消融药分组的住院时间的平均值差异和治疗花费的平均值差异。变量 clotsolv 的第一个水平链激酶是指定的参考类，第二组与第一组平均值比较结果显示使用链激酶比使用瑞替普酶多住院 0.382 天，且在显著性水平 0.01 上有统计学上的显著性意义（$p=0.001$），而在治疗花费上的差异上没有统计学意义（$p=0.176$）。表 9-45 中住治疗花费上的差异值不等于 0，可能主要是随机误差影响导致的结果。

表 9-45 平均值比较的结果

对比结果（K 矩阵）

凝块消融药 简单对比[a]		因变量	
		住院时间	治疗花费
级别2与级别1	对比估算	-.382	.593
	假设值	0	0
	差值（估算 - 假设）	-.382	.593
	标准误差	.112	.439
	显著性	.001	.176
	差值的 95% 置信区间 下限	-.602	-.267
	上限	-.162	1.453
级别3与级别1	对比估算	-.516	.722
	假设值	0	0
	差值（估算 - 假设）	-.516	.722
	标准误差	.112	.439
	显著性	.000	-.100
	差值的 95% 置信区间 下限	-.736	-.138
	上限	-.296	1.583

a. 参考类别=1

第二个对比比较了第三水平与第一水平，即使用阿替普酶的效应和使用链激酶的效应。患者服用阿替普酶比服用链激酶大约平均少住院 0.516 天，在显著性水平 0.001 上有统计学上的显著性意义（$p=0.001$），而在治疗花费上的差异没有统计学上的显著性意义。

综上所述，使用阿替普酶和瑞替普酶似乎减少了患者住院时间。此外，该项减少足以弥补治疗费用。因此阿替普酶和瑞替普酶的使用应该排在链激酶前面。在采用这个计划之前，应该证明模型的假设检验是准确无误的。

表 9-46（a）所示为协方差矩阵的齐性检验结果。检验的假设是因变量遵循多元正态分布，而且方差-协方差矩阵在各种效应之间形成的单元是相等的。博克斯等同性检验的零假设是因变量协方差矩阵在各组之间是相等的。博克斯等同性检验统计量被转换为具有自由度 1 和自由度 2 的 F 统计量。这里的检验的 p 值为 0.000，可以拒绝零假设。这种模型的结果是不可信的。博克斯等同性对大数据集敏感，意味着当有大量观测数据时，即使偏离齐性很小也可以检测出来。此外，博克斯等同性检验对偏离正态假设也很敏感。

表 9-46（b）所示为误差方差的莱文等同性检验。该检验假设各因素水平组合定义的单元之间误差方差相等。对每个因变量分别进行检验。住院时间变量的 p 值大于 0.10，没有足够的证据拒绝零假设（不排除在更多样本或用另一个检验方法检验时拒绝零假

设)。治疗花费变量的 p 值为 0.000，有足够证据拒绝误差方差相等假设。与博克斯等同性检验一样，莱文等同性检验对大数据集也是敏感的。由于齐性检验的结果违背了进行多元方差分析的假设，无法得出可信的结论。如何才能得出可信的结论呢？

表9-46 协方差矩阵和误差方差的齐性检验结果

协方差矩阵的博克斯等同性检验[a]

博克斯M	270.509
F	17.908
自由度1	15
自由度2	358296.484
显著性	.000

检验"各个组的因变量实测协方差矩阵相等"这一原假设。

a. 设计：截距 + clotsolv + proc + clotsolv * proc

(a)

误差方差的莱文等同性检验[a]

		莱文统计	自由度1	自由度2	显著性
住院时间	基于平均值	1.507	5	1475	.185
	基于中位数	1.076	5	1475	.372
	基于中位数并具有调整后自由度	1.076	5	1417.278	.372
	基于剪除后平均值	1.232	5	1475	.291
治疗花费	基于平均值	10.001	5	1475	.000
	基于中位数	5.781	5	1475	.000
	基于中位数并具有调整后自由度	5.781	5	1085.979	.000
	基于剪除后平均值	7.203	5	1475	.000

检验"各个组中的因变量误差方差相等"这一原假设。

a. 设计：截距 + clotsolv + proc + clotsolv * proc

(b)

主体间效应检验

源	因变量	III 类平方和	自由度	均方	F	显著性	偏 Eta 平方
修正模型	住院时间	1217.307[a]	5	243.461	202.406	.000	.407
	治疗花费	79811.122[b]	5	15962.224	865.665	.000	.746
截距	住院时间	25234.532	1	25234.532	20979.169	.000	.934
	治疗花费	1027759.201	1	1027759.201	55737.565	.000	.974
clotsolv	住院时间	26.650	2	13.325	11.078	.000	.015
	治疗花费	50.127	2	25.063	1.359	.257	.002
proc	住院时间	727.562	1	727.562	604.872	.000	.291
	治疗花费	44593.620	1	44593.620	2418.407	.000	.621
clotsolv * proc	住院时间	6.757	2	3.379	2.809	.061	.004
	治疗花费	50.182	2	25.091	1.361	.257	.002
误差	住院时间	1774.185	1475	1.203			
	治疗花费	27197.902	1475	18.439			
总计	住院时间	47424.000	1481				
	治疗花费	1970083.194	1481				
修正后总计	住院时间	2991.492	1480				
	治疗花费	107009.024	1480				

a. R 方 = .407（调整后 R 方 = .405）
b. R 方 = .746（调整后 R 方 = .745）

(c)

4）检查分析条件

上文未列出多元方差分析的结果。先进行多元方差分析分析条件的检查。

（1）为解决上述问题，作直方图，粗略查看因变量的正态性。

具体步骤是按"图形→旧对话框→直方图"顺序单击，打开"直方图"对话框。将住院时间变量移到"变量"框内，勾选"显示正态曲线"复选框。在"查看器"窗口显示的直方图如图9-27（a）所示。使用同样的方法作因变量治疗花费的直方图，如图9-27（b）所示。由图9-27可以看出，住院时间变量近似为正态分布，而治疗花费变量有两个明显的峰，每个都近似正态分布。一元方差分析表明，这是不同手术类型间的花费差异显著造成的。

（2）进一步分别粗略检查分类变量 proc，外科手术两个分类搭桥术和经皮冠状动脉成形术的花费是否服从正态分布。

操作步骤是使用拆分文件功能将数据按 proc 变量分开,按"数据→拆分文件"顺序单击,打开"拆分文件"对话框,如图 9-28 所示。选择"比较组"单选按钮,并将变量 proc 移到"分组依据"框内,单击"确定"按钮。然后作直方图。经皮冠状动脉成形术和搭桥术的治疗花费直方图如图 9-29 所示。

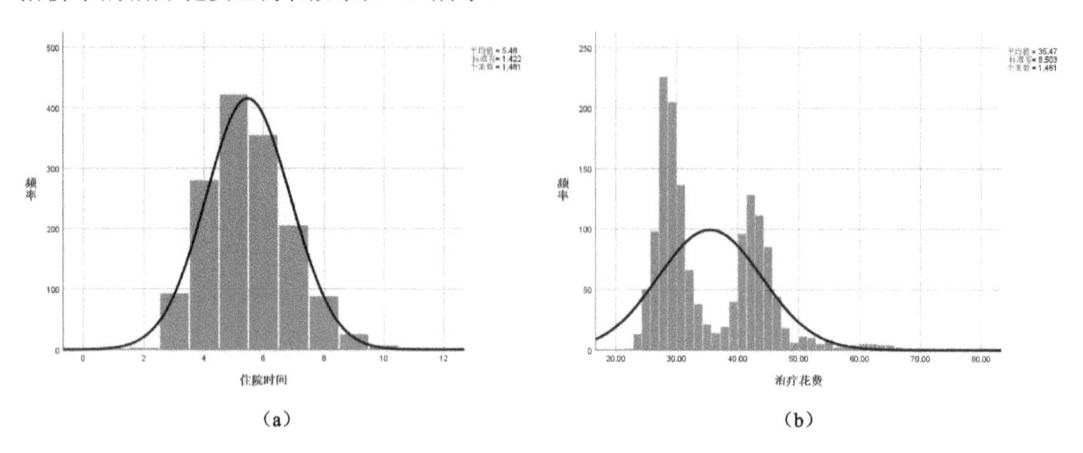

图 9-27 住院时间直方图和治疗花费直方图

图 9-28 "拆分文件"对话框

这次对文件拆分的结果会一直保持到关闭该数据集。

(3)虽然两种手术类型的治疗花费都近似正态分布,但从图 9-29 中可以看出都左偏,因此为进一步改善正态性,对治疗花费变量进行对数转换。选择"转换"菜单中的"计算变量"命令,利用 LG10 函数生成新变量 logcost(logcost = lg10(cost))。

(4)进行多因变量单因素方差分析,步骤如下。

① 仍然让数据文件处于按手术类型拆分的状态,以便并列比较。

② 按"分析→一般线性模型→多变量"顺序单击,打开"多变量"对话框,将住院天数变量、治疗花费的对数变量作为因变量送入"因变量"框,将凝块消融药变量作为因素变量送入"固定因子"框。

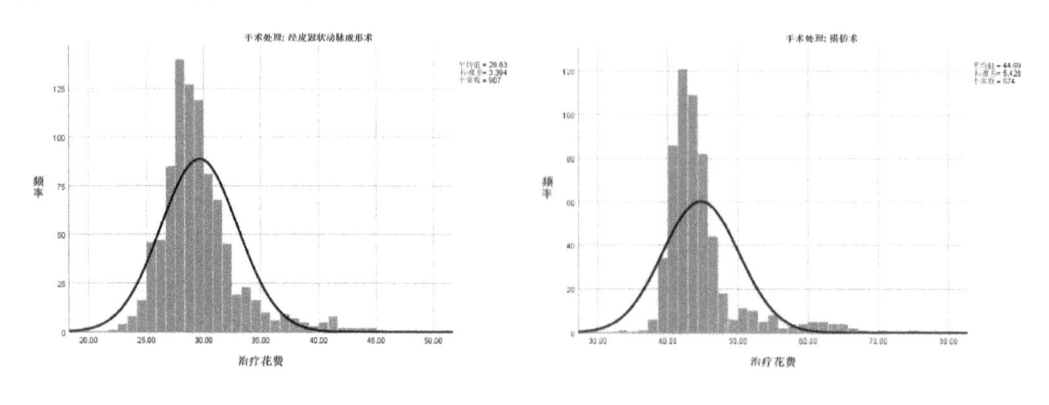

图 9-29 经皮冠状动脉成形术和搭桥术的治疗花费分布图

至此，该分析就转换成两个因变量、一个因素变量的方差分析，但是对两类手术方法分别进行分析。

③ 在"多变量：对比"对话框中，选择以变量 clotsolv 的第一个水平（链激酶）为参考类的简单比较。

④ 在"多变量：估算边际平均值"对话框中，将"因子与因子交互"框中的 OVERALL 和 clotsolv 送入"显示下列各项的平均值"框，并勾选"比较主效应"复选框。

⑤ 在"多变量：选项"对话框中，在"显示"栏中勾选"描述统计量"复选框和"效应量估算"复选框，在"对比"下拉列表中选择"齐性检验"选项。

⑥ 在"多变量：事后比较"对话框中选择对凝块消融药变量中的各种消融药进行多重比较检验。

在"假定等方差"栏中勾选"图基"复选框，在"不假定等方差"栏中勾选"邓尼肯 T3"复选框。

（5）主要输出结果如表 9-47～表 9-57 所示。

（6）分析与结论。

因为数据文件中的数据按手术类型分开了，故产生的输出表格都是按手术类型并排的。这与手术类型变量作为一个因素的结果是不同的。

表 9-47 所示为组间因素各单元频数，可以看出各单元的观测数是不相等的。

表 9-48 所示为描述统计量，是按凝块消融药分组的因变量描述统计量，是之后分析的参考数据。

表 9-47 组间因素各单元频数

主体间因子

手术处理		值标签	个案数
经皮冠状动脉成形术	凝块消融药 1	链激酶	68
	2	瑞替普酶	441
	3	阿替普酶	398
搭桥术	凝块消融药 1	链激酶	48
	2	瑞替普酶	255
	3	阿替普酶	271

表 9-48 描述统计量

描述统计

手术处理		凝块消融药	平均值	标准偏差	个案数
经皮冠状动脉成形术	住院时间	链激酶	4.94	1.105	68
		瑞替普酶	4.81	1.072	441
		阿替普酶	4.68	1.048	398
		总计	4.77	1.066	907
	Zscore: Log-cost	链激酶	-.8898641	.48627970	68
		瑞替普酶	-.6914047	.44479232	441
		阿替普酶	-.6764753	.49453697	398
		总计	-.6997325	.47299027	907
搭桥术	住院时间	链激酶	7.25	1.263	48
		瑞替普酶	6.62	1.137	255
		阿替普酶	6.48	1.135	271
		总计	6.60	1.163	574
	Zscore: Log-cost	链激酶	1.1089936	.48572314	48
		瑞替普酶	1.1015900	.45958294	255
		阿替普酶	1.1089308	.49721248	271
		总计	1.1056749	.47904551	574

表 9-49 所示为协方差矩阵相等的博克斯检验结果。检验的零假设是因变量的协方差矩阵在不同凝块消融药的各组中相等。无论经皮冠状动脉成形术的显著性值，还是搭桥术的显著性值，都大于或等于其 F 值，故认为证据不足以在这个检验中拒绝零假设。协方差矩阵具有齐性。

以上两个检验结果对因素水平组合形成的单元中观测数不相等的情况非常重要。

表 9-50 所示为误差方差相等的莱文检验结果。检验的零假设是因变量在不同凝块消

融药的各组中的误差方差相等,是对两个因变量分别进行的检验。从表 9-50 的"显著性"列可以看出,两种手术的花费对数和住院天数的检验结果都不足以在这个检验中拒绝零假设,故认为误差方差具有齐性。

表 9-49 协方差矩阵相等的博克斯检验结果

协方差矩阵的博克斯等同性检验[a]

经皮冠状动脉成形术	博克斯 M	12.208
	F	2.021
	自由度 1	6
	自由度 2	246014.589
	显著性	.059
搭桥术	博克斯 M	7.804
	F	1.288
	自由度 1	6
	自由度 2	126223.460
	显著性	.259

检验"各个组的因变量实测协方差矩阵相等"这一原假设。

a. 设计:截距 + clotsolv

表 9-50 误差方差相等的莱文检验结果

误差方差的莱文等同性检验[a]

手术处理			莱文统计	自由度 1	自由度 2	显著性
经皮冠状动脉成形术	住院时间	基于平均值	.545	2	904	.580
		基于中位数	.372	2	904	.689
		基于中位数并具有调整后自由度	.372	2	900.339	.689
		基于剪除后平均值	.505	2	904	.604
	Zscore: Log-cost	基于平均值	1.950	2	904	.143
		基于中位数	1.388	2	904	.250
		基于中位数并具有调整后自由度	1.388	2	888.694	.250
		基于剪除后平均值	1.696	2	904	.184
搭桥术	住院时间	基于平均值	.524	2	571	.592
		基于中位数	.431	2	571	.650
		基于中位数并具有调整后自由度	.431	2	569.423	.650
		基于剪除后平均值	.481	2	571	.619
	Zscore: Log-cost	基于平均值	.820	2	571	.441
		基于中位数	.452	2	571	.637
		基于中位数并具有调整后自由度	.452	2	566.244	.637
		基于剪除后平均值	.645	2	571	.525

检验"各个组中的因变量误差方差相等"这一原假设。

a. 设计:截距 + clotsolv

表 9-51 所示为对效应的 4 种检验结果,其中比莱轨迹、霍特林轨迹、罗伊最大根,统计量的值越大,对模型贡献越大,但是表中相应的值都很小;威尔克 Lambda 统计量的值越小,对模型贡献越大,而表中相应的值却很大,接近 1。所以 4 个统计量都说明因素变量凝块消融药效应对模型的贡献不大。但是表 9-51 中的 F 检验的显著性值,即大于或等于 F 值的概率,都小于 0.01,而偏 η^2 值也都很小,说明它们是有贡献的,但贡献不大。

表 9-51　对效应的 4 种检验结果

多变量检验[a]

手术处理	效应		值	F	假设自由度	误差自由度	显著性	偏 Eta 平方
经皮冠状动脉成形术	截距	比莱轨迹	.960	10878.466[b]	2.000	903.000	.000	.960
		威尔克 Lambda	.040	10878.466[b]	2.000	903.000	.000	.960
		霍特林轨迹	24.094	10878.466[b]	2.000	903.000	.000	.960
		罗伊最大根	24.094	10878.466[b]	2.000	903.000	.000	.960
	clotsolv	比莱轨迹	.038	8.824	4.000	1808.000	.000	.019
		威尔克 Lambda	.962	8.889[b]	4.000	1806.000	.000	.019
		霍特林轨迹	.040	8.955	4.000	1804.000	.000	.019
		罗伊最大根	.038	17.317[c]	2.000	904.000	.000	.037
搭桥术	截距	比莱轨迹	.951	5522.405[b]	2.000	570.000	.000	.951
		威尔克 Lambda	.049	5522.405[b]	2.000	570.000	.000	.951
		霍特林轨迹	19.377	5522.405[b]	2.000	570.000	.000	.951
		罗伊最大根	19.377	5522.405[b]	2.000	570.000	.000	.951
	clotsolv	比莱轨迹	.038	5.484	4.000	1142.000	.000	.019
		威尔克 Lambda	.962	5.528[b]	4.000	1140.000	.000	.019
		霍特林轨迹	.039	5.571	4.000	1138.000	.000	.019
		罗伊最大根	.039	11.165[c]	2.000	571.000	.000	.038

a. 设计：截距 + clotsolv
b. 精确统计
c. 此统计是生成显著性水平下限的 F 的上限。

表 9-52 所示为多元方差分析检验结果。对住院时间变量检验的零假设是不同凝块消融药组的平均住院时间之间无显著差异；对治疗花费对数变量检验的假设是不同凝块消融药组的平均治疗花费（以 10 为底的对数）之间无显著差异。

表 9-52　多元方差分析检验结果

主体间效应检验

手术处理	源	因变量	III 类平方和	自由度	均方	F	显著性	偏 Eta 平方
经皮冠状动脉成形术	修正模型	住院时间	5.725[a]	2	2.863	2.529	.080	.006
		Zscore: Log-cost	2.704[b]	2	1.352	6.112	.002	.013
	截距	住院时间	10695.320	1	10695.320	9448.846	.000	.913
		Zscore: Log-cost	261.593	1	261.593	1182.483	.000	.567
	clotsolv	住院时间	5.725	2	2.863	2.529	.080	.006
		Zscore: Log-cost	2.704	2	1.352	6.112	.002	.013
	误差	住院时间	1023.254	904	1.132			
		Zscore: Log-cost	199.986	904	.221			
	总计	住院时间	21624.000	907				
		Zscore: Log-cost	646.781	907				
	修正后总计	住院时间	1028.979	906				
		Zscore: Log-cost	202.690	906				
搭桥术	修正模型	住院时间	24.504[c]	2	12.252	9.316	.000	.032
		Zscore: Log-cost	.008[d]	2	.004	.017	.984	.000
	截距	住院时间	14546.869	1	14546.869	11061.280	.000	.951
		Zscore: Log-cost	387.386	1	387.386	1682.276	.000	.747
	clotsolv	住院时间	24.504	2	12.252	9.316	.000	.032
		Zscore: Log-cost	.008	2	.004	.017	.984	.000
	误差	住院时间	750.931	571	1.315			
		Zscore: Log-cost	131.487	571	.230			
	总计	住院时间	25800.000	574				
		Zscore: Log-cost	833.219	574				
	修正后总计	住院时间	775.436	573				
		Zscore: Log-cost	131.495	573				

a. R 方 = .006（调整后 R 方 = .003）
b. R 方 = .013（调整后 R 方 = .011）
c. R 方 = .032（调整后 R 方 = .028）
d. R 方 = .000（调整后 R 方 = -.003）

先看外科手术是经皮冠状动脉成形术组，分类变量 clotsolv 的 F 检验的显著性概率对住院时间显著性 = 0.08，现有证据不足以拒绝零假设。也就是不同凝块消融药组的平均住院时间之间无显著性差异；对治疗花费对数显著性 = 0.002，有足够的证据拒绝零假设，也就是说在本例条件下，不同凝块消融药组的治疗花费平均值之间的差异显著。

再看外科手术是搭桥术组，分类变量 clotsolv 的 F 检验的显著性概率对住院时间显著性 = 0.000，有足够的证据拒绝零假设，也就是说不同凝块消融药组的平均住院时间之间差异显著；对治疗花费对数显著性 = 0.982，没有足够的证据拒绝零假设，也就是说在本例条件下，不同凝块消融药组的治疗花费平均值上没有显著差异。

表 9-53 所示为经皮冠状动脉成形术组不同凝块消融药对住院时间和治疗花费的影响。

第二水平与第一水平比较，即使用瑞替普酶与使用链激酶相比，平均住院时间少了 0.129 天，显著性 = 0.351，没有足够的证据拒绝零假设，差异不显著。平均治疗花费的对数高出 0.020，显著性 = 0.001，有足够的证据拒绝零假设，即平均治疗花费差异显著。转换后为高出 $10^{0.198} = 1.579$ 千美元。

第三水平与第一水平比较，即使用阿替普酶与使用链激酶相比，平均住院时间少了 0.258 天，显著性 = 0.065，说明这个差异是随机因素引起的，具有一定的偶然性。平均治疗花费的对数高出 0.213，输出表中显著性 = 0.001，即 $p < 0.05$，说明不是偶然的。转换后为高出 $10^{0.213} = 0.213$ 千美元。

表 9-54 所示为搭桥术组不同凝块消融药对住院时间和治疗花费影响的影响。

表 9-53　经皮冠状动脉成形术组不同凝块消融药对住院时间和治疗花费的影响

手术处理=经皮冠状动脉成形术

凝块消融药 简单对比ª		因变量	
		住院天数	logcost
级别2与级别1	对比估算	-.129	.020
	假设值	0	0
	差值（估算-假设）	-.129	.020
	标准误差	.139	.006
	显著性	.351	.001
	差值的95%置信区间 下限	-.401	.008
	上限	.143	.031
级别3与级别1	对比估算	-.258	.021
	假设值	0	0
	差值（估算-假设）	-.258	.021
	标准误差	.140	.006
	显著性	.065	.001
	差值的95%置信区间 下限	-.532	.009
	上限	.016	.033

a. 参考类别=1

表 9-54　搭桥术组不同凝块消融药对住院时间和治疗花费的影响

手术处理=搭桥术

凝块消融药 简单对比ª		因变量	
		住院天数	logcost
级别2与级别1	对比估算	-.634	-.001
	假设值	0	0
	差值（估算-假设）	-.634	-.001
	标准误差	.180	.007
	显著性	.000	.922
	差值的95%置信区间 下限	-.989	-.015
	上限	-.280	.014
级别3与级别1	对比估算	-.774	-6.203E-6
	假设值	0	0
	差值（估算-假设）	-.774	-6.203E-6
	标准误差	.180	.007
	显著性	.000	.999
	差值的95%置信区间 下限	-1.127	-.015
	上限	-.421	.015

a. 参考类别=1

第二水平与第一水平比较，即使用瑞替普酶与使用链激酶相比，平均住院时间少了 0.634 天，显著性为 0.000，有足够的证据拒绝零假设，使用瑞替普酶使平均住院时间显著减少了近 10%。平均治疗花费的对数高出 0.001，显著性 = 0.922，没有足够的证据拒绝零假设，也就是两种药的平均治疗花费上无显著性差异。

第三水平与第一水平比较，即使用阿替普酶与使用链激酶相比，平均住院时间少了 0.774 天，显著性小于 0.01，说明这个差异不是随机因素引起的。使用阿替普酶使住院时间减少了 11.3%。平均治疗花费的对数高出 0，显著性 = 0.999，即 $p > 0.05$，说明证据不足以拒绝两种药的平均治疗花费是相等的假设。

表 9-55 所示为平均值多重比较表，带有"*"标记的是差异显著的两个水平的平均值。从表 9-49 和表 9-50 可得出两个方差均具有齐性的结论。因此在观察表 9-55 时应选择方差齐性的方法分析结果。在表 9-55 中查看图基 HSD 对应的数据，进行分析。这个表比较大，观察一致性子集表更容易。一致性子集是将多重比较综合后得出的表格。

表 9-55 平均值多重比较表

多重比较

手术处理	因变量		(I) 凝块消融药	(J) 凝块消融药	平均值差值 (I-J)	标准误差	显著性	95% 置信区间 上限	95% 置信区间 下限
经皮冠状动脉成形术	住院时间	图基 HSD	链激酶	瑞普普酶	.13	.139	.619	-.20	.45
				阿普普酶	.26	.140	.155	-.07	.59
			瑞普普酶	链激酶	-.13	.139	.619	-.45	.20
				阿普普酶	.13	.074	.189	-.04	.30
			阿普普酶	链激酶	-.26	.140	.155	-.59	.07
				瑞普普酶	-.13	.074	.189	-.30	.04
		邓尼特 T3	链激酶	瑞普普酶	.13	.143	.747	-.22	.48
				阿普普酶	.26	.144	.211	-.09	.61
			瑞普普酶	链激酶	-.13	.143	.747	-.48	.22
				阿普普酶	.13	.073	.221	-.05	.30
			阿普普酶	链激酶	-.26	.144	.211	-.61	.09
				瑞普普酶	-.13	.073	.221	-.30	.05
	Zscore: Log-cost	图基 HSD	链激酶	瑞普普酶	-.1984594*	.06127747	.004	-.3423128	-.0546060
				阿普普酶	-.2133888*	.06171811	.002	-.3582767	-.0685010
			瑞普普酶	链激酶	.1984594*	.06127747	.004	.0546060	.3423128
				阿普普酶	-.0149294	.03251890	.890	-.0912699	.0614111
			阿普普酶	链激酶	.2133888*	.06171811	.002	.0685010	.3582767
				瑞普普酶	.0149294	.03251890	.890	-.0614111	.0912699
		邓尼特 T3	链激酶	瑞普普酶	-.1984594*	.06265850	.006	-.3509593	-.0459595
				阿普普酶	-.2133888*	.06396842	.004	-.3688469	-.0579308
			瑞普普酶	链激酶	.1984594*	.06265850	.006	.0459595	.3509593
				阿普普酶	-.0149294	.03260532	.956	-.0929397	.0630809
			阿普普酶	链激酶	.2133888*	.06396842	.004	.0579308	.3688469
				瑞普普酶	.0149294	.03260532	.956	-.0630809	.0929397
搭桥术	住院时间	图基 HSD	链激酶	瑞普普酶	.63*	.180	.001	.21	1.06
				阿普普酶	.77*	.180	.000	.35	1.20
			瑞普普酶	链激酶	-.63*	.180	.001	-1.06	-.21
				阿普普酶	.14	.100	.344	-.10	.37
			阿普普酶	链激酶	-.77*	.180	.000	-1.20	-.35
				瑞普普酶	-.14	.100	.344	-.37	.10
		邓尼特 T3	链激酶	瑞普普酶	.63*	.196	.006	.15	1.11
				阿普普酶	.77*	.195	.001	.30	1.25
			瑞普普酶	链激酶	-.63*	.196	.006	-1.11	-.15
				阿普普酶	.14	.099	.405	-.10	.38
			阿普普酶	链激酶	-.77*	.195	.001	-1.25	-.30
				瑞普普酶	-.14	.099	.405	-.38	.10
	Zscore: Log-cost	图基 HSD	链激酶	瑞普普酶	.0074036	.07550122	.995	-.1700121	.1848193
				阿普普酶	.0000628	.07514731	1.000	-.1765212	.1766469
			瑞普普酶	链激酶	-.0074036	.07550122	.995	-.1848193	.1700121
				阿普普酶	-.0073408	.04186601	.983	-.1057191	.0910376
			阿普普酶	链激酶	-.0000628	.07514731	1.000	-.1766469	.1765212
				瑞普普酶	.0073408	.04186601	.983	-.0910376	.1057191
		邓尼特 T3	链激酶	瑞普普酶	.0074036	.07578552	1.000	-.1782370	.1930442
				阿普普酶	.0000628	.07633739	1.000	-.1867954	.1869210
			瑞普普酶	链激酶	-.0074036	.07578552	1.000	-.1930442	.1782370
				阿普普酶	-.0073408	.04171992	.997	-.1072657	.0925841
			阿普普酶	链激酶	-.0000628	.07633739	1.000	-.1869210	.1867954
				瑞普普酶	.0073408	.04171992	.997	-.0925841	.1072657

基于实测平均值。
误差项是均方（误差）= .230。
*. 平均值差值的显著性水平为 .05。

表 9-56 所示为住院天数的一致性子集表。对经皮冠状动脉成形术来说，如表 9-56 左表所示，无论使用哪种凝块消融药的住院天数均属于同一子集；对搭桥术来说，如表 9-56 右表所示，两种新药的住院天数属于同一子集，链激酶属于单一子集，平均住院天数高于两个使用新药组的住院天数。

表 9-56 住院天数的一致性子集表

手术处理=经皮冠状动脉成形术

图基 HSD[a,b,c]	凝块消融药	个案数	子集 1
	阿替普酶	398	4.68
	瑞替普酶	441	4.81
	链激酶	68	4.94
	显著性		.085

将显示齐性子集中各个组的平均值。
基于实测平均值。
误差项是均方（误差）= 1.132。
 a. 使用调和平均值样本大小 = 153.957。
 b. 组大小不相等。使用了组大小的调和平均值。
    无法保证 I 类误差级别。
 c. Alpha = .05。

手术处理=搭桥术

图基 HSD[a,b,c]	凝块消融药	个案数	子集 1	子集 2
	阿替普酶	271	6.48	
	瑞替普酶	255	6.62	
	链激酶	48		7.25
	显著性		.650	1.000

将显示齐性子集中各个组的平均值。
基于实测平均值。
误差项是均方（误差）= 1.315。
 a. 使用调和平均值样本大小 = 105.467。
 b. 组大小不相等。使用了组大小的调和平均值。无法保证 I 类误差级别。
 c. Alpha = .05。

表 9-57 所示为治疗花费（对数）的一致性子集表。对经皮冠状动脉成形术来说，两种新药的治疗花费属于同一子集，链激酶属于单一子集，平均治疗花费低于两个使用新药组的治疗花费；对搭桥术来说，无论使用哪种凝块消融药的治疗花费均属于同一子集。

表 9-57 治疗花费（对数）的一致性子集表

手术处理=经皮冠状动脉成形术

图基 HSD[a,b,c]	凝块消融药	个案数	子集 1	子集 2
	链激酶	68	-.8898641	
	瑞替普酶	441		-.6914047
	阿替普酶	398		-.6764753
	显著性		1.000	.958

将显示齐性子集中各个组的平均值。
基于实测平均值。
误差项是均方（误差）= .221。
 a. 使用调和平均值样本大小 = 153.957。
 b. 组大小不相等。使用了组大小的调和平均值。无法保证 I 类误差级别。
 c. Alpha = .05。

手术处理=搭桥术

图基 HSD[a,b,c]	凝块消融药	个案数	子集 1
	瑞替普酶	255	1.1015900
	阿替普酶	271	1.1089308
	链激酶	48	1.1089936
	显著性		.993

将显示齐性子集中各个组的平均值。
基于实测平均值。
误差项是均方（误差）= .230。
 a. 使用调和平均值样本大小 = 105.467。
 b. 组大小不相等。使用了组大小的调和平均值。无法保证 I 类误差级别。
 c. Alpha = .05。

该研究项目提出的，对于心梗患者服用新的凝块消融药比使用链激酶是否可以减少住院天数以弥补治疗的高昂费用的结论如下。

对于搭桥术而言，服用新药可以缩短住院时间 10%～11%，没有证据说明治疗花费有显著差异。

对于经皮冠状动脉成形术而言，服用新药的住院时间与服用链激酶基本是一致的，花费要显著高出 1000 多美元。

结论是对于做搭桥手术的心梗患者，使用阿替普酶或瑞替普酶代替原来常用的链激酶可以缩短住院时间而不增加治疗费用；对做经皮冠状动脉成形术的患者，使用阿替普酶或瑞替普酶代替原来常用的链激酶只能增加治疗费用，不能缩短住院时间。

由多重平均值比较表（见表 9-55）和两对一致性子集表（见表 9-56、表 9-57）也可以得出以上结论。

9.5 重复测量设计的方差分析

9.5.1 重复测量方差分析概述

1. 重复测量方差分析的概念与重复测量方差分析的过程

最简单的重复测量方差分析是对试验对象进行两次测量的分析。例如，在试验前、后各测量一次，分析试验前、后样本平均值间差异的显著性，从而推断试验施加的处理或不同条件的效应。使用配对样本 T 检验也可以进行相关分析。本章介绍的是测量次数大于或等于 3 的情况下的方差分析方法。

一般线性模型重复测量过程属于高级分析过程，对同一因变量进行重复测量，可以是同一条件下进行的重复测量，目的在于研究各种处理之间是否存在显著性差异的同时研究受试者间的差异；也可以是不同条件下进行的重复测量，目的在于研究各种处理间是否存在显著性差异的同时研究形成重复测量条件间的差异，以及这些条件与处理间的交互效应。

例如，在对某种动物不同种系的繁殖试验中，使用两种种系的动物，每种系若干只，在不同温度下，测量其体重、胎儿重、脂肪厚度等，可以在分析种系之间（组间因素）有关繁殖指标的差异的同时，研究不同温度（组内因素）下繁殖指标间的差异，以及随温度变化各指标的变化趋势。

一般线性模型重复测量过程是对每个观测对象在不同条件下进行多次相同测量的方差分析。使用一般线性模型重复测量过程可以检验组间因素（处理）的效应和组内因素（重复测量）的效应的零假设，还可以检验处理因素的效应及重复测量因素间的交互效应，除此之外，还包括协变量效应、组间因素的与协变量间的交互效应。

2. 几个术语

- 组间因素（Between-Subjects Factor）：即处理因素，组间因素的水平把观测划分成几个组。这里的组间因素的水平是指处理的不同水平。一般线性模型重复测量过程研究不同水平间因变量之间的差异。
- 组内因素（Within-Subjects Factor）：组内因素形成重复测量条件。组内因素的水平数决定了对观测对象的重复测量次数。一般线性模型重复测量过程研究重复测量的各组间的差异。
- 测试指标名称（Measure Name）：即模型中的因变量的名称，是每次测量的变量的名称。
- 协变量（Covariates）：尺度类型的预测因子如果在因素水平的组合（单元）中，与因变量的值是线性相关的，应该选作模型中的协变量。
- 交互效应（Interactions）：一般线性模型重复测量过程默认产生具有全部因素交互效应的模型，这意味着因素水平的每个组合与因变量有不同的线性效应。另外，如果认为在协变量与因变量之间的线性关系因因素水平的不同而不同，那么可以指定因素变量与协变量的交互效应。

例如，在一项减肥研究中，每周测量几个人的体重，共测量 5 周。在数据文件中，每个人是一个观测对象，或称事件。各周测量的体重记录在变量 weight1~weight5 中，每个人的性别记录在另一个变量中。对每个观测对象重复测量的体重可以通过定义组内因素组织起来。该因素可以叫作 week，定义它有 5 个水平。在数据文件中，性别变量可以定义为组间变量，以便研究不同性别间的差异。weight 作为测量变量，该测量在数据文件中并不作为变量存在，但是在这里定义。有时将具有多个测量的模型叫作双重重复测量模型。

3. 偏差平方和的分解

重复测量设计的方差分析中的偏差平方和分解如下。设 m 水平的处理因素把样本观测分为 m 组，$j = 1 \sim m$；每组有 n 个试验对象，$i = 1 \sim n$；对每个试验对象进行 l 次测量，$k = 1 \sim l$。

（1）总处理的偏差平方和被分解为处理因素间的偏差平方和、重复测量因素间的偏差平方和及处理因素与重复测量因素间的交互的偏差平方和，有

$$S_{总处理} = n\sum_{j=1}^{m}\sum_{k=1}^{l}(\overline{x}_{jk} - \overline{\overline{x}})^2，\text{自由度为 } m \times (l-1)$$

式中，$\overline{x}_{jk} = \dfrac{1}{n}\sum_{i=1}^{n}x_{ijk}$，$\overline{\overline{x}} = \dfrac{1}{mnl}\sum_{i=1}^{k}\sum_{j=1}^{n}\sum_{k=1}^{l}x_{ijk}$。

$$S_{重复测量因素间} = nm\sum_{k=1}^{l}(\overline{x}_k - \overline{\overline{x}})^2，\text{自由度为 } l-1$$

式中，$\overline{x}_k = \dfrac{1}{l}\sum_{i=1}^{n}\sum_{j=1}^{m}x_{ijk}$。

$$S_{处理因素间} = nl\sum_{j=1}^{m}(\overline{x}_j - \overline{\overline{x}})^2，\text{自由度为 } m-1$$

式中，$\overline{x}_j = \dfrac{1}{n \times l}\sum_{i=1}^{n}\sum_{k=1}^{l}x_{ijk}$。

$S_{处理因素*重复测量因素} = S_{总处理} - S_{处理因素间} - S_{重复测量因素间}$，交互项的自由度为 $(m-1) \times (l-1)$。

（2）整个样本的总的偏差平方和被分解为各次重复测量因素合计的偏差平方和与体现重复测量因素间差异的重复测量组内偏差平方和，公式如下：

$$S_{总处理} = \sum_{i=1}^{m}\sum_{j=1}^{n}\sum_{k=1}^{l}(x_{ijk} - \overline{\overline{x}})^2，\text{自由度为 } n \times m \times (l-1)$$

$$S_{处理因素间合计} = \frac{1}{k}\sum_{i=1}^{n}\sum_{j=1}^{m}(x_{ij} - \overline{x}_{ij})^2，\text{自由度为 } m \times (n-1)$$

式中，$\overline{x}_{ij} = \dfrac{1}{n \times m}\sum_{i=1}^{n}\sum_{j=1}^{m}x_{ij}$；重复测量的合计 $x_{ij} = \sum_{k=1}^{l}x_{ijk}$。

$S_{组内合计（重复测量因素间）} = S_{总处理} - S_{处理因素间}$，自由度为 $m \times (n-1)$

（3）上述组间合计的偏差平方和被分解为处理因素间的偏差平方和与组间误差的偏差平方和，公式如下：

$S_{组间误差} = S_{组间合计} - S_{处理因素间}$，自由度为 $m \times (n-1)$

(4) 上述组间合计的偏差平方和可分解为重复测量因素间的偏差平方和和处理因素间的偏差平方和与交互作用的偏差平方和与组内误差的偏差平方和。前三项根据前面公式可以计算出，故有

$$S_{\text{组内误差}} = S_{\text{组间合计}} - S_{\text{处理因素*重复测量因素}}, \quad \text{自由度为 } m \times (n-1) \times (l-1)$$

(3)、(4) 中的偏差平方和除以各自的自由度可得到相应的均方。它们与误差均方的商就是 F 检验的 F 值。

4．SPSS 中重复测量方差分析的假设检验

假设有 k 个样本，即对同一组观测对象在 k 个条件下的重复测量。

(1) 零假设：k 次重复测量的样本平均值相同，即 $\mu_1=\mu_2=\mu_3=\cdots=\mu_k=\mu$，$k$ 个样本有共同的方差 σ，则 k 个样本来自具有共同的方差 σ 和相同的平均值 μ 的总体。SPSS 将 k 次重复测量样本视为 k 个因变量，做 4 种多元方差分析检验。经过检验 F 值远远大于临界值，若 $p < 0.05$，则拒绝零假设；若 $p > 0.05$，则无法拒绝零假设，样本来自相同总体，处理无作用，即 k 次重复测量间无显著差异。

(2) 当定义了组间因素变量，在进行重复测量方差分析时，组间偏差平方和反映了该分组变量各水平间的差异。检验的零假设是：该分类变量各水平组成的样本来自平均值相同的总体。经计算，若组间均方远远大于误差均方，F 值远远大于临界值，$F_b > F_{0.05\,df_b,\,df_{rse}}$，则 $p < 0.05$，拒绝零假设，说明分类变量各水平的因变量平均值差异显著，样本来自不同的正态总体，否则无法拒绝零假设。不足以在这个检验中拒绝零假设（不排除在样本更多时，或使用另一个检验方法时拒绝零假设）。

5．趋势分析

如果重复测量的条件是有序变化的，如在不同时间点或不同温度点下进行的测量，那么可以分析因变量平均值随时间变化的趋势或随温度变化的趋势是否是线性的、二次的、三次的或更高次的。

9.5.2 重复测量方差分析的数据文件结构

1．重复测量设计的数据及数据文件结构

在试验中进行重复测量的因变量应该是连续的数值型数据。这些重复测量的因变量可以是在不同条件下对同一组观测对象进行测量的结果，这些结果组合后作为组内因素，这是重复测量设计所必需的。

试验中的分类变量体现了观测对象的分组，不同组观测对象在方差分析中作为组间因素。最简单的方差分析中可以不包括组间因素。

在进行重复测量方差分析时，数据的组织与其他类型的方差分析有所不同，它要求对受试者的若干次重复测试结果作为不同因变量出现在数据文件中。例如，对刺激反应测量的试验方法的研究设置了 3 个级别的视觉刺激作为处理因素变量，4 位受试者均接受 3 个级别的刺激，给予每个受试者一个编号，该变量不参与分析，只在输入数据及核对时使用。对每个受试者在同样条件下进行 3 次测量，原始试验数据记录如表 9-58 所示，数据文件为 data09-09。

在"数据编辑器"窗口中建立数据文件的变量说明：number 表示受试者编号，vsno 表示视觉刺激等级（1=刺激1，2=刺激2，3=刺激3），time1 表示反应时测量1，time2 表示反应时测量2，time3 表示反应时测量3。数据文件中的数据样例如图9-30所示，数据文件的结构对重复测量方差分析很重要，一定要把每次测量值作为一个变量，否则无法使用SPSS的重复测量方差分析功能对数据进行分析。

表 9-58 原始数据

受试者	刺激 1				刺激 2				刺激 3			
	1	2	3	4	5	6	7	8	9	10	11	12
反应时测量1	0.9	1.5	0.5	0.8	2.4	1.9	2.9	2.4	1.5	2.1	1.1	1.6
反应时测量2	1.2	1.1	0.8	1.3	2.8	2.4	3.3	2.8	1.2	1.9	1.5	1.8
反应时测量3	0.7	0.8	0.5	0.9	2.1	2.2	2.7	2.9	1.9	2.2	1.0	1.3

	number	vsno	time1	time2	time3
1	1	1	.9	1.2	.7
2	2	1	1.5	1.1	.8
3	3	1	.5	.8	.5
4	4	1	.8	1.3	.9
5	1	2	2.4	2.8	2.1
6	2	2	1.9	2.4	2.2
7	3	2	2.9	3.3	2.7
8	4	2	2.4	2.8	2.9
9	1	3	1.5	1.2	1.9
10	2	3	2.1	1.9	2.2
11	3	3	1.1	1.5	1.0
12	4	3	1.6	1.8	1.3

图 9-30 数据文件中的数据样例

2．重复测量方差分析的假设条件

重复测量方差分析设计中的每个测试指标（如体重、肺活量、身高等）的每组测量中的观测应该是独立且符合多元正态分布的，这与一元分析（ANOVA）、多元分析（MANOVA）一样。如果数据违反多元正态分布或观测独立的假设，那么可能得到不可解释的结果。

重复测量方差分析设计还要求满足球形假设，即每组间的方差-协方差矩阵相等，但在各组观测相等的情况下，对该假设条件的要求并不严格。

9.5.3 组内因素的设置与重复测量方差分析过程

一般线性模型重复测量过程调用步骤如图9-2所示，即按"分析→一般线性模型→重复测量"顺序单击，打开"重复测量定义因子"对话框，如图9-31所示。

1）组内因素的定义

注意：这里定义的不是数据文件中的变量，而是重复测量的变量组的代号。

（1）定义组内因素。当选择了"重复测量"命令时，并不马上打开"重复测量"对话框，而是先显示定义组内因素的"重复测量定义因子"对话框，如图9-31所示。

下面研究的组内因素是由3个视觉刺激反应时构成的，将这个组内因素命名为time，共有3个水平。

① 在"重复测量定义因子"对话框的"主体内因子名"框中输入组内因素名 time。

② 在"级别数"（应译为"水平数"）框中输入因素水平数"3"。输入结束后，"添加"按钮加亮，单击该按钮，表达式"time(3)"显示在大矩形框中。如果研究的课题中还有其他组内因素，可以用同样的方法继续定义。

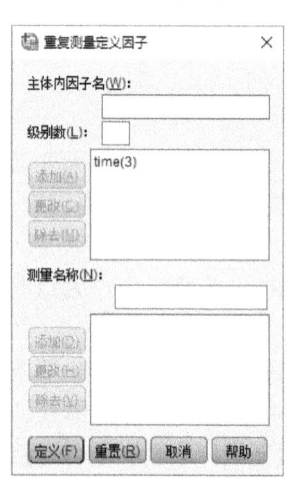

图 9-31 "重复测量定义因子"对话框

③ 已经定义的组内因素若有错误，单击出错的定义表达式，此时"更改"按钮和"除

去"按钮加亮。单击"更改"按钮，表达式分解为组内因素名和水平两部分，分别显示在"主体内因子名"框和"级别数"框中。在框中修改后，单击"更改"按钮，正确的表达式将显示在大矩形框中。删除已经定义并显示在大矩形框中的组内因素的操作为，单击该表达式后单击"除去"按钮。

④ 如果对每个组内因素代表的变量的测量仍有重复，可在"重复测量定义因子"对话框中定义表示重复测试的变量。

例如，在减肥的研究中，试验对象为 20 个人。在 5 周中，每周测一次体重。在数据文件中每个人是 1 个观测（1 个记录，占 1 行）。每周测得的体重数为 weight1~weight5 五个变量的值。另外用 gender 变量记录试验对象的性别。对每个人来说，体重就是重复测量的变量。把 weight1~weight5 定义为组内因素名，可以命名为 week，它有 5 个水平。在"主体内因子名"框中输入"week"，在"级别数"框中输入"5"，单击"添加"按钮。在"重复测量"对话框中，weight1~weight5 用于给 week 的 5 个水平赋值。将 gender 变量定义为组间因素，以便研究男、女在减肥试验中的差异。如果还要每天测一次脉搏和呼吸，那么应该在"测量名称"框内定义这些测量结果。

（2）检查所有定义的组内因素表达式，在确定正确无误后，单击"定义"按钮，结束组内因素定义工作，进入"重复测量"对话框，如图 9-32 所示。

"重复测量"对话框中有 4 个矩形框。

① 左边的矩形框中显示了在数据文件中输入的所有变量。

② 右边的"主体内变量"框中显示了在"重复测量定义因子"对话框中定义的所有组内因素的名称。名称后面的括号内显示的是待定的因素水平。

③ "主体间因子"框用来定义组间因素。

④ "协变量"框用来定义协变量。

2）定义组内因素各水平组合与原始变量的对应关系

"主体内变量"框中显示的一系列"_?_(n)"，表示组内的第 n 个水平变量。

在原始变量列表中选择组内因素第 n 水平的变量并单击。本例选择原始变量 time1 作为组内因素 time 的第一水平，因此单击左边矩形框中的 time1，然后单击向右移动变量按钮，"主体内变量"框中的_?_(1)变为 time1(1)。如果想要让 time1 作 time 变量的第二水平，可以单击向下移动变量按钮，使 time1(1)变为 time1(2)（可以使用上、下移动变量按钮改变组内因素变量水平与原始变量的对应关系）。

注意：组内因素水平组合表达式的括号内是水平组合。本例只定义了 1 个组内因素 time，因此表达式括号内有 1 个数字；如果定义了 2 个组内因素，那么表达式括号内应为 2 个用逗号隔开的水平序号。

例如，定义了组内因素 x 有 2 个水平；y 有 3 个水平，在"主体内变量"框中将出现符合以下要求定义的表达式：

_?_(1,1)、_?_(1,2)、_?_(1,3)、_?_(2,1)、_?_(2,2)、_?_(2,3)

当然，在数据文件中与之对应的应该有 6 个因变量，每个因变量对应一种水平组合。读者不难反过来思考这种重复测量方差分析设计。

3）定义方差分析的组间因素变量

在原始变量列表中选择组间因素变量，如选择 vsno，送入"主体间因子"框。

4）定义协变量及其类型

如果有协变量，则在原始变量列表中选择协变量，单击向右移动变量按钮，将其送入"协变量"框。

5）定义分析模型

在"重复测量"对话框中，单击"模型"按钮，打开"重复测量：模型"对话框，如图 9-33 所示。

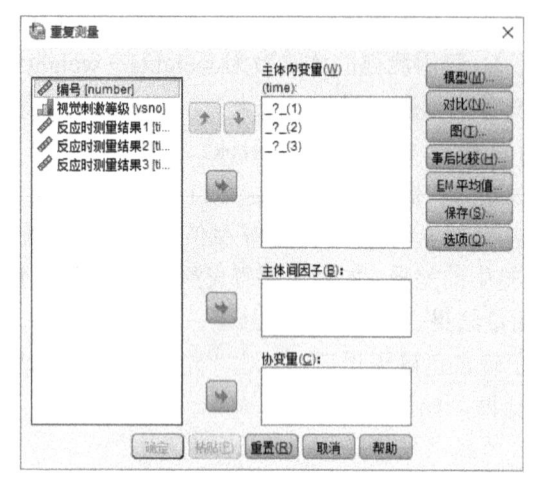

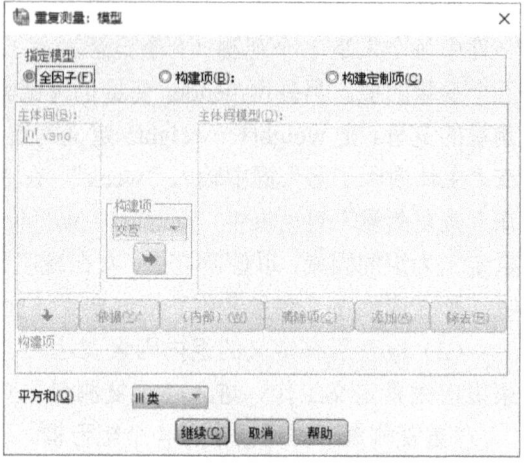

图 9-32 "重复测量"对话框　　　　图 9-33 "重复测量：模型"对话框

（1）在"指定模型"栏中选择定义模型的方式。

①"全因子"单选按钮：选择此项将使用饱和模型，是系统默认方式。饱和模型包含所有因素变量主效应、所有协变量主效应及所有因素变量间交互效应，但不包含协变量交互项。

②"构建项"单选按钮：选择此项将使用自定义模型，可以仅指定部分分析中感兴趣的交互项或指定因素变量与协变量的交互。

③"构建定制项"单选按钮：如果要包含嵌套项，或者想要按变量显式构建任何项，请选择本选项。

（2）自定义模型。"主体间"框中列出了主体间因素变量与协变量。主体间模型取决于数据的性质。选择"构建项"单选按钮后，可以选择分析中感兴趣的主效应和交互效应。中间的"构建项"栏中是对应效应类型的下拉列表，其中有主效应、各级交互效应。选择一种类型使用，参见 9.3.2 节叙述的方法。注意，如果有两个以上协变量，不能指定协变量与协变量间的交互效应，但可以通过主菜单"转换"中的计算变量功能使两个协变量相乘建立新变量，再建立指定新变量的各种效应。

（3）选择计算组间模型平方和方法。在"平方和"下拉列表中可以选择分解平方和的方法。Ⅲ型方法是常用的方法，也是系统默认的方法。

6）其他功能

对比功能、图功能、事后比较功能、EM 平均值功能、保存功能、选项功能均与单因变量多因素方差分析的选项、含义相同。

7）运行

选定各子对话框中的选项后，在各子对话框中单击"继续"按钮，返回"重复测量"对话框，单击"确定"按钮，提交系统执行。

9.5.4 重复测量方差分析实例

【例 11】 下面以一元重复测量分析为例说明重复测量设计方差分析原理。研究 4 种药物对某生化指标的作用，5 名受试者参与试验。不同药物对受试者的影响数据如表 9-59 所示。每种药物试验之间的相隔时间足以避免药物之间的相互影响。这是无处理（条件）分组，一个组内因素的试验设计。数据文件为 data09-10。

研究的零假设为，4 种药物对某生化指标作用（组内）无显著性差异。

表 9-59 不同药物对受试者的影响数据

受试者	药物1	药物2	药物3	药物4
1	30	28	16	34
2	14	18	10	22
3	24	20	18	30
4	38	34	20	44
5	26	28	14	30

1）操作步骤

（1）按"分析→一般线性模型→重复测量"顺序单击，打开"重复测量定义因子"对话框。

（2）定义组内因素。

① 在"重复测量定义因子"对话框的"主体内因子名"框中删除原有因子1，输入组内因素变量名 med。注意：该名称不能与当前数据文件中的变量名相同。

② 在"级别数"框中输入组内因素变量 med 的水平数"4"。

③ 单击"添加"按钮，在大矩形框中显示"med(4)"，"定义"按钮变亮，组内因素设置完成。

④ 单击"定义"按钮，确认以上一个组内因素变量的单元，打开"重复测量"对话框。

（3）在"重复测量"对话框中设置分析变量。设置组内因素变量 med 与原始变量间的对应关系。在原始变量列表中选择 med1～med4 四个变量，单击向右移动变量按钮，在"主体内变量"框中，第一项变为 med1(1)，其下为 med2(2)、med3(3) 和 med4(4)。

（4）本例的重复测量试验设计没有考虑协变量，故无须对"协变量"框进行操作。

（5）根据数据特点，只能检验 4 种药物对生化指标变化的差异的显著性，以及受试者间的差异性，无须指定分析模型。根据试验目的无须进行平均值比较，因此无须对"重复测量：对比"对话框进行操作。

（6）单击"EM 平均值"按钮，打开"重复测量：估算边际平均值"对话框。为在输出中显示观测平均值，在"因子与因子交互"框中选择 med，单击向右移动变量按钮，使 med 显示在"显示下列各项的平均值"框中。单击"继续"按钮，返回"重复测量"对话框。

（7）在"重复测量"对话框中，单击"选项"按钮，打开"重复测量：选项"对话框。勾选"描述统计"复选框，要求输出各种药物作用下生化指标的描述统计量，以便根据输出得出结论。单击"继续"按钮，返回"重复测量"对话框。

（8）在"重复测量"对话框中单击"确定"按钮，提交系统执行。

2）输出结果

输出结果如表 9-60～表 9-63 所示。

3）结果解释与分析

表 9-60（a）所示为主体内因子，是组内因素变量基本数据信息。组内因素变量为 med，

有 4 个水平，作为 4 个因变量 med1、med2、med3 和 med4。

表 9-60（b）所示为重复测量变量的描述统计量，是每种药物作用后的生化指标平均值、标准差及观测数。

表 9-60 基本信息与描述统计量

主体内因子
测量：MEASURE_1

med	因变量
1	med1
2	med2
3	med3
4	med4

（a）

描述统计

	平均值	标准偏差	个案数
服药物1后生化指标	26.40	8.764	5
服药物2后生化指标	25.60	6.542	5
服药物3后生化指标	15.60	3.847	5
服药物4后生化指标	32.00	8.000	5

（b）

表 9-61 所示为药物间多元检验结果。4 种方法的 F 检验的 p 值（显著性）均为 0.034，因此在显著性水平为.05 时，可以拒绝零假设，也就是说 4 种药物对该生化指标的作用差异显著。所用的威尔克 Lambda 取值范围为 0~1，该值越接近 0，越有充分的证据拒绝作为因变量的 4 种药物对某生化指标作用无差异的假设。表 9-61 中的威尔克 Lambda 值是 0.023，因而有理由可以拒绝零假设。罗伊最大根是检验矩阵的最大特征值，该值越大表明该效应对模型的贡献越大，本例中该值为 42.618。罗伊最大根永远小于或等于霍特林轨迹，当这两个统计量相等时，表明在因变量间存在很强的相关性，对重复测量的 4 个变量 med1~med4 进行相关分析，可以看到相似的结果。霍特林轨迹永远大于比莱轨迹，这两个统计量相距越大，表明该效应对模型贡献越大。本例中的比莱轨迹值为 0.977，霍特林轨迹值为 42.618，说明 4 种药物对某生化指标的贡献是比较多的。

表 9-61 药物间多元检验结果

多变量检验[a]

效应		值	F	假设自由度	误差自由度	显著性
med	比莱轨迹	.977	28.412[b]	3.000	2.000	.034
	威尔克 Lambda	.023	28.412[b]	3.000	2.000	.034
	霍特林轨迹	42.618	28.412[b]	3.000	2.000	.034
	罗伊最大根	42.618	28.412[b]	3.000	2.000	.034

a. 设计：截距
 主体内设计：med
b. 精确统计

表 9-62 所示为被试者组内效应方差分析结果，即重复测量间的差异。表 9-62 第 1 行是在满足球形假设条件下，对 F 检验的分子、分母自由度不进行调整的检验结果；下面 3 行是在不满足球形假设条件下，用 3 种不同的检验方法，对 F 检验的分子、分母自由度进行不同调整的检验结果。4 种条件下的 F 检验对应的显著性值 p 均不超过 0.001，因此有充分的证据拒绝组内因素无差异的零假设，也就是说，受试者对不同药物的反应差异显著。由于平衡设计对球形假设条件没有严格要求，而且在表 9-62 中的几种情况的检验结果都相同，因此没有给出球形假设的输出表。

表 9-63 所示为一元完全随机设计方差分析（数据文件为 data09-10a）结果。与按重

复测量方差分析结果比较，可以看出，重复测量方差分析的 F 值远大于一元完全随机设计方差分析的 F 值，重复测量方差分析的显著性概率更是远离 0.01。

可以看出，反复使用较少的试验对象不仅可以减少人力、财力在试验中的消耗，而且可以很好地减少试验对象个体偏差引起的误差方差。当然，需要避免的是两次试验间的相互影响。例如，本例中对同一个试验对象给 4 种药物进行试验，两种药物试验间的时间间隔可能要相当长，以免前一种药物对后一次试验产生影响。这是专业问题，不是统计方法问题，需要读者注意。

表 9-62 受试者组内效应方差分析结果

主体内效应检验

测量：MEASURE_1

源		III 类平方和	自由度	均方	F	显著性
med	假设球形度	698.200	3	232.733	24.759	.000
	格林豪斯-盖斯勒	698.200	1.815	384.763	24.759	.001
	辛-费德特	698.200	3.000	232.733	24.759	.000
	下限	698.200	1.000	698.200	24.759	.008
误差 (med)	假设球形度	112.800	12	9.400		
	格林豪斯-盖斯勒	112.800	7.258	15.540		
	辛-费德特	112.800	12.000	9.400		
	下限	112.800	4.000	28.200		

表 9-63 一元完全随机设计方差分析结果

ANOVA

服药物1后生化指标

	平方和	自由度	均方	F	显著性
组间	698.200	3	232.733	4.692	.016
组内	793.600	16	49.600		
总计	1491.800	19			

9.5.5 关于趋势分析

1．趋势分析的概念

当重复测量的条件是某些有序变量时，可以分析重复测量的因变量随有序变量变化的趋势。

【例 12】选择 16 名试验对象，使用两种方法锻炼他们的记忆。训练一段时间后，每隔一天测试一次记忆情况，共测试 5 次。每次测试均按一定法则对每个参与试验的人员打分。数据文件为 data09-11。这是一个组内因素、一个组间因素的重复测量设计的例题。由于组内因素是与时间有关的变量，因此不仅可以分析比较两种训练记忆的方法哪个更有效，还可以得到随时间的推移记忆随时间下降的数学模型。如果记忆的下降在整个测量的时间段上是个常数，那么会发现记忆的下降与时间是线性关系。如果记忆的下降表现为前两天缓慢下降，从第三天开始急剧下降，那么会得到一个二次趋势；如果记忆的下降表现为第一天缓慢下降，在以后的几天急剧下降，最后达到稳定，那么记忆与时间的关系呈三次关系，对应趋势图如图 9-34 所示。

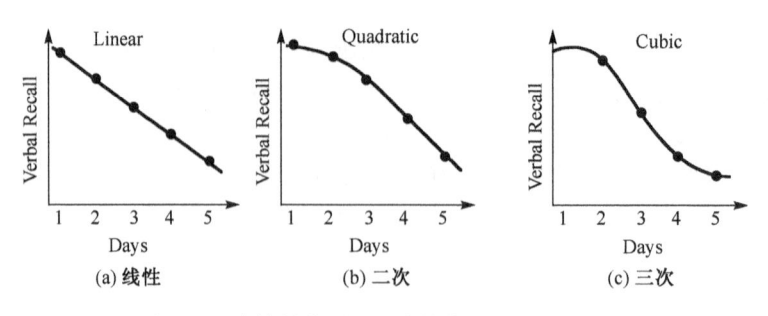

| | Linear | Quadratic | Cubic |

图 9-34　线性趋势图、二次趋势图、三次趋势图

2. 有关记忆趋势分析的操作步骤

（1）打开数据文件 data09-11。按"分析→一般线性模型→重复测量"顺序单击，打开"重复测量定义因子"对话框。

（2）在"主体内因子名"框中输入 days，设置重复测量变量集名称为 days。在"级别数"框中输入 5，单击"添加"按钮，再单击"定义"按钮。

（3）在"重复测量"对话框中的原始变量列表内选择 day1～day5 五个因变量，单击向右移动变量按钮，在"主体内变量"框内显示 day1(1)，day2(2)，…，day5(5)。将变量 group 作为被试间因子送入"主体间因子"框。

（4）单击"模型"按钮，在"重复测量：模型"对话框中选择"构建项"单选按钮，自定义模型。在两框中间的"构建项"栏的下拉列表中选择"主效应"选项，将"主体间"框中的分组变量 group 送入"主体间模型"框。单击"继续"按钮，返回"重复测量"对话框。

（5）单击"图"按钮，在打开的"重复测量：轮廓图"对话框中，选择 days 作为横轴变量送入"水平轴"框，将 group 作为分线变量送入"单独的线条"框，单击"添加"按钮，确定要输出的图形表达式 days*group。单击"继续"按钮，返回"重复测量"对话框。

（6）单击"EM 平均值"按钮，在打开的"重复测量：估算边际平均值"对话框中，选择 group 和 OVERALL 送入"显示下列各项的平均值"框，单击"继续"按钮，返回"重复测量"对话框。

（7）单击"选项"按钮，在打开的"重复测量：选项"对话框中，勾选"描述统计"复选框、"效应量估算"复选框。单击"继续"按钮，返回"重复测量"对话框。

因为组间变量 group 只有 2 个水平，所以不能进行平均值的多重比较。

（8）单击"确定"按钮，提交系统运行。

3. 输出结果

输出结果如表 9-64～表 9-69 和图 9-35 所示。

4. 输出结果说明

表 9-64（a）显示了组内因素变量 days 的信息，其由 5 个因变量组成；表 9-64（b）显示了组间因素变量的信息，其按试验方法分为两组，每组有 8 个试验对象。

表 9-65 所示为组合变量各水平及总描述统计量，按试验组对照组分组显示每个因变量的平均值、标准差、观测数。

表 9-64　组内因素和组间因素清单

主体内因子	
测量：MEASURE_1	
days	因变量
1	day1
2	day2
3	day3
4	day4
5	day5

(a)

主体间因子		
		个案数
实验方法分组	1	8
	2	8

(b)

表 9-65　组合变量各水平及总描述统计量

描述统计

	实验方法分组	平均值	标准偏差	个案数
一天后分数	1	34.25	6.228	8
	2	35.00	5.928	8
	总计	34.63	5.886	16
两天后分数	1	30.88	6.728	8
	2	31.63	5.097	8
	总计	31.25	5.779	16
三天后分数	1	24.50	4.986	8
	2	24.88	4.704	8
	总计	24.69	4.686	16
四天后分数	1	19.13	5.592	8
	2	20.25	3.882	8
	总计	19.69	4.686	16
五天后分数	1	16.88	5.890	8
	2	15.25	5.651	8
	总计	16.06	5.639	16

表 9-66 所示为多元检验结果，是针对 5 天作为 5 个因变量进行的多元检验。检验的假设是 5 天里每天得分的平均值相等，各天得分与训练方法之间无交互作用。可以看出，两种训练方法的 F 检验 p 值（表中的显著性）均为 0.000，小于 0.001，因此 5 天之间得分的平均值间差异显著。威尔克 Lambda 值为 0.059，接近 0 可以得到同样结果。同时可见，days 和 group 交互效应的 4 种检验结果 p 值（表中的显著性）均为 0.364，因此在显著性水平即使 0.2 时也没有足够证据可以拒绝"训练方法与测试延续时间之间无交互效应"的零假设。

表 9-66　多元检验结果

多变量检验[a]

效应		值	F	假设自由度	误差自由度	显著性	偏 Eta 平方
days	比莱轨迹	.941	43.509[b]	4.000	11.000	.000	.941
	威尔克 Lambda	.059	43.509[b]	4.000	11.000	.000	.941
	霍特林轨迹	15.821	43.509[b]	4.000	11.000	.000	.941
	罗伊最大根	15.821	43.509[b]	4.000	11.000	.000	.941
days * group	比莱轨迹	.364	1.573[b]	4.000	11.000	.249	.364
	威尔克 Lambda	.636	1.573[b]	4.000	11.000	.249	.364
	霍特林轨迹	.572	1.573[b]	4.000	11.000	.249	.364
	罗伊最大根	.572	1.573[b]	4.000	11.000	.249	.364

a. 设计：截距 + group
　主体内设计：days
b. 精确统计

表 9-67 所示为组内因素效应检验结果，无论是否符合球形假设的前提条件，4 种方法计算的组合变量 daysⅢ类偏差平方和相等，只是根据不同方法调整了自由度，F 检验的结果出现当前 F 值及其更加极端值的概率均小于 0.001，有充分证据可以拒绝零假设。也就是说，5 天间的得分平均值差异显著，而 days 与 group 交互效应不显著（$p>0.4$）。

表 9-67 组内因素效应检验结果

主体内效应检验

测量：MEASURE_1

源		Ⅲ类平方和	自由度	均方	F	显著性	偏 Eta 平方
days	假设球形度	3832.925	4	958.231	135.268	.000	.906
	格林豪斯-盖斯勒	3832.925	1.870	2049.340	135.268	.000	.906
	辛-费德特	3832.925	2.302	1664.885	135.268	.000	.906
	下限	3832.925	1.000	3832.925	135.268	.000	.906
days * group	假设球形度	19.175	4	4.794	.677	.611	.046
	格林豪斯-盖斯勒	19.175	1.870	10.252	.677	.507	.046
	辛-费德特	19.175	2.302	8.329	.677	.535	.046
	下限	19.175	1.000	19.175	.677	.425	.046
误差 (days)	假设球形度	396.700	56	7.084			
	格林豪斯-盖斯勒	396.700	26.184	15.150			
	辛-费德特	396.700	32.231	12.308			
	下限	396.700	14.000	28.336			

表 9-68 所示为组内因素多项式对比检验结果。假设：①分数平均值随天数变化的趋势不具有线性特性；②分数平均值随天数变化的趋势不具有二次特性；③分数平均值随天数变化的趋势不具有三次特性；④分数平均值随天数变化的趋势不具有四次特性。各种回归分析的方差分析表明，除假设②$p=0.623$ 外，均可在显著性水平 0.05 或 0.01 时，有充分的证据可以拒绝零假设（因为①$p=0.000$，③$p=0.003$，④$p=0.039$），也就是说，记忆随时间变化的趋势符合线性函数或三次函数、四次函数的特征，犯错误的概率小于 0.01 或 0.05。根据偏 η^2 的大小，可以认为变化趋势为线性下降的。

表 9-68 组内因素多项式对比检验结果（趋势分析）

主体内对比检验

测量：MEASURE_1

源	days	Ⅲ类平方和	自由度	均方	F	显著性	偏 Eta 平方
days	线性	3792.756	1	3792.756	193.729	.000	.933
	二次	1.290	1	1.290	.253	.623	.018
	三次	33.306	1	33.306	12.850	.003	.479
	第 4 阶	5.572	1	5.572	5.197	.039	.271
days * group	线性	7.656	1	7.656	.391	.542	.027
	二次	5.469	1	5.469	1.074	.318	.071
	三次	3.906	1	3.906	1.507	.240	.097
	第 4 阶	2.144	1	2.144	1.999	.179	.125
误差 (days)	线性	274.087	14	19.578			
	二次	71.313	14	5.094			
	三次	36.288	14	2.592			
	第 4 阶	15.012	14	1.072			

表 9-69 所示为边际平均值表，左表是按试验方法分组的平均值、标准误差和 95%置信区间；右表是总平均值、标准误差和 95%置信区间。

表 9-69 边际平均值表

实验方法分组

测量: MEASURE_1

实验方法分组	平均值	标准误差	95% 置信区间	
			下限	上限
1	25.125	1.762	21.345	28.905
2	25.400	1.762	21.620	29.180

总平均值

测量: MEASURE_1

平均值	标准误差	95% 置信区间	
		下限	上限
25.263	1.246	22.590	27.935

图 9-35 所示为每天平均分数趋势图。由图 9-35 可以看出，试验方法 2 随时间的推移记忆下降趋势近似直线，试验方法 1 对应的折线近似三次函数曲线，这与根据表 9-68 得出的趋势分析的结论是一致的。

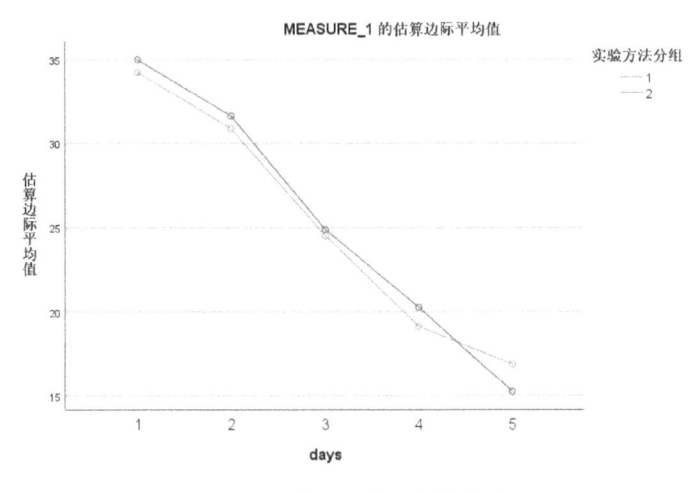

图 9-35 每天平均分数趋势图

9.6 方差成分分析

通过方差成分分析可以研究混合效应模型中各随机效应对因变量方差的贡献。方差成分分析过程主要适用于对混合模型的分析，如对裂区、单变量重复测量和随机区组设计的分析。通过计算方差成分，可以找出方差减小的方向。方差成分分析过程共有 4 种分析方法：正态最小二次无偏估计法、方差分析法、最大似然法和有限最大似然法。各种方法的默认输出项都包括方差成分估计值、方差分析表和方差分析的期望均方。使用最大似然法和有限最大似然法，还会输出渐近协方差矩阵；使用最大似然法和有限最大似然法，还会输出迭代过程。

方差成分分析过程与一般线性模型单变量过程完全兼容。

WLS 权重允许指定一个加权变量，在进行加权分析时，用于给各观测不同的权重，或作为不同测量精度的补偿。

方差成分分析要求因变量是数值型变量；因素变量是分类变量，既可以是数值型变量，也可以是最多由 8 个字符组成的字符串型变量；至少要有一个因素是随机的，即该因素的水平必须是从可能的水平中随机采样得来的；协变量是数值型变量，并与因变量有一定的相关关系。

所有方差成分分析过程都假设：随机效应模型参数的平均值为 0 和方差为有限常数，

并且彼此不相关。不同效应的模型参数也不相关。

残差项也有零平均值和有限常数方差，与任意一个随机效应的模型参数都不相关。不同观测的残差项假设彼此不相关。

根据这些假设，随机因素同一水平的观测是彼此相关的。方差分析法和正态最小二次无偏分析法不要求正态假设。它们都是正态假设条件下的方法，都能缓解违反正态分布带来的影响。

最大似然法和有限最大似然法要求模型参数和残差项服从正态分布。

在进行方差成分分析前，可以使用探索过程检测数据。可以使用一般线性模型单变量过程、一般线性模型多变量过程和一般线性模型重复测量过程检验假设。

9.6.1 方差成分分析过程

方差成分分析过程调用步骤如图 9-2 所示，即按"分析→一般线性模型→方差成分"顺序单击，打开"方差成分"对话框，如图 9-36 所示。

1. 定义因变量和随机因素变量

注意在进行方差成分分析时一定要指定随机因素变量。在原始变量列表中选择因变量，单击向右移动变量按钮，将其送入"因变量"框，再从原始变量列表中选择随机因素变量，单击向右移动变量按钮，将其送入"随机因子"框。

如果需要对协变量进行分析，那么可以指定协变量，将其送入"协变量"框。如果需要分析权重，那么可以指定权重变量，将其送入"WLS权重"框。完成以上工作后，即可通过各功能按钮打开相应的对话框。

图 9-36 "方差成分"对话框

2. "方差成分：模型"对话框

在"方差成分"对话框中，单击"模型"按钮，打开"方差成分：模型"对话框，如图 9-37 所示。在"指定模型"栏中，如果选择"全因子"单选按钮，模型中将包括所有因素变量主效应、协变量主效应、因素变量间的交互效应，但不包括协变量交互项。如果要自定义模型，就在"指定模型"栏中选择"构建项"单选按钮，指定因素变量与协变量的交互效应。模型中必须包括随机因素变量。

3. "方差成分：选项"对话框

在"方差成分"对话框中，单击"选项"按钮，打开"方差成分：选项"对话框，如图 9-38 所示，选择分析方法。

（1）在"方法"栏内指定一种进行方差成分分析的方法。有 4 种方法可供选择。

① MINQUE：即正态最小二次无偏估计法，就固定效应而言，产生的估计是不变的。如果数据是正态分布的且估计是正确的，那么使用此方法进行方差大小估计要比使用其他方法得到的方差小。这是系统默认方法。

② ANOVA：即方差分析法，对每个效应使用Ⅰ类平方和分解法或Ⅲ类平方和分解

法进行无偏估计。方差分析法有时会产生负方差估计,这表明模型不正确或估计方法不合适,或者需要更多的数据。

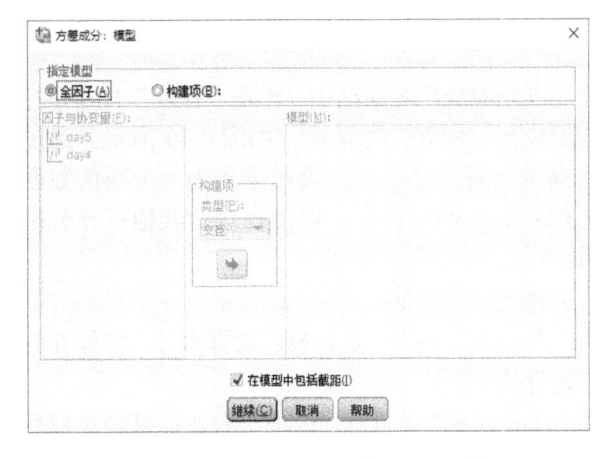

图 9-37 "方差成分:模型"对话框

图 9-38 "方差成分:选项"对话框

③ 最大似然法:使用迭代的方法产生与实际观测的数据最一致的估计,这些估计可能是有偏差的。该方法是接近正态的。通过最大似然法和有限最大似然法得到的估计在经转换后是不变的。该方法在对固定效应进行估计时未考虑自由度。

④ 受限最大似然法:常称作有限最大似然法。对于许多平衡数据(并非对所有平衡数据)而言,该方法比方差分析法估计值要小。因为该方法对固定效应做了调整,计算的标准误差可能比最大似然法小。在估计固定效应时考虑自由度。

(2) "随机效应优先"栏:在选择正态最小二次无偏估计法的同时,激活"随机效应优先"栏,也就是说该栏只对正态最小二次无偏估计法有效。

① "均匀"单选按钮:选择此项,意味着所有随机效应和残差项对观测的影响相等,是最小二次无偏估计法中的系统默认项。

② "零"单选按钮:选择此项,假设随机效应方差相等且都为零。仅在指定了正态最小二次无偏估计法时可以选择此选项。

(3) "平方和"栏:在指定方差分析法的同时,激活该栏。

① "Ⅰ类"单选按钮:用于模型方差成分的迭代,是系统默认选项。

② "Ⅲ类"单选按钮:仅用于方差分析法。

(4) "显示"栏。

① 在指定方差分析法的同时,激活以下两个选项:

● "平方和"复选框:要求显示平方和。

● "期望均方"复选框:要求显示期望均方值。

② 只有在指定最大似然法或有限最大似然法时,才能激活"显示"栏中的"迭代历史记录"复选框,当勾选"迭代历史记录"复选框时,可激活"在以下步骤中"框,此时可在"在以下步骤中"框中输入一个正整数值 N,要求显示第 N 个迭代过程的历史记录,系统默认值为1。

(5) "条件"栏:用于给定判据参数。在指定最大似然法或有限最大似然法时,才能激活该栏。

① 在"收敛"下拉列表中指定收敛标准,下拉列表中有用科学记数法表示的1E-6~

1E-10 五个选项，分别表示 $10^{-6} \sim 10^{-10}$，可以选择其中之一。

② 在"最大迭代次数"框中指定最大迭代次数。系统默认值为 50。

4．"方差成分：保存"对话框

在"方差成分"对话框中，单击"保存"按钮，打开"方差成分：保存"对话框，如图 9-39 所示。通过该对话框可以将方差成分分析结果作为一个新的数据存储到指定的数据文件中，以便在进行其他统计分析时使用。

（1）指定保存内容。

①"方差成分估算"复选框：选择本项，将保存方差成分估计值。

图 9-39　"方差成分：保存"对话框

②"成分共变"复选框：该项只有在选择最大似然数法或有限最大似然数法时才被激活。

- "协方差矩阵"单选按钮。
- "相关性矩阵"单选按钮。

（2）"创建的值的目标"用于指定产生的方差成分估计值和/或矩阵保存目标。

①"创建新数据集"单选按钮：选择本项后，方差成分分析结果可以保存成一个数据集。该数据集不是外部数据文件，除非事先明确在这一个 SPSS 期间结束保存成数据文件，否则该数据集只能在当前 SPSS 期间使用。在"数据集名称"框中给出数据集的名字。

②"写入新数据文件"单选按钮：选择本项后，方差成分分析结果产生的数据将被写入一个外部数据文件。选择此项将激活"文件"按钮。单击"文件"按钮，打开"方差成分：保存到文件"对话框，指定文件保存位置、文件类型和文件名。通常设置保存类型为"*.sav"，即 SPSS 数据文件类型。单击"继续"按钮，返回"方差成分"对话框。

9.6.2　方差成分分析实例

【例 13】　本例使用教育心理学试验中的心理运动测验分数与受试者必须瞄准的目标大小关系的资料，即数据文件 data09-07。

1）操作步骤

（1）读取数据文件 data09-07。

（2）按"分析→一般线性模型→方差成分"顺序单击，打开"方差成分"对话框，如图 9-36 所示。

（3）定义因变量、因素变量和随机因素变量。在"方差成分"对话框的原始变量列表中选择 score 作为因变量，单击向右移动变量按钮，将其送入"因变量"框。因为受试者瞄准的目标和使用的设备是试验设计者选择的固定条件，所有研究者感兴趣的水平都被包括在数据文件中，属于固定因素。因此，在原始变量列表内选中 target 和 device 作为固定因素变量，单击第二个向右移动变量按钮，将其送入"固定因子"框。由于认为亮度是从亮度总体中随机选择的，可以认为亮度是随机因素，因此选择 light 变量作为随机因素变量，单击第三个向右移动变量按钮，将其送入"随机因子"框。

（4）单击"模型"按钮，打开"方差分析：模型"对话框，选择"构建项"单选按钮，自定义模型。

① 在两框中间的"构建项"栏下将"类型"下拉列表设置为"主效应",分别从原始变量列表中选择 target、device、light,单击向右移动变量按钮,送入"模型"框。这样定义了 3 个主效应。

② 在"构建项"栏下将"类型"下拉列表设置为"交互效应",从原始变量列表中同时选择 target 和 light,单击向右移动变量按钮,将其同时送入"模型"框,即确定 target*light 交互项。用同样的方法将 device*light 和 target*device*light 送入"模型"框。单击"继续"按钮,返回"方差成分"对话框。该步骤的目的是对主效应和与随机因素变量有关的交互效应进行方差成分估计。

(5) 单击"选项"按钮,打开"方差成分:选项"对话框。

① 指定方差估计方法。在"方法"栏下,选择"ANOVA"单选按钮。

② 在"平方和"栏下选择"III类"单选按钮。

③ 在"显示"栏中勾选"平方和"复选框和"期望均方"复选框。单击"继续"按钮,返回"方差成分"对话框。

(6) 单击"确定"按钮。提交系统运行。

2) 运行结果

运行结果如表 9-70~表 9-76 所示。

3) 运行结果解释

表 9-70 所示为因素水平情况,表中列出了 3 个因素(亮度、目标、设备)的水平及值标签,表下方注明了因变量是 score。

表 9-71 所示为方差分析结果,列出了各主效应和交互效应的平方和分解的结果,即各效应的偏差平方和值、各自由度及均方值。可以看出,表 9-71 就是方差分析结果,不管将 light 变量作为固定因素变量还是随机因素变量,在模型确定时,方差分析法的分析结果都是相同的,说明方差成分分析与单因变量多因素分析是兼容的。这里的均方也称作观测均方。

表 9-72 所示为方差成分表,列出了各效应的方差估计值。注解中说明:①因变量为 score;②分析方法为方差分析法,使用III类方法计算偏差平方和。

表 9-70 因素水平情况

因子级别信息

		值标签	个案数
亮度	1	l1	60
	2	l2	60
目标	1	t1	30
	2	t2	30
	3	t3	30
	4	t4	30
设备	1	d1	40
	2	d2	40
	3	d3	40

因变量: score

表 9-71 方差分析结果

ANOVA

源	III 类平方和	自由度	均方
修正模型	783.467	23	34.064
截距	3162.133	1	3162.133
target	235.200	3	78.400
device	86.467	2	43.233
light	76.800	1	76.800
light * target	93.867	3	31.289
light * device	12.600	2	6.300
light * target * device	278.533	12	23.211
误差	70.400	96	.733
总计	4016.000	120	
修正后总计	853.867	119	

因变量: score

表 9-72 方差成分表

方差估算值

成分	估算
Var(light)	1.040
Var(light * target)	.539
Var(light * device)	-.846[a]
Var(light * target * device)	4.496
变量(误差)	.733

因变量: score
方法: ANOVA (III 类平方和)

a. 对于 ANOVA 和 MINQUE 方法,可能会出现负方差成分估算值。出现这些估算值的一些可能原因为:(a) 指定的模型不是正确的模型,或者 (b) 方差的真值等于零。

表 9-72 中的交互效应项 light* device 的方差为负值，这是方差分析法可能产生的结果。其原因如下。
- 指定的模型是错误的。
- 该方差估计的实际值为 0。

亮度与设备的交互效应可以不考虑，因为在方差成分表中该值的方差显示为负值，而且在表 9-71 中，其均方值是最小的，仅为 6.3。

表 9-73 期望均方系数表

期望均方

源	方差成分				变量（误差）	二次项
	Var(light)	Var(light * target)	Var(light * device)	Var(light * target * device)		
截距	60.000	15.000	20.000	5.000	1.000	截距, target, device
target	.000	15.000	.000	5.000	1.000	target
device	.000	.000	20.000	5.000	1.000	device
light	60.000	15.000	20.000	5.000	1.000	
light * target	.000	15.000	.000	5.000	1.000	
light * device	.000	.000	20.000	5.000	1.000	
light * target * device	.000	.000	.000	5.000	1.000	
误差	.000	.000	.000	.000	1.000	

因变量：score
期望的均方基于 III 类平方和。
对于每个源，期望均方都等于单元格中的系数之和乘以方差成分，再加上"二次项"单元格中涉及效应的二次项。

因此，必须重新设计分析模型，进行第二次分析。在前面模型基础上去掉 light*device 交互项，运行结果如表 9-74 和表 9-75 所示。

表 9-74 第二次方差分析

ANOVA

源	III 类平方和	自由度	均方
修正模型	783.467	23	34.064
截距	3162.133	1	3162.133
target	235.200	3	78.400
device	86.467	2	43.233
light	76.800	1	76.800
light * target	93.867	3	31.289
light * target * device	291.133	14	20.795
误差	70.400	96	.733
总计	4016.000	120	
修正后总计	853.867	119	

因变量：score

表 9-75 第二次分析的方差成分表

方差估算值

成分	估算
Var(light)	.759
Var(light * target)	.700
Var(light * target * device)	4.012
变量（误差）	.733

因变量：score
方法：ANOVA（III 类平方和）

表 9-74 是第二次方差分析的方差分析表。与表 9-71 相比，表 9-74 去掉了 light*devic 项，总偏差平方和值不变，light*devic 项的偏差平方和包括在 light*device*target 中了。

因变量 score 的方差在交互项中主要源于随机变量 light 与固定因素变量 device、target 的三维交互效应。light 与 target 的交互效应不大。可以得出的结论是，light 对测量得分的影响不能忽视，device 和 target 是两个固定因素变量，是作为试验条件存在的。因此减小方差要从减小它们与亮度的交互效应考虑。

表 9-73 给出了第一次方差分析得出的期望均方与方差成分之间的系数矩阵。方差成分分析的方差分析法是根据随机效应的期望均方与均方相等来估计方差成分的，即根据表 9-73 和表 9-74 得出了表 9-75 所示结果。

本例中，根据表 9-73 可得

$$EMS(light*target*device) = 5Var(light*target*device)+1Var(Error)$$
$$MS(light*target*device) = 20.795 （见表 9-73）$$
$$Var(Error) = 0.733 （见表 9-73）$$

可以解出三阶交互效应的方差成分 $Var(light*target*device) = 4.012$。

根据表 9-73 可得

$$EMS(light*target) = 5Var(light*target*device)+15Var(light*target)+ Var(Error)$$

可以解出随机效应的二阶交互效应的方差成分 $Var(light*target) = 0.700$。

读者可以自己解出随机因素变量 light 的主效应的方差成分值为 0.759。

下面列出不同分析方法的方差成分分析结果，可以看出，不同方法进行方差成分分析输出的结果在数值上稍有差别，但趋势一致、结论一致。

表 9-75 所示为第二次分析的方差成分表，可以看出，设计的模型包括除 light*device 外所有可能的与亮度变量 light 有关的效应项，其方差估计值的总和为

$$Var(light)+Var(light*target)+Var(light*target*device) = 0.759 + 0.700 + 4.012$$
$$= 5.471$$

light 的各阶效应的总方差估计值/ (light 的各阶效应的总方差估计值+Var(Error))=
$5.471/(5.471+0.733) = 88.19\%$

亮度的效应解释了随机效应的 88.19%，误差效应解释了随机效应的 11.91%，说明亮度对随机效应的贡献相当多，在该项心理测试试验中是不可忽视的。由表 9-75 还可以看出，三维交互项解释的方差是 4.012，在亮度的所有可能的效应中占了 73.3%，因此三维效应是最值得关注的。

表 9-76 所示为最大似然法的方差成分分析结果。

表 9-76 最大似然法的方差成分分析结果

方差估算值

成分	估算
Var(light)	.759
Var(light * target)	.700
Var(light * target * device)	4.012
变量（误差）	.733

因变量：score
方法：ANOVA（III 类平方和）

与方差分析法一样，均说明方差最大源于亮度、目标、设备的交互效应。亮度因素是不可忽视的，亮度应该在测试中作为测试条件考虑。

习 题 9

1. 简述方差分析的基本思想。用表达式表示单因素方差分析的偏差平方和分解。
2. 方差分析假设的前提条件有哪些？
3. 什么是主效应？什么是交互效应？
4. 简述协方差分析的基本思想。
5. 对 4 种行业的服务质量进行评价，较高得分表示较高的服务质量。对航空服务业、娱乐业、旅馆业和交通运输业的评定数据见数据文件 data09-12。在显著性水平 $\alpha = 0.05$ 下，检验 4 种行业服务质量等级的总体平均值是否差异显著。
6. 数据文件 data09-13 中是 474 个银行职工的数据。试分析银行办事员起始工资是否与职工的性别、民族有关。在分析时，假设银行办事员起始工资总体为正态分布，不考虑其他因素的影响。
7. 数据文件 data09-14 中是 15 名手术要求基本相同的患者，随机分为 3 组，分别在手术中使用 3 种麻醉诱导方法 A、B、C，在不同时相（诱导前 T_0 和 T_1、T_2、T_3、T_4）测量的收缩压数据。试进行方差分析。

第10章 相关分析

10.1 相关分析的概念与相关分析过程

10.1.1 相关分析的概念

1. 两个变量间的简单相关分析

相关分析是一种常用的研究变量间关联密切程度的统计方法。线性相关分析研究的是两个变量间线性关系的强弱程度和方向。相关系数是描述线性关系强弱程度和方向的统计量，通常用 r 表示。值得一提：在相关系数假设检验中的零假设是相关系数等于0。

如果一个变量 y 可以确切地用另一个变量 x 的线性函数表示，那么两个变量间的相关系数是1或-1。

在一般情况下，两个变量的对应关系不具有唯一性。例如，身高与体重的关系，相同身高的人会有不同的体重。研究两个变量间线性关系的密切程度应使用相关分析。

变量 y 随着变量 x 的增加而增加或随着变量 x 的减少而减少，称为变化方向一致。例如，发育阶段的少年，身高越高，体重相对越大。这种相关关系称为正相关，对应相关系数大于0。变量 y 随着变量 x 的增加而减少，称其变化方向相反。例如，吸烟量和吸烟时间与肺功能的关系，随着吸烟量增加，肺功能下降；随着吸烟时间加长，肺功能下降。这种相关关系称为负相关，对应相关系数小于0。相关系数 r 没有单位，取值范围为-1～1。

服从正态分布的尺度变量 x 与 y 间的相关系数采用如下皮尔逊相关公式计算：

$$r_{xy} = \frac{\sum_{i=1}^{n}(x_i - \bar{x})(y_i - \bar{y})}{\sqrt{\sum_{i=1}^{n}(x_i - \bar{x})^2 \sum_{i=1}^{n}(y_i - \bar{y})^2}}$$

式中，$\bar{x}$、$\bar{y}$ 分别是变量 x、y 的平均值；x_i、y_i 分别是变量 x、y 的第 i 个观测值。

2. 非参相关分析

如果数据分布不满足正态分布的条件，应使用 Spearman（斯皮尔曼）和 Kendall（肯德尔）相关分析方法。

（1）斯皮尔曼相关系数是皮尔逊相关系数的非参形式，是根据数据的秩计算的，而不是根据实际值计算的。也就是说，先对原始变量的数据排秩，根据各秩使用斯皮尔曼相关系数公式进行计算。它适用于有序数据或不满足正态分布假设的等间隔数据。相关系数取值范围为-1～1，绝对值越大，相关性越强。相关系数的符号表示相关方向。斯皮尔曼相关系数和肯德尔相关系数的计算必须对变量值排秩。变量 x、y 之间的斯皮尔曼相关系数计算公式为

$$\theta = \frac{\sum(R_i - \bar{R})(S_i - \bar{S})}{\sqrt{\sum(R_i - \bar{R})^2(S_i - \bar{S})^2}}$$

式中，R_i 是第 i 个 x 值的秩；S_i 是第 i 个 y 值的秩；$\bar{R}$、$\bar{S}$ 分别是 R_i 和 S_i 的平均值。

（2）肯德尔 tau-b 也是对两个有序变量或两个秩变量间的相关程度的测量，属于非参测量，考虑了结点（秩次相同的）的影响。肯德尔 tau-b 相关系数计算公式为

$$\tau = \frac{\sum_{i<j} \text{sgn}(x_i - x_j)\text{sgn}(y_i - y_j)}{\sqrt{(T_0 - T_1)(T_0 - T_2)}}$$

式中，$\text{sgn}(z) = \begin{cases} 1 & z > 0 \\ 0 & z = 0 \\ -1 & z < 0 \end{cases}$；$T_0 = n(n-2)/2$；$T_1 = \sum t_i(t_i - 1)/2$；$T_2 = \sum u_i(u_i - 1)/2$；$t_i$（或 u_i）是 x（或 y）的第 i 组结点 x（或 y）值的数量；n 是观测数。

两个或若干个变量之间或两组观测之间的关系有时也可以用相似性或不相似性来描述。相似性测量用较大数值表示相似较大，用较小数值表示相似性较小。不相似性使用距离或不相似性来描述，值越大表示相差越远，有关内容参见 10.4 节。

3．关于相关系数统计意义的检验

我们常用抽样方法来研究总体的特性。因为存在抽样误差，样本中两个变量间相关系数不为 0 并不能说明总体中这两个变量间的相关系数不为 0，因此必须进行检验。检验的零假设是，总体中两个变量间的相关系数为 0。SPSS 的相关分析过程给出了该假设检验的概率，皮尔逊相关系数和斯皮尔曼相关系数假设检验 t 值的计算公式为

$$t = \frac{\sqrt{n-2}\, r}{\sqrt{1-r^2}}$$

式中，r 是相关系数；n 是样本观测数；$n-2$ 是自由度。若在 $t > t_{0.05(n-2)}$ 时，$p<0.05$，则拒绝零假设；否则，不足以在这个检验中拒绝总体中两个变量间相关系数为 0 的零假设。

在 SPSS 的相关分析过程的输出中只给出相关系数和假设检验的概率值 p。

10.1.2　相关分析过程

在"分析"菜单中的"相关"菜单项下有 3 个相关分析功能项，如图 10-1 所示。

1．"双变量"选项

单击"双变量"选项调用相关分析过程和非参相关分析过程。该过程可以按指定项显示变量的描述统计量；可以计算指定的两个变量间的相关系数，对应地选择计算皮尔逊相关系数、斯皮尔曼相关系数和肯德尔 tau-b 相关系数，同时对相关系数进行检验（检验的零假设是，总体中两个变量间的线性相关系数为 0）；还可以对检验进行单尾或双尾选择，给出检验相关系数为 0 的概率。

图 10-1　"分析"菜单中的"相关"菜单项

2．"偏相关"选项

单击"偏相关"选项，调用偏相关分析过程。该过程可以计算两个变量间在控制了其他变量的影响下的相关系数，可以选择单尾或双尾显著性检验（检验的零假设是，总体中两个变量间偏相关系

数为0），还可以要求计算其他描述统计量。

3. "距离"选项

单击"距离"选项，调用距离（邻近）过程。该过程可以对变量或观测进行相似性或不相似性测量，因此分析的变量可以是连续型变量或表示频数分布的变量，某些测量还适用于二分变量。该过程还可以对原始数据和算得的距离数据进行标准化。

如果为达到预测目的而研究自变量的变动对因变量的影响程度，根据已知自变量的变化来估计因变量的变化情况，那么必须使用回归分析。

4. "典型相关性"选项

单击"典型相关性"选项，调用典型相关分析过程。该过程计算两组变量的典型相关性并得到相关统计信息；可以对数据进行评分，并且可以生成能够与新数据配合使用的语法文件。

10.2 两个变量间的相关分析

本节介绍两个变量间的相关分析，包括两个连续型变量间的相关分析和两个有序变量间的秩相关分析。这两种相关分析都使用"双变量"选项调用。可通过在分析过程主对话框中选择不同的分析方法调用不同的分析过程。选择哪一种分析方法要根据具体的数据类型确定。

10.2.1 两个变量间的相关分析过程

在进行相关分析前，应先选择"图形"菜单中的"散点"命令作散点图，通过初步观察，确认两个变量间有相关趋势；再按如下步骤进行相关分析。

1. 选择分析变量

按"分析→相关→双变量"顺序单击，打开"双变量相关性"对话框，如图10-2所示。在左边的原始变量列表中选择两个及以上变量送入"变量"框。

2. 选择相关分析类型

"相关系数"栏中有如下选项。

（1）"皮尔逊"复选框：皮尔逊相关分析，系统默认的相关分析方法。只有服从正态分布的尺度变量才使用这种相关分析。

（2）"肯德尔tau-b"复选框：肯德尔τ-b相关分析，调用Nonpar Corr过程，考虑结点的影响，计算分类变量间的秩相关。

（3）"斯皮尔曼"复选框：斯皮尔曼相关分析，调用Nonpar Corr过程，计算斯皮尔曼相关系数。

图10-2 "双变量相关性"对话框

如果参与分析的变量是连续型变量，那么勾选"肯德尔 tau-b"复选框或"斯皮尔曼"复选框，系统先自动对连续型变量的值求秩，再计算其秩分数间的相关系数。

3. "显著性检验"栏

"显著性检验"栏中是两个显著性检验选项，检验的零假设是，总体中两个变量不相关。输出将显示假设检验的概率。

（1）"双尾"单选按钮：双尾 T 检验，是系统默认的检验方式，如果事先不知道相关方向（正相关还是负相关）可以选择此项。

（2）"单尾"单选按钮：单尾 T 检验，如果事先知道相关方向可以选择此项。

4. "标记显著性相关性"复选框

勾选"标记显著性相关性"复选框，将在输出结果中相关系数右上方用"*"表示显著性水平为5%，用"**"表示其显著性水平为1%。

5. "选择"按钮

在"双变量相关性"对话框中单击"选项"按钮，打开如图10-3所示对话框。

（1）"统计"栏。在该栏中选择对输出的要求。只有在"双变量相关性"对话框中勾选了"皮尔逊"复选框时，才可以选择该栏中的两个选项。

① "平均值和标准差"复选框。

② "叉积偏差和协方差"复选框。输出叉乘偏差矩阵和协方差矩阵。

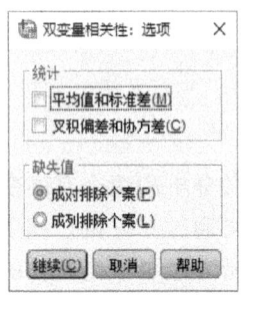

图10-3 "双变量相关性：选项"对话框

（2）"缺失值"栏。在该栏中选择缺失值处理方法。

① "成对排除个案"单选按钮。选择此选项，仅剔除正在参与计算的两个变量值都是缺失值的观测。此时算得的相关系数矩阵中的相关系数有可能是根据不同数量的观测计算出来的。选择此项可以最大限度地使用观测数据。

② "成列排除个案"单选按钮。选择此选项，剔除在"双变量相关性"对话框"变量"框中列出的变量带有缺失值的所有观测。此时输出的相关系数矩阵中的每个相关系数都是依据相同数量的观测计算出来的。

10.2.2 两个变量间的相关分析实例

【例1】 使用默认选项进行简单相关分析的例题。

（1）基于数据文件 data10-01，以 1962—1988 年安徽省国民收入与城乡居民储蓄存款余额两个变量间的线性相关分析为例，说明使用系统默认值进行连续型变量相关分析的方法。数据来源于中国现场统计研究会主办的《数理统计与管理》1990 年第 5 期。变量包括：income［国民收入（单位为亿元）］、deposit（城乡居民储蓄存款余额）、number（序号）、year（年份）。

（2）操作说明：读取数据文件 data10-01，按"分析→相关→双变量"顺序单击，打开"双变量相关性"对话框。在原始变量列表中选择分析变量 deposit（城乡居民储蓄存款余额）和 income（国民收入），单击向右移动变量按钮，将选择的变量移入"变量"框。

其余选项保持系统默认值。单击"确定"按钮，提交系统执行。输出结果如表 10-1 所示。

表 10-1 安徽省国民收入变量与城乡居民储蓄存款余额变量的相关分析结果

相关性

		国民收入（亿元）	城乡居民储蓄存款余额
国民收入（亿元）	皮尔逊相关性	1	.976**
	Sig.（双尾）		.000
	个案数	27	27
城乡居民储蓄存款余额	皮尔逊相关性	.976**	1
	Sig.（双尾）	.000	
	个案数	27	27

**. 在 0.01 级别（双尾），相关性显著。

表 10-1 所示为安徽省国民收入变量和城乡居民储蓄存款余额变量的相关分析结果，在变量行与变量列的交叉处纵向显示了 3 个数值。

第一行中的数值是行变量与列变量的相关系数矩阵。行变量、列变量相同，其相关系数为 1。国民收入变量与城乡居民储蓄存款余额变量之间的相关系数为 0.976。

第二行中的数值是出现当前 t 值或更加极端值的概率，结果均小于 0.001。

第三行中的数值是参与该相关系数计算的观测数，均为 27。

注释行说明标有"**"的相关系数的显著性概率水平为 0.01。有足够的证据拒绝零假设，也就是说，国民收入变量与城乡居民储蓄 存款余额变量间是存在线性相关的。

【例 2】 生成矩形相关系数矩阵的简单相关例题。

（1）数据文件 data10-02 中为一组银行雇员数据。分析的目的是观察 salary（当前工资）与 salbegin（起始工资）、雇员本人各方面条件的关系。变量有：salary（当前工资）、salbegin（起始工资）、age（年龄）、jobtime（以月为单位的本单位工作时间）、prevexp（以月为单位的以前工作经历）。

（2）操作步骤如下。

① 读取数据文件 data10-02，按"分析→相关→双变量"顺序单击，打开"双变量相关性"对话框。

② 在原始变量列表中选择 salary 变量、salbegin 变量、jobtime 变量、prevexp 变量、age 变量作为分析变量，送入"变量"框。

③ 在"双变量相关性"对话框中进行如下设置。
- 将"相关系数"栏设为"皮尔逊"。
- 将"显著性检验"栏设为"双尾"。
- 勾选"标记显著性相关性"复选框。

④ 在"双变量：选项"对话框中进行如下设置。
- 在"统计"栏中勾选"平均值和标准差"复选框。
- 在"缺失值"栏中选择"成对排除个案"单选按钮，按对剔除带有缺失值的观测。

单击"继续"按钮返回"双变量相关性"对话框，单击"确定"按钮，提交系统运行。

运行程序如下：

```
CORRELATIONS                                              ①
    /VARIABLES= salary salbegin jobtime prevexp age       ②
```

```
/PRINT=TWOTAIL NOSIG                                            ③
/STATISTICS DESCRIPTIVES                                        ④
/MISSING=PAIRWISE .                                             ⑤
```

得出的描述统计量如表 10-2 所示。相关系数矩阵表如表 10-3 所示。

由于只需要获得变量 salary 与其他各变量的相关性，因此在第②行程序中的 salary 与其他变量之间加 with，以便结果更加清晰，即

```
/VARIABLES= salary with salbegin jobtime age prevexp.
```

（3）程序运行结果如表 10-2 和表 10-4 所示。

（4）结果分析。

表 10-2 所示为相关分析变量的描述统计量。由表 10-2 可以看出，当前工资的平均值比起始工资高，而且当前工资标准差比起始工资标准差大，这说明当前工资差别变大了。

表 10-2 描述统计量

描述统计

	平均值	标准 偏差	个案数
受雇月数	81.11	10.061	474
过去经验(月)	95.86	104.586	474
年龄	47.14	11.775	473
当前工资	$34,419.57	$17,075.661	474
起始工资	$17,016.09	$7,870.638	474

表 10-3 是根据对话框指定的选项运行的结果。显然表 10-3 过于烦琐，没有仅针对题目要求显示当前工资与其他变量的相关性。

表 10-4 是修改后的程序运行的结果，简单明了。

在行变量与列变量的交叉单元格上，第一行"皮尔逊相关性"是皮尔逊相关系数；第二行"Sig.（双尾）"是对于相关系数为 0 的假设的双尾 T 检验结果，是出现目前统计量值及其更加极端值的概率 p；第三行"个案数"是参与相关系数计算的有效观测数。

表 10-3 相关系数矩阵表

相关性

		受雇月数	过去经验(月)	年龄	当前工资	起始工资
受雇月数	皮尔逊相关性	1	.003	.054	.084	-.020
	Sig.（双尾）		.948	.244	.067	.668
	个案数	474	474	473	474	474
过去经验(月)	皮尔逊相关性	.003	1	.802**	-.097*	.045
	Sig.（双尾）	.948		.000	.034	.327
	个案数	474	474	473	474	474
年龄	皮尔逊相关性	.054	.802**	1	-.144**	-.010
	Sig.（双尾）	.244	.000		.002	.833
	个案数	473	473	473	473	473
当前工资	皮尔逊相关性	.084	-.097*	-.144**	1	.880**
	Sig.（双尾）	.067	.034	.002		.000
	个案数	474	474	473	474	474
起始工资	皮尔逊相关性	-.020	.045	-.010	.880**	1
	Sig.（双尾）	.668	.327	.833	.000	
	个案数	474	474	473	474	474

**. 在 0.01 级别（双尾），相关性显著。

*. 在 0.05 级别（双尾），相关性显著。

很明显，当前工资变量与起始工资变量的相关系数最大为 0.88，观测的显著性水平为 0.000，有足够的证据可以拒绝相关系数为 0 的零假设，有理由相信当前工资变量与起始工资变量存在线性相关；与受雇月数变量在显著性水平 0.05 时不存在线性相关（p=0.067）；与年龄变量呈负线性相关（p=0.002）；与过去经验变量在显著性水平 0.05 时呈负线性相关（p=0.034）。

表 10-4 简单明了的相关系数矩阵

相关性

		起始工资	受雇月数	过去经验(月)	年龄
当前工资	皮尔逊相关性	.880**	.084	-.097*	-.144**
	Sig.（双尾）	.000	.067	.034	.002
	个案数	474	474	474	473

**. 在 0.01 级别（双尾），相关性显著。
*. 在 0.05 级别（双尾），相关性显著。

【例 3】 秩相关实例。

（1）使用数据文件 data10-02。说明：例 2 中对雇员的工资的分析并不严格，虽然参与分析的变量均为尺度变量，但没有进行各变量是否服从正态分布的检验。下面使用秩相关分析法分析各雇员的 salary（当前工资）与 salbegin（起始工资）、educ（受教育程度）、prevexp（过去经验）、jobtime（受雇月数）间的关系。由于 educ 数值数小于 24（系统定义的参数），因此属于分类变量。

（2）重新打开"双变量相关性"对话框。移入"变量"框的变量有 salbegin、salary、educ、prevexp、jobtime。在"相关系数"栏中勾选"肯德尔 tau-b"复选框，即秩相关；在"显著性检验"栏选择"双尾"单选按钮；勾选"标记显著性相关性"复选框。在"双变量相关性：选项"对话框中，在"缺失值"栏中选择"成对排除个案"单选按钮。

（3）运行程序语句。在"双变量相关性"对话框中单击"粘贴"按钮，在"语法编辑器"窗口中生成如下程序：

```
NONPAR CORR /VARIABLES= salary salbegin educ prevexp jobtime
/PRINT=KENDALL TWOTAIL  NOSIG
/MISSING=PAIRWISE .
```

生成程序后对语句进行修改，修改 VARIABLES 语句为如下形式：

```
/VARIABLES= salary with salbegin educ prevexp jobtime
```

（4）输出结果如表 10-5 所示。

表 10-5 非参相关系数矩阵

相关性

			起始工资	受教育程度（年）	过去经验(月)	受雇月数
肯德尔 tau_b	当前工资	相关系数	.656**	.554**	-.013	.071*
		Sig.（双尾）	.000	.000	.677	.022
		N	474	474	474	474

**. 在 0.01 级别（双尾），相关性显著。
*. 在 0.05 级别（双尾），相关性显著。

（5）输出结果分析。表 10-5 中，当前工资与起始工资秩相关系数较高为 0.656>0（$p=0.000$）；当前工资与受教育程度的秩相关系数为 0.554>0（$p=0.000$），没有充分的证据可以拒绝当前工资与过去经验相关系数为 0 的零假设（$p=0.677$）；虽然在显著性水平 0.05 时，可以拒绝当前工资与受雇月数相关系数为 0 的零假设（$p=0.022$），但是其相关系数 0.071 很接近于 0，表示其线性关系的密切程度不高。本例，起始工资和当前工资仅与受教育程度有显著线性正相关。

读者可以根据自己的经验分析这样的工资结构是否合理，是否有利于调动职工的积极性，是否有利于企业的发展。

【例4】 两个有序变量间的秩相关实例。

数据文件data10-03中为某次全国武术比赛女子前10名运动员长拳和长兵器两项得分的数据，要求分析这两项得分是否存在相关关系。score1变量、score2变量分别为长拳和长兵器两项得分，ranking变量为名次。

（1）读取数据文件data10-03。

（2）按"分析→相关→双变量"顺序单击，打开"双变量相关性"对话框。将score1变量和score2变量送入"变量"框；在"相关系数"栏中勾选"肯德尔tau-b"复选框、"斯皮尔曼"复选框；在"显著性检验"栏中选择"单尾"单选按钮；勾选"标记显著性相关性"复选框。

（3）在"双变量相关性：选项"对话框中，选择"成对排除个案"单选按钮，即成对剔除带有缺失值的观测。改变VARIABLES子命令，在两个变量之间加with。

（4）运行的程序如下：

```
NONPAR CORR  /VARIABLES=score1 with score2
             /PRINT=BOTH ONETAIL NOSIG  /MISSING=PAIRWISE .
```

表10-6 肯德尔tau-b相关系数与斯皮尔曼相关系数

相关性

			长兵器得分
肯德尔 tau_b	长拳得分	相关系数	.543*
		Sig.（单尾）	.027
		N	10
斯皮尔曼 Rho	长拳得分	相关系数	.610*
		Sig.（单尾）	.030
		N	10

*.在0.05级别（单尾），相关性显著。

（5）输出结果如表10-6所示。从表10-6中可见，肯德尔tau-b相关系数为0.543，斯皮尔曼相关系数是0.610，在显著性水平0.05时，以及单尾检验条件下，有充分的证据可以拒绝"相关系数为0"的假设（$p=0.027$，$p=0.030$）。也就是说，两项比赛得分间存在显著的相关。

对于非等间隔测量的连续型变量，因为分布不明，可以使用等级相关分析；对于完全等间隔的离散型变量，必须使用等级相关分析来分析其相关性。

10.3 偏相关分析

10.3.1 偏相关分析简述

1. 偏相关分析的概念

简单相关分析计算的是两个变量间的相关系数，分析的是两个变量间的线性关系程度和方向。相关系数往往因为第三个变量的作用不能真正反映两个变量间的线性程度，例如，身高、体重与肺活量间的关系，若使用皮尔逊相关分析计算其相关系数，则可以得出肺活量与身高和体重均存在较强的线性关系。但实际上，体重相同的人是否身高值越大，肺活量越大的结论是否定的。由于身高与体重间存在线性关系，体重与肺活量间存在线性关系，因此身高与肺活量间存在较强的线性关系的结论是错误的。偏相关分析的任务就是在研究两个变量间的线性相关关系时控制可能对其产生影响的变量。分析身高与肺活量间的相关性，就要控制体重在相关分析中的影响。实际生活中有许多这样的关系。例如，可以控制年龄和工作经验两个变量的影响，估计工资收入与受教育程度间的相关关系；可以在控制销售能力与各种其他经济指标的情况下，研究销售量与广告费用之间的关系；等等。

2. 偏相关系数的计算

控制变量 z，变量 x、变量 y 之间的偏相关和控制变量 z_1、z_2，变量 x、变量 y 之间的偏相关系数计算公式如下：

$$r_{xy,z} = \frac{r_{xy} - r_{xz}r_{yz}}{\sqrt{(1-r_{xz}^2)(1-r_{yz}^2)}}$$

$$r_{xy,z_1z_2} = \frac{r_{xy,z_1} - r_{xz_2,z_1}r_{yz_2,z_1}}{\sqrt{(1-r_{xz_2,z_1}^2)(1-r_{yz_2,z_1}^2)}}$$

式中，$r_{xy,z}$ 是在控制变量 z 的条件下，变量 x、变量 y 之间的偏相关系数；r_{xy} 是变量 x、变量 y 间的简单相关系数或称零阶相关系数；r_{xz}、r_{yz} 分别是变量 x、变量 z 间和变量 y、变量 z 间的零阶相关系数，依次类推。

3. 偏相关系数的检验

在利用样本研究总体的特性时，由于存在抽样误差，样本中控制了其他变量的影响，因此两个变量间偏相关系数不为 0，不能说明总体中这两个变量间的偏相关系数不为 0，所以必须进行检验。检验的零假设：总体中两个变量间的偏相关系数为 0。使用 T 检验方法，公式如下：

$$t = \frac{\sqrt{n-k-2}\,r}{\sqrt{1-r^2}}$$

这是对皮尔逊偏相关系数假设检验的 t 统计量的计算公式。式中，r 是相应的偏相关系数；n 是观测数；k 是层变量的数目；$n-k-2$ 是自由度。当 $t>t_{0.05(n-k-2)}$ 时，若 $p<0.05$，则拒绝零假设；否则，不足以在这个检验中拒绝变量间偏相关系数为 0 的零假设。

在 SPSS 的偏相关分析过程的输出中只给出偏相关系数和假设检验的概率值 p。

10.3.2 偏相关分析过程

1. 选择分析变量

（1）按"分析→相关→偏相关"顺序单击，打开如图 10-4 所示的"偏相关性"对话框。
（2）从原始变量列表中选择分析变量送入"变量"框；选择层变量送入"控制"框。

2. "显著性检验"栏

在"显著性检验"栏选择假设检验类型，该栏中有如下两个选项。
（1）"双尾"单选按钮：适用于有正相关、负相关两种可能的情况，是系统默认选项。
（2）"单尾"单选按钮：适用于只可能是正相关或只可能是负相关的情况。

3. 是否显示实际显著性水平

勾选"显示实际显著性水平"复选框，在显示相关系数的同时会显示实际显著性概率；不勾选此复选框，其显著性概率将用星号"*"代替，"*"表示其显著性概率为1%～5%，"**"表示其显著性概率小于或等于1%。

4. "偏相关性：选项"对话框中的选项

在"偏相关性"对话框中单击"选项"按钮，打开如图10-5所示的对话框。

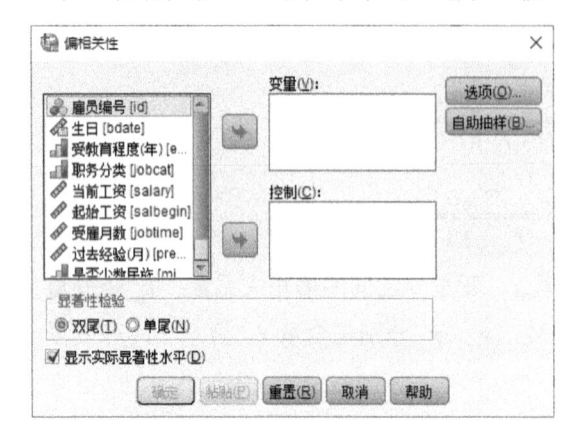

图10-4 "偏相关性"对话框　　　图10-5 "偏相关性：选项"对话框

(1) "统计"栏。
- "平均值和标准差"复选框：选择此项，将计算并显示各分析变量的平均值和标准差。
- "零阶相关性"复选框：选择此项，将显示零阶相关系数矩阵，即皮尔逊相关系数矩阵。

(2) "缺失值"栏。
- "成列排除个案"单选按钮：选择此项，将剔除所有带有缺失值的观测。系统默认选择此项。
- "成对排除个案"单选按钮：选择此项，将成对剔除带有缺失值的观测。

选择完成后，单击"继续"按钮，返回"偏相关性"对话框，单击"确定"按钮，提交系统执行。

10.3.3　偏相关分析实例

【例5】 使用四川绵阳地区3年中山柏生长量数据，分析月生长量与月平均气温、月降雨量、月平均日照时数、月平均湿度4个气候因素哪个因素有关。数据来源于袁嘉祖编著《灰色系统理论及其应用》，数据文件为data10-04。

这4个气候因素彼此均有影响，在分析时应对生长量与4个气候因素分别求偏相关，在求生长量与1个气候因素的相关时应先控制其他因素的影响，然后比较相关系数，按4个气候因素对中山柏生长量影响的大小进行排序。

(1) 定义变量：month（月份）、hgrow（生长量，单位为cm）、temp（月平均气温，单位为℃）、rain（月降雨量，单位为mm）、hsun（月平均日照时数）、humi（月平均湿度）。输入数据和求零阶相关系数的操作略去。

（2）按"分析→相关→偏相关"顺序单击，打开"偏相关性"对话框。

（3）指定分析变量和层变量。

为操作简便，先确定第一次分析的变量和层变量。第一次分析的分析变量是 hgrow 变量与 hsun 变量，层变量是 humi 变量、rain 变量、temp 变量。

（4）指定选项。

① "偏相关性"对话框中的选项保持系统默认值，即选择"双尾"单选按钮，勾选"显示实际显著性水平"复选框。

② 在"偏相关性：选项"对话框中不选择任何选项。假设已经对各变量进行了探索分析，不要各变量的描述统计量。为对比，单写一段计算皮尔逊相关系数的程序，以简化相关系数矩阵（见以下第一段程序），对缺失值的处理使用系统默认的方法。

（5）在"偏相关性"对话框中，单击"粘贴"按钮。在"语法编辑器"窗口中生成第一次分析对应的程序：

```
PARTIAL CORR                                          ①
    /VARIABLES= hgrow hsun BY humi rain temp          ②
    /SIGNIFICANCE=TWOTAIL                             ③
    /MISSING=LISTWISE                                 ④
```

程序解释：

① PARTIAL CORR 语句调用偏相关分析过程。

② VARIABLES 子命令定义分析变量与层变量。BY 前面的 hgrow hsun 是要求相关系数的分析变量，BY 后面的是 humi、rain、temp 是 3 个层变量。

③ SIGNIFICANCE 子命令要求进行双尾显著性检验。

④ MISSING 子命令要求剔除所有带有缺失值的观测。

此程序就是下面程序中的第二段程序（以一个英文句号作为一段程序的结束标志）。

（6）复制与修改。

① 在"语法编辑器"窗口中，选择第一次分析程序，复制并粘贴 3 次。

② 修改复制的各程序中的 VARIABLES 子命令，改变分析变量和层变量，形成下面的第三段、第四段、第五段程序（第一段程序用于求生长量变量与其他气候变量的皮尔逊相关系数，以便进行对比）：

```
CORRELATIONS
    /VARIABLES=hgrow with hsun humi rain temp
    /PRINT=TWOTAIL NOSIG                              第一段
    /MISSING=PAIRWISE .
PARTIAL CORR
    /VARIABLES= hgrow hsun BY humi rain temp          第二段
    /SIGNIFICANCE=TWOTAIL
    /MISSING=LISTWISE .
PARTIAL CORR
    /VARIABLES= hgrow humi BY hsun rain temp          第三段
    /SIGNIFICANCE=TWOTAIL
    /MISSING=LISTWISE .
PARTIAL CORR
    /VARIABLES= hgrow rain BY hsun humi temp          第四段
```

```
    /SIGNIFICANCE=TWOTAIL
    /MISSING=LISTWISE .
PARTIAL CORR
    / hgrow temp BY hsun humi rain                                第五段
    /SIGNIFICANCE=TWOTAIL
    /MISSING=LISTWISE .
```

(7) 执行以上各段程序。在"查看器"窗口中显示的部分结果如表 10-7 和表 10-8 所示。

表 10-7 生长量与各变量间皮尔逊相关分析结果

相关性

		月平均日照时数	月平均湿度	月平均气温(℃)	月降雨量(mm)
生长量(cm)	皮尔逊相关性	.704*	.374	.983**	.709**
	Sig.（双尾）	.011	.232	.000	.010
	个案数	12	12	12	12

*. 在 0.05 级别（双尾），相关性显著。
**. 在 0.01 级别（双尾），相关性显著。

表 10-8 偏相关分析结果

相关性

控制变量			生长量(cm)	月平均日照时数
月平均湿度 & 月降雨量(mm) & 月平均气温(℃)	生长量(cm)	相关性	1.000	.632
		显著性（双尾）	.	.068
		自由度	0	7
	月平均日照时数	相关性	.632	1.000
		显著性（双尾）	.068	.
		自由度	7	0

相关性

控制变量			生长量(cm)	月平均气温(℃)
月平均日照时数 & 月平均湿度 & 月降雨量(mm)	生长量(cm)	相关性	1.000	.977
		显著性（双尾）	.	.000
		自由度	0	7
	月平均气温(c)	相关性	.977	1.000
		显著性（双尾）	.000	.
		自由度	7	0

相关性

控制变量			生长量(cm)	月降雨量(mm)
月平均日照时数 & 月平均湿度 & 月平均气温(℃)	生长量(cm)	相关性	1.000	-.491
		显著性（双尾）	.	.180
		自由度	0	7
	月降雨量(mm)	相关性	-.491	1.000
		显著性（双尾）	.180	.
		自由度	7	0

相关性

控制变量			生长量(cm)	月平均湿度
月平均日照时数 & 月降雨量(mm) & 月平均气温(℃)	生长量(cm)	相关性	1.000	.731
		显著性（双尾）	.	.025
		自由度	0	7
	月平均湿度	相关性	.731	1.000
		显著性（双尾）	.025	.
		自由度	7	0

(8) 分析结果解释与结论。

表 10-7 是生长量与各变量间皮尔逊相关分析结果，是零阶相关系数矩阵，由此可以看出，"生长量"与"月平均湿度"的相关系数最小，显著性检验结果 $p=0.232$，在显著性水平 0.2 时没有充分的证据可以拒绝"相关系数为 0"的零假设。与其他几个气候因素，在显著性水平为 0.02 时均有显著的线性关系。

由于各气候因素是相互影响的，如月平均日照时数与月平均气温显著相关，生长量与各变量间的相关系数并未反映出各变量间的真实情况，因此应该看偏相关分析的结果。

根据生长量与各气候因素单独的偏相关分析结果（见表 10-8）总结出表 10-9。

根据表 10-9 可以得出结论：中山柏生长量与月平均气温的关系最密切，相关系数为 0.977（$p=0.000$）；其次是月平均湿度，相关系数为 0.731（$p=0.025$）；与月平均日照时数的相关系数为 0.632（$p=0.068$）；与月平均降雨量的相关系数是负值，即使在显著性水平为 0.15 时仍然没有充分的证据可以拒绝"偏相关系数为 0"的零假设。可见，偏相关分析结果与简单相关分析结果有很大区别。

表 10-9 中山柏生长量与四个气候因素的偏相关综合结果

	月平均气温	月平均湿度	月平均日照时数	月降雨量
生长量	0.977	0.731	0.632	−0.491
自由度	7	7	7	7
不相关概率 p	0.000	0.025	0.068	0.180

10.4 距离分析

10.4.1 距离分析的概念

1. 关于距离分析

距离分析是对观测之间或变量之间相似或不相似程度的一种测量，是计算一对变量之间或一对观测之间的广义距离。相似性或距离测量可以用于其他分析过程，如因子分析、聚类分析或多维定标分析等，有助于分析复杂的数据集。例如，是否可以根据一些特性，如发动机的大小、MPG（每加仑汽油能行驶的距离）和马力来测量两种汽车的相似性？通过计算汽车间的相似性，可以了解哪些汽车间类似，哪些汽车间不同。更正规的分析，可以考虑对相似性使用分层聚类或多元定标分析去探测深层结构。

2. 有关统计量

（1）不相似性测量。

① 等间隔数据的不相似性（距离）测量可以使用的统计量有：欧氏距离、平方欧氏距离、切比雪夫距离、块、明可夫斯基距离或定制距离（自定义统计量）。

② 计数数据的不相似性测量可以使用卡方统计量度量或 Phi 平方统计量（斐方 Φ^2）。

③ 二分类（二元）变量数据的不相似性测量可以使用欧氏距离、平方欧氏距离、大小差、模式差、方差、形状或兰斯-威廉姆斯距离统计量。

（2）相似性测量。

① 等间隔数据的相似性测量可以使用的统计量有皮尔逊相关系数或余弦。

② 二元数据的相似性测量可以使用的统计量有 20 余种，算法参见附录 A。

SPSS 中的距离分析过程属于专业统计分析过程（Professional Statistics Options），是可选件。如果没有安装，那么在菜单中不会有调用该过程的菜单项。

距离分析分为观测间距离分析和变量间距离分析两类。

10.4.2 距离分析过程

SPSS 的距离分析过程提供相似性和不相似性两种分析方法。

1. 命令调用

按"分析→相关→距离"顺序单击，打开"距离"对话框，如图 10-6 所示。其中，"计算距离"栏中，系统默认选择"个案间"单选按钮；"测量"栏中，系统默认选择"非相似性"单选按钮，即测量观测间的不相似性。在"测量"按钮旁边显示的"欧氏距离"表明使用欧氏距离测量观测间的不相似性。

2. 指定分析变量和标识变量

观测间的距离分析至少要指定一个分析变量和一个标识变量。在原始变量列表中选择分析变量，将其移至"变量"框中；在原始变量列表中选择一个标识变量，将其移至"个案标注依据"框中，如图 10-6 所示。

3. "距离"对话框中的选项

（1）"计算距离"栏。

① "个案间"单选按钮：选择此项，将计算每对观测间的距离。

② "变量间"单选按钮：选择此项，将计算每对变量间的距离。

（2）在"测量"栏中选择测量距离的类型与方法。

① "非相似性"单选按钮：选择此项，将计算非相似性矩阵。该项为系统默认选择项。系统默认使用欧氏距离测量其不相似性。

② "相似性"单选按钮：选择此项，将计算相似性矩阵。系统默认使用皮尔逊相关系数测量相似性。

在"测量"栏中选择了一种测量类型后，系统默认的计算方法显示在"测量"按钮右侧。单击"测量"按钮，打开相应的对话框，可以进一步选择计算方法或统计量。返回"距离"对话框后，被选中的计算方法显示在"测量"按钮右侧。

4. 不相似性测量的选项

在"距离"对话框的"测量"栏中选择"非相似性"单选按钮，单击"测量"按钮，打开如图 10-7 所示的对话框，指定非相似性测量的计算方法。

（1）"测量"栏。选择一种测量需要先选择数据类型，然后需要在选中的数据类型组的下拉列表中选择与数据类型一致的可用的测量方法。数据类型及其可以使用的测量选项如下。

① "区间"单选按钮。连续型变量选项，各选项的详细说明见 11.3.2 节中的有关内容。

② "计数"单选按钮。计数变量选项。选择该选项后，可以在展开的下拉列表中选择不相似性测量。

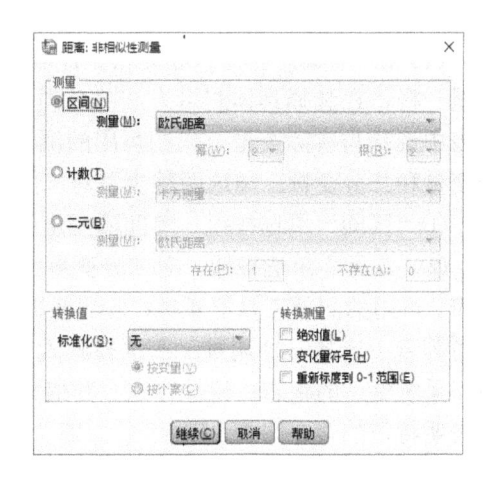

图 10-6　"距离"对话框　　　　图 10-7　"距离：非相似性测量"对话框

③ "二元"单选按钮。二分变量（表示某种特性有、无的变量）选项。选择该选项后可激活下面其他选项。"存在"框用于输入表明存在其特性的变量值，"不存在"框用于输入表明不存在某特性的变量值。系统默认的变量值用 1 表明特性存在，用 0 表明特性不存在。对于二分变量的各选项的详细说明参见附录 A 中的有关内容。

（2）"转换值"栏。该栏允许在进行近似计算前对观测或变量进行标准化，但对二分变量不能进行标准化。

① 在"标准化"下拉列表中选择标准化的方法，各选项的详细说明见附录 A。

② 除了选项"无"，选择其他任意一种标准化的方法，均应同时指定标准化对象，对应如下两个选项。

- "按变量"单选按钮：选择此项，将对变量进行标准化。
- "按个案"单选按钮：选择此项，将对观测进行标准化。

（3）"转换测量"栏。在该栏中选择在距离测量计算完成后，对距离测量结果进行转换的方法，包括 3 种方法，可以同时选择。

① "绝对值"复选框：选择此项，将对距离取绝对值。当符号表明的是相关的方向且仅对相关的数值感兴趣时，选择此项。

② "变化量符号"复选框：选择此项，将把相似性测量值转换成不相似性测量值，或把不相似性测量值转换成相似性测量值。若选择此项，则可以通过加负号颠倒距离测量的顺序。

③ "重新标度到 0-1 范围"复选框：选择此项，将先减去最小值，再除以范围（最大值减最小值），使距离标准化。对已经按有意义的方法标准化的测量，一般不再使用此方法进行转换。

5. 相似性测量的选项

在"距离"对话框的"测量"栏中选择"相似性"单选按钮，单击"测量"按钮，打开"距离：相似性测量"对话框，如图 10-8 所示，指定相似性测量的计算方法。

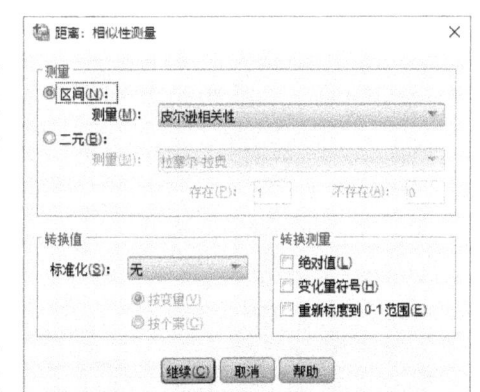

图 10-8　"距离：相似性测量"对话框

（1）在"测量"栏中，选择相似性测量方法。有关相似性测量方法的选项与非相似性测量一样，在选择具体测量方法前必须先选择变量类型，再在选中的数据类型组的下拉列表中选择与实际类型一致的可用的测量。进行相似性测量的数据类型只有两种：连续型变量和二分变量。与这两种类型对应的可以选择的选项如下。

① "区间"单选按钮。等间隔变量选项，各选项的详细说明见附录 A。

② "二元"单选按钮。对二分变量的相似性测量。SPSS 为每对项目构造一个 2×2 交叉表。可用的测量有以下 4 类：匹配系数、条件概率、可预测性测量和其他测量。可以从下拉列表中选择一种测量。在选择测量方法之前应指定表明某特征存在和不存在的变量值。系统默认的状态：特征存在，其值为 1；特征不存在，其值为 0。若读者指定其他整数表明特征的存在与否，SPSS 将忽略其他值。各选项的详细说明见附录 A。

（2）"转换值"栏。转换数值，与相似性测量的对应选项相同。

（3）"转换测量"栏。转换测量，与相似性测量的对应选项相同。

10.4.3 距离分析实例

【例 6】 观测间的相似性分析例题。

仍使用数据文件 data10-04 中的四川绵阳地区中山柏生长量的数据，分析不同月份生长量间的距离，以便分析各月份生长量间的相似性或不相似性。读入数据文件后，按下述步骤操作。

（1）按"分析→相关→距离"顺序单击，打开"距离"对话框，如图 10-6 所示。

（2）指定分析变量和标识变量。选择月生长量 hgrow 作为分析变量，将其移至"变量"框中。选择月份 month 作为标识变量，将其移至"个案标注依据"框中。其他使用默认值。

（3）单击"确定"按钮，提交系统运行。输出结果如表 10-10 和表 10-11 所示。

表 10-10 所示为观测有效值和缺失值的统计结果。

表 10-10 观测有效值和缺失值的统计结果

个案处理摘要

个案					
有效		缺失		总计	
个案数	百分比	个案数	百分比	个案数	百分比
12	100.0%	0	0.0%	12	100.0%

表 10-11 观测间的欧氏距离

近似值矩阵

欧氏距离

	1:1	2:2	3:3	4:4	5:5	6:6	7:7	8:8	9:9	10:10	11:11	12:12
1:1	.000	.490	1.490	10.790	12.990	16.290	17.990	19.290	14.790	10.290	7.990	.990
2:2	.490	.000	1.000	10.300	12.500	15.800	17.500	18.800	14.300	9.800	7.500	.500
3:3	1.490	1.000	.000	9.300	11.500	14.800	16.500	17.800	13.300	8.800	6.500	.500
4:4	10.790	10.300	9.300	.000	2.200	5.500	7.200	8.500	4.000	.500	2.800	9.800
5:5	12.990	12.500	11.500	2.200	.000	3.300	5.000	6.300	1.800	2.700	5.000	12.000
6:6	16.290	15.800	14.800	5.500	3.300	.000	1.700	3.000	1.500	6.000	8.300	15.300
7:7	17.990	17.500	16.500	7.200	5.000	1.700	.000	1.300	3.200	7.700	10.000	17.000
8:8	19.290	18.800	17.800	8.500	6.300	3.000	1.300	.000	4.500	9.000	11.300	18.300
9:9	14.790	14.300	13.300	4.000	1.800	1.500	3.200	4.500	.000	4.500	6.800	13.800
10:10	10.290	9.800	8.800	.500	2.700	6.000	7.700	9.000	4.500	.000	2.300	9.300
11:11	7.990	7.500	6.500	2.800	5.000	8.300	10.000	11.300	6.800	2.300	.000	7.000
12:12	.990	.500	.500	9.800	12.000	15.300	17.000	18.300	13.800	9.300	7.000	.000

这是非相似性矩阵

表 10-11 以矩阵形式给出了两两观测间变量 hgrow 的欧氏距离，即每两个月份间的

中山柏生长量间的差值，是不相似性矩阵，行列之间数值越大，不相似性越强。显然，1月与8月生长量最不相似，其欧氏距离值为19.290；1月与2月生长量不相似性最小，其欧氏距离值为0.490；12月与2月、3月的生长量不相似性及4月与10月的生长量不相似性仅次于1月与2月，其欧氏距离值为0.5。

在进行观测间不相似性分析时，可以指定若干个分析变量，即根据指定变量组分析观测间的不相似性，标识变量只能指定一个。

【例7】 变量间的不相似性例题。

对于连续型变量间的相似性计算，往往使用皮尔逊相关系数，这与两个变量间的简单相关分析没有区别。本例仍使用数据文件 data010-04 中的数据，比较相似性与不相似性的结果。

（1）按"分析→相关→距离"顺序单击，打开"距离"对话框。

（2）指定分析变量：月平均的气温 temp、降雨量 rain、日照时间 hsun、湿度 humi。选择它们并移至"变量"框中。

（3）在"计算距离"栏中选择"变量间"单选按钮，在"测量"栏中选择"非相似性"单选按钮，要求进行变量间的不相似性分析。

（4）单击"测量"按钮。

① 在"距离：非相似性测量"对话框中选择"区间"单选按钮，因为所选变量均为度量变量。在"测量"下拉列表中选择"欧氏距离"选项。只有在相似性分析的菜单中才有相关分析的选项，而不相似性分析不计算相关系数矩阵，只计算欧氏距离或其他距离。

② 由于选择的分析变量测量的单位不同，因此要对变量进行标准化。在"标准化"下拉列表中选择"Z得分"选项，在"转换值"栏中选择"按变量"单选按钮，要求对变量进行平均值为0，标准差为1的标准化。

（5）单击"继续"按钮，返回"距离"对话框，单击"确定"按钮，提交系统执行，运行结果如表10-12所示。

表10-12 变量间的不相似性测量标准化后的欧氏距离

近似值矩阵

欧氏距离

	月平均气温(℃)	月降雨量(mm)	月平均日照时数	月平均湿度
月平均气温(℃)	.000	2.505	2.609	3.947
月降雨量(mm)	2.505	.000	2.561	3.680
月平均日照时数	2.609	2.561	.000	4.808
月平均湿度	3.947	3.680	4.808	.000

这是非相似性矩阵

如果在"距离"对话框的"测量"栏中改选"相似性"单选按钮，那么在"距离：相似性测量"对话框中的"测量"栏中选择"区间"单选按钮，在"测量"下拉列表中选择"皮尔逊相关性"选项，进行相似性测量分析。运行结果如表10-13所示。

比较表10-12和表10-13，可以看出结论是一致的。

表10-12是欧氏距离矩阵；表10-13所示是皮尔逊相关系数矩阵。相似性越强，相关系数越大，不相似性距离越小。例如，月平均气温与月降雨量相关系数最大，为0.715；在欧氏距离矩阵中，这两个变量间的距离最小，为2.505。相反，在相似性测量的皮尔逊相关系数矩阵中，相关系数最小的是月平均湿度与月平均日照时数，为-0.051；在不相似

性测量的欧氏距离矩阵中是最大的，值为 4.808。

表 10-13 变量间的相似性测量相关分析结果

近似值矩阵

	值 的向量之间的相关性			
	月平均气温(℃)	月降雨量(mm)	月平均日照时数	月平均湿度
月平均气温(℃)	1.000	.715	.690	.292
月降雨量(mm)	.715	1.000	.702	.384
月平均日照时数	.690	.702	1.000	-.051
月平均湿度	.292	.384	-.051	1.000

这是相似性矩阵

10.5 典型相关分析

10.4.1 典型相关分析概念

典型相关分析是用来描述两组随机变量间关系的统计分析方法。

通过线性组合，可以将一组变量组合成一个新的综合变量。虽然每组变量间的线性组合有无数多个，但通过对其施加一些条件约束，能使其具有确定性。

典型相关分析就是要找到使得这两个由线性组合生成的变量之间的相关系数最大的系数。

为了从每组变量中找出具有最大相关性的变量的线性组合，并使得从每组变量中找出第二对线性组合与第一对线性组合不相关的同时具有最大的相关性，直到两组变量间的相关性被提取完为止，可以使用求解矩阵的特征值和特征向量的数学工具。上述相关关系用典型相关系数来衡量。所得特征值与典型变量的典型相关系数有直接联系。

10.4.2 典型相关分析过程

1. 命令调用

按"分析→相关→典型相关性"顺序单击，打开"典型相关性"对话框，如图 10-9 所示。

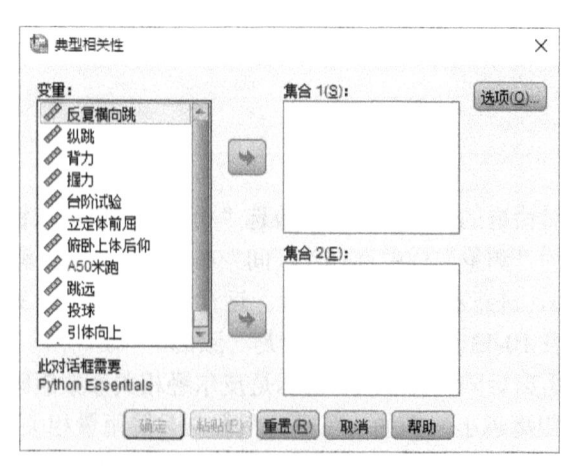

图 10-9 "典型相关性"对话框

2．指定集合 1 和集合 2 变量

在"变量"框中选择第一组相关变量,将其移至"集合 1"框中。

在"变量"框中选择第二组相关变量,将其移至"集合 2"框中。

3．指定选项

在"典型相关性"对话框中,单击"选项"按钮,打开如图 10-10 所示的"选项"对话框,指定将要显示的输出及评分行为。

（1）在"得分变量的根名"框中,输入生成的得分变量的名称的前缀。

- 如果选择了评分或创建用于评分的语法文件,那么必须建立根名。

（2）"得分"栏。勾选"计算得分"复选框,将在"得分数据集的名称"框中,指定数据集名称以创建得分数据集。此数据集将包含分析中使用的变量名及其得分。

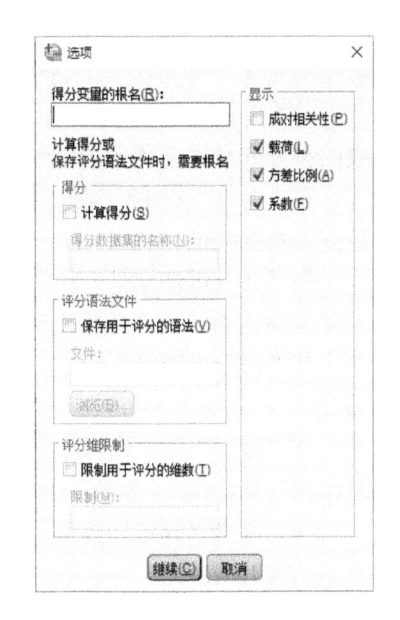

图 10-10 "选项"对话框

（3）"评分语法文件"栏。勾选"保存用于评分的语法"复选框,在"文件"框中选择用来创建语法文件的输入文件指定项,该文件包含用于对数据集进行评分的命令。语法将使数据居中,并计算两组变量的得分。

- 语法期望变量名称与用于计算相关性的变量名称相同。

（4）"评分维限制"栏。勾选"限制用于评分的维数"复选框,在"限制"框中输入要使用的典型相关性数目,指定较小限制。在系统默认情况下,评分时将使用所有相关性。

（5）"显示"栏。该栏中有"成对相关性"复选框、"载荷"复选框、"方差比例"复选框、"系数"复选框供选择。选择所需输出内容对应的复选框。无论是否勾选"显示"栏中的复选框,都会显示典型系数检验表。

4．实例分析

【例 8】 随机抽取某高中高一男生 38 人,测试反映其体力和运动能力的 12 项测试指标,测试结果数据资料已存放在数据文件 data10-07 中。各测试指标如下。

体力测试指标：反复横向跳（次）、纵跳（cm）、背力（kg）、握力（kg）、台阶试验（指数）、立定体前屈（cm）、俯卧上体后仰（cm）（俯卧背伸测验）。

运动能力测试指标：50 米跑（秒）、跳远（cm）、投球（m）、引体向上（次）、耐力跑（秒）。

试分析高中生的体力与运动能力是否相关。

在 SPSS 中操作步骤如下。

（1）在"数据视图"标签页中打开数据文件 data10-07。

（2）按"分析→相关→典型相关性"顺序单击,打开"典型相关性"对话框。

在"变量"框中选择反复横向跳、纵跳、背力、握力、台阶试验、立定体前屈、俯卧

上体后仰 7 个体力测试指标相关变量，将其移至"集合 1"框中。

在"变量"框中选择 50 米跑、跳远、投球、引体向上、耐力跑 5 个运动能力测试指标相关变量，将其移至"集合 2"框中。

（3）单击"选项"按钮，打开"选项"对话框。在"得分变量的根名"框中，输入生成的得分变量的名称的前缀"AAAA"。

在"得分"栏中，勾选"计算得分"复选框，在"得分数据集的名称"框中，输入创建得分数据集的名称"AAA"。

在"评分语法文件"栏中，勾选"保存用于评分的语法"复选框，在"文件"框中输入用来创建语法文件的指定项"AABB"。

在"评分维限制"栏中，勾选"限制用于评分的维数"复选框，在"限制"框中输入"5"。

在"显示"栏中选择全部选项，即勾选"成对相关性"复选框、"载荷"复选框、"方差比例"复选框、"系数"复选框。单击"继续"按钮，返回"典型相关性"对话框。

（4）单击"确定"按钮，提交系统运行，在"查看器"窗口中得到表 10-14～表 10-24 所示的输出结果。

（5）结果解释。

表 10-14 给出了第一组变量集中的 7 个体力测试指标与第二组变量集中的 5 个运动能力测试指标，即 12 个测试指标，相互间的线性相关系数。由表 10-14 可知，大多数变量间是弱到中度相关的。

表 10-14 两组所有变量间的皮尔逊相关系数

相关性[a]

		反复横向跳	纵跳	背力	握力	台阶试验	立定体前屈	躯干上体后仰	A50米跑	跳远	投球	引体向上	耐力跑
反复横向跳	皮尔逊相关性	1	.301	.164	-.013	.246	.072	-.182	-.401	.294	.409	.280	-.470
	Sig.（双尾）		.067	.324	.939	.136	.667	.274	.013	.073	.011	.089	.003
纵跳	皮尔逊相关性	.301	1	.387	.025	-.101	.456	.239	-.300	.525	.505	.560	-.243
	Sig.（双尾）	.067		.016	.880	.545	.004	.148	.067	.001	.001	.000	.141
背力	皮尔逊相关性	.164	.387	1	.315	-.243	.193	-.001	-.303	.533	.565	.322	-.480
	Sig.（双尾）	.324	.016		.054	.142	.245	.993	.065	.001	.000	.049	.002
握力	皮尔逊相关性	-.013	.025	.315	1	-.024	.054	.209	-.292	.311	-.041	.263	-.116
	Sig.（双尾）	.939	.880	.054		.887	.745	.207	.076	.057	.806	.111	.487
台阶试验	皮尔逊相关性	.246	-.101	-.243	-.024	1	.052	.315	-.430	-.131	-.027	.142	-.018
	Sig.（双尾）	.136	.545	.142	.887		.758	.054	.007	.434	.874	.397	.916
立定体前屈	皮尔逊相关性	.072	.456	.193	.054	.052	1	.280	-.080	.320	.300	.236	-.289
	Sig.（双尾）	.667	.004	.245	.745	.758		.088	.633	.050	.068	.154	.078
躯干上体后仰	皮尔逊相关性	-.182	.239	-.001	.209	.315	.280	1	-.263	.222	.040	.093	.186
	Sig.（双尾）	.274	.148	.993	.207	.054	.088		.111	.181	.811	.579	.263
A50米跑	皮尔逊相关性	-.401	-.300	-.303	-.292	-.430	-.080	-.263	1	-.444	-.257	-.463	.074
	Sig.（双尾）	.013	.067	.065	.076	.007	.633	.111		.005	.119	.003	.657
跳远	皮尔逊相关性	.294	.525	.533	.311	-.131	.320	.222	-.444	1	.439	.540	-.425
	Sig.（双尾）	.073	.001	.001	.057	.434	.050	.181	.005		.006	.000	.008
投球	皮尔逊相关性	.409	.505	.565	-.041	-.027	.300	.040	-.257	.439	1	.360	-.535
	Sig.（双尾）	.011	.001	.000	.806	.874	.068	.811	.119	.006		.027	.001
引体向上	皮尔逊相关性	.280	.560	.322	.263	.142	.236	.093	-.463	.540	.360	1	-.420
	Sig.（双尾）	.089	.000	.049	.111	.397	.154	.579	.003	.000	.027		.009
耐力跑	皮尔逊相关性	-.470	-.243	-.480	-.116	-.018	-.289	.186	.074	-.425	-.535	-.420	1
	Sig.（双尾）	.003	.141	.002	.487	.916	.078	.263	.657	.008	.001	.009	

a. 成对 N=38

表 10-15 给出的是 5 对典型变量间的典型相关系数，其平方（λ_i^2）可以说明两个变量集间的共享方差的百分比，由此可知第一典型相关系数说明第一组变量和第二组变量之间的共享方差是 0.848^2=71.91%。第一典型相关系数 0.848 远大于两组变量间的单个相关系数。

表 10-15 典型相关系数

典型相关性

	相关性	特征值	威尔克统计	F	分子自由度	分母自由度	显著性
1	.848	2.553	.073	2.759	35.000	111.802	.000
2	.659	.766	.259	1.880	24.000	95.402	.017
3	.612	.600	.457	1.697	15.000	77.697	.069
4	.400	.190	.732	1.225	8.000	58.000	.301
5	.359	.148	.871	1.479	3.000	30.000	.240

H0 for Wilks 检验是指当前行和后续行中的相关性均为零

表 10-15 还给出了 5 对典型变量间的典型相关系数等于 0 的显著性检验结果；第二列给出的是特征值（威尔克 Lambda）；第三列为威尔克卡方统计量值；第四列为 F 值；第五列为分子自由度；第六列为分母自由度；第七列为显著性，即 p 值。由表 10-15 可以看出，第一典型相关系数和第二典型相关系数是显著的（p 值分别为 0.000 和 0.017，小于 0.05），说明第一对典型变量和第二对典型变量是有价值的。而第三典型相关系数及以后的典型相关系数不显著（p 值均大于 0.05），故第三对典型变量及以后的典型变量可以不考虑。

表 10-16 和表 10-17 给出的是在建立 5 个典型相关的线性组合时，第一组变量中各变量的权重。一般用标准典型系数来建立变量间的线性组合，它直观上给人以更清楚的印象。由于只有第一典型相关系数和第二典型相关系数是显著的，因此可得前两对典型变量的线性组合为

$$v_1 = 0.458x_1 + 0.192x_2 + 0.615x_3 + 0.061x_4 + 0.269x_5 + 0.103x_6 + 0.029x_7$$
$$v_2 = 0.192x_1 - 0.504x_2 + 0.022x_3 + 0.136x_4 + 0.754x_5 - 0.045x_6 - 0.3149x_7$$

式中，x_1 表示反复横向跳（次）；x_2 表示纵跳（cm）；x_3 表示背力（kg）；x_4 表示握力（kg）；x_5 表示台阶试验（指数）；x_6 表示立定体前屈（cm）；x_7 表示俯卧上体后仰（cm）（俯卧背伸测验）。上面两式中的各个变量应是经标准化处理后的变量。

表 10-16 第一组变量在典型变量中的标准典型系数

集合 1 标准化典型相关系数

变量	1	2	3	4	5
反复横向跳	.458	.192	.509	-.398	-.072
纵跳	.192	-.504	-1.050	.580	.094
背力	.615	.022	.479	-.078	.383
握力	.061	.136	-.495	-.252	-.925
台阶试验	.269	.754	-.605	.393	.266
立定体前屈	.103	-.045	.460	.233	-.454
俯卧上体后仰	.029	-.314	.159	-1.060	.489

表 10-17 第一组变量在典型变量中的非标准典型系数

集合 1 非标准化典型相关系数

变量	1	2	3	4	5
反复横向跳	.136	.057	.151	-.118	-.021
纵跳	.028	-.073	-.152	.084	.014
背力	.039	.001	.031	-.005	.024
握力	.011	.025	-.090	-.046	-.169
台阶试验	.019	.052	-.042	.027	.018
立定体前屈	.017	-.008	.077	.039	-.076
俯卧上体后仰	.004	-.039	.019	-.130	.060

由此可知第一个特征值（也是最重要）的典型变量 v_1 主要代表反映躯干背伸肌力量的背力，第二个特征值（次要）的典型变量 v_2 主要代表反映心血管机能的台阶试验指数变量。

表 10-18 和表 10-19 的含义与表 10-16 和表 10-17 相同，给出了在建立 5 个典型变量的线性组合时，第二组变量中各变量的权重。由此可知，前两个典型变量的线性组合为

$$w_1 = -0.494y_1 + 0.139y_2 + 0.365y_3 + 0.000y_4 - 0.409y_5$$

$$w_2 = -0.898y_1 - 0.875y_2 - 0.483y_3 - 0.267y_4 - 0.756y_5$$

式中，y_1 表示 50 米跑（秒）；y_2 表示跳远（cm）；y_3 表示投球（m）；y_4 表示引体向上（次）；y_5 表示耐力跑（秒）。

表 10-18　第二组变量在典型变量中的标准典型系数

集合 2 标准化典型相关系数

变量	1	2	3	4	5
A50米跑	-.494	-.898	.209	.552	-.270
跳远	.139	-.875	.201	-.810	-.499
投球	.365	-.483	.180	.357	1.015
引体向上	.000	-.267	-.976	.791	-.249
耐力跑	-.409	-.756	-.651	-.258	.671

表 10-19　第二组变量在典型变量中的标准典型系数

集合 2 非标准化典型相关系数

变量	1	2	3	4	5
A50米跑	-1.409	-2.562	.595	1.575	-.770
跳远	.003	-.018	.004	-.017	-.010
投球	.133	-.176	.065	.130	.370
引体向上	.000	-.070	-.258	.209	-.066
耐力跑	-.013	-.024	-.021	-.008	.022

与其他特征值对应的典型变量中的系数相比可知，最重要的第一个特征值的典型变量 w_1 中的各变量系数的绝对值均不太大，且竞赛类项目对应的系数为负，田赛类项目对应的系数为正，因此 w_1 是反映综合运动能力的变量。次要的第二个特征值的典型变量 w_2 中的所有变量与其成负相关关系，但由于竞赛类项目速度越快，用时越短，w_2 的取值也越大；而田赛类项目成绩越好，w_2 的取值也越小；因此 w_2 主要代表反应速度运动能力的 50 米跑和耐力跑变量。

表 10-20 给出的是第一组体力测试指标变量中测试的每个指标与第一组变量中 5 个典型变量之间的典型载荷。典型载荷实际上就是第一组变量中每个测试指标与第一组变量中 5 个典型变量之间的相关系数。由表 10-20 可知，v_1 主要和变量背力相关，v_2 主要和变量台阶试验相关。这与表 10-16 中它们对应的典型系数是一致的。

表 10-21 给出的是第一组体力测试指标变量中测试的每个指标与第二组变量中 5 个典型变量之间的交叉载荷，实际上就是第一组体力测试指标变量中测试的每个指标与第二组变量中 5 个典型变量之间的相关系数。

表 10-20　第一组变量在典型变量中的典型载荷

集合 1 典型载荷

变量	1	2	3	4	5
反复横向跳	.684	.282	.134	.073	-.025
纵跳	.596	-.606	-.414	.236	.080
背力	.739	-.290	.236	-.048	-.037
握力	.259	.042	-.304	-.475	-.730
台阶试验	.226	.742	-.404	-.061	.298
立定体前屈	.367	-.299	.097	.163	-.242
俯卧上体后仰	.117	-.216	-.351	-.712	.287

表 10-21　第一组变量在典型变量中的交叉载荷

集合 1 交叉载荷

变量	1	2	3	4	5
反复横向跳	.580	.186	.082	.029	-.009
纵跳	.505	-.399	-.254	.094	.029
背力	.626	-.191	.145	-.019	-.013
握力	.220	.028	-.186	-.190	-.262
台阶试验	.191	.489	-.247	-.024	.107
立定体前屈	.312	-.197	.059	.065	-.087
俯卧上体后仰	.099	-.143	-.215	-.285	.103

表 10-22 给出的是第二组运动能力变量中测试的每个指标与第二组变量中 5 个典型变量之间的典型载荷，实际上就是第二组运动能力变量中测试的每个指标与第二组变量中 5 个典型变量之间的相关系数。由表 10-22 可知，w_1 与田赛类变量成正相关，与竞赛类项目呈负相关，w_2 与所有变量呈负相关。这与表 10-18 中它们的典型系数是一致的。

表 10-23 和表 10-21 相反，表中的数据是第二组运动能力变量与第一组变量中 5 个典型变量之间的相关系数。

表 10-22 第二组变量在典型变量中的典型载荷

集合 2 典型载荷

变量	1	2	3	4	5
A50米跑	-.680	-.318	.476	.434	-.144
跳远	.692	-.511	-.063	-.361	-.354
投球	.772	-.327	.212	.282	.416
引体向上	.607	-.180	-.626	.335	-.310
耐力跑	-.700	-.081	-.407	-.396	.425

表 10-23 第二组变量在典型变量中的交叉载荷

集合 2 交叉载荷

变量	1	2	3	4	5
A50米跑	-.576	-.210	.292	.174	-.052
跳远	.587	-.337	-.039	-.144	-.127
投球	.654	-.215	.130	.113	.149
引体向上	.514	-.118	-.383	.134	-.111
耐力跑	-.594	-.053	-.249	-.159	.152

表 10-24 中的 "集合 1*自身" 列给出的是第一组的各典型变量从第一组变量中提取的方差比例，即由第一组变量解释的方差比例。"集合 1*集合 2" 列给出的是第一组的各典型变量从第二组变量中提取的方差比例，即由第二组变量解释的方差的比例。"集合 2*自身" 列给出的是第二组的各典型变量从第二组变量中提取的方差比例，即由第二组变量解释的方差比例。"集合 2*集合 1" 列给出的是第二组的各典型变量从第一组变量中提取的方差比例，即由第一组变量解释的方差的比例。

表 10-24 解释方差的比例

已解释的方差比例

典型变量	集合 1*自身	集合 1*集合 2	集合 2*自身	集合 2*集合 1
1	.234	.168	.479	.344
2	.174	.076	.102	.044
3	.090	.034	.167	.062
4	.118	.019	.134	.021
5	.110	.014	.119	.015

结论：v_1 和 w_1 最相关，这说明 v_1 代表的背力和 w_1 代表的综合运动能力相关。v_2 和 w_2 也相关，说明 v_2 代表的心血管能力和 w_2 代表的速度运动能力相关。

习 题 10

1. 什么是两个变量间的线性相关？两个变量间的相关系数的数值范围是什么？负相关系数反映的是两个变量数值间的什么关系？

2. SPSS 提供了几个求相关系数的方法？各适合分析什么样的变量？

3. 数据文件 data10-05 中是 29 个受试者的身高、体重、肺活量的数据，试分析肺活量与哪个因素线性相关程度更高。说明为什么要计算偏相关系数。

4. 数据文件 data10-02 中是 474 名职工的职务等级 jobcat、起始工资 salbegin、当前工资 salary、受教育程度 educ、本单位工作经历（月）jobtime、以前工作经历（月）prevexp 的数据，id 为职工编号。分析该公司的起始工资与什么因素有关，当前工资与什么因素有关。

5. 数据文件 data10-06 中是某公司太阳镜销售情况的数据。分析销售量与平均价格、广告费用和日照时间之间的关系。作图协助分析。本题使用偏相关分析是否有实际意义？

第11章 回归分析

回归分析（Regression Analysis）是确定两种或两种以上变量间相互依赖的定量关系的一种统计分析方法，已被广泛地应用于自然科学、社会科学等各个领域。按照涉及的自变量的多少，可将回归分析分为一元回归分析和多元回归分析；按照自变量和因变量之间的关系类型，可将回归分析分为线性回归分析和非线性回归分析。在回归分析中，若只包括一个自变量和一个因变量，且二者的关系可用一条直线近似表示，则称这种回归分析为一元线性回归分析；若包括两个或两个以上的自变量，且因变量和自变量之间是线性关系，则称这种回归分析为多元线性回归分析。

图11-1所示的"分析"菜单的"回归"子菜单对应的回归分析过程有：自动线性建模、线性回归、曲线回归、部分最小平方（应译为偏最小二乘回归）、二元Logistic回归、多元Logistic回归、有序回归、概率单位回归、非线性回归、加权回归、两阶最小二乘法、分位数回归、最优尺度回归。

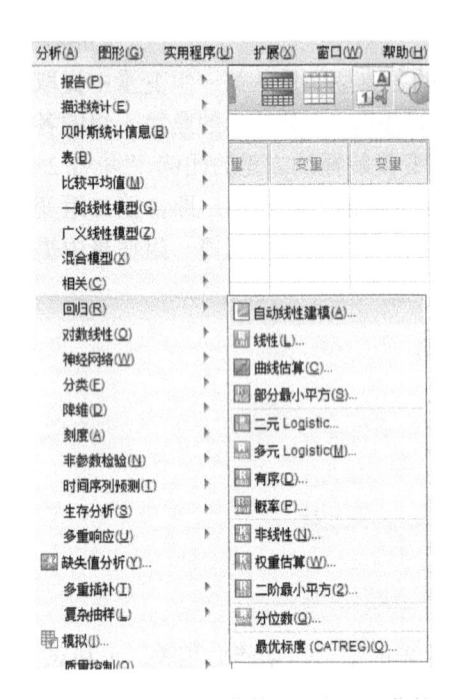

图11-1 "分析"菜单"回归"子菜单

11.1 线性回归

在自变量与因变量之间呈线形相关关系时，可以构造线性回归方程。线性回归包括一元线性回归和多元线性回归。

11.1.1 一元线性回归

1. 一元线性回归方程

只有一个自变量的线性回归称为一元线性回归，又称直线回归。其分析任务是根据若干对观测(x_i, y_i)（$i=1,2,\cdots,n$）找出描述变量x与变量y间关系的线性回归模型$Y = \beta_0 + \beta_1 x + \varepsilon$的回归系数$\beta_0$和$\beta_1$的估计$\hat{\beta}_0$和$\hat{\beta}_1$。其中，$\varepsilon$是随机误差项，需满足：$E(\varepsilon) = 0$，$D(\varepsilon) = \sigma^2 (<\infty)$。求最优线性回归方程$y = \beta_0 + \beta_1 x$，常用的方法是最小二乘法。

2. 一元线性回归方程的检验

假定：误差项ε是对于不同观测值是独立正态分布的。为验证回归方程是否有统计学意义，在根据原始数据求出回归方程后，还需要对回归方程进行检验。检验的假设是总体回归系数为0。可以选用下述（1）～（3）方法中的任意一种方法进行检验。此外，还要对回归方程的预测效果进行检验。

（1）回归系数的显著性检验。

① 对斜率检验的假设是总体回归方程系数 $b=0$。检验该假设的 t 值计算公式为

$$t = \frac{b}{\mathrm{SE}_b}$$

② 对截距检验的假设是总体回归方程截距 $a=0$。检验该假设的 t 值计算公式为

$$t = \frac{a}{\mathrm{SE}_a}$$

在以上两个公式中，SE_b 是回归系数的标准误差；SE_a 是截距的标准误差。

（2）R^2 判定系数。

R^2 判定系数是判定线性回归直线拟合优度的重要指标，公式为

$$R^2 = \frac{\sum(\hat{y}_i - \overline{y})^2}{\sum(y_i - \overline{y})^2}$$

上式表明 R^2 判定系数等于回归平方和在总平方和中所占比率，体现了回归模型解释的因变量变异的百分比。$R^2 = 0.775$，表明变量 y 的变异中有 77.5% 是由变量 x 引起的；$R^2 = 1$，表明因变量与自变量为线性函数关系；$R^2 = 0$，表示自变量与因变量无线性关系。

（3）方差分析。

因变量观测值与平均值之间差异的偏差平方和 SS_t 由两部分组成，表示为 $\mathrm{SS}_t = \mathrm{SS}_r + \mathrm{SS}_e$。其中，回归平方和 SS_r 反映了自变量 x 的重要程度；残差平方和 SS_e 反映了试验误差及其他意外因素对试验结果的影响。这两部分除以各自的自由度，得到它们的均方

$$F = \frac{\text{回归均方}}{\text{残差均方}} = \frac{\sum(\hat{y} - \overline{y})^2 / p}{\sum(y - \hat{y})^2 / (n - p - 1)}$$

当 F 值很大时，拒绝总体回归系数 $b=0$ 的假设。

（4）德宾-沃森（Durbin-Watson）检验。

在对回归模型的诊断中，需要诊断回归模型中误差项的独立性。如果误差项不独立，那么基于回归模型得出的结论是不可靠的。其参数称为 DW 或 D，取值范围是 $0 < D < 4$，统计学意义如下。

① 当残差与自变量互相独立时，$D \approx 2$。
② 当相邻两点的残差呈正相关时，$D < 2$。
③ 当相邻两点的残差呈负相关时，$D > 2$。

（5）残差图示法。

在直角坐标系中，常以预测值 $\hat{y}$ 为横轴，以 y 与 $\hat{y}$ 间的误差 e_t（或学生化残差值）为纵轴，绘制残差的散点图。如果散点呈现明显的规律性，就认为存在自相关性，或者存在非线性、非常数方差问题。

各种残差与预测值关系示意图如图 11-2 所示。

若残差与因变量的关系类似图 11-2（a）或图 11-2（b），则需要对因变量或自变量进行变换；若散点呈随机分布，则认为残差与因变量间相互独立，如图 11-2（f）所示。

利用残差图还可以判断模型拟合效果。如果各点成随机分布，并绝大部分落在±2σ范围内（68%的点落在±σ范围内，96%的点落在±2σ范围内），就说明拟合效果较好，如图 11-2（f）所示；如果大部分点落在±2σ范围外，就说明拟合效果不好，如图 11-2（g）所示。

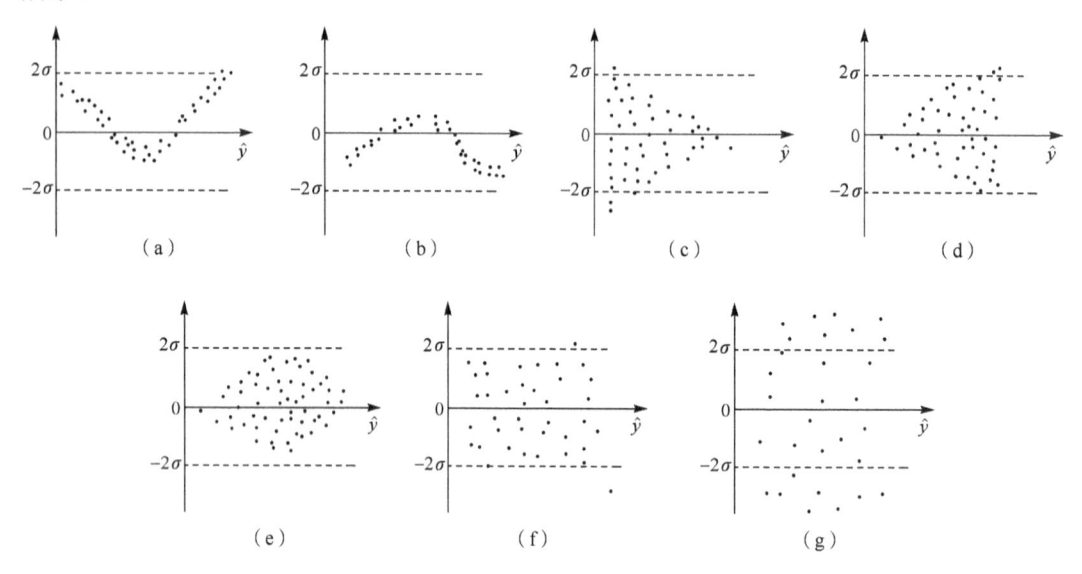

图 11-2　各种残差与预测值关系示意图

11.1.2　多元线性回归

1．多元线性回归的概念

根据多个自变量的最优组合建立回归方程来预测因变量的回归分析称为多元回归分析。多元线性回归分析拟合后的方程为

$$\hat{y} = b_0 + b_1 x_1 + b_2 x_2 + \cdots + b_n x_n$$

式中，$\hat{y}$ 为根据所有自变量 x 算得的估计值；b_0 为常数项；$b_1, b_2, \cdots, b_n$ 称为 y 对应于 $x_1, x_2, \cdots, x_n$ 的回归系数。

多元线性回归模型必须满足 11.1.1 节中的假设理论。

2．多元线性回归分析中的统计指标

（1）复相关系数 R 表示自变量 x_i 与因变量 y 之间线性关系密切程度的指标，取值范围为 0～1。R 值越接近 1，表示线性关系越强；R 值越接近 0，表示线性关系越差。

（2）R^2 判定系数与校正 R^2 判定系数。

在多元回归中也使用 R^2 判定系数解释回归模型中自变量的变异在因变量变异中占的比率。但是，在多元回归中 R^2 判定系数的值会随着进入回归方程的自变量的个数或样本量的增加而增大。为了消除自变量的个数及样本量的大小对 R^2 判定系数的影响，引进了校正 R^2（Adjusted R Square）判定系数。校正 R^2 判定系数的公式为

$$\text{Adjusted } R^2 = 1 - \frac{\sum (y - \hat{y})^2 / (n - k - 1)}{\sum (y - \overline{y})^2 / (n - 1)}$$

式中，k 为自变量的个数；n 为观测数。可以看出，当自变量数大于 1 时，校正 R^2 判定系

数值小于 R^2 判定系数。自变量数越多，校正 R^2 判定系数与 R^2 判定系数的差值越大。

(3) 零阶相关系数、部分相关系数与偏相关系数。

① 零阶相关系数 (Zero-Order)。各自变量与因变量之间的零阶相关系数。

② 部分相关 (Part Correlation)。在排除其他自变量对 x_i 的影响后，当一个自变量进入回归方程模型后，复相关系数的平方的增加量。

③ 偏相关系数 (Partial Correlation)。在排除其他变量的影响后，自变量 x_i 与因变量 y 间的相关程度。部分相关系数小于偏相关系数。偏相关系数也可以用来作为筛选自变量的指标，即通过比较偏相关系数的大小，判断哪些变量对因变量具有较大影响力。

3. 多元线性回归分析的检验

可以利用残差分析，检验建立的回归模型是否很好地拟合了原始数据；还可以对回归方程中各自变量的系数进行检验，以便在回归方程中保留有效影响因变量 y 的自变量。

(1) 方差分析是对整个回归方程的显著性检验。检验的假设为：总体的回归方程系数均为 0。使用统计量 F 进行检验，其原理与一元回归方程分析原理相同。

(2) 回归系数与常数项的检验。检验的假设为：总体回归方程各自变量回归系数为 0，常数项为 0。使用 t 值进行检验。回归系数和常数项的 T 检验的公式分别为

$$t = \frac{偏回归系数}{偏回归系数的标准误差}, \quad t = \frac{常数项}{常数项的标准误差}$$

(3) 方差齐性检验。检验方差齐性是指残差的分布是常数，与自变量或因变量无关。一般通过绘制因变量预测值与学生化残差的散点图来检验。残差应随机地分布在一条穿过原点的水平直线的两侧。

(4) 残差的正态性检验。希望残差完全服从正态分布是不现实的，即使存在很理想的总体数据，样本的残差的分布也只能近似服从正态分布。

在残差的正态性检验中，最直观、最简单的方法是作残差的直方图和累积概率图。

累积概率图 (P-P 图) 用来判断一个变量的分布是否与一个指定的分布一致。如果两种分布基本相同，那么在 P-P 图中的点应该围绕在一条斜线周围。通过观察残差散点 (曲线) 在假设直线 (正态分布) 周围的分布情况，可以判断残差是否服从正态分布。

11.1.3 异常值、影响点、共线性诊断

1. 异常值的查找

异常值是指标准化残差过大的观测，SPSS 默认的判定标准是标准化残差的绝对值大于 3。如果该值不是错误的数据，则不是简单将其贴除，而是应该更换预测的模型。

2. 影响点的查找

因为影响点对参数估计的结果有较大影响，所以要仔细考虑在模型拟合时是保留影响点还是剔除影响点。要注意，影响点的非标准化残差并不太大，因此需要仔细研判。

同异常值一样，如果该值不是错误的数据，则不是简单将其贴除，而是应该更换预测的模型。

识别影响点的有效方法是比较该点对应的观测存在于回归方程中时与不存在于回归方程中时残差的变化。主要的指标有：标准化残差、非标准化残差、学生化剔除残差、学生化残差、剔除残差、马氏距离、中心点杠杆值、库克距离、协方差比。

应综合多个指标来判断某一观测是否为影响点，只使用个别指标，可能会错判。

（1）判别影响点的指标。

① 剔除残差（Dresid）：排除一个被认为是影响点的观测后回归分析的残差值。

② 学生化剔除残差（Sdresid）：残差除以它的标准误差。当该值大于 2 时，应予以重视。

③ 库克距离：是对一个被认为是影响点的观测被删除后其他所有观测残差的变化量的测量。该值越大，表示这个被认为是影响点的观测的影响力越大。

④ 马氏距离：测定某一自变量观测与同一自变量所有观测平均值差异的统计量。该值越大，表示该观测为影响点的可能性越大。

⑤ 中心点杠杆值（Leverage Values）：当回归方程含有一个以上自变量时，用来检测影响点的标准。其值在 $0 \sim (N-1)/N$ 间变化。中心点杠杆值为 0，说明该观测值对回归方程没有影响；中心点杠杆值接近 $(N-1)/N$，说明该观测对回归方程的贡献很大。从理论上说，希望所有观测的杠杆值都接近中心点杠杆平均值 P/N（P 为自变量的数目）。当中心点杠杆值大于 $2P/N$ 时，说明该观测的影响力很大。

⑥ 协方差比（Covariance Ratio）：用来衡量某个观测是否对回归系数有显著影响。当协方差比的值接近 1 时，说明该观测不是影响点。

国外有学者建议，当 |协方差比-1|$\geq 3P/N$ 时，可以视该观测为影响点。

（2）利用回归系数的变化检验影响点。Belsley 给出的建议是：仔细检查某一观测在模型中与不在模型中标准化 β 值的变化，如果大于 $2/\sqrt{N}$（N 为观测数），那么该观测就可能是影响点。

（3）利用预测值来检测影响点。如果从模型中删除某一个观测后，其标准化预测值大于 $2/\sqrt{P/N}$（P 为自变量的个数；N 为观测数），那么该观测有可能是影响点。

3. 共线性问题

在回归方程中，各自变量对因变量虽然是有意义的，但某些自变量彼此相关，就会存在共线性的问题。这给评价自变量的贡献率带来困难，因此需要对回归方程中的变量进行共线性诊断，并确定它们对参数估计的影响。

共线性分为精确共线性与近似共线性。如果存在一些常数 c_0、c_1、c_2，使得等式 $c_1x_1+c_2x_2=c_0$ 对数据中所有观测成立，那么 x_1 与 x_2 两个自变量之间的关系为精确共线性；如果这个等式近似成立，那么 x_1 与 x_2 两个自变量之间的关系为近似共线性。

在只有两个自变量的情况下，x_1 与 x_2 共线性体现在两个自变量间的相关系数 r_{12} 上。当 x_1 与 x_2 之间存在精确共线性时，$r_{12}^2=1$；当 x_1 与 x_2 之间不存在共线性时，$r_{12}^2=0$。r_{12}^2 越接近于 1，x_1 与 x_2 之间的共线性越强。

当自变量多于两个时，x_i 与其他自变量 x 之间的复相关系数的平方 R_i^2 体现共线性。该值越接近 1，说明自变量之间的共线性程度越大。

当一组自变量为精确共线性时，必须删除引起共线性的一个和多个自变量，否则不存在系数唯一的最小二乘估计。因为删除的自变量并不包含任何多余信息，所以得出的回归方程并没有失去什么信息。当一组自变量为近似共线性时，一般将引起共线性的自变量删除。但需要遵循的原则是，使丢失的信息最少。识别共线性的统计量有以下几个。

① 容忍度（Tolerance）：定义为 $\text{Tol}_i=1-R_i^2$，该值介于 $0 \sim 1$。该值越小，自变量 x_i 与其他自变量 x 之间的共线性越强。将容忍度作为共线性量度指标的条件比较严格，观测一定要近似服从正态分布。

② 方差膨胀因子（VIF）：定义为$VIF_i=1/(1-R_i^2)$，是容忍度的倒数，该值介于1～∞。该值越大，自变量之间存在共线性的可能性越大。

若容忍度小于0.1或0.2，或者VIF值大于5或10，则可以认为存在共线性问题。

③ 特征值（Eigenvalues）：当若干特征值较小并且接近0时，说明某些变量间存在很高的相关性。这些变量的观测出现较小的变化，就会导致回归系数较大的变化。

④ 条件指数（Condition Index）：是在计算特征值时产生的一个统计量。该值越大，说明自变量间存在共线性的可能性越大。一般认为，在条件指数≥15时，可能存在共线性问题；在条件指数≥30时，存在严重的共线性问题。Condition Index = $\sqrt{最大特征值 / 第i个特征值}$。

⑤ 方差比例（Variance Proportions）：同一序号的特征值对应的变量的方差比例。该值越大，存在共线性问题的可能性越大。

常用的共线性问题的解决方法如下。
- 从产生共线性问题的自变量中剔除不重要的自变量。
- 增加样本量。
- 重新抽取样本数据。不同样本的观测的共线性是不一致的，所以重新抽取样本数据可能降低共线性问题的严重程度。

11.1.4 变非线性关系为线性关系

当因变量与自变量的关系不是线性关系，但利用其他方法也不能很好地拟合数据时，就需要对数据进行非线性关系到线性关系的转换。当因变量或残差不符合假设条件时，也需要对数据进行非线性关系到线性关系的转换。与非线性关系转换为线性关系的原则及方法有关的统计学知识超出本书范围，在此仅给予提示，读者可以参考相关书籍进行了解。

（1）当残差的分布呈现正偏态时，对因变量进行对数转换。当残差的分布呈现负偏态分布时，对因变量进行平方根转换。

（2）如果残差的方差呈现不稳定状态，那么可用表11-1中的方法进行校正，注意使用条件。

表11-1 变量转换公式表

转换方法	使用条件	注 释
$\sqrt{y}$	$Var(e_i) \propto E(y_i)$	因变量服从泊松分布
$\sqrt{y}+\sqrt{y+1}$	$Var(e_i) \propto E(y_i)$	某些因变量的值为0或者很小
$\lg y$	$Var(e_i) \propto [E(y_i)]^2$，$y>0$	因变量的值的取值范围很大
$\lg (y+1)$	$Var(e_i) \propto [E(y_i)]^2$	因变量的某些值为0
$1/y$	$Var(e_i) \propto [E(y_i)]^4$	因变量的值集中在0附近，当自变量明显降低时，因变量出现较大的值。例如，自变量是治疗某病的药剂量，因变量是反应时间
$1/(y+1)$	$Var(e_i) \propto [E(y_i)]^4$	某些自变量为0的情况
$\arcsin\sqrt{y}$	$Var(e_i) \propto E(y_i)[1-(y_i)]$	用于二项比例（0≤因变量≤1）

注：$Var(e_i)$为e_i的方差；e_i为第i个观测的统计误差；$E(y_i)$是随机变量y_i的算术平均值。

当方差随着因变量的增大或减小而变化时，$\sqrt{y}$、$\lg(y)$与$1/y$都是可以选用的转换方法，它们转换的力度是依次递增的。当因变量是直到某一事件发生和完成的时间时，常使用倒数变换或逆变换。当因变量的值中出现 0 或负数时，为了避免出现对数或开根号没有意义的情况，常采用(y+常数)的方法，常数一般取 1。在经济学研究方面，$\lg(y)$是一种常用的数据转换方法。

（3）非线性数据转换为线性数据的方法主要包括：取对数、取倒数和取平方根。注意，并不是所有的函数都是可以线性化的。

① 当回归方程有可能是多项式方程时，如$y=x^2+3x+1$，可以取平方根或取倒数。

② 当要建立的回归方程未知时，可以利用散点图发现规律，进行转换。

变非线性关系为线性关系常用的方法如表 11-2 所示。

表 11-2 变非线性关系为线性关系常用的方法

转换方法		回 归 式
$\lg y$	$\lg x$	$y=\alpha x$
$\lg y$	x	$y=\alpha e^{\beta x}$
y	$\lg x$	$y=\alpha+\beta\log x$
$1/y$	$1/x$	$y=x/(\alpha x+\beta)$
$1/y$	x	$y=1/(\alpha+\beta x)$
y	$1/x$	$y=\alpha+\beta(1/x)$

11.1.5 线性回归过程

1. 数据要求

（1）自变量与因变量应该是数值型变量，类似研究领域、居住地区、信仰等分类变量应重新编码为哑变量或其他类型的对比变量。

（2）假设：对自变量的每一个值，因变量的分布必须是正态的。因变量方差的分布对所有自变量的值都应该是一个常数。因变量和每个自变量之间的关系应该是线性的，所有观测应该是独立的。

在进行回归分析前，最好利用图形探索因变量随自变量变化的趋势，以确定数据是否适合线性模型。利用散点图还可以发现异常值。

2. 建立线性模型的操作步骤

（1）按"分析→回归→线性"顺序单击，打开"线性回归"对话框，如图 11-3 所示。

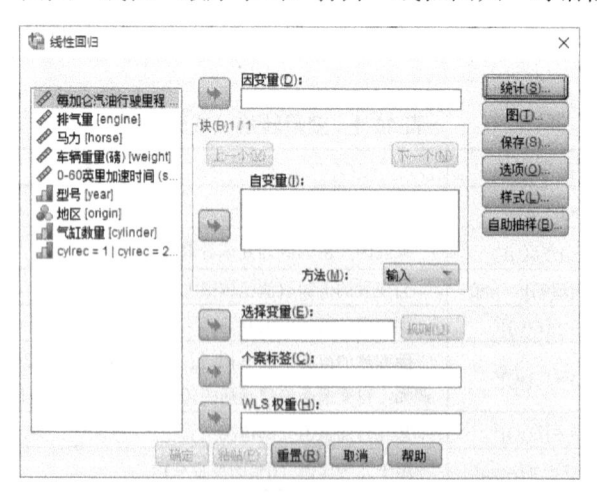

图 11-3 "线性回归"对话框

（2）在原始变量列表中选择一个因变量送入"因变量"框，选择一个或多个自变量送入"自变量"框。

利用"上一个"按钮与"下一个"按钮可以选择不同的自变量组,构建不同的模型。在各个模型中可以对不同自变量组采用不同的分析方法,如有的自变量组采用输入法,有的自变量组采用逐步法。构建的模型按构建的顺序保存在第 n 个模型中。

(3) 在"方法"下拉列表中选择自变量进入回归方程的方法。该下拉列表中的选项如下。

① "输入"选项:即输入法。所选择的自变量全部进入回归模型。这是系统默认选项。

② "步进"选项:即步进法。根据在"线性回归:选项"对话框中设定的判定标准,选择符合判定标准的且对因变量贡献最大的自变量进入回归方程,然后将模型中符合剔除判定标准的变量移出模型。重复进行上述过程,直到回归方程中的自变量均符合进入模型的判定标准,模型外的自变量都不符合进入模型的判定标准为止。

③ "除去"选项:即除去法。先建立全模型,再按去除标准去除自变量。

④ "前进"选项,即前进选择法。从模型中无自变量开始,根据在"线性回归:选项"对话框中设定的判定标准,每次将一个最符合判定标准的变量引入模型,直至所有符合判定标准的变量都进入模型为止。第一个引入回归模型的变量应该是与因变量的相关系数绝对值最大的变量。如果指定的判定标准是 F 值,每次就将经方差分析得到的 F 值最大且大于指定 F 值的变量引入模型。如果指定的判定标准是大于 F 值的概率,每次就将概率最小且小于指定的概率的变量引入模型。

⑤ "后退"选项:即后退剔除法。先建立全变量模型。模型中与因变量具有最小偏相关系数的变量若符合在"线性回归:选项"对话框中设定的判定标准,将最先从模型中被剔除。根据设定的判定标准,重复以上步骤,直到回归方程中不含有符合剔除判定标准的自变量为止。

(4) 根据一个设定的变量值,选择参与回归分析的观测,送入"选择变量"框,单击"规则"按钮,打开如图 11-4 所示对话框。

在下拉列表中选择关系运算法则,包括等于、不等于、小于、小于或等于、大于、大于或等于。在"值"框中输入判定标准,单击"继续"按钮。

(5) 在"线性回归"对话框中,选择一个变量送入"个案标签"框,其值作为观测标签。

(6) 选择一个变量作为加权变量送入"WLS 权重"框。利用 WLS 赋予观测不同的权重值,以补偿或减少采用不同测量方式产生的误差。因变量与自变量不能再作为加权变量,加权变量的值如果为零、负数或缺失值,那么相应的观测将被删除。

(7) 单击"统计"按钮,打开如图 11-5 所示的对话框,选择要输出的统计量。

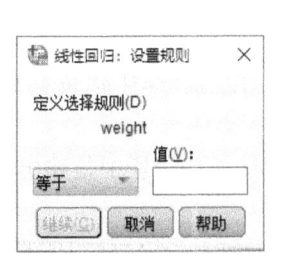

图 11-4 "线性回归:设置规则"对话框   图 11-5 "线性回归:统计"对话框

① "回归系数"栏中是有关回归系数的选项。
- "估算值"复选框：选择此项，将输出回归系数 B、B 的标准误差、标准化回归系数 β、对回归系数为 0 的假设进行检验的 t 值，以及 t 值的双尾检验的显著性概率。
- "置信区间"复选框：选择此项，将输出每一个回归系数或协方差矩阵指定置信度的置信区间。
- "协方差矩阵"复选框：选择此项，将输出回归系数的协方差矩阵、各变量的相关系数矩阵。

② 与模型拟合及其拟合效果有关的选项。
- "模型拟合"复选框：选择此项，将对拟合过程中引入模型及从模型中剔除的变量，输出复相关系数 R、R^2，及其修正值，估计值的标准误差，方差分析表。这是系统默认选项。
- "R 方变化量"复选框：选择此项，将输出 R^2_{ch}、F_{ch}、Sig_{ch}。R^2_{ch} 是当回归方程引入或剔除一个自变量后 R^2 的变化量。如果与某个自变量有关的 R^2 变化较大，则说明进入和从回归方程剔除的可能是一个较好的回归自变量。
- "描述"复选框：选择此项，将输出有效观测的数量、变量的平均值、标准差、相关系数矩阵及其单尾检验显著性水平矩阵。
- "部分相关和偏相关性"复选框：选择此项，将输出部分相关系数、偏相关系数与零阶相关系数。
- "共线性诊断"复选框：选择此项，将输出用来诊断各变量共线性问题的各种统计量和容限值。

③ "残差"栏中是有关残差分析的选项。
- "德宾-沃森"复选框：选择此项，将输出德宾-沃森统计量及可能是异常值的观测诊断表。
- "个案诊断"复选框：选择此项，将输出观测诊断表。
- "离群值"单选按钮：选择此项，可设置异常值的判定标准，系统默认值为"≥3"。
- "所有个案"单选按钮：选择此项，将输出所有观测的残差值。

(8) 在"线性回归"对话框中，单击"图"按钮，打开如图 11-6 所示的对话框，选择要输出的图形。系统默认不输出图形。

① 在左侧的框中，根据需要选择两个变量的组合，并分别送入"X"框、"Y"框。

可以选择的作图元素有：DEPENDENT（因变量）、ZPRED（标准化预测值）、ZRESID（标准化残差）、DRESID（剔除残差）、ADJPRED（修正后预测值）、SRESID（学生化残差）、SDRESID（学生化剔除残差）。

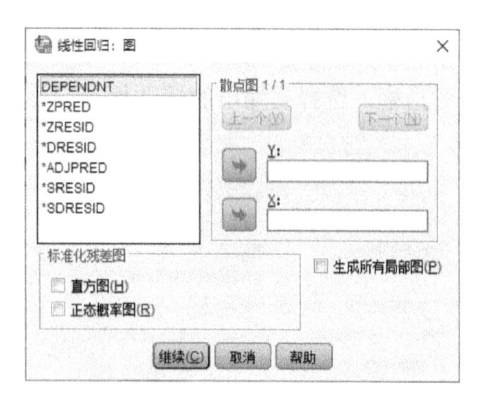

图 11-6 "线性回归：图"对话框

② "标准化残差图"栏中是输出标准化残差图的选项。
- "直方图"复选框：选择此项，将输出带有正态曲线的标准化残差的直方图。
- "正态概率图"复选框：选择此项，将输出 P-P 图，即残差的正态概率图。

③"生成所有局部图"复选框：选择此项，将输出每一个自变量的残差相对于因变量残差的散点图。

（9）在"线性回归"对话框中，单击"保存"按钮，打开如图 11-7 所示的"线性回归：保存"对话框，指定要保存到"数据编辑器"窗口的新变量。

①"预测值"栏用于选择输出的预测值，包括"未标准化"复选框、"标准化"复选框、"调整后"复选框（将一个观测值排除在回归方程外时它本身的预测值）、"平均值预测标准误差"复选框。

②"距离"栏用于选择要输出的距离，包括"马氏距离"复选框、"库克距离"复选框、"杠杆值"复选框（中心点杠杆值）。

③"预测区间"栏用于选择输出预测区间，包括如下选项。

- "平均值"复选框：选择此项，将预测区间上限、下限的平均值。
- "单值"复选框：选择此项，将预测观测值上限、下限的间距。

选择上述两项，需要在"置信区间"框中指定置信区间，系统默认值为 95%，可输入介于 0～99.99 值。

④"残差"栏用于选择输出的残差，包括"未标准化"复选框、"标准化"复选框、"学生化"复选框、"删除后"复选框、"学生化删除后"复选框。

⑤"影响统计"栏用于选择输出影响点的统计量，包括如下选项。

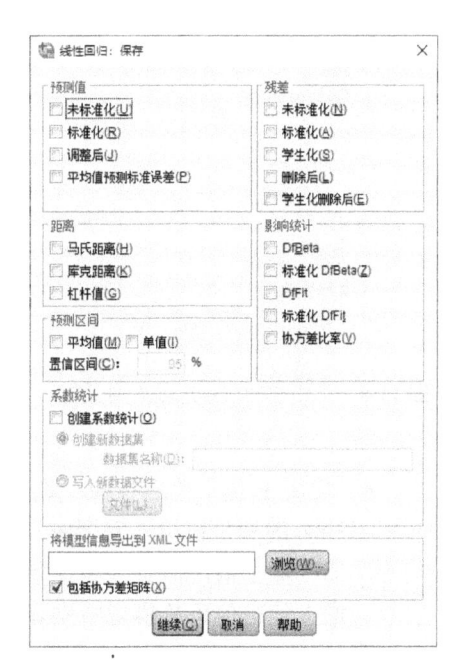

图 11-7 "线性回归：保存"对话框

- "DfBeta"复选框。DfBeta 值为排除一个特定的观测值引起的回归系数的变化值。在一般情况下，如果此值大于界值$|2/\sqrt{N}|$，被排除的观测值有可能是影响点。
- "标准化 DfBeta"复选框。标准化 DfBeta 值保存在数据文件中的变量名为 SDBM_N，当 $M=0$ 时，为常数项，当 $M \geqslant 1$ 时，为自变量；当 $N \geqslant 1$ 时，为 N 次运行的模型编号。
- "DfFit"复选框。DfFit 值为排除一个特定的观测值引起的预测值的变化量。
- "标准化 DfFit"复选框。当标准化 DfFit 值大于界值$|2\sqrt{P/N}|$的观测值时，可认为是影响点。
- "协方差比率"复选框。协方差比率是剔除一个影响点的协方差矩阵与全部观测的协方差矩阵的比。该值接近 1，说明观测对方差矩阵没有显著影响。

⑥"系数统计"栏。在同一 SPSS 会话中可以继续使用输出的数据集，除非在会话结束前明确将其保存为文件，否则不会将该数据集另存为文件。勾选该栏中的"创建系数统计"复选框，可将回归系数保存到数据集或数据文件。

- "创建新数据集"单选按钮。选择本项，可在"数据集名称"框中输入数据集名称。数据集名称必须符合变量命名规则。

- "写入新数据文件"单选按钮。选择本选项，单击"文件"按钮，在弹出的输出"文件"选项卡中指定回归系数保存的文件。

⑦ "将模型信息导出到 XML 文件"栏用于指定模型的信息即参数估计值及其协方差输出的 XML 格式的文件。单击"浏览"按钮，指定文件保存位置和文件名。

勾选"包括协方差矩阵"复选框，在导出的模型信息文件中将包含协方差矩阵。

（10）在"线性回归"对话框中单击"选项"按钮，打开如图 11-8 所示的"线性回归：选项"对话框。

① "步进法条件"栏用于设置变量引入模型或从模型中剔除的判定标准，包括如下选项。

- "使用 F 的概率"单选按钮：选择本项，将采用 F 检验的概率值作为判定标准。当某自变量 F 检验的显著性值小于或等于进入值时，该变量被引入模型；当某变量 F 检验的显著性值大于剔除值时，该变量被从模型中剔除。系统默认进入值为 0.05，除去值为 0.10。用户可以自定义这两个值，但必须满足除去值>进入值>0。增大进入值可使更多变量进入模型，降低除去值可从模型中剔除更多变量。

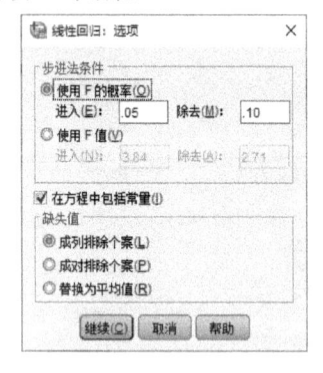

图 11-8 "线性回归：选项"对话框

- "使用 F 值"单选按钮：选择本项，将采用 F 值作为判定标准。系统默认 F 值 $\geq$ 3.84 的变量被选入模型中；F 值 $\leq$ 2.71 的变量被从模型中剔除。可以自定义进入值、除去值，但必须满足除去值>进入值>0。降低进入值可使更多变量进入模型；增大除去值可从模型中剔除更多的变量。

② 勾选"在方程中包括常量"复选框，模型中将包含常数项。系统默认选择此项。

③ "缺失值"栏用于指定缺失值处理方法，包括如下选项。

- "成列排除个案"单选按钮：选择此项，变量表中的变量具有缺失值的所有观测将被排除在计算之外。
- "成对排除个案"单选按钮：选择此项，将剔除计算相关系数的一对变量中含有缺失值的观测。
- "替换为平均值"单选按钮：选择此项，将利用变量的平均值代替缺失值。

11.1.6 线性回归分析实例

【例 1】 使用数据文件 data11-01，建立一个以 salbegin（初始工资）、prevexp（过去经验）、educ（受教育年数）为自变量，以 salary（当前工资）为因变量的回归模型。

1）作数据散点图

观察因变量与自变量间的关系是否具有线性关系。

（1）按"图形→旧对话框→散点图/点图→简单散点图→定义"顺序单击，打开"简单散点图"对话框。

（2）将变量 salbegin、salary 依次送入"Y 轴"框与"X 轴"框，单击"确定"按钮。在"查看器"窗口中生成的初始工资与当前工资散点图如图 11-9 所示，其 Y 轴为初始工资，X 轴为当前工资。根据同样的操作方法分别作以 salary 为 Y 轴，以其他几个自变量为 X 轴的散点图。

从图 11-9 中看出，初始工资与当前工资存在明显线性关系，以初始工资为自变量建立线性回归方程是可能的。

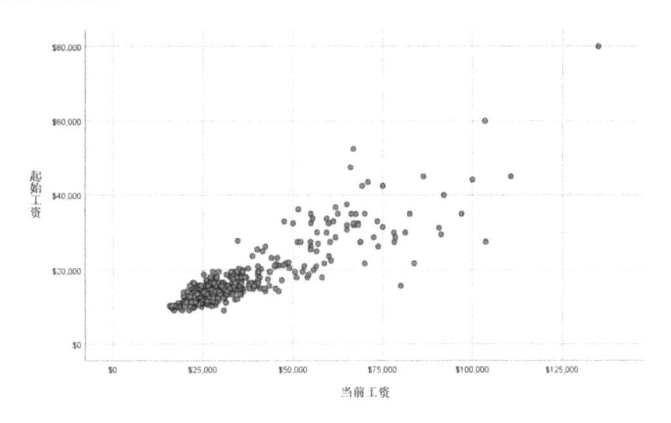

图 11-9 初始工资与当前工资散点图

2）回归模型的建立

（1）按"分析→回归→线性"顺序单击，打开"线性模型"对话框。

（2）在左侧的原始变量列表中选择变量 salary 作为因变量送入"因变量"框。选择变量 salbegin、prevexp、jobtime、educ 作为自变量送入"自变量"框。

（3）在"方法"下拉列表中选择"步进"选项。

（4）单击"统计"按钮，打开如图 11-5 所示对话框。勾选"估算值"复选框、"模型拟合"复选框和"共线性诊断"复选框，输出各种常用统计量；在"残差"栏中选择"个案诊断"复选框，单击"继续"按钮，返回"线性回归"对话框。

（5）单击"保存"按钮，打开如图 11-7 所示对话框。勾选"马氏距离"复选框、"库克距离"复选框、"杠杆值"复选框、"标准化 Dfbeta"复选框、"标准化 DfFit"复选框和"协方差比率"复选框，相应统计量将保存在数据文件中，用于确定影响点。单击"继续"按钮，返回"线性回归"对话框。

（6）为了检测模型的直线性和方差齐性，作散点图。单击"图"按钮，打开如图 11-6 所示的"线性回归：图"对话框，将 ZPRED 与 ZRESID 分别送入"X"框、"Y"框。单击"继续"按钮，返回"线性回归"对话框。

（7）单击"确定"按钮，提交系统执行。

3）输出结果

输出结果如表 11-3～表 11-9 和图 11-10～图 11-12 所示。

表 11-3 自左至右各列含义分别为：拟合步骤编号（模型）、每步引入模型的自变量、每步从模型中除去的自变量、从模型中引入或除去自变量的判定标准。由表 11-3 可以看出，4 个被选择的自变量经过逐步回归过程都进入了模型，没有变量被剔除。

表 11-4 自左至右各列含义分别为：模型编号、模型的复相关系数 R、R^2 判定系数、校正 R^2 判定系数、估计的标准误差。一般随着模型中变量个数的增加，R^2 判定系数的值也在不断增加，而校正 R^2 判定系数值与变量的数目无关。本例这个特点不明显。R^2 判定

系数值的增加并不意味着模型更好，也未必会使估计的标准误差降低。校正 R^2 判定系数值能较确切地反映拟合优度，因此一般根据校正 R^2 判定系数值判定拟合优度。除非需要，自变量数量不应太多，多余的自变量会给解释模型带来困难。包含多余自变量的模型不但不会改善预测值，反而有可能增加标准误差。由表 11-4 中的 R^2 判定系数值及校正 R^2 判定系数值可以看出建立的模型比较好。

表 11-3 引入或从模型中剔除的变量

输入/除去的变量[a]

模型	输入的变量	除去的变量	方法
1	起始工资	.	步进（条件：要输入的 F 的概率 <= .050，要除去的 F 的概率 >= .100）。
2	过去经验(月)	.	步进（条件：要输入的 F 的概率 <= .050，要除去的 F 的概率 >= .100）。
3	受雇月数	.	步进（条件：要输入的 F 的概率 <= .050，要除去的 F 的概率 >= .100）。
4	受教育程度(年)	.	步进（条件：要输入的 F 的概率 <= .050，要除去的 F 的概率 >= .100）。

a. 因变量：当前工资

表 11-4 拟合过程小结

模型摘要[e]

模型	R	R 方	调整后 R 方	标准估算的错误
1	.880[a]	.775	.774	$8,115.356
2	.891[b]	.793	.793	$7,776.652
3	.897[c]	.804	.803	$7,586.187
4	.900[d]	.810	.809	$7,465.139

a. 预测变量：(常量), 起始工资
b. 预测变量：(常量), 起始工资, 过去经验(月)
c. 预测变量：(常量), 起始工资, 过去经验(月), 受雇月数
d. 预测变量：(常量), 起始工资, 过去经验(月), 受雇月数, 受教育程度(年)
e. 因变量：当前工资

表 11-5 为方差分析表，显示了回归拟合过程中每一步的方差分析结果。显著性为 F 值大于 F 临界值的概率。方差分析结果表明，当模型包含不同的自变量时，其显著性概率值均小于 0.001，即有充分的证据可以拒绝回归系数均为 0 的零假设。因此，最终的模型应该包括这 4 个自变量，且方程拟合效果很好。

表 11-6 显示了逐步回归过程中不在模型中的变量。

表 11-5 方差分析表

ANOVA[a]

模型		平方和	自由度	均方	F	显著性
1	回归	1.068E+11	1	1.068E+11	1622.118	.000[b]
	残差	3.109E+10	472	65858997.22		
	总计	1.379E+11	473			
2	回归	1.094E+11	2	5.472E+10	904.752	.000[c]
	残差	2.848E+10	471	60476323.31		
	总计	1.379E+11	473			
3	回归	1.109E+11	3	3.696E+10	642.151	.000[d]
	残差	2.705E+10	470	57550239.51		
	总计	1.379E+11	473			
4	回归	1.118E+11	4	2.794E+10	501.450	.000[e]
	残差	2.614E+10	469	55728306.85		
	总计	1.379E+11	473			

a. 因变量：当前工资
b. 预测变量：(常量), 起始工资
c. 预测变量：(常量), 起始工资, 过去经验(月)
d. 预测变量：(常量), 起始工资, 过去经验(月), 受雇月数
e. 预测变量：(常量), 起始工资, 过去经验(月), 受雇月数, 受教育程度(年)

表 11-6 逐步回归过程中不在模型中的变量

排除的变量[a]

模型		输入 Beta	t	显著性	偏相关	共线性统计 容差
1	过去经验(月)	-.137[b]	-6.558	.000	-.289	.998
	受雇月数	.102[b]	4.750	.000	.214	1.000
	受教育程度(年)	.172[b]	8.356	.000	.281	.599
2	受雇月数	.102[c]	4.995	.000	.225	1.000
	受教育程度(年)	.124[c]	4.363	.000	.197	.520
3	受教育程度(年)	.113[d]	4.045	.000	.184	.516

a. 因变量：当前工资
b. 模型中的预测变量：(常量), 起始工资
c. 模型中的预测变量：(常量), 起始工资, 过去经验(月)
d. 模型中的预测变量：(常量), 起始工资, 过去经验(月), 受雇月数

第一步是模型中已经有了 1 个变量初始工资，外面有 3 个变量。若每个外面的变量单独进入模型，则形成两个自变量模型的统计量及检验结果，以及模型中两个自变量之间的共线性诊断。显然，与因变量当前工资相关系数绝对值最大的是过去经验。如果过去经验变量进入模型，T 检验的显著性小于 0.001，有充分的证据可以拒绝回归系数为 0 的假设。共线性诊断容忍度接近 1，说明过去经验变量与第一个进入模型的自变量不具有共线性，所以自变量工作经验第二个进入模型。其他步分析与此相同。

注意：各表中及以下模型中给出的均是变量的标签名。

表 11-7 给出了各步回归过程中的统计量及检验结果。

表 11-7 各步回归过程中的统计量及检验结果

系数[a]

模型		未标准化系数		标准化系数	t	显著性	共线性统计	
		B	标准错误	Beta			容差	VIF
1	(常量)	1928.206	888.680		2.170	.031		
	起始工资	1.909	.047	.880	40.276	.000	1.000	1.000
2	(常量)	3850.718	900.633		4.276	.000		
	起始工资	1.923	.045	.886	42.283	.000	.998	1.002
	过去经验(月)	-22.445	3.422	-.137	-6.558	.000	.998	1.002
3	(常量)	-10266.629	2959.838		-3.469	.001		
	起始工资	1.927	.044	.888	43.435	.000	.998	1.002
	过去经验(月)	-22.509	3.339	-.138	-6.742	.000	.998	1.002
	受雇月数	173.203	34.677	.102	4.995	.000	1.000	1.000
4	(常量)	-16149.671	3255.470		-4.961	.000		
	起始工资	1.768	.059	.815	30.111	.000	.551	1.814
	过去经验(月)	-17.303	3.528	-.106	-4.904	.000	.865	1.156
	受雇月数	161.486	34.246	.095	4.715	.000	.992	1.008
	受教育程度(年)	669.914	165.596	.113	4.045	.000	.516	1.937

a. 因变量：当前工资

B 为非标准化回归系数。只有所有自变量单位统一时，它们才有可比性。由方差分析可以得出模型有统计意义的结论，但模型中的每一个回归系数不一定都有显著性，但至少要有一个是显著的。

标准化系数 Beta 是标准化回归系数，具有可比性，是所有变量进行标准化处理后拟合的模型中各标准化变量的系数。

t 为回归系数为 0（和常数项为 0）的假设检验的 t 值。假设检验的显著性概率显示在"显著性"列中。4 步回归的各变量和常数项的检验的 p 值均小于 0.05。

共线性统计量给出了容忍度值（表 11-7 中的"容差"列）和方差膨胀因子值（表 11-7 中的"VIF"列）。

以第 2 步为例说明这些统计量：回归方程中包含常数项（常量）和自变量起始工资、过去经验，因变量为当前工资。共线性诊断的指标：容忍度均为 0.998，接近 1，VIF 值都不大，可以认为两个自变量间不存在共线性问题。

模型 2：当前工资 = 3850.7+1.92 起始工资–22.4 过去经验。模型中的常数项和两个自变量 T 检验的显著水平值均小于 0.001，拒绝常数项和回归系数为 0 的假设。模型成立。

模型 4：当前工资 = –16149.7+1.77 起始工资 – 17.30 过去经验 + 161.49 受雇月数 + 669.9 受教育程度，是最后的回归模型。每个自变量的 p 值都小于 0.001。各自变量的容忍度值都大于 0.5；相应的 VIF 值都小于 2，没有很大的数值出现，可以认为模型中各自变量间基本不存在共线性问题。

表 11-8 所示为当前工资变量的异常值诊断表，给出了被怀疑为异常值的观测号，这些观测的标准化残差绝对值都大于设置值 3。应仔细检查其真伪性，以便决定使用的模型。

表 11-8 当前工资变量的异常值诊断表

个案诊断

个案号	标准残差	当前工资	预测值	残差
18	6.173	$103,750	$57,671.26	$46,078.744
103	3.348	$97,000	$72,009.89	$24,990.108
106	3.781	$91,250	$63,026.82	$28,223.179
160	-3.194	$66,000	$89,843.83	-$23,843.827
205	-3.965	$66,750	$96,350.44	-$29,600.439
218	6.108	$80,000	$34,405.27	$45,594.728
274	5.113	$83,750	$45,581.96	$38,168.038
449	3.590	$70,000	$43,200.04	$26,799.959
454	3.831	$90,625	$62,027.14	$28,597.858

a. 因变量：当前工资

综合分析表 11-9、图 11-10 和图 11-11 可找出影响点。表 11-9 中的马氏距离、库克距离、居中杠杆值，可以帮助判断是否含有影响点。以马氏距离为例，该值范围越大，越可能含有影响点。

表 11-9 残差统计量

残差统计[a]

	最小值	最大值	平均值	标准偏差	个案数
预测值	$13,354.82	$150,076.77	$34,419.57	$15,372.742	474
标准预测值	-1.370	7.524	.000	1.000	474
预测值的标准误差	391.071	3191.216	721.093	260.806	474
调整后预测值	$13,290.94	$153,447.97	$34,425.45	$15,451.094	474
残差	-$29,600.439	$46,078.746	$0.000	$7,433.507	474
标准残差	-3.965	6.173	.000	.996	474
学生化残差	-4.089	6.209	.000	1.004	474
剔除残差	-$31,485.213	$46,621.117	-$5.882	$7,553.608	474
学生化剔除残差	-4.160	6.474	.002	1.016	474
马氏距离	.300	85.439	3.992	5.306	474
库克距离	.000	.223	.003	.016	474
居中杠杆值	.001	.181	.008	.011	474

a. 因变量：当前工资

	MAH_1	COO_1	LEV_1
29	85.43873	.22320	.18063
30	3.02689	.00019	.00640
31	2.63989	.00070	.00558
32	15.38601	.05906	.03253
33	2.84042	.00156	.00601
34	11.30935	.01472	.02391

	DV_1	SDF_1	SDB0_1	SDB1_1	SDB2_1	SDB3_1	SDB4_1
28	.01914	-.01635	.01099	.00572	.00161	-.01144	-.00585
29	.17231	-1.06093	.14326	-1.00537	.11259	-.22739	.48914
30	.01821	-.03072	.02116	.01126	.00131	-.02152	-.01166
31	.01367	.05909	-.02500	.00466	-.00978	.04701	-.01787
32	.95831	.54764	-.24040	.41245	-.02050	.21563	-.07845
33	.00871	.08818	-.06305	-.02912	.00103	.06343	.03278
34	.00761	.27178	-.15613	.15770	.05034	.11722	.01547

图 11-10 判定影响点的各种常用统计量   图 11-11 标准化回归系数变化量

在图 11-10 中，根据前述的判定标准，可以大致断定 29 号、32 号观测为影响点。但是，进一步观察后发现 34 号观测也可以是影响点。为判别某一观测是否为影响点，可以比较此观测在与不在模型中时，标准化回归系数的差异。

图 11-11 中是数据文件中的新变量。SDB0_1～SDB4_1 分别对应常数项和第 1～4 个

自变量的标准化回归系数的变化量。34 号观测的 SDB0_1、SDB1_1、SDB3_1 的值大于 $2/\sqrt{N}$（本例 $N = 474$，值为 0.09186），即常数项、第 1 个自变量、第 3 个自变量的标准化回归系数变异较大。因此，初步认定 34 号观测为影响点。当然仅凭借一个指标判断影响点往往是不充分的，还需要用其他指标进行比较判断。

图 11-12 所示为当前工资的标准化预测值与学生化残差散点图，可以看出，绝大部分观测随机地落在垂直围绕 ±2 的范围内，预测值与学生化残差值之间没有明显关系，所以回归方程满足线性与方差齐性的假设且拟合效果较好。

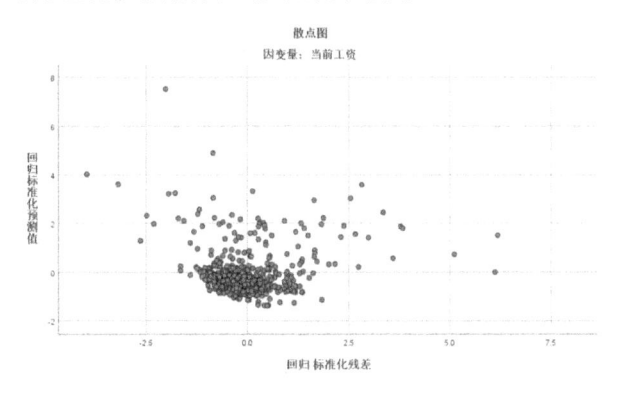

图 11-12　当前工资的标准化预测值与学生化残差散点图

【例 2】 为说明共线性的诊断的方法，仍使用数据文件 data11-01，以其中的 salbegin、prevexp、jobtime、educ、age 作为自变量，salary 作为因变量，用输入法建立所有自变量都进入回归方程的全模型。

打开数据文件 data11-01，进入"线性回归"对话框，选择变量 salary 作为因变量，选择 salbegin、prevexp、jobtime、educ、age 作为自变量。在"方法"下拉列表中选择"输入"选项。在"线性回归：统计"对话框中勾选"共线性诊断"复选框，要求进行共线性诊断，单击"确定"按钮，进行分析，输出结果如表 11-10 所示。

表 11-10　共线性诊断指标

共线性诊断[a]

模型	维	特征值	条件指标	方差比例					
				(常量)	起始工资	受雇月数	过去经验(月)	受教育程度(年)	年龄
1	1	5.313	1.000	.00	.00	.00	.00	.00	.00
	2	.509	3.232	.00	.01	.00	.30	.00	.00
	3	.136	6.243	.01	.49	.01	.03	.00	.01
	4	.022	15.706	.00	.34	.00	.46	.51	.36
	5	.014	19.226	.00	.13	.49	.14	.32	.40
	6	.006	30.287	.99	.02	.49	.07	.17	.23

a. 因变量：当前工资

(a)

系数[a]

模型		共线性统计	
		容差	VIF
1	起始工资	.551	1.815
	受雇月数	.983	1.018
	过去经验(月)	.347	2.882
	受教育程度(年)	.508	1.967
	年龄	.347	2.880

a. 因变量：当前工资

(b)

表 11-10（a）中的"特征值"列中的特征值 0.022、0.014、0.006，非常接近 0，对应的 3 个条件指标分别为 15.706、19.226、30.287，都大于 15，这说明在这 3 个变量间可能存在共线性。条件指标大于 30 说明一定存在严重的共线性。

表 11-10（b）所示为模型中的变量、容忍度和 VIF。该表显示，过去经验与年龄的 VIF 值分别为 2.882、2.880，都大于 2，说明存在共线性。

建议对可能存在共线性的变量进行偏相关分析，以分析在哪两个变量间存在相关关系，选择有代表性的变量进入模型。

11.1.7 自动线性建模

1. 自动线性建模概述

自动线性建模与一般线性回归分析一样，是研究自变量与因变量间线性关系的一种二元或多元的统计分析方法。它对一般线性回归分析过程的功能进行了优化。在自动线性建模过程中既可以进行自动线性建模，也可以像一般线性回归分析过程一样对线性回归中的一些算法参数进行手动设定从而建模，但需要输入的参数比一般线性回归分析过程更少。相比而言，自动线性建模具有更方便和快捷的特点。尤其在使用自动线性建模过程前，如果用户事先在"变量视图"标签页的"角色"中对参与分析的数据文件中的变量的角色属性进行了设定，如将作为因变量的变量角色定义为目标，将自变量（预测变量）的角色定义为输入，那么只要打开建模的数据文件，调用"回归"菜单下的自动线性建模过程，自动线性建模程序就会根据变量角色属性自动配置相应的变量为因变量和自变量，用户无须进行任何设置，只需单击"自动线性建模"主菜单中的"确定"按钮，自动线性建模程序就会根据系统默认设置自动进行建模，并在"查看器"窗口中输出自动线性建模的结果。自动线性建模过程还对一般线性回归分析过程的功能进行了拓展。自动线性建模过程提供了4种不同目的的建模方法，除使用创建一个标准模型的方法可获取与使用一般线性回归分析过程一样的模型预测结果外，还提供了能提高预测准确性的 Boosting 法、能提高预测稳定性的 Bagging 法，以及适用于大型数据集的网络建模法。毫无疑问，这3种方法使得线性建模的功能更加强大。

2. 自动线性建模过程中的 Boosting 法和 Bagging 法

自动线性建模过程中用到的 Boosting 法和 Bagging 法是机器学习中经常用到的两种集成算法。

（1）Boosting 法。

在 SPSS 中，Boosting 法使用的是其家族中的基础算法 AdaBoost（Adaptive Boosting）法，是一种用来建立连续型因变量的增强模型的算法，它用整个原始数据集作为训练集来构建模型。系统默认建立的模型数量为10，该数量也可由用户自行设定。每次建立的模型称为基础模型。第一个基础模型，由于它与使用一般线性回归分析过程建立的模型的预测结果一致，因此也被称为标准模型。AdaBoost 算法的核心思想为初始化时对训练集中的每一个样品赋予相等的分析权重 $1/n$（n 为训练集中的样本量），然后用加权线性回归方法对训练集建立基础模型，得到预测函数。根据预测残差调高具有较大绝对值预测残差的样品的分析权重；同时，对每个基础模型赋予一定的模型权重，模型预测效果较好的权重较大，反之权重较小；再用调整后的分析权重和模型权重重新对训练集建立基础模型，重复这样的过程，直到构建完指定数量的模型为止。最终得到一个模型序列。由于后一个模型是建立在前一个基础模型的基础上的，因此这些基础模型也被称为成分模型（Component Models）。在 SPSS 中，AdaBoost 算法采用加权中位数方法来获取组合模型（Ensemble Model），并依组合模型对新样品进行评分。

（2）Bagging 法。

Bagging（Bootstrap Aggregating）法又被称为自举聚合法。在利用 Bagging 法建模时，每次使用从原始数据集中通过有放回的重复抽样方式获取与原始数据集容量相同的自举样本，并将此样本作为训练集。系统默认的需要重复抽取的自举样本的数量为 10，该值也可由用户自行设定。Bagging 法中的频数权重是通过对二项分布中概率 p 的迭代运算得到的。这样，可在每个训练集上构建一个模型，再融合这些模型形成组合模型。对于连续型因变量，组合规则是取这些模型预测值的平均值来对新样品进行评分。

3．自动线性建模过程对变量的要求

在自动线性建模过程中，因变量被称为目标变量，自变量被称为预测（输入）变量。自动线性建模过程对变量的要求是必须有一个因变量，并且至少有一个自变量。在默认情况下，预定义角色为两者或无的变量不能用作因变量或自变量。因变量应是连续型变量；对自变量的测量类型没有限制；分类变量可用作线性模型中的因素变量，连续型变量可用作线性模型中的协变量。

需要注意的是，如果分类变量的类别超过 1000 个，那么自动线性建模程序不会运行，也不会创建任何模型。

4．自动线性建模过程

在"数据编辑器"窗口中打开一个数据文件，按"分析→回归→自动线性建模"顺序单击，打开如图 11-13 所示的"自动线性建模"对话框。

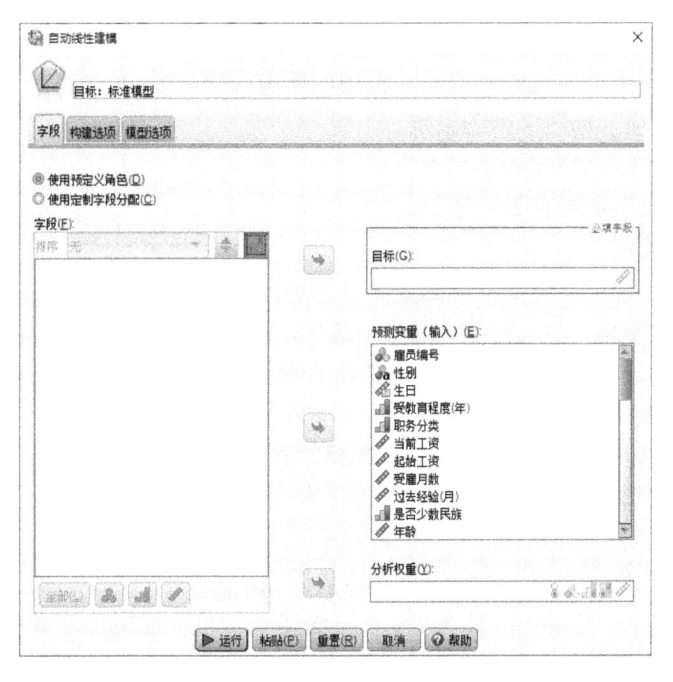

图 11-13　"自动线性建模"对话框

（1）"字段"选项卡中的设定。

① 因变量、自变量的设定。若在打开的数据文件中已经定义了因变量的角色为目标，自变量的角色为输入，则选择"使用预定义角色"单选按钮，这是系统默认选项。若在打

开的数据文件中没有预先定义因变量的角色为目标，则选择"使用定制字段分配"单选按钮。此时，需要从左侧的"字段"框中手动选择因变量和自变量，将因变量移入"目标"框，将自变量移入"预测变量（输入）"框。

② 分析权重变量的设定。若对数据集中的每一个样品赋予的分析权重已建立了相应的数值型变量，则在左侧的"字段"框中将其选中，并移到"分析权重"框中。

③ 对变量名进行排序。在左侧的"字段"框中，单击"排序"下拉列表按钮，该下拉列表中有 3 种排序方式。

- "无"选项：系统默认选项，按导入和创建顺序排列变量名。
- "字母数值"选项：按英文字母的 ASCII 和数值大小顺序排列变量名。单击向上三角按钮按升序排列变量名；单击向下三角按钮，按降序排列变量名。
- "测量（测量类型）"选项：按名义、有序、尺度测量顺序排列变量名，在同一个测量类型中，按导入和创建顺序排列字段名。

在"排序"下拉列表右侧，有两个按钮。

- ▦按钮：单击向上三角按钮，"字段"框中的变量名按"排序"下拉列表中选定的方式进行升序排列；单击向下三角按钮，"字段"框中的变量名按"排序"下拉列表中选定的方式进行降序排列。
- ▦按钮：是字段名与变量名的切换显示按钮。单击该按钮可显示字段名或变量名。

在"字段"框下面有 4 个用来选择变量的按钮。

- 全部(A)按钮：单击，可选中"字段"框中的所有变量。
- ▦按钮：单击，可选中"字段"框中的所有名义变量。
- ▦按钮：单击，可选中"字段"框中的所有有序变量。
- ▦按钮：单击，可选中"字段"框中的所有尺度变量。

（2）"构建选项"选项卡中的设定。

"构建选项"选项卡如图 11-14 所示。

在"选择项目"框中有 5 个选项。

① "目标"选项。

单击"目标"选项，确定"您的主要目标是什么？"，有以下 4 个目标可供选择。

- "创建标准模型"单选按钮：选择本选项，将构建一个使用预测变量预测因变量的标准模型。与下面 3 个选项建立的组合模型相比，标准模型更易解释且评分速度更快，是系统默认选项。
- "增强模型精确性（增强处理）"：选择本选项，将使用 Boosting 法构建组合模型。
- "增强模型稳定性（打包处理）"：选择本选项，将使用 Bagging 法构建组合模型。
- "为超大型数据集创建模型（需要 Server 版）"单选按钮：如果数据集非常大，无法构建上述任何模型，或希望建立增量模型，选择本选项。选择本选项建模时，需要连接到 SPSS Statistics 服务器。该方法是一种将数据集拆分成单独的数据块来构建组合模型的方法，虽然建模用时比标准模型短，但评分用时比标准模型长。

② "基本"选项。

单击"基本"选项，进入如图 11-15 所示的基本界面。

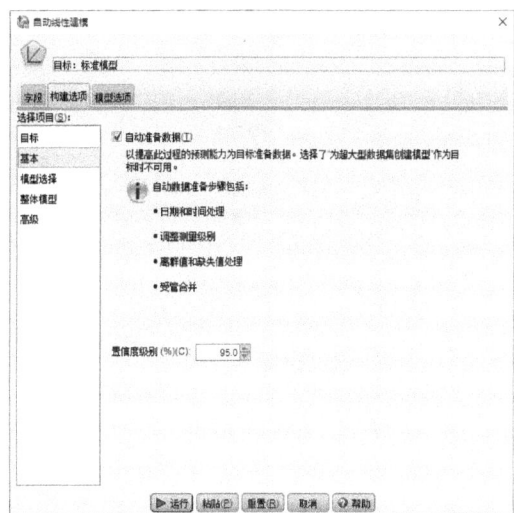

图 11-14 "构建选项"选项卡　　　图 11-15 基本界面

- "自动准备数据"复选框：自动准备数据的目的是提高所建模型的预测性能。系统默认勾选本复选框。但当在"您的主要目标是什么？"下选择"为超大型数据创建模型（需要 Server 版）"单选按钮时，本选项不可用。勾选本复选框，可以在建模的数据预处理过程中自动对因变量和预测变量的值进行相应数值转换，以使模型的预测能力最大化。程序将自动保存建模过程中用到的任何变量的数值转换规则，并将其应用于对新数据的评分。在建立模型时，不再使用转换变量的原始数据。在默认情况下，程序将执行以下自动数据准备工作。
    - 日期和时间处理。每个日期型预测变量将被转换成新的连续型预测变量，其中包含自参考日期（1970-01-01）起经过的时间。每个时间型的预测变量将被转换成新的连续型预测变量，其中包含自参考时间（00:00:00）起经过的时间。
    - 调整测量级别。对于不足 5 个不同值的连续型预测变量，程序会自动将其设成有序预测变量；对于多于 10 个不同值的有序预测变量，程序会自动将其设成连续型预测变量。
    - 离群值和缺失值处理。若连续型预测变量的值位于临界值（平均值的 3 个标准差）之外，则将其作为离群值处理。
    用训练集的众数替换名义预测变量的缺失值；用训练集的中位数替换有序预测变量的缺失值；用训练集的平均值替换连续预测变量的缺失值。
    - 受管合并。通过计算输入变量（自变量）与目标变量（因变量）间的关联关系来确定类似的类别，合并无显著差异（p 值大于 0.1）的类别，以缩减自变量数，得到更简洁的模型。若所有类别合并为一个类别，则模型中将不包含任何变量的原始数据和转换数据，因为它们没有值可用来作为预测变量。
- "置信度级别"（应译为"置信水平"）框：输入数值为用于在系数视图窗中计算模型系数的区间估计值的置信水平。该值需大于 0 且小于 100。系统默认值为 95。

③ "模型选择"选项。
单击"模型选择"选项，进入如图 11-16 所示模型选择界面。

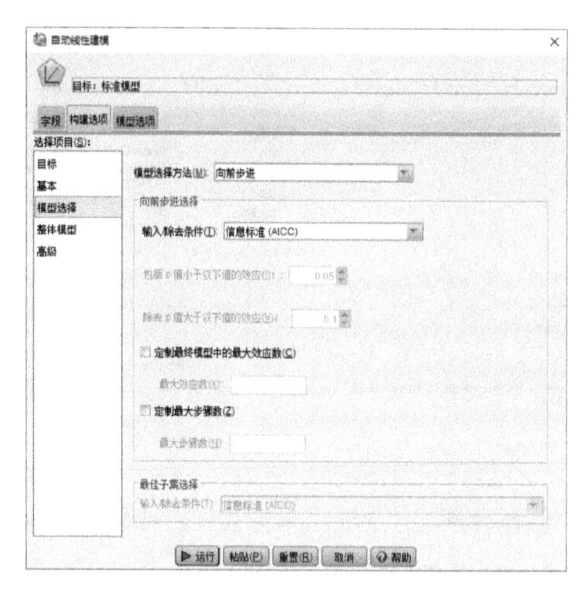

图 11-16 "模型选择"选项卡

- "模型选择方法"下拉列表：在该下拉列表中选择一种确定哪些自变量可以进入模型的方法，共有 3 种方法可供选择。
  - "包括所有预测变量"选项：选择该选项将把所有在字段选项卡上输入的预测变量全部选入模型。
  - "向前步进"选项：这是系统默认选项。选择该选项，模型中开始时没有任何自变量，之后根据选择自变量标准在线性模型中逐步添加满足条件要求的自变量，并除去达到除去标准的自变量，直到不能再添加或除去任一自变量为止。选择本选项需要选定以下选项。
    - "输入/除去条件"下拉列表：用来决定某个自变量是选入模型还是从模型中除去的统计量。它包括以下几个标准。
      - "信息标准（AICC）"选项：是根据模型给的定训练集计算得到的似然估计值。选择该选项可以避免过度复杂的模型。
      - "F 统计量"选项：是根据模型误差改进情况计算得到的一个检验统计量。如果选择该选项，需要在"包括 p 值小于以下值的效应"框中输入一个大于 0 且小于 1 的数值，系统默认值为 0.05，这意味着在逐步建模的每步中低于该指定阈值的所有 p 值中具有最小 p 值效应对应的自变量将被添加到模型中。另外，还要在"删除 p 值大于以下值的效应"框中输入一个大于 0 且小于 1 的数值，该值应大于"包括 p 值小于以下值的效应"框中输入的值，系统默认值为 0.10，这意味着在逐步建模的每步中模型中任何具有大于该指定阈值的 p 值的模型效应将被从模型中除去。
      - "调整后的 R^2"选项：是根据训练集计算得到的拟合度。选择该选项，可以避免过度复杂的模型。
      - "过度拟合防止标准（ASE）"选项：是防止过度拟合集的拟合度（平均方差或 ASE）。防止过度拟合集是一个不用于训练模型且约为原始数据集 30% 的随机子样本。

若选择了除"F 统计量"选项外的其他选项，则在逐步建模的每步中对应于选择标准具有最大正增长的效应将被添加到模型中，对应于除去标准具有减少情况的任何模型效应将被从模型中除去。

- ◆ "定制最终模型中的最大效应数"复选框：勾选此复选框将指定一个正整数作为最大效应数。逐步选择算法在达到指定的最大效应数时终止。若逐步选择算法在具有指定最大效应数的某个步骤结束，则此算法将终止于当前效应集。在系统默认情况下，所有可用效应都将被输入模型。
- ◆ "定制最大步骤数"复选框：勾选此复选框，将指定一个正整数作为最大步骤数。逐步选择算法在达到该指定步骤数后停止。在不输入任何值的情况下，此值默认为可用效应数的 3 倍。
- ◆ "最佳子集"选项：选择该选项，将检查所有可能的模型，或者至少检查比向前步进选择法中大一些的子集的可能模型，以选择满足相应标准的最佳子集。选择该选项将激活"最佳子集选择"栏。"最佳子集选择"栏中的"输入/除去条件"下拉列表中有与向前步进选择法对应的"向前步进选择"栏中的"输入/除去条件"下拉列表中相同的 3 个自变量进出模型的标准，各标准的含义相同。需要注意的是，与向前步进选择法相比，最佳子集选择法涉及更多计算。在与 Boosting 法、Bagging 法或大型数据集法配合执行最佳子集时，花费的时间要比使用向前步进选择法多得多。

④ "整体模型"选项。

单击"整体模型"选项，进入如图 11-17 所示整体模型界面。该界面中的设置决定了当在目标界面选定 Boosting 法、Bagging 法或超大型数据集法时，发生的整体行为，将忽略对选定目标不适用的选项。

- "打包处理和超大型数据集"栏：在使用 Bagging 法和大型数据集法对整体评分时，此栏用于设置组合基础模型预测值的方法，以计算整体得分值。
  - ■ "连续目标的缺省合并规则"下拉列表提供了两种对连续型变量整体预测值进行组合的方法，一种是用基础模型的预测值的平均值，另一种是用基础模型的预测值的中位数。

需要注意的是，若在目标界面的"您的主要目标是什么？"下选择了"增强模型精确性（增强处理）"单选按钮，将忽略"连续目标的缺省合并规则"下拉列表中的设置。对于分类型因变量，Boosting 法始用加权众数进行评分；对于连续型因变量，Boosting 法使用加权中位数来进行评分。

- "增强处理和打包处理"栏。当在目标界面的"您的主要目标是什么？"下选择了"增强模型精确性（增强处理）"单选按钮或"增强模型稳定性（打包处理）"单选按钮时，应指定要构建的基础模型数。在"用于增强处理和/或打包处理的组件模型数"框中输入一个正整数。对于 Bagging 法，该数为 Bootstrap 样本数。它应为正整数，系统默认值为 10。

⑤ "高级"选项。

单击"高级"选项，进入如图 11-18 所示的高级界面。

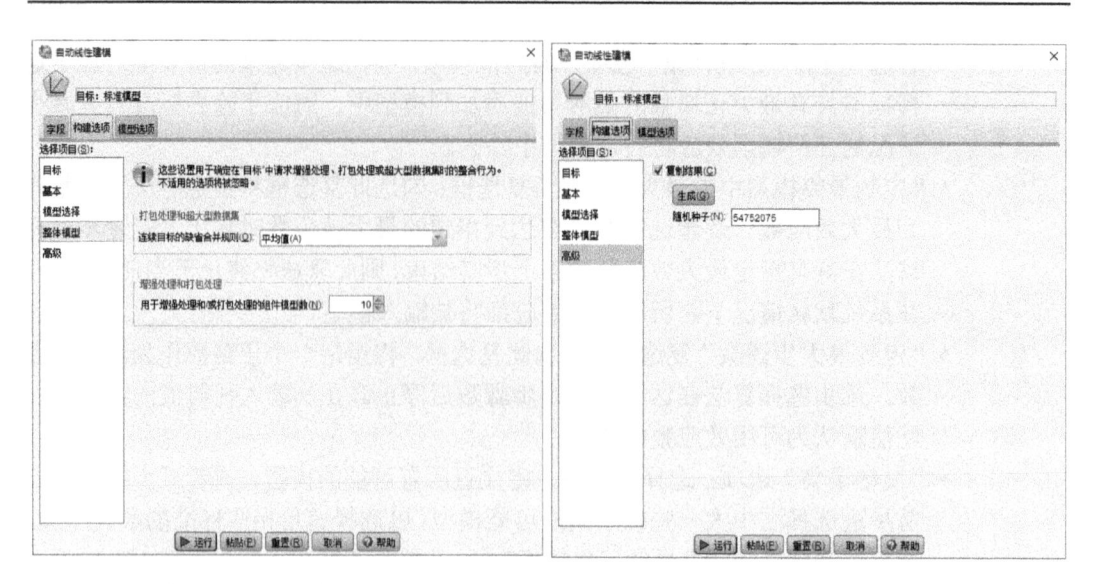

图 11-17　整体模型界面　　　　　　　　图 11-18　高级界面

勾选该界面中的"复制结果"复选框，可以用随机数设置随机种子，以便确定用于过度拟合集中的记录。用户可以指定一个正整数作为随机数，也可以通过单击"生成"按钮来产生一个介于 1～2147483647（包括 1 和 2147483647）的伪随机整数。系统默认值为 54752075。

（3）"模型选项"选项卡如图 11-19 所示，使用该选项卡可以将得分保存到活动数据集并将模型导出到外部文件。

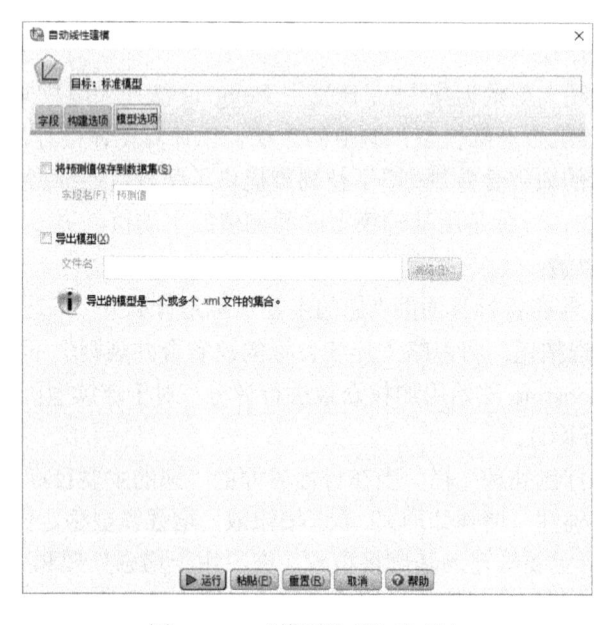

图 11-19　"模型选项"选项卡

① "将预测值保存到数据集"复选框：勾选此复选框，可在下面的"字段名"框中输入保存预测值的变量名。系统默认的变量名是预测值。

② "导出模型"复选框：勾选此复选框，将模型导出到文件中。利用评分向导可以将

得到的该模型文件的模型信息应用到其他数据文件的评分中。可在下面的"文件名"框中,指定有效的唯一文件名。如果文件名与现有文件名相同,那么将覆盖原文件。

单击"运行"按钮,提交系统运行,得到符合以上各设定选项的模型文件及预测值。

5. 评分向导过程

评分向导是"实用程序"菜单中的一个过程,调用菜单如图 11-20 所示。可以使用评分向导过程将根据一个数据集创建的模型应用到另一个数据集,并生成得分。

(1)按"实用程序→评分向导"顺序单击,打开"评分向导"对话框,如图 11-21 所示。

① 选择评分模型。单击"浏览"按钮,导航到其他位置选择评分模型文件。该模型文件可以是包含预测模型标记语言的.xml 文件或.zip 存档文件。"选择评分模型"框中只显示扩展名为.zip 或.xml 的文件,不显示文件扩展名。

② 模型详细信息。单击"选择评分模型"框中的文件名,"模型详细信息"框中将显示该模型的详细信息,包括模型方法、整体模型方法、应用程序、目标(因变量)、拆分和用于构建模型的预测变量。

由于必须读取模型文件才能获取该信息,因此在显示所选模型的此类信息前可能会有延迟。如果.xml 文件或.zip 存档文件没有被识别为 SPSS Statistics 可以读取的模型,那么将显示无法读取该文件的提示信息。

图 11-20 评分向导过程调用菜单

(2)单击"下一步"按钮,得到模型中用到的建模变量的信息,如图 11-22 所示。

图 11-21 "评分向导"对话框

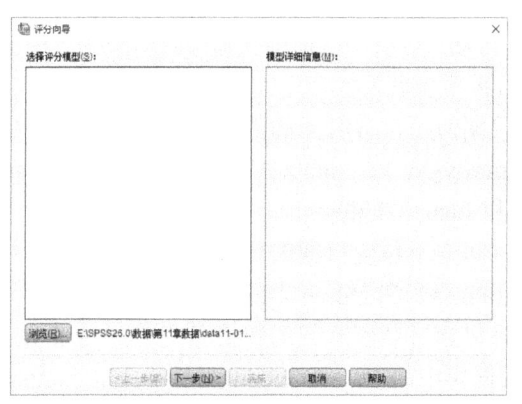

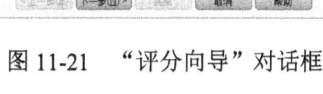

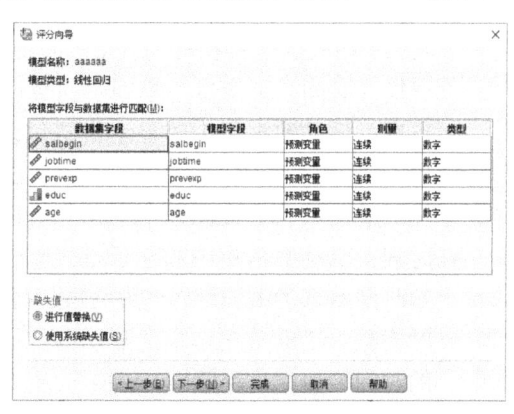

图 11-22 模型信息界面(一)

为对活动数据集进行评分,该数据集必须包含与模型中的所有预测变量对应的字段(变量)。如果该模型还包含拆分字段,那么该数据集必须包含对应于模型中所有拆分字段的字段。

- 在默认情况下,自动匹配活动数据集中任何与模型中的字段具有相同名称和类型的字段。

- 使用"数据集字段"下拉列表匹配数据集字段至模型字段。模型和数据集中每个字段的数据类型必须相同才能匹配字段。

在模型中的所有预测变量（如果有拆分字段，那么也包括拆分字段）与活动数据集中的字段匹配前，将无法继续向导或对活动数据集进行评分。

① 模型名称："选择评分模型"框中选中的评分模型的名称。
② 模型类型：模型名称对应的模型类型。
③ "数据集字段"列：包含活动数据集中所有字段的名称。与相应"模型字段"数据类型不匹配的字段无法被选择。
④ "模型字段"列：是模型中使用的变量名称。
⑤ "角色"列：模型字段名对应的角色可以是以下角色之一。

- 预测变量：该变量在模型中用作预测变量，即预测变量的值用于预测感兴趣因变量结果的值。
- 拆分：拆分变量的值用来定义分组，其中每个组单独评分。拆分变量的值的每个唯一组合对应一个单独的分组。（注意：拆分变量只适用于部分模型。）
- 记录 ID：个案标识。

⑥ "测量"列：是模型中定义的变量的测量类型。对于测量类型会影响得分的模型，将使用模型中定义的测量类型，而不是活动数据集中定义的测量类型。
⑦ "类型"列：是模型中定义的数据类型。活动数据集中的数据类型必须与模型中的数据类型匹配。数据类型可以是如下类型之一。

- 字符串：活动数据集中的数据类型为字符串的变量，与模型中的字符串数据类型匹配。
- 数值：活动数据集中的显示格式不是日期或时间格式的数值型变量，要与模型中的数值数据类型匹配，具体类型包括 F（数值）、Dollar、Dot、Comma、E（科学记数法）和自定义货币格式。具有 Wkday（一周中的某天）和 Month（一年中的某月）格式的变量被视为数值，而不是日期。对于一些模型类型，活动数据集中的日期（时间）型变量与模型中的数值数据类型匹配。
- 日期：活动数据集中的显示格式包含日期但不包含时间的数值型变量，与模型中的日期类型匹配，包括 Date（dd-mm-yyyy）、Adate（mm/dd/yyyy）、Edate（dd.mm.yyyy）、Sdate（yyyy/mm/dd）和 Jdate（dddyyyy）。
- 时间：活动数据集中的显示格式包含时间但不包含日期的数值型变量，与模型中的时间数据类型匹配，包括 Time（hh:mm:ss）和 Dtime（dd hh:mm:ss）。
- 时间戳：活动数据集中的显示格式同时包含日期和时间的数值型变量，与模型中的时间戳数据类型匹配，对应于活动数据集中的 Datetime（dd-mm-yyyy hh:mm:ss）格式。

注意： 除了字段名和类型，需要确保要评分的数据集中的实际数据值的记录方式与构建模型的数据集中的数据值的记录方式相同。例如，模型使用 Income 变量构建，Income 变量将收入划分为 4 种类别，而活动数据集中的 IncomeCategory 将收入划分为 6 种类别或 4 种不同的类别，这些变量实际上并不匹配，结果得分将不可靠。

（3）单击图 11-22 所示界面中的"下一步"按钮，得到模型中有关评分函数方面的信息，如图 11-23 所示。

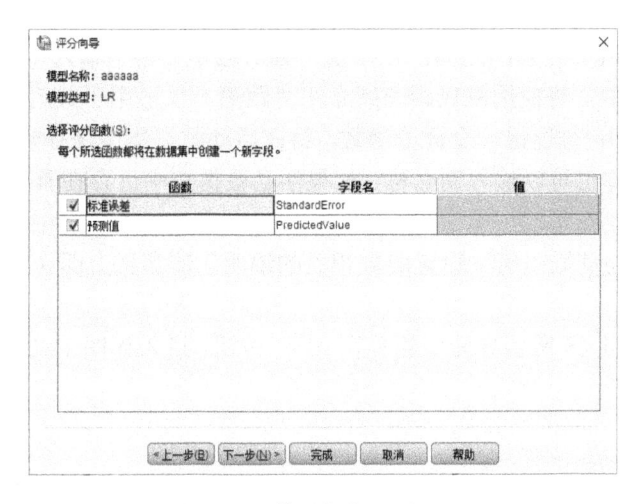

图 11-23　模型信息界面（二）

① 模型名称："选择评分模型"框中选中的评分模型的名称。

② 模型类型：模型名称对应的模型类型名。

③ 选择评分函数：评分函数是所选模型可用的得分类型，如因变量的预测值、预测值的概率或所选因变量值的概率等。每选择一个评分函数，将在字段名中创建一个新变量。

④ "函数"列中是各种可用的评分函数。可用的评分函数取决于模型。下列值中的一个或多个在列表中是有效的。

- 预测值：感兴趣的因变量结果的预测值。除没有因变量的模型外，预测值在其他模型中都是有效的。
- 预测值的概率：用正确值的比例表示，可用于具有分类因变量的大部分模型。
- 所选值的概率：用正确值的比例表示。从"值"列的下拉列表中选择一个值，具体值由模型定义。它可用于具有分类因变量的大部分模型。
- 置信度：与分类因变量的预测值有关的概率测量。对于二元 Logistic 回归模型、多元 Logistic 回归模型和朴素贝叶斯模型，其结果与预测值的概率相同。对于树模型和 RuleSet 模型，置信度可以被解释为预测类别的校正概率，而且始终比预测值的概率小。对于这些模型，置信度比预测值的概率更可靠。
- 节点编号：树模型的预测终端的节点编号。
- 标准误差：预测值的标准误差。适用于尺度因变量的线性回归模型、一般线性模型和广义线性模型。仅在模型文件中保存了协方差矩阵时有效。
- 累积风险：估计累积风险函数。在给定预测变量值的前提下，该值表示了在指定时间或该时间之前观察到事件的概率。
- 最近邻元素：最近邻元素的 ID。若有最近邻元素的 ID，则该 ID 是个案标签变量的值；否则是个案编号。仅适用于最近邻元素模型。
- 第 k 个最近邻元素：第 k 个最近邻元素的 ID。在"值"列对应单元格中输入一个整数作为 k 值。若有第 k 个最近邻元素的 ID，则该 ID 是个案标签变量的值；否则是个案编号。仅适用于最近邻元素模型。
- 到最近邻元素的距离：根据不同模型，将使用欧氏距离或布洛克距离。仅适用于最近邻元素模型。

- 到第 k 个最近邻元素的距离：在"值"列对应单元格中输入一个整数作为 k 值。根据不同模型，将使用欧氏距离或布洛克距离。仅适用于最近邻元素模型。

⑤"字段名"列：每选定一个评分函数，将在活动数据集中保存一个新的变量，该变量可以使用默认名称也可以输入新名称。如果活动数据集中已存在具有相同名称的变量，那么它们将被替换。

⑥"值"列：与使用"值"设置函数相关的说明，请参见上面（3）③选择评分函数中的说明。

（4）单击如图 11-23 所示界面中的"下一步"按钮，进入如图 11-24 所示的完成界面。

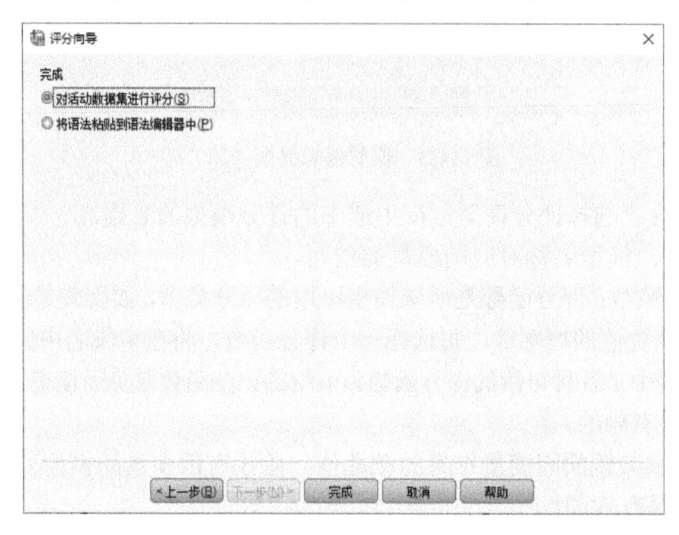

图 11-24　完成界面

这是向导的最后一步，选择"对活动数据集进行评分"单选按钮或"将语法粘贴到语法编辑器中"单选按钮。然后可以在"语法编辑器"窗口中修改和/或保存所生成的命令语法。

单击"完成"按钮，活动数据集中生成由所选评分函数产生的新变量及其对应数值。

6．自动线性建模过程实例分析

【例 3】　使用数据文件 data11-01，以其中的 salbegin 变量、prevexp 变量、jobtime 变量、educ 变量、age 变量作为预测变量（自变量），salary 变量作为因变量，用自动线性建模过程中的向前步进选择法建模，并用所建模型利用评分向导过程对数据文件 data11-02 中的 salary 变量进行预测。

（1）在"数据编辑器"窗口中，打开数据文件 data11-01。

（2）按"分析→回归→自动线性建模"顺序单击，打开如图 11-13 所示的"自动线性建模"对话框。

选择"使用定制字段分配"单选按钮，并将 salary 变量移入"目标"框，将 salbegin 变量、prevexp 变量、jobtime 变量、educ 变量、age 变量移入"预测变量（输入）"框。

（3）单击"构建选项"选项卡，在目标界面中选择"创建标准模型"单选按钮；在基本界面中勾选"自动准备数据"复选框；在模型选择界面中，采用系统默认的向前步进选择法建模，在"向前步进选择"栏的"输入/除去条件"下拉列表中，选择"F 统计量"选项；其余选项保持系统默认值。

（4）单击"模型选项"选项卡，勾选"将预测值保存到数据集"复选框，"字段名"框保持系统默认的预测值。勾选"导出模型"复选框，在"文件名"框中输入"F:\SPSS20.0 稿件\第 11 章回归分析\aa.zip"。单击"运行"按钮，在当前数据文件中生成一列变量名为"预测值"的新数据，这些数据是用上述设定的方法，通过自动线性建模预测得到的当前工资的预测值，如图 11-25 所示。建模过程中的所有信息都存放在 F:\SPSS20.0 稿件\第 11 章回归分析\aa.zip 文件中。

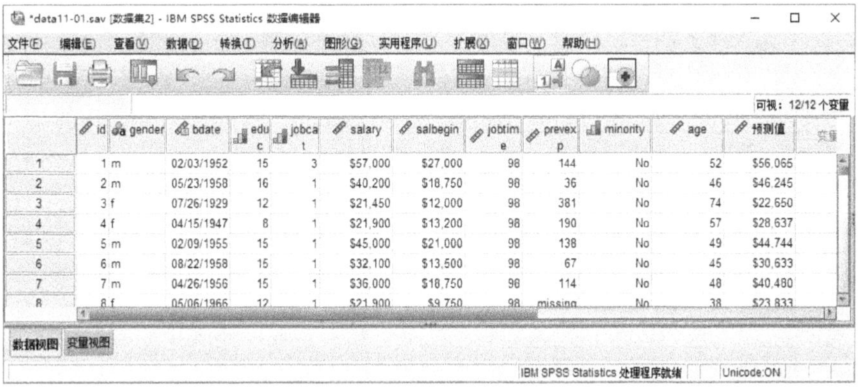

图 11-25 当前工资的预测值

在"查看器"窗口中，得到如图 11-26 所示的反映建模过程中用到的模型各种信息的缩略图。逐一双击这些缩略图可在"模型查看器"窗口中激活它们。

图 11-27 所示为模型概要及其预测的准确度。由图 11-27 可知，校正判定系数 R^2 值为 0.793，远大于 0.5，说明该模型可用，结合模型概要的信息准则值 8501.516，可以对基于该数据集构建的上千个模型中的其他模型进行比较，以选出最佳模型。从图 11-27 中还可以看出，目标变量名为当前工资，做了自动数据准备工作及采用前向步进选择法建模等信息。

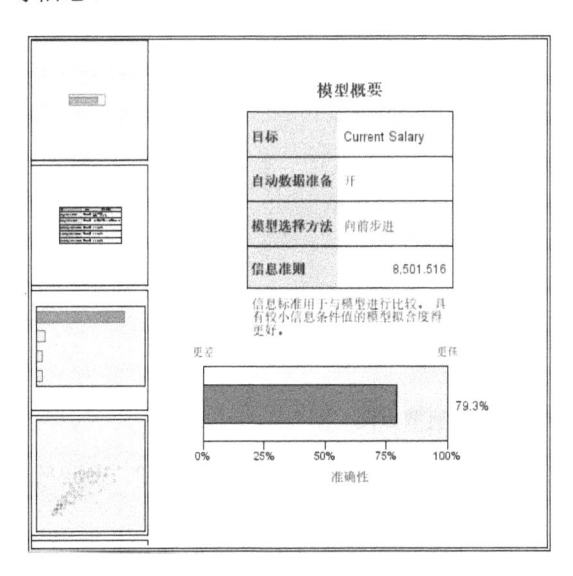

图 11-26 模型各种信息的缩略图 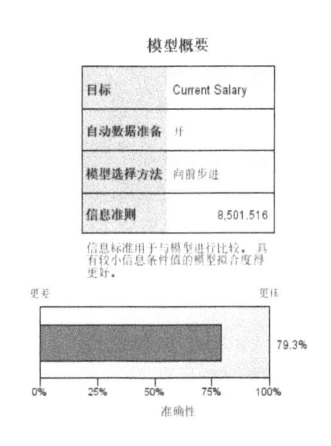   图 11-27 模型概要及其测量的准确度

图 11-28 所示为在模型构建前自动对数据进行转换的情况。从图 11-28 中可知,所有变量都进行过处理,对 educ 变量进行过合并类别处理,其他变量都做过去除离群值处理,age 变量除做过离群值处理外还做过替换缺失值处理。

图 11-29 所示为预测变量在最终模型中的重要性顺序。排在最上方的变量在预测模型中对因变量的贡献最大。因此,预测变量的重要性依次为起始工资、受雇月数、受教育程度和年龄。

图 11-28　在模型构建前自动对数据进行转换的情况

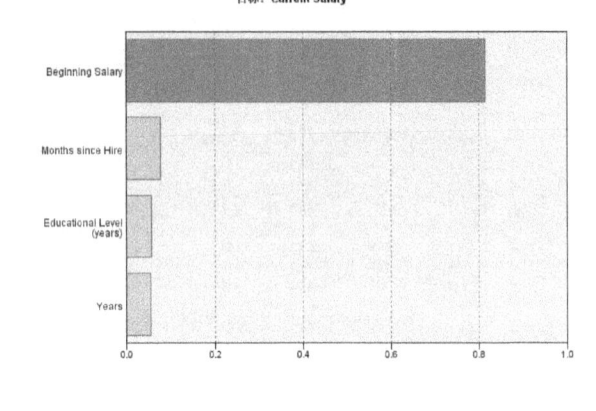

图 11-29　预测变量在最终模型中的重要性排序

图 11-30 所示为观测值与预测值散点图。由于大部分点分布在 45°直线周围,因此模型有较好的预测效果。

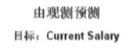

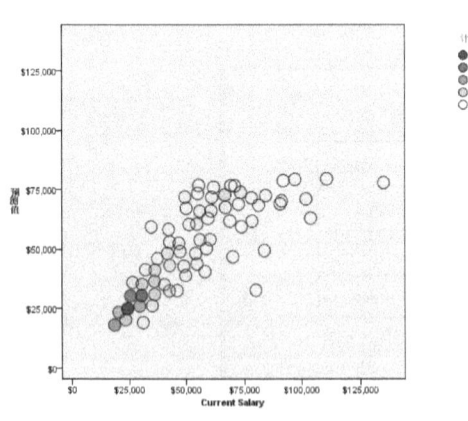

图 11-30　观测值与预测值散点图

图 11-31(a)所示为残差的直方图,它与图中的正态曲线有较好的吻合度,表明残差服从或近似服从正态分布。

在显示图 11-31(a)的"模型查看器"窗口下方的"样式"下拉列表中选择"P-P图"选项,将得到如图 11-31(b)所示的残差的 P-P 图。

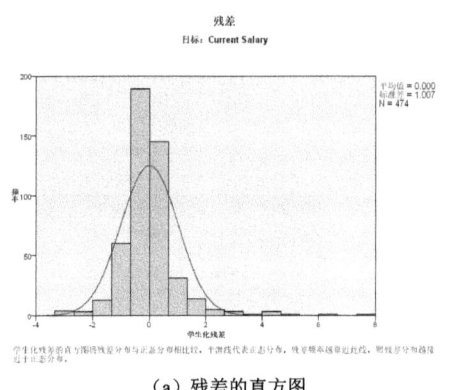

(a) 残差的直方图 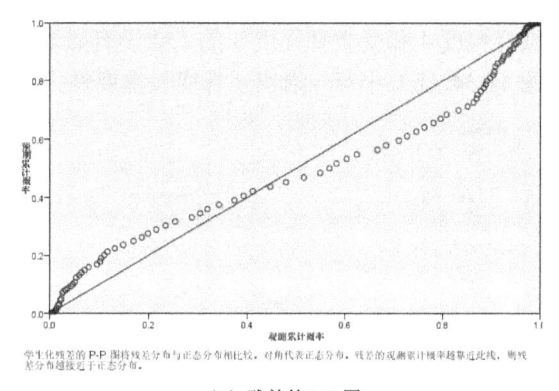　　　　　　　　　　　　　(b) 残差的P-P图

图 11-31　残差的直方图和P-P图

图 11-32 所示为离群值的分布情况。图 11-32 用库克距离值（从上到下按由大到小的顺序排列）对因变量离群值大小、记录标识一一做了说明。

图 11-33（a）所示为转换变量对目标变量重要性示意图。各变量按重要性，由大到小、由上到下顺序排列。

在显示图 11-33（a）的"模型查看器"窗口下方的"样式"下拉列表中选择"表"选项，将得到如图 11-33（b）所示的模型的方差分析结果及变量重要性示意图。方差分析结果的显著性值为 0.000，小于 0.001，表明所得线性模型有统计学上的显著性意义。

图 11-32　离群值的分布情况

转换后的预测变量的重要性依次为起始工资、受雇月数、受教育程度和年龄。

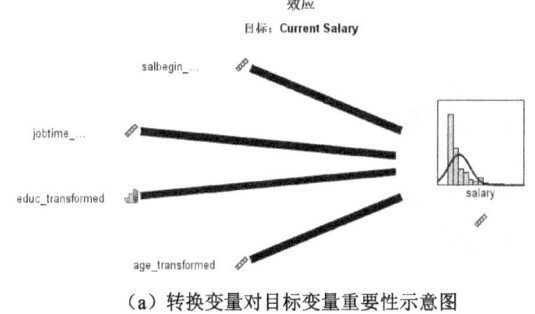

(a) 转换变量对目标变量重要性示意图　　　　　(b) 模型的方差分析结果及变量重要性示意图

图 11-33　重要性示意图

图 11-34（a）所示为模型概要及其准确度示意图。各变量的重要性由大到小、由上到下顺序排列。图 11-34（a）已进行了标注，这里不再另做解释。在"模型查看器"窗口中让鼠标指针指向变量对应线段，可以得到如图 11-34（a）所示的该变量在模型中的系数、显著性和重要性。其他预测变量的值在这里不再一一列出，读者可自行验证。

在显示图 11-34（a）的"模型查看器"窗口下方的"样式"下拉列表中选择"表"选项，得到如图 11-34（b）所示的模型系数检验及变量的重要性示意图。除受教育程度 3、受教育程度 4 和受教育程度 5 的系数没有显著性意义外，其余变量的系数均有显著性意义。图 11-34（b）中——给出了各变量重要性大小的测量值，是图 11-34（a）的补充说明。

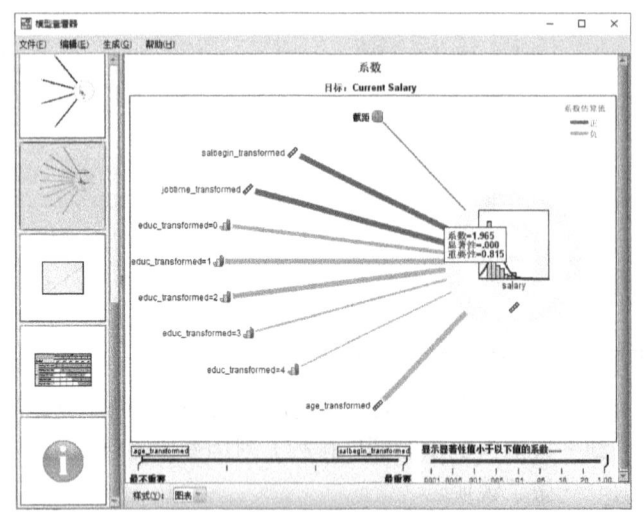

（a）模型概要及其准确度示意图　　　　　　（b）模型系数检验及变量的重要性示意图

图 11-34　模型概要及其准确度示意图和模型系数检验及变量的重要性示意图

图 11-35 所示为根据有显著性效应的 4 个预测变量分别估计目标变量当前工资平均值的图。

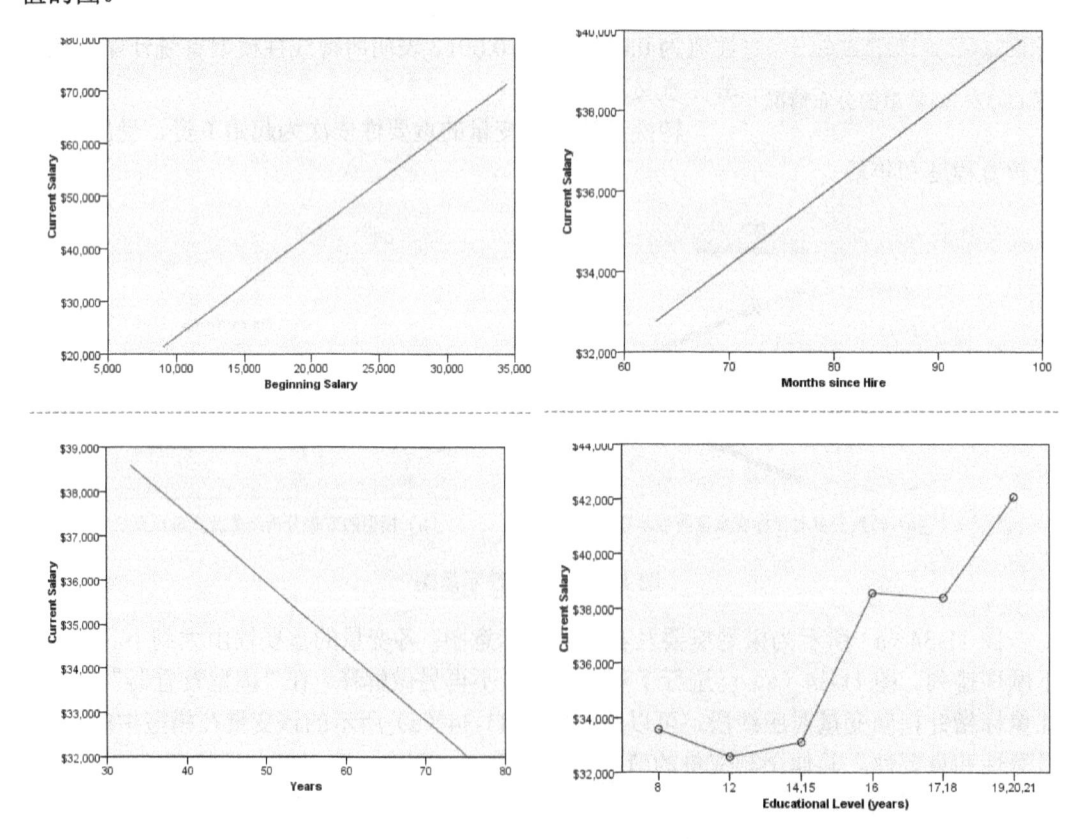

图 11-35　根据有显著性效应的 4 个预测变量分别估计目标变量当前工资平均值的图

图 11-36 所示为模型构建过程的汇总。模型用 F 统计量标准的向前步进选择法构建。该变量对应的第一个"✓"标记意味着该变量在该步进入模型。因此，在第一步中，起始工资变量进入模型，将鼠标指针指向第一步对应的"F 值的显著性"0.000，可得到此时对该变量检验的 $F=1494.371$，$df1=1$，$df2=472$，说明起始工资变量对模型具有显著性意义。在第二步中，受雇月数变量进入模型，对其检验的 $F=28.686$，$df1=1$，$df2=471$。在前五步中，所选 5 个自变量全部进入模型。在第六步中，由于过去经验变量的"F 值的显著性"为 0.291，达到去除标准 0.10，因此该变量从模型中去除。

图 11-37 所示为自动线性模型过程汇总，是对整个自动线性建模过程中做的所有工作的整体回顾。由图 11-37 可知，自动线性建模过程的因变量为 salary，预测变量为 salbegin、prevexp、jobtime、educ、age，没有使用分区数据，目的是创建标准模型，采用自动数据准备方法对原始数据进行建模前的预处理，设定的置信水平为 0.95，用向前步进选择法建模，自变量进、出模型的标准采用 F 值的显著性，p 值小于 0.05 的效应对应的自变量进入模型，p 值大于 0.10 的效应对应的自变量从模型中去除，最终模型中的预测变量为 salbegin、jobtime、educ、age 等信息。

图 11-36 模型构建过程的汇总 　　　图 11-37 自动线性模型过程汇总

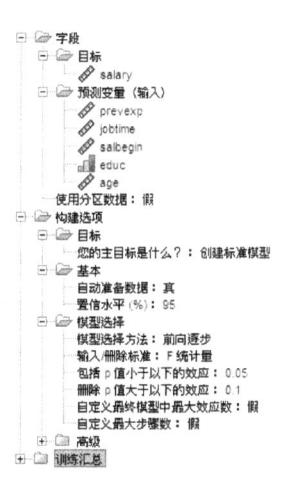

（5）打开数据文件 data11-02。

（6）按"实用程序→评分向导"顺序单击，打开"评分向导"对话框。单击"浏览"按钮，在"浏览以查找评分模型"对话框中，选择评分模型文件"F:\SPSS20.0 稿件\第 11 章回归分析\aa.zip"。单击"评分向导"对话框中的"完成"按钮，在"查看器"窗口中得到模型变量汇总表，如表 11-11 所示。

表 11-11 模型变量汇总表

AA

SPSS Statistics 变量	名称	标签	类型	宽度	角色	测量
salary	salary	预测值	数字	8	目标	连续
salbegin	salbegin	起始工资	数字	8	预测变量	连续
jobtime	jobtime	受雇月数	数字	8	预测变量	连续
educ	educ	受教育程度(年)	数字	8	预测变量	有序
age	age	年龄	数字	8	预测变量	连续

由表 11-11 可知，模型中共有 5 个变量：salary、salbegin、jobtime、educ、age，均为数值型，且宽度均为 8 位。其中，salary 是因变量，其余 4 个变量为预测变量，除 educ 变量为有序测量变量外，其余变量均为连续型尺度变量。

用 aa.zip 文件中的模型计算得到的因变量 salary 的预测值存放在当前数据文件新建的 PredictedValue 变量中，如图 11-38 所示。

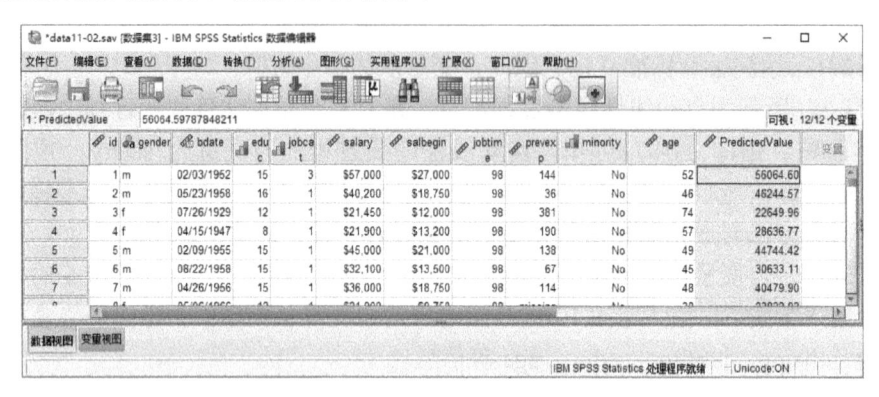

图 11-38 salary 的 PredictedValue

11.2 曲线回归

11.2.1 曲线回归概述

1. 一般概念

线性回归不能解决所有问题。虽然可以通过一些函数，在一定范围内将因变量、自变量间的关系转换为线性关系，但这种转换可能导致更复杂的计算或失真。

SPSS 提供了 11 种不同的曲线回归模型。如果线性模型不能确定哪一种模型为最佳模型，可以尝试选择曲线回归过程建立一个简单且比较合适的模型。

2. 数据要求

（1）自变量与因变量应为数值型变量。如果自变量是以时间间隔测量的变量，那么因变量也应是以时间间隔测量的变量，而且因变量、自变量使用的时间间隔和单位应是完全相同的。

（2）模型的残差应该呈正态分布。如果选择了线性模型，那么因变量必须呈正态分布，且所有观测值应独立。

11.2.2 曲线回归过程

（1）按"分析→回归→曲线估算"顺序单击，打开如图 11-39 所示的"曲线估算"对话框。

（2）在左侧的原始变量列表中选择一个或多个变量作为因变量，送入"因变量"框。

（3）在左侧的原始变量列表中选择自变量，送入"独立"栏中的"变量"框。如果因变量是以时间间隔测量的，则直接选择"时间"单选按钮。

（4）在"模型"栏中选择一个或多个拟合模型。不同模型的表示如表 11-12 所示。

表 11-12　不同模型的表示

模型名称	回归方程	相应的线性回归方程
线性	$y = b_0+b_1 t$	—
二次项	$y = b_0+b_1 t+b_2 t^2$	—
复合	$y = b_0 b_1^t$	$\ln y = \ln b_0+(\ln b_1)t$
增长	$y = e^{(b_0+b_1 t)}$	$\ln y = b_0+b_1 t$
对数	$y = b_0+b_1 \ln t$	—
立方（三次）	$y = b_0+b_1 t+b_2 t^2+b_3 t^3$	—
S	$y = e^{b_0+b_1/t}$	$\ln y = b_0+b_1/t$
指数	$y = b_0 e^{b_1 t}$	$\ln y = \ln b_0+b_1 t$
逆模型	$y = b_0+b_1/t$	—
幂	$y = b_0 t^{b_1}$	$\ln y = \ln b_0+b_1 \ln t$
Logistic	$y = 1/(1/u+b_0 b_1^t)$	$\ln(1/y-1/u) = \ln[b_0+(\ln b_1)t]$

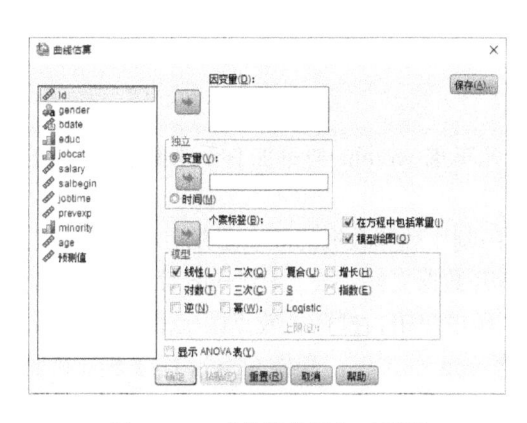

图 11-39　"曲线估算"对话框

在表 11-12 中，t 为时间或指定的自变量；b_0 为常数项；b_n 为自变量第 n 次项的回归系数。

若勾选了"Logistic"复选框，则模型中的 u 值必须是大于因变量最大值的正数。在"上限"框中指定这一上限值。

（5）根据需要进行如下操作。

① 勾选"在方程中包括常量"复选框。

② 勾选"模型绘图"复选框。

③ 勾选"显示 ANOVA 表"复选框。

④ 在原始变量列表中选择作为标识观测的变量，送入"个案标签"框。

（6）单击"保存"按钮，打开"曲线估算：保存"对话框，如图 11-40 所示。选择要保存在数据文件中的新变量，包括预测值、残差、预测区间、显著性水平等。系统默认的新变量名与说明显示在"查看器"窗口中。

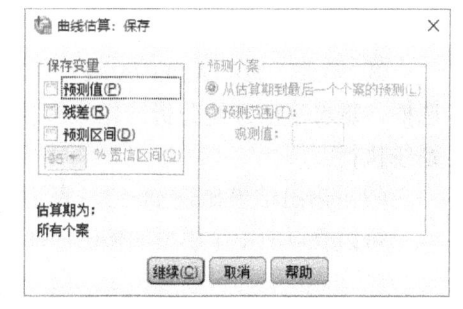

图 11-40　"曲线估算：保存"对话框

① "保存变量"栏中的选项有"预测值"复选框、"残差"复选框、"预测区间"复选框、"置信区间"框（在其中设置预测值的置信区间，系统默认值为 95%）。

② 如果自变量为时间变量，可以在"预测个案"栏中指定一种超出当前数据时间序列范围的预测周期。

- "从估算期到最后一个个案的预测"单选按钮：选择本选项，从估算期到最后一个个案的预测将都使用在"选择个案"对话框中设定的基于时间或个案的范围作为估计期，根据估计期的观测求出预测方程，并根据此方程给出数据文件从估计期开始至最后一个个案结束的所有自变量的因变量的预测值。若没有预先设置估计期，则使用所有观测来求预测方程。

- "预测范围"单选按钮：选择本选项，将根据预先设定的周期，对特定的数据、在指定时间内进行预测。如果预测值的范围超出了时间序列的范围，那么应选择该项，并在"观测值"框中输入预测周期的末端值。

（7）单击"继续"按钮，返回"曲线估算"对话框，单击"确定"按钮，提交系统运行。在大多数情况下,对变量间关系的认识是模糊不清的,需要先绘制散点图,根据数据分布特点来确定应采用的模型。可以多指定几个模型进行拟合,综合考虑输出的统计量(如判定系数 R^2 值)和图形,确定最佳模型。

11.2.3 曲线回归分析实例

【例 4】 用数据文件 data11-03 中的数据研究车重 weight 与每加仑千米数 mpg 间的关系。

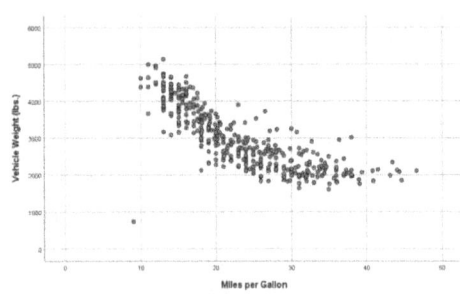

图 11-41 每加仑千米数与车重散点图

(1) 制作观测数据的散点图并初步选择模型。

打开数据文件,按"图形→旧对话框→散点/点图"顺序单击,打开"散点图/点图"对话框。以变量 mpg 作 X 轴,变量 weight 作 Y 轴,得到如图 11-41 所示的散点图。由图 11-41 可知,两个变量间呈明显的曲线关系。

(2) 建立若干个曲线模型并进行比较。

① 按"分析→回归→曲线估算"顺序单击,打开"曲线估算"对话框。将变量 mpg 作为因变量,weight 作为自变量。

② 在"模型"栏中勾选"二次"复选框、"三次"复选框与"指数"复选框。

③ 勾选"显示 ANOVA 表"复选框、"模型绘图"复选框及"在方程中包括常量"复选框,要求输出方差分析的结果和模型图形,方程包括常数项。单击"确定"按钮,提交系统执行。

(3) 输出结果如表 11-13~表 11-15 及图 11-42 所示。

每组表对应 1 个模型的输出,每组表包含 3 个子表:模型摘要表、ANOVA 表、系数表。

表 11-13 二次项模型结果

模型摘要

R	R方	调整后R方	标准 估算的错误
.810	.656	.655	4.593

自变量为 Vehicle Weight (lbs.)。

ANOVA

	平方和	自由度	均方	F	显著性
回归	15918.130	2	7959.065	377.209	.000
残差	8334.445	395	21.100		
总计	24252.575	397			

自变量为 Vehicle Weight (lbs.)。

系数

	未标准化系数		标准化系数		
	B	标准 错误	Beta	t	显著性
Vehicle Weight (lbs.)	-.012	.002	-1.330	-6.094	.000
Vehicle Weight (lbs.) ** 2	7.597E-7	.000	.528	2.419	.016
(常量)	52.540	3.030		17.337	.000

表 11-14 三次项模型结果

模型摘要

R	R方	调整后R方	标准 估算的错误
.828	.686	.683	4.399

自变量为 Vehicle Weight (lbs.)。

ANOVA

	平方和	自由度	均方	F	显著性
回归	16629.063	3	5543.021	286.476	.000
残差	7623.513	394	19.349		
总计	24252.575	397			

自变量为 Vehicle Weight (lbs.)。

系数

	未标准化系数		标准化系数		
	B	标准 错误	Beta	t	显著性
Vehicle Weight (lbs.)	.033	.008	3.598	4.286	.000
Vehicle Weight (lbs.) ** 2	-1.434E-5	.000	-9.968	-5.715	.000
Vehicle Weight (lbs.) ** 3	1.591E-9	.000	5.655		
(常量)	9.555	7.662		1.247	.213

(4) 结果分析。

模型摘要表列出了复相关系数 R、判定系数 R^2、校正判定系数 R^2、标准误差。

ANOVA 表中为方差分析结果,包括二次模型的 F 值(377.209)、三次模型的 F 值(286.476)、指数模型的 F 值(957.936)、p 值(表中的显著性值)(小于 0.0001)。由

表 11-13～表 11-15 中的 ANOVA 表可知，3 个回归方程均具有统计学意义。

表 11-15　指数模型结果

模型摘要

R	R 方	调整后 R 方	标准估算的错误
.841	.708	.707	.184

自变量为 Vehicle Weight (lbs.)。

ANOVA

	平方和	自由度	均方	F	显著性
回归	32.405	1	32.405	957.936	.000
残差	13.396	396	.034		
总计	45.800	397			

自变量为 Vehicle Weight (lbs.)。

系数

	未标准化系数		标准化系数		
	B	标准错误	Beta	t	显著性
Vehicle Weight (lbs.)	.000	.000	-.841	-30.951	.000
(常量)	60.152	2.013		29.887	.000

因变量为 ln(Miles per Gallon)。

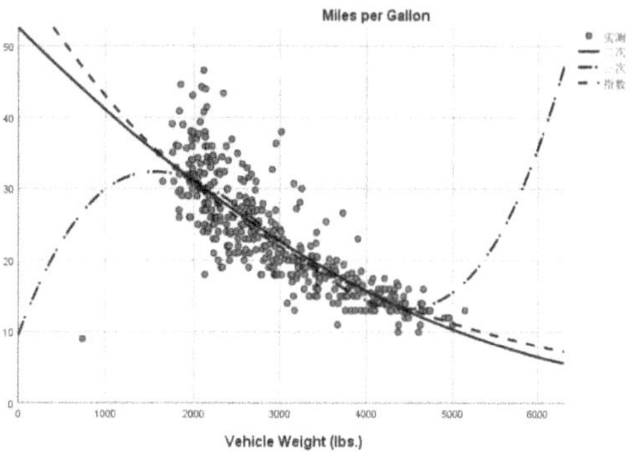

图 11-42　3 种模型的图形

系数表中显示了回归系数 B、标准化回归系数 Beta 及其检验结果，由此得出各种模型的回归模型如下。

- 二次项模型：mpg = 52.540 − 0.012 × weight + 7.597 × 10^{-7} × weight^2；
- 三次项模型：mpg = 9.555 + 0.033 × weight − 1.434 × 10^{-5} × weight^2 + 1.591 × 10^{-9} × weight^3；
- 指数模型：mpg = 60.152 × 0.9996^{weight}。

图 11-42 所示为 3 种模型的图形，其中指数曲线对观测的拟合稍好一些。图形只对模型的取舍起辅助作用，最终模型应通过对统计量进行分析与研究来判定。

① 比较 3 个模型的修正判定系数 R^2 值。指数模型的修正 R^2 判定系数为 0.708，最大；三次模型次之，修正 R^2 判定系数为 0.686；二次模型的修正 R^2 判定系数为 0.656，最小。由此可以判断，拟合最好的是指数模型。

② 方差分析的 F 值概率均小于 0.001，因此比较 F 值。指数模型的 F = 957.936，最大；二次模型次之，F = 377.209；三次模型的 F = 286.476，最小。

通过以上判断得出最佳模型为 mpg = 60.15 × 0.9996^{weight}。

注意："查看器"窗口中的表格中的数据小数显示位数设置为 5。

11.3　二元 Logistic 回归

在日常生活中常需要判断一些事情是否将要发生，如某候选人是否会当选等。这类问题的特点是因变量只有两个值，即发生（是）或者不发生（否），因此建立的模型必须保证因变量的取值是 0 或 1。可是大多数模型的因变量值常常处于一个实数集中，与因变量只有两个值的条件相悖。

本节介绍一种对因变量数据假设要求不高，并且可以用来预测具有二分特点的因变量概率的统计模型，即二元（Binary）Logistic 回归模型。

当因变量具有两个以上类别时，可以参考 11.4 节介绍的用于分析多分变量的多元 Logistic 回归。

11.3.1 Logistic 回归模型

1. Logistic 回归

在 Logistic 回归中可以直接预测观测相对于某一事件的发生概率，如果只有一个自变量，那么回归模型可以写作：

$$\text{Prob(event)} = \frac{e^{b_0+b_1x}}{1+e^{b_0+b_1x}} = \frac{1}{1+e^{-(b_0+b_1x)}}$$

式中，b_1 和 b_0 分别为自变量 x 的系数和常数；e 为自然常数，Logistic 回归曲线如图 11-43 所示。

包含一个以上自变量的模型为

$$\text{Prob(event)} = \frac{e^z}{1+e^z} = \frac{1}{1+e^{-z}}$$

式中，$z = b_0 + b_1x_1 + b_2x_2 + \cdots + b_px_p$（$p$ 为自变量的数量）。

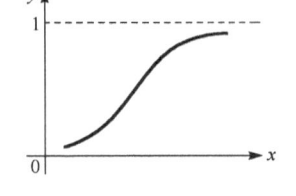

某一件事情不发生的概率为

$$\text{Prob(no event)} = 1 - \text{Prob(event)}$$

图 11-43 Logistic 回归曲线

可以使用最大似然比法和迭代法来建立 Logistic 回归模型。

2. 数据要求

（1）因变量应具二分特点，自变量可以是分类变量或度量变量。如果自变量是分类变量，应为二分变量或被重新编码为指示变量。指示变量有两种编码方案。

① 指示变量编码方案如表 11-16 所示。例如，当分类变量有 3 个水平（高、中、低）时，就要创建两个新的指示变量。第一个变量：1 为低水平，0 为其他水平；第二个变量：1 为中间水平值，0 为其他水平值；高水平观测的两个变量值同时为 0。哪种水平为 0，可任意决定。表 11-16 的参考类别的系数为 0。使用指示变量编码方案只能比较每一类与参考类之间的效应差异。如果要比较每一类与整体的综合效果，那么应该选择如表 11-17 所示的编码方案。

② 背离编码方案与指示变量编码方案的区别仅仅在于新变量中最后一类被赋予的编码值为 –1。利用这种编码方案，Logistic 回归系数展示每一类与各类综合效果的差异。如表 11-17 所示，对于每一个 SPSS 创建的新变量，其系数代表与综合效果间的差异。注意，最后一类的值应该是前两类系数之和并取负值。

表 11-16 指示变量编码方案

变量值		频数	指示变量的编码设置	
			(1)	(2)
变量名称	1.00	15	1	0
	2.00	20	0	1
	3.00	18	0	0

表 11-17 背离编码方案

变量值		频数	指示变量的编码设置	
			(1)	(2)
变量名称	1.00	15	1	0
	2.00	20	0	1
	3.00	18	–1	–1

（2）自变量数据最好服从多元正态分布，自变量间的共线性会导致估计偏差。当观测分组完全依据分组变量时，此方法十分有效；当观测分组依据某连续型数值时（如根据智商得分分为高智商组、低智商组），此方法会丢失连续型数据的信息，此时应考虑线性模型。

3. Logistic 回归系数

为了理解 Logistic 回归系数的含义，可以将回归方程改写为某一事件发生的几率。一个事件发生的几率被定义为它发生的可能性与不发生的可能性之比。例如，抛一枚硬币后，其正面向上的几率为 0.5/0.5=1；从 52 张牌中抽出一张 A 的几率为(4/52)/(48/52)=1/12，对应概率值为 4/52=1/13，注意不要将"几率"的含义与"概率"混淆。

首先把 Logistic 方程写作几率的对数，命名为 Logit：

$$\log \frac{\text{Prob(event)}}{\text{Prob(no event)}} = b_0 + b_1 x_1 + \cdots + b_p x_p$$

可以看出，Logistic 方程的回归系数可以解释为一个单位的自变量的变化引起的几率的对数的改变值。因为理解几率要比理解几率的对数容易，所以将 Logistic 方程式写为

$$\frac{\text{Prob(event)}}{\text{Prob(no event)}} = e^{b_0 + b_1 x_1 + \cdots + b_p x_p}$$

当第 i 个自变量发生一个单位的变化时，几率的变化值为 $e^{(b_i)}$。自变量的系数为正值，意味着事件发生的几率会增加，$e^{(b_i)}$ 大于 1；自变量的系数为负值，意味着事件发生的几率会减少，$e^{(b_i)}$ 小于 1；当 b_i 为 0 时，$e^{(b_i)}$ 等于 1。

4. 评价模型

建立模型后，需要判断拟合的优劣。对于大样本量的数据，最好将数据分成两部分，一部分数据用于建立回归方程；另一部分数据代入方程，用于评定模型对数据的拟合情况。

(1) 系数检验。

对于大样本量模型的系数检验，使用基于卡方分布的瓦尔德统计量。当自由度为 1 时，瓦尔德统计量为变量系数与其标准误差比值的平方。对于两类以上的分类变量，瓦尔德统计量为 $W = B'V^{-1}B$，其中，B 为分类变量系数的极大似然估计向量，V^{-1} 为变量系数渐近方差-协方差矩阵的逆矩阵。

瓦尔德统计量的弱点是当回归系数的绝对值变大时，其标准误差将发生更大改变，瓦尔德值变得很小，这将导致无法拒绝回归系数为 0 的零假设，即认为变量的回归系数为 0。因此，当变量的系数很大时，不应依据瓦尔德统计量进行检验，而应建立包含与不包含要检验的变量的两个模型，利用对数似然比的变化值进行检验。可以选择后退回归法选择变量作为变量的选择方法。

(2) 模型判别和模型校验。

① 模型判别：依据对事件发生的可能性的估计，评估模型区分两组数据的能力。好的模型会将较高概率的数值赋值给经常发生事件的观测，不大可能发生的事件观测得到较小的概率值，两组数据的概率不会发生重叠。

经常用来检查模型判别能力的指标为 C 统计量，取值范围为 0.5～1。0.5 表示模型判别能力非常弱，1 表示模型有强判别力。

SPSS 的 Logistic 回归过程，先计算预测概率，再利用 ROC 功能计算 C 统计量。

② 模型校验：评估观测概率、预测概率与整体概率之间的关系，对观测概率与预测概率之间的差异进行解释。当协变量配对的数量巨大且不能使用标准拟合度卡方检验时，常用的检测方法霍斯默-莱梅肖卡方统计量非常有效。

计算霍斯默-莱梅肖卡方统计量，先计算每组中事件发生的实际观测数量与预测数量

之间的差异，然后根据公式(观测数量–预测数量)²/预测数量进行计算，霍斯默-莱梅肖卡方统计量值为各分组中此值的和。

实际操作方法是根据估计观测数量的预测概率将观测分成数量大致相同的 10 组，观察观测到的数量与预测发生事件的数量及预测不发生事件的数量之间的比较结果。卡方检测用来评价实际事件发生数量与预测事件发生数量之间的差别。在使用这种鉴别方法时，数据量要相当大，确保在大多数组别中至少有 5 个以上的观测，同时所有组别的预测值大于 1。

霍斯默-莱梅肖卡方统计量的结果在很大程度上与观测的分组情况有关。如果分组数很小，那么得出的结果很可能与实际情况不符；如果观测数量很多，那么霍斯默-莱梅肖卡方统计量的结果会变大。因此，虽然霍斯默-莱梅肖卡方统计量在进行模型校对检测时是一种非常有效的方法，但必须结合观测分组情况进行解释。

（3）模型的拟合度是判别模型与样本的拟合优劣的统计量。利用已有参数得出的观测结果的可能性称为"似然比"。似然比的值小于 1，习惯上用对数似然比的值乘以–2 来度量模型对数据的拟合度，记作–2ll。好的模型的似然比值较高，–2ll 值相对较小（若模型 100%完美，则似然比值等于 1，–2ll 值为 0）。似然比值的变化说明当变量进入模型与剔除出模型时模型对数据拟合度方面的变化。

常用的 3 种卡方统计量分别为 Model、Block 和 Step。

① Model 卡方值检验除常数项外，模型中所有变量系数为零的假设。卡方值为当前模型的与模型中只包含常数项的–2ll 之差。

② Block 卡方值为当前模型与后一组变量进入模型后的–2ll 之差。如果选择了多组变量，那么 Block 卡方值用来对最后一组变量系数为 0 的零假设进行检验。

③ Step 卡方值是在建立模型过程中，当前–2ll 与下一步–2ll 之间的差值。它用来对最后一个加入模型的变量系数为 0 的零假设进行检验。

（4）评价包含所有变量模型的拟合效果。

① 考克斯-斯奈尔 R^2 统计量与内戈尔科 R^2 统计量。考克斯-斯奈尔统计量与线性模型中的判定系数 R^2 相似，是对 Logistic 模型变异中可解释部分的量化：

$$考克斯\text{-}斯奈尔\ R^2 = 1 - \left(\frac{L(0)}{L(B)}\right)^{\frac{2}{N}}$$

式中，$L(0)$ 为方程中只包含常数项时的似然比值；$L(B)$ 为方程中包含设定变量时的似然比值；N 为样本量；考克斯-斯奈尔 R^2 统计量最大值不可能为 1。1991 年，内戈尔科修改了考克斯-斯奈尔 R^2 统计量，使其最大值可以为 1，即

$$内戈尔科\ R^2 = \frac{R^2}{R^2_{\max}}$$

式中，$R^2_{\max} = 1 - [L(0)]^{\frac{2}{N}}$，反映了由回归方程解释的变异百分比。

② 偏差。对于每个观测，其偏差值为$(-2\lg 预测概率)^{0.5}$。例如，预测某男性患者没有患恶性淋巴结的概率为 0.80 时的偏差为$-\sqrt{-2\lg 0.8} = -0.668$。大样本数据的偏差往往近似正态分布。偏差较大表明模型拟合数据欠佳。学生化残差与偏差之差可以用来检测非常态数据。设 P_i 为第 i 个观测的预测概率，则残差的 Logit 值的计算公式为

$$\frac{\text{residual}_i}{P_i(1-P_i)}$$

(5)影响点的查找。

① 杠杆值（Leverage）用于检测哪些观测对预测值产生影响较大。与线性回归不同，在 Logistic 回归中杠杆值依据因变量得分和设计矩阵求得，取值范围为 0~1。杠杆值的平均值为 P/N，其中，P 为模型中估计参数的个数（包括常数项）；N 为观测的个数。预测概率值大于 0.9 或小于 0.1 的观测虽然具有影响力，但其杠杆值较小。

② 库克距离用来检测观测的影响力，即在删除了一个观测后对这个观测残差的影响和对其他观测残差的影响，公式为

$$\text{库克距离 } D_i = \frac{Z_i^2 \times h_i}{1-h_i}$$

式中，Z_i 为标准化残差；h_i 为杠杆值。

③ DfBeta 统计量是删除一个观测后 Logistic 系数的变化值，公式为

$$\text{DfBeta}(b_1^{(i)}) = b_1 - b_1^{(i)}$$

式中，b_1 为所在模型中包括有观测时的系数值；$b_1^{(i)}$ 为排除第 i 个观测后的模型的系数值。

较大的变化值表示应对此观测重新进行检查。

(6)与线性回归相同，Logistic 回归中的交互项可以作为新变量参与回归分析并包含在回归方程中。

11.3.2 二元 Logistic 回归过程

(1)按"分析→回归→二元 Logistic"顺序单击，打开"Logistic 回归"对话框，如图 11-44 所示。

(2)选择一个具有二分特性的变量作为因变量送入"因变量"框。

(3)选择一个或多个变量作为协变量送入"协变量"框。也可以同时选择两个和多个变量作为交互项，单击">a*b>"按钮，将它们送入"协变量"框。

(4)在"方法"下拉列表中确定一种自变量进入模型的方法，该下拉列表中的选项如下。

① "输入"选项：自变量全部进入模型。

② "向前：有条件"选项：即使用向前步进选择法。将变量从模型中除去的依据是，条件参数估计的似然比统计量的概率值。

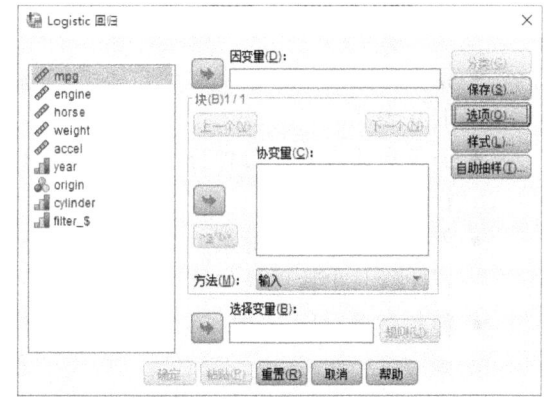

图 11-44 "Logistic 回归"对话框

③ "向前：LR"选项：根据最大偏似然估计值统计量的概率值，向前步进选择变量。

④ "向前：瓦尔德"选项：根据瓦尔德统计量的概率值，向前步进选择变量。

⑤ "向后：有条件"选项：根据条件参数估计似然比统计量的概率值，向后逐步从模型中除去变量。

⑥ "向后：LR"选项：依据最大偏似然估计值统计量的概率值向后逐步除去变量。

⑦"向后：瓦尔德"选项：根据瓦尔德统计量的概率值，向后逐步从模型中除去变量。

(5)"选择变量"框。根据指定变量的取值范围，确定参与分析的观测。在原始变量列表中选择一个变量，送入"选择变量"框。单击"规则"按钮，打开"Logistic 回归：设置规则"对话框，如图 11-45 所示，设置选择观测值的标准。例如，选择 time = 100s 的变量，那么选择 time 变量后先在算数操作符下拉列表中选择"等于"选项，然后在"值"框中输入"100"。

SPSS 会将选择的观测值与未选择的观测值的计算结果全部显示出来。

(6)在"Logistic 回归"对话框中，单击"分类"按钮，打开如图 11-46 所示的"Logistic 回归：定义分类变量"对话框，设置处理分类变量的方式。

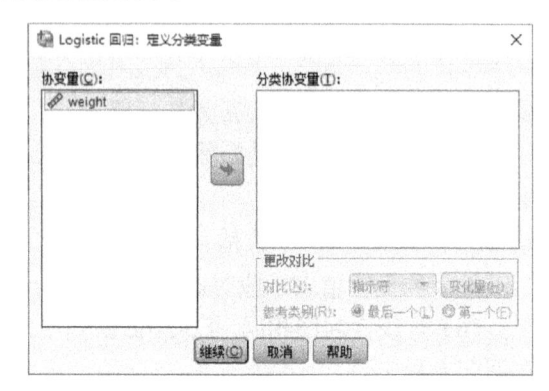

图 11-45 "Logistic 回归：设置规则"对话框　　图 11-46 "Logistic 回归：定义分类变量"对话框

①"协变量"框中包含了在"Logistic 回归"对话框中已经选择的全部协变量及交互项。

②"分类协变量"框中列出了选择的分类变量，在变量名后面的括号中显示的是各组间的对比方案，字符串变量将自动进入"分类协变量"框。

③"更改对比"栏用于设置分类协变量中各类水平的对比方式。

- 指示符对比方式：指示是否属于同一参考分类，参考分类在对比矩阵中用一横排的 0 表示。
- 简单对比方式：每种分类的预测变量（除参考类别外）效应都与参考类别效应进行比较。
- 差异对比方式：除第一类外，每类预测变量效应都与其前所有分类的平均效应进行比较，也称逆赫尔默德对比。
- 赫尔默德对比方式：除最后一类外，每类预测变量效应都与其后所有分类的平均效应进行比较。
- 重复对比方式：除第一类外，每类预测变量效应都与其前一种分类的效应进行比较。
- 多项式对比方式：对角多项式对比，要求每类水平相同，仅适用于数值型变量。
- 偏差对比方式：每类预测变量（除参考分类外）效应与总体效应进行比较。

如果选择了偏差对比方式、简单对比方式、指示符对比方式，可选择"第一个"单选按钮或"最后一个"单选按钮，指定分类变量的第一类或最后一类作为参考类。

如果改变了"更改对比"栏中的设置，则单击"变化量"按钮来确定选项。

(7)在"Logistic 回归"对话框中，单击"保存"按钮，打开如图 11-47 所示的"Logistic 回归：保存"对话框。

① 在"预测值"栏中勾选"概率"复选框，则新变量存取的是每个观测发生特定事件的预测概率；勾选"组成员"复选框，则新变量存取的是依据预测概率得到的每个观测的预测分组值。

② "影响"栏用于设置保存每一个观测对预测值影响的统计量的值，包括"库克距离"复选框、"杠杆值"复选框、"DfBeta"复选框。

③ "残差"栏用于选取需要保存的残差类型，包括"未标准化"复选框、"分对数"复选框、"学生化"复选框、"标准化"复选框和"偏差"复选框。

④ "将模型信息导出到 XML 文件"栏用于指定输出模型信息到 XML 格式的文件。单击"浏览"按钮，确定文件保存位置和文件名。勾选"包括协方差矩阵"复选框，要求输出中包括协方差矩阵。

（8）在"Logistic 回归"对话框中，单击"选项"按钮，打开如图 11-48 所示的"Logistic 回归：选项"对话框，在该对话框中设置各种检测参数。

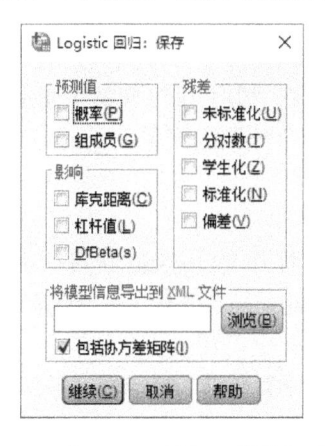

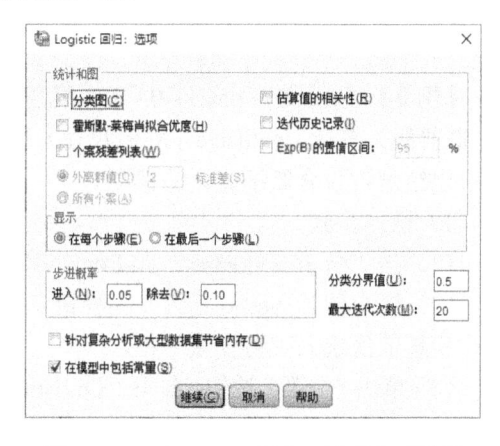

图 11-47　"Logistic 回归：保存"对话框　　　图 11-48　"Logistic 回归：选项"对话框

① "统计和图"栏用于选择要求输出的统计量与图表，包括如下选项。
- "分类图"复选框：要求输出因变量的预测值与观测值的分类直方图。
- "霍斯默-莱梅肖拟合优度"复选框。
- "个案残差列表"复选框：要求对每个观测输出非标准化残差、预测概率、观测的实际与预测分组水平。
  - "外离群值□标准差"单选按钮：在框中输入一个正数，要求只输出标准化残差值大于该值的观测值的统计量。系统默认值为 2。
  - "所有个案"单选按钮：要求输出所有观测的各种统计量。
- "估算值的相关性"复选框：要求输出方程中各变量估计参数的相关系数矩阵。
- "迭代历史记录"复选框：要求在进行参数估计时，每一步迭代都输出相关系数和对数似然比值。
- "Exp(B)的置信区间"复选框：选择此项后，需在其后面的框中处输入介于 1～99 的数值。系统默认值为 95%。

② "显示"栏用于设置输出范围，包括如下选项。
- "在每个步骤"单选按钮：要求对每步计算过程输出表、统计量和图形。
- "在最后一个步骤"单选按钮：要求输出最终方程的表格、统计量和图形。

③"步进概率"栏用于设置变量进入模型及从模型中除去的判定标准。如果变量的概率值小于"进入"框中设置的值，那么此变量进入模型；如果变量的概率值大于"除去"框中设置的值，那么此变量会被从模型中除去。"进入"框的默认值为 0.05，"除去"框的默认值为 0.10。此处设置的值必须为正数，而且"进入"框中的值必须小于"除去"框中的值。

④"分类分界值"框用来设置系统划分观测类别的辨别值。大于设置值的观测被归为一组，小于设置值的观测将被归为另一组。该框中的值的范围为 0.01～0.99，系统默认值为 0.5。

⑤"最大迭代次数"框用于定义输出最大的迭代次数。系统默认值为 20。

⑥"针对复杂分析或大型数据集节省内存"复选框。在进行复杂分析或处理大型数据集时，选择此选项，可以达到在数据处理时节省计算机内存的目的。

⑦"在模型中包括常量"复选框用于设定模型中包括常数项。

11.3.3 二元 Logistic 回归分析实例

【例5】 数据文件 data11-04 中是乳腺癌患者的数据。利用 age（年龄）变量、pathscat（扩散等级）变量、pathsize（肿瘤尺寸）变量，建立一个预测因变量 ln_yesno（癌变部位的淋巴结是否含有癌细胞）的模型。

1）操作步骤

（1）按"分析→回归→二元 Logistic"顺序单击，打开"Logistic 回归"对话框。

（2）将变量 ln_yesno 送入"因变量"框，将变量 pathsize、变量 age、变量 pathscat 作为自变量依次选入"协变量"框。

（3）单击"分类"按钮，打开"Logistic 回归：定义分类变量"对话框，将变量 pathscat 送入"分类协变量"框，在"更改对比"栏中的"对比"下拉列表中选择"指示符"选项，将变量 pathscat 重新编码为指示变量。单击"继续"按钮，返回"Logistic 回归"对话框。

（4）单击"选项"按钮，打开"Logistic 回归：选项"对话框，勾选"分类图"复选框、"霍斯默-莱梅肖拟合优度"复选框和"Exp(B)的置信区间"复选框，在"显示"栏中选择"在最后一个步骤"单选按钮。

（5）单击"保存"按钮，打开"Logistic 回归：保存"对话框，勾选"概率"复选框、"组成员"复选框，以观察哪些患者淋巴结有癌细胞的可能性较大；勾选"杠杆值"复选框，以查找影响点；勾选"标准化"复选框，观察标准化残差，以使用图形对模型进行诊断。单击"继续"按钮，返回"Logistic 回归"对话框。

其他选项保持系统默认值，单击"确定"按钮，提交系统运行。

2）输出结果

输出结果如表 11-18～表 11-28 所示。

表 11-18 所示为观测简表，是计算过程中的观测数量和缺失值的数量，以及它们所占百分比。

表 11-19（a）所示为因变量编码；表 11-19（b）所示为自变量中的分类变量在模型中根据指示变量编码方案生成的新变量表，新生成的变量名称为参数编码（1）（pathscat(1)）与参数编码（2）（pathscat(2)）。

表 11-18　观测简表　　　　　　表 11-19　因变量与分类变量编码表

(a)　　　　　　　　　　　　(b)

表 11-20 所示为没有自变量进入模型的初始状态的预测结果，预测正确的观测数为 860，预测错误的观测数为 261，预测正确率为 860/(860+261)= 76.7%。

表 11-21 所示为初始模型的瓦尔德检验。在初始状态下，模型中只有常量一项 $B=-1.192$，其标准误差为 0.071，瓦尔德统计量为 284.699，自由度 $df=1$，显著性 $= 0.000$，预测错误率的几率为 0.303。

表 11-20　没有自变量进入模型的
初始状态的预测结果　　　　　表 11-21　初始模型的瓦尔德检验

表 11-22 所示为初始模型外的变量的卡方检验。所有单个变量显著性值均小于 0.01，4 个变量的总的卡方检验显著性值也小于 0.01，故所有变量均有资格进入模型。

表 11-23 所示为第一步模型系数卡方检验表。因为拟合方法选择的是默认的全部进入法，只需一步即可完成包含常数项与 5 个变量的模型的拟合，所以模型的第一步、拟合过程块和模型的卡方值全部相同。如果采用的是逐步回归，增加变量，一步计算后的显著性值小于 0.05，那么说明增加变量后的方程有意义；除去一个变量的一步计算后，如果显著性值大于 0.10，那么说明除去变量后的方程仍然有意义。

表 11-22　初始模型外的变量的卡方检验　　　表 11-23　第一步模型系数卡方检验表

表 11-24 所示为最终模型拟合优度统计量。表 11-24 中的 $-2ll$ 值为 1151.770，值较大，说明模型对数据的拟合不理想；考克斯-斯奈尔 R^2 统计量和内戈尔科 R^2 统计量分

别为 0.056、0.085，值太小，说明能由方程解释的回归变异太少，拟合效果不佳。

表 11-25 所示为霍斯默-莱梅肖拟合优度检验表，其零假设为方程对数据的拟合良好。本例显著性>0.3，没有足够的证据拒绝零假设。这与表 11-23 的结论有差异，故需要参考其他统计量。

表 11-24　最终模型拟合优度统计量

模型摘要

步骤	-2 对数似然	考克斯-斯奈尔 R 方	内戈尔科 R 方
1	1151.770ª	.056	.085

a. 由于参数估算值的变化不足 .001，因此估算在第 4 次迭代时终止。

表 11-25　霍斯默-莱梅肖拟合优度检验表

霍斯默-莱梅肖检验

步骤	卡方	自由度	显著性
1	8.545	8	.382

表 11-26 所示为霍斯默-莱梅肖拟合优度检验的交叉表。根据对观测的预测（淋巴结中是否含有肿瘤细胞）概率，它们被分为观测总数大致相等的 10 组，"总计"列是每组观测总数。由于将具有相同值的观测组合在一起，所以每组的观测数并不精确地相等。第 2 列、第 3 列分别为观测到的和预测的淋巴结中不包含肿瘤细胞的数量，第 4 列、第 5 列分别为观测到的和预测的淋巴结中包含肿瘤细胞的数量。例如，在第一组中的 114 个观测中实际有 14 个观测（预测为 12.3）为淋巴结中包含肿瘤细胞，100 个观测（预测接近 101.66）为淋巴结中不包含肿瘤细胞，其余各行的预测值与观测值都比较接近。

表 11-27 所示为最终观测分类表，是以 0.5 为淋巴结阳性与阴性（淋巴结中包含、不包含肿瘤细胞）分界线得出的预测值与实际数据的比较表。从表 11-27 中可看出，846 名淋巴结中没有肿瘤细胞的观测对象被正确预测，正确率为 98.4%；同时 246 名淋巴结中包含肿瘤细胞的患者被错误地预测为淋巴结中不包含肿瘤细胞，正确率为仅为 5.7%；总的正确判断率为 76.8%。显然，这个回归方程不能在实际中应用。据此可以估计淋巴结中发现癌细胞的概率为

$$\text{Prob}(淋巴结中有癌细胞) = \frac{e^z}{1+e^z} = \frac{1}{1+e^{-z}}$$

表 11-26　霍斯默-莱梅肖拟合优度检验的交叉表

霍斯默-莱梅肖检验的列联表

		Lymph Nodes? = No		Lymph Nodes? = Yes		
		实测	期望	实测	期望	总计
步骤 1	1	100	101.658	14	12.342	114
	2	102	95.735	9	15.265	111
	3	96	94.001	16	17.999	112
	4	88	90.962	23	20.038	111
	5	92	90.386	21	22.614	113
	6	86	87.109	26	24.891	112
	7	84	83.486	27	27.514	111
	8	74	81.573	39	31.427	113
	9	72	75.218	40	36.782	112
	10	66	59.871	46	52.129	112

表 11-27　最终观测分类表

分类表ª

			预测		
			Lymph Nodes?		
实测			No	Yes	正确百分比
步骤 1	Lymph Nodes?	No	846	14	98.4
		Yes	246	15	5.7
	总体百分比				76.8

a. 分界值为 .500

表 11-28 所示为最终模型统计量。根据表 11-28 中各变量的系数 B，可以写出

$$z = -0.398 + 0.424\text{pathsize} - 0.025\text{age} - 0.185\text{pathscat}(1) - 0.307\text{pathscat}(2)$$

在当前数据文件中，生成预测概率和预测分类等新变量，如图 11-49 所示。图 11-49 中的新变量 PRE_1 是预测概率，PGR_1 是预测分类。可以看到 PRE_1 小于 0.5 的预测为

淋巴结中没有癌细胞，预测概率大于 0.5 的预测为淋巴结中有癌细胞。

表 11-28　最终模型统计量

方程中的变量

		B	标准误差	瓦尔德	自由度	显著性	Exp(B)	EXP(B) 的 95% 置信区间	
								下限	上限
步骤 1ª	Pathologic Tumor Size (cm)	.424	.131	10.487	1	.001	1.528	1.182	1.975
	Age (years)	-.025	.006	18.282	1	.000	.976	.965	.987
	Pathological Tumor Size (Categories)			.548	2	.760			
	Pathological Tumor Size (Categories)(1)	-.185	.846	.048	1	.827	.831	.158	4.362
	Pathological Tumor Size (Categories)(2)	-.307	.728	.178	1	.673	.736	.176	3.066
	常量	-.398	1.042	.146	1	.702	.671		

a. 在步骤 1 输入的变量：Pathologic Tumor Size (cm), Age (years), Pathological Tumor Size (Categories)。

图 11-49　新变量：预测概率与预测分类

3．作散点图

按"图形→旧对话框→散点图/点图"顺序单击，在打开的"散点图/点图"选项卡中，单击"简单散点图"图标，单击"定义"按钮，打开"简单散点图"对话框，将数据文件中的新变量杠杆值[LEV_1]定义为 Y 轴，将 ID 定义为 X 轴，单击"确定"按钮，提交系统运行，在"查看器"窗口中得到杠杆值的散点图，如图 11-50 所示。

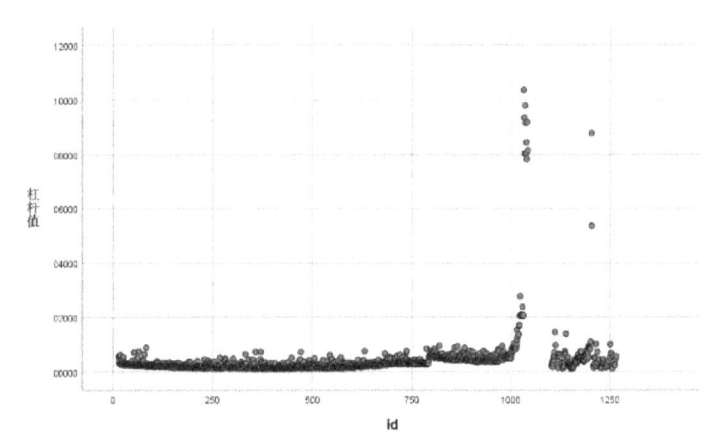

图 11-50　杠杆值的散点图

由图 11-50 可知，杠杆值较大的观测对模型影响较大。双击该图进入图形编辑状态，双击认为是影响点的离群点，在右键快捷菜单中选择"显示数据标签"命令，标出影响点的 ID 号。可以据此对这几个观测进行深入研究。

【例 6】 计算年龄为 60 岁，肿瘤大小 pathsize 为 1cm，扩散等级 pathscat 为 2 的患者扩散到淋巴的概率。

注意：根据表 11-19 的编码方案，本例 pathscat(1)的值为 0，pathscat(2)的值为 1。

计算：$z = -0.398 + 0.424 \times 1 - 0.025 \times 60 - 0.185 \times 0 - 0.307 \times 1 = -1.781$。

淋巴结中发现癌细胞的概率 $p = e^{-1.781}/(1 + e^{-1.781}) \approx 0.144 = 14.4\%$。

在大多数情况下，若此值小于 0.5，则预测事件不会发生；若此值大于 0.5，则预测事件会发生。结合图 11-49 可以推测此人淋巴结中含有癌细胞的可能性不大。但由于模型可靠程度太低，结论只能作为参考。

11.4 多元 Logistic 回归

在医学领域中因变量为多水平分类变量的情况很常见，如在某一药物试验中，动物服药后的状态是 A（值为 1）、B（值为 2）、C（值为 3）或 D（值为 4）等。当因变量为多水平分类变量时，可以使用多元 Logistic 回归过程建立回归模型。

11.4.1 多元 Logistic 回归的概念

1．Logistic 回归基本概念

对于因变量的 $k-1$ 个水平，为每个水平构建一个回归方程，每个水平的因变量概率值为 0～1。自变量是连续型变量或计数变量（非标称变量）的，可以用 Logistic 回归过程对因变量的概率值建立回归模型，回归曲线为典型的"S"形。例如，为了使得电影市场更迎合观众的喜好，可以使用观众的年龄、性别及他们喜欢观看的电影类型来建立多元 Logistic 回归模型，预测常看电影的观众更喜欢观看哪种类型的影片。

Logistic 模型写为

$$\lg \frac{p(\text{event})}{1 - p(\text{event})} = b_0 + b_1 x_1 + b_2 x_2 + \cdots + b_p x_p$$

式中，b_0 为常数项；$b_1 \sim b_p$ 为 Logistic 模型的回归系数，是 Logistic 回归的估计参数；$x_1 \sim x_p$ 为自变量。模型的左侧称为 Logit，是事件发生几率的自然对数值。

如果因变量具有 j 类，第 i 类的模型为

$$\lg \frac{p(\text{category}_i)}{1 - p(\text{category}_j)} = b_{i0} + b_{i1} x_1 + b_{i2} x_2 + \cdots + b_{ip} x_p$$

每一个 Logit 模型都将获得一组系数。例如，因变量有 3 类，将获得两组非零参数。Logistic 回归方程的另一种形式为

$$p = e^y / (1 + e^y)$$

式中，$y = a + \sum b_i x_i$ 或 $y = \ln[p/(1-p)]$。

通过变换可以得出 p 与变量 x_i 间的数学表达式为

$$p = \frac{e^{(a+\sum b_i x_i)}}{1+e^{(a+\sum b_i x_i)}}$$

2. 数据要求

因变量应该为分类变量，自变量为因素变量与协变量（因素变量必须为分类变量，协变量必须为连续型变量）。

3. 模型检验

（1）拟合检验。

① 皮尔逊卡方统计量在多维表中检测观测频数与预测频数间的差异，公式为

$$\chi^2 = \sum_{\text{所有单元格}} \frac{(\text{观测数量} - \text{预测数量})^2}{\text{预测数量}}$$

该值越大，显著性概率越低，模型拟合效果越不好。

② Deviance 卡方统计量是另一个检测模型拟合度的指标，公式为

$$\chi^2 = 2 \sum_{\text{所有单元格}} \text{观测数量} \ln \frac{\text{观测数量}}{\text{预测数量}}$$

其值越大，显著性概率越低，模型拟合效果越不好。大样本数据的 Deviance 卡方统计量与皮尔逊卡方统计量相近。

（2）伪 R^2 统计量。在 Logistic 回归模型中使用考克斯-斯奈尔、内戈尔科和麦克法登统计量。前两个在上文已经介绍，这里介绍麦克法登统计量，公式为

$$R^2_{\text{麦克法登}} = \frac{l(0) - l(B)}{l(0)}$$

式中，$l(B)$ 为模型中对数似然比的核；$l(0)$ 为仅包含截距的模型的对数似然比的核。

（3）观测-控制量的配对研究。它是一种利用现有观测数据研究很难发生的事件或是数据难以收集的事件。

汽车销售公司为了分析购买奔驰汽车客户的特点，一般会收集大量客户信息，以确保分析的有效性。利用观测-控制量的配对研究，可以不必收集很多购买了奔驰汽车的客户信息。这里，观测为已有的购买了奔驰汽车的客户信息，控制量是没有购买奔驰汽车的客户信息。观测和控制量通过共有的年龄和性别进行配对。

① 对于包含 k 对观测和控制量的数据，"经历"某种事件的 Logit 模型可以写为

$$\lg(P_i) = a_k + \sum_{i=1}^{p} b_i x_i$$

式中，a_k 为根据配对变量值得到的第 k 对变量的"风险"；$x_1 \sim x_p$ 为未配对自变量的值；b_i 为第 i 个配对自变量的 Logistic 回归系数；P_i 为事件发生几率。

② 创建差异变量。SPSS 分析过程可以对满足特殊要求的一对一的变量数据进行分析。在配对分析中，观测样本的样本量必须和与其配对的控制样本的样本量相同，并且差异变量必须是配对的观测与控制量间的差异。如果配对数多于 1 个，那么差异是平均值间的差。

现有 56 对母亲的数据，其中一半数据具有婴儿出生时体重较轻的特点，另一半数据没有该特点，它们之间根据年龄（配对变量）配对。

变量包括 lwt（怀孕前的体重）、age（年龄）、race（种族，1：White，2：Black，3：Other）；smoke（怀孕期间是否吸烟，1：吸烟，0：不吸烟）；ptd（以前是否分娩，0：没

有，1：有过）；以及 ui（是否存在子宫过敏，1：是，0：否）。

表 11-29 包含配对后各变量间的差异。虽然，看起来计算观测和控制量间的差异比较简单，但是当使用的分类变量超过两类时，计算将变得比较复杂。在 SPSS 的 Logistic 回归过程中，类似的分类变量必须事先定义为因素变量。在进行观测-控制量配对分析时，必须创建新变量替代分类变量，并找到新变量之间的差异。

一个简单的例子，就是种族变量具有 3 个值，所以需要使用两个变量来表示。如果使用编码 1 表示参考类，必须创建两个新变量 race1 和 race2，其编码如表 11-30 所示。计算变量 race1 和 race2 间的差值作为其他类的编码。

表 11-29 配对变量间的差异

	low	lwt	age	race	smoke	ptd	ui	race1	race2
观测	1	101	14	3	1	1	0	0	1
控制量	0	135	14	1	0	0	0	0	0
差异	1	−34		X	1	1	0	0	1

表 11-30 种族变量的编码

	race1	race2
White	0	0
Black	1	0
Other	0	1

③ 数据文件格式。观测-控制量的配对研究数据文件变量安排为因变量、配对变量、观测 1、控制量 1、差异变量 1、观测 2、控制量 2、差异变量 2、……、观测 n、控制量 n、差异变量 n。本例数据文件中应建立的变量为 low（因变量，其值应全部为 1−0=1）、age（配对变量）、caslwt（观测 lwt）、conlwt（控制量 lwt）、diflwt（lwt 的差异变量）、cassmoke（观测 smoke）、consmoke（控制量 smoke）、difsmoke（smoke 的差异变量）……

将变量 low 设置为因变量，差异变量设置为协变量。

注意： 如果存在交互项，必须先创建交互项，再计算它们之间的差异。在数据文件中的每一个观测应该包含因变量、配对变量、层变量、差异变量，以便将它们应用到相关的交互项分析中。对所有观测来说，因变量必须设置为一个常量，并且所有差异变量必须设置为协变量。配对变量不能作为主效应进入模型，因为它们之间的差异为零。

11.4.2 多元 Logistic 回归过程

（1）按"分析→回归→多元 Logistic"顺序单击，打开如图 11-51 所示"多元 Logistic 回归"对话框。

（2）在左侧的原始变量列表中选择一个多分类变量作为因变量送入"因变量"框。在一般情况下，多元 Logistic 回归过程默认因变量的最后一类作为参考类。如果要设置其他类为参考类，可单击"参考类别"按钮，打开如图 11-52 所示的对话框进行相关设置。

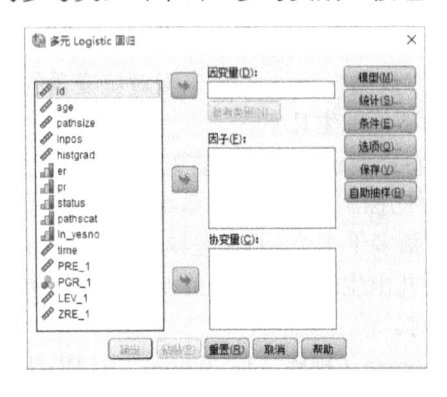

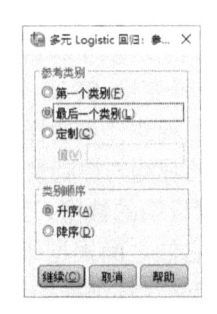

图 11-51 "多元 Logistic 回归"对话框　　图 11-52 "多元 Logistic 回归：参考类别"对话框

①"参考类别"栏用于设置参考类。可选择"第一个类别"单选按钮或"最后一个类别"单选按钮,将第一类或最后一类设为参考类。选择"定制"单选按钮后,用户可设置除第一类和最后一类外的其他类别作为参考类。

②"类别顺序"栏用于对分类变量进行排序。选择"升序"单选按钮,将分类变量中值最小的类设为第一类,值最大的类设为最后一类;选择"降序"单选按钮,将分类变量中值最大的类设为第一类,值最小的类设为最后一类。

单击"继续"按钮,返回"多元 Logistic 回归"对话框。

(3) 在原始变量列表中选择一个或多个分组变量送入"因子"框。

(4) 在原始变量列表中选择一个或多个连续型变量作为协变量送入"协变量"框。

(5) 单击"保存"按钮,打开"多元 Logistic 回归:保存"对话框,如图 11-53 所示。

① 在"保存的变量"栏中,选择要生成并保存到当前数据文件中的新变量。

图 11-53 "多元 Logistic 回归:保存"对话框

- "估算响应概率"复选框:勾选此复选框,将估计观测进入因变量各组的响应概率,并将该值保存到当前数据文件中。
- "预测类别"复选框:勾选此复选框,将生成预测分类观测的类别值,并将该值保存到当前数据文件中。
- "预测类别概率"复选框:勾选此复选框,将生成预测观测各分类结果的概率,并将该值保存到当前数据文件中。
- "实际类别概率"复选框:勾选此复选框,将生成实际分类的概率,并将该值保存到当前数据文件中。

② 在"将模型信息导出到 XML 文件"栏中选择文件,将模型信息保存到外部 XML 格式文件中。

- 存储路径和文件名可以在单击"浏览"按钮打开的对话框中指定,也可以直接输入。
- 勾选"包括协方差矩阵"复选框,可要求在输出的外部文件中包括协方差矩阵。

单击"继续"按钮,返回"多元 Logistic 回归"对话框。

(6) 单击"条件"按钮,打开"多元 Logistic 回归:收敛条件"对话框,如图 11-54 所示,设置模型拟合过程结束的判定标准。

① 在"迭代"栏中设置迭代停止的判定标准。

- 在"最大迭代次数"框中输入最大迭代数。该数必须为小于或等于 100 的正整数。系统默认值为 100。
- 在"最大逐步二分次数"框中输入使用逐步二分法的最大步数。系统默认值为 5。
- 在"对数似然收敛"下拉列表中,可以选择一个正数来设置对数似然比收敛值。当回归过程中的对数似然比大于此值时,迭代过程停止。系统默认值为 0。
- 在"参数收敛"下拉列表中,选择收敛参数。在模型拟合过程中,如果绝对变化值或相对变化值大于或等于此值,迭代过程将停止。系统默认值为 0.000001。
- 在"每次达到以下步数打印一次迭代历史记录"项中设置输出迭代过程的步距。

系统默认值为1。
- "在迭代中检查数据点分离□向前"项中设置检查迭代过程的开始值。系统默认值为20。

② 在"Delta"框中输入小于1的非负值，此值会出现在交叉表的空单元格中，有助于稳定算法、阻止估计偏差。系统默认值为0。在"奇异性容差"下拉列表中选择检验单一性的容忍度值。系统默认值为0.00000001。

单击"继续"按钮，返回"多元Logistic回归"对话框。

（7）在"多元Logistic回归"对话框中，单击"模型"按钮，打开"多元Logistic回归：模型"对话框，如图11-55所示。"因子与协变量"框中包含协变量和因素变量。

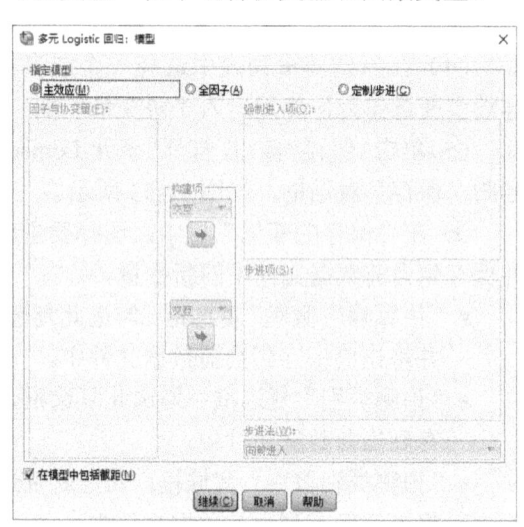

图11-54 "多元Logistic回归：收敛条件"对话框　　图11-55 "多元Logistic回归：模型"对话框

① 在"指定模型"栏中指定模型。
- "主效应"单选按钮：选择此单选按钮，模型中将只包含协变量和因素变量的主效应。
- "全因子"单选按钮：选择此单选按钮，模型中将包含所有的主效应及它们之间可能的交互效应。
- "定制/步进"单选按钮：选择此单选按钮，用户可自行设定模型中包含的主效应和交互效应。

② 以下选项只有在选择"定制/步进"单选按钮后生效。
- 在"构建项"栏的下拉列表中可选择一种效应类型，包括交互、主效应、所有二阶、所有三阶、所有四阶、所有五阶。
- "强制进入项"框：选择强制出现在方程中的效应项进入此框。
- "步进项"（应译为"逐步进入项"）框：选择要逐步加入模型或逐步从模型中去除的效应项进入此框。
- 在"步进法"（应译为"逐步进入方法"）下拉列表中选择各效应项逐步进入方程的方法，包括向前进入法、向后去除法、向前步进选择法、向后步进选择法。

③ 勾选"在模型中包括截距"复选框模型中将包含截距项。

单击"继续"按钮，返回"多元Logistic回归"对话框。

(8) 在"多元 Logistic 回归"对话框中单击"统计"按钮, 打开如图 11-56 所示对话框, 选择在输出窗显示的统计量。

① 勾选"个案处理摘要"复选框, 将给出分类变量综合信息。

② 在"模型"栏中选择的模型统计量包括:
- 伪 R^2。勾选"伪 R 方"复选框, "查看器"窗口中将显示考克斯-斯奈尔、内戈尔科和麦克法登等统计量。
- 逐步筛选摘要。勾选"步骤摘要"复选框, "查看器"窗口中将显示每一步变量进入模型或被从模型中剔除时的效应表。只有在"多元 Logistic 回归: 模型"对话框中指定用逐步法建模的情况下, 才会生成此表。
- 模型拟合信息。勾选"模型拟合信息"复选框, "查看器"窗口中将显示模型拟合优度信息。
- 信息准则。勾选"信息准则"复选框, "查看器"窗口中将显示与模型有关的判定标准信息。

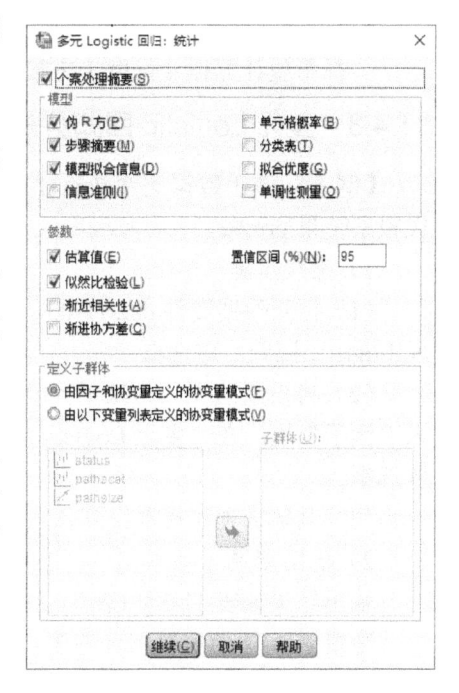

图 11-56 "多元 Logistic 回归: 统计"对话框

- 单元格概率。勾选"单元格概率"复选框, "查看器"窗口中将显示观测与期望频数表(带有残差)、协变量比率和响应分类。
- 分类表。勾选"分类表"复选框, 将输出每一类中观测和预测的分类表。
- 拟合优度。勾选"拟合优度"复选框, 将输出皮尔逊卡方统计量和似然比卡方统计量。
- 单调性测量。勾选"单调性测量"复选框, 输出表中将包括和谐对数、不和谐对数、节点数、和谐指数, 以及萨默斯、古德曼、克鲁斯卡尔 γ、肯德尔 tau-a 等统计量。

③ 在"参数"栏中指定要输出的与模型参数有关的统计量。
- "估算值"复选框: 勾选此复选框, 将输出模型的各种参数估计值, 包括由用户设置的置信区间。
- "似然比检验"复选框: 勾选此复选框, 将自动输出整个模型的检验统计量和模型的偏效应的似然比检验统计量。
- "渐近相关性"复选框: 勾选此复选框, 将输出参数估计的相关系数矩阵。
- "渐进协方差"复选框: 勾选此复选框, 将输出参数估计的协方差矩阵。
- "置信区间"框用于设置置信水平。系统默认值为 95%。

④ 在"定义子群体"栏中可选择因素变量和协变量的子集, 以定义协变量模式, 用于单元格概率和拟合优度检验。
- "由因子和协变量定义的协变量模式"单选按钮: 选择此项, 将对所有因子变量和协变量进行拟合优度卡方检验。系统默认选择此项。

- "由以下变量列表定义的协变量模式"单选按钮:选择此项,应在左下角的框中选择希望计算拟合优度卡方检验统计量的变量,并将其送入右下角的"子群体"框。

11.4.3 多元 Logistic 回归分析实例

【例 7】 基于数据文件 data11-05 中的 1992 年美国总统选举数据,用变量 sex 预测选民投票结果 pres92。

1)操作步骤

(1)打开数据文件 data11-05。按"分析→回归→多元 Logistic"顺序单击,打开"多元 Logistic 回归"对话框。

(2)将投票结果 pres92 作为因变量送入"因变量"框;将变量 sex 作为因素变量送入"因子"框;在"多元 Logistic 回归:统计"对话框中勾选"参数"栏下的"估算值"复选框。

(3)其他选项保持系统默认设置,单击"确定"按钮,提交系统运行。

2)输出结果

输出结果如表 11-31~表 11-35 所示。

变量 Pres92 的值使用标签表示。

表 11-31 基本统计量小结

个案处理摘要

		个案数	边际百分比
VOTE FOR CLINTON, BUSH, PEROT	Bush	661	35.8%
	Perot	278	15.1%
	Clinton	908	49.2%
RESPONDENTS SEX	male	804	43.5%
	female	1043	56.5%
有效		1847	100.0%
缺失		0	
总计		1847	
子群体		2	

表 11-32 模型拟合信息

模型拟合信息

模型	模型拟合条件	似然比检验		
	-2 对数似然	卡方	自由度	显著性
仅截距	61.209			
最终	27.343	33.866	2	.000

表 11-31 所示为基本统计量小结,包括:投给 Bush、Perot、Clinton 的票数及百分比,投票人性别比例。从表 11-31 中可以看出,投票人中女性比例为 56.5%,男性比例为 43.5%;将票投给 Clinton 的人最多,投票者占比为 49.2%,其次为将票投给 Bush 的人,投票者占比为 35.8%,将票投给 Perot 的人最少。

表 11-32 所示为模型拟合信息,是最终模型的有效性检验,显著性值为 0.000,小于 0.001,因此有理由可以相信模型是有效的。

表 11-33 伪 R^2 表

伪 R 方

考克斯-斯奈尔	.018
内戈尔科	.021
麦克法登	.009

表 11-33 所示为伪 R^2 表,由于所有 R^2 值均小于 0.022,远小于 1,所以回归效果不佳。

表 11-34 所示为似然比卡方检验,变量 sex 的显著性值小于 0.001,可以认为变量 sex 对方程具有显著性意义。

表 11-35 中瓦尔德统计量的显著性值全部小于 0.001,因此可以将 Logit 模型写为

$$G1 = \lg \frac{P(\text{Bush})}{P(\text{Clinton})} = -0.5 + 0.433(\text{sex}) \qquad G2 = \lg \frac{P(\text{Perot})}{P(\text{Clinton})} = -1.51 + 0.715(\text{sex})$$

表 11-34 似然比卡方检验

效应	简化模型的-2对数似然	卡方	自由度	显著性
截距	27.343[a]	.000	0	
RESPONDENTS SEX	61.209	33.866	2	.000

卡方统计是最终模型与简化模型之间的-2对数似然之差。简化模型是通过在最终模型中省略某个效应而形成的。原假设是，该效应的所有参数均为0。

a. 因为省略此效应并不会增加自由度，所以此简化模型相当于最终模型。

表 11-35 模型参数估计

参数估算值

VOTE FOR CLINTON, BUSH, PEROT[a]		B	标准误差	瓦尔德	自由度	显著性	Exp(B)	Exp(B) 的 95% 置信区间	
								下限	上限
Bush	截距	-.501	.068	54.067	1	.000			
	[RESPONDENTS SEX=1]	.433	.104	17.422	1	.000	1.543	1.258	1.891
	[RESPONDENTS SEX=2]	0[b]	.	.	0	.	.	.	.
Perot	截距	-1.511	.098	235.703	1	.000			
	[RESPONDENTS SEX=1]	.715	.139	26.572	1	.000	2.044	1.558	2.682
	[RESPONDENTS SEX=2]	0[b]	.	.	0	.	.	.	.

a. 参考类别为：^1。
b. 此参数冗余，因此设置为零。

由于男性 sex 值为1，女性 sex 值为0。因此简化了女性的 Logit 模型。例如，第一个截距-0.5 解释为女性选择 Bush 的概率与选择 Clinton 概率之比的自然对数；第二个模型中的截距-1.51 解释为女性选择 Perot 的概率与选择 Clinton 的概率之比的自然对数。变量 sex 的系数表示 Logit 和性别之间的关系。因为所有系数为正值并有显著意义，所以男性选择 Bush 和选择 Perot 的几率要比女性大得多。

表 11-35 中的系数描述了将选择 Clinton 作为参照类别时不同性别投票者的两个 Logit 模型，并获得了候选人间的得票对比结果。也可以将对 Bush 与 Perot 的投票情况进行对比，根据 $\lg(a/b) = \lg a - \lg b$，可以推导出：

$$\lg \frac{p(\text{Bush})}{p(\text{Perot})} = \lg \frac{p(\text{Bush})}{p(\text{Clinton})} - \lg \frac{p(\text{Perot})}{p(\text{Clinton})}$$

查看参数 Exp(B) 可知，男性投票者选择 Bush 的几率是女性投票者选择 Bush 的 1.54 倍（Bush 与 Clinton 比较），男性投票者选择 Perot 的几率是女投票者选择 Perot 的 2.04 倍（Perot 与 Clinton 比较）。

性别变量为什么能对投谁的票有很好的判断能力呢？为分析不同性别投票者对投票对象起决定作用是否是因为不同性别投票者的受教育的年限不同，可以增加变量 educ 受教育程度作为协变量送入"协变量"框，其他操作同上，运行结果如表 11-36 所示。

表 11-36 变量 educ 作为协变量的模型参数及检验结果

参数估算值

VOTE FOR CLINTON, BUSH, PEROT[a]		B	标准误差	瓦尔德	自由度	显著性	Exp(B)	Exp(B) 的 95% 置信区间	
								下限	上限
Bush	截距	-.702	.259	7.318	1	.007			
	HIGHEST YEAR OF SCHOOL COMPLETED	.015	.018	.656	1	.418	1.015	.979	1.051
	[RESPONDENTS SEX=1]	.428	.104	16.970	1	.000	1.535	1.252	1.881
	[RESPONDENTS SEX=2]	0[b]	.	.	0	.	.	.	.
Perot	截距	-1.894	.353	28.859	1	.000			
	HIGHEST YEAR OF SCHOOL COMPLETED	.027	.024	1.248	1	.264	1.028	.980	1.078
	[RESPONDENTS SEX=1]	.715	.139	26.396	1	.000	2.043	1.556	2.684
	[RESPONDENTS SEX=2]	0[b]	.	.	0	.	.	.	.

a. 参考类别为：^1。
b. 此参数冗余，因此设置为零。

从表 11-36 中可以看出，增加了变量 educ，性别变量的系数改变很小。瓦尔德检验的零假设是回归系数均为0。受教育程度的瓦尔德统计量的显著性值都大于 0.2，没有充分的证据可以拒绝零假设。因此可以尝试将与受教育程度相关的学位变量作为因素变量来拟合模型。

3) 将性别变量和学位变量都作为因素变量进行分析

将性别变量和学位变量都作为因素变量进行分析，结果如表 11-37～表 11-39 所示。

表 11-37 模型拟合信息

模型拟合信息

模型	模型拟合条件 -2 对数似然	似然比检验		
		卡方	自由度	显著性
仅截距	178.457			
最终	103.601	74.856	10	.000

表 11-38 似然比卡方检验

似然比检验

效应	模型拟合条件的 -2 对数似然	似然比检验		
		卡方	自由度	显著性
截距	103.601^a	.000	0	.
RESPONDENTS SEX	140.753	37.153	2	.000
RS HIGHEST DEGREE	144.590	40.990	8	.000

卡方统计是最终模型与简化模型之间的 -2 对数似然之差。简化模型是通过在最终模型中省略某个效应而形成。原假设是，该效应的所有参数均为 0。

a. 因为省略此效应并不会增加自由度，所以此简化模型相当于最终模型。

表 11-39 加入学位变量后参数估计及其检验结果

参数估算值

VOTE FOR CLINTON, BUSH, PEROT^a		B	标准 误差	瓦尔德	自由度	显著性	Exp(B)	Exp(B) 的 95% 置信区间	
								下限	上限
Bush	截距	-.805	.168	22.879	1	.000			
	[RESPONDENTS SEX=1]	.458	.105	19.148	1	.000	1.581	1.288	1.941
	[RESPONDENTS SEX=2]	0^b		.	0				
	[RS HIGHEST DEGREE=0]	-.198	.228	.760	1	.383	.820	.525	1.281
	[RS HIGHEST DEGREE=1]	.387	.175	4.913	1	.027	1.473	1.046	2.074
	[RS HIGHEST DEGREE=2]	.431	.253	2.914	1	.088	1.539	.938	2.525
	[RS HIGHEST DEGREE=3]	.424	.195	4.745	1	.029	1.529	1.043	2.239
	[RS HIGHEST DEGREE=4]	0^b		.	0				
Perot	截距	-2.188	.264	68.527	1	.000			
	[RESPONDENTS SEX=1]	.760	.140	29.319	1	.000	2.139	1.624	2.816
	[RESPONDENTS SEX=2]	0^b		.	0				
	[RS HIGHEST DEGREE=0]	-.502	.393	1.627	1	.202	.605	.280	1.309
	[RS HIGHEST DEGREE=1]	.833	.267	9.709	1	.002	2.299	1.362	3.882
	[RS HIGHEST DEGREE=2]	1.052	.346	9.263	1	.002	2.864	1.454	5.640
	[RS HIGHEST DEGREE=3]	.804	.291	7.608	1	.006	2.233	1.262	3.953
	[RS HIGHEST DEGREE=4]	0^b		.	0				

a. 参考类别为：^1。
b. 此参数冗余，因此设置为零。

表 11-37 中的卡方值是排除因素变量与最终模型的两个 $-2ll$ 的差值，显著性值小于 0.001，说明最终模型是有统计学上的显著性意义的。

表 11-38 所示为因素变量性别、学位在最终模型中的似然比卡方检验结果，是根据某个效应从模型中剔除后的 $-2ll$ 值的变化情况进行的检验。零假设为某变量被从模型中剔除后该统计量没有变化。由表 11-38 中的显著性值可知，性别和学位从模型中剔除后，$-2ll$ 变化显著，拒绝性别和学历在模型中系数为 0 的假设。

表 11-39 所示为以加入学位变量后参数估计及其检验结果。

以上结论没有考虑性别和学位之间的交互作用。下面进行这方面的研究。

其他选项与前面相同，在"多元 Logistic 回归：模型"对话框中选择"全因子"单选按钮，在"多元 Logistic 回归：统计"对话框中勾选"似然比检验"复选框，输出结果如表 11-40 所示。

由表 11-40 可知，当交互项 sex*degree 从模型中剔除后，$-2ll$ 的变化值的显著性值大于 0.05，也就是说，把 sex*degree 从模型中剔除后并没有改变模型的拟合程度。因此采用表 11-39 中的参数进行进一步分析。

表 11-40 有交互项的似然比检验结果

似然比检验

效应	模型拟合条件 简化模型的-2 对数似然	似然比检验		
		卡方	自由度	显著性
截距	97.227ª	.000	0	.
RESPONDENTS SEX	97.227ª	.000	0	.
RS HIGHEST DEGREE	97.227ª	.000	0	.
RESPONDENTS SEX * RS HIGHEST DEGREE	103.601	6.374	8	.605

卡方统计是最终模型与简化模型之间的-2 对数似然之差。简化模型是通过在最终模型中省略某个效应而形成。原假设是：该效应的所有参数均为 0。

a. 因为省略此效应并不会增加自由度，所以此简化模型相当于最终模型。

4）计算预测概率和预期频数

根据 Logistic 回归模型，可以计算一个投票者投票给某个候选人的可能性，如具有学士学位的男性投票者投票给各候选人的可能性。

估计每个分类的概率的公式为

$$p(\text{group}_i) = \frac{\text{Exp}(g_i)}{\sum_{k=1}^{j} \text{Exp}(g_k)}$$

式中，g_i 是以最后一类作参考类，第 i 类与参考类因变量值之比的概率的自然对数。计算 g_1/g_2 的值，根据 3 个候选人被投票概率之和为 1，列出方程组得出解。

先估算 3 个 Logit 模型的值，根据表 11-35 的统计量可以分别算得

$$\begin{cases} \ln p(\text{Bush}/\text{Clinton}) = -0.805 + 0.458 + 0.424 = 0.077 & （g_1\text{的值}） \\ \ln p(\text{Perot}/\text{Clinton}) = -2.188 + 0.760 + 0.804 = -0.624 & （g_2\text{的值}） \\ p(\text{Bush}) + p(\text{Perot}) + p(\text{Clinton}) = 1 \end{cases}$$

由上述方程组可得具有学士学位的男性投票者对每一位候选人投票的可能性为

$$p(\text{Bush}) = \frac{1.081}{1 + 1.081 + 0.535} = 0.413$$

$$p(\text{Perot}) = \frac{0.535}{1 + 1.081 + 0.535} = 0.205$$

$$p(\text{Clinton}) = \frac{1}{1 + 1.081 + 0.535} = 0.382$$

数据中有 160 名男性投票者具有学士学位，由上式可以判断，其中 66 人会投票给 Bush，33 人会投票给 Perot，61 人会投票给 Clinton。

5）各类人实际投票与预测结果的比较

在"多元 Logistic 回归：模型"对话框中将 sex、degree 设置成主效应，在"多元 Logistic 回归：统计"对话框中勾选"单元格概率"复选框和"分类表"复选框。运行结果如表 11-41 和表 11-42 所示。

表 11-41 是按性别、学历分组的实测频率和预测频率，即百分比。表 11-42 所示为分类表，是模型实际预测的正确率的分类统计表，在实际投给 Bush 的 661 人中有 251 人，被模型正确地分类；没有一个 Perot 的投票者被正确地分类；大约 75%的 Clinton 的投票者被模型正确地分类。总体来说，被正确分类投票者约占 50%。这说明模型对数据的分类效果不佳。当按因变量分组的观测在几组中的数量差别较大时，无论模型拟合得多好，根据统计量预测的结果，总是会把更多的观测分入包含较多数据的组中。

表 11-41 中的皮尔逊残差实际上是标准化残差 Z_{ij}，计算公式为

$$Z_{ij} = \frac{\alpha_{ij} - E_{ij}}{\sqrt{n_i(1-\hat{p}_{ij})\hat{p}_{ij}}}$$

式中，α_{ij} 是实际观测值；E_{ij} 是通过预测概率 $\hat{p}_{ij}$ 计算得到的理论上期望出现的频数；n_i 是每个子群的合计频数。

以表 11-41 中第一个组中的数据为例，该子群的 $n_i = 27 + 6 + 50 = 83$，投票给 Bush 的理论期望频数为 27.902，其预测概率 $\hat{p}_{ij} = 27.902/83 = 0.336169$。因此，根据皮尔逊残差的计算公式可以得到皮尔逊残差值为 $\dfrac{27 - 27.902}{\sqrt{83 \times 0.336169(1-0.336169)}} = -0.210$，其余类推。

表 11-41　观测值与预测值比较结果

实测频率与预测频率

RS HIGHEST DEGREE	RESPONDENTS SEX	VOTE FOR CLINTON, BUSH, PEROT	频率		皮尔逊残差	百分比	
			实测	预测		实测	预测
lt high school	male	Bush	27	27.902	-.210	32.5%	33.6%
		Perot	6	6.985	-.389	7.2%	8.4%
		Clinton	50	48.114	.419	60.2%	58.0%
	female	Bush	28	27.098	.201	26.4%	25.6%
		Perot	6	5.015	.450	5.7%	4.7%
		Clinton	72	73.886	-.399	67.9%	69.7%
high school	male	Bush	158	162.701	-.476	39.0%	40.2%
		Perot	89	86.103	.352	22.0%	21.3%
		Clinton	158	156.197	.184	39.0%	38.6%
	female	Bush	191	186.299	.425	35.2%	34.4%
		Perot	70	72.897	-.365	12.9%	13.4%
		Clinton	281	282.803	-.155	51.8%	52.2%
junior college	male	Bush	22	21.965	.010	39.3%	39.2%
		Perot	17	13.856	.974	30.4%	24.7%
		Clinton	17	20.179	-.885	30.4%	36.0%
	female	Bush	26	26.035	-.009	34.2%	34.3%
		Perot	9	12.144	-.984	11.8%	16.0%
		Clinton	41	37.821	.729	53.9%	49.8%
bachelor	male	Bush	71	66.108	.785	44.4%	41.3%
		Perot	27	32.743	-1.125	16.9%	20.5%
		Clinton	62	61.149	.138	38.8%	38.2%
	female	Bush	75	79.892	-.681	33.2%	35.4%
		Perot	35	29.257	1.138	15.5%	12.9%
		Clinton	116	116.851	-.113	51.3%	51.7%
graduate degree	male	Bush	37	36.325	.140	37.0%	36.3%
		Perot	13	12.314	.209	13.0%	12.3%
		Clinton	50	51.361	-.272	50.0%	51.4%
	female	Bush	26	26.675	-.155	28.0%	28.7%
		Perot	6	6.686	-.275	6.5%	7.2%
		Clinton	61	59.639	.294	65.6%	64.1%

这些百分比基于每个子群体中的总实测频率。

6）检验拟合的优劣

在"多元 Logistic 回归：统计"对话框中勾选"拟合优度"复选框，输出表 11-43。由于皮尔逊卡方统计量、偏差（翻译有误，应为似然比）卡方统计量的显著性值都大于 0.05，因此可判断出模型对数据拟合较好。只有当协变量可以看作有序分类变量，且各分组单元都有大量观测时，才能使用模型的拟合度统计量；当协变量各单元格分组中观测数差别很大时，拟合优度统计量不适用。

表 11-42 分类表

分类

实测	预测			正确百分比
	Bush	Perot	Clinton	
Bush	251	0	410	38.0%
Perot	133	0	145	0.0%
Clinton	237	0	671	73.9%
总体百分比	33.6%	0.0%	66.4%	49.9%

表 11-43 拟合优度检验

拟合优度

	卡方	自由度	显著性
皮尔逊	6.327	8	.611
偏差	6.374	8	.605

11.5 有序回归

11.5.1 有序回归的概念

在前面讨论的 Logistic 回归中，无论因变量是二分类的，还是多分类的，都是名义测量的变量。名义变量的各类间是按其属性的不同来划分的，类与类间只是名义上的区别，没有本质的高低、大小或轻重之分，但在实际的工作中经常会遇到多分类变量的各类间在属性上有轻重、大小、高低或程度不同的情况。例如，运动员有序变量的取值可以分为 5 种：1—国际健将、2—国家健将、3—国家一级、4—国家二级、5—其他，显然，这些级别是按运动员水平由高到低进行排列的，但各等级间的差距却不一定是等间隔的。又如，患者在用药物进行治疗时对不同药物剂量的反应可以分为无、轻微、适度或剧烈，轻微反应和适度反应之间的差别取决于感觉，很难量化或不可能量化。另外，轻微反应和适度反应间的差别可能比适度反应和剧烈反应间的差别更大或更小，而且在反应程度上有轻重之分。这种按属性的不同程度进行分类得到的资料称为有序资料，描述有序资料的变量称为有序变量。

对有序变量进行预测时，可以用有序回归。

1. 有序回归模型

SPSS 中的有序回归是以 McCullagh 提出的方法为基础的，其数学模型为

$$\eta_{ij}\left[\pi_{ij}(Y \leq j)\right] = \frac{\alpha_j - (\beta_1 X_{i1} + \cdots + \beta_p X_{ip})}{\sigma_i} \qquad j = 1, 2, \cdots, J-1$$

式中，i ($i=1,2,\cdots,m$) 表示分组数（自变量 X 的行数）；j ($j=1,2,\cdots,J$) 表示因变量 Y 的分类数；k ($k=1,2,\cdots,p$) 表示自变量 ($X_1,\cdots,X_p$) 的个数；α_j 为常数项 ($j=1,2,\cdots,J-1$)；β_k 为回归系数 ($k=1,2,\cdots,p$)；σ_i 为尺度参数（默认值为 1）；$\pi_{ij}(Y \leq j) = \pi_{i1} + \cdots + \pi_{ij}$，为因变量 $Y \leq j$ 的累积概率；$\eta_{ij}\left[\pi_{ij}(Y \leq j)\right]$ 为关于累积概率 $\pi_{ij}(Y \leq j)$ 的链接函数。

链接函数是累积概率的转换形式，可用于模型估计。在 SPSS 中可选择的链接函数有以下 5 种。

- Cauchit 链接函数：$\tan\{\pi_i(Y=j)[\pi_i(Y \leq j) - 0.5]\}$。
- 补对数对数链接函数：$\ln\{-\ln[1-\pi_{ij}(Y \leq j)]\}$。
- Logit 链接函数：$\ln\dfrac{\pi_{ij}(Y \leq j)}{1-\pi_{ij}(Y \leq j)}$。由此形成的模型称为累加 Logit 模型，也称为比

例优势模型；该函数是 SPSS 中默认的链接函数。
- 负对数对数链接函数：$\ln\{-\ln[\pi_{ij}(Y \leq j)]\}$。
- 概率链接函数：$\Phi^{-1}[\pi_{ij}(Y \leq j)]$。$\Phi^{-1}(\cdot)$ 为标准正态分布分位数。

链接函数的适用条件如表 11-44 所示。

表 11-44 链接函数的适用条件

函 数	形 式	典 型 应 用
Logit 链接函数	$\ln[\xi/(1-\xi)]$	均匀分布类别
补对数对数链接函数	$\ln[-\ln(1-\xi)]$	类别值越大，可能性越大
负对数对数链接函数	$-\ln[-\ln(\xi)]$	类别值越小，可能性越大
概率链接函数	$\Phi^{-1}(\xi)$	潜在变量为正态分布
Cauchit 链接函数	$\tan[\pi(\xi-0.5)]$	潜在变量有多个极值

SPSS 系统默认的链接函数为 Logit 链接函数的原因是累加 Logit 模型是有序回归中最常用的模型。该模型为

$$\ln\frac{\pi_{ij}(Y \leq j)}{1-\pi_{ij}(Y \leq j)} = \ln\frac{\pi_{i1}+\cdots+\pi_{ij}}{\pi_{i(j+1)}+\cdots+\pi_{iJ}} = \alpha_j - (\beta_1 X_{i1}+\cdots+\beta_p X_{ip}) \quad j=1,2,\cdots,J-1$$

由此可得累加 Logit 模型的 J–1 个预测概率模型为

$$\pi_{ij}(Y \leq j) = \frac{\text{Exp}[\alpha_j - (\beta_1 X_{i1}+\beta_p X_{ip})]}{1+\text{Exp}[\alpha_j - (\beta_1 X_{i1}+\cdots+\beta_p X_{ip})]} \quad j=1,2,\cdots,J-1$$

累积概率具有以下的两个性质。
① $\pi(Y \leq 1) \leq \pi(Y \leq 2) \leq \cdots \leq \pi(Y \leq J)$。
② $\pi(Y \leq J) = 1$。

2. 模型对数据的要求及假设

（1）数据要求。因变量必须是有序变量，可以是数值型或字符串型。通过对因变量的值进行升序排序来确定排列顺序，最低值定义第一个类别。因子变量必须是分类变量，协变量必须是连续型数值型变量。需要注意的是，若使用多个连续型协变量，则很容易使创建的单元格概率表非常大。

（2）假设。只允许使用一个因变量，且必须指定该因变量。对于多个自变量值的各个不同模式，假设该变量是独立的多分类变量。

标准的 Logistic 回归对于名义因变量使用相似的模型，有序回归模型参数的意义、解释及模型的假设检验、模型的拟合优度评价方法与二元 Logistic 回归相似，这里不再赘述。

11.5.2 有序回归过程

（1）按"分析→回归→有序"顺序单击，打开如图 11-57 所示的"有序回归"对话框。
（2）在左侧的原始变量列表中选择一个有序变量作为因变量送入"因变量"框。
（3）在左侧的原始变量列表中选择一个或多个分类变量送入"因子"框。
注意：这里哑变量编码将数字较大者作为参照类别。
（4）在左侧的原始变量列表中选择一个或多个连续型变量或二分类变量送入"协变量"框。

第 11 章 回归分析

(5) 单击"选项"按钮，打开"有序回归：选项"对话框，如图 11-58 所示。在此对话框中可以调整迭代估计算法中使用的参数，选择参数估计值的置信水平并选择链接函数。

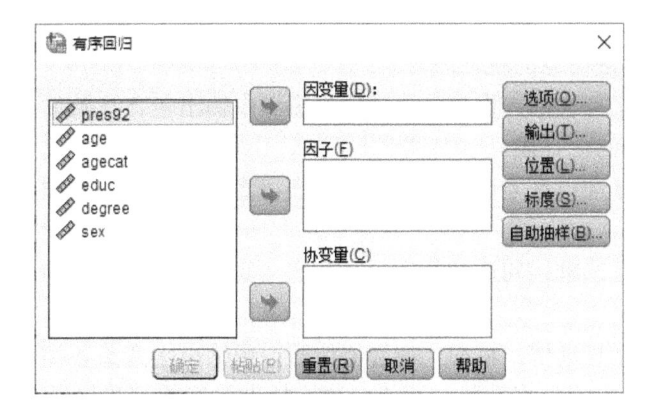

图 11-57 "有序回归"对话框　　　图 11-58 "有序回归：选项"对话框

① "迭代"栏用于设置迭代停止的判定标准。
- "最大迭代次数"框用于设置最大迭代次数。该值必须为小于或等于 100 的正整数。系统默认值为 100。如果指定该值为 0，那么会返回初始估计值。
- 在"最大逐步二分次数"框中输入使用逐步二分法的最大步数。系统默认值为 5。
- "对数似然收敛"下拉列表用于设置对数似然比收敛值。当回归过程中的对数似然比大于此值时，迭代过程将停止。系统默认值为 0。
- "参数收敛"下拉列表用于设置收敛参数。在模型拟合过程中，如果绝对变化值或相对变化值大于或等于此值，迭代过程将停止。系统默认值为 0.000001。

② 在"置信区间"框中指定一个大于或等于 0 且小于 100 的值。系统默认值为 95%。

③ 在"Delta"框中输入小于 1 的非负值，此值会出现在交叉表的空单元格中，有助于稳定算法、阻止估计偏差。系统默认值为 0。

④ 在"奇异性容差"下拉列表中选择检验单一性的容忍度值。系统默认值为 0.00000001。

⑤ 在"联接"下拉列表中选择一种链接方式。系统默认选择"分对数"选项（Logit）。

(6) 输出结果设置。

在"有序回归"对话框中，单击"输出"按钮，打开"有序回归：输出"对话框，如图 11-59 所示。使用该对话框可以生成在浏览器中显示的表格，并将变量保存到当前数据文件中。

① "显示"栏包含如下选项。
- "每次达到以下步数打印一次迭代历史记录"复选框：勾选此复选框，并在该选项后的框中输入输出迭代过程的步距。系统默认值为 1。该值是指定的打印对数似然估计和参数估计值。始终打印第一次和最后一次迭代中的对数似然估计值和参数估计值。

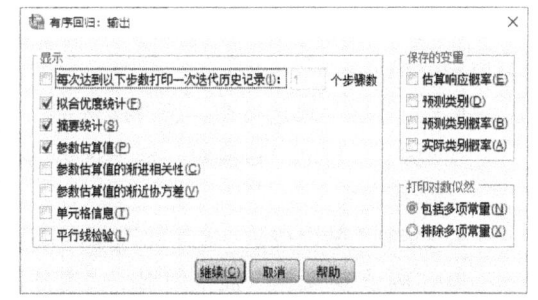

图 11-58 "有序回归：输出"对话框

- "拟合优度统计"复选框：勾选此复选框，将根据在原始变量列表中指定的分类变量计算皮尔逊卡方统计量和似然比卡方统计量，并输出在"查看器"窗口中。
- "摘要统计"复选框：勾选此复选框，将在"查看器"窗口中输出包含考克斯-斯奈尔、内戈尔科和麦克法登统计量信息的统计表。
- "参数估算值"复选框：勾选此复选框，将在"查看器"窗口中输出包含参数估计值、标准误差和置信区间信息的统计表。
- "参数估算值的渐进相关性"复选框：勾选此复选框，将在"查看器"窗口中输出参数估计的相关系数矩阵。
- "参数估算值的渐近协方差"复选框：勾选此复选框，将在"查看器"窗口中输出参数估计的协方差矩阵。
- "单元格信息"复选框：勾选此复选框，将在"查看器"窗口中输出因变量各类输出因子变量与协变量各类组合中的观察频数、期望频数及标准化残差等的信息。
- "平行线检验"复选框：勾选此复选框，将进行在多个因变量水平上位置参数相等的假设检验。该检验仅适用于累加 Logit 模型。

② "保存的变量"栏用于设置在当前数据文件中以新变量的方式保存的信息，包括如下选项。

- "估算响应概率"复选框：勾选此复选框，将计算一类因素/协变量样品分类为因变量各个类别的预测概率。在当前数据文件中保存估计概率的变量数与因变量的类别数相等。
- "预测类别"复选框：勾选此复选框，将预测一类因素/协变量样品具有最大估计概率的因变量类别。
- "预测类别概率"复选框：勾选此复选框，将计算一类因素/协变量样品分类为预测类别对应的预测概率。
- "实际类别概率"复选框：勾选此复选框，将计算一类因素/协变量样品分类为实际类别对应的预测概率。

③ "打印对数似然"栏用于设置输出的对数似然估计值。

- "包括多项常量"单选按钮：选择此选项，将输出包括常数项对数似然估计值。
- "排除多项常量"单选按钮：选择此选项，将输出不包括常数项对数似然估计值。

(7) 指定分析的位置模型。

在"有序回归"对话框中，单击"位置"按钮，打开"有序回归：位置"对话框，如图 11-60 所示。

① 在"指定模型"栏可以选择"主效应"单选按钮，也可以选择"定制"单选按钮以自定义模型。

- "主效应"单选按钮：选择此选项，在模型中将只包括在"有序回归"对话框中的"因子"框和"协变量"框中选定的变量主效应，不包括因素变量和协变量的交互效应。
- "定制"单选按钮：选择此选项，用户可自行设定模型中包括的主效应和交互效应。

② "因子/协变量"框中列出了"有序回归"对话框中选定的因素变量与协变量。

"构建项"栏中的"类型"下拉列表有以下几个选项。

- "主效应"单选按钮：选择此项，将为每个选定的变量创建主效应项。

- "交互"单选按钮：选择此项，将为所有选定的变量创建最高阶交互项，是系统默认选项。
- "所有二阶"单选按钮：选择此项，将为所选定的变量创建所有可能的二阶交互项。
- "所有三阶"单选按钮：选择此项，将为所选定的变量创建所有可能的三阶交互项。
- "所有四阶"单选按钮：选择此项，将为所选定的变量创建所有可能的四阶交互项。
- "所有五阶"单选按钮：选择此项，将为所选定的变量创建所有可能的五阶交互项。

（8）指定分析。

在"有序回归"对话框中，单击"标度"按钮，打开"有序回归：标度"对话框，如图 11-61 所示，指定分析模型设定方法。

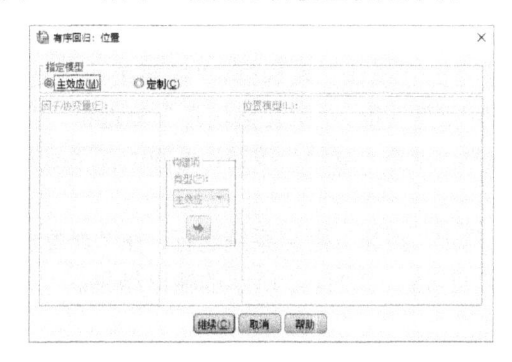

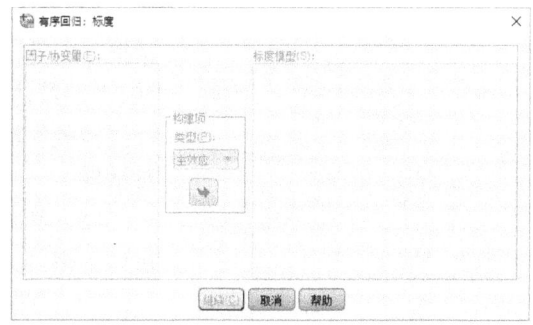

图 11-60 "有序回归：位置"对话框　　　　图 11-61 "有序回归：标度"对话框

11.5.3 有序回归分析实例

【例 8】 某研究者分别于 1985 年、1995 年、2005 年调查了已婚及未婚的 30 岁左右成年人的幸福感程度，调查结果如表 11-45 所示。分析不同年份、不同婚姻状况的被调查者的幸福感有何不同。

表 11-45 不同年份、不同婚姻状况的幸福感程度

年　份	婚姻状况	幸福感程度		
		不太幸福	比较幸福	十分幸福
1985	已婚	214	869	237
	未婚	93	773	551
1995	已婚	80	211	65
	未婚	76	473	453
2005	已婚	98	327	130
	未婚	46	367	312

1）操作步骤

（1）在 SPSS 中建立 4 个变量来存放表 11-45 中的数据。

① 年份变量，数值型，值标签：3—1985、2—1995、1—2005，名义测量，用来存放表 11-45 中的年份数据。

② 婚姻状况变量，数值型，值标签：1—已婚、0—未婚，名义测量，用来存放表 11-45 中的婚姻状况数据。

③ 幸福感程度变量，数值型，值标签：1—不太幸福、2　比较幸福、3—十分幸福，

有序测量，用来存放表 11-45 中的幸福感程度数据。

④ 频数变量，数值型，尺度测量，用来存放表 11-45 中的调查结果数据。

由此建立的数据文件为 data11-06。

（2）按"数据→个案加权"顺序单击，打开"个案加权"对话框，选择"个案加权依据"单选按钮，将"频数"移入"频率变量"框，单击"确定"按钮，完成加权处理工作。

（3）按"分析→回归→有序"顺序单击，打开"有序回归"对话框。

在左侧的原始变量列表中选择幸福感送入"因变量"框，选择年份送入"因子"框，选择婚姻状况送入"协变量"框。

（4）单击"输出"按钮，打开"有序回归：输出"对话框，勾选"拟合优度统计"复选框、"摘要统计"复选框、"参数估算值"复选框、"单元格信息"复选框、"平行线检验"复选框。单击"继续"按钮，返回"有序回归"对话框。

（5）单击"确定"按钮，提交系统运行，在"查看器"窗口中得到如表 11-46～表 11-52 所示的输出结果。

2）结果分析

表 11-46 中是因变量及因素变量的每个类别的频数及构成比情况。有 56.2%的受试者认为比较幸福。在被调查的人员中，1985 年调查的人数最多，占总被调查人数的百分比为 50.9%。

表 11-46 个案处理摘要

个案处理摘要

		个案数	边际百分比
幸福感	不太幸福	607	11.3%
	比较幸福	3020	56.2%
	十分幸福	1748	32.5%
年份	2005	1280	23.8%
	1995	1358	25.3%
	1985	2737	50.9%
婚姻状况	未婚	2231	41.5%
	已婚	3144	58.5%
有效		5375	100.0%
缺失		0	
总计		5375	

表 11-47 所示为模型拟合信息。由表 11-47 可知，$p=0.000$，小于 0.001，表明最终的模型有统计上的显著性意义。

表 11-48 所示为模型的拟合优度。由表 11-48 可知，皮尔逊卡方统计量、Deviance 卡方统计量（24.634，表中误译为"偏差"）的 p 值均小于 0.001，可以认为模型拟合较差。

表 11-47 模型拟合信息

模型拟合信息

模型	-2 对数似然	卡方	自由度	显著性
仅截距	486.570			
最终	102.905	383.665	3	.000

关联函数：分对数。

表 11-48 模型的拟合优度

拟合优度

	卡方	自由度	显著性
皮尔逊	25.091	7	.001
偏差	24.634	7	.001

关联函数：分对数。

表 11-49 所示为 3 种方法的伪 R^2 值，这些值相对较小，都不足 9%，结合表 11-46～表 11-48 的分析结果可知模型不够理想，可以考虑用其他模型来拟合。

表 11-49 3 种方法的伪 R^2 值

伪 R 方

考克斯-斯奈尔	.069
内戈尔科	.081
麦克法登	.038

关联函数：分对数。

表 11-50 所示为参数估计及其检验结果。婚姻状况的估计值为 1.077，优势比=Exp(1.077)=2.94，说明已婚者的幸福感高于未婚者，约为其 3 倍；由于与 1985 年相比，2005 年的估计值为 0.141，1995 年的估计值为 0.084，都为正数，也都很小，说明 1995 年和 2005 年相对于 1985 年而言，幸福感均有所提高，但优势并不明显。

表 11-50 参数估计及其检验结果

参数估算值

		估算	标准错误	瓦尔德	自由度	显著性	95% 置信区间	
							下限	上限
阈值	[幸福感=1]	-1.492	.054	750.258	1	.000	-1.598	-1.385
	[幸福感=2]	1.468	.054	740.099	1	.000	1.362	1.573
位置	婚姻状况	1.077	.058	341.008	1	.000	.963	1.192
	[年份=1]	.141	.067	4.428	1	.035	.010	.272
	[年份=2]	.084	.067	1.601	1	.206	-.046	.215
	[年份=3]	0[a]	.	.	0	.	.	.

关联函数：分对数。
a. 此参数冗余，因此设置为零。

根据 11.5.1 节中的公式，可分别列出不同子群间的 2 个累加预测概率的 Logit 模型。

以年份 1（2005 年）为例，婚姻状态为未婚人的对于幸福感程度的 2 个累加预测概率的 Logit 模型为

$$\hat{p}(幸福感程度 \leqslant 1) = \frac{\text{Exp}(-1.492 - 1.077 \times 0 - 0.141)}{1 + \text{Exp}(-1.492 - 1.077 \times 0 - 0.141)} = 0.16348$$

$$\hat{p}(幸福感程度 \leqslant 2) = \frac{\text{Exp}(1.468 - 1.077 \times 0 - 0.141)}{1 + \text{Exp}(1.468 - 1.077 \times 0 - 0.141)} = 0.79029$$

因此，该类人群中，幸福感程度为不太幸福的概率值为 0.16348，幸福感程度为比较幸福的概率值为 0.79029 − 0.16348 = 0.62681，幸福感程度为十分幸福的概率为 1 − 0.79029 = 0.20971。

由表 11-51 可知，2005 年调查的已婚人数为 98+327+130=555。基于上述各类概率可以计算得到这类人群不太幸福、比较幸福、十分幸福的期望值分别为 0.16348 × 555 = 90.732、0.62681 × 555 = 347.879、0.20971 × 555 = 116.389，这与表 11-51 中的结果相同。

根据表 11-51 中的结果推算各类人群的幸福感程度的 Logit 模型的预测概率。以年份 1（2005年）已婚者人群的幸福感程度的数据为例进行说明，具体做法如下。

先求该类人群参与调查的总人数 46+367+312 = 725，再通过该类人群的各期望值与 725 之比，即 45.231/725、362.213/725、317.556/725，得到这类人群的幸福感程度的 Logit 模型的预测概率，它们分别为 0.062387、0.499604、0.438009，这与用下面该类的 2 个累加预测概率的 Logit 模型计算得到的结果一致。读者可根据上文的操作步骤加以验证。

表 11-51 单元格信息

单元格信息

频率

年份	婚姻状况		不太幸福	比较幸福	十分幸福
2005	未婚	实测	98	327	130
		期望	90.732	347.879	116.389
		皮尔逊残差	.834	-1.832	1.419
	已婚	实测	46	367	312
		期望	45.231	362.213	317.556
		皮尔逊残差	.118	.356	-.416
1995	未婚	实测	80	211	65
		期望	61.021	223.622	71.357
		皮尔逊残差	2.669	-1.384	-.842
	已婚	实测	76	473	453
		期望	65.930	511.160	424.910
		皮尔逊残差	1.283	-2.412	1.796
1985	未婚	实测	214	869	237
		期望	242.478	830.299	247.223
		皮尔逊残差	-2.024	2.205	-.721
	已婚	实测	93	773	551
		期望	100.841	744.192	571.968
		皮尔逊残差	-.810	1.533	-1.135

关联函数：分对数。

该类的 2 个累加预测概率的 Logit 模型为

$$\hat{p}(幸福感程度 \leqslant 1) = \frac{\text{Exp}(-1.492 - 1.077 \times 1 - 0.141)}{1 + \text{Exp}(-1.492 - 1.077 \times 1 - 0.141)} = 0.062387$$

$$\hat{p}(幸福感程度 \leq 2) = \frac{\text{Exp}(1.468 - 1.077 \times 1 - 0.141)}{1 + \text{Exp}(1.468 - 1.077 \times 1 - 0.141)} = 0.561991$$

标准化残差值的计算方法与例 7 相同，此处不再赘述。

表 11-52 是平行线检验的结果。由于 $p=0.000$，因此有充分证据拒绝多个因变量水平上位置参数均相等的假设，表明需改用其他链接函数进行有序回归分析，若效果仍然不佳，则表明系数的确在随着分割点的不同而发生变化，可改用无序多分类的 Logistic 回归进行建模分析。

表 11-52 平行线检验

平行线检验

模型	-2 对数似然	卡方	自由度	显著性
原假设	102.905			
常规	83.626	19.280	3	.000

原假设指出，位置参数（斜率系数）在各个响应类别中相同。

a. 关联函数：分对数。

11.6 概率单位回归

11.6.1 概率单位回归的概念

1. 概率单位回归分析

概率单位回归分析在 SPSS 中属于专业统计分析过程，用来分析反应比例与刺激强度之间的关系。例如，研究一定数量的病人用药剂量与治愈的百分比之间的关系。

由于线性模型的某些限制，需要把可能分布在整个实数轴上的 x 值通过累积概率函数 f 变换成分布在(0,1)区间的概率值，概率分布表达式为

$$p_i = f(\alpha + \beta x_i) = f(Z_i)$$

概率单位回归分析只考虑诸多累积概率函数中的两种。

（1）标准正态累积概率函数：

$$p_i = F(Z_i) = \frac{1}{\sqrt{2\pi}} \int_{-\infty}^{Z_i} e^{-s^2/2} ds$$

式中，p_i 是事件发生的概率；s 是零平均值单位方差的正态分布的随机变量。由于这个概率是标准正态分布函数曲线下从 $-\infty$ 到 Z_i 的面积，所以 Z_i 值越大，事件就越可能发生。

（2）Logit 概率函数：

$$p_i = F(Z_i) = F(\alpha + \beta x_i) = \frac{1}{1 + e^{-Z_i}} = \frac{1}{e^{-(\alpha + \beta x_i)}}$$

通过转换可以得到

$$\ln \frac{p_i}{1 - p_i} = Z_i = \alpha + \beta x_i$$

例如，设计一个试验记录不同浓度杀虫剂杀死白蚁的数量，使用概率单位回归分析，可以得出杀虫剂浓度与杀死白蚁数量的关系，据此判明多大的杀虫剂浓度是最佳的（如可以杀死 95%以上的白蚁）。在药学中，概率单位回归分析常用于半数效量研究，即求完成 50%反应的刺激量。

再如，使用概率单位回归分析可以检测购买某类物品的人员比例与提供的物品刺激数量之间的关系。在研究的数据具有相反的属性（如买与不买），或者几组研究对象被作用于不同水平刺激条件产生的不同反应水平时，才能应用概率单位回归分析。

2. 概率单位回归分析与 Logistic 回归分析的区别

概率单位模型实际上是由 Logit 模型和 Probit 模型（指用 $p_i = F(Z_i) = \dfrac{1}{\sqrt{2\pi}} \int_{-\infty}^{Z_i} e^{-s^2/2} ds$ 等分布函数直接计算概率的模型）组成的。因此，先利用 Logit 模型和（或）Probit 模型来转换响应比例，而不直接使用刺激产生的响应比例进行回归计算。

表 11-53 表明 Probit 模型和 Logit 模型十分相似。由于 Logit 概率分布函数与正态分布密度函数近似，因此常用 Logit 模型来替代 Probit 模型。

表 11-53 概率分布函数值比较

Z	正态累积概率函数 $p_i(Z) = \dfrac{1}{\sqrt{2\pi}} \int_{-\infty}^{Z_i} e^{-s^2/2} ds$	Logit 概率函数 $p_i(Z) = \dfrac{1}{1+e^{-Z_i}}$
-3.0	0.0013	0.0474
-2.0	0.0228	0.1192
-1.5	0.0668	0.1824
-1.0	0.1587	0.2689
-0.5	0.3085	0.3775
0.0	0.5000	0.5000
0.5	0.6915	0.6225
1.0	0.8413	0.7311
1.5	0.9332	0.8176
2.0	0.9772	0.8808
3.0	0.9987	0.9526

3. 数据要求

（1）因变量中的每个数据应该是对某一水平刺激发生反应的数量。

（2）观测值应该是独立的，否则卡方检验和拟合优度检验是不适用的。

11.6.2 概率单位回归过程

（1）按"分析→回归→概率"顺序单击，打开"概率分析"对话框，如图 11-62 所示。

（2）选择一个变量作为响应频数变量送入"响应频率"框。这个变量中的每个数值是对试验刺激水平做出反应的观测值的数目总和。该变量的值不能为负数。

（3）选择一个变量作为总观测变量送入"实测值总数"框。这个变量是用于某一刺激水平的观测值总数。该变量的值不能小于响应频数变量的值。

（4）选择一个因素变量送入"因子"框。单击"定义范围"按钮，在打开的对话框中设置因素变量的最小值和最大值。

（5）选择至少一个协变量送入"协变量"框。协变量是不相同的试验刺激条件值。

当协变量和响应频率变量经 Probit 过程转换后的值间不存在线性关系时，在"转换"下拉列表中选取转换模式，对协变量进行转换。"转换"下拉列表中的选项包括"无"选项，表示不进行转换，是系统默认选项；"以 10 为底的对数"选项；"自然对数"选项，用以 e 为底的自然对数进行转换。对于是否进行转换或选择哪种转换，要选择不同的转换方法，并运行几次概率单位回归过程，比较分析结果再确定，同时得出分析结论。

（6）在"模型"栏中确定一种算法。

①"概率"单选按钮：选择此选项，将用标准正态累积概率函数的反函数来转换响应比例。

②"分对数"单选按钮：选择此选项，将用自然对数转换响应比例。

（7）在"概率分析"对话框中，单击"选项"按钮，打开如图 11-63 所示的对话框。

①"统计"栏用于设置输出统计量。

- "频率"（应译为频数）复选框：勾选此复选框，将输出每一个观测值与预测值的频数及每个观测值的残差。

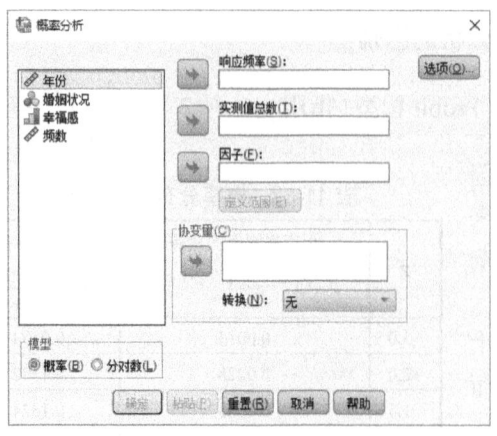

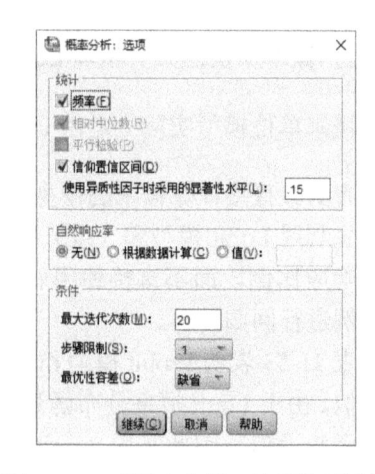

图 11-62 "概率分析"对话框　　图 11-63 "概率分析：选项"对话框

- "相对中位数"复选框：勾选此复选框，将输出因素变量各水平间中位数比较的效应及 95%置信区间。如果模型中没有因素变量或具有多个协变量，那么可以不选择此项。
- "平行检验"复选框：平行检验的假设是因素变量各分组回归方程具有相的斜率。
- "信仰置信区间"（应译为"置信信赖区间"）复选框：如果选择了因素变量，那么可以选择此项。在勾选了此复选框后，在"使用异质性因子时采用的显著性水平"框中输入一个显著性水平值，将对因素变量的每个水平显示介于 0.01～0.99 的反应比例所需的刺激强度的置信区间。当拟合优度值小于设定值时，Probit 模型将用非齐性修正方法计算置信区间。当选择了协变量时，不适用置信区间与半数有效量的计算。

②"自然响应率"栏用于设置是否计算自然响应率。没有刺激条件下的响应称为自然响应。例如，当试验对象生命周期较短，在试验过程中会发生自然死亡时，需要调整观测比例，以反映真实的刺激条件产生的响应。该栏中包括如下几个选项。

- "无"单选按钮：选择此单选按钮，将不计算自然响应率。
- "根据数据计算"单选按钮：选择此单选按钮，将根据提供的数据计算刺激强度为零的响应观测值。
- "值"单选按钮：选择此单选按钮后，在后面的框内输入小于 1 的已知自然响应频率。例如，自然响应率是 12%，则输入 0.12。

③"条件"栏用于设置迭代停止的判定标准。

- 在"最大迭代次数"框中输入控制迭代停止的最大迭代步数。
- 在"步骤限制"下拉列表中选择参数向量容许的最大变化量。
- 在"最优性容差"下拉列表中设定损失函数的精确值。

单击"继续"按钮，返回"概率分析"对话框。

（8）单击"确定"按钮，进行统计分析。

11.6.3　概率单位回归分析实例

【例 9】 数据文件 data11-07 中记录了不同杀虫剂、不同浓度、不同杀虫效果的数据。变量包括：died 各组白蚁死亡数、total 各组白蚁总数、dose 杀虫剂剂量、agent 杀虫剂类别。使用这 4 个变量求各种杀虫剂的半数致死量。

1）操作步骤

（1）按"分析→回归→概率"顺序单击，打开"概率分析"对话框。

（2）选择 died 作为响应变量送入"响应频率"框；选择 total 作为总观测变量送入"观测值总数"框；选择 dose 作为协变量送入"协变量"框。

（3）选择 agent 作为因素变量送入"因子"框，单击"定义范围"按钮，在打开的对话框中将"最小值"设为"1"，将"最大值"设为"3"。

（4）在"转换"下拉列表中选择"以 10 为底的对数"选项。

（5）在"概率分析"对话框中，单击"选项"按钮，打开"概率分析：选项"对话框，勾选"平行检验"复选框，其他参数选项均保持系统默认值。单击"继续"按钮，返回"概率分析"对话框。

（6）单击"确定"按钮，提交系统运行。输出结果如表 11-54～表 11-58 和图 11-64 所示。

2）结果分析

表 11-54 给出了数据的基本情况。共有 15 个合法观测值，没有观测值被剔除，3 种杀虫剂 deguelin 鱼藤素、rotenone 鱼藤酮、mixture 混合物的观测值数均为 5 个。

表 11-55 中的第一个表说明进行 15 步迭代后找到了最佳结果。表 11-55 中的第二个表是参数估算值表，根据该表可得出 3 种杀虫剂效果的模型分别为

- 杀虫剂 deguelin 鱼藤素的模型：Probit(p)= −2.743 + 4.006lg(dose)。
- 杀虫剂 rotenone 鱼藤酮的模型：Probit(p)= −4.492 + 4.006lg(dose)。
- 杀虫剂 mixture 混合物的模型：Probit(p)= −2.741 + 4.006lg(dose)。

表 11-55 的第三个表显示皮尔逊拟合优度检验的显著水平为 0.587，大于 0.05，说明拟合良好。

如果皮尔逊卡方显著水平值较小，可能是因为药剂量与 Probit(p)间不存在线性关系；可能虽为线性，但观测值在直线周围的分布不均匀。

由于平行检验的 p 值为 0.435，因此没有充分的证据可以拒绝零假设（不排除在更多样本或用另一个检验方法检测时拒绝零假设），即 3 种杀虫剂的方程式直线相互平行。

表 11-56 所示为 3 种杀虫剂各剂量 dose 致死率与 95%置信区间。通过查找表 11-56 可获得 3 种杀虫剂的半数致死量，即在 Probit = 0.5 时，杀虫剂剂量的估计值分别为 4.840、13.229、4.833。

表 11-56　3 种杀虫剂各剂量致死率与 95%的置信区间

（表略）

表 11-57 中是按因素变量分组所得的观测值与期望值数据。

表 11-57　观测与期望频数

单元格计数和残差

数字	agent	dose	主体数	实测响应	期望响应	残差	概率
PROBIT 1	1	.410	50	6	6.769	-.769	.135
2	1	.580	48	16	16.170	-.170	.337
3	1	.710	46	24	24.852	-.852	.540
4	1	.890	49	42	38.916	3.084	.794
5	1	1.010	50	44	45.176	-1.176	.904
6	2	1.000	48	18	15.035	2.965	.313
7	2	1.310	49	34	37.198	-3.198	.775
8	2	1.480	49	47	45.301	1.699	.925
9	2	1.610	50	47	48.741	-1.741	.975
10	2	1.700	48	48	47.508	.492	.990
11	3	1.009	50	44	45.153	-1.153	.903
12	3	.886	48	42	38.762	3.238	.791
13	3	.708	46	24	24.712	-.712	.537
14	3	.580	48	16	16.214	-.214	.338
15	3	.415	50	6	7.019	-1.019	.140

表 11-58 所示为各组中位数效应比值。杀虫剂 deguelin 的中位数为 4.84（表 11-56 中概率 0.5 对应的估计值），rotenone 的中位数为 13.229，因此杀虫剂 deguelin 对 rotenone 的中位数比值为 4.84/13.22=0.366，mixture 对 rotenone 的比值为 1.001，rotenone 对 mixture 的比值为 2.737。

图 11-64 所示为 3 种杀虫剂剂量取对数与概率值的散点图。从图 11-64 中可以看出，概率值与不同刺激剂量呈较明显的线性关系，说明选择"以 10 为底的对数"选项进行转

换是比较合适的。如果散点图没有呈线性关系,那么还需要进行其他方法的转换,或者各种转换各进行一次,比较结果。一定要确保转换后的数据呈线性关系。

表 11-58　各组中位数效应比较值

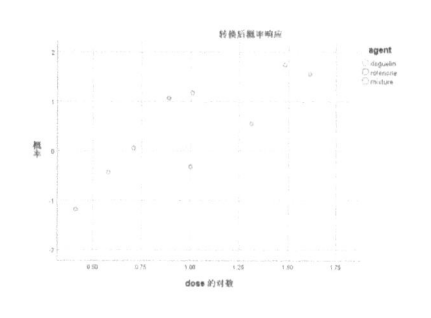

图 11-64　3 种杀虫剂剂量取对数与概率值散点图

11.7　非线性回归

11.7.1　非线性模型

1. 本质线性模型与本质非线性模型

$$y = e^{b_0+b_1x_1+b_2x_2+e}$$

上式表达的模型两边取自然对数后为

$$\ln y = b_0 + b_1x_1 + b_2x_2 + e$$

这种看起来非线性但可以转换为线性的模型称为本质线性模型。

当把一个模型转换为线性模型后,必须确保转换后的误差项满足所需假设条件。例如,原始方程 $y=e^{bx}+e$ 取对数后会失去误差项 e,为了保证在转换后的模型中存在误差项,原始方程式应写为

$$y = e^{bx+e} = e^{bx}e^e$$

$$y = b_0 + e^{b_1x_1} + e^{b_2x_2} + e^{b_3x_3} + e$$

不能转换为线性的模型,称为本质非线性模型。在非线性回归过程中,必须先估算将会应用到非线性模型中的起始值和参数值的范围,目的是将残差平方和降到最小。本节解决本质非线性问题。

2. 常用非线性模型

表 11-59 所示为常用非线性模型。

表 11-59　常用非线性模型

名　称	模型表达式
Asymptotic	$b_1 + b_2 \text{Exp}(b_3 x)$
Asymptotic	$b_1 - (b_2 b_3^x)$
Density	$(b_1 + b_2 x)^{(-1/b_3)}$
Gauss	$b_1(1 - b_3 \text{Exp}(-b_2 x^2))$

续表

名 称	模型表达式
Gompertz	$b_1 \mathrm{Exp}[-b_2 \mathrm{Exp}(-b_3 x)]$
Johnson-Schumacher	$b_1 \mathrm{Exp}[-b_2 / (x+b_3)]$
Log-Modified	$(b_1 + b_3 x)^{b_2}$
Log-Logistic	$b_1 - \ln[1 + b_2 \mathrm{Exp}(-b_3 x)]$
Mitscherlich Law of Diminishing Returns	$b_1 + b_2 \mathrm{Exp}(-b_3 x)$
Michaelis Menten	$b_1 x / (x + b_2)$
Morgan-Mercer-Florin	$(b_1 b_2 + b_3 x^{b_4}) / (b_2 + x^{b_4})$
Peal-Reed	$b_1 / \{1 + b_2 \mathrm{Exp}[-(b_3 x + b_4 x^2 + b_5 x^3)]\}$
Ratio of Cubics	$(b_1 + b_2 x + b_3 x^2 + b_4 x^3) / (b_5 x^3)$
Ratio of Quadratics	$(b_1 + b_2 x + b_3 x^2) / (b_4 x^2)$
Richards	$b_1 / \{[1 + b_3 \mathrm{Exp}(-b_2 x)]^{1/b_4}\}$
Verhulst	$b_1 / [1 + b_3 \mathrm{Exp}(-b_2 x)]$
Von Bertalanffy	$[b_1^{(1-b_4)} - b_2 \mathrm{Exp}(-b_3 x)]^{1/(1-b_4)}$
Weibull	$b_1 - b_2 \mathrm{Exp}(-b_3 x^{b_4})$
Yield Density	$(b_1 + b_2 x + b_3 x^2)^{-1}$

注意：不能随意套用。

3．条件逻辑表达式

条件逻辑表达式常应用于方程中或损失函数中。为了表达一个模型中或损失函数中的条件逻辑式，必须将几个不同条件的分段模型组合在一起。每个分段模型为逻辑表达式乘以逻辑表达式为真时的结果。例如，分段模型表示为

$$\hat{f}(x) = \begin{cases} 0 & x \geq 0 \\ x & 0 < x < 1 \\ 1 & x \leq 1 \end{cases}$$

上述分段模型组合后的逻辑表达式为$(x \leq 0) \cdot 0 + (x > 0 \ \& \ x < 1) \cdot x + (x \geq 1) \cdot 1$，因为逻辑表达式的值只能是1（真）或0（假），因此：

- 如果$x \leq 0$，以上结果为$1 \cdot 0 + 0 \cdot x + 0 \cdot 1 = 0$。
- 如果$0 < x < 1$，以上结果为$0 \cdot 0 + 1 \cdot x + 0 \cdot 1 = x$。
- 如果$x \geq 1$，以上结果为$0 \cdot 0 + 0 \cdot x + 1 \cdot 1 = 1$。

两个不等式间必须用逻辑运算符连接。例如，$0 < x < 1$ 必须写成 $x > 0 \ \& \ x < 1$。

字符串表达式可用于逻辑表达式中。(sex = 'M')·worth + (sex = 'F')·0.59·worth 的结果为变量 sex 的值为 M 时的变量 worth 的值与变量 sex 值为 F 时的变量 worth 的值乘 0.59 的和。

4．损失函数

在非线性回归中，损失函数是用算法将预测值与实测值之间的偏差进行最小化处理的一个指定函数。SPSS 默认根据最小残差平方和找出非线性模型，也可以自定义损失函数。

5．参数约束

在多数非线性模型中，参数必须限制在有意义的区间中。约束是指在利用迭代方法

求解的过程中对参数值的限制。可以先使用线性约束，防止结果溢出。

① 线性约束：参数乘以一个常数，该常数不能是其他参数或参数自身。

② 非线性约束：至少有一个参数与其他参数相乘或相除或进行幂运算。

6．数据要求

因变量和自变量应该是数值型变量。名义变量应该被重新编码为二分变量或其他类型的对比变量。同时要求定义的函数要尽可能精确地反映因变量与自变量间的关系。

7．估算初始值

即使模型是非常精确的，准确地确定参数的初始值也是非常重要的。为参数设置合适的初始值不仅可以保证正常、迅速收敛，还可以避免解决方案范围小于实际范围。

（1）使用图形确定参数取值范围，在研究的实际范围内确定初始值。

（2）根据确定的非线性方程的数学特性进行变换，结合图形判断初始值范围。

（3）直接使用数值替代某些参数，确定其他参数的取值范围，从而确定初始值。

（4）将数据转换后，使用线性模型确定初始值。

上述几种方法通常联合使用。当参数没有初始值时，不要仅将它们设置为0，最好将它们设置为预计要改变的值。如果忽略误差项，或许可以获得一个线性模型，并根据线性模型估算初始值。例如，模型 $y = e^{a+bx}+\varepsilon$，如果忽视误差项 ε 并对两边取对数，将获得模型 $\ln y = a + bx$，此时可以利用线性模型来估计参数 a 和 b 的值。

（5）利用非线性模型的属性估算初始值。有时能确定因变量是某范围内的值。例如，在模型 $y = e^{a+bx}$ 中，当 $x = 0$，$y = 2$ 时，可以取 $\ln 2$ 作为参数 a 的初始值。考虑当模型的值为最大值和最小值，或者所有自变量接近0，或者自变量接近无限大时的情况，有助于确定参数的起始值。

（6）利用与参数同等数量的方程式可以解决参数的初始值问题。再看前面的例子，可以解联立方程

$$\begin{cases} \ln y_1 = a + bx_1 \\ \ln y_2 = a + bx_2 \end{cases}$$

利用减法得 $\ln y_1 - \ln y_2 = bx_1 - bx_2$，解此方程式，得参数 $b = \dfrac{\ln y_1 - \ln y_2}{x_1 - x_2}$，$a = \ln y_1 - bx_1$。

11.7.2 非线性回归过程

（1）按"分析→回归→非线性"顺序单击，打开如图11-65所示的"非线性回归"对话框。从原始变量列表中选择一个数值型变量作为因变量送入"因变量"框。

（2）在"模型表达式"框中输入合适的模型表达式，其中应至少包括一个自变量。

① 将变量送入"模型表达式"框。字符串型变量仅能在逻辑表达式中使用。

② 定义模型表达式。从"函数组"框中选择需要的非线性函数送入"模型表达式"框。从计算模板上选择数字或操作符，组成模型表达式。

注意：参数名不能与选择的变量名相同。

③ 定义模型参数。单击"参数"按钮，打开如图11-66所示的"非线性回归：参数"对话框。在"名称"框中输入参数名。在"开始值"框中输入尽可能准确的初始值，即输

入尽可能接近期望值的值,单击"添加"按钮确定一个参数的定义,直到定义完所有参数。选择某个参数,单击"除去"按钮可将其剔除;修改后单击"更改"按钮确认。完成定义或修改后,单击"继续"按钮返回"非线性回归"对话框。这里设置的参数及初始值将在以后的分析中一直起作用。

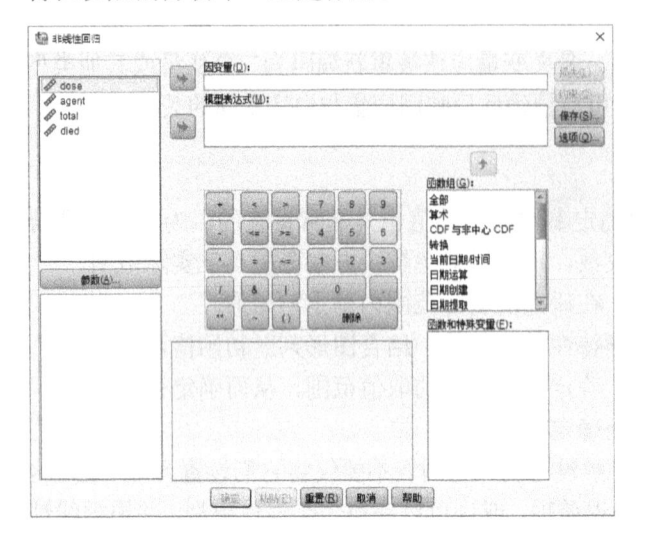

图 11-65 "非线性回归"对话框 　　图 11-66 "非线性回归:参数"对话框

如果前次运行非线性函数,那么参数将显示在"参数"框中。如果想使用这些参数作为初始值,就在"非线性回归:参数"对话框中勾选"使用上一个分析的开始值"复选框。若修改了模型表达式,则不能选择此项。

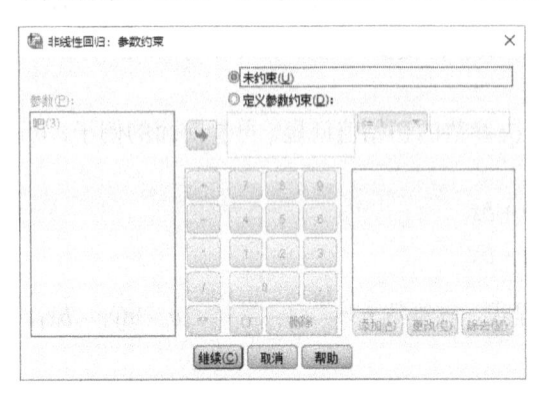

（3）如果需要对"参数"框中的参数取值范围进行约束,那么需要在"非线性回归"对话框中单击"约束"按钮,打开如图 11-67 所示对话框。

① "未约束"单选按钮:选择此项将不对参数的值进行限制。

② "定义参数约束"单选按钮:选择此项将定义对参数的限制。在"参数"框中选择需要约束的参数送入"定义参数约束"框。在逻辑运算符下拉列表中选择≤、≥、=中的

图 11-67 "非线性回归:参数约束"对话框

一个,在右上侧的框中输入常数。构成约束表达式后,单击"添加"按钮,将其送入右下角的框中。选择表达式,单击"除去"按钮可将其删除;修改表达式后单击"更改"按钮确认更改,显示新表达式。单击"继续"按钮,返回"非线性回归"对话框。

（4）在非线性回归中,默认的损失函数是残差平方和。若想自定义损失函数,在"参数"框中选择一个或多个参数后单击"损失"按钮,打开如图 11-68 所示对话框。

① "残差平方和"单选按钮:系统默认选择此项。

② "用户定义的损失函数"单选按钮:选择此项,输入自定义的损失函数。RESID_表示残差;PRED_表示预测值;RESID_2 表示残差平方和。

单击"继续"按钮,返回"非线性回归"对话框。

（5）在"非线性回归"对话框中单击"选项"按钮，打开"非线性回归：选项"对话框，如图 11-69 所示，确定标准误差的估计方法或确定迭代过程停止的判定标准。

① 勾选"标准误差的自助抽样估算"复选框，将有放回地反复从原始数据集中提取相同容量的样本，来计算标准误差。针对每一个样本建立相应的非线性回归模型，计算每个参数估计的标准误差作为自举估计的标准差。原始数据的参数值作为每一个自举样本的初始值。

图 11-68　"非线性回归：损失函数"对话框　　　图 11-69　"非线性回归：选项"对话框

② "估算方法"栏用于选择估计方法，包括如下选项。
- "序列二次规划"单选按钮：适用于限制模型与非限制模型。如果确定了一个限制模型、定义了损失函数或勾选了"标准误差的自助抽样估算"复选框，将自动选中此项。若选中此项，将利用双重迭代算法求解，每一步迭代将建立一个二次规划算法，确定寻找的方向，并在选择的方向中发现一个新点，损失函数对新点进行求值，直到寻找过程发生收敛。判定标准和精度选项如下。
    - "最大迭代次数"框用于设置作为迭代停止判定标准的最大迭代步数。
    - "步骤限制"框用于设置一个正值作为参数向量长度的最大允许变化量。
    - "最优性容差"下拉列表用于设置最优容限，即目标函数的精度，也就是有效位数。如果容限为 0.1×10^{-6}，那么有效数字为 6 位。最优容限值必须大于函数精度。
    - "函数精度"下拉列表用于选择小于最优容限并在介于 0～1 的数字作为目标函数精度。在函数值较大时，作为相对精度；在函数值较小时，作为绝对精度。
    - "无限步长"下拉列表：在一步迭代过程中参数的变化大于该值时迭代停止。
- "Levenberg-Marquardt"单选按钮：非线性约束模型的默认运算法则，如果确定了一个线性约束模型，或者定义了一个损失函数，或者勾选了"标准误差的自助抽样估算"复选框，那么该选项不起作用。控制迭代停止的判定标准如下。
    - 在"最大迭代次数"框输入 Levenberg-Marquardt 算法的最大迭代步数。
    - 在"平方和收敛"下拉列表中选择一个值，当残差平方和的变化量小于设置值时，迭代停止。

- 在"参数收敛"下拉列表中选择一个值,当任何一个参数值的变化小于设置值时,迭代停止。

后两项的默认值均为 1E-8。

(6)单击"保存"按钮,打开如图 11-70 所示的"非线性回归:保存新变量"对话框,在该对话框中指定要生成的新变量。

① "预测值"复选框:因变量预测值,变量名为 Pred_。
② "残差"复选框:变量名为 Resid。
③ "导数"复选框:为每一个模型参数保存导数,变量名为参数名前加前缀 d。
④ "损失函数值"复选框:只有定义了损失函数,才会保存损失函数变量值,变量名为 Loss_。

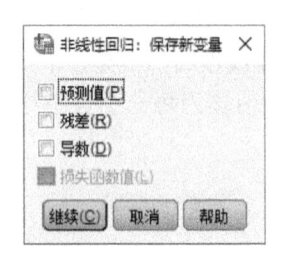

图 11-70 "非线性回归:保存新变量"对话框

11.7.3 非线性回归分析实例

【例 10】 数据文件 data11-08 是美国 1790—1960 年人口数量变化的数据,人口单位为百万。图 11-71 所示为美国 1790—1960 年人口数量的散点图。根据经验,人口数量增长模型的建立经常使用 Logistic 模型,其方程为

$$y_i = \frac{c}{1+e^{a+bt_i}} + e_i$$

式中,y_i 为在 t_i 时间的人口数量;e_i 为误差项;a、b 为参数。虽然在一般情况下模型

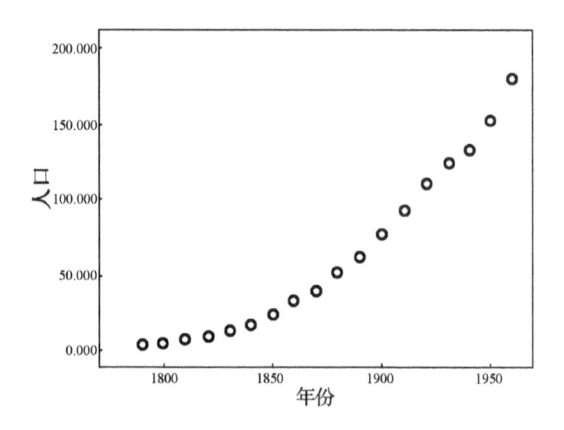

图 11-71 美国 1790—1960 年人口数量散点图

对观测数据的拟合程度相当好,但是有关误差项的独立性假设和常数项方差的假设有可能被破坏。其原因是时间序列数据的误差项通常并不独立,误差项的大小有可能依赖数据总体的大小而变化。由于人口数量增长模型不能被转换为线性模型,因此选择非线性模型来估算模型的参数。

1)初始值的确定

本例利用简单的假设来确定初始值。在 Logistic 模型中,参数 c 为渐近线。任意选择距最大观测值不远的渐近线。本例最大人口值为 178,故选择 200 作为参数 c 的初始值,依据时间为 0 的人口值来估算参数 a 的初始值:

$$3.895 = \frac{200}{1+e^{a+b\cdot 0}} \qquad a = \ln\left(\frac{200}{3.895}-1\right) \approx 3.9$$

利用时间为 1 的人口值来估算参数 b 的初始值:

$$5.267 = \frac{200}{1+e^{b+3.9}} \qquad b = \ln\left(\frac{200}{5.27}-1\right) - 3.9 \approx -0.29$$

最终获得参数 a、参数 b 的初始值分别为 3.9、–0.29。

如果在确定初始值时没有非常明确的范围,那么可以先根据对函数的了解设定参数的初始值,再在"非线性回归:参数约束"对话框中设定参数的数值范围。这样做达到最优回归的步数可能会多一些,运行时间可能会长一些。只要非参数模型选择正确,最终总

能得到比较满意的结果。

2）调用过程

（1）读取数据文件 data11-08，按"分析→回归→非线性"顺序单击，打开"非线性回归"对话框。

（2）将变量 pop 设为因变量，送入"因变量"框。

（3）在"模型表达式"框中输入估计的模型表达式 c/(1+Exp(a+b * decade))。

（4）在"非线性回归：参数"对话框中根据前面计算结果，设定参数 a 为 3.9、参数 b 为 –0.29、参数 c 为 200。

（5）在"非线性回归：保存新变量"对话框中勾选"预测值"复选框、"残差"复选框。

3）输出结果

输出结果如表 11-60～表 11-63 和图 11-72、图 11-73 所示。

表 11-60　每步迭代的残差平方和与参数值

迭代历史记录[b]

迭代编号[a]	残差平方和	a	b	c
1.0	2199.713	3.900	–.290	200.000
1.1	203.668	3.882	–.278	241.492
2.0	203.668	3.882	–.278	241.492
2.1	186.497	3.889	–.279	243.967
3.0	186.497	3.889	–.279	243.967
3.1	186.497	3.889	–.279	243.988
4.0	186.497	3.889	–.279	243.988
4.1	186.497	3.889	–.279	243.987

将通过数字计算来确定导数。

a. 主迭代号在小数点左侧显示，次迭代号在小数点右侧显示。

b. 由于连续残差平方和之间的相对减小量最多为 SSCON = 1.000E-8，因此运行在 8 次模型评估和 4 次导数评估后停止。

表 11-61　非线性模型统计量摘要

ANOVA[a]

源	平方和	自由度	均方
回归	123053.531	3	41017.844
残差	186.497	15	12.433
修正前总计	123240.028	18	
修正后总计	53293.925	17	

因变量：人口

a. R 方 = 1 – (残差平方和) / (修正平方和) = .997。

表 11-62　参数估计值

参数估算值

参数	估算	标准错误	95% 置信区间	
			下限	上限
a	3.889	.094	3.689	4.089
b	–.279	.016	–.312	–.246
c	243.987	17.968	205.690	282.285

表 11-63　估计参数的渐近相关系数矩阵

参数估算值相关性

	a	b	c
a	1.000	–.724	–.376
b	–.724	1.000	.904
c	–.376	.904	1.000

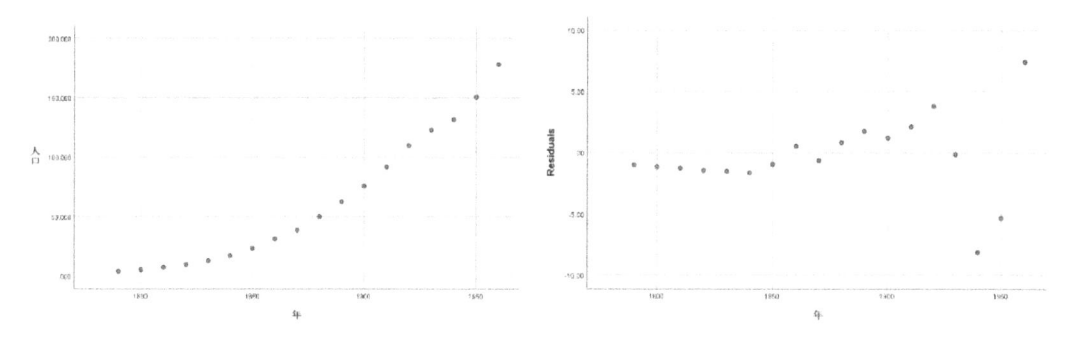

图 11-72　观测值与预测值的散点图　　　图 11-73　残差-年份散点图

表 11-60 所示为每步迭代的残差平方和与参数值。每步迭代后，计算估算值的变化量。

表 11-60 的最后一部分表示在估算完 8 个模型、4 个导数后，由于两次迭代的最小残差平方和的减少量小于默认的收敛判定标准 1.0×10^{-8}，因此迭代停止。

根据前面的计算，得出最终的回归方程为

$$y_i = \frac{243.99}{1+e^{3.89-0.28t_i}}$$

表 11-61 所示为非线性模型统计量摘要，该表中包括回归平方和、残差平方和、总平方和（因变量各观测值的平方和）（表中译成"修正前总计"）、校正总平方和（因变量各观测值对平均值的偏差平方和）（表中译成"修正后总计"）。

$$R^2 = 1 - \frac{残差平方和}{校正总平方和} = 1 - \frac{186.497}{53293.925} = 1 - 0.0034 = 0.9966$$

表明模型对数据的拟合程度非常好。如果模型的拟合程度非常差，R^2 可能为负值。

图 11-72 是使用双轴（Dual Axes）图形功能完成的，第 2 个纵轴是预测值。由图 11-72 可知，模型拟合得很好。

注意：不能使用线性模型的检验方法检测非线性模型。即使模型非常准确，残差平均值平方也不再是误差方差的无偏估计。为了应用，仍可以比较残差方差和估算总方差，但是 F 统计量不能再用来对假设进行检验。

在非线性模型中不大可能获得每个参数精确的置信区间，大样本一般依靠渐近线的近似值进行估算。表 11-62 所示为参数估计值，表 11-63 所示为估计参数的渐近相关系数矩阵。

图 11-73 所示为残差-年份散点图。观察图形可知，残差的方差随着时间的增长而增长。为计算预测值的渐近标准误差和其他统计量，可以进行以残差为因变量的线性回归分析。

如果在表 11-63 中出现非常大的正值或负值，那么可能是因为模型中参数过多（较少参数的模型就能很好地拟合数据），相对来说观测数量不足，并不能说明模型不适合。

习 题 11

1. 数据文件 data11-14 中是某企业 1987—1998 年经济效益、科研人员、科研经费的统计数据。假设 1999 年该企业科研人员为 61 名、科研经费为 40 万元，试预测 1999 年该企业的经济效益。

2. 某商场 1989—1998 年的商品流通费用与商品零售额资料如数据文件 data11-15 所示。若 1999 年该商场商品零售额为 36.33 亿元，试预测 1999 年该商场商品流通费用。

附录 A 标准化、距离和相似性的计算

SPSS 中的许多分析使用了距离和相似性、不相似性的计算，如聚类分析、尺度分析等。

1. 对于等间隔测量的变量（尺度变量，测量类型为 scale）计算距离的方法

约定：距离或相似性公式中的 x、y 均表示 n 维空间中的两个点，x_i 是点 x 的第 i 个变量的值，y_i 是点 y 的第 i 个变量的值。

（1）Euclidean Distance（欧氏距离），两项间的距离是每个变量值之差的平方和的平方根：

$$\text{EUCLID}(x,y) = \sqrt{\sum_i (x_i - y_i)^2}$$

（2）Squared Euclidean Distance（欧氏距离平方），两项间的距离是每个变量值之差的平方和：

$$\text{SEUCLID}(x,y) = \sum_i (x_i - y_i)^2$$

（3）Cosine（cos 相似性测量），计算值向量间的余弦，值范围是 $-1 \sim 1$，值为 0 表示两向量正交（相互垂直）：

$$\text{COSINE}(x,y) = \frac{\sum_i (x_i y_i)^2}{\sqrt{\left(\sum_i x_i^2\right)\left(\sum_i y_i^2\right)}}$$

（4）Pearson Correlation（皮尔逊相关），计算值向量间的相关性，皮尔逊相关是线性关系的测量，值范围是 $-1 \sim 1$，值为 0 表示没有线性关系：

$$\text{CORRELATION}(x,y) = \frac{\sum_i (Z_{x_i} Z_{y_i})^2}{n-1}$$

（5）Chebychev（切贝谢夫距离），两项间的距离用最大的变量值之差的绝对值表示：

$$\text{CHEBYCHEV}(x,y) = \text{Max}_i |x_i - y_i|$$

（6）Block（布洛克距离），两项间的距离是每个变量值之差的绝对值总和：

$$\text{BLOCK}(x,y) = \sum_i |x_i - y_i|$$

（7）Minkowski（明可斯基距离），两项间的距离是各变量值之差的 p 次方幂的绝对值之和的 p 次方根：

$$\text{MINKOWSKI}(x,y) = \sqrt[p]{\sum_i |x_i - y_i|^p}$$

（8）Customized（自定义距离），两项间的距离用各项值之差的绝对值的 p 次幂之和的 r 次方根表示，p，r 可以自己指定：

$$\mathrm{MINKOSKI}(x,y) = \sqrt[r]{\sum_i |x_i - y_i|^p}$$

2. 两个计数变量的不相似性测量的方法

（1）Chi-Square Measure（卡方测量），用卡方值测量不相似性。该测量假设两个集的频数相等，测量产生的值是卡方值的平方根。这是系统默认的对计数变量的不相似性的测量方法，根据被计算的两个观测量或两个变量总频数计算其不相似性。期望值来自观测量或变量 x、y 的独立模型，式中 $E(x_i)$ 和 $E(y_i)$ 为频数期望值：

$$\mathrm{CHISQ}(x,y) = \sqrt{\frac{\sum_i (x_i - E(x_i))^2}{E(x_i)} + \frac{\sum_i (y_i - E(y_i))^2}{E(y_i)}}$$

（2）Phi-Square Measure（两组频数间的 Φ^2 测量），该测量考虑了减少样本量对测量值的实际预测频率减少的影响。该测量利用 Φ^2 除以联合频数的平方根，实现不相似性的卡方测量规范化。该值与参与计算不相似性的两个观测量或两个变量的总频数无关：

$$\mathrm{PH2}(x,y) = \sqrt{\frac{\dfrac{\sum_i (x_i - E(x_i))^2}{E(x_i)} + \dfrac{\sum_i (y_i - E(y_i))^2}{E(y_i)}}{N}}$$

3. 二分变量的距离或不相似性测量的约定

（1）对于二分变量，系统默认用 1 表示某特性出现（或发生、存在等），用 0 表示某特性不出现（或不发生、不存在）。

（2）二分变量相似性或不相似性测量都基于一个四格表，如表 A-1 所示。

表 A-1 四格表

第一特性	第二特性	
	发生	不发生
发生	a	b
不发生	c	d

若对观测量进行计算，则需要对所有变量对各制作一个四格表。若对变量进行计算，则需要对所有观测量对各制作一个四格表。对每个四格表按选择的方法进行一次距离参数的计算，形成距离矩阵。例如，分析变量 V、W、X、Y、Z，观测量 1 的 5 个变量值顺序为 0、1、1、0、1；观测量 2 的 5 个变量值顺序为 0、1、1、0、0，其四格表如表 A-2 所示。

两个事件都发生的变量有 W、X，相应的四格表中的 a 为 2；两个事件都不发生的变量有 V、Y，因此四格表中的 $d=2$；事件 1 发生，事件 2 不发生的变量是 Z，因此四格表中的 $b=1$；没有事件 1 不发生，事件 2 发生的变量，因此四格表中的 $c=0$。

表 A-2 例题数据中的两个观测量及对应的四格表

观测号	分析变量					第一特性	第二特性	
	V	W	X	Y	Z		发生	不发生
1	0	1	1	0	1	发生	a=2	b=1
2	0	1	1	0	0	不发生	c=0	d=2

（3）二分变量相似性或不相似性测量，或者二分变量距离测量算法的分类如下。
- 匹配系数的计算：RR、SM、SS1、RT、JACCARD、DICE、SS2、K1、SS3。
- 与条件概率有关的测量：K2、SS4、HAMANN。

- 与预测特性有关的测量：Y、Q、LAMBDA、D。
- 其他距离、相关等测量：BEUCLID、BSEUCLID、SIZE、PATTERN、BSHAPE、OCHIAI、SS5、PHI 等。

（4）在下面给出的公式中，作为自变量的 x 和 y 不一定指两个变量。如果根据观测量之间的相似性或距离可以进行观测量聚类，那么 x 和 y 就是两个观测量；如果根据两个变量的距离或相似性、二值相关性进行变量聚类，那么 x 和 y 就是两个变量。

（5）另外，四格表中联合发生的指 a，联合不发生的指 d，所有匹配的指 $a+d$，所有不匹配的指 $c+b$，$n=a+b+c+d$。

（6）按权重及分子分母特征归纳各计算方法，如表 A-3 所示。

表 A-3 匹配系数计算中的权重关系及分子、分母特征表

		分子中不包括联合不发生的 d	分子中包括联合不发生的 d
分母中包括所有匹配的（a、d）	匹配与不匹配的权重相等	RR	SM
	匹配的双倍权重	—	SS1
	不匹配的双倍权重	—	RT
分母中不包括联合不发生的（d）	匹配与不匹配的权重相等	JACCARD	—
	匹配的双倍权重	DICE	—
	不匹配的双倍权重	SS2	—
分母中剔除所有匹配的（a、d）	匹配与不匹配的权重相等	K1	SS3

4．二分变量的距离或不相似性测量的方法

（1）Euclidean Distance，二值欧氏距离，根据四格表计算 SQRT($b+c$)，式中 b 和 c 表示事件在一项中发生，在另一项中不发生的对角单元，最小值为 0，无上限。

（2）Squared Euclidean Distance，二值欧氏距离平方，计算的是不匹配事件的数目，其最小值为 0，无上限，数值等于 $b+c$。

（3）Size Difference，不对称指数，其范围为 0~1：
$$\text{SIZE}(x,y) = \frac{(b-c)^2}{n^2}$$

（4）Pattern Difference，不相似性测量，其值范围为 0~1，根据四格表计算 bc/n^2，式中 b 和 c 表示事件在一项中发生，在另一项中不发生的对角单元；N 是观测量或总变量数。

（5）Variance，方差不相似性测量，根据四格表计算 $(b+c)/4n$，其范围为 0~1。

（6）Dispersion，是一个相似性指数，其范围为 –1~1：
$$\text{DISPER}(x,y) = \frac{ad-bc}{n^2}$$

（7）Shape，距离测量，无上、下限：
$$\text{BSHAPE}(x,y) = \frac{n(b+c)-(b-c)^2}{n^2}$$

（8）Simple Matching，匹配数与值的总数的比值，匹配与不匹配的权重相同：
$$\text{SM}(x,y) = \frac{a+d}{n}$$

（9）Phi 4-point Correlation，皮尔逊相关系数二值模拟，其范围为 –1~1：

$$\mathrm{PHI}(x,y) = \frac{ad - bc}{\sqrt{(a+b)(c+d)(a+c)(b+d)}}$$

（10）Lambda 数，是 Goodman 和 Kruskal's Gamma，是一种相似性测量，当预测方向同等重要时该系数估计的是用一项预测另一项的误差降低的比例，其范围为 0～1：

$$\mathrm{LAMBDA}(x,y) = \frac{t_1 - t_2}{2n - t_2}$$

式中，t_1=Max(a,b)+Max(c,d)+Max(a,c)+Max(b,d)；t_2=Max($a+c,b+d$)+Max($a+d,c+d$)。

（11）Anderberg'D 统计量，类似于 Lambda 数，该指数取决于用一项预测另一项（在两个方向上进行预测）的误差降低的实际数值，其范围为 0～1：

$$D(x,y) = \frac{t_1 - t_2}{2n}$$

式中，t_1，t_2 的定义与（10）中的定义相同。

（12）Dice，该指数剔除了联合不发生，匹配双倍权重，类似于 Czekanowski 或 Sorensen 测量：

$$\mathrm{DICE}(x,y) = \frac{2a}{2a + b + c}$$

（13）Hamann，相似性测量，该指数为匹配数减去不匹配数除以总项数的值，其范围是–1～1：

$$\mathrm{HAMANN}(x,y) = \frac{(a+d) - (b+c)}{n}$$

（14）Jaccard，是一个不考虑联合不发生（d）的指数，匹配与不匹配具有相等权重，类似相似比：

$$\mathrm{JACCARD}(x,y) = \frac{a}{a + b + c}$$

（15）Kulczynski 1，是联合发生与非匹配数的比，下限为 0，无上限：

$$K1(x,y) = \frac{a}{b + c}$$

在理论上，对无不匹配的情况（b=0，c=0）没有定义。当值没有定义或大于 9999.999 时，软件赋值给该指数一个特定常数 9999.999。

（16）Kulczynski 2，相似性测量，该指数根据某特性在一项中出现的条件概率给出在其他项中出现的概率。在计算该指数时，若每一项作为其他项的预测值，则各值取其平均值：

$$K2(x,y) = \frac{a/(a+b) + a/(a+c)}{2}$$

（17）Lance and Williams，根据四格表计算($b+c$)/($2a+b+c$)，式中，a 表示与事件在两项中都发生相对应的单元；b 和 c 表示事件在一项中发生且在另一项中不发生的对角单元。该测量值的范围为 0～1。例如，Bray-Curtis 非度量系数。

（18）Ochiai，该指数是余弦相似性测量的二元形式，范围为 0～1：

$$\mathrm{OCHIAI}(x,y) = \sqrt{\frac{a}{a+b} \cdot \frac{a}{a+c}}$$

（19）Rogers and Tanimoto，是一个为所有不匹配的（$b+c$）赋予双倍权重的指数：

$$\text{RT}(x,y) = \frac{a+d}{a+d+2(b+c)}$$

（20）Russel and Rao，是内积（点积）的二元形式，对所有匹配的与所有不匹配的给予相等的权重，是二元相似数据的系统默认方法：

$$\text{RR}(x,y) = \frac{a}{a+b+c+d}$$

（21）Sokal and Sneath 1，给所有匹配的以双倍权重的一种指数：

$$\text{SS1}(x,y) = \frac{2(a+d)}{2(a+d) = b+c}$$

（22）Sokal and Sneath 2，给所有不匹配的以双倍权重的一种指数，且不考虑联合不发生的情况：

$$\text{SS2}(x,y) = \frac{a}{a+2(b+c)}$$

（23）Sokal and Sneath 3，所有匹配的与所有不匹配的比，下限为 0，无上限：

$$\text{SS3}(x,y) = \frac{a+d}{b+c}$$

在理论上，对无不匹配的情况没有定义。当值为未定义或大于 9999.999 时，软件给予该指数一个特定常数 9999.999。

（24）Sokal and Sneath 4，同一匹配状态（某特性出现或不出现）在另一项出现或不出现的条件概率。计算该指数时，若每一项作为其他项的预测值，则各项值取其平均值。该指数范围为 0～1：

$$\text{SS4}(x,y) = \frac{a/(a+b) + a/(a+c) + d/(b+d) + d(c+d)}{4}$$

（25）Sokal and Sneath 5，该指数是正负匹配的条件概率的几何平均值的平方，独立于项编码，值范围为 0～1：

$$\text{SS5}(x,y) = \frac{ad}{\sqrt{(a+b)(c+d)(a+c)(b+d)}}$$

（26）Yule's Y，该指数是 2×2 交叉表交叉比的函数，且独立于边际总和，值范围为 –1～1：

$$Y(x,y) = \frac{\sqrt{ad} - \sqrt{bc}}{\sqrt{ad} + \sqrt{bc}}$$

（27）Yule's Q，该指数是 Goodman 和 Kruskal's Gamma 的特殊事件，是 2×2 交叉表交叉比的函数，且独立于边际总和，其值范围为 –1～1：

$$Q(x,y) = \frac{ad - bc}{ad + bc}$$

5．对数据进行标准化的方法

（1）Z Scores，把数值标准化到 Z 分数。标准化后变量平均值为 0，标准差为 1。该值为每一个值减去正被标准化的变量或观测量的平均值，再除以其标准差。若原始数据的标准差为 0，则将所有值置为 0。

（2）Range –1 to 1，把数值标准化到 –1 至 1 范围内。选择该项，对每个值用正在被标准化的变量或观测量的值的范围去除。若范围为 0，则所有值不变。

（3）Maximum Magnitude of 1，把数值标准化到最大值为 1。该方法是把正在标准化的变量或观测的值用最大值除。如果最大值为 0，则用最小值的绝对值除再加 1。

（4）Range 0 to 1，把数值标准化到 0 至 1 范围内，对于正在被标准化的变量或观测量的值，先减去正在被标准化的变量或观测量的最小值，然后除以范围。若范围是 0，则将所有变量值或观测量值设置为 0.5。

（5）Mean of 1，把数值标准化到平均值的一个范围内。对于正在被标准化的变量或观测量的值，除以正在被标准化的变量或观测量的值的平均值。若平均值是 0，则变量或观测量的所有值都加 1，使其平均值为 1。

（6）Standard Deviation of 1，把数值标准化到单位标准差。该方法对每个值除以正在被标准化的变量或观测量的标准差。若标准差为 0，则这些值保持不变。

参 考 文 献

[1] GEORGE A MORGAN，ORLANDO V GRIEGO. Easy use and interpretation of SPSS for Windows: answering research questions with statistics. London: Psychology Press, 1998

[2] Duncan CRAMER. Introducing statistics for social research: step-by-step calculations and computer techniques using SPSS. London: Routledge，1994

[3] SAS Institute Inc. SAS/BASE guide for Personal Computer，1988

[4] SAS Institute Inc. SAS/STAT Guide for Personal Computer，1988

[5] SPSS Inc. SPSS Base 7.5 for Windows user's guide，1997

[6] SPSS graphics. SPSS Inc，1985

[7] MARIJA J NORUSIS. SPSS professional statistics Version 6.1. Chicago: SPSS，1994

[8] NARESH K MALHOTRA. MARKETING RESEARCH. 北京：清华大学出版社，1998 年

[9] 卢纹岱, 金水高. SAS/PC 统计分析实用技术. 北京：国防工业出版社，1996

[10] 高惠璇, 李东风, 耿直, 等. SAS 系统与基础统计分析. 北京：北京大学出版社，1995

[11] 吴明隆. SPSS 系统应用务实. 北京：中国铁道出版社，2000 年

[12] 汪贤进. 常用统计方法手册. 杭州：浙江人民出版社

[13] DOUGLAS M BATES. 非线性回归分析及其应用. 北京：中国统计出版社，1998

[14] RATKOWSHY D A. 非线性回归模型. 南京：南京大学出版社，1986

[15] 郝德元. 教育与心理统计. 北京：教育科学出版社，1982

[16] ELISA T LEE. 生存数据分析的统计方法. 北京：中国统计出版社

[17] 孙尚拱. 实用多变量统计方法. 北京：中国医科大学与中国协和医科大学联合出版社，1990

[18] 吴国富. 实用数据分析方法. 北京：中国统计出版社

[19] 袁淑君. 数据统计分析——SPSS/PC$^+$原理及其应用. 北京：北京师范大学出版社，1995

[20] 周兆麟. 数理统计学. 北京：中国统计出版社，1987

[21] 张元. 田间实验与生物统计. 沈阳：东北师大出版社，1986

[22] 贾宏宇. 统计辞典. 上海：上海人民出版社，1986

[23] 郑家亨. 统计大辞典. 北京：中国统计出版社，1995

[24] DAVID F FREEDMEN. 统计学. 北京：中国统计出版社，1997

[25] 胡学锋. 统计学. 广州：中山大学出版社，1999

[26] 黄德霖. 统计学. 北京：人民日报出版社，1988

[27] 杨树勤. 卫生统计学. 北京：北京人民卫生出版社，1993

[28] 胡良平. 现代统计学与 SAS 应用. 北京：军事医学科学出版社，1996

[29] 方积乾. 医学统计学与电脑实验. 上海：上海科学技术出版社，1997

[30] 史秉璋. 医用多元分析. 北京：北京人民卫生出版社，1988

[31] 金丕焕. 医用统计方法. 上海：上海医科大学出版社，1992
[32] 贾怀勤. 应用统计学. 北京：对外贸易教育出版社
[33] WEISBERG S. 应用线性回归. 北京：中国统计出版社，1998
[34] 吴辉. 英汉统计词汇. 北京：中国统计出版社，1987
[35] 杨树勤. 中国医学百科全书——医学统计学. 上海：上海科学技术出版社，1985
[36] 机械电子工业部质量安全司. 最新质量统计技术及其应用. 北京：机械工业出版社，1992
[37] 柯惠新，丁立宏. 市场调查与分析，北京：中国统计出版社，2000
[38] 郑日昌，蔡永红，周益群. 心理测量学. 北京：人民教育出版社，1999
[39] 袁淑君，孟庆茂. 数据统计分析——SPSS/PC$^+$原理及其应用. 北京：北京师范大学出版社，1995
[40] 谢小庆. 信度估计的系数. 心理学报，1998，（30）2：193-196
[41] 侯杰泰. 信度与度向性：高 Alpha 量表不一定是单向度. 教育学报（香港），1995，（23），1：142
[42] JOHNSON R A，WICHERN D W. 实用多元统计分析（第四版）. 陆璇译. 北京：清华大学出版社. 2001
[43] 孙振球，徐勇勇. 医学统计学. 北京：人民卫生出版社，2002
[44] SPSS Inc. SPSS Advanced Models 10.0，2000
[45] SPSS Inc. SPSS Regression Models 10.0，2000
[46] 阮桂海，等. SPSS for Windows 高级应用教程. 北京：电子工业出版社，1998
[47] 孙明玺. 预测和评价. 浙江：浙江教育出版社，1986
[48] 于秀林，任雪松. 多元统计分析. 北京：中国统计出版社，1998
[49] 徐国祥. 统计预测和决策. 上海：上海财经大学出版社，1998
[50] GEORGE E P B. 时间序列分析预测与控制. 北京：中国统计出版社，1997
[51] 吴喜之. 非参数统计. 北京：中国统计出版社，1999
[52] DAVID R ANDERSON，DENNIS J SWEENEY，THOMAS A WILLIAMS，et al. 商务与经济统计（第七版）. 张建华，王健，等译. 北京：机械工业出版社，2000
[53] TERRY SINCICH. 例解商务统计. 陈鹤琴，罗明安，译. 北京：清华大学出版社，2001
[54] 韦来生，张伟平. 贝叶斯分析. 合肥：中国科学技术大学出版社，2017